〖明文 中國正史 大系〗

原文 譯註

後漢書(三)

(南朝)宋 范 曄 著
唐 李 賢 註
陶硯 陳起煥 譯註

明文堂

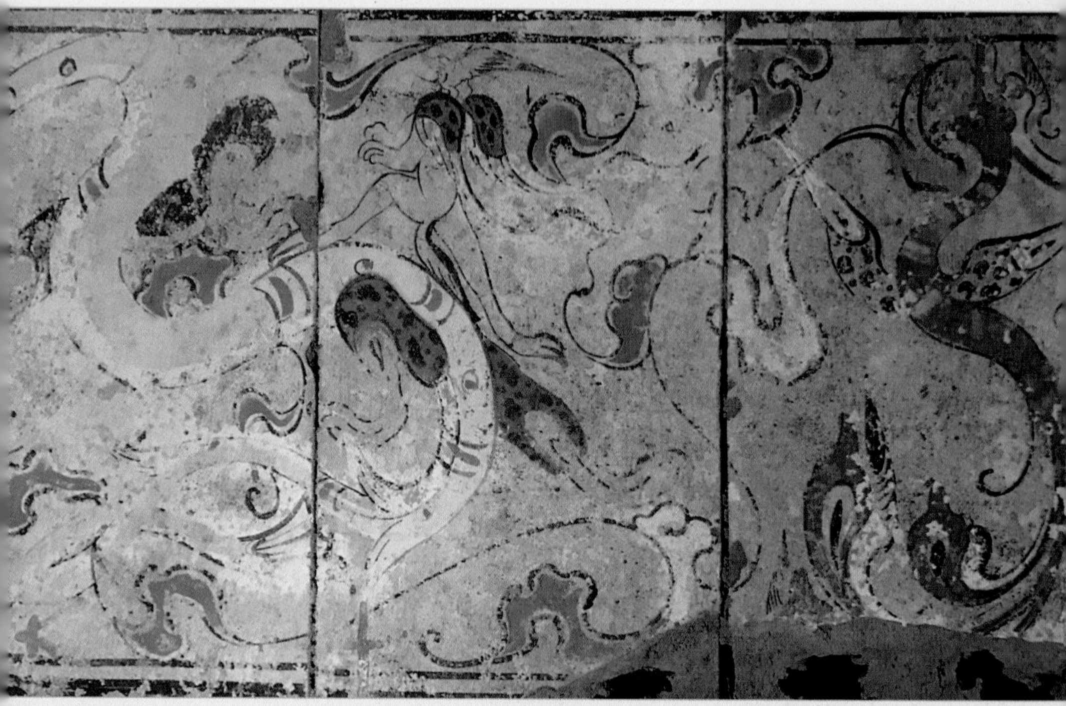

神人과 朱雀(주작)
墓의 천정 벽화. 後漢 후기. 河南省 洛陽市 소재

輜車畫像磚(치거화상전, 짐수레 그림 벽돌)
後漢시대. 가로 46.5cm, 세로 39cm. 四川省 박물관 소장.

打虎亭(타호정) 畵像石墓(화상석묘)
後漢시대. 河南省 鄭州市 관할 新密市 소재

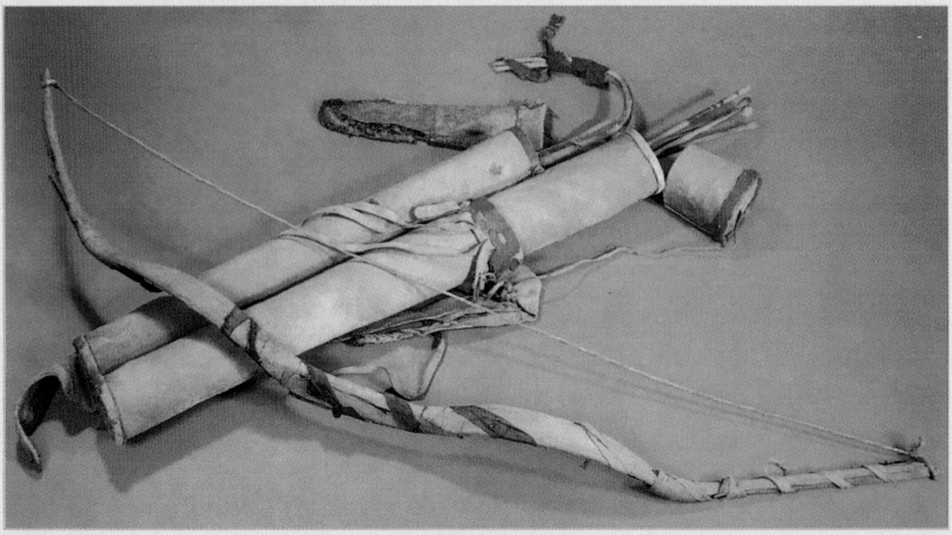

활과 화살, 화살통과 칼집. 후한~삼국 시대.
활길이 135cm, 화살 84cm, 화살통 100cm, 칼집 36cm.
新疆省(신강성) 和田 지구 民豐縣 출토. 新疆文物考古研究所 소장.

疏勒河(소륵하) 하류, 漢代 古長城의 烽隧臺(봉수대)

〖明文 中國正史 大系〗

原文 譯註

後漢書(三)

(南朝)宋 范 曄 著
唐 李 賢 註
陶硯 陳起煥 譯註

明文堂

[차례]

● 《後漢書(三)》

원문 역주

후한서 (三)

15 李王鄧來列傳
〔이,왕,등,내열전〕

❶ 李通

原文

李通, 字次元, 南陽宛人也. 世以貨殖著姓. 父守, 身長九尺, 容貌絶異, 爲人嚴毅, 居家如官廷. 初事劉歆, 好星歷讖記, 爲王莽宗卿師. 通亦爲五威將軍從事, 出補巫丞, 有能名.

莽末, 百姓愁怨, 通素聞守說讖云 '劉氏復興, 李氏爲輔' 私常懷之. 且居家富逸, 爲閭里雄, 以此不樂爲吏, 乃自免歸.

| 註釋 | ㅇ李通(?-42) - 字 次元, 後漢 개국 공신. 光武帝 劉秀의 여동생(劉伯姬, 寧平長公主)과 결혼했다. ㅇ世以貨殖著姓 - 貨殖(화식)은 상품, 재

화, 돈을 벌다. 著姓은 名族. ㅇ居家如官廷 – 가족이 매우 조심하여 집안이 관청같이 엄숙했다. ㅇ劉歆(유흠, 前 50?-서기 23년) – 字 子駿, 劉向의 아들. 漢朝 宗室, 王莽의 주요 참모로 왕망의 찬탈 과정에 협조, 왕망 정권에서 三公보다 상위직인 國師 역임. 나중에 왕망 제거에 어설프게 동조했다가 누설되자 자살. 經學者로 유명. 《漢書 楚元王傳》에 父子 立傳. ㅇ星歷讖記 – 星歷은 星曆, 천문과 역법. 讖記(참기)는 讖書, 예언서. ㅇ宗卿師 – 宗師에 대한 경칭. 왕망은 각 군국에 宗師를 두고 종실에 관한 업무를 담당케 했다. ㅇ五威將軍從事 – 여기 從事는 하급 관리의 뜻. 본래 從事는 從事史의 간칭. 司隷校尉나 각 부 刺史는 從事史 12명을 거느리고 문서 독촉이나 不法을 감독했다. 각 郡國에도 從事史 1인을 두었다. ㅇ出補巫丞 – 南郡 巫縣(무현, 今 重慶市 東部 巫山縣)의 현령 보좌. 副 縣令.

[國譯]

李通(이통)의 字는 次元(차원)으로 南陽 宛縣(완현) 사람이다. 대대로 부호로 유명한 집안이었다. 부친 李守(이수)는 신장이 9척에 용모가 특이했으며, 사람됨이 엄격하고 의연하여 집안이 마치 관청처럼 엄숙하였다. 李守는 처음에 劉歆(유흠)을 스승으로 섬겨 천문과 역법 참서를 좋아했고 왕망 정권의 宗師이었다. 李通도 五威將軍의 從事이었다가 지방관으로 나와 (南郡) 巫縣(무현)의 縣丞(현승)으로 유능하다는 이름이 있었다.

왕망 말기에 백성의 고통과 원성이 많았는데 이통은 평소에 부친이 말하는 '劉氏가 다시 홍성할 때 李氏가 보좌할 것이다' 라는 참언을 늘 기억하고 있었다. 이통은 집안이 부유하고 마을에서도 제일이었기에 관청 업무를 즐겨하지 않아 스스로 사직하고 돌아왔다.

原文

及下江,新市兵起, 南陽騷動, 通從弟軼, 亦素好事, 乃共計議曰, "今四方擾亂, 新室且亡, 漢當更興. 南陽宗室, 獨劉伯升兄弟泛愛容衆, 可與謀大事." 通笑曰, "吾意也." 會光武避吏在宛, 通聞之, 卽遣軼往迎光武. 光武初以通士君子相慕也, 故往答之. 及相見, 共語移日, 握手極歡. 通因具言讖文事, 光武初殊不意, 未敢當之. 時守在長安, 光武乃微觀通曰, "卽如此, 當如宗卿師何?" 通曰, "已自有度矣." 因復備言其計. 光武旣深知通意, 乃遂相約結, 定謀議, 期以材官都試騎士日, 欲劫前隊大夫及屬正, 因以號令大衆. 乃使光武與軼歸舂陵, 擧兵以相應. 遣從兄子季之長安, 以事報守.

| **註釋** | ㅇ及下江,新市兵起 - 地皇 3년, 서기 22년. ㅇ南陽騷動 - 騷는 떠들 소. 動也. ㅇ通從弟軼 - 李軼(이일, ?-25), 光武, 李通과 함께 거병했다. 李軼은 경시제의 五威中郞將으로 戰功을 세워 舞陰王이 되었다. 이일은 전부터 광무의 長兄 劉縯(伯升)과 私感이 있어 更始帝에게 劉縯의 처단을 적극 권했다. 뒷날 광무제는 朱鮪(주유)를 이용하여 이일을 죽였다. 17권, 〈馮岑賈列傳〉 중 〈馮異傳〉 참고. ㅇ期以材官都試騎士日 - 郡國의 兵種으로 輕車(경거, 경전차를 모는 병졸), 騎士(騎兵), 材官(勇力이 출중한 步兵, 材力武猛者), 樓船士(水軍) 등의 구분이 있었는데 각 군국에서는 立秋日에 이들의 능력을 평가하여 등용하였다. ㅇ前隊大夫 - 前隊는 南陽郡, 大夫는 태수. 당시 남양군 태수는 甄阜(견부)였고, 屬正(郡 都尉)은 梁丘賜(양구사)란 사람이었다.

[國譯]

(농민 蜂起軍인) 下江과 新市兵이 거병하자 南陽郡도 소란해졌는데, 李通(이통)의 사촌동생인 李軼(이일) 역시 평소에 일 벌리기를 좋아하여 두 사람이 의논하였다.

"지금 사방이 요란해져 新나라는 곧 망할 것이고 漢이 틀림없이 다시 일어날 것입니다. 南陽郡의 宗室 중에서는 오직 劉伯升 형제만이 인애를 베풀고 衆人을 포용할 수 있으니 큰일을 함께 할 수 있습니다."

그러자 이통도 웃으며 "내 뜻도 그렇다."라고 말했다. 그때 光武(劉秀)는 관리를 피해 宛縣에 있었는데 이통이 알고서 바로 이일을 보내 光武를 데려오게 하였다. 광무는 그전부터 이통이 군자다운 名士라 생각하며 만나고 싶었던 사람이라 따라가서 이통을 만났다. 함께 만나 오랜 시간 이야기하며 서로 손을 잡고 크게 기뻐하였다. 이에 이통은 참서의 글에 대하여 이야기했는데 光武는 처음 듣는 말이라서 자신과는 관련이 없다고 생각했다. 그때 이통의 부친 李守(이수)는 장안에 있었는데 光武는 이통을 찬찬히 살펴보며 말했다. "만약 이렇게 된다면 宗卿師(종경사, 李守 職名)께는 어찌 하실 것 같습니까?"

이통은 "이미 내가 헤아리고 있습니다." 그러면서 계획을 다시 다 말해 주었다. 광무는 이통의 의도를 다 이해하고 서로 약조를 맺고 계획을 확정하였는데 (郡에서) 材官과 騎士를 시험하는 날을 잡아 前隊大夫(南陽太守)와 屬正(都尉)을 죽이고 군중을 선동하기로 하였다. 그리고서 이통은 光武와 이일을 舂陵鄉(용릉향)으로 보내 군사를 일으켜 서로 호응키로 하였다. 이통은 從兄의 아들인 李季(이

계)를 長安에 보내 李守에게 계획을 통보케 하였다.

原文

季於道病死, 守密知之, 欲亡歸. 素與邑人黃顯相善, 時顯爲中郎將, 聞之, 謂守曰, "今關門禁嚴, 君狀貌非凡, 將以此安之? 不如詣闕自歸. 事旣未然, 脫可免禍." 守從其計, 卽上書歸死, 章未及報, 留闕下. 會事發覺, 通得亡走, 莽聞之, 乃繫守於獄. 而黃顯爲請曰, "守聞子無狀, 不敢逃亡, 守義自信, 歸命宮闕. 臣顯願質守俱東, 曉說其子. 如遂悖逆, 令守北向刎首, 以謝大恩."

莽然其言. 會前隊復上通起兵之狀, 莽怒, 欲殺守, 顯爭之, 遂並被誅, 及守家在長安者盡殺之. 南陽亦誅通兄弟,門宗六十四人, 皆焚屍宛市.

| **註釋** | ㅇ將以此安之 – 이런 상황에서 어디를 갈 수 있겠는가? 安은 어디, 어떻게 가려는가? ㅇ無狀 – 죄가 커서 그 실상을 말할 수 없다. 선행이 없다. 버릇이 없다. ㅇ如遂悖逆 – 만약 (아들이) 반역을 했다면. ㅇ刎首 – 목을 자르다. 刎은 목 벨 문. 찌르다.

[國譯]

李季(이계)는 가는 도중에 병사하였는데, 李守(이수)는 비밀리에 아들의 반역을 알고 고향으로 도망가려 했다. 이수는 평소에 같은 마을 사람인 黃顯(황현)과 친했었고, 그때 황현은 中郎將이었는데 소식을 듣고 이수에게 말했다.

"지금 관문 통행을 엄히 단속하는데 당신의 모습은 보통과 다른데 어디를 갈 수 있겠는가? 궁궐에 들어가 귀향하겠다고 말하는 것만 못하오. 아직 사건이 알려지지 않았으니 장안을 빠져나가면 화를 면할 것이요."

이수는 그 계책대로 고향에 돌아가 죽고 싶다고 즉시 상서하였으나 상서는 보고되지 않고 아래에서 보류되었다. 그러면서 사건이 들통나자 이통은 도망쳤고, 왕망은 보고를 받고서 이수를 잡아 옥에 가두었다. 이에 황현은 이수를 위해 주청하였다.

"李守가 자식의 잘못을 알고서도 도망하지 않은 것은 대의를 자신하면서 궁궐에 들어와 귀향하겠다고 상서하였습니다. 제가 보증인으로 이수와 함께 동쪽(宛縣)에 가서 그 아들을 설득하겠습니다. 만약 패역을 저질렀다면 이수로 하여금 北向 자살케 하여 폐하의 대은에 보답토록 하겠습니다."

왕망은 황현의 말을 믿었다. 그러나 마침 前隊(南陽郡)에서 이통이 거병한 사실을 다시 보고하자 왕망이 대노하며 이수를 처형하려 하자, 황현이 이를 간쟁하였지만 결국 두 사람은 다 처형되었고, 장안에 있던 이수의 가족도 모두 죽었다. 南陽郡에서도 이통의 형제와 같은 문중 64명을 모두 죽여 宛縣의 거리에서 시신을 불태웠다.

原文

時, 漢兵亦已大合. 通與光武,李軼相遇棘陽, 遂共破前隊, 殺甄阜,梁丘賜.

更始立, 以通爲柱國大將軍,輔漢侯. 從至長安, 更拜爲大將軍, 封西平王, 軼爲舞陰王, 通從弟松爲丞相. 更始使通持節還鎭荊州, 通因娶光武女弟伯姬, 是爲寧平公主.

光武卽位, 徵通爲衛尉. 建武二年, 封固始侯, 拜大司農. 帝每征討四方, 常令通居守京師, 鎭百姓, 修宮室, 起學宮. 五年春, 代王梁爲前將軍. 六年夏, 領破姦將軍侯進,捕虜將軍王霸等十營擊漢中賊. 公孫述遣兵赴救, 通等與戰於西城, 破之, 還, 屯田順陽.

時, 天下略定, 通思欲避榮寵, 以病上書乞身. 詔下公卿群臣議. 大司徒侯霸等曰, "王莽簒漢, 傾亂天下. 通懷伊, 呂,蕭,曹之謀, 建造大策, 扶助神靈, 輔成聖德. 破家爲國, 忘身奉主, 有扶危存亡之義. 功德最高, 海內所聞. 通以天下平定, 謙讓辭位. 夫安不忘危, 宜令通居職療疾. 欲就諸侯, 不可聽."

於是詔通勉致醫藥, 以時視事. 其夏, 引拜爲大司空.

| 註釋 | ㅇ棘陽(극양) – 남양군의 縣名. 今 河南省 南陽市 관할 新野縣에 해당. 河南省 서남부, 湖北省 경계. ㅇ松爲丞相 – 李松은 更始 元年(서기 23)에 武關을 지나 長安을 평정하고 왕망을 타도하였다. 李松은 황제의 수레를 경시제에 보내 장안에 定都할 것을 건의했다. 更始 2년 2월에 경시제는 장안에 입성했고, 이송은 공신을 왕에 봉할 것을 건의했으며 승상이 되었다. 나중에 적미군에게 피살당했다. ㅇ衛尉 – 九卿의 하나. 궁궐을

수비하는 군사의 지휘관. 질록 中二千石. 속관으로 丞(1인, 比千石)과 南宮南屯司馬 등 궁궐 각문에 司馬가 있고, 公車司馬令, 衛士令 외에 속관이 많았다. 前漢의 長樂宮, 建章宮, 甘泉宮의 衛尉는 해당 궁궐의 수비를 담당하나 상설직은 아니었다. ㅇ大司農 – 국가의 곡물과 재화, 국가 재정 담당. 질록 中二千石. 屬官으로 太倉令, 均輸令, 平準令, 都內令, 籍田令의 5令과 그 아래 丞을 두었다. 郡國의 모든 창고에 農監, 都水長 등 65명의 長과 丞이 있었다. 그 외에도 騪粟都尉(수속도위)라는 軍官이 있었으나 상설직은 아니었다. ㅇ王梁 – 22권, 〈朱景王杜馬劉傅堅馬列傳〉에 立傳. ㅇ王霸(왕패) – 20권, 〈銚期王霸祭遵列傳〉에 立傳. ㅇ漢中賊 – 漢中郡을 차지하고 있던 사람은 延岑(연잠)이었다. ㅇ西城 – 天水郡의 西縣의 城, 今 甘肅省 남부 天水市 서남. ㅇ屯田順陽 – 順陽은 南陽郡의 현명, 국명. 今 河南省 南陽市 관할 淅川縣(석천현). ㅇ伊,呂,蕭,曹之謀 – 伊尹, 呂尙, 蕭何(소하), 曹參(조참). ㅇ大司空 – 大司徒(승상), 大司馬(군사), 大司空(御使大夫, 監察)과 함께 三公이라 칭함.

[國譯]

그때 漢의 군사들도 대거 결집했었다. 李通(이통)은 光武 및 李軼(이일)과 棘陽(극양)에서 만나 마침내 前隊(南陽郡)의 군사를 격파하고 甄阜(견부)와 梁丘賜(양구사)를 죽였다.

경시제가 즉위하자, 이통은 柱國大將軍에 輔漢侯(보한후)가 되었다. 이통은 경시제를 따라 장안에 들어가서 다시 大將軍를 제수 받고 西平王에 봉해졌으며, 이일은 舞陰王(무음왕)이 되었고, 이통의 사촌 아우 李松(이송)은 丞相이 되었다. 경시제는 이통을 보내 부절을 가지고 돌아가 荊州(형주) 지역을 진무하게 하였는데, 이때 이통은 光武의 여동생 伯姬(백희)를 아내로 맞이하였는데 백희는 寧平

(長)公主이다.

光武帝는 즉위하고서 이통을 불러 衛尉(위위)에 임명하였다. 建武 2년, 이통을 固始侯(고시후)에 봉하고 大司農에 임명하였다. 광무제는 사방을 정벌하러 다니면서 늘 이통에게 京師(洛陽)을 지키며 백성을 안정시키고 궁궐을 수리하며 學宮을 짓게 하였다. 건무 5년 봄, 王梁(왕량)의 후임으로 前將軍이 되었다. 6년 여름, 破姦將軍 侯進(후진), 捕虜將軍 王霸(왕패) 등 10여 군영을 거느리고 漢中郡의 도적 무리(延岑)를 격파하였다. 그러자 공손술이 군사를 보내 연잠을 지원하자 이통은 그들과 西城(西縣)에서 싸워 격파한 뒤 회군하여 順陽縣(순양현)에 둔전케 하였다.

그 무렵 천하가 거의 평정되자 이통은 영예와 황제의 은총에서 벗어나려고 병을 핑계로 퇴직을 주청하였다. 광무제가 이를 公卿과 여러 신하들에게 의논케 하였다. 이에 大司徒인 侯霸(후패) 등이 말했다.

"왕망이 漢을 찬탈한 뒤로 천하는 혼란에 빠졌습니다. 李通은 伊尹, 呂尙(太公望), 蕭何(소하), 曹參(조참)과 같은 지모로 나라의 大策을 세우고 神靈의 도움을 받아 聖德을 보필하였습니다. 가문이 파멸되면서도 나라를 위했고 자신을 돌보지 않고 주군을 받들었으며 危難에 처한 사직을 지탱하였고 없어진 侯國을 존속시키는 대의를 지켰습니다. 그리하여 그 공적은 가장 위대하며 천하에 다 알려졌습니다. 이통은 천하가 평정되자 겸양으로 직위를 사임하려 합니다. 안전할 때 위기를 생각해야 하니, 응당 이통으로 하여금 직위를 지키면서 병을 치료케 하며, 제후로 나가는 것을 수락해서는 안 될 것입니다."

이에 조서로 이통은 치료에 힘쓰면서 때에 따라 정무를 돌보게 하였다. 그해 여름 大司空으로 승진시켰다.

原文

通布衣唱義, 助成大業, 重以寧平公主故, 特見親重. 然性謙恭, 常欲避權勢. 素有消疾, 自爲宰相, 謝病不視事, 連年乞骸骨, 帝每優寵之. 令以公位歸第養疾, 通復固辭. 積二歲, 乃聽上大司空印綬, 以特進奉朝請. 有司奏請封諸皇子, 帝感通首創大謀, 卽日封通少子雄爲召陵侯. 每幸南陽, 常遣使者以太牢祠通父冢. 十八年卒, 謚曰恭侯. 帝及皇后親臨吊, 送葬.

子音嗣. 音卒, 子定嗣. 定卒, 子黃嗣. 黃卒, 子壽嗣.

李軼後爲朱鮪所殺. 更始之敗, 李松戰死, 唯通能以功名終. 永平中, 顯宗幸宛, 詔諸李隨安衆宗室會見, 並受賞賜, 恩寵篤焉.

| 註釋 | ○重以寧平公主故 – 여기서 重은 거듭하여, 거기다가. ○素有消疾 – 消疾은 消渴症(소갈증), 당뇨병. ○特進奉朝請 – 官位名. 奉朝請이 특진보다 상위, 特進은 列侯나 侯王, 공덕이 혁혁하거나 공로가 큰 원로신하에게 내려주는 官位. 三公과 봉조청의 아래. 황제가 내리는 은총의 하나. 제후가 봄에 입조하여 황제를 알현하는 것을 朝, 가을에는 請이라 한다. 三公이나 外戚, 皇室(劉氏)이나 제후로 朝나 請에 참여할 수 있는 사람

을 奉朝請이라 한다. 官職이 아니라서 정원도 없다. ㅇ十八年卒 – 건무 18년은 서기 42년. ㅇ李軼後爲朱鮪所殺 – 이 과정은 17권, 〈馮岑賈列傳〉의 〈馮異傳〉 참고. 여기에는 광무의 뜻이 작용했다. ㅇ安衆 – 南陽郡의 侯國名. 今 河南省 南陽市 부근 鄧州市(省 직할 縣級市). 鄧小平 등 鄧姓의 본 고향.

[國譯]

李通은 布衣였지만 대의를 제창하였고 광무제를 도와 대업을 성취케 하였으며, 또 寧平公主와의 결혼으로 (광무제가) 특별히 친애하고 존중하였다. 그리고 성품이 겸양에 공손하였으며 늘 권세를 피하려 하였다. 평소에 소갈증(당뇨병)이 있어 재상이 되었지만 병을 이유로 정사를 돌보지 않으려고 해마다 은퇴하려 했으나 광무제는 그럴 때마다 더욱 寵信하였다. 광무제가 이통에게 직함을 가지고 본가에서 병을 치료케 하였어도 이통은 거듭거듭 고사하였다. 2년이 지나서야 大司空 印綬 반환을 허락하고 特進에 奉朝請으로 임명하였다. 담당 관리가 여러 皇子를 봉할 것을 주청하자, 광무제는 이통이 창업의 큰일을 처음으로 시작한 것을 생각하여 즉일로 이통의 막내아들 李雄(이윤)을 召陵侯(소릉후)에 봉했다. 광무제는 매번 남양에 행차할 때마다 사자를 보내 大牢(대뢰)로 이통의 부친 묘소에 제사를 지내게 하였다. 건무 18년에 이통이 죽었는데, 시호는 恭侯(공후)였다. 광무제와 황후가 친히 조문하고 장례 행렬을 전송했다.

아들 李音이 계승했다. 李音이 죽자 아들 李定이 계승했다. 李定이 죽자 아들 李黃이 이었다. 李黃이 죽자 아들 李壽가 이었다.

李軼(이일)은 뒤에 朱鮪(주유)에게 피살되었다. 경시제가 패망할 때 李松(이송)은 전사했다. 유일하게 이통만이 공명을 누리고 죽었다. (明帝) 永平 연간에 顯宗(明帝)가 (南陽) 宛縣에 행차해서는 조서로 이씨 일족을 수행한 安衆侯 宗室과 함께 알현하였는데 모두 상과 하사품을 받는 등 은총이 매우 두터웠다.

原文

論曰, 子曰, '富與貴是人之所欲, 不以其道得之, 不處也'. 李通豈知夫所欲而未識以道者乎! 夫天道性命, 聖人難言之, 況乃億測微隱, 猖狂無妄之福, 汙滅親宗, 以觖一切之功哉! 昔蒙穀負書, 不徇楚難, 卽墨用齊, 義雪燕恥. 彼之趣舍所立, 其殆與通異乎?

| **註釋** | ㅇ子曰, '富與貴~' -「貧與賤, 是人之所惡也, 不以其道得之, 不去也.」《論語 里仁》. ㅇ夫天道性命, 聖人難言之 -「子罕言利與命與仁.」《論語 子罕》.「子貢曰, "夫子之文章, 可得而聞也, 夫子之言性與天道, 不可得而聞也."」《論語 公冶長》. ㅇ況乃億測微隱 - 微隱(미은)은 讖書(참서)에 실린 글. ㅇ猖狂無妄之福 - 猖狂(창광)은 미쳐 날뛰다. 無妄은 無望, 기대할 수 없는. 거짓이 없음. ㅇ汙滅親宗 - 汙는 고여 있는 물. 일족을 멸족시키고 더럽히다. ㅇ以觖一切之功哉 - 觖은 바랄 기. 들추어낼 결. ㅇ昔蒙穀負書 - 昔은 춘추시대. 蒙穀(몽곡)은 楚 대부의 이름. 吳가 楚 昭王을 치고 도읍을 점령할 때 몽곡은 각종 법전을 갖고 雲夢澤에 숨었다가 뒤에 이를 나라에 바쳐 전후의 혼란을 수습하고 안정을 이룩했다. 자신이 楚의 난

관에 순국하지는 않았지만 자신의 공적은 楚의 사직을 구했다고 생각하였다. ○卽墨用齊, 義雪燕恥 – 卽墨(즉묵)은 지명. 燕이 齊에 침입하여 즉묵을 제외한 대부분을 땅을 차지했다. 齊人은 즉묵을 거점으로 燕을 격파하고 치욕을 씻었다. ○彼之趣舍所立 – 趣舍는 取捨(취사). 蒙穀(몽곡)이 나라의 법전을 갖고 숨은 뜻이나 齊人이 즉묵을 거점으로 燕을 격퇴한 사례에서 얻거나 버린 것이 있는 것처럼 가문이 멸족당하면서도 중흥을 이루려 한 李通의 뜻과 楚와 齊의 사례는 다르지 않다는 말.

[國譯]

范曄(범엽)의 史論 : 공자는 '富와 貴가 모든 사람이 바라는 것이나 正道로 얻은 것이 아니면 누리지 않는다' 고 말했다. 李通이 어찌 자신이 원하는 것만 알고 정도를 몰랐겠는가! 天道와 인간의 性命에 대해서는 聖人도 분명히 말하기 어려워했는데 하물며 억측하거나 참서에 있다 하여 미쳐 날뛰는 것 같아 기대할 수 없는 福을 누리겠다고 일족을 멸족시켜가면서 자신이 누릴 성공을 이루려 했겠는가! 옛날 (楚의 大夫) 蒙穀(몽곡)은 나라의 법전을 지고 피신하였는데 이는 난관에 처한 楚를 위한 순국은 아니었지만 혼란을 수습했고, 齊에서는 卽墨을 거점으로 燕에게 빼앗긴 땅을 수복하여 치욕을 씻어낼 수 있었다. 이런 사례에서 취하거나 버리면서 얻으려 한 것이 이통이 이루려 했던 뜻과 어찌 다르겠는가?

❷ 王常

原文

王常字顔卿, 潁川舞陽人也. 王莽末, 爲弟報仇, 亡命江夏. 久之, 與王鳳,王匡等起兵雲杜綠林中, 聚衆數萬人, 以常爲偏裨, 攻傍縣. 後與成丹,張卬別入南郡藍口, 號下江兵. 王莽遣嚴尤,陳茂擊破之. 常與丹,卬收散卒入蔞谿, 劫略鍾,龍間, 衆復振. 引軍與荊州牧戰於上唐, 大破之, 遂北至宜秋.

| **註釋** | ㅇ王常字顔卿 – 後漢 초창기 공신. 처음에는 綠林軍의 部將, 下江軍頭領, 更始帝 劉玄의 武將으로 출발, 피봉, 明帝 때 후손이 죄를 지어 폐국. ㅇ潁川舞陽 – 潁川(영천)은 군명, 舞陽은 邑名. 今 河南省 중부의 漯河市(탑하시) 舞陽縣. ㅇ亡命江夏 – 亡命의 命은 名, 名籍. 곧 호적. 호적을 버리고 도망가는 것이 망명임. 江夏는 荊州 관할 군명, 治所는 西陵縣. 今 湖北省 동부 武漢市 新洲區. ㅇ雲杜綠林 – 雲杜는 江夏郡의 현명. 今 湖北省 荊門市 관할 京山縣. 綠林은 왕망 정권 말기 荊州의 綠林山(今 湖北省 荊門市 관할 京山縣)에서 일어난 농민 반란군, 그 영향력이 심대하여 농민 起義軍의 대명사로 통용. ㅇ偏裨 – 偏은 군대 50명, 裨는 도울 비. 裨將. ㅇ南郡藍口 – 南郡은 군명. 治所는 江陵縣, 今 湖北省 荊州市 江陵縣. 藍口(남구)는 취락 이름. ㅇ號下江兵 – 下江은 今 湖北省 江陵 이하의 長江을 지칭. 예부터 下江은 江蘇省의 별칭으로 통했고, 上江은 安徽省의 별칭으로도 쓰였다. ㅇ蔞谿(누계) – 지명. ㅇ劫略鍾,龍間 – 劫略(겁략)은 약탈하다. 鍾, 龍은 三鍾山과 石龍山. ㅇ上唐 – 마을 이름. ㅇ宜秋(의추) – 南陽郡의 마을 이름.

[國譯]

王常(왕상)의 字는 顔卿(안경)으로 潁川郡(영천군) 舞陽邑 사람이다. 왕망 말기에 동생의 원수를 갚고 江夏郡으로 도망하였다. 얼마 뒤에 王鳳(왕봉), 王匡(왕광) 등과 함께 (江夏郡) 雲杜縣(운두현) 綠林山에서 거병하여 수만 명 무리를 모았는데, 왕상은 裨將(비장)이 되어 이웃 현을 공략하였다. 뒤에 成丹(성단), 張卬(장앙) 등과 함께 별도로 南郡의 藍口(남구)란 곳을 차지하고 下江兵(하강병)이라고 호칭했다. 왕망은 嚴尤(엄우)와 陳茂(진무) 등을 보내 이들을 격파했다. 왕상은 성단, 장앙 등과 함께 흩어진 군졸을 모아 蔞谿(누계)란 곳으로 가서 三鐘山과 石龍山 일대를 겁략하며 무리를 다시 키웠다. 군사를 이끌고 荊州牧(荊州刺史)과 上唐(상당)이란 곳에서 싸워 관군을 대파하고서 마침내 북으로 진격하여 (南陽郡) 宜秋(의추)에 들어갔다.

原文

是時, 漢兵與新市,平林衆俱敗於小長安, 各欲解去. 伯升聞下江軍在宜秋, 卽與光武及李通俱造常壁, 曰, "願見下江一賢將, 議大事." 成丹,張卬共推遣常. 伯升見常, 說以合從之利.

常大悟, 曰, "王莽篡弑, 殘虐天下, 百姓思漢, 故豪傑並起. 今劉氏復興, 卽眞主也. 誠思出身爲用, 輔成大功." 伯升曰, "如事成, 豈敢獨饗之哉!" 遂與常深相結而去. 常還,具爲丹,卬言之. 丹,卬負其衆, 皆曰, "大丈夫旣起, 當各自爲主, 何故受人制乎?"

常心獨歸漢, 乃稍曉說其將帥曰, "往者成,哀衰微無嗣, 故王莽得承間簒位. 旣有天下, 而政令苛酷, 積失百姓之心. 民之謳吟思漢, 非一日也, 故使吾屬因此得起. 夫民所怨者, 天所去也, 民所思者, 天所與也. 擧大事, 必當下順民心, 上合天意, 功乃可成. 若負强恃勇, 觸情恣欲, 雖得天下, 必復失之. 以秦,項之勢, 尙至夷覆, 況今布衣相聚草澤? 以此行之, 滅亡之道也. 今南陽諸劉擧宗起兵, 觀其來議事者, 皆有深計大慮, 王公之才, 與之並合, 必成大功, 此天所以祐吾屬也."

下江諸將雖屈强少識, 然素敬常, 乃皆謝曰, "無王將軍, 吾屬幾陷於不義. 願敬受敎." 卽引兵與漢軍及新市,平林合. 於是諸部齊心同力, 銳氣益壯, 遂俱進, 破殺甄阜,梁丘賜.

| **註釋** | ㅇ小長安 – 南陽郡 淯陽邑(육양읍, 育陽邑)의 마을 이름. 여기서 劉縯(유연, 光武 長兄)의 군사가 대패했고 光武의 작은형과 누나도 죽었다. ㅇ俱造常壁 – 함께 王常의 보루로 가다. 造는 나아가다. 이르다. ㅇ合從之利 – 군사를 합칠 때의 이득. ㅇ豈敢獨饗之哉 – 어찌 혼자만 복을 누리겠는가! 反語. ㅇ負其衆 – 그 무리 숫자를 믿다.

[國譯]

이때, 漢兵과 新市, 平林의 무리는 모두 (淯陽邑) 小長安(소장안)에서 패배하자 각자 흩어져 떠나려 했다. 伯升(劉縯, 유연)은 下江의 군사가 宜秋(의추)에 있다는 말을 듣고 바로 光武와 李通을 데리고 王常(왕상)의 보루를 찾아가 말했다.

"下江의 현명하신 장수를 만나 대사를 의논하고 싶다."

成丹(성단)과 張卬(장앙) 등이 모두 왕상을 추천하여 만나게 했다. 백승은 왕상을 만나 合從(합종)의 이득을 설명하였다. 이에 왕상이 크게 깨닫고 말했다.

"王莽(왕망)이 漢을 찬탈 시해한 뒤에 백성에게 잔인 포악하여 백성이 漢을 그리워하였기에 호걸이 모두 흥기하였습니다. 지금 劉氏가 다시 흥기하니 만백성의 眞主입니다. 정말로 성심으로 몸을 바쳐 싸워 큰 성공을 이루겠습니다." 그러자 백승이 말했다. "만약 우리가 크게 성공한다면 어찌 (劉氏) 혼자만 복을 누리겠습니까!" 그리고서는 왕상과 함께 굳은 약조를 맺어 돌아왔다.

왕상도 돌아가 성단과 장앙에게 있었던 일을 모두 말해 주었다. 성단과 장앙은 다수의 무리를 믿고 말했다.

"대장부가 한 번 일어났으면 각자가 우두머리가 되어야 하지 왜, 남의 제재를 받아야 하겠는가?"

왕상은 마음으로 혼자라도 漢에 귀부하고 싶었지만 차근차근 그 장수들을 설득하였다.

"옛날 成帝와 哀帝가 쇠약하여 후사가 없었기에 왕망은 그를 틈타 제위를 찬탈하였습니다. 천하를 차지한 뒤로는 가혹한 정령으로 민심을 계속 잃었습니다. 백성은 신음하면서 옛 漢을 그리는 것이

하루 이틀이 아니었기에 우리가 이렇게 봉기할 수 있었습니다. 백성의 원한을 산 자는 하늘이 버릴 것이며, 백성이 그리는 자는 하늘이 도울 것입니다. 큰일을 해내려 한다면 당연히 민심을 따라야 하고 위로 하늘의 뜻에 맞춘다면 성공할 수 있습니다. 만약 강한 힘만 믿고 민심을 거슬리면서 멋대로 행동한다면 비록 천하를 얻을지라도 반드시 다시 잃게 됩니다. 秦과 項羽의 세력으로도 나라가 엎어지고 망했는데, 하물며 지금 우리처럼 山野에 모인 평민 무리는 말할 것이 있겠습니까? 지금처럼 하는 행동은 멸망으로 가는 길입니다. 지금 남양군의 劉氏 일족이 모두 기병하였는데 우리와 의논하러 온 사람을 보니 하나같이 원대한 계책과 생각을 갖고 王公의 바탕을 지녔으니 그들과 병합한다면 틀림없이 성공할 것이며, 이는 하늘이 우리를 도운 것입니다."

下江의 여러 장수들은 비록 강자에 눌리고 아는 것이 없었지만 평소에 왕상을 공경하였기에 모두 사과하며 말했다.

"王장군이 아니면 우리는 모두 不義한 짓이나 했을 것이니 장군을 따라 가르침을 받겠습니다."

그리고는 즉시 군사를 이끌고 漢軍과 新市, 平林兵과 합쳤다. 이에 여러 부대가 한마음으로 협력하면서 더욱 사기가 올랐고, 함께 진격하여 (南陽郡의) 甄阜(견부)와 梁丘賜(양구사)의 군사를 격파하고 죽였다.

原文

及諸將議立宗室, 唯常與南陽士大夫同意欲立伯升, 而朱鮪,張卬等不聽. 及更始立, 以常爲廷尉,大將軍, 封知命侯. 別徇汝南,沛郡, 還入昆陽, 與光武共擊破王尋,王邑. 更始西都長安, 以常行南陽太守事, 令專命誅賞, 封爲鄧王, 食八縣, 賜姓劉氏. 常性恭儉, 遵法度, 南方稱之.

| **註釋** | ㅇ汝南,沛郡 – 모두 豫州刺史部(治所는 沛國 譙縣. 今 安徽省 북부의 亳州市)의 군명. ㅇ昆陽(곤양) – 潁川郡의 현명. 今 河南省 중앙에 위치한 漯河市(탑하시)의 부근. ㅇ王尋,王邑 – 왕망의 일족. ㅇ專命誅賞 – 명을 따르지 않는 자는 주살하고 유공자에게 상을 주는 권한을 주다.

[國譯]

여러 장수들이 劉氏 종실을 옹립하기로 의논하였는데, 王常과 南陽의 사대부들은 유백승을 옹립하려 했으나 朱鮪(주유), 張卬(장앙) 등은 따르지 않았다. 경시제가 즉위하면서 왕상은 廷尉에 大將軍이 되어 知命侯(지명후)에 봉해졌다. 왕상은 별도로 汝南, 沛郡을 경략하고 (潁川郡) 昆陽(곤양)으로 돌아왔다가 光武와 함께 王尋(왕심)과 王邑(왕읍)을 격파하였다.

경시제는 서쪽으로 가서 長安에 도읍하고서 왕상에게 南陽太守 업무를 대행케 하면서 주살과 시상의 전권을 수여하였으며, 왕상은 鄧王(등왕)이 되어 8개 縣을 식읍으로 받고 劉氏 姓을 하사받았다. 왕상은 천성이 공손 검소하였고 법도를 지켜 남방에서 칭송을 들었다.

原文

更始敗, 建武二年夏, 常將妻子詣洛陽, 肉袒自歸. 光武見常甚歡, 勞之曰, "王廷尉良苦. 每念往時共更艱厄, 何日忘之. 莫往莫來, 豈違平生之言乎?"

常頓首謝曰, "臣蒙大命, 得以鞭策託身陛下. 始遇宜秋, 後會昆陽, 幸賴靈武, 輒成斷金. 更始不量愚臣, 任以南州. 赤眉之難, 喪心失望, 以爲天下復失綱紀. 聞陛下卽位河北, 心開目明, 今得見闕庭, 死無遺恨."

帝笑曰, "吾與廷尉戲耳. 吾見廷尉, 不憂南方矣." 乃召公卿將軍以下大會, 具爲群臣言, "常以匹夫興義兵, 明於知天命, 故更始封爲知命侯. 與吾相遇兵中, 尤相厚善." 特加賞賜, 拜爲左曹, 封山桑侯.

| 註釋 | ㅇ肉袒自歸 – 肉袒은 웃통을 벗어 복종, 항복, 請罪의 뜻을 표시함. 袒은 웃통 벗을 단. ㅇ良苦 – 良은 심히. ㅇ共更艱厄 – 共更은 함께 겪다. 更은 經也. 艱厄(간액)은 艱難(간난)과 厄運(액운). ㅇ莫往莫來 – 오고 가지 않다. 왕래가 없다. ㅇ得以鞭策託身陛下 – 鞭策은 말채찍. 부하가 되었다는 표현. ㅇ輒成斷金 – 깊은 언약으로 한마음이 되다. 二人同心 其利斷金. ㅇ南州 – 南陽郡. ㅇ喪心失望 – 적미가 경시제를 격파한 일. ㅇ卽位河北 – 광무제는 常山郡의 鄗縣(호현)에서 건무 원년 6월에 즉위하였다. 鄗縣은 光武帝가 高邑縣으로 개명. 今 河北省 남부 石家莊市 관할 高邑縣. ㅇ拜爲左曹 – 左曹는 漢의 加官의 칭호. 左,右曹는 尙書事에 관여할 수 있다. 加官은 본 관직 외에 추가로 받는 직함이다. 侍中, 左右曹, 諸吏, 散騎, 中常侍 給事中 등이 모두 加官이다. 列侯, 將軍, 卿大夫, 都尉, 尙

書, 太醫, 太官令에서 郎中에 이르는 관직이라면 加官을 받을 수 있었다. 加官은 정원이 없고, 加官은 內朝官에 한했고 政事의 논의에 참여할 수 있으며 권한도 강대하였다. ㅇ封山桑侯 – 山桑(산상)은 沛郡의 현명.

[國譯]

경시제가 패망하고 建武 2년 여름, 왕상은 처자와 함께 洛陽으로 와서 웃통을 벗고 귀부하였다. 광무제는 왕상을 만나 크게 기뻐하며 위로하였다.

"王廷尉(王常)는 정말 고생이 많았소. 지난 날 함께 겪은 어려움과 액운을 생각할 때마다 하루도 잊은 적이 없었소. 그간 왕래가 없었는데 어찌 하여 평생의 약속을 지키지 않았는가?"

그러자 왕상은 머리를 조아리며 사죄하였다.

"臣이 천명의 은혜를 받아 채찍을 들고 폐하께 몸을 맡겼습니다. 처음에 宜秋(의추)에서 뵈었고 나중에 昆陽(곤양)에서 싸우면서 폐하의 영명하신 武運에 의지하여 이겼으며 굳게 약속을 맺었습니다. 경시제는 저의 어리석음을 알지 못해 南陽郡을 저에게 맡겼습니다. 적미군의 위난을 당해 저는 상심하고 실망하면서 천하는 다시 기강을 잃었다고 생각하였습니다. 그러나 폐하께서 河北에서 즉위하셨다는 소식을 듣고서 마음이 열리고 눈을 뜬 것 같았습니다. 지금 조정에서 폐하를 알현하였으니 죽어도 여한이 없습니다."

이에 광무제가 웃으며 말했다. "내가 정위에게 농담을 하였소. 내가 王 정위를 만났으니 南陽郡은 이제 걱정이 없도다."

광무제는 바로 장군과 公卿을 모두 불러 모은 뒤 모든 신하에게 그간의 일을 다 말하였다.

"王常은 필부였지만 의병을 일으켰고 천명을 잘 알았기에 경시제도 知命侯(지명후)에 봉했다. 나와는 전쟁 중에 처음 만났고, 나를 아주 잘 위해주었노라."

그리고 특별한 하사품을 내려주고 左曹에 임명하면서 山桑侯(산상후)에 봉했다.

原文

後帝於大會中指常謂群臣曰, "此家率下江諸將輔翼漢室, 心如金石, 眞忠臣也." 是日遷常爲漢忠將軍, 遣南擊鄧奉,董訢, 令諸將皆屬焉. 又詔常北擊河間,漁陽, 平諸屯聚.

五年秋, 攻拔湖陵, 又與帝會任城, 因從破蘇茂,龐萌. 進攻下邳, 常部當城門戰, 一日數合, 賊反走入城, 常追迫之, 城上射矢雨下. 帝從百餘騎自城南高處望, 常戰力甚, 馳遣中黃門詔使引還, 賊遂降. 又別率騎都尉王霸共平沛郡賊. 六年春, 征還洛陽, 令夫人迎常於舞陽, 歸家上冢. 西屯長安, 拒隗囂.

七年, 使使者持璽書, 卽拜常爲橫野大將軍, 位次與諸將絶席. 常別擊破隗囂將高峻於朝那. 囂遣將過烏氏, 常要擊破之. 轉降保塞羌諸營壁, 皆平之. 九年, 擊內黃賊, 破降之. 後北屯故安, 拒盧芳. 十二年, 薨於屯所, 謚曰節侯.

子廣嗣. 三十年, 徙封石城侯. 永平十四年, 坐與楚事相連, 國除.

| 註釋 | ㅇ此家 – 이 사람. 這個人. ㅇ河間,漁陽 – 河間郡 治所는 樂成縣, 今 河北省 남동부의 滄州市 獻縣(헌현). 漁陽郡 治所는 漁陽縣, 今 北京市 동북부 密雲區. ㅇ屯聚(둔취) – 각지에 모여 있는 할거 세력. ㅇ湖陵 – 湖陵은 山陽郡(치소는 昌邑縣)의 현명. 今 山東省 齊寧市 魚台縣. 패현의 북쪽. ㅇ任城 – 任城郡 任城縣은 今 山東省 서남부의 濟寧市. ㅇ下邳(하비) – 郡國名. 徐州 관할, 治所는 下邳縣, 今 江蘇省 徐州市 관할의 睢寧縣(수녕현) 古邳鎭. ㅇ隗囂(외효) – (隗囂, ?-33) 왕망 말기 今 甘肅省 동부 일대에 웅거. 隗 험할 외, 성씨. 囂 떠드는 소리 효. 외효는 광무제의 명을 받아 西河지역의 군사와 행정을 전담했다. 건무 6년에 반역하여 9년에 병사했다. 13권, 〈隗囂公孫述列傳〉에 입전. ㅇ位次與諸將絶席 – 지위가 다른 장군에 비하여 월등히 높다. ㅇ朝那(조나) – 安定郡(治所 臨涇縣, 今 甘肅省 慶陽市 관할 鎭原縣)의 현명. 今 寧夏回族自治區 남부 固原市 관할 彭陽縣(팽양현). ㅇ烏氏 – 烏氏(오지)는 安定郡의 현명. 後漢에서는 烏支로 표기. 今 寧夏回族自治區 남부 固原市 남. ㅇ擊內黃賊 – 內皇은 魏郡의 현명. 今 河南省 安陽市 관할 內黃縣. ㅇ故安 – 涿郡(탁군)의 故安縣, 今 河北省 保定市 易縣(역현) 동남. ㅇ盧芳 – 인명. 한때 代郡에 웅거했었다.

[國譯]

뒷날 광무제는 정식 조회 중에 여러 신하들에게 말했다.

"이 사람은 下江의 여러 장수를 거느리고 漢室을 도왔는데 마음이 金石처럼 변하지 않으니 정말 충신이로다."

그리고 그날로 왕상을 漢忠將軍에 임명하고 남으로 鄧奉(등봉)과 董訢(동흔)의 무리를 공격하라 명하면서 諸將을 모두 왕상에게 소속시켰다. 또 조서로 왕상에게 북으로 河間郡과 漁陽郡 일대를 공격케 하면서 여러 무리들을 평정케 하였다.

建武 5년 가을 (山陽郡) 湖陵縣을 공격 점령하였고 그 뒤에 광무제와 任城縣에서 만나 광무제를 따라 蘇茂(소무)와 龐萌(방맹) 무리를 격파하였다. 왕상이 下邳城(하비성)을 공격할 때, 왕상의 부대는 성문 공격을 담당하여 하루에도 몇 차례 씩 전투를 벌였고 적군이 도망쳐 입성할 때면 왕상은 바짝 적을 추격하였는데 성 위에서 화살이 비처럼 쏟아졌다. 광무제가 100여 기병을 거느리고 성의 남쪽 높은 곳에서 바라다보았는데 왕상이 너무 힘들게 싸우기에 中黃門을 달려 보내 왕상에게 군사를 퇴각하라고 하였는데 적은 나중에 투항하였다. 또 별도로 騎都尉 王霸(왕패) 등과 함께 沛郡의 반적을 평정하였다. 건무 6년 봄에 정벌에서 낙양으로 돌아오는데 광무제는 왕상의 부인에게 명하여 왕상을 舞陽까지 나가 맞이하게 하였고 귀가해서 조상의 무덤에 제사하게 하였다. 왕상은 서쪽으로 가서 長安에 주둔하며 隗囂(외효)를 막게 하였다.

建武 7년(서기 31)에 使者를 시켜 璽書(새서)를 갖고 가서 왕상을 현지에서 橫野大將軍에 임명케 하였는데 그 지위가 다른 장군들보다 월등히 높았다. 왕상은 별도로 외효의 장수 高峻(고준)을 朝那(조나)에서 격파하였다. 외효가 보낸 장수가 (安定郡) 烏氏縣(오지현)을 통과할 때 왕상은 도중에서 요격하여 격파하였다. 또 각지를 돌며 羌族(강족)의 요새나 보루를 격파하여 모두 평정하였다. 건무 9년에 (魏郡의) 內黃의 적을 격파하여 항복케 하였다. 뒤에 북으로 나아가 〔涿郡(탁군)〕 故安縣에 주둔하며 盧芳(노방)과 싸웠다. 건무 12년(36년), 주둔한 곳에서 죽었는데 시호는 節侯(절후)라 하였다.

아들 王廣(왕광)이 계승했다. 재위 30년에 왕광을 옮겨 石城侯(석성후)에 봉했다. (明帝) 永平 14년(서기 71년), 楚王(劉英)의 반역에 연좌되어 나라를 없앴다.

❸ 鄧晨

原文

鄧晨字偉卿, 南陽新野人也. 世吏二千石. 父宏, 豫章都尉. 晨初娶光武姊元. 王莽末, 光武嘗與兄伯升及晨俱之宛, 與穰人蔡少公等宴語. 少公頗學圖讖, 言劉秀當爲天子. 或曰, "是國師公劉秀乎?" 光武戲曰, "何用知非僕耶?" 坐者皆大笑, 晨心獨喜. 及光武與家屬避吏新野, 舍晨廬, 甚相親愛. 晨因謂光武曰, "王莽悖暴, 盛夏斬人, 此天亡之時也. 往時會宛, 獨當應耶?" 光武笑不答.

| 註釋 | ○新野 – 南陽郡의 縣名. 今 河南省 南陽市 관할 新野縣. ○豫章都尉 – 豫章은 郡名. 治所는 南昌縣, 今 江西省 북부 南昌市(江西省의 省都). 都尉는 郡의 군사 업무 총괄, 질록 比二千石. ○娶光武姊元 – 광무제의 여자 형제는 큰누나 黃, 작은누나 元, 그리고 여동생 伯姬가 있었다. ○穰人 – 穰은 南陽郡의 縣名. 今 河南省 직할의 鄧州市. 河南省의 서남쪽 湖北省의 접경. ○何用知非僕耶 – 僕은 나, 저, 謙稱.

[國譯]

鄧晨(등신)의 字는 偉卿(위경)으로 南陽郡 新野縣 사람이다. 대대로 二千石 관리 집안이었다. 부친 鄧宏(등굉)은 豫章 都尉였다. 등신은 처음에 光武의 누나인 元(원)과 결혼했다. 왕망 말기에 光武와 형 伯升(백승)과 등신이 함께 宛縣(완현)에 가서 穰縣(양현) 사람 蔡少公(채소공) 등과 한가하게 이야기를 나누었다.

채소공은 도참을 많이 배웠는데 劉秀(光武)가 응당 천자가 되어야 한다고 말했다. 그랬더니 어떤 사람이 "國師公인 劉秀입니까?" 라고 말했다. 그러자 光武도 농담으로 "내가 아닌 줄을 어떻게 알았습니까?" 라고 말하자 그 자리에 있던 사람들이 모두 크게 웃었고, 등신은 마음속으로 혼자 기뻐했다.

光武가 식구들을 데리고 관리를 피해 新野縣 등신의 집에 머물 때 등신이 아주 친애하였다. 등신이 기회를 보아 광무에게 말했다.

"왕망이 패악하여 한 여름에도 백성을 죽이라 하니, 이는 하늘이 왕망을 망하게 하는 것이다. 그전에 宛縣(완현)에 갔을 때 들은 말이 어찌 처남에게 해당하지 않겠는가?"

光武는 웃으면서 대답하지 않았다.

原文

及漢兵起, 晨將賓客會棘陽. 漢兵敗小長安, 諸將多亡家屬, 光武單馬遁走. 遇女弟伯姬, 與共騎而奔. 前行復見元, 趣令上馬. 元以手撝曰, "行矣, 不能相救, 無爲兩沒也." 會追兵至, 元及三女皆遇害. 漢兵退保棘陽, 而新野宰乃汙晨宅, 焚其冢墓. 宗族皆恚怒, 曰, "家自富足, 何故隨婦家人入湯鑊中?" 晨終無恨色.

| **註釋** | ㅇ棘陽(극양) – 남양군의 현명. 新野縣의 이웃. ㅇ手撝 – 손을 휘젓다. 撝는 찢을 휘. 높이 올려 휘두르다. 손짓하다. ㅇ而新野宰乃汙晨宅 – 신야 현령이 등신의 집에 오물을 퍼붓다. 집터를 파내 연못으로 만들다. 반역자를 응징하는 행위. ㅇ湯鑊(탕확) – 사람을 삶아 죽이는 형벌에 쓰는 다리가 없는 솥. 가마솥. 湯은 끓는 물 탕. 鑊은 솥 확.

[國譯]

漢의 군사가 일어나자 鄧晨(등신)은 따르는 무리를 거느리고 棘陽(극양)에서 합류하였다. 漢兵이 小長安에서 패할 때 여러 장수가 가속들을 많이 잃었는데 光武도 말 한 필을 타고 도망쳤다. 광무가 도망가다가 여동생 伯姬(백희)를 만나 함께 말에 태웠다. 앞으로 가다가 다시 작은누나 元(원)을 만나 말에 올라타라고 재촉했다. 그러나 元(원)이 손을 내두르며 말했다.

"가라! 서로 구해줄 수도 없는데 둘 다 죽게 하지 말라."

이어 추격 병이 쫓아왔고 元(원)과 그 딸 셋이 모두 살해되었다. 漢兵은 물러나 극양을 지켰는데, 新野 현령은 등신의 집터를 파내 오물로 채웠고 그 가족묘와 사당을 불태웠다. 그러자 등신의 집안사람들이 모두 화를 내며 말했다. "집안이 가만히 있어도 부자이거늘 왜 처가 식구를 따라가서 집안을 끓는 물에 집어넣는가?"

그러나 등신은 끝내 후회하는 안색이 없었다.

原文

更始立, 以晨爲偏將軍. 與光武略地潁川, 俱夜出昆陽城, 擊破王尋,王邑. 又別徇陽翟以東, 至京,密, 皆下之. 更始北都洛陽, 以晨爲常山太守. 會王郞反, 光武自薊走信都, 晨亦間行會於鉅鹿下, 自請從擊邯鄲. 光武曰, "偉卿以一身從我, 不如以一郡爲我北道主人." 乃遣晨歸郡. 光武追銅馬, 高胡群賊於冀州, 晨發積射士千人, 又遣委輸給軍不絶. 光武卽位, 封晨房子侯. 帝又感悼姊沒於亂兵, 追封謚元爲新野節義長公主, 立廟於縣西. 封晨長子汎爲吳房侯, 以奉公主之祀.

建武三年, 徵晨還京師, 數宴見, 說故舊平生爲歡. 晨從容謂帝曰, "僕竟辦之." 帝大笑. 從幸章陵, 拜光祿大夫, 使持節監執金吾賈復等擊平郚陵,新息賊. 四年, 從幸壽春, 留鎭九江.

| **註釋** | ㅇ偏將軍 – 後漢의 武官은 將軍 – 中郞將 – 校尉의 三級이 있는데, 編將軍은 將軍 중 지위가 낮은 직명. 질록 二千石, 郡 太守에 상응. ㅇ陽翟(양책) – 潁川郡(영천군)의 治所. 今 河南省 許昌市 관할 禹州市. ㅇ至京,密 – 京縣은 河南尹의 현명. 今 河南省 鄭州市 관할 滎陽市(형양시), 河南尹의 密縣, 今 河南省 鄭州市 관할 新密市. ㅇ王郞(본명 王昌, ?-24) – 成帝 아들을 사칭하며 자립했다. 更始帝 2년(서기 24년) 정월, 王郞(왕랑)의 세력이 새로이 커지자 劉秀는 북쪽으로 나아가 薊縣(계현)을 평정하였다. 한때 光武에 맞섰으나 여러 번 패전한 뒤 밤에 도망하다가 길에서 죽어 참

수되었다. 12권, 〈王劉張李彭盧列傳〉 立傳. ㅇ自薊走信都 – 薊(계)는 廣陽郡의 치소 薊縣, 今 天津市 북부. 信都는 信都郡(信都國, 廣川國) 治所인 信都縣, 今 河北省 衡水市 관할 冀州市. ㅇ邯鄲(한단) – 邯鄲縣, 趙國의 치소, 北宋시대에는 北京大名府, 《水滸傳》의 무대. 邯은 山名, 鄲은 盡也. 邯山(한산)이 여기에 와서 끝난다는 의미. 今 河北省 남부. ㅇ銅馬,高胡群賊於冀州 – 銅馬는 河北 봉기 세력의 하나. 銅馬의 賊帥(적수)는 東山荒禿(동산황독)과 上淮況(상회황) 등, 建武 2년에 孫登(손등)을 황제로 옹립하였다. 高胡도 도적의 무리 이름. ㅇ發積射士 – 積은 迹. 사람의 자취를 따라가 활을 쏘는 궁사. ㅇ房子侯 – 常山國의 房子縣. ㅇ吳房侯 – 汝南郡 吳房縣. ㅇ郘陵,新息 – 모두 汝南郡의 현명. 郘陵(소릉)은 今 河南省 중부 漯河市(탑하시) 郾城區(언성구). 뒷날 新息은 뒷날 侯國. 今 河南省 남단의 信陽市 관할 息縣. ㅇ壽春 – 九江郡의 縣名. 今 安徽省 六安市 관할 壽縣. ㅇ九江 – 揚州 관할 군명. 治所 陰陵縣, 今 安徽省 중동부 滁州市(저주시) 定遠縣 서북. 今 江西省 九江市가 아님.

[國譯]

경시제가 즉위하자 鄧晨(등신)은 偏將軍이 되었다. 등신은 광무와 함께 潁川郡(영천군) 일대를 경략하였고, 함께 야간에 昆陽城(곤양성)을 빠져나와서 王尋(왕심)과 王邑(왕읍)을 격파하였다. 또 별도로 (潁川郡) 陽翟(양책) 동쪽에서 京縣과 密縣(밀현)까지를 경략하여 모두 평정하였다. 경시제가 북쪽으로 올라와 낙양에 도읍하면서 등신은 常山 태수가 되었다. 그 무렵 王郞(왕랑)이 반역하자 光武는 薊縣(계현)에서 信都縣으로 옮겨 갔고 등신 역시 샛길로 빠져나가 鉅鹿(거록) 부근에서 만나 (趙의) 邯鄲(한단)을 치겠다고 자청하였다. 이에 光武가 말했다.

"偉卿(鄧晨)께서 단신으로 저를 따라와 주셨는데, 하나의 군에서 나를 북쪽 지역의 주인으로 만들어준다 하여도 매형의 도움만 못할 것입니다."

그리고서는 등신은 常山郡으로 돌아가게 하였다. 光武는 銅馬(동마)와 高胡(고호) 등의 무리를 冀州(기주)에서 격파하였는데, 등신은 사람의 자취를 따라가 활을 쏘는 궁사 1천 명을 보내주었고 또 군량을 부족하지 않게 공급하였다.

光武帝는 즉위한 뒤, 등신을 房子侯(방자후)에 봉했다. 또 광무제는 누나가 亂兵에 죽은 것을 추념하여 누나인 元(원)을 新野節義長公主라 시호를 올리고, 묘당을 新野縣 서북쪽에 세우게 하였다. 그리고 등신의 장자인 鄧汎(등범)을 吳房侯(오방후)에 봉하여 공주의 제사를 받들게 하였다.

建武 3년, 등신을 경사로 소환하여 자주 사적으로 만나서 지난 옛 일을 이야기하며 즐겼다. 어느 날 등신이 조용하게 광무제에게 말했다.

"제가 끝까지 다 해냈습니다."

이에 광무제는 크게 웃었다. 등신은 황제의 행차를 따라 章陵縣에도 갔으며, 光祿大夫를 제수 받아 부절을 가지고 執金吾 賈復(가복) 등을 감독하며 (汝南郡) 邵陵縣(소릉현)과 新息縣(신식현)의 도적 무리를 평정케 하였다. 건무 4년에 황제를 수행하여 壽春에 가서 그곳에 머물면서 九江郡 지역을 진무하였다.

原文

晨好樂郡職, 由是復拜爲中山太守, 吏民稱之, 常爲冀州高第. 十三年, 更封南䜌侯. 入奉朝請, 復爲汝南太守.

十八年, 行幸章陵, 徵晨行廷尉事. 從至新野, 置酒酣宴, 賞賜數百千萬, 復遣歸郡. 晨興鴻郤陂數千頃田, 汝土以殷, 魚稻之饒, 流衍它郡. 明年, 定封西華侯, 復徵奉朝請.

二十五年卒, 詔遣中謁者備公主官屬禮儀, 招迎新野主魂, 與晨合葬於北芒. 乘輿與中宮親臨喪送葬. 謚曰惠侯.

小子棠嗣, 後徙封武當. 棠卒, 子固嗣. 固卒, 子國嗣. 國卒, 子福嗣, 永建元年卒, 無子, 國除.

| 註釋 | ○郡職 – 백성을 다스리는 太守의 직분. ○冀州高第 – 冀州 관할 郡國의 치적 평가에서 늘 1등 했다는 뜻. ○更封南䜌侯 – 䜌은 戀(사모할 연,련)에서 心이 없는 字인데 Word에서 이렇게 찍힘. ○十八年 – 건무 18년, 서기 42년. ○鴻郤陂(홍극피) –《漢書 翟方進傳》에는 鴻隙大陂(홍극대피), 홍극이라는 큰 저수지. 今 河南省 駐馬店市 관할의 汝陽縣과 息縣에 있는 저수지. 陂는 못 피. 저수지(池塘). 비탈 파. 汝南郡에 옛날부터 鴻隙(홍격)이라는 큰 저수지가 있었는데 여남군은 이 저수지 덕을 보았으나 成帝 때 관동에 수해가 자주 발생하면서 저수지가 넘쳐 피해가 발생했다. 적방진이 승상으로 있으면서 어사대부 孔光(공광)과 함께 관리를 파견하여 시찰한 뒤 저수지를 터서 물을 빼버리면 비옥한 땅이 생기고 제방 관리 비용도 절약되고 수해 걱정도 없을 것이라 하여 상주한 뒤에 저수지를 없애 버렸다. 鄧晨(등신)은 이곳을 개간하여 농지를 크게 개척했다는 뜻. 頃(경)은 면적 단위. 漢代 1畝(무)는 666㎡. 약 200평. 100畝가 1頃, 약 2만 평.

[國譯]

鄧晨(등신)은 太守의 직분 수행을 아주 즐겼기에 다시 中山郡 太守가 되었는데, 관리나 백성의 칭송을 들었고, 冀州刺史部에서 치적이 늘 높은 등급이었다. 建武 13년(서기 37)에 다시 南繺侯(남연후)에 봉해졌다. 조정에 들어와 奉朝請(봉조청)이었다가 다시 汝南太守가 되었다.

건무 18년 광무제가 章陵에 행차하면서 등신을 불러 廷尉의 직무를 대행케 하였다. 황제를 따라 新野縣에 도착하여 술자리를 마련하고 즐기면서 수백만 錢에서 천만 전에 이르는 하사품을 내리고 다시 여남군에 귀임하게 하였다. 등신은 여남군에서 鴻郤陂(홍극피, 저수지 이름)의 땅을 수천 頃(경)을 개간하였는데 여남군은 토지가 넉넉하고 물고기나 쌀의 생산이 많아 생산물을 다른 군에 보낼 수 있었다. 다음 해 등신은 西華侯에 봉해졌는데 다시 부름을 받아 奉朝請이 되었다.

건무 25년(서기 49)에 죽었는데 조서로 中謁者를 보내 公主의 관속의 禮儀로 장례를 치르게 하면서 新野長公主의 영혼을 불러 모셔다가 鄧晨(등신)과 北芒山(북망산)에 합장하였다. 광무제와 中宮(皇后)이 친히 장례에 참석하고 운구를 전송했다. 시호는 惠侯(혜후)였다.

막내아들 鄧棠(등당)이 계승했는데 뒤에 武當侯에 옮겨 봉해졌다. 鄧棠이 죽은 뒤, 아들 鄧固(등고)가 뒤를 이었다. 등고가 죽고 아들 鄧國(등국)이 계승했다. 등국이 죽자 아들 鄧福(등복)이 뒤를 이어 (順帝) 永建 元年(서기 126)에 죽었는데 아들이 없어 나라를 없앴다.

❹ 來歙

原文

來歙字君叔, 南陽新野人也. 六世祖漢, 有才力, 武帝世, 以光祿大夫副樓船將軍楊僕, 擊破南越,朝鮮. 父仲, 哀帝時爲諫大夫, 娶光武祖姑, 生歙. 光武甚親敬之, 數共往來長安.

| **註釋** | ㅇ來歙字君叔 – 來가 성씨. 歙은 거둘 흡. 일치하다. 翕과 同. ㅇ樓船將軍楊僕 – 水軍을 조련하여 무제 元鼎 5년(前 112)에 남월 정벌에 참여했고, 元封 3년(前 108)에 楊僕은 樓船將軍(누선장군)으로 齊(제)에서 渤海(발해)를 건너 朝鮮 王儉城에 도착했고, 5만의 병력을 거느린 좌장군 荀彘(순체)는 요동에서 출동하여 함께 조선 右渠王(우거왕)을 원정하였다. 衛滿朝鮮 멸망. 《漢書 酷吏傳》에 입전. 《漢書 西南夷兩粵朝鮮傳》 참고. ㅇ諫大夫 – 大夫는 정사에 대한 의론을 담당. 황제의 근신, 총신, 귀척으로 충임. 정원 없음, 많을 때는 수십 명이나 되었다. 후한에서는 諫議大夫. ㅇ光武祖姑 – 광무제의 왕고모. 祖父의 女兄弟.

[國譯]

來歙(내흡)의 字는 君叔(군숙)으로 南陽 新野 사람이다. 六世祖인 來漢(내한)은 힘이 장사라서 武帝 때, 光祿大夫로 樓船將軍 楊僕(양복)의 副職으로 南越(남월)과 朝鮮(조선) 원정에 참여했다. 부친 來仲(내중)은 哀帝 때 諫大夫(간대부)였는데 光武의 祖姑(왕고모)와 결혼하여 來歙(내흡)을 낳았다. 光武가 아주 가까이하며 공경하였는데 여러 번 長安에 함께 왕래하였다.

原文

漢兵起, 王莽以歙劉氏外屬, 乃收繫之, 賓客共簒奪, 得免. 更始卽位, 以歙爲吏, 從入關. 數言事不用, 以病去. 歙女弟爲漢中王劉嘉妻, 嘉遣人迎歙, 因南之漢中. 更始敗, 歙勸嘉歸光武, 遂與嘉俱東詣洛陽.

帝見歙, 大歡, 卽解衣爲衣之, 拜爲太中大夫. 是時方以隴,蜀爲憂, 獨謂歙曰, "今西州未附, 子陽稱帝, 道里阻遠, 諸將方務關東, 思西州方略, 未知所任, 其謀若何?" 歙因自請曰, "臣嘗與隗囂相遇長安. 其人始起, 以漢爲名. 今陛下聖德隆興, 臣願得奉威命, 開以丹青之信, 囂必束手自歸, 則述自亡之勢, 不足圖也."

| 註釋 | ㅇ賓客共簒奪 – 賓客은 門下의 식객, 유력자에 의지해 살면서 그 손발 노릇을 하는 사람. 簒은 빼앗을 찬. 奪도 빼앗을 탈. ㅇ漢中王劉嘉 – 劉嘉는 宗室, 경시제가 漢中王에 봉했다. ㅇ子陽稱帝 – 子陽은 公孫述(공손술, ?-36년)의 字, 公孫은 복성. 益州(巴蜀) 일원을 차지하고 天子라 자칭. 國號 成家. 建武 12년 멸망. ㅇ丹青之信 – 王者의 서신. 분명한 말. '王者之言 炳若丹青.' 丹青에는 역사책(丹書와 青史)이란 뜻도 있다.

[國譯]

漢兵이 일어나자 왕망은 내흡이 劉氏의 외척이라 하여 잡아가두었는데 내흡의 빈객들이 함께 내흡을 빼내서 벗어날 수 있었다. 경시제가 즉위하자 내흡은 관리로 경시제를 따라 入關하였다. 내흡은 여러 건의가 수용되지 않자 병을 핑계로 사직했다. 내흡의 여동생이 漢中王 劉嘉(유가)의 아내였는데 유가는 사람을 보내 내흡을 초빙했고 함께 남쪽 漢中으로 갔다. 경시제가 패망하자 내흡은 유가에게 光武에 귀부하라고 권유했고 유가와 함께 동쪽 낙양으로 왔다.

광무제는 내흡을 보자 크게 기뻐하며 입은 옷을 벗어 내흡에게 입혀주면서 太中大夫를 제수하였다. 광무제는 隴(농)과 蜀(촉) 때문에 한창 걱정할 때였는데 조용히 내흡에게 말했다.

"지금 西州(여기서는 隗囂)는 아직 귀부하지 않고 子陽(公孫述)은 稱帝했는데, 길은 멀고 험하며 여러 장수는 關東에 전력하기에 서쪽에 대한 방책을 누구에게 맡길지도 모르니, 어떤 방략이 좋겠습니까?"

그러자 내흡이 자청하며 말했다.

"臣이 그전에 隗囂(외효)와 長安에서 알고 지냈습니다. 그 사람이 처음 일어나면서 漢 부흥을 명분으로 삼았습니다. 지금 폐하께서는 聖德으로 융성하시니 臣이 명을 받아 만나서 분명한 信義로 설득한다면 외효는 스스로 손을 모아 귀의할 것이고 그러면 공손술은 힘이 빠지면서 멸망할 것이니 큰 걱정하지 않아도 될 것입니다."

原文

帝然之. 建武三年, 歙始使隗囂. 五年, 復持節送馬援, 因奉璽書於囂. 既還, 復往說囂. 囂遂遣子恂隨歙入質, 拜歙爲中郎將. 時山東略定, 帝謀西收囂兵, 與俱伐蜀, 復使歙喩旨囂將王元說囂, 多設疑, 故久冘豫不決. 歙素剛毅, 遂發憤質責囂曰, "國家以君知臧否, 曉廢興, 故以手書暢意. 足下推忠誠, 遣伯春委質, 是臣主之交信也. 今反欲用佞惑之言, 爲族滅之計, 叛主負子, 違背忠信乎? 吉凶之決, 在於今日."

欲前刺囂, 囂起入, 部勒兵, 將殺歙, 歙徐杖節就車而去. 囂愈怒, 王元勸囂殺歙, 使牛邯將兵圍守之. 囂將王遵諫曰, "愚聞爲國者愼器與名, 爲家者畏怨重禍. 俱愼名器, 則下服其命, 輕用怨禍, 則家受其殃. 今將軍遣子質漢, 內懷它志, 名器逆矣, 外人有議欲謀漢使, 輕怨禍矣. 古者列國兵交, 使在其間, 所以重兵貴和而不任戰也, 何況承王命籍重質而犯之哉? 君叔雖單車遠使, 而陛下之外兄也. 害之無損於漢, 而隨以族滅. 昔宋執楚使, 遂有析骸易子之禍. 小國猶不可辱, 況於萬乘之主, 重以伯春之命哉!"

歙爲人有信義, 言行不違, 及往來遊說, 皆可案復, 西州士大夫皆信重之, 多爲其言, 故得免而東歸.

| **註釋** | ㅇ馬援 – 建武 18년(서기 42)에 伏波將軍 馬援(마원) 등이 원정하여 서기 43년에 交阯郡(교지군)의 반적인 徵側(징측) 등을 토벌했다. 馬援(마원)의 딸이 明德馬皇后(30?-79년), 明帝 劉莊의 皇后, 無子, 章帝의 養母, 아주 모범적인 황후였다. 24권, 〈馬援列傳〉에 입전. ㅇ久冘豫不決 – 오랫동안 미적거리며 결정하지 못하다. 冘豫는 猶豫(유예). 冘는 머뭇거릴 유. 천천히 걸을 임. 冘豫不決은 狐疑不決. ㅇ國家以君知臧否 – 國家는

皇帝. 臧否는 선악. 臧는 착할 장. ㅇ故以手書暢意 – 광무제는 외효에게 보내는 조서를 여러 번 친히 써서 보냈다. ㅇ遣伯春委質 – 伯春은 외효 아들 隗恂(외순)의 字. 委質은 인질로 보내다. ㅇ王遵 – 광무제는 來歙(내흡)을 시켜 서신을 보내 외효의 신하인 王遵(왕준)을 초치하게 하였는데, 왕준은 곧 가족을 데리고 동쪽 낙양에 와서 太中大夫를 제수 받고 向義侯(향의후)에 봉해졌다. 앞의 牛邯(우한)도 뒷날 광무제에게 귀부했다. ㅇ愼器與名 – 器는 王者의 車服 등 기물. 名은 爵號. ㅇ析骸易子之禍 – 죽은 자의 시신 유골을 쪼개서 불태우고(연료로 쓰다) 아들을 먹을 것과 바꾸는 환난. 춘추시대 작은 宋나라가 齊에 가는 楚의 사자를 죽였기에 楚가 宋을 포위 공격하였다.

[國譯]

광무제도 그렇게 생각했다. 建武 3년, 來歙(내흡)을 처음으로 외효에게 사자로 보냈다. 5년, 다시 부절을 주어 馬援(마원)을 보내면서 외효에게 조서를 보냈다. 마원이 돌아온 뒤에 다시 내흡을 보내 외효를 설득하게 하였다. 결국 외효는 아들 恂(순)을 내흡을 따라 인질로 보냈고 내흡은 中郞將이 되었다. 이때 山東 지역이 대략 평정되면서 광무제는 서쪽 외효의 군사를 합쳐 함께 蜀(촉)의 공손술을 정벌할 계획을 세우고 다시 내흡을 시켜 황제의 뜻을 설명케 하였다. 외효의 장수 王元(왕원)도 외효를 설득하였지만 외효는 의심이 많아 오랫동안 미적거리며 결정하지 못했다. 내흡은 평소에 강직한 성격이었기에 나중에 분노하며 외효를 바른 말로 책망하였다.

"皇帝께서는 당신이 선악을 구별하고 성패의 도리를 알고 있다 생각했기에 직접 조서를 써서 뜻을 전했소. 足下는 忠誠의 뜻으로 아들을 인질로 보냈으니 이는 주군과 신하가 서로 신의를 교환한 것이요. 그런데 지금 오히려 요상하고 현혹한 말을 하고 있으니, 이는 멸족당할 방책이며 주군에 반역하고 아들을 버리며 믿음을 등지는 것이 아닌가? 吉凶의 선택은 오늘로 끝내야 하오."

그러면서 앞으로 다가서며 외효를 찌르려 하자 외효는 일어나 안으로 피했고 군사를 동원하여 내흡을 죽이려 했지만 외효는 지절을 잡고 천천히 걸어가서 수레를 타고 떠났다. 외효는 더욱 화가 났고 王元(왕원)은 외효에게 내흡을 죽이라고 권하면서 牛邯(우한)을 시켜 군사를 거느리고 포위하게 하였다. 이에 외효의 장수인 王遵(왕준)이 바른 말을 하였다.

"나라를 다스리는 자는 器物과 작위를 신중히 하사해야 하고, 집안을 이끄는 자는 원한이나 환난을 두려워해야 한다고 저는 알고 있습니다. 명분과 기물을 동시에 신중히 처리한다면 아랫사람은 명령을 잘 따를 것이며, 원한과 환난을 경시한다면 가문에 재앙을 당할 것입니다. 지금 장군께서는 아들을 漢에 인질로 보냈으면서도 마음속으로는 다른 뜻을 품고 있으니 이는 명분과 기물의 正道를 거역하는 것이며, 漢 사자를 모해하자는 外人의 의논은 원한과 환난을 경시하는 것입니다. 옛날에 여러 나라가 전쟁을 하면서도 그 중간에 사자가 왕래한 것은 군사를 중히 여기면서도 화해를 귀히 여기며 전투에만 의존하지 않은 것인데, 하물며 지금 왕명을 받고 온 사자와 소중한 인질은 보내 놓고서도 사자를 죽이려 합니까? 君叔(來歙의 字)은 수레 하나에 먼 길을 온 사자이며 폐하의 외척 형제일 뿐입니다. 그를 죽인다 하여 漢에는 손해가 없지만 우리는 멸족당할 수 있습니다. 옛날 宋에서 楚의 사자를 잡아가두었기에 결국 선조의 시신 뼈를 태워 밥을 짓고 자식을 먹을 것과 바꾸는 환난을 당했습니다.

소국도 모욕해서는 안 되는데, 하물며 萬乘 군주의 사신을 모욕할 수 없으며 또 아들의 목숨이 걸린 큰일입니다!"

내흡은 사람이 신의를 중히 여겼고 언행이 정도에서 벗어나지 않았으며 왕래하고 유세하는 뜻이 다 알려지면서 西州의 사대부들이 모두 믿고 존중하였기에 내흡을 위한 여론이 많아서 내흡은 포위에서 벗어나 낙양으로 돌아갈 수 있었다.

原文

八年春, 歙與征虜將軍祭遵襲略陽, 遵道病還, 分遣精兵隨歙, 合二千餘人, 伐山開道, 從番須,回中徑至略陽, 斬囂守將金梁, 因保其城. 囂大驚曰, "何其神也!" 乃悉兵數萬人圍略陽, 斬山築堤, 激水灌城. 歙與將士固死堅守, 矢盡, 乃發屋斷木以爲兵. 囂盡銳攻之, 自春至秋, 其士卒疲弊, 帝乃大發關東兵, 自將上隴, 囂衆潰走, 圍解.

於是置酒高會, 勞賜歙, 班坐絶席, 在諸將之右, 賜歙妻縑千匹. 詔使留屯長安, 悉監護諸將.

| 註釋 | ㅇ八年 - 건무 8년, 서기 32년. ㅇ祭遵(제준, ?-33) - 人名. 장군, 광무제를 따라 공을 세움. 20권, 〈銚期王霸祭遵列傳〉에 입전. ㅇ番須, 回中徑至略陽 - 番須(반수, 番音 盤), 回中(회중) 모두 지명. 徑(지름길 경)은 곧장. 略陽(약양)은 天水郡(漢陽郡)의 縣名. 今 甘肅省 동부 平涼市 관할 莊浪縣 서남. ㅇ班坐絶席 - 반차에 따른 자리가 다른 사람과 떨어졌다. 높은 자리, 우대하는 자리. ㅇ在諸將之右 - 漢代에는 右가 左보다 上이었다.

[國譯]

건무 8년 봄, 내흡과 征虜將軍 祭遵(제준)이 略陽縣(약양현)을 급습하였는데, 제준이 도중에 병으로 돌아가자 군사를 나누어 정병 2천여 명을 내흡에게 소속시켜 산을 깎고 길을 만들면서 番須(반수)에서 回中(회중)을 거쳐 곧장 略陽(약양)에 이르러 외효의 장수 金梁(김량)을 죽이고 성을 차지하였다. 외효는 크게 놀라며 "무슨 귀신인가!" 라고 하였다. 그리고서는 수만 군사를 동원하여 약양현을 포위하였는데 산을 자르며 제방을 쌓고서 급류로 성을 공격하였다. 내흡과 장수들은 죽기로 싸우며 굳게 지켰으니 화살이 다하자 지붕의 목재를 잘라 무기로 활용하였다. 외효도 정예 병력을 다 동원하여 공격했지만 봄에서 가을까지 계속하자 그 사졸도 피폐하였는데, 광무제가 關東의 병력을 대거 동원하여 직접 거느리고 隴右(농우)에 도착하자 외효의 군사는 궤멸하여 달아났고 포위는 풀렸다.

이에 광무제는 술자리를 크게 마련하여 내흡을 위로하였는데 班次에 따른 좌석을 여러 장수의 우측에 별도로 마련하였으며, 내흡의 처에게도 비단 1천 필을 하사하였다. 조서로 내흡이 長安에 주둔하면서 다른 장수를 감독하게 하였다.

原文

歙因上書曰,「公孫述以隴西,天水爲藩蔽, 故得延命假息. 今二郡平蕩, 則述智計窮矣. 宜益選兵馬, 儲積資糧. 昔趙之將帥多賈人, 高帝懸之以重賞. 今西州新破, 兵人疲饉,若招以財穀，則其衆可集．臣知國家所給非一，用度不足，然有不得已也．」

帝然之．於是大轉糧運，詔歙率征西大將軍馮異，建威大將軍耿弇，虎牙大將軍蓋延，揚武將軍馬成，武威將軍劉尙入天水，擊破公孫述將田弇，趙匡．明年，攻拔落門，隗囂支黨周宗，趙恢及天水屬縣皆降．

| 註釋 | ㅇ藩蔽 – 藩은 울타리, 屛也. 蔽는 덮을 폐. 외곽의 울타리. ㅇ延命假息 – 假息은 죽을 듯 겨우 숨을 쉬다. 假는 끝나다, 죽다의 뜻이 있다. ㅇ趙之將帥多賈人 – 고조 10년, 陳豨(진희)가 趙와 代를 근거로 모반했을 때, 그 장수 중에 상인이 많았기에 현상금을 크게 내걸자 진희의 장수들이 많이 投降했다. ㅇ落門 – 天水郡 치소인 冀縣(기현, 今 甘肅省 天水市 관할 甘谷縣)의 마을 이름.

[國譯]

내흡이 이어 상소하였다.

「公孫述은 隴西郡과 天水郡을 울타리로 삼아 겨우 연명하고 잔숨을 쉬고 있습니다. 지금 2개 군이 모두 평정되어 공손술의 계략은 바닥이 났습니다. 그렇지만 응당 병마를 더 보태고 군량을 비축해야 할 것입니다. 옛날 (진희가 모반할 때) 趙의 장수에 장사꾼이 많아 高祖께서는 큰 상을 내걸었습니다. 지금 隴西 지역이 격파되면서 군사들이 크게 지쳤기에 만약 우리가 재물이나 곡식을 내 건다면 그 무리를 모을 수 있습니다. 臣의 생각으로도 나라에 쓸 곳이 하나 둘이 아니라서 용도가 부족하겠지만 이는 부득이한 경우입니다.」

황제도 같은 생각이었다. 이에 곡식을 대량으로 운송케 하면서 조서를 내려 내흡이 征西大將軍 馮異(풍이), 建威大將軍 耿弇(경엄), 虎牙大將軍 蓋延(개연), 揚武將軍 馬成(마성), 武威將軍 劉尙(유상)을 거느리고 天水郡에 진격하여 공손술의 장수인 田弇(전엄)과 趙匡(조광)을 격파하게 하였다. 그 다음 해에 (천수군)의 落門(낙문)을 공격 탈취하자 隗囂(외효)의 잔당인 周宗(주종)과 趙恢(조회), 그리고 天水郡의 여러 屬縣(속현)이 모두 투항하였다.

原文

初王莽世, 羌虜多背叛, 而隗囂招懷其酋豪, 遂得爲用. 及囂亡後, 五溪,先零諸種數爲寇掠, 皆營塹自守, 州郡不能討.

歙乃大修攻具, 率蓋延,劉尙及太中大夫馬援等進擊羌於金城, 大破之, 斬首虜數千人, 獲牛羊萬餘頭, 穀數十萬斛. 又擊破襄武賊傅栗卿等. 隴西雖平, 而人饑, 流者相望. 歙乃傾倉廩, 轉運諸縣, 以賑贍之, 於是隴右遂安, 而涼州流通焉.

| **註釋** | ○羌虜 – 강족. 虜는 이민족에 대한 卑稱. 羌族(강족)은 羊을 토템으로 숭배하는 '西戎牧羊人.' 본래 지금의 陝西, 甘肅, 靑海省 일대에 거주하던 유목민. 西南夷, 西羌으로 지칭. 그들은 爾瑪(ěrmǎ)라 자칭. 羌(qiāng)은 他稱. 藏族, 彛族(이족), 土家族, 白族 등은 모두 羌族의 갈래이다. 강족의

침입에 대비하며 영역 내 강족을 통치하는 직책으로 護羌校尉가 있었다. 호강교위는 전한 武帝 때 처음 설치. 질록 比2천석. 왕망 때 폐지했다가 후한에서 다시 복원했다. 87권, 〈西羌傳〉 참고. ㅇ酋豪 - 酋長. 酋는 두목 추. ㅇ五溪,先零諸種數 - 五溪는 강족의 종족 이름. 武陵郡의 오계를 중심으로 분포. 대개 그들 거주지에 따른 이름으로 구분하였다. 先零(선련)도 羌族(강족)의 한 갈래. 零 조용히 내리는 비 령. 부족 이름 련. ㅇ金城 - 涼州刺史部의 郡名. 金城郡은 今 甘肅省 蘭州市, 青海省 西寧市 일대가 관할 구역. 치소는 允吾縣(今 甘肅省 臨夏市 관할 永靖縣 서북). ㅇ襄武賊傅栗卿 - 襄武는 隴西郡의 현명. 今 甘肅省 定西市 隴西縣. 傅栗卿(부율경)은 人名. ㅇ賑贍 - 구휼하다. 賑 구휼할 진. 구제하다. 贍 넉넉할 섬. 구제하다. ㅇ隴右 - 지역 명칭. 隴山(농산, 今 陝西省 서부와 甘肅省 경계를 이루는 산맥)의 서쪽 지역이란 뜻. 고대에는 西를 右라고 하였다. 今 甘肅省 今 陝西省 寶雞市 관할 隴縣 서북 서남부 일대, 곧 六盤山 서쪽에서 黃河의 동쪽을 지칭. 후한에서 隴縣은 天水郡(漢陽郡)의 현명. 涼州刺史府의 치소. 今 甘肅省 天水市 관할 張家川 回族自治縣. 후한의 행정구역으로서 隴西郡의 치소는 狄道, 今 甘肅省 남부 定西市 관할 臨洮縣. ㅇ涼州 - 涼州刺史部 치소는 漢陽郡 隴縣, 今 甘肅省 天水市 관할의 張家川回族自治縣. 隴西郡, 漢陽郡, 武都郡, 安定郡, 北地郡, 武威郡, 張掖郡, 酒泉郡, 敦煌郡 등을 관할했다.

[國譯]

그전에 왕망 시대에 羌族(강족)의 배반이 많았는데 외효는 그 추장들을 많이 회유하여 자기편으로 이용하였다. 외효가 망한 뒤에도 五溪(오계)와 先零(선련) 등 여러 강족이 자주 침략했었는데 모두 참호를 파고 지켜 州郡의 군사로는 토벌이 어려웠다.

이에 내흡은 공격용 병기를 대대적으로 보수한 뒤에 蓋延(개연),

劉尙(유상) 및 太中大夫인 馬援(마원) 등을 거느리고 金城郡에 진격하여 적을 대파하면서 적군 수천 명을 죽이고 소나 양 1만여 두와 곡식 10만 斛(곡)을 노획하였다. 또 襄武縣의 도적떼인 傅栗卿(부율경) 등을 격파하였다. 隴西郡이 평정되었지만 백성은 굶주리고 유랑민이 꼬리를 이었다. 내흡은 나라의 창고를 열고 여러 현에 轉運하여 백성을 구제하자 隴右 일대가 안정되면서 涼州(양주) 지역과 소통할 수 있었다.

原文

十一年, 歙與蓋延,馬成進攻公孫述將王元,環安於河池, 下辨, 陷之, 乘勝遂進. 蜀人大懼, 使刺客刺歙, 未殊, 馳召蓋延. 延見歙, 因伏悲哀, 不能仰視. 歙叱延曰, "虎牙何敢然! 今使者中刺客, 無以報國, 故呼巨卿, 欲相屬以軍事, 而反效兒女子涕泣乎! 刃雖在身, 不能勒兵斬公耶!" 延收淚强起, 受所誡.

歙自書表曰,「臣夜人定後, 爲何人所賊傷, 中臣要害. 臣不敢自惜, 誠恨奉職不稱, 以爲朝廷羞. 夫理國以得賢爲本, 太中大夫段襄, 骨鯁可任, 願陛下裁察. 又臣兄弟不肖, 終恐被罪, 陛下哀憐, 數賜教督.」

投筆抽刃而絕.

| **註釋** | ○(建武) 十一年 – 서기 35년. ○河池,下辨 – 河池 下辨는 武都

郡의 현명. ㅇ巨卿 – 蓋延의 字. ㅇ人定 – 二更, 오후 10시. 잠든 뒤. ㅇ爲何人所賊傷 – 누군지 모르는 사람에게 상처를 당했다. ㅇ中臣要害 – 臣의 要害한 곳을 찔렸다. ㅇ段襄(단양) – 인명. ㅇ骨鯁可任 – 骨鯁(골경)은 正直하다. 물고기 뼈. 물고기 뼈가 목에 걸리듯 주군에게 간쟁할 수 있는 신하. ㅇ兄弟不肖 – 不肖는 닮지 않다. 현명하지 못하다.

[國譯]

(建武) 11년, 내흡은 蓋延(개연)과 馬成(마성)을 거느리고 공손술의 장수 王元과 環安(환안)을 (武都郡) 河池縣과 下辨縣(하변현)에서 공격하여 점령한 뒤 승세를 타고 진격하였다. 蜀人은 크게 두려워하면서 자객을 보내 내흡을 찔렀으나 내흡은 죽지 않고 급히 개연을 소환하였다. 개연은 내흡을 보고서 엎드려 울며 바로 바라보지도 못했다. 이에 내흡이 개연을 질책했다.

"虎牙將軍이 어찌 이러는가! 지금 내가 자객에게 찔려 나라에 보국할 수 없기에 장군을 불러 군사를 부탁하려는데 어찌 부녀자처럼 울기만 하는가! 자객의 칼이 아직 내 몸에 있지만 내가 부하를 불러 공을 죽이지도 못하겠는가!"

개연은 눈물을 거두고 억지로 일어나 내흡의 훈계를 받았다. 내흡은 황제에 올리는 表文을 직접 손으로 썼다.

"臣은 오늘 밤 人定 뒤에, 누군지 모르는 자객에게 상처를 당해 요해처를 찔렸습니다. 臣은 제 죽음이 아쉬운 것이 아니라 제 임무를 제대로 수행하지 못한 것이 참으로 한스럽고 조정에 부끄럽기만 합니다. 대체로 나라를 다스리는데 현명한 인재를 얻는 것이 기본이니 太中大夫인 段襄(단양)은 정직한 사람이라 믿고 맡길 수 있으니 폐하께서 재량으로 살펴보시기 바랍니다. 또 臣의 형제가 不肖하여 혹시 끝내 죄를 짓더라도 폐하께서 불쌍히 여기시어 자주 가르치고 독려해주시기를 바랍니다."

그리고서는 붓을 놓고서 박힌 칼을 뽑자 그대로 절명하였다.

原文

帝聞大驚, 省書攬涕, 乃賜策曰,

「中郎將來歙, 攻戰連年, 平定羌,隴, 憂國忘家, 忠孝彰著. 遭命遇害, 嗚呼哀哉!」

使太中大夫贈歙中郎將,征羌侯印綬, 謚曰節侯, 謁者護喪事. 喪還洛陽, 乘輿縞素臨吊送葬. 以歙有平羌,隴之功, 故改汝南之當鄕縣爲征羌國焉.

子褒嗣. 十三年, 帝嘉歙忠節, 復封歙弟由爲宜西侯. 褒子棱, 尙顯宗女武安公主. 棱早歿, 褒卒, 以棱子歷爲嗣.

| **註釋** | ㅇ省書攬涕 - 上書를 읽고 눈물을 훔치다. 攬은 잡을 람. 붙어 있는 것을 따다. 총괄하다. ㅇ當鄕縣爲征羌國 - 汝南郡의 후국명. ㅇ棱 - 모서리 능(릉).

[國譯]

광무제는 소식을 듣고 크게 놀랐고 상서를 읽고서는 눈물을 흘렸다. 그리고 策書를 내려 말했다.

「中郎將 來歙(내흡)은 해마다 전쟁을 겪으며 羌族과 隴縣 일대를 평정하였고 憂國으로 가족을 잊었으며 忠孝의 행적이 뚜렷했다. 남에게 살해당하는 운명을 만났으니 嗚呼라, 슬프도다!"」

太中大夫를 보내 내흡에게 中郎將과 征羌侯(정강후)의 印綬(인수)를 내렸고, 시호는 節侯라 하였으며, 謁者를 보내 喪事를 주관케 하였다. 운구가 낙양에 오자 (황제는) 하얀 수레를 타고 가서 조문하였으며 장례 행렬을 지켜보았다. 내흡이 강족과 농현 일대를 평정한 공적을 기려 汝南郡의 當鄕縣을 征羌國(정강국)으로 고쳤다.

아들 來襃(내포)가 계승했다. 건무 13년, 광무제는 내흡의 충절을 가상히 여겨 다시 내흡의 동생 來由(내유)를 宜西侯(의서후)에 봉했다. 내포의 아들 來棱(내릉)은 顯宗(明帝)의 武安公主와 결혼하였다. 내릉이 먼저 죽은 뒤, 내포가 죽었다. 내릉의 아들 來歷(내력)이 후사가 되었다.

原文

論曰, 世稱來君叔天下信士. 夫專使乎二國之間, 豈厭詐謀哉? 而能獨以信稱者, 良其誠心在乎使兩義俱安, 而己不私其功也.

| **註釋** | ○信士 – 신의를 지킨 사람. 信義가 있는 사람. ○二國之間 – 漢과 외효의 사이. ○豈厭詐謀哉 – 어찌 거짓 술수를 쓸 생각이 없었겠는가?

[國譯]

范曄(범엽)의 史論 : 世人이 來君叔(來歙)이 천하에 성실한 사람이라고 칭송하지만, 전적으로 두 나라를 왕래하면서 거짓 술수를 어찌 생각하지 않았겠는가? 그런데도 信義로 홀로 칭송을 듣는 것은 사자로서 誠心으로 양쪽에 義理를 지켰고 자신의 공적이라 생각하지 않았기 때문일 것이다.

❺ 來歷

原文

歷字伯珍, 少襲爵, 以公主子, 永元中爲侍中, 監羽林右騎. 永初三年, 遷射聲校尉. 永寧元年, 代馮石爲執金吾. 延光元年, 尊歷母爲長公主. 二年, 遷歷太僕.

| **註釋** | ㅇ歷字伯珍 – 내흡의 증손. ㅇ監羽林右騎 – 우림위 기병을 감독하다. 羽林은 황제 護衛軍인 羽林騎士. 羽林軍의 左, 右騎를 羽林左監(800명 지휘)과 右監(900명 지휘, 질록 6百石)이 각각 감독 지휘. ㅇ太僕 – 황제의 御駕(어가)와 나라의 馬政을 관할, 9卿의 하나. 질록 中二千石. 屬官으로 大廐令, 未央令, 家馬令을 두었고 그 아래 각각 5丞과 1尉를 두었다. 龍馬監 등 5監 이외에 다수의 속관을 거느림. 中太僕은 皇太后의 수레와 거마를 관장하나 상설직은 아니었다.

[國譯]

來歷(내력)의 字는 伯珍(백진)인데, 젊어 작위를 세습했고 (明帝) 公主의 아들이라서 (和帝) 永元 연간에 侍中이 되어 羽林 右騎를 감독했다. (安帝) 永初 3년(서기 109), 射聲校尉로 승진했다. (安帝) 永寧 원년(서기 120)에 馮石(풍석)의 후임으로 執金吾가 되었다. (安帝) 延光 원년(서기 122)에 내력 모친이 長公主가 되었다. (安帝 延光) 2년에 내력은 太僕(태복)으로 승진하였다.

原文

明年, 中常侍樊豐與大將軍耿寶,侍中周廣,謝惲等共讒陷太尉楊震, 震遂自殺. 歷謂侍御史虞詡曰, "耿寶托元舅之親, 榮寵過厚, 不念報國恩, 而傾側姦臣, 誣奏楊公, 傷害忠良, 其天禍亦將至矣." 遂絶周廣,謝惲, 不與交通.

時皇太子驚病不安, 避幸安帝乳母野王君王聖舍. 太子乳母王男,廚監邴吉等以爲聖舍新繕修, 犯土禁, 不可久御. 聖及其女永與大長秋江京及中常侍樊豐,王男,邴吉等互相是非, 聖,永遂誣譖男,吉, 皆幽囚死, 家屬徙比景. 太子思男等, 數爲嘆息. 京,豐懼有後害, 妄造虛無, 構讒太子及東宮官屬.

帝怒, 召公卿以下會議廢立. 耿寶等承旨, 皆以爲太子當廢. 歷與太常桓焉,廷尉張皓議曰, "經說, 年未滿十五, 過惡不在其身. 且男,吉之謀, 皇太子容有不知, 宜選忠良保傅,輔以禮義. 廢置事重, 此誠聖恩所宜宿留.” 帝不從, 是日遂廢太子爲濟陰王.

時監太子家小黃門籍建,中傅高梵等, 皆以無罪徙朔方. 歷乃要結光祿勳祋諷,宗正劉瑋,將作大匠薛皓,侍中閭丘弘,陳光,趙代,施延,太中大夫朱倀,第五頡,中散大夫曹成,諫議大夫李尤,符節令張敬,持書侍御史龔調,羽林右監孔顯,城門司馬徐崇,衛尉守丞樂闓,長樂,未央廐令鄭安世等十餘人,俱詣鴻都門證太子無過. 龔調據法律明之, 以爲男,吉犯罪,皇太子不當坐.

| 註釋 | ㅇ中常侍 – 환관, 황제 측근에서 시중, 고문 응대, 내궁에 출입. 無 定員, 질록 1천석. 나중에는 比二千石으로 증액. ㅇ侍中 – 少府의 속관, 侍中은 황제의 최측근 近侍官. 顧問應對 담당. 무 정원, 후한에서는 질록 比二千石의 實職. 그 우두머리가 侍中祭酒(시중제주, 비 상설직, 전한에서는 侍中僕射). 어가 출행 시 박식한 시중 1인이 參乘, 나머지는 후미에 수행. 中常侍(千石, 宦者, 뒤에 比이천석으로 증액), 黃門侍郞(六百石), 小黃門(六百石, 宦者)을 거느림. ㅇ太尉 – 前漢의 군 최고 지휘관인 大司馬는 後漢에서 太尉로 개칭. ㅇ野王君王聖 – 王聖은 人名. 安帝의 유모. 野王君에 피봉. 황태자 保(보)를 모함. 뒷날 雁門郡으로 강제 이주되었다. 황제의 유모가 뒷날 정사를 좌지우지했다면 잘못되었어도 한참 잘못되었다. ㅇ廚監(주감) – 太子宮의 食官令, 질록 6백석. ㅇ大長秋 – 長秋는 皇后宮. 景帝 때 大長秋라 개칭. 大長秋는 태후나 황후를 시중드는 환관. 후한에서는 환관으로 임용. 질록 2천석의 환관. 종친이 태후나 황후를 알현할 때 대장추를 경유했고, 종친에게 賞賜하는 일도 대장추가 담당했다. ㅇ比景 – 日南

郡의 현명. 日南郡은 지금 越南의 중부지역. 漢 영역의 최남단. 比景縣(비경현, 비영현)은 日南郡에서는 북부지역, 베트남 다낭市 북쪽 동호이市 근처. ㅇ濟陰王(제음왕) - 安帝가 125년에 죽고, 少帝 즉위, 소제가 곧 죽어서 제음왕이 환관의 도움을 받아 즉위하니, 이가 順帝(재위 126-144년)이다. ㅇ朔方 - 군명. 治所는 臨戎縣(임융현), 今 內蒙古自治區 黃河 북안 巴彥淖爾市 서남부의 磴口縣(등구현). ㅇ光祿勳 祋諷(대풍) - 祋는 창(무기)대. 羊가죽을 걸치는 막대. ㅇ第五頡(제오힐) - 第五는 複姓. ㅇ符節令 - 질록 6백석. ㅇ持書侍御史 - 질록 6백석. 御使中丞의 속관. ㅇ鴻都門 - 鴻都宮의 정문. 鴻都宮은 본래 後漢 宮中 藏書 시설.

[國譯]

다음 해에 中常侍인 樊豐(번풍)과 大將軍인 耿寶(경보), 侍中인 周廣(주광)과 謝惲(사운) 등이 함께 太尉인 楊震(양진)을 모함하자 양진은 결국 자살하였다. 來歷(내력)이 侍御史인 虞詡(우후)에게 말했다.

"耿寶(경보)는 황제(安帝)의 큰 외삼촌이라 하여 관직과 은총이 지나치게 높은데도 國恩에 보답할 생각을 못하고 간신에게 기울어져서 楊公에 대한 무고로 忠良한 인재를 해쳤으니, 아마도 하늘이 내리는 재앙이 곧 닥칠 것이다."

그리고서는 周廣(주광), 謝惲(사운)과의 관계를 단절하고 그들과 왕래하지 않았다.

그때 皇太子는 驚氣(경기)가 자주 나고 불안하여 安帝의 유모인 野王君 王聖(왕성)의 집에 피신 겸 머물고 있었다. 이때 태자의 유모인 王男(왕남)과 廚監(주감)인 邴吉(병길) 등은 왕성의 집을 새로 수리하느라고 토지신을 건드렸기에 오래 머물 수 없다고 생각하였다. 그러자 王聖과 그의 딸 永(영), 그리고 大長秋인 江京(강경) 및 中常侍

樊豐(번풍)과 태자의 측근인 王男(왕남)과 邴吉(병길) 등은 서로 불화하였는데, 王聖과 王永 모녀는 왕남, 병길 등을 무고하여 이들은 모두 갇혔다가 처형되었고, 그 가속은 (日南郡) 比景縣(비경현)으로 강제 이주시켰다. 太子는 왕남 등을 그리면서 자주 탄식을 하였다. 이에 江京(강경)과 樊豐(번풍) 등은 후환이 걱정되어 없는 일도 있던 일로 만들어 太子와 東宮의 관속들을 모함하였다.

이에 安帝가 노하여 公卿 이하 대신을 모두 불러 태자 폐립을 논의하게 하였다. 耿寶(경보) 등은 安帝의 뜻에 맞춰 태자의 폐위가 당연하다고 말했다. 그러나 來歷(내력)과 太常인 桓焉(환언), 廷尉인 張皓(장호)가 의논하여 상주하였다.

“경전에서도 나이 15살 미만으로 잘못을 저질렀다 하여도 그 허물은 그 자신에게 있지 않다고 하였습니다. 하물며 왕남과 병길의 모의라 할지라도 황태자는 아마도 그런 정황을 알지 못했을 것이니, 응당 忠良한 保姆(보모)나 師傅(사부)를 택해 예의로 보필해야 하지 태자 폐위는 너무 중대한 사안인 만큼, 여기에 정말로 聖上의 은택이 있어야 할 일입니다.”

그러나 안제는 따르지 않고 태자를 폐하여 그날로 濟陰王(제음왕)에 봉하였다. 그때 太子家를 돌보는 小黃門인 籍建(적건), 中傅(중부)인 高梵(고범) 등은 아무런 죄도 없이 朔方郡(삭방군)으로 강제 이주되었다.

이에 내력은 光祿勳인 祋諷(대풍, 祋는 창 대), 宗正인 劉瑋(유위), 將作大匠인 薛皓(설호), 侍中인 閭丘弘(여구홍), 陳光(진광), 趙代(조대), 施延(시연), 太中大夫인 朱倀(주창), 第五頡(제오힐, 제오는 複姓), 中散大夫인 曹成(조성), 諫議大夫인 李尤(이우), 符節令인 張敬(장경), 持書

侍御史(지서시어사)인 龔調(공조), 羽林右監인 孔顯(공현), 城門司馬인 徐崇(서숭), 衛尉守丞인 樂闈(악위), 長樂宮과 未央宮의 廐令(구령)인 鄭安世(정안세) 등 10여 명과 함께 결합하여 모두 鴻都門(홍도문)에 가서 太子는 잘못이 없다고 입증하였다. 龔調(공조)는 법률에 의거 왕남과 병길의 죄가 인정되더라도 황태자를 이에 연좌시켜서는 안 된다고 주장하였다.

原文

帝與左右患之, 乃使中常侍奉詔脅群臣曰,

「父子一體, 天性自然. 以義割恩, 爲天下也. 歷,諷等不識大典, 而與群小共爲讙嘩, 外見忠直而內希後福, 飾邪違義, 豈事君之禮? 朝廷廣開言事之路, 故且一切假貸, 若懷迷不反, 當顯明刑書.」

諫者莫不失色. 薛皓先頓首曰, "固宜如明詔." 歷怫然, 廷詰皓曰, "屬通諫何言, 而今復背之? 大臣乘朝車, 處國事, 固得輾轉若此乎!" 乃各稍自引起, 歷獨守闕, 連日不肯去. 帝大怒, 乃免歷兄弟官, 削國租, 黜公主不得會見. 歷遂杜門不與親戚通, 時人爲之震慄.

| **註釋** | ㅇ左右 - 측근. ㅇ讙嘩(환화) - 시끄럽게 떠들다. 讙은 시끄러울 환. 嘩는 시끄러울 화. ㅇ輾轉(전전) - 이리저리 구르는 모양. 輾은 구를 전. 轉 구를 전. ㅇ震慄 - 震 벼락칠 진. 떨다. 慄은 두려워할 율(률).

[國譯]

황제(安帝)와 측근들은 이 사건을 크게 걱정하다가 곧바로 中常侍를 시켜서 조서를 받아 가지고 여러 신하를 협박하였다.

「父子는 一體이며, 天性이 그러하다. 道義로 부자의 은덕을 끊어내는 것은 천하를 위하기 때문이다. 來歷(내력)과 祋諷(대풍) 등은 나라의 큰 법도를 알지 못하고 여러 소인들과 공모하여 시끄럽게 떠드는데 겉으로는 忠直한 것처럼 보이나 내심으로는 뒷날의 복록을 희망하면서 사악한 일을 꾸며 대의를 어기고 있으니, 이것이 어찌 주군을 섬기는 도리이겠는가? 조정에서 국가 대사에 대한 언로를 널리 열어 주며 일체의 언행에 너그럽게 대하였지만, 그래도 계속 미혹한 뜻을 고집하며 正道로 돌아오지 않는다면 응당 형벌의 규정을 적용할 것이다.」

그러자 충간을 올렸던 자들의 안색이 변하지 않는 이가 없었다. 薛皓(설호)가 맨 먼저 머리를 조아리며 말했다. "본래의 조서대로 따르겠습니다."

그러자 내력은 발끈하며 바로 조정에서 설호를 힐난하였다.

"같이 간언을 올리기로 하고서는 이제야 배신하는 것인가? 大臣이 수레를 타고 입조하여 국사를 처리하는 것이 정말로 꼭 이처럼 이랬다저랬다 해야 하는가?"

결국 한 사람씩 스스로 뒤로 빠졌으나 오직 내력만은 홀로 대궐을 지키면서 몇 날이 지나도 나가려 하지 않았다. 安帝는 대노하면서 내력 형제의 관직을 파면하고 侯國에서 징수할 田租를 감액하고 長公主를 출척하여 황제 알현도 못하게 하였다.

내력은 이에 문을 닫고 친척과 왕래도 끊어버리니 그때 사람 모두가 이 사건에 두려워 떨었다.

原文

及帝崩, 閻太后起歷爲將作大匠. 順帝卽位, 朝廷咸稱社稷臣, 於是遷爲衛尉. 祋諷,劉瑋,閭丘弘等先卒, 皆拜其子爲郞, 朱倀,施延,陳光,趙代等並爲公卿, 任職, 徵王男,邴吉家屬還京師, 厚加賞賜, 籍建,高梵等, 悉蒙顯擢.

永建元年, 拜歷車騎將軍, 弟祉爲步兵校尉, 超爲黃門侍郞. 三年, 母長公主薨, 歷稱病歸第, 服闋, 復爲大鴻臚. 陽嘉二年, 卒官.

| 註釋 | ㅇ及帝崩 – 安帝는 延光 4년(서기 125)에 32세를 일기로 붕어했다. ㅇ閻太后起歷爲將作大匠 – 安思閻皇后(재임 115-125). 少帝 劉懿(유의)를 황제로 옹립했다. 재위 서기 125년 3월~10월(陰). 연령 미상, 능묘 미상. 將作大匠은 궁궐과 능묘 건축을 책임지는 질록 2천석의 고급 관리. ㅇ順帝卽位 – 서기 12년 中黃門인 孫程(손정) 등 19인이 함께 江京(경강), 劉安(유안), 陳達(진달) 등을 죽이고, 濟陰王(前 太子)을 황제로 옹립, 나이는 11세였다. ㅇ悉蒙顯擢 – 모두 높이 등용되었다. 顯 나타날 현, 顯達. 擢은 뽑을 탁. 擢用. ㅇ永建元年 – 順帝 첫 연호 서기 126년. ㅇ服闋 – 탈상하다. 服은 喪服. 闋은 문 닫을 결. 마치다. 탈상하다. ㅇ陽嘉二年, 卒官 – 陽嘉는 순제의 2번째 연호. 2년(서기 133), 卒官은 관직에 있으면서 죽다.

[國譯]

安帝가 붕어하자, 閻(염)태후는 來歷(내력)을 將作大匠(장작대장)으로 기용했다. 順帝가 즉위하자 조정에서는 (내력을) 사직을 지킨 신하라고 칭송했는데 곧 승진하여 衛尉(위위)가 되었다. 祋諷(대풍), 劉瑋(유위), 閭丘弘(여구홍) 등은 이미 죽었기에 그 아들들에게 낭관을 제수했고, 朱倀(주창), 施延(시연), 陳光(진광), 趙代(조대) 등은 모두 公卿으로 직책을 받았으며, 王男(왕남), 邴吉(병길)의 가족들을 낙양으로 다시 불러와 크게 상을 내렸고, 籍建(적건), 高梵(고범) 등도 모두 높이 발탁되었다.

(順帝) 永建 원년에 내력은 車騎將軍이 되었고, 동생인 來祉(내지)는 步兵校尉, 來超(내초)는 黃門侍郞이 되었다. 3년, 모친 長公主가 죽자, 내력은 병을 핑계로 은퇴하였고 탈상한 뒤에 다시 大鴻臚(대홍려)가 되었다. 陽嘉(양가) 2년에 관직에 있으면서 죽었다.

原文

子定嗣. 定尙安帝妹平氏長公主, 順帝時, 爲虎賁中郞將. 定卒, 子虎嗣, 桓帝時, 爲屯騎校尉.

弟艷, 字季德, 少好學下士, 開館養徒, 少歷顯位, 靈帝時, 再遷司空.

| **註釋** | ○保平長公主 - 平氏는 南陽郡의 현명. 今 河南省 서남부 南陽市 관할 桐柏縣. 湖北省과 접경. ○虎賁中郞將 - 천자를 숙위하는 군사를 期門郞(虎賁郞으로 개칭)이라 했다. 간칭 호분. 虎賁中郞將은 光祿勳의 속

관으로 虎賁中郎, 虎賁侍郎, 虎賁郎中을 지휘. 질록 比二千石. ㅇ顯位 – 고위직. ㅇ司空 – 본래 나라의 水土에 관한 업무를 담당했다. 천하의 水土에 대한 功課를 심사, 상벌과 백관 감찰을 담당. 前漢 御使大夫의 개칭. 丞相 결위 시에 승상의 직무 수행, 副丞相, 三公(太尉, 司徒, 司空)의 하나. 大司空으로 불리다가 建武 27년 이후 '大'를 생략. 司空 아래 副職으로 長史 1인, 掾 29인 외 속관 42명이 정원임.

[國譯]

아들 來定(내정)이 뒤를 이었다. 내정은 安帝의 누이인 平氏長公主와 결혼했는데 順帝 때, 虎賁中郎將이 되었다. 내정이 죽자 아들 來虎(내호)가 뒤를 이었는데 桓帝(환제) 때 屯騎校尉(둔기교위)였다.

내력의 동생 來艷(내염)의 字는 季德이었는데 젊어서부터 학문을 좋아하고 몸을 낮춰 선비를 대우하며 학관을 열어 후생을 교육했는데 젊어 고위직에 올라 靈帝(영제) 때에 승진하여 司空이 되었다.

原文

贊曰, "李,鄧豪贍, 舍家從讖. 少公雖孚, 宗卿未驗. 王常知命, 功惟帝念. 款款君叔, 斯言無玷. 方獻三捷, 永墜一劍.

| 註釋 | ㅇ李,鄧豪贍 – 李通은 부호였고, 鄧晨(등신)은 대대로 2천석 고관 가문이었다. ㅇ少公雖孚 – 穰縣(양현) 사람 蔡少公(채소공), 孚는 믿을 수 있다(信也). 채소공은 광무가 천자가 될 것이라 믿었다. ㅇ宗卿未驗 –

宗卿師 李守(李通의 부친). ㅇ王常知命 – 王常의 작위가 知命侯였다. ㅇ功惟帝念 – 念은 황제의 배려. 惦念. ㅇ款款君叔 – 款款은 정성을 다하는 모습. 君叔은 來歙(내흡)의 字. ㅇ斯言無玷 – 玷은 이지러질 점. 결점. 瑕疵(하자). ㅇ方獻三捷 – 승전 결과를 여러 번 올리다. ㅇ永墜一劍 – 永墜는 죽다. 墜는 떨어질 추. 一劍은 자객의 칼.

[國譯]

贊曰,

李通과 鄧晨은 부유 名家나 가업을 버리고 참설을 따랐다.

蔡少公은 참서를 믿었지만, 宗卿師 李守는 알지 못했다.

王常이 천명을 알았다지만, 그 공적은 천자의 배려였다.

내흡은 정성을 다하였고, 그의 언행에는 결함이 없었다.

한참 승전할 즈음에, 공손술 자객의 단칼에 영면하였다.

16 鄧寇列傳
〔등,구열전〕

❶ 鄧禹

原文

鄧禹字仲華, 南陽新野人也. 年十三, 能誦詩, 受業長安. 時光武亦遊學京師, 禹年雖幼, 而見光武知非常人, 遂相親附. 數年歸家.

及漢兵起, 更始立, 豪傑多薦擧禹, 禹不肯從. 及聞光武安集河北, 卽杖策北渡, 追及於鄴. 光武見之甚歡, 謂曰, "我得專封拜, 生遠來, 寧欲仕乎?" 禹曰, "不願也." 光武曰, "卽如是, 何欲爲?" 禹曰, "但願明公威德加於四海, 禹得效其尺寸, 垂功名於竹帛耳." 光武笑, 因留宿閑語.

禹進說曰, "更始雖都關西, 今山東未安, 赤眉,青犢之屬,動以萬數, 三輔假號, 往往群聚. 更始既未有所挫, 而不自聽斷, 諸將皆庸人屈起, 志在財幣, 爭用威力, 朝夕自快而已, 非有忠良明智, 深慮遠圖, 欲尊主安民者也. 四方分崩離析, 形勢可見. 明公雖建藩輔之功, 猶恐無所成立. 於今之計, 莫如延攬英雄, 務悅民心, 立高祖之業, 救萬民之命. 以公而慮天下, 不足定也."

光武大悅, 因令左右號禹曰鄧將軍. 常宿止於中, 與定計議.

| **註釋** | ㅇ鄧禹(등우, 서기 2－58) － 후한 개국공신, 雲臺二十八將의 첫째. ㅇ鄴 － 魏郡의 치소인 鄴縣(업현), 今 河北省 邯鄲市 관할 臨漳縣. ㅇ竹帛 － 靑史. ㅇ屈起 － 강성하여 흥기하다. 이때는 강성할 굴. ㅇ四方分崩離析 － 四方이 분리되고 무너지다.「孔子曰, ～邦分崩離析, 而不能守也, ～」《論語 季氏》. ㅇ延攬英雄 － 영웅을 끌어들이다. 延攬(연람)을 당겨서 손에 쥐다.

[國譯]

鄧禹(등우)의 字는 仲華(중화)인데, 南陽郡 新野縣 사람이다. 13세에《詩經》을 외웠고 長安에서 학업을 계속했다. 그때 光武(劉秀) 역시 長安에 유학하였는데 등우가 나이는 어리지만 光武를 보고 보통 사람이 아니라 생각하여 서로 가까이 지냈다. 등우는 몇 년 뒤에 귀가하였다.

漢兵이 홍기하고 更始帝가 즉위한 뒤에 많은 사람이 등우를 천거하였지만 등우는 경시제를 따르지 않았다. 등우는 광무가 河北을 평정하고 있다는 소식을 듣고 즉시 말을 타고 북으로 황하를 건너 (魏郡) 鄴縣(업현)에서 광무를 만났다. 光武는 등우를 만나 매우 기뻐하며 말했다.

“나는 작위와 관직을 수여할 권한이 있는데 그대가 먼데서 온 것은 벼슬하려는 뜻이 아닌가?” 그러자 등우는 “원하지 않습니다.” 라고 대답했다. 광무가 “그렇다면 무엇을 원하는가?”

이에 등우는 “다만 明公께서 威望과 恩德을 천하에 널리 펴시는데 조그만 도움이 되어 뒷날 靑史에 이름을 남기고 싶습니다.”

이에 광무는 웃었고 등우와 함께 자며 한담을 나누었다. 등우가 건의하였다.

“경시제가 비록 關西에 도읍했다지만 아직 崤山(효산) 동쪽은 안정되지 않았으며 赤眉와 靑犢(청독)의 무리는 수만 명 떼지어 다니며, 三輔(삼보)에서도 한때 호령하면서 가는 곳마다 무리를 모으고 있습니다. 경시는 아직 좌절을 겪지는 않았지만 스스로 결단하지 못하고, 여러 장수들도 평범한 사람으로 출세하였기에 재물에만 뜻이 있으며, 다투듯 힘자랑을 하고 조석으로 제멋대로 행동할 뿐, 성실하고 지혜롭거나 깊은 생각과 원대한 지모도 없으며, 주군을 높이거나 백성을 편안케 하려는 뜻을 가진 자들이 아닙니다. 지금 천하가 분열되고 무너졌기에 그 형세를 예상할 수 있습니다. 名公께서 비록 (경시제를 위해) 藩鎭을 평정한 공을 세웠지만 끝에 가서는 아무 성공도 없을 수 있습니다. 지금 취할 수 있는 방책으로는 영웅을 불러 모으고 민심 안정에 힘써 高祖와 같은 대업을 이루시고 만백성의 性命을 구제하는 것보다 더 중요한 것은 없습니다. 명공께서 이렇게 천하를 도모해도 평정이 어려울 수도 있을 것입니다.”

光武는 크게 흡족하여 좌우 측근에게 등우를 등장군으로 부르게 하였다. 그리고 늘 軍中에 머물게 하면서 함께 여러 방책을 결정하였다.

原文

及王郎起兵, 光武自薊至信都, 使禹發奔命, 得數千人, 令自將之, 別攻拔樂陽. 從至廣阿, 光武舍城樓上, 披輿地圖, 指示禹曰, "天下郡國如是, 今始乃得其一. 子前言以吾慮天下不足定, 何也?" 禹曰, "方今海內淆亂, 人思明君, 猶赤子之慕慈母. 古之興者, 在德薄厚, 不以大小." 光武悅.

時任使諸將, 多訪於禹, 禹每有所擧者, 皆當其才, 光武以爲知人. 使別將騎, 與蓋延等擊銅馬於淸陽. 延等先至, 戰不利, 還保城, 爲賊所圍. 禹遂進與戰, 破之, 生獲其大將. 從光武追賊至蒲陽, 連大克獲, 北州略定.

| **註釋** | ○王郎(본명 王昌, ? - 24) - 成帝 아들을 사칭하며 자립했다. 更始帝 2년(서기 24년) 정월, 王郎(왕랑)의 세력이 새로이 커지자 劉秀는 북쪽으로 나아가 薊縣(계현)을 평정하였다. ○發奔命 - 용감한 군사를 동원하다. 본래 奔命은 郡國에서 비상시에 동원하는 材官(정예 보병)과 騎士(騎兵)이나 위급할 경우 동원 명령을 받고 즉시 소집에 응하는 용감한 병졸도 奔命兵(분명병)이라 하였다. ○樂陽 - 常山郡의 현명. ○廣阿 - 鉅鹿郡의 縣名. 今 河北省 남부 邢台市 관할 隆堯縣. 後漢에서는 폐현. ○舍城樓上 - 성의 누각에 머물다. 舍는 머무는 곳, 행군에서 하룻밤 숙영. ○輿

地圖 – 地圖. 땅은 만물을 싣고 있는 수레라고 생각하였다. ㅇ淆亂 – 뒤섞여 어지러움. 淆 뒤섞일 효. ㅇ淸陽 – 淸河郡의 縣名. 治所. 今 河北省 邢台市 관할 淸河縣(山東省 접경 지역). ㅇ蒲陽 – 산 이름. 今 河北省 太行山 東쪽 기슭 保定市 관할 完縣 서북. ㅇ北州略定 – 북방 幽州와 서쪽 幷州 일대를 지칭.

[國譯]

王郞(왕랑)이 기병하자 光武는 薊縣(계현)에서 信都縣으로 이동하고 등우를 보내 각지에서 용감한 군사를 모집케 하여 수천 명을 모집하여 등우가 직접 통솔하게 하자, 등우는 별도로 樂陽(낙양)을 공격 점령하였다. 등우는 광무를 따라 廣阿縣(광아현)에 왔는데, 光武가 城樓에서 머물면서 지도를 펴놓고 등우에게 가리키며 물었다.

"천하의 郡國이 이와 같은데 이제 처음으로 그 하나를 차지하였다. 그대가 전에 내가 천하를 도모하여도 나의 능력이 부족할 지도 모른다고 하였는데, 왜 그러한가?"

이에 등우가 말했다.

"지금 천하가 혼란하여 명철한 군주를 기다리는 백성 마음은 마치 어린아이가 어머니를 기다리는 것과 같습니다. 옛 천하를 차지한 자는 덕이 많고 적으냐에 달렸지 차지한 땅의 크기가 아니었습니다."

이에 光武가 기뻐하였다. 그때 사명을 받은 여러 많은 장수들은 등우를 방문하였고 등우가 매번 천거하는 장수는 거개가 업무의 적임자들이었기에 광무는 등우가 사람을 볼 줄 안다고 생각하였다. 광무는 별도의 기병을 거느리고 蓋延(개연) 등과 함께 銅馬賊(동마적)을

(清河郡) 清陽(청양)에서 공격케 하였다. 개연 등이 먼저 도착하여 공격하였으나 전투에서 이길지 못하고 돌아와 성을 지켰으나 적에게 포위되었다. 등우가 진격하여 동마적을 격파하였고 그 대장을 생포하였다. 나중에 광무는 동마적을 蒲陽山(포양산)까지 추격하여 연이어 대승을 거두자, 北州 일대가 대략 평정되었다.

原文

及赤眉西入關, 更始使定國上公王匡,襄邑王成丹,抗威將軍劉均及諸將, 分據河東,弘農以拒之. 赤眉衆大集, 王匡等莫能當. 光武籌赤眉必破長安, 欲乘釁並關中, 而方自事山東, 未知所寄, 以禹沈深有大度, 故授以西討之略. 乃拜爲前將軍持節, 中分麾下精兵二萬人, 遣西入關, 令自選偏裨以下可與俱者. 於是以韓歆爲軍師, 李文,李春,程慮爲祭酒, 馮愔爲積弩將軍, 樊崇爲驍騎將軍, 宗歆爲車騎將軍, 鄧尋爲建威將軍, 耿訢爲赤眉將軍, 左于爲軍師將軍, 引而西.

| **註釋** | ㅇ籌赤眉~ - 籌는 헤아리다. 예상하다. 계책. 算가지 주. ㅇ乘釁 - 틈을 타다. 釁은 틈 흔, 舋과 同. ㅇ韓歆 - 河內太守 역임. 17권, 〈馮岑賈列傳〉의 〈岑彭傳〉 참고. ㅇ祭酒 - 박사의 우두머리인 博士祭酒를 지칭. 三公府나 州牧의 祭酒는 참모직이면서 명예직. ㅇ車騎將軍 - 무관직으로는 大將軍 다음이 驃騎將軍(표기장군)이고, 그 다음이 車騎將軍, 거기장군 다음 지위가 衛將軍이며 그 다음에 일반 장군이다. 거기장군은 정치 상황에 따라 三公보다 높거나 낮았다.

[國譯]

赤眉 무리가 서쪽으로 진출하여 關中에 들어가자, 경시제는 定國上公 王匡(왕광), 襄邑王 成丹(성단), 抗威將軍 劉均(유균) 및 여러 장수를 동원하여 河東郡과 弘農郡에서 이들을 막게 하였다. 적미가 워낙 대군이라서 왕광 등은 적미를 당할 수 없었다. 光武는 적미가 틀림없이 長安城을 격파할 것을 예상하고 그 틈을 타 관중을 병합하려 했지만 자신이 山東을 정벌중이라서 누구에게 맡겨야 할지 걱정하다가 등우가 침착하면서도 큰 도량을 갖고 있기에 등우에게 서쪽을 경략할 책무를 부여키로 결심하였다. 이에 등우를 前將軍에 임명하며 부절을 내리었고 휘하의 정병 2만 명을 나눠 등우가 거느리고 서쪽 관중에 들어가게 하였으며, 등우가 스스로 편장이나 참모 또는 데리고 갈 장수를 선발토록 하였다.

이에 등우는 韓歆(한흠)을 軍師로 삼고, 李文, 李春, 程慮(정려)를 祭酒(제주)로 임명했으며, 馮愔(풍음)을 積弩將軍, 樊崇(번숭)을 驍騎將軍, 宗歆(종흠)을 車騎將軍, 鄧尋(등심)을 建威將軍, 耿訢(경흔)을 赤眉將軍, 左于(좌우)를 軍師將軍으로 삼아 거느리고 서쪽으로 진군하였다.

原文

建武元年正月, 禹自箕關將入河東, 河東都尉守關不開, 禹攻十日, 破之, 獲輜重千餘乘. 進圍安邑, 數月未能下. 更始大將軍樊參將數萬人, 度大陽欲攻禹, 禹遣諸將逆擊於解南, 大破之, 斬參首. 於是王匡,成丹,劉均等合軍十餘萬, 復共擊禹, 禹軍不利, 樊崇戰死. 會日幕, 戰罷, 軍師韓歆及諸將見兵勢已摧, 皆勸禹夜去, 禹不聽.

明日癸亥, 匡等以六甲窮日不出, 禹因得更理兵勒衆. 明旦, 匡悉軍出攻禹, 禹令軍中無得妄動. 旣至營下, 因傳發諸將鼓而並進, 大破廣. 匡等皆棄軍亡走, 禹率輕騎急追, 獲劉均及河東太守楊寶,持節中郎將弭彊, 皆斬之, 收得節六, 印綬五百, 兵器不可勝數, 遂定河東. 承制拜李文爲河東太守, 悉更置屬縣令長以鎭撫之.

是月, 光武卽位於鄗, 使使者持節拜禹爲大司徒. 策曰, 「制詔前將軍禹, 深執忠孝, 與朕謀謨帷幄, 決勝千里. 孔子曰, '自吾有回, 門人日親'. 斬將破軍, 平定山西, 功效尤著. 百姓不親, 五品不訓, 汝作司徒, 敬敷五教, 五教在寬. 今遣奉車都尉授印綬, 封爲酇侯, 食邑萬戶. 敬之哉!」

禹時年二十四.

| **註釋** | ㅇ建武元年 – 서기 25년, 광무제는 31세였다. ㅇ箕關 – 관문 이름, 今 河南省 서북부 黃河 북안, 山西省 접경 濟源市 서북에 위치. ㅇ安邑 – 河東郡의 治所인 安邑縣. 今 山西省 運城市 관할 夏縣. ㅇ大陽 – 河東郡의 현명. 今 山西省 남서부 運城市 관할 平陸縣. ㅇ解南 – 河東郡 解縣 남쪽. 今 山西省 運城市 臨猗縣 臨晉鎭 동남. 關羽의 고향. ㅇ六甲窮日不出 – 六甲에서 계해는 제일 마지막. 六甲의 癸亥日은 불길하다 하여 출병하지 않다. 窮日은 癸亥日. 마지막 날. ㅇ承制 – 황제의 뜻에 따라. 임명권한을 행사하다. ㅇ謀謨帷幄, 決勝千里 – 謀謨(모모)는 책략을 꾸미다.

帷幄(유악)은 휘장, 야전 지휘소. 決勝千里는 천리 밖에서 승리를 거두다. 「高祖曰, "～夫運籌帷幄之中, 決勝千里之外, 吾不如子房, ～」. 《漢書 高帝紀 下》. ㅇ'自吾有回, 門人日親' - 顔回가 영양실조로 머리가 하얗게 세어 29세에 죽자 孔子가 통곡하며 한 말. 《史記 仲尼弟子列傳》. ㅇ五品 - 五常, 곧 父義, 母慈, 兄友, 弟恭, 子孝. ㅇ五教在寬 - 五教(五常)의 근본은 寬容에 있다. ㅇ酇侯 - 前漢 蕭何의 작위. 등우를 소하와 같은 酇侯(찬후)에 봉했다. 酇은 南陽郡의 현명. 今 湖北省 서북부 襄陽市, 漢水 북안 老河口市.

[國譯]

建武 원년 정월, 등우는 箕關(기관)에서 河東郡으로 진격하려 했는데, 河東郡 都尉가 관문을 방어하여 열 수가 없자 등우는 10일간 공격하여 격파한 다음에 輜重(치중) 1천여 대를 노획하였다. 진격하여 安邑縣을 포위했지만 몇 달 동안 함락시키지 못했다. 경시제의 대장군인 樊參(번참)이 수만 병력을 거느리고 大陽縣(대양현)을 지나 등우를 공격하려고 하자, 등우는 여러 장수를 보내 (河東郡) 解縣(해현) 남쪽에서 역공하여 대파하면서 번참을 죽였다. 그러자 王匡(왕광), 成丹(성단), 劉均(유균) 등이 군사를 모아 10만 대군으로 다시 등우를 공격하였고, 등우의 군사가 불리하여 장군 樊崇(번숭)이 전사하였다. 마침 해가 저물자 전투를 마쳤는데 軍師인 韓歆(한흠)과 여러 장수들은 아군 사기가 꺾인 것을 보고 등우에게 야간에 철수할 것을 권유하였으나 등우는 따르지 않았다.

다음 날은 癸亥日(계해일)이라서 적장 왕광 등이 六甲의 窮日(궁일)이라고 출병하지 않자 등우는 다시 병기를 손질하고 군사를 재편하였다. 다음 날 아침, 왕광이 모든 군사를 동원하여 등우를 공격하자 등우는 망동하지 않도록 부대를 단속하였다. 적이 군영 가까이 접근하자 모든 장수에게 북을 치며 함께 진격시켜 왕광을 대파하였다. 왕광 등이 모두 부대를 버리고 도망치자 등우는 경무장 기병을 인솔하여 바짝 추격하여 적장 劉均(유균) 및 河東太守 楊寶(양보), 持節中郎將인 弭彊(미강)을 사로잡아 모두 참수하였고 경시제의 부절 6개와 각종 인수 5백여 개와 셀 수 없을 만큼 많은 병기를 노획하여 마침내 河東을 평정하였다. 등우는 황제 뜻대로 李文에게 河東太守를 제수하였고 소속 현령이나 縣長을 모두 다시 임명하여 하동군을 진무케 하였다.

이 달에(6월) 광무제는 鄗縣(호현)에서 즉위하였는데 부절을 가진 사자를 보내 등우에게 大司徒를 제수하였다. 등우에게 책서를 내렸다.

「前將軍 禹(우)에게 명하나니, 忠孝를 엄히 따르며 짐과 함께 帷幄(유악)에서 방략을 결정하여 천리 밖에서 승리를 얻었도다. 孔子께서도 '나에게 顏回가 있은 이후로 門人은 날마다 친근하였다.' 고 말하였다. 적장을 죽이고 적군을 격파하며 山西를 평정하니 공적이 더욱 뚜렷하도다. (敵地의) 백성이 화친하지 못하고 五品(五常)을 실천하지 않기에 그대를 司徒(사도)에 명하나니, 五教를 삼가 널리 시행하되 五教의 근본은 관용에 있도다. 여기 奉車都尉를 보내 印綬를 수여하며 酇侯(찬후)로 봉하나니 食邑은 1만 호이다. 힘써 노력할지어라!」

그때 등우는 24세였다.

原文

遂渡汾陰河, 入夏陽. 更始中郎將左輔都尉公乘歙, 引其衆十萬, 與左馮翊兵共拒禹於衙, 禹復破走之, 而赤眉遂入長安. 是時三輔連覆敗, 赤眉所過殘賊, 百姓不知所歸. 聞禹乘勝獨克而師行有紀, 皆望風相攜負以迎軍, 降者日以千數, 衆號百萬. 禹所止輒停車住節, 以勞來之, 父老童稚, 垂髮戴白, 滿其車下, 莫不感悅, 於是名震關西. 帝嘉之, 數賜書褒美.

| **註釋** | ㅇ汾陰河 – 汾陰河는 汾河가 黃河에 합류하는 부분. 汾河는 황하의 2번째 큰 지류, 今 山西省 중앙부를 북에서 남으로 흐른다. 山西省에서는 '母親河' 라고 부른다. 大同市, 太原市, 臨汾市 등이 모두 汾河를 끼고 발전했으며 運城市 관할 河津市에서 黃河에 합류한다. ㅇ夏陽 – 左馮翊의 縣名. 今 陝西省 渭南市 관할 韓城市(황하 西岸, 司馬遷의 고향). ㅇ左輔都尉公乘歙 – 左馮翊의 도위 公乘歙(공승흡). ㅇ衙 – 衙縣(아현)은 今 陝西省 북부 延安市 黃龍縣. ㅇ垂髮戴白 – 垂髮은 머리를 늘어트린 아이들. 戴白은 머리가 흰 노인.

[國譯]

마침내 汾陰河(분음하)를 건너 (左馮翊의) 夏陽縣에 진격하였다. 경시제의 中郎將인 左輔都尉 公乘歙(공승흡)이 그 10만 병력을 거느리고 左馮翊(좌풍익)의 군사와 함께 衙縣(아현)에서 등우의 진격을 저지하자 등우는 적을 격파하여 패주시켰고, 적미군은 마침내 長安에 입성하였다. 이때 三輔 지역은 연이어 점령당하였고 적미 무리가 지나가면서 살인과 방화를 저지르자 백성은 누구에 의지할지 알지 못했다. 삼보 지역 백성들은 등우가 승승장구하면서도 행군에 군기가 엄정하다 하여 바람에 쏠리듯 서로 안고 업은 채 등우의 군사를 맞이하였고 투항해 오는 백성이 날마다 1천 명 이상이었으며 백만 대군이라고 불렀다. 등우가 멈추는 곳마다 (광무제의) 부절을 세워놓고 귀순하는 백성을 위로하였는데 어른이나 아이, 아동이나 노인 모두가 수레 주변에 모여 함께 기뻐하지 않는 자가 없었기에 등우의 명성이 關西지역에 진동하였다. 광무제도 등우를 가상히 여겨 자주 책서를 내려 공적을 치하하였다.

原文

諸將豪傑皆勸禹徑攻長安. 禹曰, "不然. 今吾衆雖多, 能戰者少, 前無可仰之積, 後無轉饋之資. 赤眉新拔長安, 財富充實, 鋒銳未可當也. 夫盜賊群居, 無終日之計, 財穀雖多, 變故萬端, 寧能堅守者也? 上郡,北地,安定三郡, 土廣人稀, 饒穀多畜, 吾且休兵北道, 就糧養士, 以觀其弊, 乃可圖也."

於是引軍北至栒邑. 禹所到, 擊破赤眉別將諸營保, 郡邑皆開門歸附. 西河太守宗育遣子奉檄降, 禹遣詣京師.

| **註釋** | ㅇ前無可仰之積 – 仰은 恃也. ㅇ上郡,北地,安定 – 上郡은 幷州刺史部, 安定郡과 北地郡은 涼州자사부 관할. ㅇ栒邑(순읍) – 右扶風의 읍

명. 今 陝西省 咸陽市 관할 旬邑縣. 甘肅省 동부와 접경. 中國 蘋果(빈과, 사과)之鄕. ㅇ西河 - 군명. 치소는 治所 平定縣. 今 內蒙古 鄂爾多斯市 동쪽의 准格爾旗 서남.

[國譯]

여러 장수와 호걸들은 모두 등우에게 지름길로 장안을 공격하자고 건의하였다. 등우가 말했다.

"그렇지 않습니다. 지금 우리 숫자가 많다지만 싸울 수 있는 인원은 적으며 우리 앞길에 기댈만한 비축 곡식이 없고 뒤로는 운반해 올 수 있는 자원도 없습니다. 적미는 요즈음 장안을 점령했기에 재물도 충분하거니와 그 예봉을 우리가 당할 수 없습니다. 그러나 도적떼들이 모였지만 하루 앞을 내다볼 계책도 없으며 곡식이 많다지만 만 가지 변고가 일어날 수 있기에 차라리 굳게 지키는 것이 더 낫지 않겠습니까? 上郡과 北地, 安定의 3개 군은 토지가 넓고 인구는 적으며 곡식과 가축이 많은 곳이니, 우리는 일단 이 북쪽에서 쉬면서 군량을 날라 군사를 휴양하며 적의 피폐를 기다리다 보면 기회가 있을 것입니다."

이에 군사를 이끌고 북으로 (右扶風의) 栒邑(순읍)까지 나아갔다. 등우의 군사가 가는 곳에서 赤眉 別將의 여러 보루를 격파하자 많은 郡邑이 성문을 열고 歸附하였다. 西河太守 宗育(종육)은 아들에게 격문을 가지고 투항케 하였는데, 등우는 그를 낙양으로 보냈다.

原文

帝以關中未定, 而禹久不進兵, 下敕曰, "司徒, 堯也, 亡賊, 桀也. 長安吏人, 遑遑無所依歸. 宜以時進討, 鎭慰西京, 繫百姓之心."

禹猶執前意, 乃分遣將軍別攻上郡諸縣, 更徵兵引穀, 歸至大要. 遣馮愔,宗歆守栒邑. 二人爭權相攻, 愔遂殺歆, 因反擊禹, 禹遣使以聞. 帝問使人, "愔所親愛爲誰?" 對曰, "護軍黃防." 帝度愔,防不能久和, 勢必相忤, 因報禹曰, "縛馮愔者, 必黃防也." 乃遣尙書宗廣持節降之. 後月餘, 防果執愔, 將其衆歸罪. 更始諸將王匡,胡殷等皆詣廣降, 與共東歸. 至安邑, 道欲亡, 廣悉斬之. 愔至洛陽, 赦不誅.

| 註釋 | ○遑遑(황황) – 마음이 급해 허둥대는 모양. ○鎭慰西京 – 西京은 長安. 前漢에서는 洛陽을 東京이라 했다. ○上郡 – 幷州의 군명. 治所는 膚施縣(부시현). 今 陝西省 북부 楡林市(유림시). ○大要 – 北地郡의 현명. 今 甘肅省 寧縣. 後漢에서는 폐현.

[國譯]

光武帝는 關中이 평정되지 않고 등우도 오랫동안 진격하지도 않자 명령을 내렸다.

"司徒는 堯帝와 같고 赤眉의 流賊은 桀王(걸왕)과 같도다. 長安의 관리와 백성은 허둥대며 의지할 곳이 없도다. 때맞춰 진격 토벌하여 西京을 진압 위무하며 백성의 마음을 안정시킬지어다."

그러나 등우는 이전과 같은 뜻이었으니 장군을 나눠 上郡 여러 현을 공격케 하면서 군사와 군량을 모으며 (北地郡) 大要縣까지 나아갔다. 등우는 馮愔(풍음)과 宗歆(종흠)을 보내 (右扶風의) 栒邑(순읍)을 지키게 하였다. 그러나 두 사람은 권한을 다투다가 서로 공격하여 풍음이 종흠을 살해하고 이어 등우를 공격하자, 등우는 사자를 보내 이를 보고하였다.

황제가 사자에게 "풍음과 평소에 친한 자가 누구인가?" 라고 묻자 "護軍인 黃防(황방)입니다." 라고 대답했다. 황제는 풍음과 황방이 오래 친할 수 없고 다툼이 있으리라 예상하고 등우에게 통보하였다. "풍음을 사로잡을 자는 틀림없이 황방이다." 그러면서 尙書 宗廣(종광)에게 부절을 갖고 가서 풍음에게 투항을 권유케 하였다. 그 한 달 뒤에 황방은 풍음을 사로잡고 그 무리를 이끌고 와서 죄를 청했다. 경시제의 장수인 王匡(왕광)과 胡殷(호은) 등도 모두 종광을 찾아와 투항했는데 종광은 그들을 데리고 낙양으로 출발하였다. (河東郡) 安邑縣에 이르러 중간에 도망하려 하자 종광은 왕광과 호은을 참수하였다. 풍음은 낙양에 와서 사면을 받아 처형되지는 않았다.

原文

二年春, 遣使者更封禹爲梁侯, 食四縣. 時, 赤眉西走扶風, 禹乃南至長安, 軍昆明池, 大饗士卒. 率諸將齋戒, 擇吉日, 修禮謁祠高廟, 收十一帝神主, 遣使奉詣洛陽, 因循行園陵, 爲置吏士奉守焉.

禹引兵與延岑戰於藍田, 不克, 復就穀雲陽. 漢中王劉嘉詣禹降. 嘉相李寶倨慢無禮, 禹斬之. 寶弟收寶部曲擊禹, 殺將軍耿訢.

自馮愔反後, 禹威稍損, 又乏食, 歸附者離散. 而赤眉復還入長安, 禹與戰, 敗走, 至高陵, 軍士饑餓, 皆食棗菜. 帝乃徵禹還, 敕曰, "赤眉無穀, 自當來東, 吾折捶笞之, 非諸將憂也. 無得復妄進兵."

禹慚於受任而功不遂, 數以饑卒僥戰, 輒不利. 三年春, 與車騎將軍鄧弘擊赤眉, 遂爲所敗, 衆皆死散. 事在〈馮異傳〉. 獨與二十四騎還詣宜陽, 謝上大司徒,梁侯印綬. 有詔歸侯印綬. 數月, 拜右將軍.

| **註釋** | ㅇ昆明池 – 武帝 때 굴착한 주위가 40리인 인공호수로 장안성 서남 灃水(풍수)와 滈水(홀수) 사이에 위치. 水軍 조련과 長安의 水源 부족을 보충하려는 의도였다고 한다. 宋代 이후 고갈되어 메워졌다. ㅇ延岑(연잠 ?-36) – 南陽人, 경시 2년에 漢中에서 거병, 건무 2년에 武安王을 자칭. 赤眉郡을 대파, 公孫述에 투항, 大司馬 역임. 建武 12년 公孫述 패망 시 漢將 吳漢에 피살. ㅇ藍田(남전) – 京兆尹의 縣名. 今 陝西省 西安市 藍田縣. 玉의 산지로 유명. ㅇ雲陽 – 左馮翊의 縣名. 今 陝西省 咸陽市 관할 淳化縣. ㅇ漢中王劉嘉 – 劉嘉는 宗室, 경시제가 漢中王에 봉했다. ㅇ部曲 – 部曲은 군대의 편제, 대장군은 5部(각부의 지휘관은 校尉, 속관 軍司馬)를 거느림. 部 아래 曲(지휘관은 軍候). 曲 아래 屯(屯長). ㅇ高陵 – 左馮翊의 治所, 현명. 今 陝西省 西安市 高陵區. 漢高祖의 陵이 아님. 高祖의 능은 長陵이다. ㅇ吾折捶笞之 – 말채찍이라도 꺾어 매질을 하고 싶다. 捶는 채찍, 종아리 채. 종아리 칠 추. 笞는 볼기 칠 태. ㅇ僥戰(요전) – 요행을 바라는

싸움. ㅇ〈馮異傳〉 - 17권, 〈馮岑賈列傳〉. ㅇ宜陽 - 弘農郡 縣名. 今 河南省 洛陽市 관할 宜陽縣.

[國譯]

(建武) 2년 봄, 사자를 보내 등우를 梁侯(양후)로 다시 봉했는데 식읍은 4개 현이었다. 이 무렵 적미 무리가 서쪽 우부풍으로 도주하자, 등우는 바로 남쪽으로 장안에 입성하여 昆明池에 주둔한 뒤에 장졸과 큰 잔치를 했다. 그리고 여러 장수와 함께 재계하고 길일을 택해 고조 묘당에 배례하고 제사한 뒤에 (前漢) 11황제의 신주를 거두어 사자를 시켜 낙양으로 보냈고 이어 각 원릉을 돌며 관리와 사졸을 두어 능묘를 지키게 하였다.

등우는 군사를 거느리고 延岑(연잠)과 藍田縣(남전현)에서 싸웠으나 이기지 못했고, 다시 雲陽縣에서 곡식을 운반해왔다. (경시제의) 漢中王 劉嘉(유가)가 등우에게 투항하였다. 유가의 相인 李寶(이보)가 倨慢(거만)하고 무례하자 등우가 죽여버렸다. 그러자 이보의 동생이 이보의 옛 무리를 모아 등우를 공격하여 장군 耿訢(경흔)을 죽였다.

馮愔(풍음)이 배반한 이후 등우의 위엄은 점차 약해졌고 또 군량도 모자라자 등우에게 투항했던 군사도 흩어졌다. 그리고 적미 무리가 다시 장안으로 되돌아오자, 등우는 적미와 싸웠지만 패전하여 高陵縣(고릉현)으로 후퇴했고, 군졸은 굶주려 모두 겨우 말린 대추나 나물을 먹었다. 광무제는 등우를 불러 돌아오게 하였다.

"적미 무리도 군량이 없기에 당연히 동쪽으로 올 것이니, 나는 말채찍이라도 꺾어 그들 종아리라도 때려주고 싶으니 여러 장수의 걱정거리만은 아니다. 더 이상 함부로 공격하지 말라."

등우는 임무를 받았으나 성공하지 못한 것이 부끄러워 굶주린 군졸을 거느리고 여러 번 요행을 바라고 싸웠지만 그때마다 전투에 졌다.

(建武) 3년 봄, 車騎將軍 鄧弘(등홍)이 적미 무리를 공격하였으나 적미에게 패전하면서 군사는 모두 죽거나 흩어졌다. 이는 〈馮異傳〉에 기록되었다. 등우는 겨우 24명의 기병을 데리고 宜陽(의양)에 와서 大司徒직을 사임하며 梁侯(양후) 印綬(인수)도 반환하였다. 광무제는 梁侯(양후)의 인수를 돌려주었다. 몇 달 뒤, 등우는 右將軍이 되었다.

原文

延岑自敗於東陽, 遂與秦豐合. 四年春, 復寇順陽間. 遣禹護復漢將軍鄧曄,輔漢將軍于匡, 擊破岑於鄧, 追至武當, 復破之. 岑奔漢中, 餘黨悉降.

十三年, 天下平定, 諸功臣皆增戶邑, 定封禹爲高密侯, 食高密,昌安,夷安,淳于四縣. 帝以禹功高, 封弟寬爲明親侯. 其後左右將軍官罷, 以特進奉朝請. 禹內文明, 篤行淳備, 事母至孝. 天下旣定, 常欲遠名勢. 有子十三人, 各使守一藝. 修整閨門, 教養子孫, 皆可以爲後世法. 資用國邑, 不修產利, 帝益重之. 中元元年, 復行司徒事, 從東巡狩, 封岱宗.

| 註釋 | ○秦豐 – 왕망 말기 봉기 세력의 하나. 秦豐은 楚의 黎丘鄕人. 黎丘가 楚地라서 楚黎王이라 자칭했었다. ○武當 – 南陽郡의 縣名. 今 湖北省 서북쪽 十堰市 관할 丹江口市에 해당. 그 서남쪽에 道敎의 성지로 유명한 武當山이 있다. ○(建武) 十三年 – 서기 37년. ○高密,昌安,夷安,淳于四縣 – 모두 北海郡의 현명. 高密은 今 山東省 동부 濰坊市(유방시) 관할 高密市. 青島市 서북. 昌安은 今 山東省 濰坊市 관할 安丘市. ○奉朝請 – 제후가 봄에 입조하여 황제를 알현하는 것을 朝, 가을에는 請이라 한다. 三公이나 外戚, 皇室(劉氏)이나 제후로 朝나 請에 참여할 수 있는 사람을 奉朝請이라 한다. 그 서열은 三公의 다음이고 特進과 제후의 윗자리이다. 官職이 아니라서 정원도 없다. ○封岱宗 – 岱宗은 泰山. 岱嶽(대악).

[國譯]

延岑(연잠)은 東陽에서 적미에 패한 뒤에 秦豐(진풍)과 군사를 합쳤다.

(建武) 4년 봄, (연잠은) 다시 順陽(순양) 일대를 노략질했다. (조정에서는) 등우를 보내 復漢將軍 鄧曄(등엽), 輔漢將軍 于匡(우광)을 거느리고 연잠을 鄧縣(등현)에서 격파하였으며, 武當縣까지 추격하여 다시 격파하였다. 연잠은 漢中(한중)으로 도망했고 나머지 무리는 모두 투항하였다.

(建武) 13년, 천하가 평정되자, 여러 공신들에게 식읍을 늘려주었는데 등우는 高密侯(고밀후)로, 식읍은 高密, 昌安, 夷安(이안), 淳于(순우)의 4개 현이었다. 광무제는 등우의 공적이 크기에 등우의 동생 鄧寬(등관)을 明親侯에 봉했다. 그 뒤로 左, 右將軍의 관직에서는 면직되었으나 特進과 奉朝請이었다. 등우는 文才가 뛰어났고 행실이 돈독, 순수하였으며 모친에게 효도를 다하였다. 천하가 안정되자 명

예와 권세를 멀리하였다. 아들 13명이 모두 재주가 있어 직분을 다했다. 집안을 엄히 다스리며 자식 교육을 잘했기에 후세 사람들의 본보기가 되었다. 자산은 나라를 위해 썼고 가산을 늘리지 않았기에 광무제는 등우를 더욱 존중하였다. 中元 원년(서기 56)에 다시 司徒의 직무를 수행하며 황제의 동방 巡狩(순수)와 岱宗(泰山)에서의 封禪을 수행했다.

原文

顯宗卽位, 以禹先帝元功, 拜爲太傅, 進見東向, 甚見尊寵. 居歲餘, 寢疾. 帝數自臨問, 以子男二人爲郞. 永平元年, 年五十七薨, 謚曰元侯. 帝分禹封爲三國, 長子震爲高密侯, 襲爲昌安侯, 珍爲夷安侯.

| **註釋** | ㅇ太傅 – 太傅(태부)는 太師, 太保와 함께 上公이라 하여 三公보다 상위직이나 후한에서는 太傅만 두었다. 태부는 황제의 자문을 담당하며 朝政에 참여하지만 상설직은 아니었다. 광무제는 卓茂(탁무)를 찾아 자문을 구하고 太傅에 임용했으나 광무 4년 그가 죽자 후임을 임명하지 않았다. 이후로 황제가 새로 즉위하면 태부를 두어 錄尙書事를 겸임케 하다가 죽으면 다른 사람을 임명하지 않았다. ㅇ進見東向 – 황제는 남면하고 신하는 北面한다. 東向은 등우를 황제의 손님으로 우대한다는 뜻이다. ㅇ永平元年 – 명제의 연호, 서기 58–75년.

[國譯]

顯宗(明帝)이 즉위하자 등우가 先帝의 제 1공신이기에 太傅(태부)를 제수하고 황제를 알현하면서 동향으로 앉게 하였으며 극히 존중하였다. (明帝 즉위) 1년 남짓에 병석에 누웠다. 황제는 자주 직접 문병하면서 아들 중 두 명을 낭관으로 등용하였다. 永平 원년(서기 58)에 나이 57세로 죽었고, 시호는 元侯였다. 황제는 등우의 나라를 삼분하였는데 장자 鄧震(등진)은 高密侯, 鄧襲(등습)은 昌安侯, 鄧珍(등진)은 夷安侯(이안후)가 되었다.

原文

禹少子鴻, 好籌策. 永平中, 以爲小侯. 引入與議邊事, 帝以爲能, 拜將兵長史, 率五營士屯雁門. 肅宗時, 爲度遼將軍. 永元中, 與大將軍竇憲俱出擊匈奴, 有功, 徵行車騎將軍. 出塞追畔胡逢侯, 坐逗留, 下獄死.

高密侯震卒, 子乾嗣. 乾尙顯宗女沁水公主. 永元十四年, 陰皇后巫蠱事發, 乾從兄奉以后舅被誅, 乾從坐, 國除. 元興元年, 和帝復封乾本國, 拜侍中. 乾卒, 子成嗣. 成卒, 子褒嗣. 褒尙安帝妹舞陰長公主, 桓帝時爲少府. 褒卒, 長子某嗣. 少子昌襲母爵爲舞陰侯, 拜黃門侍郎.

昌安侯襲嗣子藩, 亦尙顯宗女平皋長公主, 和帝時爲侍中.

| 註釋 | ㅇ小侯 – 아직 나이가 어려 列侯(諸侯)가 아닌 사람. 다음에 작위를 승계한 미성년 長子. ㅇ雁門(鴈門, 안문) – 幷州의 군명. 治所는 陰館縣. 今 山西省 중북부 忻州市(흔주시) 代縣. ㅇ度遼將軍 – 요동 북방의 외적을 방어할 목적으로 後漢 明帝 永平 8년에 설치하였다. 征伐의 필요성에 따라 임명하는 장군은 정원이 없었다. 부대 편제에 따라 司馬나 軍候 등을 두었다. 度遼將軍은 후한 동북방이 늘 불안하여 상설 직화하였다. ㅇ永元 – 和帝의 연호, 서기 89 – 104년. ㅇ大將軍 竇憲(두헌, ? – 92) – 司空을 역임한 竇融(두융)의 증손. 23권, 〈竇融列傳〉에 立傳. 두헌은 외척이며 權臣, 유명한 장군. 뒷날 모반을 시도. 자살. 이 사건에 班固(반고)도 연좌되어 獄死했다. ㅇ出塞追畔胡逢侯 – 畔은 배반하다. 胡는 흉노족. 逢侯(봉후)는 흉노 인명. 군내의 흉노 무리를 이끌고 국경을 탈출해 도주하였다. ㅇ坐逗留 – 坐는 연좌되다. 법에 걸리다. 逗留(두류)는 머뭇거리다. 공격을 회피하다. 逗는 머무를 두. 멈칫거리다. ㅇ陰皇后巫蠱事 – 和帝 陰皇后, 황후 재위 96 – 102년. 蠱는 독 고, 벌레 고. 惡氣. 巫蠱(무고)는 邪術로 남에게 위해를 가하는 행위 ㅇ元興元年 – 和帝 마지막 연호, 서기 105년.

[國譯]

鄧禹의 막내아들 鄧鴻(등홍)은 전략 세우기를 좋아하였다. 明帝 永平 연간에 어린 제후가 되었다. 명제의 부름을 받아 궁중에 들어가 국방을 논하면서 명제의 인정을 받아 將兵長史가 되어 五營의 군사를 거느리고 雁門郡(안문군)에 주둔하였다. 肅宗(章帝) 재위 중에 度遼將軍(도료장군)이 되었다. (和帝) 永元 연간에 大將軍 竇憲(두헌)과 함께 흉노 원정에 참여하여 공을 세웠고 부름을 받아 조정에 들어가 車騎將軍 직무를 대행하였다. 배반한 흉노인 逢侯(봉호) 무리를 추격하여 국경까지 갔으나 공격을 하지 않았다 하여 하옥되었다가 죽었다.

高密侯인 鄧震(등진, 鄧禹 長子)이 죽고, 아들 鄧乾(등건)이 후사가 되었다. 등건은 顯宗(明帝)의 딸 沁水公主(심수공주)와 결혼하였다. (和帝) 永元 14년(서기 102), 和帝陰皇后의 巫蠱(무고) 사안이 발생하고, 등건의 從兄인 鄧奉(등봉)은 황후의 외숙으로 주살되었는데 등건도 이에 관련되어 나라가 없어졌다. (和帝) 元興 원년(서기 105), 和帝는 鄧乾을 본래의 후국에 다시 봉했다. 등건이 죽자 아들 鄧成(등성)이 이었다. 등성이 죽자 아들 鄧褒(등포)가 이었다. 등포는 安帝의 여동생인 舞陰長公主와 결혼했고, 桓帝 때 少府를 역임했다. 등포가 죽자 큰아들이 뒤를 이었다. 작은 아들 鄧昌은 모친의 작위를 세습하여 舞陰侯가 되었고 黃門侍郎이 되었다.

昌安侯 鄧襲(등습)의 嗣子 鄧藩(등번) 역시 顯宗(明帝)의 딸 平皐(평고) 長公主와 결혼했는데 和帝 때 侍中이 되었다.

原文

夷安侯珍子康, 少有操行. 兄良襲封, 無後, 永初六年, 紹封康爲夷安侯. 時諸紹封者皆食故國半租, 康以皇太后戚屬, 獨三分食二, 以侍祠侯爲越騎校尉. 康以太后久臨朝政, 宗門盛滿, 數上書長樂宮諫爭, 宜崇公室, 自損私權, 言甚切至. 太后不從. 康心懷畏懼, 永寧元年, 遂謝病不朝. 太后使內侍者問之. 時宮人出入, 多能有所毁譽, 其中耆宿皆稱中大人. 所使者乃康家先婢, 亦自通中大人. 康聞, 詬之曰,

"汝我家出, 亦敢爾耶?" 婢怨恚, 還說康詐疾而言不遜. 太后大怒, 遂免康官, 遣歸國, 絶屬籍. 及從兄騭誅, 安帝徵康爲侍中. 順帝立, 爲太僕, 有方正稱, 名重朝廷. 以病免, 加位特進. 陽嘉三年卒, 謚曰義侯.

| **註釋** | ㅇ紹封 – 작위를 이어받아 제후가 되다. 부자 세습의 뜻이 아님. 紹는 계승의 뜻. ㅇ康以皇太后戚屬 – 和帝 鄧皇后(名 綏)와 鄧康은 모두 등우의 손자 손녀로 4촌이었다. 和帝鄧皇后는 安帝 때 오래 섭정했다. 鄧康은 등태후에게 宗室의 권위를 높여줘야 한다는 건의를 하였으나 태후가 따르지 않자 병을 핑계로 입조하지 않았다. 등태후에 의해 밀려났지만(120년) 등태후가 붕어하자 安帝에 의해 다시 발탁되었고 順帝 때 特進을 역임했다. ㅇ侍祠侯 – 공로가 아주 뛰어난 제후는 조정에서 존경의 대상으로 그 지위가 特進인데 三公의 다음에 위치한다. 특진보다 낮은 공신을 朝侯라 하며 九卿의 다음 자리이다. 朝侯보다 못한 공적을 남긴 제후는 侍祠侯(시사후)이고, 또 그 다음은 土小國侯라 하였다. ㅇ永寧元年 – 安帝 120년. ㅇ中大人 – 나이도 많고 신임을 받는 궁내 하인을 지칭하는 말. ㅇ亦敢爾耶 – 감히 이럴 수(爾) 있는가? 亦은 又와 비슷한 뜻으로 쓰이나 별 의미 없이도 사용된다. 耶는 그러한가 야. 의문사. 邪(야)의 俗字. ㅇ及從兄騭誅 – 騭은 오를 즐, 수말 즐. 말의 수컷. 和帝 등황후의 친오빠. 등즐은 자살했다. ㅇ(順帝) 陽嘉三年 – 서기 134년.

[國譯]

夷安侯 鄧珍의 아들 鄧康(등강)은 젊어서부터 행실이 얌전하였다. 兄인 鄧良이 작위를 세습했으나 후사가 없어 (安帝) 永初 6년(112)에 鄧康이 紹封하여 夷安侯가 되었다. 그때 모든 紹封者는 옛 후국

수입의 절반을 租로 받았지만, 鄧康은 皇太后(和帝의 鄧皇后)의 친속이라서 유독 3분의 2를 식록으로 받았으며 侍祠侯(시사후)의 자격으로 越騎校尉가 되었다.

등강은 太后가 오랫동안 朝政에 간여하였고 등씨 일문이 조정에 가득했지만, 長樂宮(皇太后)에 公室(劉氏)를 존숭하고 (鄧氏의) 私的 권한을 스스로 줄여야 한다고 여러 번 간쟁하였는데 그 언사가 매우 절실하였다. 그러나 鄧太后는 따르지 않았다.

등강은 마음속에 두려움을 안고 (安帝) 永寧 원년에 병을 핑계로 입조하지 않았다. 그러자 등태후는 궁내에 시중을 시켜 가서 알아보게 하였다. 그때 宮人은 궁 내외를 출입하면서 대신에 대하여 비방을 하거나 칭송의 말을 하는 경우가 많았는데 그런 궁인 중에서 나이가 든 사람을 보통 中大人이라고 불렀다. 그때 등태후의 심부름으로 간 여인은 전에 鄧康의 가내 노비였었는데 그 역시 스스로를 中大人이라 하였다. 등강이 그 말을 듣고 꾸짖었다. "너는 내 집에 있다가 나갔는데 감히 이럴 수가 있는가?"

婢女(中大人)는 분하다고 화를 내며 궁에 돌아가서는 등강이 꾀병이며 언사가 불손하다고 말했다. 등태후는 대노하면서 나중에 鄧康을 면직시키고 封國에 돌아가게 했으며 종족의 관계도 끊어버렸다. 등강의 사촌 형인 鄧騭(등즐, 등태후 친오빠)이 자살한 뒤에 安帝는 등강을 불러 侍中을 제수하였다. 順帝가 즉위해서는 太僕(태복)이 되었는데 행실이 바르다는 칭송을 들으며 조정에서 명성이 높았다. 나중에 병으로 면직하자 特進이 되었다. (順帝) 陽嘉 3년에 죽었는데, 시호는 義侯(의후)였다.

原文

論曰, "夫變通之世, 君臣相擇, 斯最作事謀始之幾也. 鄧公嬴糧徒步, 觸紛亂而赴光武, 可謂識所從會矣. 於是中分麾下之軍, 以臨山西之隙, 至使關河響動, 懷赴如歸. 功雖不遂, 而道亦弘矣! 及其威損栒邑, 兵散宜陽, 褫龍章於終朝, 就侯服以卒歲, 榮悴交而下無二色, 進退用而上無猜情, 使君臣之美, 後世莫窺其間, 不亦君子之致爲乎!

| **註釋** | ㅇ君臣相擇 – 君은 擇臣하여 임무를 주고 臣도 擇君하여 섬긴다. ㅇ謀始之幾也 – 幾는 일의 징조, 시초. ㅇ褫龍章於終朝 – 褫는 옷 벗길 치, 벗을 치. 龍章은 용의 무늬. 뛰어난 풍채. ㅇ榮悴 – 영화와 쇠락. 悴는 파리할 췌. 시들다. ㅇ莫窺其間 – 그 틈새를 헐뜯는 이 없다. 窺間은 틈을 엿보다. 窺는 엿볼 규.

[國譯]

范曄(범엽)의 史論 : 무릇 변혁의 시대에는 주군과 신하가 서로가 서로를 선택하는데, 이는 큰일을 도모하는 첫 시작이다. 鄧禹(등우)는 식량을 메고 도보로 전란 속을 헤쳐 光武를 만났으니 이른바 따를만한 사람을 알아 찾아간 것이다. 이에 광무 휘하의 군사의 절반을 나눠 山西의 공간을 차지하고서 關中와 黃河 일대에 영향을 끼쳐 투항하는 자들이 고향에 돌아오듯 했다. 그 목적을 끝내 달성하지 못했지만 王道는 그만큼 넓어진 것이다! 등우는 栒邑(순읍)에서 위엄이 꺾이고, 宜陽(의양)에서 군사가 패퇴하였기에 조정의 관복을 벗고 제후의 자리에서 죽었지만 영광과 쇠락에 안색을 바꾸지 않았고,

등용과 퇴임에 원망도 없었으며, 君臣의 아름다운 관계를 후세에 아무도 틈을 엿보아 헐뜯을 수 없었나니, 이는 君子만이 할 수 있는 일이 아니겠는가!

❷ 鄧訓

原文

訓字平叔, 禹第六子也. 少有大志, 不好文學, 禹常非之. 顯宗即位, 初以爲郎中. 訓樂施下士, 士大夫多歸之.

永平中, 理虖沱,石臼河, 從都慮至羊腸倉, 欲令通漕. 太原吏人苦役, 連年無成, 轉運所經三百八十九隘, 前後沒溺死者不可勝算.

建初三年, 拜訓謁者, 使監領其事. 訓考量隱括, 知大功難立, 具以上言. 肅宗從之, 遂罷其役, 更用驢輦, 歲省費億萬計, 全活徒士數千人.

| **註釋** | ㅇ訓字平叔 – 鄧訓, 和熹鄧皇后의 生父. ㅇ理虖沱,石臼河 – 虖沱河(호타하, 虖沱河)는 今 山西省에서 河北省으로 흘러 子牙河와 함께 海河가 되어 天津市에서 入海. 石家莊市의 主要 水源. 石臼(석구, 石臼河)는 河川名. 常山國의 하천명. 호타하의 작은 지류. 今 河北省 서남부 石家莊市 靈壽縣의 하천. ㅇ都慮至羊腸倉 – 都慮는 지명인데, 지금 河北省 石家庄市 靈壽縣으로 추정. 羊腸倉은 羊腸坂, 이곳에 군량 저장 창고가 있었다. 今 山西省 북부 忻州市 관할 靜樂縣에 해당. ㅇ欲令通漕 – 漕는 배로 실어 나

를 조. 漕運. 河漕(하조)는 인공수로. ㅇ轉運所經三百八十九隘 - 전운에 거쳐야할 399개의 험지. 太行山脈을 관통하는 험지. 급류에 낙차가 컸을 것이다. 隘는 좁을 애. ㅇ考量隱括 - 考量은 면밀히 검토하다. 고찰하다. 隱括(은괄, 隱栝, 도지개)은 굽은 나무를 바로잡는 틀. 邪曲을 바로잡다. ㅇ更用驢輦 - 驢는 나귀 려. 輦은 손수레 연. ㅇ徒士 - 刑徒와 士人, 조운에 동원되는 죄수와 감독하는 관리.

[國譯]

鄧訓(등훈)의 字는 平叔(평숙)으로, 鄧禹(등우)의 6째 아들이다. 젊어서부터 大志를 품었으나 학문을 좋아하지 않아 등우가 늘 꾸짖었다. 顯宗(明帝)가 즉위한 뒤에 처음으로 郞中이 되었다. 등훈은 아랫사람에게 베풀기를 좋아하여 많은 사대부들이 그를 따랐다.

永平 연간에 虖沱河(호타하)와 石臼河(석구하)를 보수하였는데, 都慮(도려)라는 곳에서부터 羊腸倉(양장창)이라는 곳까지 조운을 하려고 하였다. 이 때문에 太原郡의 관리나 백성이 힘든 노역으로 고통을 받았으나 몇 년이 지나도 완공이 되지 않았는데 이런 조운에 통과해야 할 399군데 험지가 있어 그동안 추락사하거나 익사한 자는 이루 다 셀 수도 없었다.

(章帝) 建初 3년(서기 78)에 등훈은 謁者(알자)를 제수 받아 그 공사를 감독하게 되었다. 등훈은 공사에서 고쳐야 할 부분을 면밀 검토하여 준공이 어렵다는 것을 알고 구체적으로 상서하였다. 肅宗(章帝)는 건의를 수용하고 그 공사를 중지시키고 전처럼 당나귀나 짐수레를 이용케 하였는데 해마다 비용 수만 전을 절약케 했으며 동원되는 죄수나 감독자 수천 명을 살렸다.

原文

會上谷太守任興欲誅赤沙烏桓, 烏桓怨恨謀反, 詔訓將黎陽營兵屯狐奴, 以防其變. 訓撫接邊民, 爲幽部所歸.

六年, 遷護烏桓校尉, 黎陽故人多攜將老幼, 樂隨訓徙邊. 鮮卑聞其威恩, 皆不敢南近塞下. 八年, 舞陰公主子梁扈有罪, 訓坐私與扈通書, 徵免歸閭里.

元和三年, 盧水胡反畔, 以訓爲謁者, 乘傳到武威, 拜張掖太守.

| 註釋 | ㅇ上谷 – 幽州 관할 군명. 治所는 沮陽縣. 今 河北省 張家口市 관할 懷來縣. ㅇ赤沙烏桓 – 赤沙는 부족 이름. 주로 거주 지역에 따른 명칭. 烏桓(오환, 烏丸)은 烏桓山, 산 이름이 부족 명칭. 漢代에는 지금의 內蒙古, 遼寧省 북부에서 주로 활약하였다. 북방 유목민족인 東胡族이 鮮卑와 烏桓(오환)으로 분리되었다. 後漢 시대에는 흉노의 지배하에 있었다. 西晋 멸망 후 匈奴, 鮮卑, 氐(저), 羯(갈), 羌(강)의 5胡16國時代(304–439)가 이어진다. 90권, 〈烏桓鮮卑列傳〉이 있다. ㅇ黎陽營兵屯狐奴 – 黎陽은 冀州 관할 魏郡의 縣名. 이곳에 주요한 군영을 설치했다. 今 河南省 북부 옛 黃河 북안 鶴壁市 관할 濬縣. 三國 시기 官渡之戰이 있었던 곳. 狐奴는 漁陽郡의 현명. 今 北京市 順義區. ㅇ幽部 – 幽州刺史部. 치소는 廣陽郡 薊縣. 今 天津市 북부의 薊州區(계주구, 薊縣). ㅇ遷護烏桓校尉 – 투항한 烏桓族(오환족)을 上谷, 魚陽, 右北平, 遼西 일대에 거주케 하였는데 이들을 통제 감시하는 교위. 질록 比二千石. 護羌校尉, 使匈奴中郎將과 동급. ㅇ鮮卑 – 선비족은 東胡族의 한 갈래. 북방 유목민족인 東胡族은 鮮卑와 烏桓(오환)으로 분리되었다. 後漢 시대에는 흉노의 지배하에 있었다. 鮮卑의 명칭은 鮮卑山에서 유래. 지금의 내몽고 자치주 북쪽 지역과 몽고에서 주로 거주했

다. 북흉노가 서쪽으로 빠져나간 자리를 선비족이 차지. 후한 말부터 강성해졌다. 西晋 멸망 후 匈奴, 鮮卑, 氐(저), 羯(갈), 羌(강)의 5胡16國時代(304-439)가 이어진다. ㅇ元和三年 - 章帝의 연호. 서기 86년. ㅇ盧水胡 - 盧水는 부족명, 지명. 胡는 흉노, 今 甘肅省 중남부 일대에서 생활. ㅇ乘傳 - 역참의 수레를 타다. 傳은 역참. 역참의 수레(傳車). ㅇ武威 - 今 甘肅省 일대의 군명. 張掖(장액)도 군명.

[國譯]

그 무렵 上谷太守인 任興(임흥)이 赤沙 烏桓族(오환족) 사람을 죽이려 했는데, 오환족이 원한을 품고 모반하자 조서로 등훈을 시켜 黎陽(여양) 營兵의 군사(常備軍)을 거느리고 狐奴縣(호노현)에 주둔하여 변고에 대비케 하였다. 등훈은 변방 백성을 진무하여 幽州 자사부 지역 내로 돌아오게 하였다.

(章帝 建初) 6년, 護烏桓校尉로 승진하자, 黎陽縣(여양현)의 옛 백성들이 노인이나 어린아이를 데리고 등훈을 따라 기꺼이 변방으로 이사하였다. 선비족들은 등훈의 위엄과 은덕을 전해 듣고 국경 근처로는 감히 남하하지 못했다. (建初) 8년, 舞陰公主의 아들 梁扈(양호)가 죄를 지었는데, 등훈은 개인적으로 양호와 서신을 왕래한 죄에 걸려 면직되어 고향 마을로 돌아왔다.

(章帝) 元和 3년, 盧水(노수)의 흉노족이 반기를 들자 등훈은 謁者(알자)가 되어 傳車를 타고 武威郡에 도착하여, 張掖(장액) 太守로 임명되었다.

原文

章和二年, 護羌校尉張紆誘誅燒當種羌迷吾等, 由是諸羌大怒, 謀欲報怨, 朝廷憂之. 公卿擧訓代紆爲校尉. 諸羌激忿, 遂相與解仇結婚, 交質盟詛, 衆四萬餘人, 期冰合渡河攻訓. 先是, 小月氏胡分居塞內, 勝兵者二三千騎, 皆勇健富强, 每與羌戰, 常以少制多. 雖首施兩端, 漢亦時收其用. 時迷吾子迷唐, 別與武威種羌合兵萬騎, 來至塞下, 未敢攻訓, 先欲脅月氏胡, 訓擁衛稽故, 令不得戰. 議者, 咸以羌胡相攻, 縣官之利, 以夷伐夷, 不宜禁護.

訓曰, "不然. 今張紆失信, 衆羌大動, 經常屯兵, 不下二萬, 轉運之費, 空竭府帑, 涼州吏人, 命縣絲髮. 原諸胡所以難得意者, 皆恩信不厚耳. 今因其迫急, 以德懷之, 庶能有用."

遂令開城及所居園門, 悉驅群胡妻子內之, 嚴兵守衛. 羌掠無所得, 又不敢逼諸胡, 因卽解去. 由是湟中諸胡皆言"漢家常欲鬪我曹, 今鄧使君待我以恩信, 開門內我妻子, 乃得父母." 咸歡喜叩頭曰, "唯使君所命." 訓遂撫養其中少年勇者數百人, 以爲義從.

| **註釋** | ㅇ(章帝) 章和二年 – 서기 88년. ㅇ交質盟詛 – 인질을 교환하고 맹약을 맺다. 盟은 큰일에 대한 약속. 詛는 작은 일을 두고 하는 약속. 저주할 저. 약속하다. ㅇ小月氏胡 – 小月氏族. 이때 月은 肉. 氏音 支, 月支로도 표기. 흉노에 쫓겨 서방으로 이주한 월지는 대월지, 원주지에 남은

종족을 小月氏라 하였다. 소월지는 後漢 대에 羌族과 漢族에 점차 同化되었다. 胡는 흉노족을 지칭하는 경우도 있고 때로는 중국 西, 北의 이민족을 광범위하게 지칭한다. ㅇ首施兩端 – 首鼠兩端, 쥐구멍에서 머리를 내민 쥐가 이쪽저쪽을 살피는 모양. ㅇ月氏胡 – 月氏國. ㅇ擁衛稽故 – 호위하여 사고를 미연 방지하다. 稽는 머무를 계, 헤아릴 계. ㅇ縣官之利 – 縣官은 국가. ㅇ以夷伐夷 – 以夷制夷. ㅇ命縣絲髮 – 위기에 처하다. 涼州刺史部 관내 백성의 운명이 가는 실이나 머리카락에 매달렸다. 縣은 懸(매달 현). ㅇ湟中諸胡 – 湟中(황중)은 지역 이름, 今 青海省 동북부 西寧市 湟中縣. 羌族, 漢族, 月氏族의 잡거 지역. 湟水 유역, 이 일대에 거주하는 강족의 부족 이름. 87권, 〈西羌傳〉에 입전. ㅇ鄧使君 – 使君은 刺史나 太守를 부르는 호칭, 또는 황제 명을 받아 출장 나온 관리를 지칭하는 말. ㅇ以爲義從 – 義從은 自願한 軍士.

[國譯]

(章帝) 章和 2년, 護羌校尉인 張紆(장우)가 燒當種(소당종) 羌族(강족)인 迷吾(미오) 등을 유인하여 죽였는데, 이 때문에 여러 강족이 크게 분노하며 원수를 갚으려 하자 조정에서는 이를 우려하였다. 여러 公卿이 등훈을 천거하여 장우 대신 교위가 되었다. 이러는 동안 강족은 더욱 분노하며 종족간 원한을 풀고 결혼을 하거나 인질을 교환하며 맹약을 맺어 4만여 명이 군사를 모아 강물이 얼면 강을 건너가 등훈을 공격하기로 약속하였다. 이에 앞서 小月氏(소월지)족이 국경 안에 거주하였는데 기병이 될 만한 자가 2, 3천 명 정도나 모두가 용감 건장하여 羌族과 싸울 때마다 소수로 다수를 제압하였다. (소월지족이) 비록 양쪽의 형세를 관망하였지만 漢에서는 가끔 소월지를 활용하였다. 그때 강족 迷吾(미오)의 아들인 迷唐(미당)은 별도로 武

威郡 내의 種羌(종강)과 1만여 기병과 합세하여 국경 요새 밖까지 왔으나 등훈을 공격하지는 못하고 먼저 소월지족을 협박하려고 하였는데, 등훈은 군사를 동원하여 충돌을 미연에 방지하여 싸우지 못하게 하였다. 등훈의 참모들은 모두가 강족과 월지족이 서로 공격하게 하는 것이 국가에 이익이며 이민족으로 이민족을 견제해야 하며 그들을 싸우지 못하게 지켜주는 것은 옳지 않다고 하였다.

이에 등훈이 말했다. "그렇지 않다. 지금 張紆(장우)가 신용을 잃었기에 강족 전체가 공격해 온 것인데, 보통 때 우리의 둔병이 2만이 안 되며 또 군량 운반 비용 등으로 국고를 텅 비게 될 것이며, 涼州 관할 관리와 백성의 운명이 위기에 처했다. 본래 여러 이민족의 마음을 얻지 못하는 이유는 우리의 은덕과 신의가 미덥지 않았기 때문이었다. 지금 저들이 급박할 때 우리가 덕을 베풀어야만 그들 마음을 돌릴 수 있다."

등훈은 성문을 열고 그들이 거주하는 마을 뒷문까지도 개방케 하여 강족의 처자식을 모두 본래의 마을로 돌아가게 허용하면서 군사로 하여금 엄히 지키게 하였다. 이에 강족은 침략을 해도 얻을 것이 없고 또 다른 종족을 감히 위협할 수도 없어 즉시 포위를 풀고 돌아갔다.

이렇게 되자 湟中(황중)에 거처하는 여러 강족은 모두 "漢나라에서는 늘 우리끼리 싸우게 하였으나 지금 鄧(등) 使君은 우리에게 의덕과 신의로 대하며 성문을 열어 우리의 처자를 다 받아주니 우리 부모를 만난 것과 같다." 라고 말했다. 그리고 모두 기뻐하며 고개를 숙이면서 "사군께서 하라는 대로 하겠습니다." 라고 말했다.

등훈은 강족을 위무하면서 강족의 젊은이 수백 명을 얻어 그들을 자원한 군사로 편성하였다.

原文

羌胡俗恥病死, 每病臨困, 輒以刃自刺. 訓聞有困疾者, 輒拘持縛束, 不與兵刃, 使醫藥療之, 愈者非一, 小大莫不感悅. 於是賞賂諸羌種, 使相招誘. 迷唐伯父號吾乃將其母及種人八百戶, 自塞外來降. 訓因發湟中秦,胡,羌兵四千人出塞, 掩擊迷唐於寫谷, 斬首虜六百餘人, 得馬牛羊萬餘頭. 迷唐乃去大,小榆, 居頗巖谷, 衆悉破散. 其春, 復欲歸故地就田業, 訓乃發湟中六千人, 令長史任尙將之, 縫革爲船, 置於箄上以度河, 掩擊迷唐廬落大豪, 多所斬獲. 復追逐奔北, 會尙等夜爲羌所攻, 於是義從羌胡並力破之, 斬首前後一千八百餘級, 獲生口二千人, 馬,牛,羊三萬餘頭, 一種殆盡. 迷唐遂收其餘部, 遠徙廬落, 西行千餘里, 諸附落小種皆背畔之. 燒當豪帥東號稽顙歸死, 餘皆款塞納質. 於是綏接歸附, 威信大行. 遂罷屯兵, 各令歸郡. 惟置弛刑徒二千餘人, 分以屯田, 爲貧人耕種, 修理城郭塢壁而已.

| **註釋** | ㅇ湟中秦 – 湟中에 사는 大秦人, 아라비아인. ㅇ大,小榆 – 계곡 이름. 榆는 느릅나무 유. ㅇ長史任尙 – 長史는 丞相, 太尉, 公, 將軍, 太守의 속관, 태수의 속관은 군사에 관한 일 담당. 질록 6백석~1천석. ㅇ箄上以度河 – 箄는 대나무로 만든 뗏목 패. 작은 대바구니 비. 度는 渡. ㅇ生

口 - 노비. 포로. ㅇ款塞納質 - 款은 두드릴 관. 塞는 요새, 국경 초소. 관문. 納質은 인질을 남겨두다. ㅇ塢壁 - 작은 보루. 塢는 성채. 둑 오.

[國譯]

羌族의 풍속에 병으로 죽는 것을 수치로 여겼기에 병이 좀 심해지면 바로 칼로 제 목을 찌르곤 했다. 등훈은 병을 앓는 자가 있다면 곧 데려다 묶어놓고 칼을 주지 못하게 한 뒤에 의약으로 치료케 하여 나은 자가 한 둘이 아니라서 어른, 아이 모두 감격하며 기뻐하였다. 이에 여러 부족에 재물을 선물로 보내며 서로 유치하게 하였다. 迷唐(미당)의 伯父인 號吾(호오)는 모친과 마을 사람 8백여 호를 거느리고 투항하였다. 등훈은 이에 湟中(황중)의 아라비아인, 흉노, 강족의 군사 4천여 명을 이끌고 국경을 나가 迷唐(미당)의 무리를 寫谷(사곡)에서 격파하고 적 6백여 명을 죽이고 馬, 牛, 羊 1만여 마리를 노획하였다. 이에 미당은 大楡와 小楡(소유)의 계곡을 넘어 頗巖谷(파암곡)에 거주하였지만 무리는 다 흩어졌다. 다음 해 봄에 다시 옛 땅으로 돌아가 농사를 지으려 하자 등훈은 다시 황중에서 군사 6천여 명을 동원하여 長史 任尙(임상)에게 그들을 거느리고 가죽을 꿰맨 배와 대나무 뗏목으로 강을 건너 미당의 마을 세력자를 공격케 하여 다수를 죽이거나 생포하였다. 그리고서 그들을 북쪽으로 몰아갔는데, 임상은 밤에 강족의 공격을 받았지만 의리로 따르는 강족 군사와 함께 힘을 다해 격파하였으며 전후 1천8백여 명을 죽이고 포로 2천 명을 잡았으며, 말과 소와 양 3만여 마리를 노획하여 종족 하나를 거의 없애버렸다. 미당은 그 잔여 무리를 이끌고 마을을 서쪽 1천여 리나 떨어진 곳으로 옮겨갔으나 마을 단위 작은 강족은 모두 미당을 배반하였다. 燒當(소당) 강족의 우두머리인 東號(동호)는 고개를 숙이고 찾아와 죄를 청했고 나머지도 모두 관문을 찾아와 인질을 남겨두었다. 이에 등훈이 그들을 위무하고 귀순을 허용하자 위엄과 신의는 크게 떨쳤다. 등훈은 뒤에 변경에 주둔한 군사도 해산하여 각자의 고향으로 돌려보냈다. 다만 형 집행을 연기한 죄수 2천여 명을 남겨 둔전케 하면서 가난한 자를 위해 농기구와 종자를 나눠주고 성곽과 보루를 수리하게 하였다.

原文

永元二年, 大將軍竇憲將兵鎭武威, 憲以訓曉羌胡方略, 上求俱行. 訓初厚於馬氏, 不爲諸竇所親, 及憲誅, 故不離其禍.

訓雖寬中容衆, 而於閨門甚嚴, 兄弟莫不敬憚, 諸子進見, 未嘗賜席接以溫色.

四年冬, 病卒官, 時年五十三. 吏人羌胡愛惜, 旦夕臨者日數千人. 戎俗, 父母死, 恥悲泣, 皆騎馬歌呼. 至聞訓卒, 莫不吼號, 或以刀自割, 又刺殺其犬馬牛羊, 曰, "鄧使君已死, 我曹亦俱死耳." 前烏桓吏士皆奔走道路, 至空城郭. 吏執不聽, 以狀白校尉徐傿. 傿嘆息曰, "此義也." 乃釋之. 遂家家爲訓立祠, 每有疾病, 輒此請禱求福.

元興元年, 和帝以訓皇后之父, 使謁者持節至訓墓, 賜策追封, 謚曰平壽敬侯. 中宮自臨, 百官大會.

訓五子, 騭,京,悝,弘,閶.

| 註釋 | ○(和帝) 永元二年 - 和帝의 첫 번째 연호. 서기 89-104년. ○大將軍竇憲 - 章帝 竇황후의 일족. ○訓初厚於馬氏 - 馬氏는 明帝 明德馬皇后의 일족. ○不離其禍 - 離는 당하다. 遭(만날 조). ○閨門甚嚴 - 閨門은 家內. 家庭. ○(永元) 四年冬 - 서기 92년. ○吼號(후호) - 울부짖다. ○元興元年 - 和帝 마지막 연호, 서기 105년. ○和帝以訓皇后之父 - 和帝의 和熹皇后 鄧綏(등수)는 등훈의 딸. 102년에 황후가 되었다. 황후 재위 102-106년.

[國譯]

(和帝) 永元 2년(서기 90), 대장군 竇憲(두헌)은 군사를 거느리고 武威郡에 주둔하였는데, 두헌은 등훈이 羌族에 대한 방략을 잘 안다고 황제에게 함께 가게 해달라고 요청했다. 등훈은 처음부터 (明帝) 明德馬皇后의 일족과 가까웠고 두씨 일족과 가까이 하지 않아 두헌이 형을 받아 자살할 때 그 화를 당하지 않았다.

등훈이 여러 사람을 너그럽게 포용하였지만 가정에서는 매우 엄격하였으니, 그 형제들도 존경하며 어려워하지 않는 이가 없으니 아들이나 조카들이 등훈을 뵐 때 자리에 앉게 하거나 온화한 얼굴로 대한 적이 없었다.

(永元) 4년 겨울에, 등훈은 병으로 관직에 있으면서 죽었는데 그때 나이 53세였다. 관리와 백성과 강족들이 모두 애석해 하였는데 아침저녁으로 조문하는 자가 매일 수천 명이었다. 강족의 풍속에 부모가 죽어 슬피 우는 것을 수치로 여겼기에 모두 말을 타고 노래를 부르거나 소리를 질렀다. 등훈이 죽었다는 소식에 소리를 지르지 않

는 자가 없었고 칼로 자신을 찌르거나 개나 말, 소나 양을 찔러 죽이며 소리쳤다. "鄧使君이 죽었으니 우리들 모두 같이 죽어야 한다." 그리고 오환족의 관리들도 모두 큰 길로 뛰쳐나가 성 안이 텅 비었다. (漢人) 관리들이 잡아도 듣지 않자 그런 일을 校尉인 徐傿(서언)에게 보고했다. 이에 서언은 탄식하며 말했다. "이것이 의리이다." 그리고는 모두 풀어주었다. 그 뒤로 강족의 집집마다 神位를 마련하고 매번 병이 나면 그때마다 기도하며 복을 빌었다.

(和帝) 元興 원년, 和帝는 등훈이 등황후의 선친이기에 부절을 가진 謁者를 등훈의 묘소에 보내어 책서로 작위를 추봉하였는데, 시호를 平壽敬侯(평수경후)라 하였다. 中宮(皇后)도 참석하였고 百官이 모두 모였었다. 등훈의 다섯 아들은 騭(즐), 京(경), 悝(리), 弘(홍), 閶(창)이었다.

❸ 鄧騭

原文

騭字昭伯, 少辟大將軍竇憲府. 及女弟爲貴人, 騭兄弟皆除郎中. 及貴人立, 是爲和熹皇后. 騭三遷虎賁中郎將, 京, 悝,弘,閶皆黃門侍郎. 京卒於官. 延平元年, 拜騭車騎將軍, 儀同三司. 儀同三司始自騭也. 悝虎賁中郎將, 弘,閶皆侍中.

| 註釋 | ㅇ騭字昭伯 - 騭은 수말 즐. 伯은 만 백. 鄧騭은 鄧訓의 長子. ㅇ辟大將軍~ - 辟은 여기서는 부를 벽. 초빙하다. 초빙 받다. 辟은 옥편

에 임금 벽, 法 벽. 견줄 비. 피할 피, 그칠 피. 설 백 등 다양한 뜻으로 쓰이는 漢字이다. ㅇ貴人 - 皇后 다음 지위, 金印紫綬. ㅇ皆除郎中 - 郎中은 정상적 관직의 출발선이다. 마치 우리나라 9급 공무원과 같다. 광록훈의 속관인 五官中郎將의 속관인 五官郎中은 황제 호위를 담당하는데, 질록은 比三百石이며 정원이 없다. 이 사람들은 창을 들고 말뚝처럼 서 있어야 한다. 이들은 여러 전각의 수위도 담당한다. 虎賁中郎將 아래 虎賁郎中도 질록은 比三百石이다. 謁者僕射의 灌謁者郎中은 빈객 접대원이며 將이나 大夫 이하 관리의 상에 상사를 맡아 처리하는데 정원이 30명이었다. 符節令 아래 符璽郎中 4인은 질록이 2백석이었다. 담당 업무에 따라 질록의 차이도 있지만 이후 어떤 길로 승진하는가에 따라 큰 차이가 있었다. ㅇ黃門侍郎 - 九卿에 궁궐 관련 업무를 담당하는 少府(질록 中二千石)가 있고 少府 아래 侍中(질록 比二千石, 無 定員)이 있고 시중 아래 黃門侍郎은 질록 6百石. 無 定員. 황제의 侍從. 給事中으로 궁 내외에서 업무를 수행. 諸侯王이 황제를 알현할 때 황문시랑의 인도를 받아야 했다. 中常侍(千石, 宦者, 뒤에 比이천석으로 증액), 小黃門(六百石, 宦者)은 환관이나 황문시랑은 환관이 아니다. ㅇ延平元年 - 和帝 다음 殤帝(상제)의 연호. 서기 106년. ㅇ儀同三司 - 加官(加號)의 한 가지, 儀制同於三司의 뜻. 儀同으로도 간칭. 大將軍보다는 낮은 車騎將軍이지만 三公(司徒, 司馬, 司空)과 같이 開府하고 三公과 같은 儀衛(의위, 儀仗 겸 守衛)와 대우를 받는다는 뜻. 殤帝 延平 원년(106년)에 鄧騭(등즐)이 이 加官을 처음 받았다. ㅇ侍中 - 황제의 개인 비서격. 질록 比二千石. 無 定員. 황제 주변에서 늘 시중들며 매사를 진행을 주관 고문 응대가 주요 역할, 어가가 출행 시 가장 유식한 시중의 황제를 모시고 참승. 시중 아래 中常侍는 질록 千石(환관이 담당. 뒤에 比二千石으로 증액). 중상시는 황제의 내궁까지 수행하기에 시중보다 황제와 더 가까웠다.

[國譯]

鄧騭(등즐)의 字는 昭伯(소백)으로 젊어 大將軍 竇憲(두헌)의 官府에서 일했다. 여동생〔鄧綏(등수)〕이 입궁하여 貴人이 되자 등즐 형제는 모두 郎中이 되었다. 여동생은 귀인에서 황후에 책립되니, 곧 和熹皇后이다. 등즐은 3차례나 승진하여 虎賁中郎將이 되었고, 鄧京, 鄧悝(등리), 鄧弘, 鄧閶(등창)은 모두 黃門侍郎이 되었다. 등경은 관직에 있으면서 죽었다. (和帝가 붕어하고 殤帝) 延平 원년에 등즐은 車騎將軍으로 儀同三司가 되었다. 儀同三司는 등즐에서 시작되었다. 등리는 虎賁中郎將이 되었고, 등홍과 등창은 모두 시중이 되었다.

原文

殤帝崩, 太后與騭等定策立安帝, 悝遷城門校尉, 弘虎賁中郎將. 自和帝崩後, 騭兄弟常居禁中. 騭謙遜不欲久在內, 連求還第, 歲餘, 太后乃許之.

永初元年, 封騭上蔡侯,悝葉侯,弘西平侯,閶西華侯, 食邑各萬戶. 騭以定策功, 增邑三千戶.

騭等辭讓不獲, 遂逃避使者, 間關詣闕, 上疏自陳曰,

「臣兄弟汙濊, 無分可采, 過以外戚, 遭値明時, 托日月之末光, 被雲雨之渥澤, 並統列位, 光昭當世. 不能宣贊風美, 補助淸化, 誠慚誠懼, 無以處心. 陛下躬天然之姿, 體仁聖之德, 遭國不造, 仍離大憂, 開日月之明, 運獨斷之慮, 援立

皇統, 奉承大宗. 聖策定於神心, 休烈垂於不朽, 本非臣等所能萬一, 而猥推嘉美, 並享大封, 伏聞詔書, 驚惶慚怖. 追觀前世傾覆之誡, 退自惟念, 不寒而慄. 臣等雖無逮及遠見之慮, 猶有庶幾戒懼之情. 常母子兄弟, 內相敕厲, 冀以端慤畏愼, 一心奉戴, 上全天恩, 下完性命. 刻骨定分, 有死無二. 終不敢橫受爵士, 以增罪累. 惶窘征營, 昧死陳乞.」

太后不聽. 騭頻上疏, 至於五六, 乃許之.

| 註釋 | ㅇ殤帝崩 – 鄧(등)皇后는 和帝의 장자 長子 劉勝(유승)에게 고질병이 있다 하여 민간에서 양육중인 劉隆(유륭, 출생 후 겨우 100일)을 궁으로 데려와 즉위시키고 劉勝(유승)은 平原王에 봉했다. 殤帝(상제, 短折不成曰 殤. 殤은 일찍 죽을 상)는 중국 역사상 가장 어린 황제에, 가장 단명한 황제로 기록되었다. ㅇ永初元年 – 安帝의 연호, 서기 107–113년. ㅇ騭以定策功 – 안제를 옹립한 공로. 安帝는 諱(휘)는 祜(호)로 肅宗(章帝)의 손자. 부친은 淸河孝王인 慶(경). 和帝의 조카. ㅇ閒關詣闕 – 閒關은 輾轉(전전)하다. 崎嶇(기구)하다. 어렵게 궁궐에 도착하다. ㅇ汙濊(오예) – 더럽다. 지위가 낮음. 汙는 汚와 同. 濊는 깊을 예. 더럽다. ㅇ無以處心 – 마음 둘 곳이 없다. 너무 과분한 은총을 받아 오히려 두렵다는 뜻. ㅇ天然之姿 – 하늘에 내린 훌륭한 외모. ㅇ遭國不造 – 不造는 不幸. ㅇ仍離大憂 – 和帝와 殤帝의 잇단 죽음. 仍은 자주, 離는 액운을 당하다. ㅇ休烈垂於不朽 – 영원히 전할 크고도 훌륭한 업적을 남기다. ㅇ驚惶慚怖 – 어쩔 줄 모르고 허둥대며 두렵다. 慚은 부끄러울 참. 怖는 두려워할 포. ㅇ傾覆(경복) – 顚覆(전복). 宣帝 때 上官安(상관안)이나 霍光(곽광)의 권세와 몰락이 가장 전형적이다. ㅇ不寒而慄 – 慄은 두려워 떨 율. 심리적 공포. ㅇ猶有庶幾戒懼之情 – 그래도 조심하고 두려워해야 한다는 생각이 있다. ㅇ常母子兄弟 – 등즐의

부친 등훈은 이미 작고했다. ○冀以端慤畏愼 – 端은 바를 단. 慤은 삼갈 각. 정성. 畏愼(외신)은 두려워하며 조심하다. ○惶窘征營 – 惶窘은 두려워 일이 어렵게 되다. 惶 두려워할 황. 窘은 막힐 군. 窘迫(군박)은 몹시 어려움. 征營은 두려워 떨다. 惶惑. ○昧死陳乞 – 죽음을 무릅쓰고 애원하다.

[國譯]

殤帝(상제)가 붕어하자, 太后와 鄧騭(등즐)은 安帝를 옹립하기로 방책을 정했다. 鄧悝(등리)는 城門校尉, 鄧弘(등홍)은 虎賁中郎將으로 승진하였다. 和帝 붕어 이후, 등즐 형제는 늘 궁중에 기거하였다. 등즐은 겸손하여 궁궐에 오래 있으려 하지 않아 연달아 집에 돌아가려고 간청하였으나 일 년 뒤에야 등태후가 허락하였다.

永初 원년에, 등즐을 上蔡侯(상채후), 등리를 葉侯(섭후), 등홍을 西平侯, 등창을 西華侯에 봉했는데 식읍은 각 1만 호였다. 등즐은 안제를 옹립한 공로가 있어 식읍 3천 호를 더 내렸다. 등즐은 사양하며 받지 않으려 사자를 피해 어렵게 궁궐에 가서 상소하며 말했다.

「臣의 형제는 덕행이나 좋은 언행도 없으면서 과분하게도 외척으로 聖明한 시대를 만났고 황제 황후의 은총을 입었으며 조정에서 雲雨와 같은 큰 은택을 받아 모두 열후의 반열에 올라 큰 영광을 누리며 살고 있습니다. 저희 형제는 조정의 훌륭한 기풍을 널리 찬양하거나 교화를 돕지도 못했기에 진정 부끄럽고 참으로 두려워 마음이 편할 수 없습니다. 폐하께서는 하늘이 내리신 훌륭하신 풍채에, 인자하시고 훌륭한 덕행을 펴시어 나라가 처한 불행과 연이은 국상이 있었지만 日月과 같이 명철하신 지혜로 홀로 어려운 결단을 내리시어 황통을 확립하셨으며 皇室 大宗을 계승하셨습니다. 신령하신 심성으로 훌륭한 방책을 내리셨으며 영원히 전할 크고 훌륭한 업적을 남기셨으니 저 같은 자는 그 만분의 일도 할 수 없으며, 그저 성덕을 칭송도 하지 못하면서 제후로 큰 식읍을 받아 누리고 있는데 다시 조서를 내리셨다는 말을 듣고서는 경황 속에 부끄럽고 두렵기만 합니다. 前世에 외척으로 몰락한 선례에서 얻은 교훈을 보더라도 또 물러나 스스로 생각해보면 추운 날도 아니나 두려워 떨게 됩니다. 臣 등이 비록 멀리 내다보는 깊은 생각이 없지만 그래도 조심하고 두렵기만 합니다. 저의 母子와 형제들은 늘 조심하도록 서로 깨우치면서 바르고 정성된 마음으로 두려워하며, 일심으로 폐하를 모시어 위로는 天恩을 보전하고 아래로는 목숨을 지킬 수 있기만을 바랄 뿐입니다. 저희는 각골난망한 대은을 깨달아 죽을지언정 두 마음이 없을 것입니다. 갑자기 분에 넘치는 작위와 식읍을 더 받는다면 저희 허물만을 키우는 것이라 끝까지 받을 수 없습니다. 몹시 두려워 어쩔 줄 모르면서 죽음을 무릅쓰고 애원합니다.」

鄧太后는 허락하지 않았다. 등즐이 계속 5, 6번을 상소하자 겨우 허락하였다.(식읍 3천 호는 추가로 더 받지 않았다.)

原文

其夏, 涼部畔羌搖蕩西州, 朝廷憂之. 於是詔騭將左右羽林,北軍五校士及諸部兵擊之, 車駕幸平樂觀餞送. 騭西屯漢陽, 使征西校尉任尙,從事中郎司馬鈞與羌戰, 大敗. 時以轉輸疲弊, 百姓苦役. 冬, 徵騭班師. 朝廷以太后故, 遣五官中郎將迎拜騭爲大將軍. 軍到河南, 使大鴻臚親迎, 中常侍齎牛酒郊勞, 王,主以下候望於道. 旣至, 大會群臣, 賜束帛乘馬, 寵靈顯赫, 光震都鄙.

| 註釋 | ㅇ西州-涼州와 朔方郡 지역. 中原의 서쪽 지역이라는 뜻. 지금의 河西走廊에서 玉門關에 이르는 지역. ㅇ平樂觀餞送 - 前漢에서는 長安 未央宮 북쪽의 궁궐. 후한에서는 明帝 때 낙양 궁성의 서쪽에 지은 궁궐. ㅇ漢陽 - 前漢의 天水郡. 후한에서 개칭, 治所는 冀縣. 今 甘肅省 남부 天水市 관할의 甘谷縣. ㅇ班師 - 원정 나간 부대를 회군시키다. 班은 還也. ㅇ齎牛酒郊勞 - 소고기와 술을 준비해 가지고 교외에서 위로하다. 齎는 가져올 재. 보내주다. ㅇ束帛乘馬 - 束帛은 비단. 乘馬는 1乘, 곧 4마리의 말. ㅇ光震都鄙 - 光榮이 도성과 시골을 진동케 하다. 都鄙는 京鄕.

[國譯]

그해 여름, 涼州 지역에서 반기를 든 강족이 西州 일대를 들끓게 하자 조정에서는 이를 걱정하였다. 이에 조서로 등즐이 좌우의 羽林軍과 北軍 5校尉의 군사와 각 자사부의 군사를 거느리고 토벌케 하였는데 황제가 낙양 서쪽 平樂觀(평락관)까지 나가서 전송하였다. 등즐은 漢陽郡에 주둔한 뒤에 征西校尉인 任尙(임상)과 從事中郎인 司馬鈞(사마균)을 출전시켜 강족과 싸웠으나 대패하였다. 그 무렵 군수물자 수송에 백성이 피폐해졌고 고역에 시달렸다. 겨울에 등즐을 소환하여 군사를 회군케 하였다. 조정에서는 등즐이 태후의 오빠이기에 五官中郎將을 보내 등즐을 영접하면서 大將軍에 임명하였다. 부대가 河南郡에 들어오자, 황제는 大鴻臚(대홍려)가 직접 영접케 하였고, 中常侍가 소고기와 술을 준비하여 교외에 나가 위로하였으며, 제후 왕과 공주까지 도중에서 기다렸다. 낙양에 도착하자 모든 신하가 함께 모여 잔치를 하였고, 비단과 수레와 말을 하사하니 그 은총이 아주 현저하여 영광이 도성과 지방에 크게 알려졌다.

原文

時, 遭元二之災, 人士荒饑, 死者相望, 盜賊群起, 四夷侵畔. 騭等崇節儉, 罷力役, 推進天下賢士何熙,祋諷,羊浸,李浸,陶敦等, 列於朝廷, 辟楊震,朱寵,陳禪, 置之幕府, 故天下復安.

四年, 母新野君寢病, 騭兄弟並上書求還侍養. 太后以閶最少, 孝行尤著, 特聽之, 賜安車駟馬. 及新野君薨, 騭等復乞身行服, 章連上, 太后許之. 騭等旣還里第, 並居冢次. 閶至孝骨立, 有聞當時. 及服闋, 詔喩騭還輔朝政, 更授前封. 騭等叩頭固讓, 乃止, 於是並奉朝請, 位次在三公下, 特進, 侯上. 其有大議, 乃詣朝堂, 與公卿參謀.

| 註釋 | ○遭元二之災 – 元二는 元元, 百姓. 같은 글자를 두 번 써야 할 경우 앞 글자 다음에 작은 크기로 '二'를 썼는데, 이를 잘못 알아 후세에 元二로 썼다는 주석이 있다. ○辟~ – 辟은 부를 벽. 군주가 재야 현자를 불러 관직을 수여하다. 辟聘, 辟除. ○置之幕府 – 幕府는 大將軍의 근무처. ○(安帝 永初) 四年 – 서기 110년. ○並居冢次 – 墳墓에서 侍墓하다. 冢 무덤 총. 次는 묵다. 묵는 곳(宿舍). ○至孝骨立 – 애도를 다하여 뼈만 남았다.

[國譯]

그때 백성들은 재해를 당하여 굶주림에 시달렸는데 죽은 시신이 널렸고 도적이 떼지어 일어났으며 사방 이민족이 침입하거나 반기를 들었다. 등즐은 절약 검소한 생활을 하며 백성 부역을 혁파하고 천하의 賢士인 何熙(하희), 祋諷(대풍), 羊浸(양침), 李郃(이합), 陶敦(도돈) 등을 조정에 천거하였으며, 楊震(양진), 朱寵(주총), 陳禪(진선)을 등용하여 大將軍府에 근무케 하였기에 천하는 다시 안정되었다.

(永初) 4년, 등즐의 모친 新野君(신야군)이 병석에 들자, 등즐 형제는 모두 향리로 돌아가 봉양하겠다고 상서하였다. 등태후는 다만 막내인 鄧閶(등창)의 효행이 가장 돈독하다고 사직을 허용하며 安車에 駟馬(사마)를 하사하였다. 新野君이 붕어하자, 등즐 등은 다시 복상하겠다고 사직을 여러 번 청하자 태후가 허락하였다. 등즐 등은 향리 집에 돌아와 모두 무덤 곁에서 시묘하였다. 등창은 복상 중 애도를 다하여 뼈만 남아서 그때 널리 소문이 났었다. 복상을 마치자 조서를 내려 등즐에게 보직을 받아 조정에 참여케 하면서 이전의 직함을 다시 수여하였다. 등즐 등은 머리를 조아리며 굳이 사양하자 현직 복귀는 그만두게 하였으나 奉朝請을 수여하였는데 그 지위는 삼공의 아래이며 特進과 제후의 윗자리였다. 조정에 큰일이 있으면 곧 조정에 나아가 公卿과 함께 정사를 논의하였다.

原文

元初二年, 弘卒. 太后服齊衰, 帝絲麻, 並宿幸其第. 弘少治《歐陽尚書》, 授帝禁中, 諸儒多歸附之. 初疾病, 遺言悉以常服, 不得用錦衣玉匣. 有司奏贈弘驃騎將軍, 位特進, 封西平侯. 太后追思弘意, 不加贈位衣服, 但賜錢千萬, 布萬匹, 騭等復辭不受. 詔大鴻臚持節, 卽弘殯封子廣德爲西平侯. 將葬, 有司復奏發五營輕車騎士, 禮儀如霍光故事, 太后皆不聽, 但白蓋雙騎, 門生挽送. 後以帝師之重, 分西平之都鄉封廣德弟甫德爲都鄉侯. 四年, 又封京子黃門侍郎珍爲陽安侯, 邑三千五百戶.

| 註釋 | ㅇ(安帝) 元初二年 – 서기 115년. ㅇ太后服齊衰 – 齊衰(재최, 자최). 태후가 형제이기에 복상했다. ㅇ帝絲麻 – 絲麻는 緦麻, 황제는 애도의 뜻으로 장례기간 중에 복상했다. ㅇ《歐陽尙書》 – 전한 武帝 때 伏生(복생)의 제자인 歐陽生이 전수한《尙書》. ㅇ門生挽送 – 門生은 제자. 挽送(만송)은 輓送(만송), 장례에서 상여를 끌다. ㅇ都鄕侯 – 열후는 공로에 따라 縣侯, 都鄕侯, 鄕侯, 都亭侯, 亭侯로 구분했다.

[國譯]

(安帝) 元初 2년, 鄧弘이 죽었다. 太后는 (형제이기에) 齊衰(자최, 재최)의 服을 입었고 황제는 絲麻(緦麻) 服을 입었는데 함께 사저에 행차하여 묵었다. 등홍은 젊어《歐陽尙書》를 전공했고 이를 궁중에서 황제(安帝)에게 전수하였으며 많은 유생이 등홍을 따랐다. 그전에 등홍이 병이 들자 평상복으로 염을 하되 비단옷이나 玉匣(옥갑)을 쓰지 말라고 유언했었다. 담당자가 등홍에게 驃騎將軍의 직함과 特進의 관위를 추서하고 西平侯로 봉해야 한다고 상주하였으나 태후는 등홍의 뜻에 따라 관위를 높여 주거나 수의를 내리지 않고 다

만 1천만 전과 비단 1만 필을 하사하였으나 등즐 등은 거듭 사양하며 받지 않았다. 조서로 大鴻臚가 지절을 가지고 등홍의 빈소에 가서 등홍의 아들 鄧廣德(등광덕)을 西平侯에 봉했다. 장례에 즈음하여 담당 관리가 五營의 輕車騎士를 동원하여 장례를 霍光(곽광)의 전례에 따라야 한다고 다시 상주하였으나 태후는 모두 허락하지 않았고 다만 흰 덮개를 덮은 두 마리 말이 끄는 수레에 門生들이 상여를 운구하게 하였다. 뒤에 황제의 사부로 존중하여 西平侯國의 都鄉를 나누어 鄧廣德(등광덕)의 甫德(보덕)을 都鄉侯에 봉했다. (元初) 4년에 또 鄧京의 아들인 黃門侍郎 鄧珍(등진)을 陽安侯(양안후)에 봉했는데 식읍은 3,500호였다.

原文

五年, 悝,閶相繼並卒, 皆遺言薄葬, 不受爵贈, 太后並從之. 乃封悝子廣宗爲葉侯, 閶子忠爲西華侯.

自祖父禹教訓子孫, 皆遵法度, 深戒竇氏, 檢敕宗族, 闔門靜居. 騭子侍中鳳, 嘗與尚書郎張龕書, 屬郎中馬融宜在臺閣. 又中郎將任尚嘗遺鳳馬, 後尚坐斷盜軍糧, 檻車徵詣廷尉, 鳳懼事泄, 先自首於騭. 騭畏太后, 遂髡妻及鳳以謝, 天下稱之.

| 註釋 | ㅇ(安帝 元初) 五年 – 서기 118년. ㅇ葉侯(섭후) – 南陽郡 葉縣, 今 河南省 중부 平頂山市 관할 ㅇ竇氏(두씨) – 章帝 두황후의 일족. ㅇ闔門靜居 – 闔은 문짝 합. 문을 닫다. 왕래하지 않다. ㅇ屬郎中馬融宜在臺

閣 - 馬融(마융, 79-166)은 伏波將軍 馬援(마원)의 侄孫, 將作大匠인 馬嚴(마엄)의 아들. 經學者로 유명, 60권, 〈馬融列傳〉에 立傳. ○臺閣(대각) - 尙書令의 근무처인 尙書臺(상서대)의 별칭. 尙書令은 九卿의 하나인 少府의 속관. 국가 기밀문서의 上奏를 담당, 황제의 측근. 武帝 때는 宦者(환자)가 담당, 成帝 때 일반 관리가 담당. 후한에서는 권력 중추기구인 尙書臺(상서대)의 책임자. 秩祿 1千石. ○檻車徵詣廷尉 - 檻車는 사방을 판자로 막은 수레. 檻은 우리 함. ○遂髡妻及鳳以謝 - 髡 머리 깎을 곤. 등질이 아들은 몰라도 아내의 머리를 깎게 한 것은 좀 지나친 처사가 아니겠는가?

【國譯】

(元初) 5년, 鄧悝(등리)와 鄧閶(등창)이 연이어 죽었는데 모두 薄葬(박장)을 하고 작위나 증여를 받지 말라고 유언하였는데 등태후는 그대로 따라 주었다. 이어 등리의 아들 廣宗(광종)을 葉侯(섭후)에, 등창의 아들 忠(충)을 西華侯(서화후)에 봉했다.

祖父 鄧禹(등우)가 자손을 훈계한 이후로 모두 법도를 준수하며 竇氏(두씨)의 몰락을 거울로 삼아 문중을 엄히 단속하며, 다른 사람과 왕래하지 않고 한가한 생활을 하였다. 등즐의 아들 侍中인 鄧鳳(등봉)은 그전에 尙書郎인 張龕(장감)에게 서신을 보내 郎中인 馬融(마융)이 臺閣(대각, 尙書臺) 근무를 부탁했었다. 또 中郎將 任尙(임상)이 그전에 등봉에게 말을 보내주었는데 뒷날 임상이 군량을 멋대로 도적질을 죄에 연루되어 檻車(함거)에 실려 廷尉에게 불려갔는데 등봉은 사건이 알려질 것을 두려워하여 먼저 부친에게 자수하였다. 등즐은 태후의 노여움이 겁나서 아내와 아들의 머리를 삭발케 한 뒤에 사죄하였는데 세상 사람들은 이를 칭송하였다.

原文

建光元年, 太后崩, 未及大斂, 帝復申前命, 封騭爲上蔡侯, 位特進. 帝少號聰敏, 及長多不德, 而乳母王聖見太后久不歸政, 慮有廢置, 常與中黃門李閏候伺左右. 及太后崩, 宮人先有受罰者, 懷怨恚, 因誣告悝,弘,閶先從尙書鄧訪取廢帝故事, 謀立平原王得. 帝聞, 追怒, 令有司奏悝等大逆無道, 遂廢西平侯廣德,葉侯廣宗,西華侯忠,陽安侯珍,都鄕侯甫德皆爲庶人. 騭以不與謀, 但免特進, 遣就國. 宗族皆免官歸故郡, 沒入騭等資財田宅, 徙鄧訪及家屬於遠郡. 郡縣逼迫, 廣宗及忠皆自殺. 又徙封騭爲羅侯, 騭與子鳳並不食而死. 騭從弟河南尹豹,度遼將軍舞陽侯遵,將作大匠暢皆自殺, 惟廣德兄弟以母閻后戚屬得留京師.

| **註釋** | ○(安帝) 建光元年 – 122년. ○大斂(대렴) – 小殮(소렴)을 한 다음 날, 시신에 수의를 거듭 입히고 이불로 싸서 삼베 천으로 묶는 절차. ○多不德 – 安帝는 주색을 좋아하여 액정에 미녀를 모으고 다수를 귀인에 봉했고 閻姬(염희)를 황후로 책봉하였는데 후한 정치의 부패는 안제부터 시작되었다고 볼 수 있다. ○乳母王聖 – 野王君에 피봉. 大將軍 耿寶(경보), 中常侍인 樊豐(번풍) 등과 阿黨(아당)을 결성했고, 安帝 황태자 保(보)를 모함. 뒷날 雁門郡으로 강제 이주되었다. ○謀立平原王得 – 和帝의 장자 勝은 고질병이 있다 하여 등황후가 殤帝를 옹립하고 勝을 平原王에 봉했다. 평원왕 勝이 후사가 없이 죽자 등태후는 樂安王 劉寵(유총)의 아들 劉得(유득)을 평원왕에 봉했었다. ○羅侯 – 長沙郡 羅縣. 今 湖南省 동북부 岳陽市 관할 汨羅市(멱라시). 楚 屈原이 투신한 곳. ○閻后 – 安思閻皇后.

閻姬(염희)는 재색이 있어 安帝 元初 원년에 뽑혀 궁에 들어갔는데 많은 총애를 받아 貴人이 되었다가 (元初) 2년(115년)에 황후로 책립되었다.

[國譯]

(安帝) 建光 元年(122년)에 鄧太后가 붕어하였는데 大斂(대렴)을 마치기도 전에 安帝는 이전의 책명을 다시 내려 등즐을 上蔡侯(상채후)에 봉하고 관위는 特進으로 정했다. 안제는 젊어 총명하다는 말을 들었으나 장성하면서 여러 행실이 도덕에 맞지 않았으며, (안제의) 유모 王聖(왕성)은 鄧太后가 오랫동안 정사를 安帝에게 넘기지 않자 태후를 폐위시킬 생각으로 中黃門 李閏(이윤)을 시켜 태후의 측근을 늘 감시하게 했었다.

태후가 붕어하자, 그전에 벌을 받았던 궁녀가 원한의 감정을 품고 (태후의 친정동생인) 鄧悝(등리), 鄧弘(등홍), 鄧閶(등창)이 앞서 尙書 鄧訪(등방)과 함께 廢帝의 옛일을 들어 平原王 劉得을 옹립하려 했다고 무고하였다. 안제는 이 말을 듣고 유난히 화를 크게 내었는데 담당 관리는 등리 등이 大逆無道하다고 상주하였고, 결국 西平侯 鄧廣德(등광덕), 葉侯 鄧廣宗(등광종), 西華侯 鄧忠(등충), 陽安侯 鄧珍(등진), 都鄕侯 鄧甫德(등보덕)을 모두 폐하여 서인으로 강등시켰다. 鄧騭(등즐)은 모의하지 않았다 하여 特進을 면직시키고 封國에 가게 하였다. 다른 등씨 일족도 모두 면직되어 고향으로 돌아갔고 등즐 등의 재산과 전택도 모두 몰수되었으며, 鄧訪(등방) 및 그 가족은 먼 변방의 군으로 이주시켰다. 각 군현에서 逼迫(핍박)을 하자 鄧廣宗(등광종)과 鄧忠(등충)은 모두 자살하였다. 또 등즐을 옮겨 (長沙郡의) 羅侯(나후)로 봉했는데, 등즐과 아들 鄧鳳은 絶食하다가 죽었다.

鄧騭의 사촌동생인 河南尹 鄧豹(등표), 度遼將軍인 舞陽侯 鄧遵(등준), 將作大匠인 鄧暢(등창)도 모두 자살하였는데 오직 鄧廣德(등광덕) 형제는 그 모친이 (安帝) 閻皇后(염황후)의 친족이라서 낙양에 남아 살았다.

原文

大司農朱寵痛騭無罪遇禍, 乃肉袒輿櫬, 上疏追訟騭曰, 「伏惟和熹皇后聖善之德, 爲漢文母. 兄弟忠孝, 同心憂國, 宗廟有主, 王室是賴. 功成身退, 讓國遜位, 歷世外戚, 無與爲比. 當享積善履謙之祐, 而橫爲宮人單辭所陷. 利口傾險, 反亂國家, 罪無申證. 獄不訊鞫, 遂令騭等罹此酷濫. 一門七人, 並不以命, 屍骸流離, 怨魂不反, 逆天感人, 率土喪氣. 宜收還冢次, 寵樹遺孤, 奉承血祀, 以謝亡靈.」

寵知其言切, 自致廷尉, 詔免官歸田里. 衆庶多爲騭稱枉, 帝意頗悟, 乃譴讓州郡, 還葬洛陽北芒舊塋, 公卿皆會喪, 莫不悲傷之. 詔遣使者祠以中牢, 諸從昆弟皆歸京師. 及順帝即位, 追感太后恩訓, 愍騭無辜, 乃詔宗正復故大將軍鄧騭宗親內外, 朝見皆如故事. 除騭兄弟子及門從十二人悉爲郎中, 擢朱寵爲太尉, 錄尙書事.

| **註釋** | ㅇ大司農 – 국가의 穀物과 財貨, 국가 재정 담당. 九卿의 하나. 질록 中二千石. 屬官으로 丞 1인 질록 比 千石, 部丞 1人(6百石) 外에 太倉

令, 平準令, 導官令(각 질록 6백석)과 그 아래 丞을 두었다. ㅇ肉袒輿櫬 – 肉袒(육단)은 웃통을 벗어 상체를 드러내다. 輿櫬(여츤)은 널〔棺(관)〕을 싣고 가다. 죽을죄를 짓는다는 뜻. 櫬 널 츤. 棺(관). ㅇ伏惟 – 엎드려 생각건대. 삼가 생각하니. ㅇ爲漢文母 – 漢의 文王의 모친, 太任. 등태후의 훌륭한 聖智는 文王의 모친과 같을 것이다. ㅇ當享積善履謙之祐 – 마땅히 적선하고 겸손에 따른 복을 누려야 한다. '積善之家 必有餘慶'《易經 文言傳 坤卦》, 履謙은 겸손을 지키다. 귀신은 가득 찬 것(盈)을 해치고 겸손한 자에 福을 준다는 말이 있다. ㅇ罪無申證 – 죄에 명백한 증거도 없다. 申은 명백하다. ㅇ獄不訊鞠 – 옥안을 처리하며 상세한 심문도 없었다. 訊은 물을 신(問也). 鞠은 다하다(窮也) ㅇ罹此酷濫 – 罹는 근심 리(이). 당하다. 酷濫(혹람)은 터무니없음. 사리에 크게 어긋나다. ㅇ愍騭無辜 – 등즐이 죄도 없이 당한 것을 불쌍히 여기다. 愍 근심 민. 불쌍히 여기다. 無辜(무고)는 죄가 없음. 辜는 허물 고. ㅇ宗正 – 九卿의 하나. 황족 관리 책임자, 劉氏로 임명. 諸王의 嫡庶와 序列. 宗親의 遠近 관계, 종실 후손의 호적 관리, 질록, 中二千石. 종실로 髡刑(곤형, 머리를 깎는 형벌) 이상을 받은 자는 종정에게 보고되었다. 속관으로 丞 1인, 질록 比千石. 여러 公主家의 家令(질록 6백석)도 宗正 소속이었다.

[國譯]

大司農인 朱寵(주총)은 죄도 없이 화를 당한 등즐을 애통히 여겨, 웃통을 벗고 자신의 관을 싣고 가서 등즐을 변호하는 상소를 올렸다.

「삼각 생각하건대, 和熹皇后께서는 聖善하신 德으로 漢에서는 文王의 母親이라고 말할 수 있습니다. 그 형제도 忠孝하면서 한마음으로 나라를 걱정했으며, 종묘에 모신 신주처럼 황실에서는 (황태후에) 의지했었습니다. 나라에 공을 세우고 물러났으며 봉국과 관직도 사양하였으니 여태껏 외척으로 이 같은 사람이 없었습니다. 그러면 응당 積善하고 겸손에 따른 복을 누렸어야 하는데 뜻밖에도 궁녀의 말 한마디에 모함을 당했습니다. 그럴싸한 말로 위험에 빠트렸고 나라를 혼란으로 몰았으며 그 죄에 명확한 증거도 없었습니다. 재판에서 상세히 묻지도 않고서 등즐 형제는 이처럼 터무니없는 화를 입었습니다. 一門 일곱 사람이 명대로 살지도 못했고 시신은 곳곳에 흩어졌고 원혼은 돌아오지 못했으니, 이는 天意를 거스르고 인심을 뒤흔든 것이며 땅의 정기를 해쳤습니다. 이제 응당 정식 장례를 치러줘야 하고 남은 후손을 보살펴 주어야 하며 희생을 올려 제사를 지내 망령을 위로해야 합니다.」

주총도 자신의 상소가 매우 위험하다는 것을 알고 스스로 정위를 찾아갔는데 황제는 관직을 사임하고 고향에 돌아가게 하였다. 많은 사람들이 등즐이 너무 억울하다고 생각하였고 安帝도 깨달은 바 있어 각 주군의 등씨 일족에 대한 학대를 견책하며 시신을 洛陽 北芒山(북망산)의 선영에 장례하라 명했다. 많은 公卿이 장례에 모였는데 슬퍼하지 않는 사람이 없었다. 조서로 사자를 보내 中牢(중뢰)로 제사를 올리고 남은 여러 형제들을 모두 낙양으로 돌아오게 하였다.

順帝가 즉위하자, 순제는 鄧太后의 은덕과 가르침을 기리고 무고한 등즐을 불쌍히 여겨 宗正에게 명하여 옛 대장군 등즐의 내외 宗親 관계를 회복케 하고 제후로서 전처럼 황제를 알현하게 하였다. 등즐 형제의 아들과 집안 12명에게 낭관을 제수하였으며 朱寵을 太尉 겸 錄尙書事에 발탁하였다.

原文

寵字仲威, 京兆人, 初辟鷺府, 稍遷潁川太守, 治理有聲. 及拜太尉, 封安鄕侯, 甚加優禮.

廣德早卒. 甫德更召徵爲開封令. 學傳父業. 喪母, 遂不仕.

閶妻耿氏有節操, 痛鄧氏誅廢, 子忠早卒, 乃養河南尹豹子, 嗣後閶後. 耿氏敎之書學, 遂以通博稱. 永壽中, 與伏無忌,延篤著書東觀, 官至屯騎校尉.

禹曾孫香之女爲桓帝后, 帝又紹封度遼將軍遵子萬世爲南鄕侯, 拜河南尹. 及后廢, 萬世下獄死, 其餘宗親皆復歸故郡.

鄧氏自中興後, 累世寵貴, 凡侯者二十九人, 公二人, 大將軍以下十三人, 中二千石十四人, 列校二十二人, 州牧,郡守四十八人, 其餘侍中,將,大夫,郞,謁者不可勝數, 東京莫與爲比.

| 註釋 | ㅇ京兆人 – 경조윤 사람. 京兆尹은 관직명이면서 행정구역 명칭. 治所는 長安縣. ㅇ開封令 – 河南尹 開封縣. ㅇ永壽 – 桓帝의 연호, 155–157년. ㅇ東觀 – 洛陽 南宮의 장서각, 觀은 누각 관. 동관에서 대를 이어 편찬한 後漢代 기전체 역사가 《東觀記》인데 모두 143권이다. ㅇ屯騎校尉 – 宿衛兵 지휘, 一人, 比二千石. 속관으로 司馬一人, 千石. ㅇ禹曾孫香之女爲桓帝后 – 桓帝鄧皇后인 鄧猛女(등맹녀, ?–165년), 桓帝 劉志의 2번째 황후. 光武帝 雲臺 二十八將의 한 사람인 太傅 鄧禹의 증손 鄧香의

딸. 和帝의 鄧皇后(鄧綏)가 등맹녀의 堂祖姑母. 鄧猛女는 美色이 絶倫했다. ○東京莫與爲比－동경은 낙양. 곧 後漢.

[國譯]

朱寵(주총)의 字는 仲威(중위)로 京兆(長安)사람인데, 등즐의 大將軍府에 처음 등용되었다가 점차 潁川(영천) 태수로 승진하였는데 유능하다고 이름이 났었다. 太尉를 제수 받고 安鄕侯에 봉해졌는데 (조정에서) 그에 대한 예우가 각별하였다.

鄧廣德은 일찍 죽었다. 鄧甫德(등보덕)은 다시 부름을 받아 (河南尹) 開封 縣令이 되었다. 부친의 학문을 계승했다. 모친상을 당하자 관직을 떠났다.

鄧閶(등창)의 아내 耿氏(경씨)는 지조를 지키며 등씨 일족이 폐족된 것을 통한으로 여기었는데 아들 鄧忠도 일찍 죽자 河南尹 鄧豹(등표)의 아들을 등창의 후사로 삼았다. 耿氏는 양자에게 학문을 가르쳤고 (아들이) 학문에 박통했다는 칭송을 들었다. (桓帝) 永壽(영수) 연간에 伏無忌(복무기), 延篤(연독)과 함께 東觀(동관)에서 저술했고, 官職은 屯騎校尉까지 승진했다.

鄧禹의 曾孫 鄧香(등향)의 딸이 桓帝의 황후가 되었는데 환제는 度遼將軍(도료장군) 鄧遵(등준)의 아들 鄧萬世(등만세)를 南鄕侯(남향후)에 紹封하고 河南尹에 임명하였다. 나중에 등황후가 폐위되자 등만세는 하옥되었다가 죽었고 그 외 다른 宗親은 모두 본 고향으로 돌아갔다.

鄧氏(등씨)는 광무제 중흥 이후에 여러 대에 걸쳐 총애와 함께 높이 올랐는데 제후 29인, 公 2인, 大將軍 이하 13인, 中二千石 14人,

여러 校尉 22인, 州牧이나 태수 48인이었고 그 외 侍中이나 장수, 大夫, 郎官, 謁者 등은 다 셀 수도 없었으니 東京(後漢)에서 이 같은 가문이 없었다.

原文

論曰, 漢世外戚, 自東,西京十有餘族, 非徒豪橫盈極, 自取災故, 必於貽釁後主, 以至顚敗者, 其數有可言焉. 何則? 恩非己結, 而權已先之, 情疏禮重, 而枉性圖之, 來寵方授, 地旣害之, 隙開勢謝, 讒亦勝之. 悲哉! 騭,悝兄弟, 委遠時柄, 忠勞王室, 而終莫之免, 斯樂生所以泣而辭燕也!

| **註釋** | ㅇ自東,西京 – 前漢과 後漢. ㅇ豪橫盈極 – 멋대로 행사하며 갈 데까지 가다. ㅇ貽釁後主 – 釁은 틈 흔. 은애나 감정의 間隙(간극). 後主는 다음 황제. ㅇ其數有可言焉 – 數는 이치. 까닭. ㅇ恩非己結 – 외척의 인연은 이미 앞 황제와 맺어진 것이지 자신(後主)과 맺어진 것이 아니다. ㅇ情疏禮重 – 정은 멀어졌고(특히 생모가 아닌 경우), 태후로 받들어 모셔야할 예는 重하다. ㅇ枉性圖之 – 圖는 도모하다. 외척은 이미 권력을 쥐고 있기에 다음 황제는 일부러라도 자신의 권력을 되찾으려 시도하게 된다. ㅇ來寵方授 – 새로운 외척에게 요직을 주려 하다. ㅇ地旣害之 – 先代 외척의 기반이 침해받다. ㅇ隙開勢謝 – 틈이 벌어지고 권세가 시들다. ㅇ讒亦勝之 – 참소가 먹혀들어가다. 讒는 참소할 참. ㅇ委遠時柄 – 委遠은 멀리하다. 推讓(추양)하다. ㅇ樂生所以~ – 樂生은 燕의 장군 樂毅(악의). 樂毅는 燕 昭王을 섬겨 충성을 다했다. 아들 惠王이 즉위한 뒤에 악의

를 의심했다. 악의는 두려워 趙로 망명했다. 趙王이 燕을 공격하려 하자 악의는 눈물을 흘리며 燕에 대한 공격을 만류했다.

[國譯]

范曄(범엽)의 史論 : 漢代의 외척으로 전한과 後漢 代에 걸쳐 10여 문중이 人臣으로 최고 자리에 올라서가 아니라 권세를 멋대로 행사하며 갈 데까지 갔기에 스스로 화를 자초하였는데, 대개 다음 황제와 틈이 벌어질 원인을 만들고 몰락에 이르게 되는 그 이치를 설명할 수가 있다. 그런 이치란 무엇인가? 인연은 앞서 맺었고 後主와 맺은 것이 아니며 권세는 이미 주어졌으며, 정은 멀어졌고 모셔야 할 예는 重하기에 다음 황제는 권력을 되찾으려 하면서 새 외척에게 요직을 주려 하니 先代 기반이 침해받게 되니, (선대 외척과 황제는) 틈이 벌어지고 권세는 약해지고 참소가 먹혀 들어가는 것이다.

슬픈 일이다! 鄧騭(등즐) 鄧悝(등리) 형제는 당시 권력을 멀리하면서 왕실에 충성하며 노고를 다 했지만 끝내 재앙을 벗어나지 못하였으니 바로 이것이 樂毅(악의)가 눈물을 흘리며 燕王을 떠난 까닭일 것이다.

❹ 寇恂

原文

寇恂字子翼, 上谷昌平人也, 世爲著姓. 恂初爲郡功曹, 太守耿況甚重之.

王莽敗, 更始立. 使使者徇郡國, 曰 "先降者復爵位." 恂從耿況迎使者於界上, 況上印綬, 使者納之, 一宿無還意. 恂勒兵入見使者, 就請之. 使者不與, 曰, "天王使者, 功曹欲脅之邪?"

恂曰, "非敢脅使君, 竊傷計之不詳也. 今天下初定, 國信未宣, 使君建節銜命, 以臨四方, 郡國莫不延頸傾耳, 望風歸命. 今始至上谷而先墮大信, 沮向化之心, 生離畔之隙, 將復何以號令它郡乎? 且耿府君在上谷, 久爲使人所親, 今易之, 得賢則造次未安, 不緊則只更生亂. 爲使君計, 莫若復之以安百姓."

使者不應, 恂左右以使者命召況. 況至, 恂進取印綬帶況. 使者不得已, 乃承制詔之, 況受而歸.

| 註釋 | ㅇ寇恂(구순) – 광무제의 공신. 寇 도둑 구. 성씨. 恂 정성 순. ㅇ上谷昌平 – 上谷은 幽州의 군명. 後漢에서 昌平은 廣陽郡의 현명. 今 北京市 서북 昌平區, 明 13陵이 있는 곳. ㅇ郡功曹 – 군 태수나 현령의 보좌관. 지방 현지 관원 중 최고위직. 功曹掾, 功曹吏라 통칭. 유고시 태수나 현령을 대행. ㅇ非敢脅使君 – 脅은 옆구리 협. 협박하다. 君은 존칭. ㅇ延頸傾耳 – 목을 빼고 귀를 기울이다. 頸은 목 경. ㅇ先墮大信 – 墮는 떨어질 타. 훼손하다. ㅇ沮向化之心 – 沮는 막을 저. ㅇ莫若~ – ~하는 것만 못하다. ~하는 것이 낫다. 莫如와 同.

[國譯]

寇恂(구순)의 字는 子翼으로 上谷郡 昌平縣 사람으로 대대로 저명한 大姓이었다. 구순은 처음에 郡의 功曹(공조)였는데 太守 耿況(경황)이 아주 아꼈다.

왕망이 패망하고 경시제가 즉위하였다. 경시제는 사자를 보내 각 군국을 돌며 "자진 투항하면 작위를 다시 수여하겠다."고 말했다. 구순은 태수를 수행해 군계까지 나가 사자를 영접하였는데, 태수 경황이 인수를 반환하자 사자는 받고서 하룻밤이 지나도 돌려줄 뜻이 없었다. 구순은 군사를 데리고 들어가 사자를 만나 인수를 요청하였다. 사자가 내주지 않으면서 말했다. "황제의 사자를 공조가 협박하려는가?" 그러자 구순이 말했다.

"使君을 협박하는 것은 아니지만, 내 생각에 처사가 옳지 못해 마음이 아픕니다. 지금 천하가 겨우 안정되었지만 나라를 믿을 수가 없는데, 使君은 명을 받아 부절을 앞세우고 사방을 순행하기에 郡國에서는 목을 빼고 귀를 기울이며 바람에 쏠리듯 명을 따르지 않은 이가 없었습니다. 지금 上谷郡에 처음 와서 신의를 훼손하고 투항하려는 마음을 가로막으며 반란할 수 있는 틈을 만들어 놓고서는 다른 군에 가서는 어떻게 호령하겠습니까? 게다가 우리 태수께서는 上谷郡에 오래 재직하여 백성의 신망을 받고 있는데, 지금 태수를 바꿔 현인을 얻는다 하여도 당분간은 안정이 안 될 것이며, 긴요하지 않은데 바꾸면 혼란이 발생할 것입니다. 내 생각에 태수 인수를 다시 돌려주고 백성을 안정시키는 것이 더 나을 것입니다."

使者가 따르지 않자 구순은 측근에게 耿(경)태수를 모셔오라고 하였다. 경황이 들어오자 구순은 앞으로 나아가 인수를 갖다가 경황에게 주었다. 사자는 어쩔 수 없이 경시제의 뜻대로 조서를 내리자 경황은 조서를 받고 돌아갔다.

原文

及王郎起, 遣將徇上谷, 急況發兵. 恂與門下掾閔業共說況曰, "邯鄲拔起, 難可信向. 昔王莽時, 所難獨有劉伯升耳. 今聞大司馬劉公, 伯升母弟, 尊賢下士, 士多歸之, 可攀附也." 況曰, "邯鄲方盛, 力不能獨拒, 如何?" 恂對曰, "今上谷完實, 控弦萬騎, 擧大郡之資, 可以詳擇去就. 恂請東約漁陽, 齊心合衆, 邯鄲不足圖也." 況然之, 乃遣恂到漁陽, 結謀彭寵. 恂還, 至昌平, 襲擊邯鄲使者, 殺之, 奪其軍, 遂與況子弇等俱南及光武於廣阿. 拜恂爲偏將軍, 號承義侯, 從破群賊. 數與鄧禹謀議, 禹奇之, 因奉牛酒共交歡.

| **註釋** | ㅇ及王郎起 – 王郎(?–24, 王昌)은 趙國 邯鄲에 칭제. 한때 光武에 맞섰으나 여러 번 패전, 참수되었다. 12권, 〈王劉張李彭盧列傳〉 立傳. ㅇ邯鄲拔起 – 冀州刺史部 관할 조국의 치소 邯鄲縣. 今 河北省 남단 邯鄲市(한단시). ㅇ大司馬劉公 – 경시제는 劉秀를 大司馬에 임명했었다. ㅇ攀附 – 의지하다. 攀龍附鳳. 攀은 매달릴 반. ㅇ漁陽 – 군명. 治所 漁陽縣, 今 北京市 동북부 密雲區. ㅇ彭寵(팽총) – 12권, 〈王劉張李彭盧列傳〉 立傳. ㅇ遂與況子弇 – 耿弇(경엄, 서기 3–58년), 耿은 빛날 경, 弇은 덮을 엄. 우리나라 옥편에 '사람 이름 감' 이라는 음훈이 있지만 택하지 않는다. '弇音 演' 의 주석에 의거 경엄으로 표기한다. 光武帝의 功臣, 雲臺二十八將 중 4위. 19권, 〈耿弇列傳〉 立傳. ㅇ廣阿 – 鉅鹿郡의 縣名. 今 河北省 邢台市 관할 隆堯縣. 後漢에서는 폐현.

[國譯]

王郞(王昌)이 기병한 뒤에 장수를 보내 上谷郡을 경략하면서 태수 경황의 군사를 서둘러 동원하려고 했다. 구순과 門下掾(문하연)인 閔業(민업)이 함께 경황을 설득했다.

"邯鄲(한단)에서 급하게 일을 저질렀지만 아직 믿고 따를 수 없습니다. 예전에 王莽 시절에도 경시제가 어려워했던 사람은 劉伯升(劉縯, 光武의 長兄)뿐이었습니다. 지금 듣기로는 大司馬 劉公(劉秀)은 유백승의 同母弟인데 현사를 받들고 아랫사람에게도 몸을 낮추기에 많은 사람이 따르고 있습니다."

그러자 경황이 물었다. "邯鄲의 세력이 지금 한창인데 우리 혼자 막으려면 어찌해야 하는가?" 구순이 말했다. "지금 우리 上谷郡은 군량이 넉넉하고 궁수와 기병이 1만이니 우리 자원을 가지고 거취를 우리가 택할 수 있습니다. 제가 동쪽 漁陽郡에 가서 맹약을 체결하고 한마음으로 합친다면 邯鄲(한단, 王郞)도 우리를 어찌 못할 것입니다."

경황도 같은 생각이라서 구순을 漁陽郡에 보내어 彭寵(팽총)과 맹약을 맺었다. 구순은 돌아와 昌平에서 邯鄲의 사자를 습격하여 살해한 뒤 그 군사를 탈취한 뒤에 경황의 아들 耿弇(경엄) 등과 함께 남쪽으로 내려가 (鉅鹿郡) 廣阿縣(광아현)에서 光武와 합세하였다. 광무는 구순을 偏將軍에 임명하고 承義侯(승의후)라고 불렀으며, 구순은 광무를 따라 도적떼를 소탕하였다. 구순은 여러 번 鄧禹(등우)와 함께 謀議했는데 등우도 구순을 기이한 사람으로 생각하며 소고기와 술을 보내주며 깊이 사귀고 즐겼다.

原文

光武南定河內, 而更始大司馬朱鮪等盛兵據洛陽. 及幷州未定, 光武難其守, 問於鄧禹曰, "諸將誰可使守河內者?" 禹曰, "昔高祖任蕭何於關中, 無復四顧之憂, 所以得專精山東, 終成大業. 今河內帶河爲固, 戶口殷實, 北通上黨, 南迫洛陽. 寇恂文武備足, 有牧人御衆之才, 非此子莫可使也."

乃拜恂河內太守, 行大將軍事. 光武謂恂曰, "河內完富, 吾將因是而起. 昔高祖留蕭何鎭關中, 吾今委公以河內, 堅守轉運, 給足軍糧, 率厲士馬, 防遏它兵, 勿令北度而已." 光武於是復北征燕,代. 恂移書屬縣, 講兵肄射, 伐淇園之竹, 爲矢百餘萬, 養馬二千匹, 收租四百萬斛, 轉以給軍.

| 註釋 | ㅇ河內 – 司隸校尉府 소속 군명. 치소는 治所 懷縣, 今 河南省 焦作市(초작시) 武陟縣. 河內郡의 영역은 대략 今 河南省의 黃河 이북. ㅇ上黨 – 幷州 관할 군명. 治所는 長子縣, 今 山西省 동남부 長治市 관할 長子縣. ㅇ防遏它兵 – 防遏은 막아내다. 遏은 막을 알. 저지하다. ㅇ講兵肄射 – 군사를 훈련하고 弓射를 익히다. 肄는 익힐 이. 노력하다. ㅇ淇園之竹 – 淇園(기원)은 淇水의 庭園, 今 河南省 북동부 鶴壁市 관할 淇縣. 무제 元光 3년(前 132)에 今 山東省 濮陽市 瓠子口(호자구)란 곳에서 황하 제방이 터졌는데 元封 2년(前 109)에 君臣이 함께 고생하여 무너진 제방을 다시 막을 때 기원의 대나무를 베어 썼다는 기록이 있다.

[國譯]

光武가 남쪽으로 河內를 평정했는데, 경시제의 大司馬인 朱鮪(주유) 등은 막강한 군사력으로 洛陽을 차지하고 있었다. 아직 幷州(병주) 일대가 평정되지 않아 광무는 河內를 지켜낼 수가 없어 鄧禹(등우)에게 물었다. "여러 장수 중 누굴 시켜야 河內를 지킬 수 있겠는가?"

그러자 등우가 말했다.

"옛날 고조께서는 蕭何(소하)에게 關中을 맡겨놓고 다시는 사방을 둘러봐야 할 걱정이 없었기에 山東에 전념할 수 있었고 끝내 大業을 이루셨습니다. 지금 하내는 황하를 낀 험고한 지형이며 인구도 충실하며 북으로는 上黨郡으로 통할 수 있고 남으로는 洛陽을 압박할 수 있습니다. 寇恂은 文武를 다 갖추었기에 백성을 다스리며 외적을 막을 수 있으니 구순이 아니라면 가히 맡길만한 사람이 없습니다."

이에 구순을 河內太守에 제수하고 大將軍 업무를 대리케 하였다. 광무가 구순에게 말했다.

"河內郡은 城池가 완전하며 부유하니, 나는 장차 여기를 바탕으로 일어날 것이다. 옛날 高祖께서 소하를 남겨 관중을 진무케 했듯이 나도 지금 公에게 河內을 맡기니 굳게 지키면서 轉運으로 군량을 공급하며 군사를 거느려 다른 군사를 막아 북으로 들어오지 못하게 하라."

그리고 光武는 북으로 燕과 代郡 지역을 정벌하였다. 구순은 속현에 문서를 보내 군사를 훈련시키고 활쏘기를 연습시키게 하였으며 淇園(기원)의 대나무를 베어 화살 1백여만 개를 만들고 말 2천 필을 사육하며 田租 4백만 곡을 거두어 轉運을 통해 공급하였다.

原文

朱鮪聞光武北而河內孤, 使討難將軍蘇茂,副將賈彊將兵三萬餘人, 度鞏河攻溫. 檄書至, 恂卽勒軍馳出, 並移告屬縣發兵, 會於溫下. 軍吏皆諫曰, "今洛陽兵渡河, 前後不絶, 宜待衆軍畢集, 乃可出也." 恂曰, "溫, 郡之藩蔽, 失溫則郡不可守." 遂馳赴之. 旦日合戰, 而偏將軍馮異遣救, 及諸縣兵適至, 士馬四集, 幡旗蔽野. 恂乃令士卒乘城, 鼓譟大呼, 言曰, "劉公兵到!" 蘇茂軍聞之, 陣動, 恂因奔擊, 大破之, 追至洛陽, 遂斬賈彊. 茂兵自投河死者數千, 生獲萬餘人. 恂與馮異過河而還. 自是, 洛陽震恐, 城門晝閉. 時, 光武傳聞朱鮪破河內, 有頃, 恂檄至, 大喜曰, "吾知寇子翼可任也!" 諸將軍賀, 因上尊號, 於是卽位.

| **註釋** | ㅇ朱鮪(주유) – 경시제의 大司馬. 鮪는 다랑어 유. ㅇ度鞏河攻溫 – 度는 渡. 鞏河(공하)는 今 河南省 직할 鞏義市(공의시)의 나루터. 溫縣(온현)은 河內郡 溫縣, 今 河南省 焦作市 관할 溫縣. 黃河 北岸. 이때는 建武 元年(25년) 春 正月이었다. ㅇ偏將軍馮異遣救 – 그때 馮異는 魏郡과 河內郡의 군사를 거느리고 가까운 孟津(맹진)에 주둔하고 있었다. ㅇ於是卽位 – 광무제는 이 해 6월 기미일에 常山郡의 鄗縣(호현, 高邑縣)에서 즉위하였다.

[國譯]

朱鮪(주유)는 光武가 北으로 출동하여 河內가 고립된 것을 알고 討難將軍 蘇茂(소무)와 副將 賈彊(가강)을 시켜 군사 3만여 명을 거느리고 鞏河(공하)를 건너 (河內郡) 溫縣(온현)을 공격케 하였다. 檄書(격서)가 들어오자 구순은 즉시 군사를 동원하여 출동하면서 각 속현에 알려 군사를 溫縣으로 모이게 하였다. 모든 軍吏들이 건의하기를 "지금 낙양의 군사가 황하를 건넜지만 앞뒤가 끊어지지도 않았으니 우리 군사가 모두 모이기를 기다렸다가 출동해야 합니다."라고 하였다. 그러나 구순은 "溫縣은 우리 군의 울타리와 같으니 온현을 잃으면 군을 지킬 수가 없다." 면서 급히 출동하였다.

구순은 다음 날 적과 전투를 벌였고 (광무는) 偏將軍 馮異(풍이)를 보내 구원케 하였는데, 여러 현의 군사들도 때맞춰 도착하며 군사가 사방에서 모여들자 깃발이 들을 뒤덮었다. 구순은 군사를 시켜 성의 높은 곳에 올라 북을 크게 치며 "劉公의 군사가 도착하였다!" 라고 외치게 하였다.

蘇茂(소무)의 軍陣에서도 이를 듣고 군진이 소란해지자 구순은 이를 이용 공격하여 적을 대파하였고 마침내 적의 부장 賈彊(가강)을 죽였다. 소무 군사 중 제 발로 물에 들어가 익사한 자가 수천 명이었으며 구순은 1만여 명을 생포하였다. 구순과 풍이는 황하를 건넜다가 돌아왔다. 이 때문에 낙양성에서는 두려워 떨며 낮에도 성문을 닫고 지냈다.

이 무렵 光武는 주유가 하내군을 공격한다는 보고를 받았으나 얼마 안 있어 구순의 격문이 도착하자 크게 기뻐하며 말했다. "나는 寇子翼(寇恂)이 해낼 줄 알았다!"

여러 장군이 하례하면서 존호를 올려야 한다고 논의했고, (6월에) 광무제는 즉위하였다.

原文

時, 軍食急乏, 恂以輦車驪駕轉輸, 前後不絶, 尙書升斗以稟百官. 帝數策書勞問, 恂同門生茂陵董崇說恂曰, "上新卽位, 四方未定, 而君侯以此時據大郡, 內得人心, 外破蘇茂, 威震鄰敵, 功名發聞, 此讒人側目怨禍之時也. 昔蕭何守關中, 悟鮑生之言而高祖悅. 今君所將, 皆宗族昆弟也, 無乃當以前人爲鏡戒." 恂然其言, 稱疾不視事. 帝將攻洛陽, 先至河內, 恂求從軍. 帝曰, "河內未可離也." 數固請, 不聽, 乃遣兄子寇張,姊子谷崇將突騎, 願爲軍鋒. 帝善之, 皆以爲偏將軍.

建武二年, 恂坐繫考上書者免. 是時, 潁川人嚴終,趙敦聚衆萬餘, 與密人賈期連兵爲寇. 恂免數月, 復拜潁川太守, 與破姦將軍侯進俱擊之. 數月, 斬期首, 郡中悉平定. 封恂雍奴侯, 邑萬戶.

| 註釋 | ㅇ輦車驪駕轉輸 – 輦車(연거)는 손수레. 驪駕(여가)는 倂駕(병가) 말 2마리를 나란히 세워 끄는 수레. ㅇ升斗以稟百官 – 급여를 한 번에 지급하지 못해 말(斗)이나 되(升)로 지급했다는 듯. 稟 줄 품. 곳집 름. 祿米(녹미)를 주다. ㅇ鮑生之言 – 고조는 항우와 전투 중에도 수시로 사자를 보내 소하를 위로케 하였다. 이에 鮑生(포생)이란 사람은 '이는 고조가 의심하는 것이니 일족을 군사로 만들어 고조에게 보내라.' 고 말했다. 소하가 집안사람을 고조의 군대로 보내자 고조가 기뻐하였다. 《漢書 蕭何曹參傳》 참고. ㅇ無乃當以前人爲鏡戒 – 無乃는 차라리, 오히려. 鏡戒鏡戒는 거울

삼아 조심하다. 鑑戒. ㅇ密人賈期 - 密은 河南郡의 縣名. 今 河南省 중부 鄭州市 관할 新密市.

[國譯]

이때 군량이 크게 부족하였는데 구순은 손수레나 말 두 마리 마차로 군량을 운반하여 전후로 끊이지 않았고 尙書는 되나 말로 백관에 녹미를 지급하였다. 광무제는 자주 책서를 보내 구순을 위로했는데 구순과 같이 학문을 했던 茂陵(무릉)의 董崇(동숭)이 구순에게 설명해 주었다.

"황제가 새로 즉위하였지만 사방이 아직 다 평정되지 않았지만 당신은 지금 큰 군을 차지하고서 안으로 민심을 얻고 밖으로는 蘇茂(소무)를 격파하면서 위세도 알려졌으니 이런 때야말로 참소하려는 사람이 곁눈질로 원한을 품을 때입니다. 옛날 소하가 관중을 지키면서 鮑生(포생)의 말대로 따르자 高祖가 좋아했었습니다. 지금 당신이 거느린 사람들은 모두 종족의 형제들이니 이런 때에야 말로 옛 사람 일을 거울삼아 조심해야 합니다."

구순은 그 말이 옳다 하여 병을 핑계로 업무를 돌보지 않았다. 광무제가 낙양을 공격하려고 먼저 河內郡에 도착하자 구순은 종군하겠다고 하였다. 광무제는 "(公은) 河內郡을 떠날 수 없다."고 말했다. 구순이 여러 번 간청했어도 허락하지 않자 구순은 조카인 寇張(구장)과 누나 아들인 谷崇(곡숭)에게 돌격기병을 거느리고 선봉이 되게 하였다. 광무제는 이를 칭찬하면서 모두 편장군에 임명하였다.

建武 2년(서기 26), 구순은 상서한 자를 가두고 고문했다는 죄로 면직되었다. 이때 潁川(영천) 사람 嚴終(엄종), 趙敦(조돈) 등이 무리 1만여 명을 모아 (河南郡) 密縣(밀현) 사람 賈期(가기)와 군사를 연결시켜 노략질을 하였다. 구순은 면직 몇 달에 다시 潁川(영천) 태수가 되었는데 破姦將軍 侯進(후진)과 함께 적도를 공격하였다. 몇 달 지나 賈期(가기)를 죽이고 군내를 다 평정하였다. 광무제는 구순을 雍奴侯에 봉했는데 식읍은 1만 호였다.

原文

執金吾賈復在汝南, 部將殺人於潁川, 恂捕得繫獄. 時尙草創, 軍營犯法, 率多相容, 恂乃戮之於市. 復以爲恥, 嘆. 還過潁川, 謂左右曰, "吾與寇恂並列將帥, 而今爲其所陷, 大丈夫豈有懷侵怨而不決之者乎? 今見恂, 必手劍之!" 恂知其謀, 不欲與相見. 谷崇曰, "崇, 將也, 得帶劍侍側. 卒有變, 足以相當." 恂曰, "不然. 昔藺相如不畏秦王而屈於廉頗者, 爲國也. 區區之趙, 尙有此義, 吾安可以忘之乎?" 乃敕屬縣盛供具, 儲酒醪, 執金吾軍入界, 一人皆兼二人之饌. 恂乃出迎於道, 稱疾而還. 賈復勒兵欲追之, 而使士皆醉, 遂過去. 恂遣谷崇以狀聞, 帝乃徵恂. 恂至引見, 時復先在坐, 欲起相避. 帝曰, "天下未定, 兩虎安得私鬪? 今日朕分之." 於是並坐極歡, 遂共車同出, 結友而去.

| 註釋 | ㅇ執金吾賈復 - 秦의 中尉를 武帝 때 執金吾로 개칭. 吾는 禦

(막을 어)의 뜻. 兵器를 들고 非常에 대비한다는 뜻. 질록 中二千石. 궁성 외곽 경계, 수재나 화재 등 돌발 사태 대비, 황제 행차시 집금오 병력(緹騎 2백 인)이 의장대 역할. 집금오의 副職은 丞 一人, 比千石. 집금오의 행차가 화려하고 멋있기에 光武帝는 일찍이 "벼슬을 한다면 執金吾를, 아내를 맞이한다면 陰麗華를 얻어야 한다.(仕宦當作執金吾, 娶妻當得陰麗華)"라고 말했다. 賈復(가복)은 17권, 〈馮岑賈列傳〉에 立傳. ㅇ必手劍之 – 기어이 손에 칼을 쥘 것이다!" ㅇ藺相如不畏～廉頗者 – 趙의 藺相如(인상여 藺 골풀 인)는 文臣이었는데 澠池(민지)에서 趙王과 秦王이 회담할 때 진왕을 두려워하지 않고 왕의 체면을 지켰다. 인상여가 上卿으로 廉頗(염파) 장군의 윗자리에 올랐는데 염파는 이를 수치로 여겨 인상여를 욕보이겠다고 공언하였다. 그 말을 전해들은 인상여는 염파를 피해 골목으로 숨기도 하였다. 수행원이 이를 탓하자 염파는 '趙에 염파장군과 내가 있기에 秦이 쳐들어오지 않는다' 며 둘이 싸우면 어떻게 되겠느냐고 말했다. 이 말을 전해들은 염파는 인상여를 찾아가 사죄하였고 두 사람은 刎頸之交(문경지교)를 맺었다. 《史記 廉頗藺相如列傳》 참고. ㅇ儲酒醪 – 儲는 비축할 저. 醪는 막걸리 료. ㅇ今日朕分之 – 分은 解也. 감정을 풀어주다. 和解하다.

[國譯]

執金吾 賈復(가복)이 汝南郡에 주둔했었는데 그 소속 장수 하나가 潁川郡(영천군)에서 살인을 했다. 구순은 그를 잡아 옥에 가두었다. 그때는 나라가 아직 초창기라서 군영 내에서 범법을 해도 대개가 서로 용서되었지만 구순은 곧 법인을 거리에서 처형했다.

집금오인 가복은 이를 수치로 알고 탄식하였다. 뒤에 여남군에서 돌아올 때 영천군을 지나면서 좌우 측근에게 말했다. "나와 구순은 장수로 같은 반열이었는데 지금 내가 그에게 창피를 당했는데 대장부가 모욕을 당하고서도 어찌 자웅을 결판내지 않겠는가? 이번에 구순을 만나게 되면 필히 내 손에 칼에 뽑을 것이다!"

구순은 그런 뜻을 알고 서로 만나지 않으려 했다. 그러자 谷崇(곡숭)이 말했다. "저도 장수이니 칼을 잡고 곁에 모시겠습니다. 갑자기 변고가 있어도 제가 감당할 수 있습니다."

그러자 구순이 말했다.

"그렇지 않다. 옛날 (趙의) 藺相如(인상여)는 秦王을 두려워하지 않았으나 廉頗(염파) 장군에게 굽혔던 것은 나라를 위해서였다. 조그만 趙에서도 그런 大義가 있었거늘 내 어찌 그런 일을 잊을 수 있겠는가?"

그리고서는 소속 현에 식사를 충분히 대접하며 술도 준비하라고 지시하였다. 집금오의 군사가 군 경계에 들어오자 군사 1인당 2인분의 식사를 대접하였다. 구순도 길에 나가 환영을 한 다음 몸이 안 좋다며 돌아왔다. 賈復(가복)이 군사를 데리고 추격하려 했으나 사졸이 모두 다 취해서 그냥 떠나갔다.

구순은 谷崇(곡숭)을 보내 이를 보고했고 광무제는 구순을 소환하였다. 구순이 도착하여 황제 앞에 나갔는데 그때 가복은 먼저 와 자리에 앉아 있다가 일어나 피하려 하였다.

이에 광무제가 말했다. "天下가 아직 안정되지도 않았는데 어찌 호랑이 둘이서 私感으로 싸울 수 있는가? 오늘 짐이 화해시키겠노라."

그리고서 나란히 앉아 끝까지 즐긴 뒤에, 수레를 같이 타고 나왔으며 벗이 되어 헤어졌다.

原文

恂歸潁川. 三年, 遣使者卽拜爲汝南太守, 又使驃騎將軍杜茂將兵助恂討盜賊. 盜賊清靜, 郡中無事. 恂素好學, 乃修鄕校, 敎生徒, 聘能爲《左氏春秋》者, 親受學焉. 七年, 代朱浮爲執金吾.

明年, 從車駕擊隗囂, 而潁川盜賊群起, 帝乃引軍還, 謂恂曰, "潁川迫近京師, 當以時定. 惟念獨卿能平之耳, 從九卿復出, 以憂國可也." 恂對曰, "潁川剽輕, 聞陛下遠逾阻險, 有事隴,蜀, 故狂狡乘間相詿誤耳. 如聞乘輿南向, 賊必惶怖歸死. 臣願執銳前驅."

卽日車駕南征, 恂從至潁川, 盜賊悉降, 而竟不拜郡. 百姓遮道曰, "願從陛下復借寇君一年." 乃留恂長社, 鎭撫吏人, 受納餘降.

| **註釋** | ㅇ汝南太守 – 豫州의 군명. 治所는 平輿縣, 今 河南省 駐馬店市 관할 平輿縣. ㅇ鄕校 – 지방에 세운 학교. 조선시대의 향교와는 개념이 다르다. ㅇ車駕 – 황제가 타는 수레(天子乘車而行). 황제의 代稱으로 사용. ㅇ狂狡乘間相詿誤耳 – 狂狡는 狂妄(광망) 狡猾(교활). 詿誤는 그르치다. 詿는 그르칠 괘. ㅇ長社 – 潁川郡의 현명. 今 河南省 중부 許昌市 관할 長葛市.

[國譯]

寇恂(구순)은 潁川郡으로 歸任했다. (建武) 3년, (광무제는) 사자를 보내 구순을 汝南太守에 임명하면서 또 驃騎將軍 杜茂(두무)를 보내 군사를 거느리고 구순을 도와 도적 무리를 토벌케 하였다. 도적 무리가 다 평정되자 汝南郡은 무사했다. 구순은 평소 호학했기에 학교를 세우고 학도를 교육했는데 《左氏春秋》를 교수할 사람을 초빙하고 자신도 그에게서 배웠다.

(建武) 7년(서기 31)에, 朱浮(주부)의 후임으로 執金吾(집금오)가 되었다.

그 다음 해, 황제를 따라 隗囂(외효)를 공격했는데, 영천군에 도적 떼가 일어나자 광무제는 군사를 이끌고 돌아오면서 구순에게 말했다.

"潁川郡은 京師에 아주 가깝기에 즉시 평정해야 한다. 생각해보면 오직 卿만이 영천군을 평정할 수 있으니 九卿의 관직으로 영천군에 다시 가는 것도 나라 걱정거리를 분담하는 것이다."

그러자 구순이 대답하였다. "潁川(영천)의 도적 무리는 사납고 날쌘데, 폐하께서 멀리 隴西와 蜀郡의 험지에 출정하셨단 말을 듣고 망령되고 교활하게도 틈을 타 일을 그르치려 하였습니다. 만약 車駕가 남쪽으로 오신다는 말을 들으면 도적 무리는 틀림없이 두려워 떨며 투항할 것입니다. 臣은 군사를 거느리고 기꺼이 앞장서겠습니다."

그날로 천자가 남쪽 정벌에 나서자 구순은 車駕를 따라 영천군에 왔고, 도적 무리가 모두 투항했는데도 구순에게 끝내 영천태수를 제수하지 않았다. 그러자 백성들이 폐하 앞에 나가 "폐하를 수행한 寇君(寇恂)을 1년만이라도 다시 여기를 다스리게 해 주십시오."라고 청원하였다. 그러자 광무제는 구순을 (潁川郡) 長社縣에 남아 관리와 백성을 진무하면서 잔당의 투항을 받게 하였다.

原文

初, 隗囂將安定高峻, 擁兵萬人, 據高平第一, 帝使待詔馬援招降峻, 由是河西道開. 中郎將來歙承制拜峻通路將軍, 封關內侯, 後屬大司馬吳漢, 共圍囂於冀. 及漢軍退, 峻亡歸故營, 復助囂拒隴阺. 及囂死, 峻據高平, 畏誅堅守. 建威大將軍耿弇率太中大夫竇士,武威太守梁統等圍之, 一歲不拔.

十年, 帝入關, 將自征之, 恂時從駕, 諫曰, "長安道里居中, 應接近便, 安定,隴西必懷震懼, 此從容一處可以制四方也. 今士馬疲倦, 方履險阻, 非萬乘之固, 前年潁川, 可爲至戒." 帝不從. 進軍及汧, 峻猶不下, 帝議遣使降之, 乃謂恂曰, "卿前止吾此擧, 今爲吾行也. 若峻不卽降, 引耿弇等五營擊之."

恂奉璽書至第一, 峻遣軍師皇甫文出謁, 辭禮不屈. 恂怒, 將誅文. 諸將諫曰, "高峻精兵萬人, 率多强弩, 西遮隴道, 連年不下. 今欲降之而反戮其使, 無乃不可乎?" 恂不應, 遂斬之. 遣其副歸告峻曰, "軍師無禮, 已戮之矣. 欲降, 急降, 不欲, 固守." 峻惶恐, 卽日開城門降.

諸將皆賀, 因曰, "敢問殺其使而降其城, 何也?" 恂曰, "皇甫文, 峻之腹心, 其所取計者也. 今來, 辭意不屈, 必無降心. 全之則文得其計, 殺之則峻亡其膽, 是以降耳." 諸將皆曰, "非所及也." 遂傳峻還洛陽.

| 註釋 | ○安定高峻 – 安定은 涼州 관할 군명. 治所는 臨涇縣, 今 甘肅省 동부 慶陽市 관할 鎭原縣. 安定屬國도 있었다. 高峻(고준)은 인명. ○高平第一 – 高平은 安定郡의 현명. 今 寧夏回族自治區 남부 固原市. 第一은 城의 이름. ○待詔馬援 – 待詔(대조)는 徵士(징사)의 한 종류이며 漢代의 특수 관직명. 詔는 황제의 명령을 기록한 문서. 명망이 있는 人才를 중용하기 전에 우선 待詔(조서를 기다린다는 뜻)라는 직명을 부여한다. 황제의 부름을 받아 대기하다가 조서를 받고 그에 따른 임무를 수행 또는 자문에 응하는 관직. 待詔의 종류로 待詔金馬, 待詔殿中, 待詔保宮, 待詔公車, 待詔黃門, 待詔丞相府 등이 있다. 특수한 분야의 전문가인 경우 예를 들어 太史, 治曆, 音律, 本草의 경우에는 ○待詔라고 불렸다. 馬援(마원)은 伏波將軍으로 유명. 24권, 〈馬援列傳〉에 입전. ○共圍囂於冀 – 冀縣(기현)은 漢陽郡의 治所, 今 甘肅省 동남부 天水市 관할 甘谷縣. ○武威太守梁統 – 34권, 〈梁統列傳〉 立傳. ○進軍及汧 – 汧(강 이름 견). 汧縣은 右扶風의 현명. 今 陝西省 남서부 寶雞市 관할 隴縣.

[國譯]

그전에, 隗囂(외효)의 장수인 安定郡 사람 高峻(고준)은 1만 병력을 거느리고 高平縣 第一城(제일성)을 차지하고 있었는데, 광무제는 待詔(대조)인 馬援(마원)으로 하여금 고준의 투항을 권유하여 河西로 통하는 길을 열었다. 中郎將 來歙(내흡)은 황제의 뜻에 따라 고준을 通路將軍에 임명하고 關內侯에 봉하였으며 大司馬 吳漢에게 소속시켜 내흡과 함께 冀縣(기현)에서 외효를 포위했었다. 그러나 吳漢의 군사가 퇴각하자 고준은 옛 군영으로 도망쳐, 다시 외효를 도와 隗山 일대에서 항거하였다. 나중에 외효가 죽자, 고준은 高平縣을 차지하고서 처형이 두려워 굳게 지켰다. 建威大將軍인 耿弇(경엄)은

太中大夫인 竇士(두사)와 武威郡 太守인 梁統(양통) 등과 함께 고준을 포위했으나 1년이 지나도록 함락시키지 못했다.

(建武) 10년(서기 34), 광무제는 關中에 진군하여 친히 고준을 토벌하려 했는데, 구순은 황제를 수행하며 건의하였다.

"長安은 낙양과 高平의 중간이라서 접근하기에 가깝고 편리하니 폐하께서 장안에 주둔하시면 安定郡과 隴西郡에서는 틀림없이 두려워할 것이니 이는 한 곳에 조용히 있으면서 사방을 제압하는 것입니다. 지금 군사들이 몹시 지쳤고 또 험한 지형을 지나왔으며 또 1만 乘의 대군을 가진 상황이 아니니 작년에 潁川(영천)의 전례를 교훈삼아야 할 것 같습니다."

그러나 광무제는 받아들이지 않았다. (右扶風의) 汧縣(견현)까지 진격했는데도 고준이 여전히 투항하지 않자 광무제는 투항을 권유하는 사자를 보내라고 하면서 구순에게 지시하였다.

"卿이 전에 진격을 그만두라 했지만 이번에 나는 진군하였다. 만약 고준이 즉시 투항하지 않는다면 耿弇(경엄) 등 5營(영)의 군사를 동원하여 공격토록 하라."

구순은 국새가 찍힌 문서를 가지고 第一城으로 갔고 고준은 軍師인 皇甫文(황보문)을 보내 만나게 하였는데 황보문은 예를 갖추면서도 끝까지 굽히지 않았다. 구순은 화를 내며 황보문을 죽이려 했다. 여러 장수가 죽이지 말라며 말했다.

"高峻(고준)은 정병 1만에 쇠뇌를 많이 보유하였으며 서쪽 隴西의 길을 막고 몇 년간의 공격도 버텼습니다. 지금 투항하려는 뜻이 있는데 사자를 죽이고서야 나중에 어찌하겠습니까?"

그러나 구순을 건의에 따르지 않고 사자를 죽여 버렸다. 그리고 그 아랫사람에게 돌아가 고준에게 말하라 하였다. "軍師가 무례하여 죽여버렸다. 투항하려면 빨리 투항하라. 아니면 끝까지 싸워라." 그러자 고준은 겁을 먹고 그 날로 성문을 열고 투항하였다.

여러 장수가 축하하며 말했다. "사자를 죽였는데 왜 성문을 열고 투항했는지 알고 싶습니다."

이에 구순이 말했다. "皇甫文은 고준의 심복으로 고준은 그의 계략을 따랐었다. 이번에 황보문이 말로도 굽히지 않은 것은 투항할 마음이 없다는 뜻이다. 황보문을 살려준다면 황보문의 계책에 따랐을 것인데 그를 죽여 버리자 고준은 용기를 잃고 바로 투항한 것이다."

여러 장수들은 "우리가 미처 생각하지 못했습니다."라고 말했다. 구순은 고준을 잡아 傳車로 洛陽에 보냈다.

原文

恂經明行修, 名重朝廷, 所得秩奉, 厚施朋友故人及從吏士. 常曰, "吾因士大夫以致此, 其可獨享之乎!" 時人歸其長者, 以爲有宰相器.

十二年卒, 謚曰威侯. 子損嗣. 恂同産弟及兄子,姊子以軍功封列侯者凡八人, 終其身, 不傳於後. 初所與謀閔業者, 恂數爲帝言其忠, 賜爵關內侯, 官至遼西太守.

十三年, 復封損庶兄壽爲汶侯. 後徙封損扶柳侯. 損卒, 子鳌嗣, 徙封商鄕侯. 鳌卒, 子襲嗣. 恂女孫爲大將軍鄧騭夫人, 由是寇氏得志於永初間.

恂曾孫榮.

| **註釋** | ○經明行修 – 經學에 밝고 행실도 바르다. ○歸其長者 – 그가 장자라고 여기다. 歸는 편들다. 생각하다. 長者는 훌륭한 인격과 덕망의 소유자. ○(建武) 十二年卒 – 서기 36년. ○汝侯 – 汝는 沛郡의 현명. 汝는 강 이름 효. ○扶柳侯 – 扶柳는 信都郡의 현명. 今 河北省 衡水市 관할 冀州市. ○永初 – 安帝의 연호, 서기 107–113년. 和熹鄧太后가 섭정했다.

[國譯]

구순은 經學에 밝고 행실도 바르기에 조정에서 명성도 높았으며 녹봉을 받으면 벗이나 지인 또는 하급 관리에게 후하게 베풀었다. 구순은 늘 "나는 하급 관리에서 이렇게까지 승진하였는데 어찌 나 홀로 누릴 수 있겠는가!" 라고 말했다. 그때 사람들이 長者로 여기며 재상의 그릇이라고 말했다.

(建武) 12년에 죽었는데, 시호는 威侯(위후)였다. 아들 寇損(구손)이 이었다. 구순의 동모제나 형의 아들, 여자 형제의 아들 중 軍功으로 列侯에 봉해진 자가 모든 8인이었는데 그 대에서 끝났다. 처음에 구순과 함께 上谷郡에서 일했던 閔業(민업)은 구순이 그의 충성심을 여러 번 황제에게 건의하여 관내후의 작위를 받았고 遼西太守를 지냈다.

(건무) 13년, 寇損(구손)의 庶兄인 寇壽(구수)를 汝侯(효후)로 다시 봉했다. 그 뒤에 구손은 扶柳侯(부류후)로 옮겨 봉해졌다. 구손이 죽자 아들 寇釐(구리)가 뒤를 이었고 商鄕侯(상향후)에 옮겨 봉해졌다.

구리가 죽자 아들이 이어 받았다. 구순의 손녀는 大將軍 鄧騭(등즐, 등태후의 오빠)의 부인인데 이 때문에 寇氏도 (安帝) 永初 연간에 뜻을 펼 수 있었다.

구순의 증손이 寇榮(구영)이다.

原文

論曰, 傳稱 '喜怒以類者鮮矣.' 夫喜而不比, 怒而思難者, 其惟君子乎! 子曰, '伯夷,叔齊, 不念舊惡, 怨是用希.' 於寇公而見之矣.

| **註釋** | ㅇ傳稱 -《左傳》. 晋 范武子가 한 말. ㅇ喜怒以類者 - 기뻐할 때나 분노할 때 어떤 원칙을 지키는 자. ㅇ喜而不比 - 좋아하지만 같은 패거리가 되지 않다. 比는 무리(類也). 따르다. 比黨. ㅇ怒而思難者 - 화를 낼 때 화를 낸 이후의 곤란을 생각하는 자. ㅇ子曰, '伯夷,叔齊~ -《論語 公冶長》.

[國譯]

范曄(범엽)의 史論 : 경전에 '좋아하거나 화를 낼 때 일정한 원칙이 있는 자가 많지 않다.' 라는 말이 있다. 좋아하지만 같이 따라가지 않고, 화를 내면서 뒤에 오는 어려움을 생각하다면 아마 군자일 것이다. 공자께서는 '伯夷(백이)와 叔齊(숙제)는 옛 원한을 마음에 두지 않았기에 품은 원한이 없었다.' 라고 하였다. 아마 寇恂(구순)의 경우가 그랬을 것이다.

❺ 寇榮

原文

榮少知名, 桓帝時爲侍中. 性矜潔自貴, 於人少所與, 以此見害於權寵. 而從兄子尙帝妹益陽長公主, 帝又聘其從孫女於後宮, 左右益惡之. 延熹中, 遂陷以罪辟, 與宗族免歸故郡. 吏承望風旨, 持之浸急, 榮恐不免, 奔闕自訟. 未至, 刺史張敬追劾榮以擅去邊, 有詔捕之. 榮逃竄數年, 會赦令, 不得除, 積窮困, 乃自亡命中上書曰,

| **註釋** | ㅇ寇榮(구영) – 桓帝(재위, 147–167)에게 올린 上書 때문에 죽음을 당했다. ㅇ於人少所與 – 다른 사람 중에 자기편이 적었다. ㅇ益陽長公主 – 桓帝의 여동생. ㅇ延熹(연희) – 서기 158–166년. ㅇ逃竄 – 도망가 숨다. 逃는 달아날 도. 竄은 숨을 찬.

[國譯]

寇榮(구영)은 젊어 이름이 알려졌는데, 桓帝(환제) 때 侍中(시중)이 되었다. 천성이 긍지가 강하고 결백하여 스스로 귀하다 여겼기에 같이 어울릴 사람이 없었고, 그 때문에 權貴에게 미움을 받았다. 구영 사촌 형의 아들이 환제의 누이동생 益陽長公主와 결혼했는데 환제는 또 그 종손녀를 후궁에 들여왔기에 황제 측근으로부터 더욱 미움을 받았다. (桓帝) 延熹(연희) 연간에, 구영은 모함을 받고 죄에 얽혀 다른 친족과 함께 사직하고 고향에 돌아갔다. 본군 관리들은 윗사람의 눈치를 보며 이들을 각박하게 몰아붙이자 구영은 재앙을 면할 수 없을 것이라 생각하여 궁궐에 올라가 상서를 하려고 했다. 그러나 궁궐에 도착하기 전에 (幽州)刺史 張敬(장경)은 구영을 추격 체포한 뒤 변경으로 보내버렸는데 나중에 체포하라는 조서도 있었다. 그러나 구영은 도망쳐서 몇 년간 숨어 지내다가 사면을 받았지만 관직을 얻지 못해 곤궁하게 지내다가 스스로 본적지를 떠나 상서하였다.

原文

「臣聞天地之於萬物也好生, 帝王之於萬人也慈愛. 陛下統天理物, 爲萬國覆, 作人父母, 先慈愛, 後威武, 先寬容, 後刑辟, 自生齒以上, 咸蒙德澤. 而臣兄弟獨以無辜爲專權之臣所見批抵, 青蠅之人所共構會. 以臣婚姻王室, 謂臣將撫其背, 奪其位, 退其身, 受其執. 於是遂作飛章以被於臣, 欲使墜萬仞之坑, 踐必死之地, 令陛下忽慈母之仁, 發投杼之怒. 尙書背繩墨, 案空劾, 不復質確其過, 置於嚴棘之下, 便奏正臣罪. 司隷校尉馮羨佞邪承旨, 廢於王命, 驅逐臣等, 不得旅踵. 臣奔走還郡, 沒齒無怨. 臣誠恐卒爲豺狼橫見噬食, 故冒死欲詣闕, 披肝膽, 布腹心.」(下文 繼續)

| 註釋 | ○刑辟 – 형벌. 死刑. ○批抵 – 쳐내다. 批 칠 비. 抵 칠 지. 側擊也. ○青蠅之人所共構會 – 青蠅(청승)은 쇠파리. 青蠅之人은 小人. 所共構會는 함께 모함하여 죄를 덮어씌우다. ○飛章 – 至急으로 보내는 문서. ○投杼之怒(투저지노) – 효도로 유명한 曾參(증삼)의 어머니는 曾參(사실은

同名異人)이 살인했다는 말을 연이어 3번이나 듣자 짜던 베틀의 북(杼)을 버리고 도망갔다는 고사. 곧 계속되는 참언은 누구라도 믿게 된다는 뜻. 杼(북 저)는 베를 짤 때 실을 가로로 넣어주는 도구. 소리 나는 북(鼓)이 아님. ㅇ繩墨(승묵) - 목수가 직선을 긋는 먹줄. 법률. ㅇ不復質確其過 - 質은 正也. 確은 확실한 근거. 確은 實也. ㅇ置於嚴棘之下 - 嚴棘(엄극)은 감옥. ㅇ不得旅踵 - 가질 못하다. 踵은 발꿈치 종. ㅇ沒齒(몰치) - 죽을 때까지. ㅇ噬食 - 깨물어 먹다. 씹히다. 殘害하다. 噬는 깨물 서. 噬啖(서담).

[國譯]

「臣이 알기로는, 天地는 만물을 살리려 하고 帝王은 만백성에게 慈愛롭다고 하였습니다. 폐하께서는 천하 만물을 통괄하시면서 萬國을 다 감싸시며, 백성의 부모이시기에 먼저 자애로 보살피고 뒤에 위엄을 보이시며, 먼저 관용을 베풀고 나중에 형벌을 내리시니, 백성은 치아가 생긴 이후로 모두가 폐하의 은덕으로 살고 있습니다. 그러나 臣의 형제는 유독 아무 죄도 없이 권력을 휘두르는 관리에게 얻어맞고 소인들이 얽어 놓은 함정에 빠졌습니다. 신의 형제가 왕실과 혼인하였다 하여 그들의 등을 치고, 그들의 지위를 탈취하고, 그들을 배척하고 그 권세를 가질 것이라 생각하였습니다. 이에 지급 문서를 만들어 臣을 덮쳐서 수만 길이나 되는 구덩이에 빠트리며 死地에 넣고 밟아버려 폐하로 하여금 慈母의 인자함을 버리고 曾參의 모친처럼 참언을 믿게 만들었습니다. 尙書는 나라의 법을 무시하며 무고한 내용대로 잘못에 대한 아무런 확증도 없는데도 우리 형제를 감옥에 집어넣고 臣의 죄과를 바로잡겠다고 주청하였습니다. 司隸校尉인 馮羨(풍선)은 윗사람에게 아첨하며 폐하의 명령을 따르지도 않고 臣의 형제를 내몰아 京師에 들어가지도 못하게 하였습니다. 신이 도망쳐 本郡에 돌아갈 수 있다면 죽더라도 원한이 없을 것입니다. 臣은 끝내 豺狼(시랑, 늑대)에게 씹혀 먹힐까 두려워 죽음을 무릅쓰고 궁궐에 가서 제 肝膽(간담)을 다 내보이고 제 속마음을 호소하고자 합니다.」(下文 계속)

原文

「刺史張敬, 好爲諂諛, 張設機網, 復令陛下興靁電之怒. 司隸校尉應奉,河南尹何豹,洛陽令袁騰並驅爭先, 若赴仇敵, 罰及死沒, 髡剔墳墓, 但未掘壙出屍, 剖棺露胔耳. 昔文王葬枯骨, 公劉敦行葦, 世稱其仁. 今殘酷容媚之吏, 無折中處平之心, 不顧不辜之害, 而興虛誣之誹, 欲使嚴朝必加濫罰.

是以不敢觸突天威, 而自竄山林, 以俟陛下發神聖之聽. 啓獨覩之明, 拒讒慝之謗, 絶邪巧之言, 救可濟之人, 援沒溺之命. 不意滯怒不爲春夏息, 淹恚不爲順時怠, 遂馳使郵驛, 布告遠近, 嚴文克剝, 痛於霜雪, 張羅海內, 設罝萬里, 逐臣者窮人跡, 追臣者極車軌, 雖楚購伍員, 漢求季布, 無以過也.」(下文 繼續)

|註釋| ○刺史張敬 – 刺史는 幽州刺史. 後漢 13개 州의 長인 刺史는 백성을 통치하지 않고 지방 행정을 감독하는 감독 기구였다. 刺史는 郡國의 관리를 파면할 권한이 있었고, 고정된 治所도 있었기에 太守나 相보다

실질적인 상위직이었다. 그러다가 황건적의 난 이후 靈帝 中平 5년(188년)에 州의 자사를 牧(목)으로 개칭하면서 軍政 大權을 부여하였다. 결국 이는 지방분권과 함께 三國 분립의 기본 여건을 만들어 주었다. ㅇ諂諛 – 아첨하다. 諂은 아첨할 첨. 諛는 아첨할 유. 알랑거리다. ㅇ靁電之怒 – 벼락과 같은 분노. 靁는 雷는 우뢰 뇌. 벼락. ㅇ髡剔墳墓 – 분묘의 나무를 베다. 髡은 머리 깎을 곤. 剔은 뼈 바를 척. ㅇ掘壙出屍 – 널 자리〔壙(광)〕를 파고 시신을 꺼내다. 壙은 시신이나 관곽이 들어갈 자리. ㅇ剖棺露胔 – 剖棺은 관을 쪼개다. 剖는 쪼갤 부. 胔는 썩은 고기 자. 뼈에 붙은 살점. 여기서는 아직 다 썩지도 않은 시신. ㅇ昔文王葬枯骨 – 文王이 사람을 시켜 땅을 파게 했다. 그런데 시신의 뼈가 나오자 문왕은 뼈를 다시 묻어주라고 했다. 신하들이 시신의 주인도 없다고 하자 문왕이 말했다. "천하를 다스리는 자가 만물의 주인이다. 내가 시신의 주인이 아니겠는가?" 이를 전해 들은 백성이 말했다. "왕의 은택의 마른 해골에도 미치는데 하물며 살아있는 사람이야!" ㅇ公劉敦行葦 – 公劉(공유)는 周의 조상인 后稷의 曾孫. 敦은 빽빽이 자라다. 行葦(행위)는 길가의 갈대. 《詩經 大雅 行葦》 참고. 공유가 어진 사람이기에 길을 가는 소나 양도 풀을 함부로 밟지 않았다고 한다. ㅇ容媚之吏 – 아부하여 출세한 관리. 媚는 아첨할 미. ㅇ無折中處平之心 – 中正公平한 마음이 없다. ㅇ濫罰 – 함부로 형벌을 내림. ㅇ讒慝之謗 – 아첨하며 간악한 비방. 讒은 참소할 참. 慝은 사특할 특. ㅇ援沒溺之命 – 물에 빠진 사람을 건져내다. ㅇ不意滯怒不爲春夏息 – 不意는 뜻밖에도. 滯怒(체노)는 가라앉았던 분노. 不爲春夏息는 봄과 여름에는 쉬며 분노하지 않았다. ㅇ淹恚不爲順時怠 – 淹恚(엄에)는 남아있는 분노. 淹은 잠길 엄. 恚는 성낼 에. 남아있던 분노가 계절에 따라 가라앉지 않다. ㅇ嚴文克剝 – 문사가 매우 엄격하고 각박하다. ㅇ設罝萬里 – 천하의 각처에 그물을 쳐 놓다. 罝는 짐승 잡는 그물 저. ㅇ雖楚購伍員 – 楚에서 吳나라로 도망간 伍員〔伍子胥(오자서)〕를 잡는 사람에게 큰 상금을 내걸었었다. ㅇ漢

求季布 – 季布는 항우의 부장으로 漢王을 여러 번 최악의 궁지로 내몰았다. 때문에 漢王은 季布에게 천금의 상금을 내걸었다. 나중에 高祖는 계포를 용서했다. '一諾千金' 成語의 주인공. 《漢書 季布欒布田叔傳》, 《史記 季布欒布列傳》에 입전.

[國譯]

「(幽州) 자사 張敬(장경)은 아첨하기를 좋아하며 함정을 설치해 놓고서 또 폐하의 벼락같은 격노를 터트리게 하였습니다. 司隸校尉 應奉(응봉), 河南尹 何豹(하표), 洛陽 縣令 袁騰(원등) 등은 다투어 그 앞잡이가 되어 원수를 만난 듯 이미 죽은 사람에게도 징벌을 내려 분묘의 나무를 베어냈는데 다만 묘지를 파헤치고 시신을 꺼내거나 관을 부수고 뼈를 흐트러트리지 않았을 뿐입니다.

옛날 文王은 마른 뼈조차 다시 묻어주었고 公劉(공유)의 仁政에 갈대도 마구 밟지 않았기에 그 인자한 덕정을 백성이 칭송했습니다. 지금 잔혹하면서도 아첨으로 출세한 관리는 中正公평한 마음도 없이 무고한 사람에게 닥칠 해악을 돌아보지도 않고 다시 허망한 비방을 일삼으며 엄정한 조정으로 하여금 형벌을 남발하게 만들었습니다.

그러나 저는 조정의 위엄을 건드릴 수 없기에 제 스스로 산속에 숨어 지내며 폐하께서 올바르게 듣고 판단하시길 기다렸습니다. 폐하께서 갖고 계신 현명하신 판단으로 아첨과 비방을 막고 교묘사악한 말을 듣지 않으시며 도와야 할 자를 구제하시고 물에 빠진 생명을 건져주시길 기대하였습니다. 그러나 뜻밖에도 조정의 노여움은 봄과 여름에도 식지 않았고 또 다른 분노는 계절에 따라 가라앉지도 않았는데 관리를 급파하며 臣을 잡으라고 원근 각지에 포고하였는데 그 문사는 매우 엄격 각박하고 매서웠으며 온 나라에 그물을 쳐 놓고 천하 각처에 함정을 파놓았으며, 저를 추적하는 자는 인적이 없는 곳까지도 쫓아왔고 수레가 갈 수 있는 곳까지 따라왔으니 비록 楚에서 상금을 내걸고 伍子胥(오자서)를 잡으려 했고, 漢에서 季布(계포)를 잡으려 했던 일도 이보다 더 심하지는 않았을 것입니다.」

(下文 계속)

原文

「臣遇罰以來, 三赦再贖, 無驗之罪, 足以蠲除. 而陛下疾臣愈深, 有司咎臣甫力, 止則見埽滅, 行則爲亡虜, 苟生則爲窮人, 極死則爲冤鬼, 天廣而無以自覆, 地厚而無以自載, 蹈陸土而有沈淪之憂, 遠巖墻而有鎭壓之患. 精誠足以感於陛下, 而哲王未肯悟. 如臣犯元惡大憝, 足以陳於原野, 備刀鋸, 陛下當班布臣之所坐, 以解衆論之疑. 臣思入國門, 坐於肺石之上, 使三槐九棘平臣之罪. 而閶闔九重, 陷穽步設, 擧趾觸罘罝, 動行絓羅網, 無緣至萬乘之前, 永無見信之期矣.」(下文 繼續)

| 註釋 | ㅇ無驗之罪 – 증거가(驗) 없는 죄. ㅇ足以蠲除 – 제거하다. 蠲은 밝을 견. 제거하다, 떨어버리다, 깨끗하다. ㅇ有司咎臣甫力 – 甫力은 처음보다 심하다. 갈수록 더하다. 甫는 始也. 力은 심하다. 어렵다. 애써.

○止則見埽滅 - 埽滅은 쓸어버리다. 埽(쓸 소)는 掃. ○蹈陸土而有沈淪之憂 - 蹈는 밟을 도. 陸土는 평지. 沈淪(침륜)은 땅이 꺼지다. 가라앉다. ○如臣犯元惡大憝 - 元惡은 惡人의 괴수. 元兇. 大憝은 큰 원한. 憝는 원망할 대. ○備刀鋸 - 鋸는 톱 거. 발목뼈를 자르는 형구. 刖刑(월형). ○坐於胏石之上 - 胏石는 대나무 자리나 돌. 胏는 밥찌끼 자. 대나무 자리. ○使三槐九棘平臣之罪 - 三槐는 三公의 자리. 槐는 홰나무 괴. 九棘은 조정에서 卿大夫의 자리. 棘은 대추나무 가시 극. ○而閶闔九重 - 閶闔은 궁궐 문. 天門. 閶은 天門 창. 闔은 문짝 합. 문을 닫다. ○陷穽步設 - 穽은 허방다리 정. 함정. ○擧趾觸罘罝 - 擧趾는 擧止. 趾는 발 지. 罘罝는 그물. 罘는 그물 부. 罝는 짐승 그물 저. ○動行絓羅網 - 絓는 걸릴 괘. 羅網은 쳐 놓은 그물.

[國譯]

「臣이 처벌 받은 뒤로 세 차례의 사면과 두 차례 속전으로 속죄할 기회가 있었습니다만 아무런 근거가 없는 죄이기에 당연히 사면되어야 했습니다. 그러나 폐하의 원한을 품은 신하들은 더욱 가혹했고 담당 관리들은 처음보다 더 심했기에 제가 가만히 있으면 사라졌을 것이고, 길을 가면 도망친 죄수가 되고, 억지로 살아간들 가난뱅이였으며, 처형되면 원통한 귀신이었으니, 하늘이 넓어도 저를 덮어주지 못했고 땅이 두터워도 저는 품어주지 못했으며, 땅을 밟아도 가라앉을 걱정을 해야 했고 높은 담벼락을 멀리해도 깔려죽을 걱정을 해야만 했습니다. 폐하를 감동시킬 만큼 저의 정성이 간절하였지만 명철하신 폐하께서는 아직도 모르고 계십니다. 만약 臣이 그토록 흉악한 수괴로 사무칠 죄를 지었다면 저는 들판에 버려졌을 것이고 발목이 잘렸을 것이며, 폐하께서는 신의 죄상을 널리 알려 많은 사람들이 갖고 있는 저에 대한 의혹을 보여주었을 것입니다. 臣은 본래 도성의 문으로 들어가 대나무 자리나 돌 위에 앉아 三公이나 九卿이 저의 죄를 치죄해도 좋다고 생각했습니다. 다만 궁궐 문이 첩첩히 닫혀 있고 매 걸음마다 함정이 파져있으며 발을 뗄 때마다 사냥 그물에 걸려들고 움직이면 깔아놓은 올가미에 걸릴 것이라서 폐하 앞에 갈 방법이 없어 저를 믿게 할 기회가 영원히 없을 것 같습니다.」

(下文 계속)

原文

「國君不可讎匹夫, 讎之則一國盡懼. 臣奔走以來, 三離寒暑, 陰陽易位, 當煖反寒, 春常淒風, 夏降霜雹, 又連年大風, 折拔樹木. 風爲號令, 春夏布德, 議獄緩死之時. 願陛下思帝堯五敎在寬之德, 企成湯避遠讒夫之誡, 以寧風旱, 以弭災兵. 臣聞勇者不逃死, 智者不重困, 固不爲明朝惜垂盡之命, 願赴湘,沅之波, 從屈原之悲, 沈江湖之流, 吊子胥之哀, 臣功臣苗緖, 生長王國, 懼獨含恨以葬江魚之腹, 無以自別於世, 不勝狐死首丘之情, 營魂識路之懷. 犯冒王怒, 觸突帝禁, 伏於兩觀, 陳訴毒痛, 然後登金鑊, 入沸湯, 糜爛於熾爨之下, 九死而未悔.」(下文 繼續)

| **註釋** | ○不可讎匹夫 – 讎는 원수 수, 짝 수. ○三離寒暑 – 離는 겪다. 거치다(歷也). ○緩死之時 – 사형 시기를 늦추다. 가을이 되기 전에는 獄

案을 처리하거나 집행하지 않았다. ㅇ企成湯避遠讒夫之誡 – 湯王은 7年 大旱(대한)을 당하여 하늘에 제사하면서 자신의 여러 잘못 중 '참언하는 자를 홍성하게 했는가?' 라며 반성을 하였다. ㅇ以寧風旱 – 大風과 大旱을 진정시키다. ㅇ以弭災兵 – 弭는 활 미. 끝내다. 중지하다. ㅇ赴湘,沅之波 – 赴는 나아갈 부. 湘江(湘水)는 長江의 주요 支流의 하나, 今 湖南省 지역 최대 강, 주요 도시는 長沙市. 沅水는 貴州省에서 발원하여 重慶市 지역을 거쳐 湖南省 常德市를 지나 洞庭湖로 흘러드는 長江의 지류. 屈原이 투신한 곳은 洞庭湖 동쪽으로 흘러드는 汨羅江(멱라강)이니, 실제 湘江과 沅江의 지류가 아니나 통상 湘,沅으로 표현한다. ㅇ功臣苗緒 – 먼 후손〔苗裔(묘예)〕. ㅇ葬江魚之腹 –「屈原曰, "吾聞之, 新沐者必彈冠, 新浴者必振衣. 安能以身之察察, 受物之汶汶者乎? 寧赴湘流, 葬於江魚之腹中. 安能以皓皓之白, 而蒙世俗之塵埃乎!"」〈漁父辭〉. ㅇ不勝狐死首丘之情 – 古人의 말에 여우는 죽을 때 머리를 때어난 산 쪽으로 둔다고 하였다. ㅇ營魂識路之懷 – 營魂은 靈魂, 魂魄(혼백). ㅇ伏於兩觀 – 兩觀은 궁궐. ㅇ然後登金鑊 – 金鑊(금확)은 물을 끓이는 솥. ㅇ麋爛於熾爨之下 – 麋爛(미란)은 문드러지다. 熾爨(치찬)은 뜨거운 불. 麋은 죽 미. 문드러지다. 爛은 문드러질 난(란). 熾는 불길 치. 爨은 불 땔 찬.

[國譯]

「國君은 匹夫(필부)에게 원한을 가질 수 없다 하였으니, 國君이 원한을 품었다면 온 나라 모두가 두려워 떨 것입니다. 臣이 도망 다닌 이후로 추위와 더위가 3번 바뀌었는데, 陰陽의 자리가 뒤바뀌었고, 따뜻해야할 때 오히려 추웠으며, 봄에도 늘 찬바람이 불었고 여름에도 서리와 우박이 내렸으며, 또 해마다 큰 바람에 나무가 뽑히거나 부러졌습니다. 바람은 하늘의 호령이며, 봄과 여름은 덕을 널리 펴고 옥안을 논의하더라도 집행을 늦춰야 할 때입니다. 폐하께서는 堯帝의 '五教의 가르침의 근본은 관용에 있다' 는 그 덕을 생각하시고, 湯王은 7年 大旱(대한)을 당하여 하늘에 제사하면서 자신의 여러 잘못 중 '참언하는 자를 홍성하게 했는가?' 라며 반성했던 그 뜻을 큰 바람이나 큰 가뭄을 극복하시고 재해와 병란을 막아 나라를 평안케 하신 전례를 본받아주시길 원할 뿐입니다.

臣이 알기로는, 勇者는 죽음이라도 피하지 않으며 智者는 곤란을 두려워하지 않는다고 하였으니 나라를 위해 목숨을 바치기를 주저하지 않을 것이며, 湘江(상강)과 沅江(원강)의 파도에 뛰어들어 屈原의 슬픔을 따르거나 또 長江이나 호수에 묻혀 伍子胥(오자서)의 상심을 위문하고 싶습니다. 臣은 공신의 후손으로 제후국에서 나고 자랐기에 홀로 한을 품고 투신하여 물고기 뱃속에 묻히기가 두렵지만 世人에게 이 억울한 사정을 알릴 방법이 없기에 여우가 죽으면서 머리를 고향 쪽으로 둔다는 그런 정을 이기지 못하고 영혼은 고향 가는 길을 알 것이라는 마음뿐입니다. 臣이 폐하의 분노를 촉발하거나 금기를 건드렸다면, 궁궐에 엎드려 저의 참을 수 없는 고통을 하소연하고서 끓는 물 솥에 뛰어들거나 뜨거운 불길에 살점을 다 구워 아홉 번을 죽는다 하여도 여한이 없을 것입니다.」(下文 계속)

原文

「悲夫, 久生亦復何聊! 蓋忠臣殺身以解君怒, 孝子殞命以寧親怨, 故大舜不避塗廩浚井之難, 申生不辭姬氏讒邪之謗. 臣敢忘斯議, 不自斃以解明朝之忿哉! 乞以身塞重責.

願陛下匄兄弟死命，使臣一門頗有遺類，以崇陛下寬饒之惠. 先死陳情，臨章涕泣，泣血漣如.」

帝省章愈怒，遂誅榮. 寇氏由是衰廢.

| **註釋** | ㅇ亦復何聊 - 聊는 애오라지 료. 의미 없는 어조사. 종결어미. ㅇ塗廩浚井之難 - 舜은 父親(瞽叟)의 명을 받아 지붕을 고치러 올라갔는데 아버지가 불을 지르자 삿갓 두 개를 손에 쥐고 뛰어내려 살았다. 우물을 파러 들어갔을 때 이복동생 象과 함께 아버지가 흙을 퍼붓자 미리 파 놓았던 구멍으로 빠져나왔다. 塗 진흙 도. 廩은 창고. 浚井은 깊은 샘. 浚은 깊을 준. ㅇ申生不辭姬氏讒邪之謗 - 申生은 晋 憲公의 태자. 憲公은 驪姬의 참소에 따라 申生을 죽이려 했다. ㅇ匄兄弟死命 - 匄는 빌 개(丐와 同). ㅇ泣血漣如 - 漣은 눈물 흐를 연(련).

[國譯]

「슬픔뿐이오나, 오래 산다 하여 더 무엇 하겠습니까! 忠臣은 殺身해서라도 主君의 분노를 가라 앉혀야 하고 孝子는 죽을지언정 부친의 원한을 풀어드려야 하기에 大舜은 지붕을 고치거나 우물을 파는 어려움을 피하지 않았으며, 申生(신생)은 驪姬(여희)의 참소에 다른 비방을 견디었습니다. 臣은 이런 도리를 잊을 수 없기에 제 스스로 죽지 않고서야 어찌 저에 대한 의심의 분노를 풀 수 있겠습니까? 臣은 온몸을 바쳐 저에 대한 비난을 당해내야 합니다. 폐하께 제 형제의 목숨을 살려주시기를 빌며, 집안에 한 사람이라도 살아야만 폐하께서 베푸신 관용의 은덕을 받들 수 있습니다. 죽음을 내다보며 충정을 올리는 상소를 짓고 통곡하며 피눈물을 흘립니다.」

桓帝는 상소를 읽고 더 분노하여 寇榮(구영)을 죽였다. 이에 寇氏

는 쇠약해져 폐족이 되었다.

原文

贊曰, 元侯淵謨, 乃作司徒. 明啓帝略, 肇定秦都. 勳成智隱, 靜其如愚. 子翼守溫, 蕭公是埒. 係兵轉食, 以集鴻烈. 誅文屈賈, 有剛有折.

| 註釋 | ㅇ元侯淵謨 - 元侯는 鄧禹(등우). 淵謨(연모)는 깊은 계책. 심오한 方略. ㅇ肇定秦都 - 肇는 공략하다. 칠 조. 秦都는 關中. ㅇ勳成智隱 - 勳은 功勳. 靜其如愚의 愚는 어리숙하다. ㅇ子翼守溫 - 子翼은 寇恂(구순)의 字. 溫은 河內郡 溫縣, 蕭公은 蕭何. 埒은 같을 날(同等). ㅇ轉食 - 군량을 전운하다. 鴻烈-大業. ㅇ誅文屈賈 - 사자로 온 皇甫文(황보문)을 죽였고 (執禁吾인) 賈服(가복)에게는 굽혔다. 藺相如(인상여)가 염파장군과 충돌을 피하려 했던 뜻.

[國譯]

贊曰,

元侯(鄧禹)는 심오한 책략이 많아 司徒(사도)가 되었다.

치국의 大略을 확실히 알아 관중을 평정하였다.

공훈을 이루고 지략을 숨기니 어리석은 듯 淸靜하였다.

子翼(寇恂)이 溫縣을 지켜내니 그 공은 蕭何와 같았다.

군사와 군량을 공급하여 鴻烈(大業)을 성취케 했다.

皇甫文은 처형되었고 賈服에 굽히니, 강약에 때가 있었다.

17 馮岑賈列傳
〔풍,잠,가열전〕

❶ 馮異

原文

馮異字公孫, 潁川父城人也. 好讀書, 能《左氏春秋》,《孫子兵法》.

漢兵起, 異以郡掾監五縣, 與父城長苗萌共城守, 爲王莽拒漢. 光武略地潁川, 攻父城不下, 屯兵巾車鄉. 異間出行屬縣, 爲漢兵所執. 時異從兄孝及同郡丁綝,呂晏, 並從光武, 因共薦異, 得召見. 異曰, "異一夫之用, 不足爲强弱. 有老母在城中, 願歸據五城, 以效功報德." 光武曰, "善." 異歸, 謂苗萌曰, "今諸將皆壯士屈起, 多暴橫, 獨有劉將軍所到不虜掠. 觀其言語擧止, 非庸人也, 可以歸身." 苗萌曰,

"死生同命, 敬從子計."

光武南還宛, 更始諸將攻父城者前後十餘輩, 異堅守不下. 及光武爲司隸校尉, 道經父城, 異等卽開門奉牛酒迎. 光武署異爲主簿, 苗萌爲從事. 異因薦邑子銚期,叔壽,段建,左隆等, 光武皆以爲椽史, 以至洛陽.

| 註釋 | ○馮異(풍이, ?-34) - 雲臺二十八功臣의 한 사람. 馮 성 풍. 탈빙. ○父城 - 潁川郡(治所 陽翟縣, 今 河南省 許昌市 관할의 禹州市)의 현명. 今 河南省 중부 平頂山市 관할 葉縣(섭현). ○間出 - 微行. ○光武南還宛 - 이때는 更始 원년(서기 23) 6월로 光武의 형 劉縯(유연)이 更始帝의 질투를 받아 피살되었기에 광무는 宛縣에 가서 경시제에게 사죄하고 슬픈 내색도 못했다. ○署異爲主簿 - 署는 부서를 정해 임명하다. 署置. 主簿는 중앙부서의 문서 담당 관리. 郡에서 書佐(서좌)가 문서 관리 담당. ○從事 - 從事史의 간칭. 司隸校尉의 속관(정원 12인). 都官從事(百官 범법자 감찰), 功曹從事(서무 총괄), 別駕從事(사예교위 호위) 및 簿曹從事(경리회계 담당), 兵曹從事(사예교위 소속 병사 관리) 등이 있었다. 각 군국에도 從事가 있었다. ○銚期,叔壽,段建,左隆 - 銚期(銚는 냄비 요. 성씨)는 雲臺28공신 한 사람. 20권, 〈銚期王霸祭遵列傳〉 立傳.

[國譯]

馮異(풍이)의 字는 公孫(공손)으로 潁川郡 父城縣 사람이다. 好讀書하여《左氏春秋》와《孫子兵法》에 정통했다.

漢兵이 일어났을 때, 풍이는 郡의 관리로 5개 縣을 담당하고 있으면서 父城 縣長인 苗萌(묘맹)과 함께 성을 지키며 왕망을 위해 漢에 대항하였다. 光武는 潁川郡 지역을 경략하면서 父城縣을 공격하였으나 함락하지 못하고 巾車鄕(건거향)이란 곳에 주둔하고 있었다. 풍이는 미행하여 속현으로 가다가 漢의 군사에게 잡혔다. 그때 풍이의 사촌 형인 馮孝(풍효)와 같은 郡의 丁綝(정침), 呂晏(여안) 등은 광무제를 따르고 있었는데 함께 풍이를 추천하였고 풍이는 광무제를 만났다. 풍이는 "나 한 사람을 쓴다 하여 강약에는 도움이 안 됩니다. 노모가 부성현에 계시니 돌아가서 5개 현을 움직여 도움을 주고 은혜에 보답하겠습니다."

광무는 "좋소"라고 답했다. 풍이는 돌아가 縣長인 苗萌(묘맹)에게 말했다.

"지금 여러 장사들이 들고 일어났으나 횡포한 자가 많지만 오직 劉將軍이 있는 곳에서만 노략질을 하지 않습니다. 그의 말과 행실을 보면 보통 사람이 아니니 우리 몸을 맡길 만합니다."

묘맹은 "죽으나 사나 한 목숨이니 삼가 당신 뜻을 따르겠소."

光武는 남으로 宛縣(완현)으로 돌아갔고, 경시제의 장수로 父城을 공격한 자가 전후 10여 명이나 되었으나 풍이는 굳게 지켜 성을 내주지 않았다. 光武가 (경시제의) 司隷校尉가 되어 부성현에 도착하자 풍이 등은 즉시 성문을 열고 소고기와 술을 준비하여 환영하였다. 光武는 풍이를 (사예교위 부서 내) 主簿(주부)로, 苗萌(묘맹)은 從事로 임명하였다. 풍이는 겸해서 같은 읍 사람인 銚期(요기), 叔壽(숙수), 段建(단건, 殷建), 左隆(좌륭) 등을 천거하였고, 광무는 그들을 모두 椽史(연사)로 임명했고 이들은 광무를 수행하여 洛陽까지 왔다.

原文

更始數欲遣光武徇河北, 諸將皆以爲不可. 是時, 左丞相曹竟子詡爲尙書, 父子用事, 異勸光武厚結納之. 及度河北, 詡有力焉.

自伯升之敗, 光武不敢顯其悲戚, 每獨居, 輒不御酒肉, 枕席有涕泣處. 異獨叩頭寬譬哀情. 光武止之曰, "卿勿妄言." 異復因間進說曰, "天下同苦王氏, 思漢久矣. 今更始諸將從橫暴虐, 所至虜掠, 百姓失望, 無所依載. 今公專命方面, 施行恩德. 夫有桀,紂之亂, 乃見湯,武之功, 人久饑渴, 易爲充飽. 宜急分遣官屬, 徇行郡縣, 理冤結, 布惠澤." 光武納之. 至邯鄲, 遣異與銚期乘傳撫循屬縣, 錄囚徒, 存鰥寡, 亡命自詣者除其罪, 陰條二千石長吏同心及不附者上之.

| 註釋 | ○用事 – 권세를 마음대로 부림. ○從橫暴虐 – 從橫은 자유자재. 멋대로. 暴虐(포학)은 횡포하고 잔인하다. ○易爲充飽 – 쉽게 만족시킬 수 있다. ○存鰥寡 – 鰥夫寡婦를 위로하다. 存은 살필 존. 存問하다. 불쌍히 여겨 구휼하다. ○長吏 – 질록 6백석 이상의 관리. 현의 縣長이나 丞처럼 4백석 관리도 때로는 長吏라 호칭했다.

[國譯]

更始帝는 여러 번 光武를 보내 河北지역을 평정하려 하였으나 여러 장수는 모두 불가하다고 말했다. 그때는 左丞相 曹竟(조경)의 아들 曹詡(조후)가 尙書가 되어 부자가 권력을 행사하였는데, 풍이는 광무에게 그들과 친교를 권유했다. 광무가 황하를 건너 북으로 가는 데는 조후가 힘을 썼다.

劉伯升(劉縯)이 죽은 뒤로, 光武는 슬픈 내색을 할 수도 없었는데, 매번 혼자 있을 때도 술이나 고기도 아니했고 침석에는 눈물자국이 있었다. 풍이만이 홀로 머리를 숙이며 광무의 슬픔을 위로해 주었다. 그러자 광무가 말리면서 "그런 말을 하지 마시오"라고 말했다. 이에 풍이는 틈을 보아 광무에게 말했다.

"천하가 왕망에게 고통을 당하면서 漢을 그리워한 지 오래 되었습니다. 지금 更始(경시)의 여러 장수들은 멋대로 횡포하고 잔학하며 가는 곳마다 노략질을 하여 백성은 실망했고 의지할 데가 없습니다. 지금 公께서는 河北의 전권을 행사하며 은덕을 베풀고 계십니다. 桀王(걸왕), 紂王(주왕)의 폭군이 있어야 湯王(탕왕), 武王(무왕)의 공적이 있으며, 백성은 오래 굶주렸기에 쉽게 만족시킬 수 있습니다. 그러니 서둘러 관리를 보내 군현을 순행하며 원통한 일을 들어주고 혜택을 베풀어야 합니다."

광무는 그 의견에 따랐다. 광무는 邯鄲(한단)에 이르러 풍이와 銚期(요기)를 시켜 傳車(전거)를 이용해 속현을 돌며 죄수를 다시 심사하고 홀아비나 과부를 위문하며 도망자가 자수해오면 그 죄를 사면하고 협조적인 이천석 관리와 따르지 않을 자를 은밀히 조사하여 보고하라 시켰다.

原文

及王郎起, 光武自薊東南馳, 晨夜草舍, 至饒陽無蔞亭.

時天寒烈, 衆皆饑疲, 異上豆粥. 明旦, 光武謂諸將曰, "昨得公孫豆粥, 饑寒俱解" 及至南宮, 遇大風雨, 光武引車入道傍空舍, 異抱薪, 鄧禹熱火, 光武對竈燎衣. 異復進麥飯菟肩. 因復度虖沱河至信都, 使異別收河間兵. 還, 拜偏將軍. 從破王郎, 封應侯.

| 註釋 | ㅇ王郎 - 王昌. 12권, 〈王劉張李彭盧列傳〉 참고. ㅇ薊 - 幽州刺史部 治所인 廣陽郡 薊縣(계현). ㅇ饒陽無蔞亭 - 饒陽은 安平郡 縣名. 饒河(요하)의 북쪽. 今 河北省 남부 衡水市 관할 饒陽縣 동북. 無蔞亭(무루정)은 亭의 이름. ㅇ南宮 - 信都郡의 현명. 今 河北省 남부 邢台市관할 南宮市. ㅇ對竈燎衣 - 아궁이 앞에서 옷을 말리다. 竈 부엌 조. 燎는 화톳불 료. ㅇ麥飯菟肩 - 보리밥과 토끼 고기. 菟는 토끼 토(兎와 同). 肩는 어깨 견. 죽지. ㅇ虖沱河至信都 - 虖沱河(호타하, 虖沱河)는 今 河北省의 작은 강 이름. 信都는 현명. 信都郡(安平國)의 치소. ㅇ河間 - 郡國名. 治所는 樂成縣. 今 河北省 남동부의 滄州市 獻縣(헌현). ㅇ封應侯 - 應(응)은 今 河南省 중부 平頂山市 서쪽에 해당.

[國譯]

王郎(王昌)이 흥기하면서, 光武는 薊縣(계현)에서 동남쪽으로 급히 이동했는데 아침저녁으로 야외에서 노숙하며 饒陽縣 無蔞亭(무루정)에 도착하였다. 그때 날이 매우 추웠고 모두가 굶고 지쳤는데 풍이는 광무에게 콩죽을 올렸다. 다음 날 아침 光武가 여러 장수에게 말했다.

"어제 公孫(馮異)이 올린 콩죽을 먹어 배고프지도 춥지도 않다."

또 (信都郡) 南宮縣에 왔을 때는 큰 비바람을 만나 광무는 수레를 길가 빈 초가에 멈추었는데 풍이가 나무를 해오자 鄧禹(등우)가 불을 지폈고 광무는 아궁이 앞에서 옷을 말렸다. 이때 풍이는 또 보리밥과 토끼고기를 올렸다. 이어 다시 虖沱河(호타하)를 지나 信都(신도)에 도착했는데 광무는 풍이를 시켜 河間郡에서 군사를 모집하게 하였다. 풍이가 돌아오자 偏將軍에 임명하였다. 광무제를 따라 王郎을 격파하자 應侯(응후)에 봉해졌다.

原文

異爲人謙退不伐, 行與諸將相逢, 輒引車避道. 進止皆有表識, 軍中號爲整齊. 每所止舍, 諸將並坐論功, 異常獨屛樹下, 軍中號曰'大樹將軍.' 及破邯鄲, 乃更部分諸將, 各有配隸. 軍士皆言願屬大樹將軍, 光武以此多之. 別擊破鐵脛於北平, 又降匈奴于林闟頓王, 因從平河北.

時, 更始遣舞陰王李軼,廩丘王田立,大司馬朱鮪,白虎公陳僑將兵號三十萬, 與河南太守武勃共守洛陽. 光武將北徇燕,趙, 以魏郡,河內獨不逢兵, 而城邑完, 倉廩實, 乃拜寇恂爲河內太守, 異爲孟津將軍, 統二郡軍河上, 與恂合執, 以拒朱鮪等.

| 註釋 | ㅇ謙退不伐 – 謙遜(겸손), 退讓(퇴양)하고 자랑하지 않다. ㅇ進止皆有表識 – 진퇴가 일정하다. ㅇ以此多之 – 多는 重視하다. ㅇ鐵脛於

北平 – 鐵脛(철경)은 도적의 무리의 이름. 北平은 中山郡(治所 盧奴縣)의 縣名. 今 河北省 保定市 滿城區. ㅇ舞陰王 李軼(이일) – 李通의 從弟, 李松 등이 함께 劉秀를 보필. 나중에 경시제에 아부, 유백승을 죽이라고 경시제에 건의. 舞陰은 전한 南陽郡의 縣名. 후한에서는 南陽郡 舞陰邑. 今 河南省 서남부 南陽市 관할 方城縣. 軼은 앞지를 일. 갈마들 질. ㅇ孟津 – 黃河의 나루터 이름. 周 武王이 殷 紂王(주왕)을 토벌할 때 8백 제후가 모여 맹세한 곳. 今 河南省 洛陽市 북쪽의 孟津縣.

[國譯]

馮異(풍이)는 사람됨이 겸손하고 양보하며 자랑하지도 않았으며, 길을 가다가 다른 장수를 만나면 늘 수레를 길 한쪽으로 비켜주었다. 진퇴가 언제나 일정하였기에 군영 내에서도 법도가 있다고 칭송을 받았다. 군사가 머물면 여러 장수는 함께 둘러 앉아 공적을 자랑하였지만 풍이는 늘 혼자 나무 밑에 앉아 있었기에 군중에서는 '大樹將軍(대수장군)' 이라고 불렀다. 邯鄲(한단)을 격파한 뒤, 여러 장수의 부서를 다시 정하고 각 장군이 자기 군사를 편성케 했다. 그런데 군사들은 모두 大樹將軍에게 소속되기를 원하였는데 광무는 이를 보고 풍이를 중시하였다. 광무는 부대를 나눠 (中山郡) 北平縣에서 鐵脛(철경)의 무리를 격파하였고 또 匈奴의 于林闟頓王(우림흡돈왕)의 투항을 받았는데 풍이는 광무를 따라 河北을 평정하였다.

이때, 경시제는 舞陰王 李軼(이일), 廩丘王(늠구왕) 田立, 大司馬 朱鮪(주유), 白虎公 陳僑(진교) 등으로 하여금 자칭 30만을 통솔하게 하여 河南太守 武勃(무발)과 함께 洛陽을 지키게 하였다. 光武가 군사를 거느리고 북으로 나아가 燕(연)과 趙(조) 일대를 경략할 때, 魏郡과 河內郡만은 군사들의 내침이 없어 城邑이 완전하고 창고가 충실하였기에 光武는 寇恂(구순)을 河內太守에, 풍이를 孟津將軍(맹진장군)으로 삼아 2개 군의 군사를 거느리고 구순과 합세하여 (경시제의) 朱鮪(주유) 등을 막게 하였다.

原文

異乃遺李軼書曰, 「愚聞明鏡所以照形, 往事所以知今. 昔微子去殷而入周, 項伯畔楚而歸漢. 周勃迎代王而黜少帝, 霍光尊孝宣而廢昌邑. 彼皆畏天知命, 睹存亡之符, 見廢興之事, 故能成功於一時, 垂業於萬世也. 苟令長安尙可扶助, 延期歲月, 疏不閒親, 遠不逾近, 季文豈能居一隅哉? 今長安壞亂, 赤眉臨郊, 王侯構難. 大臣乖離, 綱紀已絶, 四方分崩, 異姓並起, 是故蕭王跋涉霜雪, 經營河北. 方今英俊雲集, 百姓風靡, 雖邠岐慕周, 不足以喩. 季文誠能覺悟成敗, 亟定大計, 論功古人, 轉禍爲福, 在此時矣. 如猛將長驅, 嚴兵圍城, 雖有悔恨, 亦無及已.」

| **註釋** | ○微子去殷而入周 – 微子는 微子啓(미자계), 殷 紂王(주왕)의 庶兄. 周 武王이 紂王을 정벌하자 미자계는 祭器를 가지고 무왕에게 항복하였다. ○項伯畔楚 – 項伯은 항우의 季父(叔父), 張良과 친했다. 畔(밭두둑 반)은 叛과 同. ○周勃迎代王 – 呂后가 죽자 呂氏 일족을 제거하고 당시 代王(劉恒)을 옹립하니, 이가 文帝이다. 少帝는 惠帝 후궁의 소생 弘. 혜제의 아들로 인정받지 못했기에 축출되었다. ○霍光尊孝宣而廢昌邑 – 昭帝가 죽고 昌邑王 劉賀가 즉위하였으나 27일 만에 폐위시키고 宣帝(무제의

증손, 劉詢)를 즉위케 하였다. ㅇ睹存亡之符 – 睹는 볼 도. ㅇ苟令長安尙可扶助 – 長安은 경시제를 지칭. ㅇ季文豈能居一隅哉 – 季文은 李軼의 字. 이때 이일은 경시제와 疎遠해졌다. ㅇ蕭王跋涉霜雪, 經營河北 – 更始帝는 부절을 가진 시어사를 보내 유수를 蕭王(소왕)에 봉하면서 모든 군사를 해산하고 行在所에 오라고 명했다. 劉秀는 河北 지역이 평정되지 않았다며 부름에 응하지 않았다. 이때부터 비로소 경시제와 뜻을 달리했다. ㅇ邠岐慕周 – 周의 古公亶父(고공단보)는 융적이 침입하자 邠(빈)을 떠나 岐山으로 옮겨왔다. 이때 邠의 백성도 모두 기산으로 옮겨왔다. ㅇ亟定大計 – 亟은 빠를 극. 빨리.

[國譯]

이에 馮異(풍이)는 李軼(이일)에게 서신을 보내 말했다.

「내가 듣기로, 거울을 통해 모습을 보는 것처럼, 지난 일로써 지금 일을 알 수 있습니다. 옛날 微子啓(미자계)는 殷(은)을 떠나 周(주)로 갔으며, 項伯(항백)은 楚를 버리고 漢에 귀부하였습니다. 周勃(주발)은 代王(劉恒, 文帝)를 영입하며 少帝를 축출하였고, 霍光(곽광)은 孝宣帝를 모시며 昌邑王을 폐위시켰습니다. 이는 모두 하늘을 두려워하며 천명을 알게 된 것이며 存興과 멸망의 징조를 목도하고 흥륭과 패퇴의 사적을 알았기에 한때의 성공으로 만세에 대업을 남겼습니다. 가령 長安의 세력(경시제)을 도울 수 있다 하여 더 있어도 소원한 관계가 친근한 사이에 끼어들 수 없고 관계가 먼 사람이 가까운 사람을 넘을 수 없는 것이니 季文(李軼)께서 어찌 한구석에 살아남을 수 있겠습니까? 지금 長安은 붕괴하여 혼란한데다가 赤眉 무리가 가까이 있으니 王侯들은 난관에 처했습니다. 大臣들은 서로 마음이 흩어졌고 기강은 이미 절단 났으며 사방은 붕괴되면서 異姓이 봉기하기에 蕭王(光武)은 난관을 이겨 河北을 경영하고 있습니다. 바야흐로 (光武에게) 영재와 준걸이 구름처럼 모이고 바람에 쏠리듯 백성이 따르니, 비록 邠(빈)과 岐山(기산)의 백성이 周를 흠모한 것도 여기에 비할 수 없을 것입니다. 季文께서는 성패를 잘 알고 계실 것이니 빨리 大計를 결정하시되 古人처럼 공훈을 세우려면 轉禍爲福(전화위복)의 계기는 바로 지금입니다. (적미) 猛將이 몰려들어 막강한 군사로 성을 포위한다면 후회해도 늦을 것입니다.」

原文

初, 軼與光武首結謀約, 加相親愛, 及更始立, 反共陷伯升. 雖知長安已危, 欲降又不自安. 乃報異書曰,「軼本與蕭王首謀造漢, 結死生之約, 同榮枯之計. 今軼守洛陽, 將軍鎭孟津, 俱據機軸, 千載一會, 思成斷金. 惟深達蕭王, 願進愚策, 以佐國安人.」

軼自通書之後, 不復與異爭鋒, 故異因此得北攻天井關, 拔上黨兩城, 又南下河南成皐已東十三縣, 及諸屯集, 皆平之, 降者十餘萬. 武勃將萬餘人攻諸畔者, 異引軍度河, 與勃戰於士鄕下, 大破斬勃, 獲首五千餘級, 軼又閉門不救. 異見其信效, 具以奏聞. 光武故宣露軼書, 令朱鮪知之. 鮪怒, 遂使人刺殺軼. 由是城中乖離, 多有降者. 鮪乃遣討難將軍蘇茂將數萬人攻溫, 鮪自將數萬人攻平陰以綴異. 異遣校尉護軍將兵, 與寇恂合擊茂, 破之. 異因度河擊鮪, 鮪走,異追至洛陽, 環城一匝而歸.

| 註釋 | ㅇ軼與光武首結謀約 – 15권, 〈李王鄧來列傳〉 중 〈李通傳〉 참고. ㅇ俱據機軸 – 둘 다 중요한 자리를 차지하고 있다. 機軸은 기관과 차륜의 축. 국정의 요직. ㅇ天井關 – 雄定關. 太行山의 最南部, 今 山西省 동남부 晋城市 澤州縣에 위치, 河南省 焦作市로 통할 수 있는 險要地. 관문 앞에 깊이를 알 수 없는 3개의 우물(샘)이 있다. ㅇ成皐已東 – 成皐는 河南郡의 현명. 今 河南省 鄭州市 관할 滎陽市 서북 汜水鎭. 교통요지, 전략 요충지. 已東은 以東. ㅇ士鄕 – 亭 이름. ㅇ護軍 – 또는 中護軍, 護軍將軍의 속관, 護軍都尉는 장군의 명을 받아 군사 지휘, 護軍司馬는 장군의 업무를 보좌하는 중급 무관. 무관 감찰.

[國譯]

그전에 李軼(이일)과 光武는 최초 일을 함께 시작했고 서로 친애하였으나 更始가 즉위해서는 이일과 경시가 함께 伯升(백승, 光武의 장형)을 죽였다. 이일은 비록 長安이 위태롭다는 것을 알았지만 (光武에) 투항하기도 마음이 편치 않았다. 그래서 이일은 馮異(풍이)에게 서신을 보내 말했다.

「나는 본래 蕭王(소왕, 光武)과 처음부터 함께 漢을 부흥하려 했고 死生의 맹약도 했으며 영욕을 같이 할 계획이었습니다. 지금 나는 낙양을 지키고 장군은 孟津(맹진)에 주둔하여 둘 다 요지이니 천년에 한 번이라도 만날 수 있다면 한뜻이 될 수 있다고 생각합니다. 蕭王에게 전달될 수 있다면 나의 愚策이라도 진언하여 나라를 돕고 백성을 안정시키고 싶습니다.」

이일은 풍이에게 서신을 보낸 뒤로는 풍이와 다시 교전하지 않았기에 풍이는 이 틈을 타 북으로 나아가 天井關(천정관)을 공략하고 上黨郡의 2개 성을 차지하였고, 또 남으로 진출하여 河南의 成皐縣(성고현) 이동의 13개 현을 공략하여 각지에 모여 있는 세력들을 모두 평정하니 투항자가 10여만 명이나 되었다. (경시제의 河南太守인) 武勃(무발)은 1만여 명을 거느리고 풍이에게 투항한 자들을 공격하자 풍이는 군사를 거느리고 황하를 건너 무발과 士鄕亭(사향정) 근처에서 싸워 적을 대파하고 무발을 죽였으며 5천여 명을 죽였는데 李軼(이일)은 군문을 닫고 구원하지도 않았다. 풍이는 이일의 진심을 알았기에 이런 사실을 광무에게 보고하였다. 광무는 고의로 이일의 서신을 공개하여 朱鮪(주유)로 하여금 사실을 알게 하였다. 주유는 대노하며 사자를 보내 李軼(이일)을 척살케 하였다. 이 때문에 낙양에서는 서로 배신하며 많은 사람이 투항하였다. 주유는 곧 討難將軍 蘇茂(소무)에게 수만 군사를 거느리고 (河內郡) 溫縣(온현)을 공격케 하였고 주유 자신도 수만 군사를 거느리고 (河南郡) 平陰縣(평음현)을 공격하여 풍이를 견제하였다. 풍이는 校尉를 보내 장병을 보호케 하면서 (河內 太守) 寇恂(구순)과 함께 소무를 공격, 격파하였다. 풍이는 황하를 건너 주유를 추격했고 주유가 도주하자 풍이는 낙양까지 추격하여 성을 한 바퀴 일주하고 돌아왔다.

原文

移檄上狀, 諸將皆入賀, 並勸光武即帝位. 光武乃召異詣鄗, 問四方動靜. 異曰, "三王反畔, 更始敗亡, 天下無主, 宗廟之憂, 在於大王. 宜從衆議, 上爲社稷, 下爲百姓."

光武曰, "我昨夜夢乘赤龍上天, 覺悟, 心中動悸" 異因下席再拜賀曰, "此天命發於精神. 心中動悸, 大王重愼之性也." 異遂與諸將軍議上尊號.

| **註釋** | ㅇ乃召異詣鄗 – 광무제는 常山郡의 鄗縣(호현)에서 建武 원년 6월에 즉위하였다. 鄗縣은 光武帝가 高邑縣으로 개명. 今 河北省 石家莊市 관할 高邑縣. ㅇ三王反畔 – 三王은 淮陽王 張卬(장앙), 穰王 廖湛(요담, 平林兵의 우두머리, 뒷날 적미에 가담), 隨王 胡隱(호은). 이중 張卬은 장안 궁궐에 들어와 싸워 경시제를 대패 도주케 하였다. ㅇ覺悟, 心中動悸 – 覺悟는 꿈에서 깨다. 覺寤. 悸는 두근거릴 계.

[國譯]

(馮異가) 올린 檄書가 보고되자 여러 장수들은 모두 입궐 하례하며 동시에 光武에게 帝位에 오르기를 주청하였다. 光武는 바로 풍이를 (常山郡) 鄗縣(호현)으로 불러 사방의 동정을 물었다. 풍이가 말했다.

"(張卬 등) 三王이 등을 돌려 반기를 들었고 更始는 패망하여 천하에 主君이 없으니 종묘사직에 대한 걱정은 이제 대왕께 있습니다. 마땅히 중의를 따라야 위로는 사직을, 아래로는 백성을 위한 길입니다.

광무가 말했다. "나는 어젯밤 赤龍을 타고 上天하는 꿈을 꿨는데 깨고 나니 가슴이 두근거렸다."

풍이는 바로 자리를 물러나 두 번 절하며 하례하였다.

"이는 天命이 정신에 發現한 것입니다. 가슴이 두근거린 것은 대왕의 신중하신 천성입니다."

풍이는 다른 여러 장수와 함께 존호를 올리는 절차를 논의하였다.

原文

建武二年春, 定封異陽夏侯. 引擊陽翟賊嚴終,趙根, 破之. 詔異歸家上冢, 使太中大夫賫牛,酒, 令二百里內太守, 都尉已下及宗族會焉.

時, 赤眉,延岑暴亂三輔, 郡縣大姓各擁兵衆, 大司徒鄧禹不能定, 乃遣異代禹討之. 車駕送至河南, 賜以乘輿七尺具劍. 敕異曰, 「三輔遭王莽,更始之亂, 重以赤眉,延岑之酷, 元元塗炭, 無所依訴. 今之徵伐, 非必略地屠城, 要在平定安集之耳. 諸將非不健鬪, 然好虜掠. 卿本能御吏士, 念自修敕, 無爲郡縣所苦.」 異頓首受命, 引而西, 所至皆布威信. 弘農群盜稱將軍者十餘輩, 皆率衆降異.

| **註釋** | ㅇ陽夏侯 – 陽夏는 陳國의 현명. 今 河南省 중동부 周口市 太康縣. ㅇ擊陽翟賊~ – 陽翟(양책)은 縣名. 潁川郡(영천군)의 치소. 翟은 고을 이름 책. 꿩 적. 今 河南省 許昌市 관할 禹州市. ㅇ大司徒鄧禹 – 16권, 〈鄧寇列傳〉 立傳. ㅇ七尺具劍 – 7尺의 옥 장식을 한 보검. ㅇ然好虜掠 – 虜掠은 떼지어 다니며 약탈하다. 빼앗을 약(략). 虜는 도적, 오랑캐, 포로, 사람을 욕하는 말.

[國譯]

建武 2년 봄, 馮異(풍이)를 陽夏侯로 확정 책봉하였다. 풍이는 (潁川郡) 陽翟縣(양책현)의 도적 무리인 嚴終(엄종), 趙根(조근)을 격파하였다. 조서로 풍이에게 귀가하여 성묘하게 했는데 太中大夫를 보내 소고기와 술을 준비했고, 2백 리 이내 太守나 都尉 이하 관원과 宗族이 제사에 참여했다.

그때, 赤眉와 延岑(연잠)이 三輔에서 난동하자 각 郡縣의 大姓은 각자 군사를 거느리고 할거하였는데 大司徒 鄧禹(등우)가 평정하지 못하자, 곧 풍이를 보내 등우 대신 보내 토벌케 하였다. 황제는 河南까지 나와 풍이를 전송하면서 乘輿와 7척 보검을 하사하고 풍이에게 명했다.

「三輔 지역은 왕망과 경시의 난리를 겪었고 다시 赤眉와 연잠의 잔혹한 수탈로 백성은 도탄에 빠져 의지할 데가 없다. 이번에 도적을 징벌하되 꼭 땅을 뺐고 성을 도륙하지 않더라도 평정에 힘써 백성을 편안케 하라. 여러 장수가 전투에 무능하지는 않지만 노략질을 좋아한다. 경은 본래 관리를 잘 통솔하니, 이를 염두에 두고 군사를 통솔하여 군현 백성을 괴롭히지 않게 하라.」

풍이는 머리를 숙여 명을 받고 군사를 인솔, 서쪽으로 가며, 이르는 곳마다 위엄과 신의를 지켰다. 弘農郡의 도적 무리로 장군을 칭하던 자 10여 명이 모두 무리를 데리고 풍이에게 투항하였다.

原文

異與赤眉遇於華陰, 相拒六十餘日, 戰數十合, 降其將劉始,王宣等五千餘人.

三年春, 遣使者卽拜異爲征西大將軍. 會鄧禹率車騎將軍鄧弘等引歸, 與異相遇, 禹,弘要異共攻赤眉. 異曰, "異與賊相拒且數十日, 雖屢獲雄將, 餘衆尙多, 可稍以恩信傾誘, 難卒用兵破也. 上今使諸將屯黽池要其東, 而異擊其西, 一擧取之, 此萬成計也." 禹,弘不從. 弘遂大戰移日, 赤眉陽敗, 棄輜重走. 車皆載土, 以豆覆其上, 兵士饑, 爭取之. 赤眉引還擊弘, 弘軍潰亂. 異與禹合兵救之, 赤眉小卻. 異以士卒饑倦, 可且休, 禹不聽, 復戰, 大爲所敗, 死傷者三千餘人. 禹得脫歸宜陽. 異棄馬步走上回谿阪, 與麾下數人歸營. 復堅壁, 收其散卒, 招集諸營保數萬人, 與賊約期會戰. 使壯士變服與赤眉同, 伏於道側. 旦日, 赤眉使萬人攻異前部, 異裁出兵以救之. 賊見勢弱, 遂悉衆攻異, 異乃縱兵大戰. 日昃, 賊氣衰, 伏兵卒起, 衣服相亂, 赤眉不復識別, 衆遂驚潰. 追擊, 大破於崤底, 降男女八萬人. 餘衆尙十餘萬, 東走宜陽降. 璽書勞異曰,「赤眉破平, 士吏勞苦, 始雖垂翅回谿, 終能奮翼黽池, 可謂失之東隅, 收之桑榆. 方論功賞, 以答大勳.」

| 註釋 | ㅇ華陰 – 弘農郡의 현명. 西嶽인 華山의 북쪽, 今 陝西省 동부, 渭河 하류, 渭南市 관할 華陰市. ㅇ黽池(민지) – 弘農郡의 현명. 今 河南省 서북부, 黃河 남안, 三門峽市 관할 黽池縣. ㅇ赤眉陽敗 – 陽敗는 佯敗. 陽은 佯(거짓 양). ㅇ宜陽 – 弘農郡 縣名. 今 河南省 洛陽市 관할 宜陽縣.

○回谿阪 – 回溪는 弘農郡 宜陽縣의 溪名. 阪은 비탈. 4리에 걸친 좁은 골짜기라는 주석이 있다. ○始雖垂翅回谿 – 垂翅는 날개를 떨어트리다. 失利하다. 패전하다. 翅는 날개 시. ○終能奮翼黽池 – 결국엔 민지현에서 다시 떨치다. 승리를 거두었다. 奮翼(분익)은 크게 날개짓하다. 垂翅, 奮翼 모두 새의 날갯짓으로 비유하였다. ○收之桑楡 – 桑는 뽕나무 상. 楡는 느릅나무. 桑楡는 아침에 비교하여 저녁 때. 동쪽에 대한 서쪽.

[國譯]

馮異(풍이)와 赤眉 무리는 華陰(화음)에서 조우하여 60여 일을 대치하면서 수십 차례 전투를 했는데 그 장수 劉始(유시), 王宣(왕선) 등 5천여 명이 투항하였다.

(建武) 3년 봄, (광무제는) 사자를 보내 현지에서 풍이를 征西大將軍에 임명하였다. 그때 鄧禹(등우)는 車騎將軍 鄧弘(등홍) 등을 인솔하고 귀경 중이었는데, 풍이와 서로 만나자 등우와 등홍은 풍이에게 함께 적미를 공격하자고 요구하였다. 이에 풍이가 말했다.

"저와 적미 무리가 서로 맞서기 수십 일 동안에 비록 장수를 여러 번 생포하였지만 그 무리는 아직도 많기 때문에 천천히 은택을 베풀며 신의로 유인해야지 갑자기 군사로 격파하기는 어렵습니다. 지금 황제께서도 여러 장수를 보내 黽池(민지)에 주둔하며 적미의 동쪽을 요격하게 하였으며 저는 그 서쪽을 공격하다가 한꺼번에 공격하는 것이 가장 안전한 방책일 것입니다."

그러나 등우와 등홍은 따르지 않았다. 등홍은 적미와 여러 날을 크게 싸웠는데 적미가 거짓으로 패한 척하며 모든 輜重(치중)을 버리고 도주하였다. 적미 짐수레에는 흙을 싣고 콩으로 그 위를 덮었는데 군사들이 굶주렸기에 다투어 콩을 모았다. 그러자 적미가 되돌아서 등홍을 공격하자 등홍의 군진은 무너지며 혼란에 빠졌다. 풍이와 등우가 합세하여 등우를 구원했고 적미는 약간 후퇴하였다. 풍이는 사졸이 굶주리고 지쳤기에 일단 쉬게 하였지만 등우는 따르지 않고 또 싸우다가 크게 패전하여 사상자가 3천여 명이나 되었다. 등우는 겨우 도망쳐 宜陽(의양)으로 돌아갔다.

풍이도 말을 버리고 걸어서 回谿(회계)의 골짜기를 지나 휘하 몇 사람과 함께 군영으로 돌아왔다. 풍이는 다시 굳게 방어하며 흩어진 군졸을 모아 각 군영에 수만 병력으로 적미와 날짜를 정해 싸우기로 하였다. 풍이는 군사를 적미 무리와 비슷하게 변장시켜 길가에 매복시켰다. 날이 밝자 적미 무리 수만 명이 풍이의 前軍을 공격하자 풍이는 겨우 약간의 군사를 보내 구원케 하였다. 적미는 풍이의 군사가 소규모인 것을 알고 모든 군사를 동원 공격하였고 풍이 또한 군사를 내보내 크게 싸웠다. 해가 질 무렵, 적의 힘이 빠지자 복병이 졸지에 공격하니 의복이 비슷하여 적미 무리가 식별하지 못하면서 결국 갑자기 궤멸하였다. 풍이는 적미를 추격하여 崤山(효산) 아래에서 대파하였고 적미 남녀 8만여 명이 투항하였다. 그래도 남은 무리 10여만 명은 동쪽으로 宜陽(의양)까지 달아났다가 투항하였다. (光武帝는) 국새를 찍은 문서를 보내 풍이를 격려하였다.

「赤眉를 격파 평정하느라 장졸의 노고가 많았으니, 처음에는 回谿(회계)에서 날개가 꺾이었으나 결국 黽池(민지)에서 다시 크게 날아올랐으며, 말하자면 동쪽 한 모퉁이를 잃었으나 서쪽에서 모두 되찾았도다. 방금 그 공로와 포상을 논의 중이니 큰 공적에 보답이 있을 것이다.」

原文

時, 赤眉雖降, 衆寇猶盛, 延岑據藍田, 王歆據下邽, 芳丹據新豐, 蔣震據霸陵, 張邯據長安, 公孫守據長陵, 楊周據谷口, 呂鮪據陳倉, 角閎據汧, 駱延據盩厔, 任良據鄠, 汝章據槐里, 各稱將軍, 擁兵多者萬餘, 少者數千人, 轉相攻擊. 異且戰且行, 屯軍上林苑中. 延岑旣破赤眉, 自稱武安王, 拜置牧守, 欲據關中, 引張邯,任良共攻異. 異擊破之, 斬首千餘級, 諸營保守附岑者皆來降歸異. 岑走攻析, 異遣復漢將軍鄧曄,輔漢將軍于匡要擊岑, 大破之, 降其將蘇臣等八千餘人. 岑遂自武關走南陽.

時, 百姓饑餓, 人相食, 黃金一斤易豆五升. 道路斷隔, 委輸不至, 軍士悉以果實爲糧. 詔拜南陽趙匡爲右扶風, 將兵助異, 並送縑穀, 軍中皆稱萬歲. 異兵食漸盛, 乃稍誅擊豪傑不從令者, 褒賞降附有功勞者, 悉遣其渠帥詣京師, 散其衆歸本業. 威行關中, 惟呂鮪,張邯,蔣震遣使降蜀, 其餘悉平.

| 註釋 | ㅇ藍田(남전) – 京兆尹의 縣名. 今 陝西省 西安市 藍田縣. 玉의 산지로 유명. ㅇ下邽 – 京兆尹의 현명. 今 陝西省 渭南市 부근. 渭河 북안. 上邽(상규)는 漢陽郡(前漢 天水郡)의 현명. 今 甘肅省 天水市의 일대. ㅇ霸陵(패릉) – 文帝의 능. 현명. ㅇ谷口 – 前漢 左馮翊의 縣名. 後漢에서는 폐현. 今 陝西省 咸陽市 禮泉縣. ㅇ陳倉 – 右扶風의 縣名. 今 陝西省 서부의 寶鷄市 동쪽, 渭水 북안. ㅇ角閎據汧 – 汧(견)은 右扶風의 汧縣. 후한에서는 汧千縣, 今 陝西省 서쪽 끝 隴縣 남쪽. 寶鷄市 서북. ㅇ盩厔(주질) – 前

漢의 현명. 今 陝西省 西安市 周至縣. 盩는 칠 주. 厔은 막을 질. ㅇ鄠(호) – 右扶風의 鄠縣, 今 陝西省 西安市 戶縣. ㅇ槐里(괴리) – 槐里는 司隸校尉部 관할 右扶風의 치소인 槐里縣, 今 陝西省 咸陽市 관할 興平市. ㅇ岑走攻析 – 南陽郡 析縣. 今 河南省 南陽市 西峽縣. ㅇ渠帥(거수) – 우두머리. 渠는 도랑 거. 鉅(클 거)와 通.

[國譯]

그때 赤眉 무리는 투항하였지만 도적 무리는 오히려 더 많아졌으니 延岑(연잠)은 藍田(남전)을 차지했고, 王歆(왕흠)은 下邽(하규), 芳丹(방단)은 新豐, 蔣震(장진)은 霸陵(패릉), 張邯(장한)은 長安, 公孫守(공손수)는 長陵, 楊周는 谷口(곡구), 呂鮪(여유)는 陳倉(진창), 角閎(각굉)은 汧縣(견현), 駱延(낙연)은 盩厔(주질), 任良은 鄠(호), 汝章(여장)은 槐里(괴리)를 차지하고서 모두 장군을 칭하였는데 거느린 군사가 많은 자는 1만 여, 작은 자는 수천 명을 거느리고 서로가 서로를 공격하였다. 풍이는 싸우면서 진군하여 上林苑(상림원)에 주둔하였다. 延岑(연잠)은 적미 잔당을 격파하고서 武安王을 자칭하며 지방관을 임명하며 관중에 웅거하려고 張邯(장한), 任良(임량)을 거느려 함께 풍이를 공격하였다. 풍이는 이들을 격파하며 1천여 명을 죽이자 각 군영을 지키면서 연잠에게 붙었던 자들은 풍이에게 와서 투항하였다. 연잠이 달아나며 (南陽郡) 析縣(석현)을 공격하자 풍이는 復漢將軍 鄧曄(등엽)과 輔漢將軍 于匡(우광)을 보내 연잠을 요격하여 대파하였고 그 장수 蘇臣(소신) 등 8천여 명이 투항해왔다. 연잠은 武關(무관)에서 남양으로 패주하였다.

그 당시 백성은 饑餓(기아)에 시달려 사람이 사람을 먹었고 황금 1

근을 콩 5되와 교환하였다. 도로가 막히면서 군량 수송이 되지 않아 군사들은 모두 과일을 양식으로 먹었다. 광무제는 南陽의 趙匡(조광)을 右扶風에 임명하며 군사를 거느리고 풍이를 돕게 하였는데, 조광이 비단과 곡식을 운반하자 군영에서는 모두 만세를 불렀다. 풍이의 군량이 점차 넉넉해지며 차츰 명령에 따르지 않는 세력자들을 격파하고 투항하여 공을 세운 자들을 포상하거나 그 세력자들을 낙양으로 보내었으며, 그 무리를 해산시켜 본업에 종사하게 했다. 나라의 권위가 關中에 통하면서 呂鮪(여유), 張邯(장한), 蔣震(장진) 등은 사자를 보내 蜀에 투항하였고 그 나머지는 모두 평정되었다.

原文

明年, 公孫述遣將程焉, 將數萬人就呂鮪出屯陳倉. 異與趙匡迎擊, 大破之, 焉退走漢川. 異追戰於箕谷, 復破之, 還擊破呂鮪, 營保降者甚衆. 其後蜀復數遣將間出, 異輒摧挫之. 懷來百姓, 申理枉結, 出入三歲, 上林成都.

異自以久在外, 不自安, 上書思慕闕廷, 願親帷幄, 帝不許. 後人有章言異專制關中, 斬長安令, 威權至重, 百姓歸心, 號爲'咸陽王.' 帝使以章示異. 異惶懼, 上書謝曰,

「臣本諸生, 遭遇受命之會, 充備行伍, 過蒙恩私, 位大將, 爵通侯, 受任方面, 以立微功, 皆自國家謀慮, 愚臣無所能及. 臣伏自思惟, 以詔敕戰攻, 每輒如意, 時以私心斷決, 未嘗不有悔. 國家獨見之明, 久而益遠, 乃知'性與天道, 不可

得而聞也.' 當兵革始起, 擾攘之時, 豪傑競逐, 迷惑千數. 臣以遭遇, 託身聖明, 在傾危混淆之中, 尙不敢過差, 而況天下平定, 上尊下卑, 而臣爵位所蒙, 巍巍不測乎? 誠冀以謹敕, 遂自終始. 見所示臣章, 戰栗怖懼. 伏念明主知臣愚性, 固敢因緣自陳.」

詔報曰, "將軍之於國家, 義爲君臣, 恩猶父子. 何嫌何疑, 而有懼意?"

| **註釋** | ㅇ漢川 – 漢水. 長江의 최대 지류. 漢中郡을 통과한다. ㅇ箕谷 – 漢中郡 서북의 계곡 이름. ㅇ異輒摧挫之 – 輒은 문득 첩. 번번히. 그때마다. 摧挫(최좌)는 꺾다. 좌절시키다. ㅇ上林成都 – 상림원이 도시가 되었다. 귀부하는 자가 많았다는 뜻. ㅇ諸生 – 太學의 학생, 前漢에서는 博士弟子, 後漢에서는 諸生 또는 太學生이라 불렀다. ㅇ充備行伍 – 군졸이 되었다. 行伍(항오)의 行은 줄 항. ㅇ爵通侯 – 通侯는 徹侯, 列侯. ㅇ受任方面, 以立微功 – 方面은 한 지역에 대한 직무. 넓은 지역을 식읍으로 받는 관리. 微功은 공로가 미약하다. 겸손한 표현. ㅇ性與天道 ~ – 「子貢曰, "夫子之文章, 可得而聞也, 夫子之言性與天道, 不可得而聞也."」《論語 公冶長》. ㅇ擾攘(요양) – 擾亂(요란). 나라가 혼란할 때. ㅇ豪傑競逐 – 競逐은 競爭. ㅇ巍巍不測乎 – 巍巍(외외)는 산이 높고 큰 모양. 혼자 우뚝 선 모양. ㅇ遂自終始 – 처음부터 끝까지 말씀드리다. 終始는 始終.

[國譯]

다음 해, 공손술은 장수 程焉(정언)을 보내 군사 수만 명을 거느리고 呂鮪(여유)의 군영에 가서 함께 출병하여 陳倉(진창)에 주둔케 하였다. 풍이는 趙匡(조광)과 함께 적을 맞이하여 대파하였고, 정언은 漢川(한천)으로 도주하였다. 풍이는 정언을 추격하여 箕谷(기곡)이란 곳에서 싸워 다시 격파하였고 돌아오면서 또 여유를 격파하니, 풍이의 군영에는 투항자들이 매우 많았다. 그 뒤에 蜀(公孫述)에서는 여러 장수를 그때그때 출동시켰지만 풍이는 번번이 적을 꺾어버렸다. 풍이는 백성을 회유하고 억울한 일을 풀어주면서 (주둔지 상림원에) 3년을 출입하다 보니 상림원은 도회지가 되었다.

풍이는 지방에 너무 오랫동안 나와 있었기에 마음이 불안하여 궁궐과 조정을 사모하며 궁궐에서 가까이 모시고 싶다는 뜻을 상서하였으나 광무제는 허락하지 않았다. 뒷날 어떤 사람은 풍이가 關中에서 專制하면서 長安현령을 죽이는 등 권위가 아주 높으며 민심을 얻어 백성이 '咸陽王' 이라고 부른다는 글을 상서하였다. 광무제는 그 상서를 풍이에게 보내주었다. 풍이는 황공하고 두려워 사죄의 글을 올렸다.

「臣은 본래 太學生이었는데 천자의 명령을 받을 기회가 있어 군문에 들어왔고, 폐하의 은택과 총애를 받아 大將이 되었고, 通侯(列侯)의 작위를 받았으며, 서쪽 지방의 임무를 맡아 조그만 공을 세웠지만 이 모두가 나라의 방책이었지 우매한 저는 따라갈 수도 없었습니다. 臣이 엎드려 생각해 보건대, 조칙을 받아 전투를 벌였고 매번 뜻과 같이 성취하자 때로는 私心으로 어떤 일을 결정도 했지만 후회하지 않은 적이 없었습니다. 폐하의 선견지명은 시간이 갈수록 더 멀리 보시기에 (폐하의) '본성과 天道는 얻어 들을 수 없다.' 는 사실을 깨달았습니다. 병란을 당해 기병한 이후, 혼란의 시기를 거치면서 호걸들이 서로 경쟁하는 이즈음에 저를 의심할 사람은 수 없이 많을 것입니다. 臣이 폐하를 우연히 뵙게 된 이후로 폐하의 聖明에 제 몸을 맡겼고, 기울어지며 뒤섞이는 혼란 속에서도 오히려 제가 잘못을 할 수도 없었는데, 하물며 지금 천하가 평정되고 上尊下卑(상존하비)의 질서가 확립되었으며, 또 臣이 작위를 받은 지금에 저 홀로 불측한 일을 할 수 있겠습니까? 처음부터 끝까지 더욱 근신하여 칙명을 따르겠습니다. 저에게 보여주신 글을 읽고 전율하며 두렵고 두려울 뿐입니다. 聖明하신 주군께서는 臣의 우매한 충정을 알아주시리라 생각하며 감히 제 진심을 진술하였습니다.」

황제가 답을 보내 말했다. "장군은 짐에 대하여 義理로는 君臣이고 恩情으로는 父子와 같을 것이요. 무엇을 꺼리며 왜 의심하겠으며 두려움이 있어야겠는가?"

原文

六年春, 異朝京師. 引見, 帝謂公卿曰, "是我起兵時主簿也. 爲吾披荊棘, 定關中." 旣罷, 使中黃門賜以珍寶,衣服,錢,帛. 詔曰,「倉卒無蔞亭豆粥, 虖沱河麥飯, 厚意久不報.」

異稽首謝曰, "臣聞管仲謂桓公曰, '願君無忘射鉤, 臣無忘檻車.' 齊國賴之. 臣今亦願國家無忘河北之難, 小臣不敢忘巾車之恩." 後數引宴見, 定議圖蜀, 留十餘日, 令異妻子隨異還西.

| **註釋** | ○(建武) 六年 – 서기 30년. ○披荊棘 – 披는 나눌 피. 걷어내

다. 荊棘(형극)은 가시. 뒤엉킨 상태. 분란. ㅇ倉卒 – 어쩔 수 없이 갑자기. 倉皇. ㅇ管仲謂桓公 – 管仲(前 725 – 645), 제 환공의 재상. 管鮑之交의 주인공. 管仲은 齊國 公子糾를 도왔고, 鮑叔牙는 그 동생 公子 小白을 도왔다. 小白이 즉위하니 齊 桓公(환공), 春秋 최초의 패자. 관중이 소백의 복귀를 저지하기 위해 활을 쏘았는데 화살이 小白의 허리띠 갈고리에 맞았다. ㅇ願君無忘射鉤 – 鉤는 갈고랑이 구. 허리띠 帶鉤. ㅇ臣無忘檻車 – 檻車(함거)는 죄수 호송용 수레. 小白 즉위 후 관중은 죄수가 되었다. ㅇ國家無忘河北之難 – 國家는 황제, 여기서는 광무제. 河北之難은 河北을 평정할 때, 즉위하기 이전의 온갖 난관, ㅇ巾車之恩 – 巾車는 鄕名. 今 河南省 平頂山市 남쪽. 光武가 父城을 공격할 때 주둔했던 곳. 漢郡에 사로잡힌 풍이를 광무가 받아들였다.

[國譯]

(建武) 6년 봄, 풍이는 낙양에 入朝하였다. 광무제는 풍이를 불러 만난 뒤, 여러 공경에게 말했다. "이 사람은 내가 기병할 때 主簿(주부)였다. 나를 위해 분란을 걷어내고 關中을 평정하였다." 조회가 끝난 뒤 中黃門을 시켜 많은 珍寶와 의복, 금전, 비단을 하사했다. 그리고 조서를 내렸다. 「경황이 없어서 無蔞亭(무루정)의 콩죽과 虖沱河(호타하)에서 보리밥을 챙겨 준 그 厚意를 오랫동안 보답하지 못했다.」

그러자 풍이가 고개를 숙여 사례하며 말했다.

"臣이 알기로는, 管仲(관중)은 桓公(환공)에게 '主君께서는 화살이 허리띠에 맞던 때를 잊지 마시고, 臣은 檻車(함거)에 갇혔던 일을 잊지 않겠습니다.' 라고 말했고 이 말을 齊國 사람들이 믿어주었습니다. 臣은 지금 폐하께 河北에서의 난관을 잊으시지 말라고 말씀드리면서 저는 巾車鄕(건거향)에서의 은전을 잊지 않겠습니다."

그 뒤에 풍이를 여러 번 사석에 불러 만나면서 蜀(公孫述)을 평정한 방도를 의논하며 10여 일을 머물렀고 풍이의 처자에게 풍이를 따라 서쪽 장안으로 돌아가라고 명했다.

原文

夏, 遣諸將上隴, 爲隗囂所敗, 乃詔異軍栒邑. 未及至, 隗囂乘勝使其將王元,行巡將二萬餘人下隴, 因分遣巡取栒邑. 異卽馳兵, 欲先據之. 諸將皆曰, "虜兵盛而新乘勝, 不可與爭, 宜止軍便地, 徐思方略." 異曰, "虜兵臨境, 忸忲小利, 遂欲深入. 若得栒邑, 三輔動搖, 是吾憂也. 夫 '攻者不足, 守者有餘', 今先據城, 以逸待勞, 非所以爭也." 潛往閉城, 偃旗鼓. 行巡不知, 馳赴之. 異乘其不意, 卒擊鼓建旗而出. 巡軍驚亂奔走, 追擊數十里, 大破之. 祭遵亦破王元於汧. 於是北地諸豪長耿定等, 悉畔隗囂降. 異上書言狀, 不敢自伐. 諸將或欲分其功, 帝患之. 乃下璽書曰,

「制詔大司馬, 虎牙,建威,漢忠,捕虜,武威將軍, 虜兵猥下, 三輔驚恐. 栒邑危亡, 在於旦夕. 北地營保, 按兵觀望. 今偏城獲全, 虜兵挫折, 使耿定之屬, 復念君臣之義. 征西功若丘山, 猶自以爲不足. 孟之反奔而殿, 亦何異哉? 今遣太中大夫賜征西吏士死傷者醫藥,棺斂, 大司馬已下親弔死問疾,

以崇謙讓.」

於是使異進軍義渠, 並領北地太守事.

| 註釋 | ㅇ栒邑 - 右扶風의 읍명. 今 陝西省 咸陽市 관할 旬邑縣. 甘肅省 동부와 접경. 栒 가름대나무 순. ㅇ隗囂(외효) - 광무제에 臣屬을 거부, 公孫述을 섬기다가 패망했다. 13권, 〈隗囂公孫述列傳〉 立傳. ㅇ忸忲小利 - 소리를 탐하는데 익숙하다. 忸忲(뉴세)는 전에 했던 그대로 다시 하다. 忸는 길들 뉴(狃와 同), 부끄러울 뉵(恧). 忲는 익힐 세. 사치할 태. ㅇ攻者不足, 守者有餘 -《孫子兵法》. ㅇ偃旗鼓 - 偃은 쓰러질 언. 눕혀놓다. 偃旗息鼓. ㅇ北地諸豪~ - 北地는 군명. 治所 富平縣. 今 寧夏回族自治區 북부, 黃河 東岸의 吳忠市. ㅇ不敢自伐 - 伐은 자랑하지 않다. 自矜曰伐. ㅇ制詔大司馬 - 당시 대사마는 吳漢(오한). 虎牙는 蓋延(개연), 建威는 耿弇(경엄), 漢忠은 王常(왕충), 捕虜는 馬武(마무), 武威將軍은 劉尙(유상). ㅇ虜兵猥下 - 猥(함부로 외)는 여기서 떼지어(衆也). ㅇ征西功若丘山 - 征西는 征西大將軍 馮異. ㅇ孟之反奔而殿 - 孟之反은 魯 大夫. 제와 싸워 패전하고 후퇴할 때 맹지반은 철수하는(奔) 군사의 맨 뒤에(殿) 있었다. 그러면서 성에 들어와서는 "내가 뒤에서 방어한 것이 아니라 말이 느렸기 때문이다"라고 말했다. 이는 겸손이며 공을 자랑하지 않은 것이다. 奔은 달아날 분. 패주하다. 殿은 큰 집 전. 철수할 때 후미를 담당하다. 考課에서 最下. ㅇ義渠 - (前漢) 北地郡의 치소, 義渠縣은 今 甘肅省 동북부 慶陽市 관할 慶城縣. 後漢 北地郡 치소는 富平縣.

[國譯]

여름, (光武帝는) 여러 장수를 隴西로 진격케 하였지만 隗囂(외효)에게 패망하자, 곧 조서를 내려 풍이에게 (右扶風의) 栒邑(순읍)에 주둔케 하였다. 순읍에 도착하기 전에 隗囂(외효)는 승세를 타고 부장인 王元(왕원)과 行巡(행순)에게 군사 2만을 거느리고 隴西에 주둔하게 하면서 행순을 보내 순읍을 차지하라고 말했다. 그러자 풍이는 즉시 군사를 거느리고 급히 순읍을 먼저 점령하려고 하였다. 여러 장수들은 "적병은 강한데다가 요즈음 승세를 타고 있으니 같이 쟁탈하기보다는 편리한 곳에 군사를 주둔시키고 서서히 방책을 생각하는 것이 나을 것입니다."

그러나 풍이가 말했다. "적병이 국경 가까이 있는데다가 작은 이익을 쉽게 탐하기 때문에 나중에는 깊숙이 진격할 것이다. 적이 만약 순읍을 차지한다면 三輔(삼보) 지역이 흔들릴까 걱정이다. 본래 공격은 힘이 부치고 방어는 여유가 있다고 하였으니, 지금 성을 먼저 차지해야 편히 앉아 적이 지치기를 기다리려는 것이지 싸우려는 것이 아니다."

풍이는 은밀히 성에 들어가 성문을 닫고 깃발도 안 세우고 북도 치지 않았다. 행순은 이를 알지 못하고 달려 다가왔다. 풍이는 적이 방심한 틈을 타 갑자기 북을 치고 깃발을 흔들며 공격하였다. 행순의 군사는 놀라 어지러이 도주했고 풍이는 수십 리를 추격하며 적을 대파하였다. 祭遵(제준) 역시 王元(왕원)을 汧縣(견현)에서 격파하였다. 그러자 北地郡의 耿定(경정) 등 여러 세력자들이 모두 외효에 반기를 들고 투항해 왔다. 풍이는 상황을 보고하면서도 자랑하지 않았다. 어떤 장수가 그 공을 차지하려 하자 광무제는 이를 걱정하였다. 곧 조서를 내려 말했다.

「大司馬와 虎牙, 建威, 漢忠, 捕虜, 武威將軍에게 명하나니, 적병이 무더기로 진출하여 삼보지역이 두려워했었다. 栒邑(순읍)의 패망이 조석에 처했었다. 北地郡의 여러 군영에서도 군사를 보유한 채 관망했었다. 이제 먼 곳의 성까지 안전해지자 耿定(경정) 같은 무리들이 君臣의 대의를 돌아보게 되었다. 征西大將軍(馮異)의 공적은 山처럼 우뚝하지만 자신은 아직 부족하다고 생각하고 있다. (옛날 魯의) 孟之反(맹지반)이 후퇴하면서 후미를 방어한 것과 무엇이 다르겠는가? 지금 太中大夫를 보내 정서대장군의 병사 중 사상자에게 의약으로 치료하고 관을 보내니 大司馬 이하 모두가 직접 조문하고 위문하여 겸양의 덕을 배양토록 하라.」

그리고 풍이를 시켜 義渠縣(의거현)에 주둔하면서 北地太守를 겸하게 하였다.

原文

青山胡率萬餘人降異. 異又擊盧芳將賈覽,匈奴薁鞬日逐王, 破之. 上郡,安定皆降, 異復領安定太守事. 九年春, 祭遵卒, 詔異守征虜將軍, 並將其營. 及隗囂死, 其將王元,周宗等復立囂子純, 猶總兵據冀, 公孫述遣將趙匡等救之, 帝復令異行天水太守事. 攻匡等且一年, 皆斬之. 諸將共攻冀, 不能拔, 欲且還休兵, 異固持不動, 常爲衆軍鋒.

| 註釋 | ○青山胡 – 青山은 今 甘肅省 慶陽市 관할 環縣의 지명. 胡는 흉노족. ○匈奴薁鞬日逐王 – 薁鞬日逐王(욱건일축왕)은 흉노의 관직명. ○(建武) 九年春 – 서기 33년. ○猶總兵據冀 – 漢陽郡(天水郡)의 治所, 今 甘肅省 남부 天水市 관할 甘谷縣.

[國譯]

青山의 흉노 1만여 명이 풍이에게 투항하였다. 풍이는 또 盧芳(노방)의 부장인 賈覽(가람), 匈奴 薁鞬日逐王(욱건일축왕)의 군사를 격파하였다. 上郡과 安定郡(안정군) 지역이 모두 평정되자 풍이는 다시 安定太守의 직무를 겸했다.

(건무) 9년 봄, 祭遵(제준)이 죽자 조서로 풍이에게 征虜將軍(정로장군)의 직을 겸하면서 그 군영을 지휘하게 하였다. 隗囂(외효)가 죽자 그 장수인 王元(왕원), 周宗(주종) 등은 다시 외효의 아들 隗純(외순)을 왕으로 세우고 군사를 거느리며 (天水郡) 冀縣(기현)을 차지하고 있었는데, 공손술이 부장 趙匡(조광) 등을 보내 지원하자, 광무제는 다시 풍이에게 天水太守의 직무를 대행케 하였다. 풍이는 조광 등과 일 년 가까이 싸워 모두 죽였다. 그리고 여러 장수와 함께 기현을 공격하였지만 점령하지 못하자, 여러 장수들은 군사를 돌려 쉬기를 원했지만 풍이는 굳게 지키면서 이동하지 않았고 늘 여러 군사의 선봉이었다.

原文

明年夏, 與諸將攻落門, 未拔, 病發, 薨於軍, 謚曰節侯.

長子彰嗣. 明年, 帝思異功, 復封彰弟訢爲析鄕侯. 十三年, 更封彰東緡侯, 食三縣. 永平中, 徙封平鄕侯. 彰卒, 子普嗣, 有罪, 國除.

永初六年, 安帝下詔曰, 「夫仁不遺親, 義不忘勞, 興滅繼絶, 善善及子孫, 古之典也. 昔我光武受命中興, 恢弘聖緖, 橫被四表, 昭假上下, 光耀萬世, 祉祚流衍, 垂於罔極. 予末小子, 夙夜永思, 追惟勳烈, 披圖案籍, 建武元功二十八將, 佐命虎臣, 讖記有徵. 蓋蕭,曹紹封, 傳繼於今, 況此未遠, 而或至乏祀, 朕甚愍之. 其條二十八將無嗣絶世, 若犯罪奪國, 其子孫應當統後者, 分別署狀上. 將及景風, 章敘舊德, 顯茲遺功焉.」

於是紹封普子晨爲平鄕侯. 明年, 二十八將絶國者, 皆紹封焉.

| 註釋 | ㅇ明年 – 建武 10년, 서기 34년. ㅇ落門 – 天水郡 치소인 冀縣(기현)의 마을 이름. ㅇ永平中 – 명제의 연호. ㅇ永初 六年 – 安帝, 서기 112년. ㅇ古之典也 – 옛날의 법도이다.「興滅國, 繼絶世, 擧逸, 天下之歸心焉.」《論語 堯曰》. ㅇ昭假上下 – 사방에 밝게 펴지다. 昭는 名也. 假는 格(이를 격)과 同. 上下는 天地. ㅇ建武元功二十八將 – 明帝는 永平 3년(60)에 南宮의 雲臺閣에 光武帝를 도와 後漢 건국에 공을 세운 28將의 초상화를 그리게 했다. 그 첫째가 鄧禹(등우)이다. ㅇ佐命虎臣 – 佐命은 천명을 받은 천자를 돕다. 虎臣은 武臣. ㅇ傳繼於今 – 지금까지 계속 전해지다. 和帝 때 蕭何와 曹參의 후손을 紹封했다. ㅇ將及景風 – 夏至 지나 45일에 景風(서남풍)이 불면, 제후를 봉하는 의식을 거행했다.

[國譯]

明年(建武 10년) 여름, 여러 장수와 함께 (冀縣) 落門(낙문)을 공격했지만 점령하지 못했는데, 풍이는 병에 걸려 軍營에서 죽었고, 시호는 節侯(절후)이다.

長子 馮彰(풍창)이 뒤를 이었다. 明年에 광무제는 풍이의 공적을 생각하여 풍창의 동생 馮訢(풍흔)을 析鄕侯(석향후)에 봉했다. (建武) 13년, 풍창을 東緡侯(동민후)에 옮겨 봉했는데 식읍은 3개 현이었다. (明帝) 永平 연간에 다시 平鄕侯(평향후)로 옮겼다. 풍창이 죽자 馮普(풍보)가 이었으나 죄를 지어 나라를 없앴다.

(安帝) 永初 6년, 안제가 조서를 내렸다.

「仁者는 친족을 버리지 않고 의로운 자는 남의 노고를 잊지 않느니 없어진 것을 살리고 끊어진 가문을 이어주며 선한 자의 자손까지 잘 대우하는 것이 옛 법도였다. 예전 光武帝께서 중흥의 천명을 받아 聖人(高祖)의 유업을 계승하여 사방을 밝게 비추고, 만대에 영광을 잇게 하고 복을 후손에게 전하여 끝없이 이어가게 하였다. 짐은 어린 사람이지만 밤낮으로 깊이 생각하고 빛나는 공훈을 추념하며 여러 도서를 열람하였으니, 建武 연간에 공을 세운 28명 장수는 천자를 도운 武臣으로 여러 도록에 기록이 남아있다. 지금 蕭何와 曹參의 끊어진 대를 紹封(소봉)하여 지금에 이르거늘, 하물며 멀지 않은 옛 공신의 제사가 단절되었다면 어찌 안타깝지 않겠는가? 28將으로 그 후사가 단절되었거나 죄를 지어 나라가 없어진 경우에도 그 자손으로 응당 뒤를 이을 자가 있을 것이니 조목별로 기록하여 보고하라. 곧 景風(경풍, 서남풍)이 불면 옛 공적을 확실하게 서술하여 그 공업을 빛내주기 바란다.」

이에 馮普(풍보)의 아들 馮晨(풍신)을 平鄕侯(평향후)에 봉했다. 다음 해 28將으로 그 侯國이 단절된 자는 모두 紹封을 받았다.

❷ 岑彭

原文

岑彭字君然, 南陽棘陽人也. 王莽時, 守本縣長. 漢兵起, 攻拔棘陽, 彭將家屬奔前隊大夫甄阜. 阜怒彭不能固守, 拘彭母妻, 令效功自補. 彭將賓客戰鬪甚力. 及甄阜死, 彭被創, 亡歸宛, 與前隊貳嚴說共城守. 漢兵攻之數月, 城中糧盡, 人相食, 彭乃與說擧城降.

諸將欲誅之, 大司徒伯升曰, "彭, 郡之大吏, 執心堅守, 是其節也. 今擧大事, 當表義士, 不如封之, 以勸其後."

更始乃封彭爲歸德侯, 令屬伯升. 及伯升遇害, 彭復爲大司馬朱鮪校尉, 從鮪擊王莽楊州牧李聖, 殺之, 定淮陽城. 鮪薦彭爲淮陽都尉. 更始遣立威王張卬與將軍徭偉鎭淮陽. 偉反, 擊走卬. 彭引兵攻偉, 破之. 遷潁川太守.

| **註釋** | ㅇ岑彭(잠팽, ?-36년) - 岑은 봉우리 잠. 성씨. 彭은 땅이름 팽. 성씨. 雲臺二十八將의 한 사람. ㅇ南陽棘陽 - 棘陽(극양)은 남양군의 縣名. 今 河南省 南陽市 관할 新野縣에 해당. 河南省 서남부, 湖北省 경계. ㅇ前隊貳嚴說~ - 前隊는 왕망의 新나라에서 南陽郡, 貳는 大夫. 甄阜(견부)의 副職. 嚴은 姓, 說은 名. ㅇ淮陽都尉 - 前漢 淮陽郡은 後漢의 陳國. 治所 陳縣, 今 河南省 동부 周口市 淮陽縣.

[國譯]

岑彭(잠팽)의 字는 君然(군연)으로 南陽郡 棘陽(극양) 사람이다. 왕망 시절에, 극양현 縣長이었다. 漢兵이 일어나 극양현을 점거하자, 잠팽은 가속을 데리고 前隊大夫(南陽太守) 甄阜(견부)에게 가서 의지하였다. 견부는 잠팽이 끝까지 방어하지 못했다며 잠팽의 노모와 아내를 잡아가둔 뒤 공을 세워 속죄하라고 명령했다. 잠팽과 그 식객들은 전력을 다해 싸웠다. 견부가 전사하자 잠팽은 부상을 당하고 宛縣(완현)으로 도망 나와서 前隊의 대부인 嚴說(엄설)과 함께 성을 지켰다. 漢의 군사가 몇 달간 宛城을 공격하였고 성 안에 양식이 떨어져 사람이 사람을 먹게 되자 잠팽과 엄설은 성을 들어 투항하였다.

여러 장수는 잠팽을 죽이려 했는데 (更始帝의) 大司徒인 劉伯升(유백승, 劉縯, 光武 長兄)은 "잠팽은 남양군의 높은 관리로 마음을 다해 굳게 지켰으니, 이는 그 충절이다. 지금 큰일을 하면서 응당 義士를 표창하여야 하니 제후에 봉해 뒷사람에게 본보기가 되어야 한다."고 말했다.

이에 更始는 잠팽을 歸德侯에 봉해 백승에 소속시켰다. 유백승이 죽은 뒤에, 잠팽은 다시 大司馬 朱鮪(주유)의 교위가 되어 주유를 따라 왕망의 楊州牧인 李聖(이성)을 공격하여 죽이고 淮陽城을 차지하였다. 주유가 잠팽을 천거하여 淮陽都尉가 되었다. 경시제가 세운 威王(위왕) 張卬(장앙)과 將軍 徭偉(요위)가 淮陽郡(회양군)을 평정했다. 요위는 반기를 들고 장앙을 공격하여 패주하게 하였다. 잠팽은 요위를 공격 격파하였다. 잠팽은 영천태수로 승진했다.

原文

會春陵劉茂起兵, 略下潁川, 彭不得之官, 乃與麾下數百人從河內太守邑人韓歆. 會光武徇河內, 歆議欲城守, 彭止不聽. 旣而光武至懷, 歆迫急迎降. 光武知其謀, 大怒, 收歆置鼓下, 將斬之. 召見彭, 彭因進說曰, "今赤眉入關, 更始危殆, 權臣放縱, 矯稱詔制, 道路阻塞, 四方蜂起, 群雄競逐, 百姓無所歸命. 竊聞大王平河北, 開王業, 此誠皇天祐漢, 士人之福也. 彭幸蒙司徒公所見全濟, 未有報德, 旋被禍難, 永恨於心. 今復遭遇, 願出身自效."

光武深接納之. 彭因言韓歆南陽大人, 可以爲用. 乃貰歆, 以爲鄧禹軍師.

| 註釋 | ㅇ會舂陵劉茂起兵 – 종실 劉茂(유무)는 '厭新將軍(염신장군)'이라 自號했었는데 뒷날 무리를 거느리고 光武에 투항하자 中山王에 봉했다. ㅇ懷 – 河內郡의 현명. 今 河南省 북부 焦作市 武陟縣. ㅇ歆迫急迎降 – 韓歆이 어쩔 수 없이 출성하여 영입하다. 투항할 뜻이 없다. ㅇ收歆置鼓下 – 中軍은 장군 軍營의 중심부. 그곳에 깃발을 세우고 북을 설치하여 軍門으로 삼는다. 처형할 때는 그곳에서 형을 집행했다. ㅇ所見全濟 – (백승의 변호로) 온전하게 살아났다. ㅇ願出身自效 – 헌신하여 보답코자 한다. ㅇ大人 – 大家豪右. ㅇ貰歆 – 韓歆을 寬容하다. 貰는 놓아주다. 관용을 베풀다.

[國譯]

마침, 舂陵(용릉)의 劉茂(유무)가 기병하여 潁川(영천)을 경략하자, 잠팽은 관직을 잃었고 휘하의 수백 명과 함께 河內太守인 고향사람 韓歆(한흠)을 찾아가 의지하였다. 이때 光武는 河內郡을 경략하고 있었는데, 한흠이 성을 지키려는 방책을 논의하자 잠팽은 이를 중지시키며 따르지 않았다. 얼마 안 있어 光武가 (河內郡) 懷縣(회현)에 오자, 한흠은 급박하여 어쩔 수 없이 성을 나와 광무를 영입하였다. 광무는 한흠의 본래 의도를 알고 화를 내며 한흠을 중군의 큰 북 아래서 처형하려고 하였다. 광무가 잠팽을 불러 만나보자 잠팽이 말했다.

"지금 赤眉가 入關하여 경시는 위태위태하고 권신은 제멋대로 방종하여 거짓 조서를 내리며 길은 막혔고 사방에서 봉기하며 群雄이 각축하지만 백성은 목숨을 의지할 곳이 없습니다. 제가 듣기로, 대왕께서는 河北을 평정하시고 王을 닦으셨다 하니, 이는 진실로 하늘이 漢을 돕는 것이니 士人들이 복입니다. 저는 이전에 다행히도 司徒公(伯升)의 도움으로 목숨을 건졌지만 그 보답도 하기 전에 도리어 화를 당하셨기에 제 마음에 영원한 한이 되었습니다. 여기서 다시 대왕을 뵈었으니 제 몸을 바쳐 보답하겠습니다."

光武는 깊이 느껴 잠팽을 받아들였다. 잠팽은 韓歆(한흠)이 남양군의 명문이니 등용할 수 있다고 말했다. 이에 광무는 한흠을 용서하였고, 한흠을 鄧禹(등우)의 軍師로 등용하였다.

原文

更始大將軍呂植將兵屯淇園, 彭說降之, 於是拜彭爲刺姦大將軍, 使督察衆營, 授以常所持節, 從平河北. 光武即位, 拜彭廷尉, 歸德侯如故, 行大將軍事. 與大司馬吳漢, 大司空王梁, 建義大將軍朱祐, 右將軍萬脩, 執金吾賈復, 驍騎將軍劉植, 楊化將軍堅鐔, 積射將軍侯進, 偏將軍馮異,祭遵,王霸等, 圍洛陽數月. 朱鮪等堅守不肯下. 帝以彭嘗爲鮪校尉, 令往說之. 鮪在城上, 彭在城下, 相勞苦歡語如平生. 彭因曰,

"彭往者得執鞭侍從, 蒙薦擧拔擢, 常思有以報恩. 今赤眉已得長安, 更始爲三王所反, 皇帝受命, 平定燕,趙, 盡有幽,冀之地, 百姓歸心, 賢俊雲集, 親率大兵, 來攻洛陽. 天下之事, 逝其去矣. 公雖嬰城固守, 將何待乎?"

鮪曰, "大司徒被害時, 鮪與其謀, 又諫更始無遣蕭王北伐, 誠自知罪深." 彭還, 具言於帝. 帝曰, "夫建大事者, 不忌小怨. 鮪今若降, 官爵可保, 況誅罰乎? 河水在此, 吾不食言." 彭復往告鮪, 鮪從城上下索曰, "必信, 可乘此上." 彭趣索欲上. 鮪見其誠, 卽許降. 後五日, 鮪將輕騎詣彭. 顧敕諸部將曰, "堅守待我. 我若不還, 諸君徑將大兵上轘轅, 歸郾王." 乃面縛, 與彭俱詣河陽. 帝卽解其縛, 召見之, 復令彭夜送鮪歸城. 明旦, 悉其衆出降, 拜鮪爲平狄將軍, 封扶溝侯. 鮪, 淮陽人, 後爲少府, 傳封累代.

| 註釋 | ㅇ淇園 – 淇水의 庭園, 今 河南省 북부 鶴壁市 관할 淇縣. ㅇ廷尉 – 卿 1인, 질록 中二千石. 중앙의 사법관, 平獄을 담당. 郡國의 疑獄을 판결. 속관으로 廷尉正, 廷尉左監 각 1인을 두었다. 左平 1인(질록 6백석)은 詔獄(조옥) 평결 담당. 詔獄은 황제 명에 따른 재판 진행과 형 집행을 담당. 후한에서는 정위의 조옥과 洛陽縣의 조옥 2개소만 운영했다. ㅇ更始爲三王所反 – 三王은 淮陽王 張卬(장앙), 穰王 廖湛(요담, 平林兵의 우두머리,

뒷날 적미에 가담), 隨王 胡隱(호은). ㅇ嬰城固守 - 성을 빙빙 돌며 지키다. 嬰은 두를 영(繞와 通), 갓난아이 영. ㅇ轘轅(환원) - 산 이름 겸 관문 이름. 今 河南省 鄭州市 관할, 서남쪽에 있는 登封市 소재. 中嶽인 嵩山(숭산)의 남쪽 기슭. 낙양에 가깝다. ㅇ郾王(언왕) - 경시제가 봉한 尹尊(윤존). ㅇ河陽 - 縣名. 今 河南省 북부 焦作市 관할 孟州市 서북. 당시 광무제의 행재소. ㅇ少府 - 山海池澤의 조세를 징수하여 황실 비용과 공급을 담당, 질록 中二千石. 屬官으로 尙書, 符節, 太醫, 太官, 湯官, 導官, 樂府, 若盧, 考工室, 左弋(좌익), 居室, 甘泉居室, 左右司空, 東織, 西織, 東園匠令(능묘 내 기물이나 葬具를 만드는 부서) 등 16부서의 令과 丞을 두었다. 또 胞人, 都水, 均官의 長과 丞이 있었고, 上林苑의 10池에 監을 두었다. 그리고 中書謁者, 黃門, 鉤盾, 尙方, 御府, 永巷, 內者, 宦者의 8개 관서에 令과 丞이 있었다. 여러 僕射(복야)와 署長, 中黃門도 少府 소속이었다.

[國譯]

更始의 대장군 呂植(여식)은 군사를 거느리고 淇園(기원)에 주둔하고 있었는데, 잠팽이 설득하여 투항케 하자, 잠팽을 刺姦大將軍(척간대장군)에 임명하여 여러 군영을 감독케 하였고, 광무가 늘 지녔던 부절을 주어 河北 평정에 시종케 하였다.

光武帝는 卽位하여 잠팽을 廷尉에 임명했고 전처럼 歸德侯로 大將軍 직무를 대행케 하였다. 大司馬 吳漢, 大司空인 王梁, 建義大將軍 朱祐(주우), 右將軍인 萬脩(만수), 執金吾인 賈復(가복), 驍騎將軍 劉植(유식), 楊化將軍 堅鐔(견심), 積射將軍 侯進(후진), 偏將軍인 馮異(풍이), 祭遵(제준), 王霸(왕패) 등과 함께 洛陽城을 몇 달간 포위하였다. 朱鮪(주유) 등은 굳게 지키며 항복하지 않았다. 광무제는 잠팽이 주유의 교위로 근무했기에 주유에게 가서 설득케 하였다. 주유는 성

위에, 잠팽은 성 아래에서 서로 안부를 묻고 평소처럼 대화하였다. 그러면서 잠팽이 말했다.

"저는 옛날에 말채찍을 들고 公을 모시다가 천거를 받아 발탁되었기에 늘 보은하려 생각하였습니다. 지금 赤眉는 이미 長安을 차지하였고 更始는 三王에게 배반당했습니다만, 광무제는 천명을 받아 燕(연)과 趙(조)를 평정하고 幽州(유주)와 冀州(기주)를 차지하였으며 민심을 얻었고 현명한 준재들이 구름처럼 모였는데, 황제는 친히 대군을 인솔하여 낙양을 공격하고 있습니다. 지금 천하대세는 이미 판정이 났습니다. 공께서 성을 돌며 지킨들 앞으로 무얼 바랄 수 있겠습니까?"

이에 주유가 말했다.

"大司徒(劉伯升, 光武 長兄)가 화를 당할 때, 나도 거기에 가담했고 또 更始에게 蕭王(光武)을 보내 北伐해서는 안 된다고 말했기에 나의 큰 죄를 나는 알고 있소."

잠팽이 돌아와 이를 광무제에게 보고했다. 이에 광무제가 말했다.

"큰일을 꾸미는 자는 작은 원한을 꺼리지 않는다. 주유가 지금 투항한다면 관직과 작위를 받을 수 있거늘 하물며 죽거나 형벌을 받겠는가? 황하가 여기 흐르듯 나는 식언하지 않을 것이다."

잠팽이 다시 가서 주유에게 말하자 주유가 성 위에서 밧줄을 내려주며 말했다.

"틀림없이 믿을 수 있다면 이 밧줄을 타고 올라오시오."

참팽은 바로 줄을 잡고 올라오려 했다. 주유는 그 진심을 알고 즉시 투항을 약속했다. 그 5일 뒤, 주유는 경기병을 거느리고 잠팽을 찾았다. 주유는 여러 장수에게 일렀다.

"성을 굳게 지키며 나를 기다려라. 내가 만약 돌아오지 않으면 여러분은 대군을 거느리고 지름길로 轘轅山(환원산)을 지나 郾王(언왕, 尹尊)을 찾아가라."

그리고 목에 밧줄을 묶고 잠팽과 함께 河陽(하양)현으로 갔다. 광무제는 즉시 그 포박을 풀러주고 주유를 불러 만난 뒤, 다시 잠팽에게 주유를 호송하여 낙양성으로 돌아가게 하였다. 다음 날 아침 주유는 모든 군사를 거느리고 투항하였는데, 주유는 平狄將軍에 제수되었고, 扶溝侯(부구후)에 봉해졌다. 朱鮪(주유)는 淮陽(회양) 사람이었는데 뒷날 少府가 되었고 작위는 여러 대에 이어졌다.

原文

建武二年, 使彭擊荊州, 下犨,葉等十餘城. 是時, 南方尤亂. 南郡人秦豐據黎丘, 自稱楚黎王, 略十有二縣, 董訢起堵鄉, 許邯起杏, 又, 更始諸將各擁兵據南陽諸城. 帝遣吳漢伐之, 漢軍所過多侵暴. 時, 破虜將軍鄧奉謁歸新野, 怒吳漢掠其鄉里, 遂反, 擊破漢軍, 獲其輜重, 屯據淯陽, 與諸賊合從.

秋, 彭破杏, 降許邯, 遷征南大將軍. 復遣朱祐,賈復及建威大將軍耿弇, 漢忠將軍王常, 武威將軍郭守, 越騎將軍劉宏, 偏將軍劉嘉,耿植等, 與彭並力討鄧奉. 先擊堵鄉, 而奉將萬餘人救董訢. 訢,奉皆南陽精兵, 彭等攻之, 連月不克.

三年夏, 帝自將南征, 至葉, 董訢別將將數千人遮道, 車騎不可得前. 彭奔擊, 大破之. 帝至堵陽, 鄧奉夜逃歸淯陽, 董訢降. 彭復與耿弇,賈復及積弩將軍傅俊,騎都尉臧宮等從追鄧奉於小長安, 帝率諸將親戰, 大破之. 奉迫急, 乃降. 帝憐奉舊功臣, 且釁起吳漢, 欲全宥之. 彭與耿弇諫曰, "鄧奉背恩反逆, 暴師經年, 致賈復傷痍, 朱祐見獲. 陛下既至, 不知悔善, 而親在行陳, 兵敗乃降. 若不誅奉, 無以懲惡." 於是斬之. 奉者, 西華侯鄧晨之兄子也.

| **註釋** | ㅇ荊州 - 荊州刺史部 治所는 武陵郡 漢壽縣, 今 湖南省 常德市. 형주자사부 관할 지역은 湖南省, 湖北省, 貴州省, 四川省 등 長江 상, 중류 지역에 해당. ㅇ犨,葉等十餘城 - 犨(소가 헐떡거리는 소리 주)는 南陽郡의 현명. 今 河南省 중부 平頂山市 서남. 葉은 南陽郡의 縣名. 今 河南省 平頂山市 관할 葉縣. ㅇ南郡人秦豐 - 南郡 治所는 江陵縣, 今 湖北省 荊州市 江陵縣. 秦豐은 인명. ㅇ杏 - 南陽郡 復陽縣의 마을 이름. ㅇ吳漢 - 大司馬 역임. 公孫述 토벌 등 공이 많았다. 18권, 〈吳蓋陳臧列傳〉 立傳. ㅇ小長安 - 南陽郡 淯陽邑(육양읍, 育陽邑)의 마을 이름. 처음 봉기한 劉縯(유연, 光武 長兄)의 군사가 여기서 대패했고 光武의 작은형과 누나도 죽었다. ㅇ西華侯鄧晨(등신) - 처음에 光武의 누나인 元(원)과 결혼. 광무와 함께 거병, 小長安에서 패배한 뒤 가문의 피해가 막심했었다. 15권, 〈李王鄧來列傳〉 立傳.

[國譯]

建武 2년, 岑彭(잠팽)을 시켜 荊州(형주)를 공격케 하자 犨縣(주현), 葉縣(섭현) 등 10여 성을 차지했다. 이 무렵 남방은 매우 혼란하였다. 南郡 사람 秦豐(진풍)은 黎丘(여구)를 점거하고 楚黎王(초여왕)을 자칭하고 12개 현을 차지했으며, 董訢(동흔)은 堵鄕(도향)에서 봉기하였고, 許邯(허한)은 杏(행)이란 곳에서 봉기했으며, 경시의 여러 장수들도 각자 군사를 거느리고 남양군의 여러 성을 점거하고 있었다. 광무제는 吳漢(오한)을 보내 이 무리들을 토벌케 하였는데 오한의 군사가 지나는 곳에 약탈 행위가 너무 많았다. 그 무렵 破虜將軍 鄧奉(등봉)은 광무제를 알현하고 新野에 돌아왔는데 오한의 자신의 鄕里를 약탈한 것을 보고 반기를 들어 오한의 군사를 격파하고 그 輜重(치중)을 모두 차지하고 淯陽(육양)을 점거한 뒤에 여러 도적 무리들과 연합하였다.

가을에 잠팽이 杏縣(행현)을 점거하자 許邯(허한)은 투항하였고 잠팽은 征南大將軍으로 승진하였다. 조정에서는 다시 朱祐(주우)와 賈復(가복), 그리고 建威大將軍 耿弇(경엄), 漢忠將軍 王常(왕상), 武威將軍 郭守(곽수), 越騎將軍 劉宏(유굉), 偏將軍 劉嘉(유가)와 耿植(경식) 등을 보내 잠팽과 함께 鄧奉(등봉)을 토벌케 하였다. 잠팽이 먼저 堵鄕(도향)을 공격하자 등봉은 1만여 명을 거느리고 董訢동흔)을 구원하였는데 잠팽이 이들을 공격하였지만 2달이 되도록 이기지 못했다.

(建武) 3년 여름, 광무제가 직접 南征에 나서 葉縣(섭현)에 도착하였는데 동흔의 부장이 수천 군사를 거느리고 길을 막아 어가가 나아갈 수가 없었다. 이에 잠팽이 분전하여 적을 대파하였다. 광무제가 堵陽(도양)에 이르자, 등봉은 밤중에 淯陽(육양)으로 도주하였고 동흔은 투항하였다. 잠팽은 다시 경엄과 가복 및 積弩將軍 傅俊(부준), 騎都尉 臧宮(장궁) 등과 함께 등봉을 小長安(소장안)까지 추격하였고 광무제도 여러 장수를 거느리고 친히 전투에 나서서 등봉을 대파하

였다. 급박하게 쫓긴 등봉은 투항했다. 광무제는 등봉이 지난 날 공신이었던 점을 애석히 여겨 또 吳漢(오한)과 틈이 나서 반역했기에 전부 용서할 생각이었다. 그러나 잠팽과 경엄 등이 諫言하였다.

"등봉은 배은하고 반역하였으며 1년이 넘도록 우리와 싸우면서 賈復(가복)에게 상처를 입혔으며 朱祐(주우)는 그 포로가 되었습니다. 폐하께서 친림하신 뒤에도 뉘우치지 않았으며 폐하께서 군사를 지휘하시어 패전하자 투항하였습니다. 만약 등봉을 주살하지 않는다면 악행을 징벌할 수가 없습니다."

결국 등봉을 참수하였다. 등봉은 西華侯 鄧晨(등신)의 조카였다.

原文

車駕引還, 令彭率傅俊,臧宮,劉宏等三萬餘人南擊秦豐, 拔黃郵, 豐與其大將蔡宏拒彭等於鄧, 數月不得進.

帝怪以讓彭, 彭懼, 於是夜勒兵馬, 申令軍中, 使明旦西擊山都. 乃緩所獲虜, 令得逃亡, 歸以告豐, 豐卽悉其軍西邀彭. 彭乃潛兵度沔水, 擊其將張楊於阿頭山, 大破之. 從川谷間伐木開道, 直襲黎丘, 擊破諸屯兵. 豐聞大驚, 馳歸救之. 彭與諸將依東山爲營, 豐與蔡宏夜攻鼓, 彭豫爲之備, 出兵逆擊之, 豐敗走, 追斬蔡宏. 更封彭爲舞陰侯.

| **註釋** | ㅇ拔黃郵 – 黃郵(황우)는 南陽郡 新野縣의 聚落 名. ㅇ鄧 – 鄧縣, 今 河南省 南陽市 관할 鄧州市. 河南省과 湖北省의 접경. ㅇ山都 – 南

陽郡의 현명. 後漢에서는 侯國. 今 湖北省 북부 襄陽市 관할 穀城縣. ㅇ乃緩所獲虜 - 잡은 포로를 느긋하게 감시하다. ㅇ沔水(면수) - 漢江(長江의 지류)의 옛 이름. 沔은 물 흐를 면. 縣名. ㅇ黎丘 - 南陽郡의 현명. 今 湖北省 북부 襄陽市 관할 宜城市.

[國譯]

광무제는 군사를 이끌고 환궁하면서 잠팽을 시켜 傅俊(부준), 臧宮(장궁), 劉宏(유굉)과 함께 군사 3만여 명을 거느리고 남으로 秦豐(진풍)을 공격케 하였는데, 잠팽이 黃郵(황우)를 차지하였지만 진풍과 그 부장 蔡宏(채굉)이 잠팽을 鄧縣(등현)에서 저지하여 (잠팽은) 몇 달 동안 진격하지 못했다.

광무제는 예상 밖이라서 잠팽을 질책하자 잠팽은 두려워 밤에 병마를 점검하며 군사들에게 내일 새벽 서쪽으로 山都縣을 공격하겠다고 말했다. 그러면서 잡은 포로를 느슨하게 감독하여 포로를 도망치게 했고 도망친 포로가 돌아가 진풍에게 보고하자 진풍은 즉시 서쪽으로 군사를 거느리고 나가 잠팽을 요격하려고 하였다. 그러나 잠팽은 비밀리에 군사를 거느리고 沔水(면수, 漢水)를 건너가 진풍의 장수 張楊(장양)을 阿頭山(아두산)에서 대파하였다. 그리고 계곡을 따라 나무를 베어 길을 만들면서 바로 黎丘(여구)를 습격하여 여러 곳의 주둔 군사를 격파하였다. 진풍은 소식을 듣고 놀라 군사를 급히 돌려 구원하였다. 잠팽과 여러 장수들은 동쪽 산에 의지하여 군영을 설치하였으며 진풍과 蔡宏(채굉)은 밤에 북을 치며 공격했는데 잠팽은 미리 대비하고 있다가 맞아 역공을 가했다. 진풍은 패주하였고 채굉을 추격하여 죽여 버렸다. 잠팽은 다시 舞陰侯(무음후)에 봉해졌다.

原文

秦豐相趙京擧宜城降, 拜爲成漢將軍, 與彭共圍豐於黎丘. 時田戎擁衆夷陵, 聞秦豐被圍, 懼大兵方至, 欲降. 而妻兄辛臣諫戎曰, "今四方豪傑各據郡 國, 洛陽地如掌耳, 不如按甲以觀其變." 戎曰, "以秦王之强, 猶爲征南所圍, 豈況吾邪? 降計決矣."

四年春, 戎乃留辛臣守夷陵, 自將兵沿江溯沔止黎丘, 刻期日當降, 而辛臣於後盜戎珍寶, 從間道先降於彭, 而以書招戎. 戎疑必賣己, 遂不敢降, 而反與秦豐合. 彭出兵攻戎, 數月, 大破之, 其大將伍公詣彭降, 戎亡歸夷陵.

帝幸黎丘勞軍, 封彭吏士有功者百餘人. 彭攻秦豐三歲, 斬首九萬餘級, 豐餘兵裁千人, 又城中食且盡. 帝以豐轉弱, 令朱祐代彭守之, 使彭與傅俊南擊田戎, 大破之, 遂拔夷陵, 追至秭歸. 戎與數十騎亡入蜀, 盡獲其妻子士衆數萬人.

| 註釋 | ㅇ宜城(의성) – 현명. 今 湖北省 襄陽市 관할 宜城市. ㅇ田戎(전융) – 公孫述(공손술)의 장수. ㅇ夷陵(이릉) – 南郡의 현명. 今 湖北省 서부 宜昌市 夷陵區. ㅇ地如掌耳 – 그 땅이 손바닥만 하다. 다른 곳에 비해 매우 작다는 뜻. ㅇ戎疑必賣己 – 賣는 자신의 이득을 위해 친구를 배신하다. 팔아먹다. ㅇ追至秭歸 – 秭歸는 南郡의 현명. 今 湖北省 서부 長江 북안 宜昌市 秭歸縣(자귀현).

[國譯]

秦豐(진풍)의 相인 趙京(조경)이 宜城(의성)을 들어 투항하자, 成漢將軍에 임명되어 잠팽과 함께 진풍을 黎丘(여구)에서 포위하였다. 그때 田戎(전융)은 夷陵(이릉)에서 무리를 거느리고 있었는데 진풍이 漢軍에게 포위되었다는 말을 듣고 대군이 곧 들이닥칠 것을 두려워하며 투항하려고 했다. 그러나 전융의 妻兄인 辛臣(신신)이 전융에게 충고하며 말했다.

"지금 사방의 호걸들이 각 군국에 할거하고 있으며, 洛陽은 땅이 손바닥만 하니 군사를 거느리고 있으면서 변화를 보는 것이 좋을 것이요."

그러자 전융이 말했다.

"진풍 같은 큰 세력도 남쪽을 원정하는 漢軍에 포위되었거늘 하물며 나 같은 사람이야 어쩌겠습니까? 투항할 것입니다."

(건무) 4년 봄, 전융은 辛臣(신신)을 남겨 夷陵(이릉)을 수비케 하면서 자신은 군사를 거느리고 長江을 따라 내려갔다가 沔水(면수, 漢水)를 따라 올라가 黎丘(여구)에 도착하여 날짜를 정해 투항하려 했는데, 辛臣(신신)은 전융이 떠난 뒤에 전융의 재물을 훔쳐가지고 샛길로 먼저 잠팽을 찾아가 투항한 뒤에 서신을 보내 전융에게 투항을 권했다. 전융은 처형인 신신이 자신을 팔아먹으려는 뜻이라 생각하여 투항할 생각을 버리고 오히려 진풍에 합세하였다. 잠팽이 군사를 거느리고 전융을 공격하였으나 몇 달이 지나서야 전융을 대파하자, 전융의 부장인 伍公(오공)은 잠팽에게 투항했으나 전융은 다시 도망쳐 夷陵(이릉)으로 돌아갔다.

광무제가 黎丘(여구)에 행차하여 군사를 위로하고 잠팽의 부장과 병사 중 유공자 1백여 명을 표창하였다. 잠팽이 진풍을 3년이나 토벌하며 9만여 명을 참수하였기에 진풍의 군사는 겨우 1천여 명 남았고 성 안에는 군량도 바닥이 나려고 했다. 광무제는 진풍이 약세라 하여 朱祐(주우)로 하여금 잠팽을 대신하여 지키게 하고, 잠팽은 傅俊(부준)과 함께 남으로 전융을 공격케 하여 대파하였고, 마침내 夷陵(이릉)을 점거한 뒤 秭歸(자귀)까지 추격하였다. 전융은 기병 수십 명을 데리고 蜀(촉)으로 도망쳤고 전융의 처자 등 무리 수만 명을 사로잡았다.

原文

彭以將伐蜀漢, 而夾川穀少, 水險難漕運, 留威虜將軍馮駿軍江州, 都尉田鴻軍夷陵, 領軍李玄軍夷道, 自引兵還屯津鄕, 當荊州要會, 喩告諸蠻夷, 降者奏封其君長.

初, 彭與交阯牧鄧讓厚善, 與讓書陳國家威德, 又遣偏將軍屈充移檄江南, 班行詔命. 於是讓與江夏太守侯登,武陵太守王堂,長沙相韓福,桂陽太守張隆,零陵太守田翕,蒼梧太守杜穆,交阯太守錫光等, 相率遣使貢獻, 悉封爲列侯. 或遣子將兵助彭征伐. 於是江南之珍始流通焉.

| **註釋** | ㅇ蜀漢 – 본래 蜀郡太守였던 公孫述이 왕망에게 반기를 들고 光武보다 먼저 稱帝하였다. 공손술의 점령지 蜀을 지칭하는 말. ㅇ江州 – 巴郡의 治所. 縣名. 今 重慶市 渝中區(투중구)에 해당. ㅇ夷道 – 武陵郡의

현명. 今 湖北省 서남부 宜昌市 관할 宜都市(長江 남안). ㅇ津鄕 - 鄕名. 江津, 今 湖北省 江陵縣. 荊州와 楊州를 연결하는 요지. ㅇ交阯牧 - 交阯는 交州. 군명이며 자사부의 명칭. 교주자사. ㅇ陳國家威德 - 陳은 설명하다. 陳述. 國家는 황제를 지칭.

[國譯]

岑彭은 군사를 동원하여 (公孫述의) 蜀漢(촉한)을 점령하려 했는데 하천은 좁고 군량도 부족하며, 또 물길이 험하여 漕運(조운)도 어렵기에 威虜將軍 馮駿(풍준)을 남겨 江州에 주둔케 하고, 都尉 田鴻(전홍)은 夷陵(이릉)에, 領軍 李玄(이현)은 夷道(이도)에 주둔케 하였고, 자신은 군사를 이끌고 津鄕(이향)에 주둔하며 荊州(형주)의 요해지를 담당하였으며, 여러 만이들에게 알려 투항자를 상주하여 그 무리의 군장으로 임명하였다.

그전에, 잠팽은 交阯牧(교지목, 交州刺史) 鄧讓(등양)과 아주 친했는데, 등양에게 서신을 보내 황제의 위엄과 은덕을 설명하였고, 또 偏將軍 屈充(굴충)을 시켜 江南 각지에 격문을 보내고 詔命을 널리 알리고 시행케 하였다. 이에 鄧讓(등양)과 江夏郡 太守 侯登(후등), 武陵郡 太守 王堂(왕당), 長沙國 相인 韓福(한복), 桂陽郡 太守 張隆(장륭), 零陵郡 太守 田翕(전흡), 蒼梧郡 太守 杜穆(두목), 交阯郡 太守 錫光(석광) 등이 자진하여 사자를 보내 토산물을 바쳤으며 모두를 列侯에 봉했다. 혹자는 아들을 시켜 군사를 거느리고 잠팽을 도와 정벌에 참여했다. 이에 江南의 진기한 물자들이 비로소 유통되었다.

原文

六年冬, 徵彭詣京師, 數召宴見, 厚加賞賜. 復南還津鄕, 有詔過家上冢, 大長秋以朔望問太夫人起居.

八年, 彭引兵從車駕破天水, 與吳漢圍隗囂於西城. 時, 公孫述將李育將兵救囂, 守上邽, 帝留蓋延,耿弇圍之, 而車駕東歸. 敕彭書曰,「兩城若下, 便可將兵南擊蜀虜. 人若不知足, 旣平隴, 復望蜀. 每一發兵, 頭髮爲白.」

彭遂壅谷水灌西城, 城未沒丈餘, 囂將行巡,周宗將蜀救兵到, 囂得出還冀. 漢軍食盡, 燒輜重, 引兵下隴, 延,弇亦相隨而退. 囂出兵尾擊諸營, 彭殿爲後拒, 故諸將能全師東歸. 彭還津鄕.

九年, 公孫述遣其將任滿,田戎,程汎, 將數萬人乘枋箄下江關, 擊破馮駿及田鴻,李玄等. 遂拔夷道,夷陵, 據荊門,虎牙. 橫江水起浮橋,鬪樓, 立欑柱絶水道, 結營山上, 以拒漢兵. 彭數攻之, 不利, 於是裝直進樓船,冒突露橈數千艘.

| 註釋 | ㅇ(建武) 六年冬 – 서기 30년. ㅇ大長秋以朔望問太夫人 – 大長秋는 태후나 황후를 시중드는 환관. 질록 二千石. 朔望(삭망)은 초하루와 보름. 太夫人은 제후의 모친. ㅇ西城 – 天水郡 西縣의 城, 漢中郡의 西城縣과는 별개. ㅇ旣平隴, 復望蜀 – 得隴望蜀 – 甘肅省의 隴 땅을 차지하면 公孫述의 蜀을 차지하고 싶다. 得一望二, 得寸進尺. ㅇ殿爲後拒 – 殿은 후퇴할 때 맨 뒤에서 방어하다. 공격 때 맨 앞에 서는 것은 啓라 한다(凡軍在前曰啓, 在後曰殿). ㅇ乘枋箄下江關 – 枋는 뗏목 방. 箄는 대나무로 만든

뗏목 패. 작은 대 바구니 비. 江關은 一名 楚關, 舊塘關, 今 重慶市 동부 奉節縣 소재. ㅇ夷陵(이릉) - 南郡의 현명. 今 湖北省 서부 宜昌市 夷陵區. ㅇ夷道 - 南郡의 현명. 道는 縣과 동급, 한인과 이민족이 혼거하는 행정단위. ㅇ荊門 - 山名. 長江 남안의 荊門山과 강북의 虎牙山은 옛 楚의 西塞에 해당. 今 湖北省 서남부 宜昌市에 해당. ㅇ立欑柱絶水道 - 欑柱(欑은 모을 찬. 강물에 나무 기둥을 많이 박아놓다)를 세워 水路를 막다. ㅇ冒突露橈數千艘 - 수천 척의 전함의 작은 노로 충돌시키다. 冒突은 충돌하다. 충돌시키다. 露는 노출시키다. 橈는 작은 노 요〔小楫(소즙)〕. 艘는 배(船) 소. 배의 총칭.

[國譯]

(建武) 6년 겨울, 광무제는 잠팽을 낙양으로 불러서 여러 번 사적으로 만났고 후한 상을 내렸다. (잠팽은) 다시 남쪽 津鄕(진향)으로 돌아왔는데 조서로 고향 집에 들려 성묘를 하게 했고, 大長秋로 하여금 초하루와 보름에 太夫人(잠팽의 모친)에게 문안을 드리라고 시켰다.

(建武) 8년, 잠팽은 광무제를 따라 天水郡을 격파하였고, 吳漢(오한)과 함께 隗囂(외효)를 西城(西縣)에서 포위하였다. 그때, 공손술은 장수 李育(이육)을 보내 외효를 구원케 하며 上邽(상규)를 지키자 광무제는 蓋延(개연)과 耿弇(경엄)을 시켜 이육을 포위케 하고, 광무제는 낙양으로 돌아갔다. 광무제는 잠팽에게 敕書(칙서)를 내려 말했다.

「만약 두 城을(西城과 上邽) 함락시키면, 바로 남쪽 蜀의 도적을(公孫述) 공격하라. 만족을 모르는 사람이라 하겠지만 隴(농)을 평정한다면 다시 蜀을 차지하고 싶다. 군사를 낼 때마다 머리가 하얗게

센다.」

잠팽은 계곡의 물을 막아 西城을 水攻하여 성에 한 길 정도 남겨 놓고 물에 잠겼지만, 行巡(행순)과 周宗(주종)이 蜀의 구원병을 거느리고 도착하자 외효는 포위를 뚫고 탈출하여 冀縣(기현)으로 돌아갔다. 漢軍도 군량이 떨어지자 중장비를 불태우고 隴縣으로 철수하였고 개연과 경엄 역시 뒤따라 철수하였다. 외효가 군사를 내어 (漢軍의) 후미 여러 부대를 공격하였는데 잠팽은 맨 뒤에서 후미를 방어하여 모든 군사가 무사히 동쪽으로 귀환하였다. 잠팽은 津鄉(진향)의 본영으로 돌아갔다.

(建武) 9년, 공손술은 그의 장수 任滿(임만), 田戎(전융), 程汎(정범)을 시켜 수만 군사를 거느리고 뗏목으로 江關(강관)까지 가서 (漢軍의) 馮駿(풍준), 田鴻(전홍), 李玄(이현) 등을 격파케 하였다. 그리고 夷道(이도)와 夷陵(이릉)을 점거하고, 荊門山(형문산)과 虎牙山(호아산)에 주둔하였다. (공손술의 군사는) 長江을 건너는 浮橋(부교)와 전투를 위한 (배의) 누각을 만들었고, 강에 말뚝을 박아 물길을 막았으며, 산 위에 보루를 만들어 漢兵을 막았다. 잠팽은 여러 번 공손술의 군사를 공격하였지만 이길 수가 없자 결국 수천 척 배의 노(橈, 小楫)로 누각을 세운 배에 직진하여 충돌하게 하였다.

原文

十一年春, 彭與吳漢及誅虜將軍劉隆,輔威將軍臧宮,驍騎將軍劉歆, 發南陽,武陵,南郡兵, 又發桂陽,零陵,長沙委輸棹卒, 凡六萬餘人, 騎五千匹, 皆會荊門. 吳漢以三郡棹卒多費糧穀, 欲罷之. 彭以蜀兵盛, 不可遣, 上書言狀. 帝報彭曰, "大司馬習用步騎, 不曉水戰, 荊門之事, 一由征南公爲重而已." 彭乃令軍中募攻浮橋, 先登者上賞.

於是偏將軍魯奇應募而前. 時天風狂急, 奇船逆流而上, 直沖浮橋, 而欑柱鉤不得去, 奇等乘勢殊死戰, 因飛炬焚之, 風怒火盛, 橋樓崩燒. 彭復悉軍順風並進, 所向無前. 蜀兵大亂, 溺死者數千人. 斬任滿, 生獲程汎, 而田戎亡保江州.

彭上劉隆爲南郡太守, 自率臧宮,劉歆長驅入江關, 令軍中無得虜掠. 所以, 百姓皆奉牛酒迎勞. 彭見諸耆老, 爲言大漢哀愍巴蜀久見虜役, 故興師遠伐, 以討有罪, 爲人除害. 讓不受其牛酒. 百姓皆大喜悅, 爭開門降. 詔彭守益州牧, 所下郡, 輒行太守事.

| 註釋 | ○(建武) 十一年 – 서기 35년. ○桂陽,零陵,長沙 – 모두 荊州刺史部의 군명. ○委輸棹卒 – 委輸(위수)는 운반하다. 수송 인력. 棹卒(도졸)은 노 젓는 군졸. 棹는 노 도. ○不曉水戰 – 曉는 잘 알다. 깨닫다. 새벽 효. ○殊死戰 – 殊死는 목을 베어 죽임. 머리와 몸뚱이가 분리되는 처형은 교수형보다 더 나쁜 처형이었다. 여기서는 죽기를 각오한 싸움. ○所向無前 – 가는 곳 앞에 아무것도 없다. 거칠 것이 없이 나아가다. ○久見虜役 – 오랫동안 도적(공손술)에게 혹사당하다. 見은 당하다. 피동의 뜻.

[國譯]

(建武) 11년 봄, 岑彭(잠팽)과 吳漢(오한), 그리고 誅虜將軍(주로장

군) 劉隆(유릉), 輔威將軍 臧宮(장궁), 驍騎將軍(효기장군) 劉歆(유흠)은 南陽郡, 武陵郡, 南郡의 군사를 징발하였고, 또 桂陽郡, 零陵郡(영릉군), 長沙郡에서 수송하는 군사와 노 젓는 군사 총 6만여 명을 모두 荊門(형문)에 모이게 하였다. 오한은 3개 군의 노 젓는 병졸은 군량만을 소비한다며 해산시키려 하였다. 그러나 잠팽은 촉의 군사가 강성하기에 돌려보낼 수 없다면서 상황을 상서하자 광무제가 답변을 보냈다. "大司馬(吳漢)는 보병과 기병의 전투에 익숙하여 水戰을 잘 알지 못하니 荊門(형문)에서는 征南公(岑彭)이 주관토록 하라."

잠팽은 적의 浮橋(부교)를 공격할 장수를 모집하며, 先登하는 자에게 최고 시상을 약속하였다.

이에 偏將軍 魯奇(노기)가 응모하여 앞으로 나왔다. 그때 하늘에 광풍이 강하게 불어오자 노기가 거느린 군사의 배는 강을 역류하여 그대로 浮橋(부교)에 부딪쳤고 강에 박아 놓은 말뚝 고리에 걸려 나아가질 못하게 되자 노기 등은 바람을 타고 죽기를 작정한 듯 싸우면서 횃불을 던져 부교를 태웠는데 강한 바람에 불길이 거세어 부교와 누각은 무너지고 불타버렸다. 잠팽은 모든 군사를 동원하여 바람을 타고 전진하니 앞에 거칠 것이 없었다. 蜀의 군사는 큰 혼란에 빠져 익사자가 수천 명이나 되었다. (잠팽은) 任滿(임만)을 참수하고 程汎(정범)을 생포하였는데, 田戎(전융)은 도주하여 江州에 머물렀다.

잠팽은 상주하여 劉隆(유릉)을 南郡太守에 임명하였고, 직접 臧宮(장궁)과 劉歆(유흠) 등을 거느리고 군사를 진격시켜 江關(강관)에 들어갔는데 軍中에 노략질을 하지 못하도록 명령하였다. 때문에 백성들은 모두 소고기나 술을 들고 나와 군사를 환영하며 위로하였다.

잠팽은 많은 노인들을 만나 漢에서는 巴郡과 蜀郡이 오랫동안 공손술에게 시달린 것을 불쌍히 여겨 이번에 군사를 동원해 원정한 것이며 백성을 위해 죄인을 징벌하여 제거하겠다고 말했다. 그러면서 소고기나 술을 사양하며 받지 않았다. 백성은 모두 크게 기뻐하면서 다투어 문을 열고 투항하였다. (광무제는) 조서로 잠팽을 益州牧(益州刺史) 대행으로 임명하고 소속 郡의 태수 직무를 대행케 하였다.

原文

彭到江州, 以田戎食多, 難卒拔, 留馮駿守之, 自引兵乘利直指墊江, 攻破平曲, 收其米數十萬石. 公孫述使其將延岑, 呂鮪, 王元及其弟恢悉兵拒廣漢及資中, 又遣將侯丹率二萬餘人拒黃石. 彭乃多張疑兵, 使護軍楊翕與臧宮拒延岑等, 自分兵浮江下還江州, 溯都江而上, 襲擊侯丹, 大破之. 因晨夜倍道兼行二千餘里, 徑拔武陽. 使精騎馳廣都, 去成都數十里, 勢若風雨, 所至皆奔散. 初, 述聞漢兵在平曲, 故遣大兵逆之. 及彭至武陽, 繞出延岑軍後, 蜀地震駭. 述大驚, 以杖擊地曰, "是何神也!"

| 註釋 | ○難卒拔 - 갑자기 점령하기는 어렵다. ○墊江 - 巴郡의 현명. 墊은 빠질 점. ○攻破平曲 - 平曲은 지명. 위치 미상. ○廣漢及資中 - 廣漢은 군명. 廣漢은 益州刺史部 관할 군명이고, 治所는 廣漢市(成都市 북쪽). 資中은 犍爲郡(치소는 武陽縣. 今 四川省 중앙부 眉山市 彭山區, 成都市의 남쪽)의 현명. ○黃石 - 黃石은 地名. 黃石灘(황석탄). 今 重慶市 涪陵區(부릉구)에 해당. 成都의 북쪽(廣漢), 남쪽(資中), 동쪽(黃石)에 방어진을

구축한 셈이다. ○溯都江而上 – 都江을 거슬러 올라가다. 都江은 成都江. ○倍道兼行 – 倍道는 보통의 2배 속도로 행군하다. 兼行은 밤낮을 쉬지 않고 걷다. ○徑拔武陽 – 徑은 지름길 경. 武陽은 犍爲郡의 治所. ○廣都 – 蜀郡의 현명. 今 四川省 成都市 남쪽. ○去成都 – 蜀郡의 치소인 成都가 공손술의 도읍이었다.

[國譯]

岑彭(잠팽)이 江州(강주)에 도착했지만 田戎(전융)의 군량이 많아 갑자기 점령할 수 없기에 馮駿(풍준)을 남겨 전융을 막게 하고 자신은 승세를 몰아 곧바로 墊江(점강)으로 와서 平曲(평곡)을 격파하고 그곳의 쌀 수십만 석을 차지했다. 公孫述은 그 부장인 延岑(연잠), 呂鮪(여유), 王元(왕원)과 그 동생인 公孫恢(공손회)를 시켜 廣漢(광한)과 資中(자중)을 방어케 하면서 또 장수 侯丹(후단)을 보내 군사 2만을 거느리고 黃石(황석)을 지키게 했다.

잠팽은 疑兵(의병)을 곳곳에 두고 護軍인 楊翕(양흡)과 臧宮(장궁)을 시켜 연잠 등을 막게 하고 자신은 직접 군사를 나눠 江州로 갔다가 (長江을 올라간 뒤) 다시 成都江을 거슬러 올라가 侯丹(후단)을 급습하여 대파하였다. 그리고 주야로 속도를 2배로 늘려 쉬지 않고 2천여 리를 행군하여 곧장 武陽(무양)을 점령했다. 잠팽은 그의 정예 기병으로 성도에서 수십 리 떨어진 廣都를 공격케 하였는데 마치 비바람이 치는 듯한 위세라서 가는 곳마다 모두 도망쳐 흩어졌다. 그 전에 공손술은 漢軍이 平曲에 있는 줄 알고 대군을 동원하여 대비케 했었다. 잠팽이 武陽에서 연잠 군영의 후방에 나타났다고 하자 蜀郡의 땅이 놀라 흔들렸다. 공손술은 크게 놀라 지팡이로 땅을 치며 말했다. "이것이 무슨 귀신인가!"

原文

彭所營地名彭亡, 聞而惡之, 欲徙, 會日暮, 蜀刺客詐爲亡奴降, 夜刺殺彭.

彭首破荊門, 長驅武陽, 持軍整齊, 秋豪無犯. 邛穀王任貴聞彭威信, 數千里遣使迎降. 會彭已薨, 帝盡以任貴所獻賜彭妻子, 謚曰壯侯. 蜀人憐之, 爲立廟武陽, 歲時祠焉.

| **註釋** | ㅇ彭亡(팽망) - 팽씨가 망한다는 뜻. 漢 高祖는 趙를 지나다가 숙박하려 했는데 마음이 떨려 물었다. "현의 이름이 무엇인가?" "柏人(백인)현입니다." "柏人이란 사람을 압박(迫人)한다는 뜻이다." 그러면서 고조는 유숙하지 않았다. ㅇ夜刺殺彭 - 공손술이 죽은 것은 建武 12년 11월이니 공손술이 망하는 것을 보지 못했다. ㅇ秋豪無犯 - 秋豪는 秋毫(추호). ㅇ邛穀王任貴 - 임귀는 본래 越嶲郡(월수군) 사람이었는데 태수를 죽이고 왕을 자칭했다. 뒷날 월수태수를 자처하며 군내 호구수를 보고했다는 기록이 〈光武紀〉에 있다. 越嶲郡(월수군) 治所는 邛都縣(공도현), 今 四川省 남부의 西昌市.

[國譯]

잠팽이 야영한 지명이 彭亡(팽망)이라는 말을 듣고 기분 나빠하며 옮기려 하였으나 마침 날이 어두웠는데 (그 밤에) 蜀에서 보낸 자객이 도망친 노비라며 거짓 투항했다가 잠팽을 살해했다.

잠팽이 荊門(형문)을 처음 격파한 이후 군사를 거느리고 武陽(무양)에 이르는 동안 군사를 엄히 단속하여 추호도 백성을 약탈하지 않았다. 邛穀王(공곡왕) 任貴(임귀)는 잠팽의 위엄과 신의를 전해 듣고 수천 리 밖에서 사자를 보내 투항하였다. 그러나 잠팽이 이미 죽었기에 광무제는 임귀가 헌상한 물건을 잠팽의 처자에게 하사하였고, 시호는 壯侯(장후)였다. 蜀의 백성들은 잠팽을 흠모하여 武陽에 사당을 세우고 절기에 맞춰 제사를 지냈다.

原文

子遵嗣, 徙封細陽侯. 十三年, 帝思彭功, 復封遵弟淮爲穀陽侯. 遵永平中爲屯騎校尉. 遵卒, 子伉嗣. 伉卒, 子杞嗣, 元初三年, 坐事失國. 建光元年, 安帝復封杞細陽侯, 順帝時爲光祿勳.

杞卒, 子熙嗣, 尙安帝妹涅陽長公主. 少爲侍中,虎賁中郎將, 朝廷多稱其能. 遷魏郡太守, 招聘隱逸, 與參政事, 無爲而化. 視事二年, 輿人歌之曰,

「我有枳棘, 岑君伐之. 我有蟊賊, 岑君遏之. 狗吠不驚, 足下生氂. 含哺鼓腹, 焉知凶災? 我喜我生, 獨丁斯時. 美矣岑君, 於戲休茲!」

熙卒, 子福嗣, 爲黃門侍郞.

| **註釋** | ㅇ徙封細陽侯 – 細陽은 汝南郡의 현명. ㅇ(建武) 十三年 – 서

기 37년. ㅇ元初三年 – 安帝, 서기 116년. ㅇ建光元年 – 안제, 서기 121년. ㅇ輿人歌之 – 輿人은 많은 사람. 衆人. ㅇ我有枳棘 – 枳棘(지극)은 가시가 있는 나무. 枳는 탱자 지. 아주 크고 강한 가시가 있다. 대추나무(棘)도 가시가 있다. 여기서는 도적 무리. ㅇ我有蟊賊 – 蟊는 해충 모. 곡식을 해치는 벌레. 賊, 遏은 막을 알. 姦吏를 없앴다는 뜻. ㅇ狗吠不驚, 足下生氂 – 狗吠不驚는 개가 짖어 놀라게 하지 않는다. 마음이 편안하다는 뜻. 氂는 꼬리 이. 소꼬리의 긴 털. ㅇ含哺鼓腹, 焉知凶災 – 含哺鼓腹은 배불리 먹고 배를 두드리다. 哺는 먹을 포. 鼓는 두드릴 고. ㅇ獨丁斯時 – 丁은 當하다. 이런 때를 만나다. 태평성대에 살다. ㅇ於戲休兹 – 於戲(어희, 오희)는 감탄사. 休는 아름다울 휴. 크다. 좋다. 기쁨.

[國譯]

아들 岑遵(잠준)이 뒤를 이었는데 細陽侯(세양후)에 옮겨 봉해졌다. (建武) 13년, 광무제는 잠팽의 공을 생각하여 다시 잠준의 동생인 岑淮(잠회)를 穀陽侯(곡양후)에 봉했다. 잠준은 (明帝) 永平 연간에 屯騎校尉가 되었다. 잠준이 죽자 아들 岑伉(잠항)이 후사가 되었다. 잠항이 죽자 아들 岑杞(잠기)가 뒤를 이었다. (安帝) 元初 3년에 죄를 지어 나라를 없앴다. (안제) 建光 원년, 安帝는 다시 잠기를 細陽侯에 봉했고, 順帝 때 光祿勳이 되었다.

잠기가 죽자 아들 岑熙(잠희)가 뒤를 이었고, 安帝의 여동생 涅陽長公主(열양장공주)와 결혼하였다. 젊어서 侍中과 虎賁中郎將이 되었는데 조정에서 유능하다는 칭찬이 많았다. 魏郡太守로 승진하여서는 隱逸(은일)을 초빙하여 정사에 참여시키자 無爲하여도 교화가 이루어졌다. 재직 2년에 衆人(중인)이 태수를 칭송하는 노래를 불렀다.

「나의 가시나무를 岑君(岑太守)가 베어주었네. 나의 곡식 해충을

잠 태수가 막아주었네. 개가 짖어도 놀라지 않다 보니 발아래에 긴 털이 났네. 배불리 먹고 배를 두드리니 재해를 어찌 알겠는가! 내가 좋아 내가 살아가니 홀로 태평세월 만났네. 아름답도다! 잠 태수님, 아아! 즐겁도다!」

잠희가 죽자 아들 岑福(잠복)이 뒤를 이었는데 黃門侍郎이 되었다.

❸ 賈復

原文

賈復字君文, 南陽冠軍人也. 少好學, 習《尙書》. 事舞陰李生, 李生奇之, 謂門人曰, "賈君之容貌志氣如此, 而勤於學, 將相之器也." 王莽末, 爲縣掾, 迎鹽河東, 會遇盜賊, 等比十餘人皆放散其鹽, 復獨完以還縣, 縣中稱其信.

| 註釋 | ㅇ賈復(가복, 9-55년) - 執金吾, 左將軍 역임. 雲臺 28將의 한 사람. ㅇ南陽冠軍 - 南陽郡 冠軍邑(縣), 今 河南省 南陽市 서남 鄧州市의 서북 張村鎭, 冠軍村 일대. 漢 武帝 때 霍去病(곽거병)이 흉노 원정에서 그의 전과가 '功冠諸軍' 이라는 뜻으로 이곳을 봉읍으로 받아서 생긴 이름. ㅇ舞陰李生 - 舞陰은 南陽郡의 縣名. 邑名. ㅇ迎鹽河東 - 河東郡에서 소금을 운반하다.

[國譯]

賈復(가복)의 字는 君文으로 南陽郡 冠軍邑 사람이다. 젊어 好學하여《尙書》를 배웠다. 舞陰縣(무음현)의 李生에게 배웠는데 李生은 가복을 기특하게 여기며 제자들에게 "賈君의 용모와 志氣가 이처럼 훌륭한데다가 勤學하니 將相의 그릇이다."라고 말했다.

왕망 말기에 縣의 관리로 河東에서 소금을 운반하다가 길에서 도적을 만나자 다른 일행은 소금을 버리고 도망쳤지만 가복만은 자기 소금을 가지고 돌아와서 현 사람들이 그 신의를 칭송하였다.

原文

時, 下江,新市兵起, 復亦聚衆數百人於羽山, 自號將軍. 更始立, 乃將其衆歸漢中王劉嘉, 以爲校尉. 復見更始政亂, 諸將放縱, 乃說嘉曰, "臣聞圖堯,舜之事而不能至者, 湯,武是也, 圖湯,武之事而不能至者, 桓,文是也, 圖桓,文之事而不能至者, 六國是也, 定六國之規, 欲安守之而不能至者, 亡六國是也. 今漢室中興, 大王以親戚爲藩輔, 天下未定而安守所保, 所保得無不可保乎?" 嘉曰, "卿言大, 非吾任也. 大司馬劉公在河北, 必能相施, 第持我書往."

復遂辭嘉, 受書北度河, 及光武於柏人, 因鄧禹得召見. 光武奇之, 禹亦稱有將帥節, 於是署復破虜將軍督盜賊. 復馬羸, 光武解左驂以賜之. 官屬以復後來而好陵折等輩, 調補鄗尉, 光武曰, "賈督有折衝千里之威, 方任以職, 勿得擅除."

| 註釋 | ㅇ下江,新市兵起 – 下江兵은 왕망 말기 봉기한 농민 집단의 이름. 長江의 하류지역. 그 무리 중 王常과 成丹(성단)은 서쪽으로 南郡 지역에 들어가 下江兵이라 칭했다. 王匡(왕광)과 王鳳, 그리고 馬武 및 그 갈래인 朱鮪(주유)와 張卬(장앙) 등은 북쪽으로 南陽郡에 들어가 新市兵이라 하였는데 모두 將軍이라 자칭하였다. 新市는 江夏郡의 지명. 今 湖北省 荊門市 관할 京山縣에 해당. ㅇ漢中王劉嘉 – 漢의 宗室. 경시제가 봉했다. ㅇ堯,舜之事 – 堯는 舜에게, 舜은 禹에게 선양하였다. ㅇ湯,武是也 – 殷湯王과 周 武王은 세습제를 확립했다. ㅇ桓,文是也 – 齊 桓公과 晋 文公. 모두 춘추시대의 覇者. ㅇ六國 – 韓, 趙, 魏, 燕, 齊, 楚. 中華를 분할, 웅거했지만 桓公 文公 같은 통합도 이루지 못했다는 뜻. ㅇ必能相施 – 施는 등용하다. ㅇ第持我書往 – 第는 다만. ㅇ柏人 – 趙國의 縣名. 柏은 측백나무 백. 柏은 近也, 迫也(假借). 今 河北省 邢台市 內丘縣.

[國譯]

당시에, 下江兵과 新市兵이 봉기하였는데 賈復(가복)도 羽山(우산)이란 곳에서 무리 수백 명을 모아 將軍이라 자칭했다. 경시제가 즉위하자 가복은 무리를 데리고 漢中王 劉嘉(유가)에게 귀부하여 校尉가 되었다. 가복은 경시제의 정치가 혼란하고 모든 장군이 방종하는 것을 보고 유가를 설득하였다.

"臣이 알기로, 堯와 舜의 업적을 따르려 했으나 이르지 못한 자가 湯王과 武王이며, 湯王과 武王의 치적을 시도하여 이루지 못한 자가 桓公(환공)과 文公이고, 桓公과 文公의 자취를 따르려 했으나 성공하지 못한 자들이 六國이지만, 六國의 틀과 제도를 따르려 했으나 실현하지 못한 자가 결국 6국을 멸망케 한 사람입니다. 지금 漢室을 中興한다며, 大王은 친척으로 漢室 제후가 되어 평정되지도 않은 천하를 안정되게 지켜려 하나, 가진 것도 없는데 지킬 것이 무엇이겠습니까?"

그러자 유가가 말했다. "卿의 말은 너무 커서 내가 감당할 수 없다. 大司馬 劉公(劉秀, 光武)이 河北에 있는데 경을 필히 등용할 것이니 다만 내 서신이나 가지고 가보라."

가복은 유가와 헤어져 서신을 가지고 북으로 황하를 건너 (趙의) 柏人縣(백인현)에서 鄧禹(등우)를 통해서 광무를 알현하였다. 光武는 가복을 기특히 여겼고 등우 역시 가복의 장수 지조를 칭송하여 가복은 破虜將軍에 소속되어 도적을 감독하였다. 가복의 말이 여윈 것을 보고 광무는 자신의 왼쪽 곁말(左驂)을 풀어 가복에게 주었다. 광무의 다른 관속들은 가복이 늦게 온 사람인데도 선임자를 무시한다며 가복을 鄗縣(호현)의 縣尉로 보내려 주청하자 光武가 말했다.

"賈復은 적을 천리 밖으로 내칠 위엄이 있고, 방금 직책을 맡겼으니 함부로 바꾸지 말라."

原文

光武至信都, 以復爲偏將軍. 及拔邯鄲, 遷都護將軍. 從擊青犢於射犬, 大戰至日中, 賊陳堅不卻. 光武傳召復曰, "吏士皆饑, 可且朝飯." 復曰, "先破之, 然後食耳!" 於是被羽先登, 所向皆靡, 賊乃敗走. 諸將咸服其勇. 又北與五校戰於眞定, 大破之. 復傷創甚. 光武大驚曰, "我所以不令賈復別將者, 爲其輕敵也. 果然, 失吾名將. 聞其婦有孕, 生女邪, 我子娶之, 生男邪, 我女嫁之, 不令其憂妻子也." 復病尋愈, 追及光武於薊, 相見甚歡, 大饗士卒, 令復居前, 擊鄴賊, 破之.

| **註釋** | ㅇ信都 – 信都郡(信都國, 廣川國). 治所는 信都縣, 今 河北省 衡水市 관할 冀州市. 관할 지역은 今 河北省 남부와 山東省 일부. ㅇ從擊青犢於射犬 – 青犢(청독)은 모두 도적의 무리의 이름. 射犬(사견)은 河內郡 野王縣(今 河南省 焦作市 관할 沁陽市, 縣級)의 射犬聚, 마을 이름. ㅇ被羽先登 – 被羽는 새 깃털을 꼽은 장수의 깃발을 등에 지고 先登하다. 被는 負也. 先登은 적군에게 먼저 달려가다. ㅇ五校戰於眞定 – 五校는 도적 무리의 이름. 眞定은 國名, 縣名. 今 河北省 石家莊市 관할 正定縣. ㅇ生女邪 – 딸을 낳으면. 邪는 어조사, 耶와 동. 의문이나 부정의 뜻을 표시. ㅇ復病尋愈 – 尋은 곧, 얼마 안 있어. 보통. 찾을 심. ㅇ擊鄴賊 – 鄴縣(업현)은 魏郡의 치소, 今 河北省 남단 邯鄲市 관할 臨漳縣.

[國譯]

光武는 信都縣에서 賈復(가복)을 偏將軍에 임용했다. 邯鄲(한단)을 차지하자 가복은 都護將軍으로 승진했다. 광무를 따라 青犢(청독)을 射犬(사견)에서 토벌할 때 큰 전투가 한낮까지 이어졌지만 적진이 견고하여 이기질 못했다. 광무가 사람을 보내 가복을 불러 말했다.

"사졸이 모두 굶주렸으니 잠깐 조반을 먹게 하라." 그러자 가복은 "먼저 적진을 격파한 다음에 먹이겠습니다!" 그리고서는 장수 깃발을 꽂은 채 적진에 선등하니 가는 곳마다 적병이 쓰러졌고 도적 무리는 곧 패주하였다. 여러 장수는 모두 그 용기에 감탄하였다. 또 북쪽으로 五校(오교)의 무리와 眞定縣에서 싸워 대파하였다. 그러나 가복은 심한 상처를 입었다. 이에 광무를 보고 크게 놀라며 말했다.

"내가 가복을 別將으로 삼은 것은 적을 경시하기 때문이었다. 과연 그러하니 내 명장을 잃을 뻔했도다. 가복의 부인이 임신했다고 들었는데 딸을 낳으면 내 아들과 결혼시킬 것이고, 아들을 낳으면 내 딸을 시집보낼 것이니 그의 아내가 걱정하지 않게 하라."

가복의 상처는 곧 나았고, 薊縣(계현)으로 광무를 찾아가니 광무는 크게 기뻐하며 사졸을 배불리 먹이고 가복을 늘 선봉에 서게 했는데, (가복은) 鄴縣의 도적떼를 공격하여 격파했다.

原文

光武卽位, 拜爲執金吾, 封冠軍侯. 先度河攻朱鮪於洛陽, 與白虎公陳僑戰, 連破降之. 建武二年, 益封穰,朝陽二縣.

更始郾王尹尊及諸大將在南方未降者尙多, 帝召諸將議兵事, 未有言, 沈吟久之, 乃以檄叩地曰, "郾最强, 宛爲次, 誰當擊之?"

復率然對曰, "臣請擊郾." 帝笑曰, "執金吾擊郾, 吾復何憂! 大司馬當擊宛." 遂遣復與騎都尉陰識,驍騎將軍劉植南度五社津擊郾, 連破之. 月餘, 尹尊降, 盡定其地. 引東擊更始淮陽太守暴氾, 氾降, 屬縣悉定. 其秋, 南擊召陵,新息, 平定之. 明年春, 遷左將軍, 別擊赤眉於新城,澠池間, 連破之. 與帝會宜陽, 降赤眉.

復從征伐, 未嘗喪敗, 數與諸將潰圍解急, 身被十二創. 帝以復敢深入, 希令遠征, 而壯其勇節, 常自從之, 故復少方面之勳. 諸將每論功自伐, 復未嘗有言. 帝輒曰, "賈君之功, 我自知之."

| 註釋 | ㅇ冠軍侯 – 冠軍은 賈復의 출신지이다. 南陽郡 冠軍邑(縣), 今 河南省 南陽市 서남 鄧州市의 서북 張村鎭, 冠軍村 일대. 漢 武帝 때 霍去病(곽거병)이 흉노 원정에서 그의 전과가 '功冠諸軍' 이라는 뜻으로 이곳을 봉읍으로 받아서 생긴 이름. ㅇ益封穰,朝陽二縣 – 穰은 南陽郡의 縣名. 今 河南省 직할의 鄧州市. 朝陽도 南陽郡의 현명. ㅇ郾最强 – 郾王, 郾(언)은 潁川郡의 縣名. ㅇ五社津 – 河南郡 鞏縣(공현, 今 河南省 直轄 鞏義市) 북쪽의 나루터 이름. 一名 土社津. ㅇ召陵,新息 – 召(邵)陵(소릉), 汝南郡의 현명. 今 河南省 중부 漯河市(탑하시) 郾城區(언성구). 新息은 汝南郡의 국명. ㅇ方面之勳 – 한 지역의 적을 소탕한 공적.

[國譯]

光武帝가 즉위하자, 가복은 執金吾(집금오)가 되었고 冠軍侯(관군후)에 봉해졌다. 선발대로 황하를 건너 朱鮪(주유)를 洛陽에서 공격하였고 白虎公 陳僑(진교)와 싸워 연속 격파하여 투항케 하였다. 건무 2년, 穰縣(양현)과 朝陽의 2개 현을 식읍으로 더 받았다.

更始의 郾王(언왕)인 尹尊(윤존) 및 여러 대장으로 남방에 웅거하며 투항하지 않는 자가 아직도 많았기에 광무제는 여러 장수를 불러 이를 논의하였는데 말을 하는 자가 없이 한동안 침묵하다가 광무제가 檄簡(격간)으로 땅을 치며 말했다.

"郾(언)이 가장 강하고 다음이 宛縣(완현)의 세력인데 누가 이를 공격하겠는가?"

그러자 가복이 선뜻 나서며 말했다. "제가 郾王(언왕)을 치겠습니다." 이에 광무제가 웃으며 말했다. "執金吾(賈復)가 언왕을 치겠다면 내가 무슨 걱정을 또 하겠는가! 大司馬는 응당 宛을 치도록 하라."

마침내 가복은 騎都尉 陰識(음식), 驍騎將軍 劉植(유식)을 거느리고 남으로 五社津(오사진)을 건너 언왕을 연파하였다. 한 달 남짓 견디다가 언왕 尹尊(윤존)은 투항했고 그곳을 평정하였다. 가복은 군사를 거느리고 更始의 淮陽太守 暴汜(포사, 暴는 姓氏)를 공격하자 포사가 투항했고 그 속현도 모두 평정되었다 그 가을에 남으로 진격하여 召陵(소릉)과 新息(신식)을 평정하였다. 그 다음 해 봄 左將軍으로 승진했고 별도로 赤眉를 新城과 澠池(민지) 사이에서 연파하였다. 그리고 광무제를 宜陽(의양)에서 알현하였고 적미를 투항케 했다.

가복은 광무제를 따라 정벌에 참여하면서 패배한 적이 없고 다른 장수와 함께 여러 번 포위를 풀거나 위급한 상황을 타개하였으며 몸에는 12군데나 상처를 입었다. 광무제는 가복이 너무 쉽게 적진 깊이 공격하기에 원정을 자주 내보내지는 않았지만 그의 용기를 장하게 생각하며 늘 황제를 수행케 하였기에 가복이 한 지역을 평정한 공적은 많지 않았다. 여러 장수들이 매번 자신의 전과를 자랑했지만 가복은 자랑한 적이 없었다. 광무제는 그럴 때마다 말했다.

"賈君의 공로는 내가 다 알고 있다."

原文

十三年, 定封膠東侯, 食郁秩,壯武,下密,卽墨,梃,觀陽, 凡六縣. 復知帝欲偃干戈, 修文德, 不欲功臣擁衆京師, 乃與高密侯鄧禹並剽甲兵, 敦儒學. 帝深然之, 遂罷左右將軍. 復以列侯就第, 加位特進.

復爲人剛毅方直, 多大節. 旣還私第, 闔門養威重. 朱祐等薦復宜爲宰相, 帝方以吏事責三公, 故功臣並不用. 是時, 列侯惟高密,固始,膠東三侯與公卿參議國家大事, 恩遇甚厚. 三十一年卒, 謚曰剛侯.

| **註釋** | ㅇ(建武) 十三年 – 서기 37년. ㅇ膠東侯 – 膠東은 青州刺史部 관할 北海國(治所 劇縣. 今 山東省 중부 濰坊市 昌樂縣)의 후국. ㅇ偃干戈 – 방패나 창을 눕혀놓다. 전쟁이나 정벌을 그만두다. 武를 숭상하지 않다. ㅇ剽甲兵 – 剽는 삭감하다. ㅇ帝方以吏事責三公 – 功臣의 정치 간여를 의도적으로 줄이겠다는 뜻. ㅇ高密,固始,膠東三侯 – 高密侯는 鄧禹, 固始侯는 李通, 膠東侯는 賈復. ㅇ(建武) 三十一年卒 – 서기 55년.

[國譯]

(건무) 13년, 賈復(가복)의 작위를 膠東侯(교동후)로 확정하고, 식읍은 郁秩(욱질), 壯武(장무), 下密(하밀), 卽墨(즉묵), 梃(정), 觀陽(관양) 등 모두 6縣이었다. 가복은 광무제가 정벌을 그치고 文治로 다스리려는 뜻을 갖고 있으며 功臣이 무리를 거느리고 京師에 남아있는 것을 원치 않는 의중을 알았기에 高密侯 鄧禹와 함께 甲兵을 해산하고 儒學을 숭상하였다. 광무제도 그럴 뜻이 많았기에 左 右將軍의 직책

을 폐지하였다. 가복은 列侯의 신분으로 私邸(사저)에서 생활하였고 지위는 特進으로 높아졌다.

가복은 사람됨이 剛毅(강의)하고 정직하였으며 큰 지조를 품고 있었다. 사저에 생활하면서 대문을 닫고 위엄을 지켰다. 朱祐(주우) 등이 가복을 재상으로 천거하려 했으나 광무제는 三公에게 관리 직무 조정과 吏道 확립을 요구했기에 공신을 결코 등용하지 않았다. 이때 列侯로 高密侯(鄧禹), 固始侯(李通), 膠東侯(賈復)만이 公卿과 함께 國家大事를 의논할 수 있었으니 황제의 은택과 대우가 매우 높았다. 가복은 건무 31년에 죽었고, 시호는 剛侯(강후)였다.

原文

子忠嗣. 忠卒, 子敏嗣. 建初元年, 坐誣告母殺人. 國除. 肅宗更封復小子邯爲膠東侯, 邯弟宗爲卽墨侯, 各一縣. 邯卒, 子育嗣. 育卒, 子長嗣.

宗字武孺, 少有操行, 多智略. 初拜郎中, 稍遷, 建初中爲朔方太守. 舊內郡徙人在邊者, 率多貧弱, 爲居人所僕役, 不得爲吏. 宗擢用其任職者, 與邊吏參選, 轉相監司, 以擿發其姦, 或以功次補長吏, 故各願盡死. 匈奴畏之, 不敢入塞. 徵爲長水校尉. 宗兼通儒術, 每宴見, 常使與少府丁鴻等論議於前. 章和二年卒, 朝廷愍惜焉.

子參嗣. 參卒, 子建嗣. 元初元年, 尙和帝女臨潁長公主. 主兼食潁陰,許,合三縣, 數萬戶. 時鄧太后臨朝, 光寵最盛,以建爲侍中, 順帝時爲光祿勳.

| 註釋 | ㅇ(肅宗, 章帝) 建初元年 – 서기 76년. ㅇ朔方太守 – 幷州 관할 군명. 治所는 臨戎縣(임융현), 今 內蒙古自治區 黃河 북안 巴彦淖爾市 서남부의 磴口縣(등구현). ㅇ長水校尉 – 질록 比二千石. 宿衛兵 지휘, 烏桓族 騎兵으로 구성된 부대. ㅇ少府丁鴻 – 37권, 〈桓榮丁鴻列傳〉 立傳. ㅇ時鄧太后臨朝 – 賈建은 和帝 鄧皇后의 사위.

[國譯]

아들 賈忠(가충)이 이었다. 가충이 죽자, 아들 賈敏(가민)이 후사가 되었다. (章帝) 건초 원년에 모친이 살인했다는 무고에 연좌되어 나라가 없어졌다. 肅宗은 다시 賈復의 작은아들 賈邯(가한)을 膠東侯에 봉했고 가한의 동생 賈宗(가종)을 卽墨侯에 봉해 각 1현을 식읍으로 주었다. 가한이 죽자, 아들 賈育(가육)이 이었다. 가육이 죽자, 아들 賈長(가장)이 이었다.

賈宗(가종)의 字 武孺(무유)인데 젊어서부터 행실이 바르고 지략이 많았다. 처음에 郞中에 제수되었다가 차츰 승진하여 建初 연간에 朔方(삭방) 太守가 되었다. 예전에 內地의 郡에서 이주된 백성으로 변방의 郡에 사는 사람은 대부분 가난하여 원주민의 노비나 종이 되어 관직을 얻을 수도 없었다. 이에 가종은 그들 중 임용할 만한 백성을 선임하여 변방 관리에 임명하여 서로 감시하면서 나쁜 짓을 저지르지 못하게 하며, 혹 우수한 자는 차례로 長吏에 보임하자 모두가 목숨을 바쳐 임무를 수행하였다. 흉노는 이를 두려워하여 감히 국경을 넘보지 못했다. 조정에 불려 長水校尉가 되었다. 賈宗은 유학에도 조예가 있어 매번 연회 자리에서 늘 少府인 丁鴻(정홍) 등과 황제 앞에서 토론을 하였다. (章帝) 章和 2년(서기 88)에 죽었는데 조정에서도 매우 애석히 여겼다.

아들 賈參(가참)이 뒤를 이었다. 가참이 죽자, 아들 賈建이 뒤를 이었다. (安帝) 元初元年(서기 114)에 和帝의 딸 臨潁長公主와 결혼했다. 공주의 식읍인 潁陰(영음)과 許邑을 합해 3개 현에 수만 戶를 소유했다. 그때는 鄧太后가 臨朝할 때라서 영광과 총애가 극성하여 賈建은 侍中이 되었다가 順帝 때는 光祿勳으로 승진했다.

原文

論曰, 中興將帥立功名者衆矣, 惟岑彭,馮異建方面之號, 自函谷以西, 方城以南, 兩將之功, 實爲大焉. 若馮,賈之不伐, 岑公之義信, 乃足以感三軍而懷敵人, 故能克成遠業, 終全其慶也. 昔高祖忌柏人之名, 違之以全福, 征南惡彭亡之地, 留之以生災. 豈幾慮自有明惑, 將期數使之然乎?

| **註釋** | ○建方面之號 - 한 方面(넓은 지역)을 평정했다는 이름을 남기다. ○方城以南 - 方城은 山名. 黃城山, 今 河南省 중부 平頂山市 관할 葉縣 남쪽, 伏牛山脈과 연결. 涿郡(탁군) 현명. 方城縣은 今 河北省 廊坊市 관할 (북경시 접경) 固安縣. 여기서는 方城山을 지칭. ○征南惡彭亡之地 - 征南장군 岑彭.

[國譯]

范曄(범엽)의 史論 : 中興主(光武帝)의 장수로 功名을 남긴 자는 많이 있지만 특히 岑彭(잠팽)과 馮異(풍이)는 한 方面을 평정했다는 이름을 남겼으니 函谷關(함곡관) 서쪽과 方城山(방성산) 이남은 兩將(岑, 馮)의 공적이 실질적으로 크다. 馮異와 賈復(가복)처럼 자기 공적을 자랑하지 않고 잠팽처럼 信義를 지킨다면 족히 三軍을 감동시킬 수 있고 敵人도 회유하여 宏大한 업적을 이루고 그 영광을 후손에게까지 물려줄 수 있을 것이다. 옛날 고조는 柏人(백인)이라는 지명을 싫어하여 그곳을 피했기 때문에 복을 누렸지만 征南將軍(岑彭)은 彭亡(팽망)의 지명을 꺼리면서도 그래도 있다가 재앙을 당했다. 그렇다면 그 생각이 명확하냐 아니냐에 따라 그 운명이 달라진다고 말할 수 있겠는가?

原文

贊曰, 陽夏師克, 實在和德. 膠東鹽吏, 征南宛賊. 奇鋒震敵, 遠圖謀國.

| **註釋** | ○陽夏 – 陽夏侯 馮異. ○膠東鹽吏 – 膠東侯 賈復. ○征南宛賊 – 征南將軍 岑彭.

[國譯]

贊曰,

陽夏侯 馮異의 승전은 실제로는 그의 겸허한 덕행이다.

膠東侯 賈復은 소금 운송관이고 岑彭은 宛城의 叛賊이었다.
뛰어난 전술에 적이 떨었고 나라 위한 큰 뜻을 도모했다.

18 吳蓋陳臧列傳
〔오,개,진,장열전〕

❶ 吳漢

原文

吳漢字子顔, 南陽宛人也. 家貧, 給事縣爲亭長. 王莽末, 以賓客犯法, 乃亡命至漁陽, 資用乏, 以販馬自業, 往來燕, 薊間, 所至皆交結豪傑. 更始立, 使使者韓鴻徇河北. 或謂鴻曰, "吳子顔, 奇士也, 可與計事." 鴻召見漢, 甚悅之, 遂承制拜爲安樂令.

| **註釋** | ㅇ吳漢(오한, ?-44) - 光武帝的功臣, 雲臺二十八將의 제2위. ㅇ乃亡命至漁陽 - 命은 名, 亡命은 名籍이 있는 곳에서 도망하다. 漁陽은 幽州의 군명. 治所는 漁陽縣. 今 北京市 동북부 密雲區. ㅇ燕,薊(계) - 지금의 北京과 天津市 일대. ㅇ承制 - 황제의 뜻에 따라. 황제의 명령. ㅇ安

樂令 – 安樂, 漁陽郡의 현명. 今 北京市 順義區, 北京首都國際機場이 있는 곳.

[國譯]

吳漢(오한)의 字는 子顔(자안)인데, 南陽郡 宛縣(완현) 사람이다. 家貧하여 縣에서 亭長으로 일했다. 왕망 말기에 오한의 식객이 법을 어기자, 본적지에서 漁陽郡으로 도망했으나 돈이 궁해서 馬匹을 판매하며 燕(연)과 薊(계) 일대를 왕래했는데 가는 곳마다 호걸과 교제하고 인연을 맺었다. 更始帝가 즉위하고(서기 23년), 使者(謁者) 韓鴻(한홍)을 보내 河北을 경략케 하였는데 어떤 사람이 한홍에게 "吳子顔(吳漢)은 특별한 사람이니 함께 일할 수 있을 것이요."라고 말해 주었다. 한홍이 오한을 만나보고 좋아하면서 更始의 이름으로 (어양군) 安樂 현령에 임명하였다.

原文

會王郎起, 北州擾惑. 漢素聞光武長者, 獨欲歸心. 乃說太守彭寵曰, "漁陽,上谷突騎, 天下所聞也. 君何不合二郡精銳, 附劉公擊邯鄲, 此一時之功也."

寵以爲然, 而官屬皆欲附王郎, 寵不能奪. 漢乃辭出, 止外亭, 念所以譎衆, 未知所出. 望見道中有一人似儒生者, 漢使人召之, 爲具食, 問以所聞. 生因言劉公所過, 爲郡縣所歸, 邯鄲擧尊號者, 實非劉氏. 漢大喜, 卽詐爲光武書, 移檄漁陽, 使生賁以詣寵, 令具以所聞說之, 漢復隨後入. 寵甚然之. 於是遣漢將兵與上谷諸將並軍而南, 所至擊斬王郞將帥. 及光武於廣阿, 拜漢爲偏將軍. 旣拔邯鄲, 賜號建策侯.

| 註釋 | ㅇ王郞 – 12권, 〈王劉張李彭盧列傳〉 立傳. 王昌(왕창)의 또 다른 이름은 王郞(왕랑)인데, 趙國 邯鄲(한단) 사람이다. 평소에 관상을 잘 보았고 천문에 밝았는데 늘 河北에 天子의 기운이 있다고 생각하였다. ㅇ北州擾惑 – 여기서는 幽州刺史部 관할 지역. 擾惑은 소요 속에 유언비어가 돌다. ㅇ太守彭寵 – 彭寵(팽총, ? – 29년)의 字는 伯通(백통)으로 南陽郡 宛縣(완현) 사람이다. 부친 彭宏(팽굉)은 哀帝 때 漁陽太守, 팽총은 韓鴻이 경시제의 이름으로 임명. 12권, 〈王劉張李彭盧列傳〉 立傳. ㅇ上谷突騎 – 上谷은 군명. 治所는 沮陽縣(저양현). 今 河北省 북부 張家口市 관할 懷來縣. 突騎는 돌격 기병. ㅇ此一時之功也 – 一時는 다시 만나기 어려운. ㅇ念所以譎衆 – 念은 생각하다. 譎은 속일 휼. 詐也. ㅇ廣阿 – 鉅鹿郡의 縣名. 今 河北省 邢台市 관할 隆堯縣. 後漢에서는 폐현. ㅇ偏將軍 – 後漢의 武官 중 지휘관으로는 將軍 – 中郞將 – 校尉의 三級이 있는데, 編將軍은 將軍 중 지위가 낮은 직명. 질록 二千石, 郡 太守에 상응.

[國譯]

그 무렵 王郞(王昌)이 봉기하였는데 北州 일대가 소란하고 유언비어가 돌았다. 오한은 평소에 光武가 長者라는 소문을 듣고 있었기에 혼자서라도 귀부할 생각을 하였다. 그리고 太守인 彭寵(팽총)에게 말했다.

"漁陽郡과 上谷郡의 돌격 기병은 천하에 소문이 났습니다. 태수께서는 왜 2개 군의 정예병을 이끌고 劉公(光武)편에서 邯鄲(한단)을 공격하신다면 이는 공을 세울 수 있는 좋은 기회입니다."

팽총도 그렇게 생각했지만 관속들이 모두 왕랑 편이 되려고 했기에 팽총도 어쩔 수가 없었다. 이에 오한은 태수를 떠나서 다른 亭에서 쉬며 여러 사람을 속일 방법을 생각했으나 어찌해야 할지 알 수 없었다. 그때 유생 같은 어떤 사람이 길에 나타나자 오한은 불러 같이 식사를 하며 소문이 어떤지 물었다. 유생은 劉公이 지나간 곳에서는 군현이 모두 귀의하는데, 邯鄲에서 황제를 칭한 사람은 사실 劉氏가 아니라고(王郎을 지칭) 말했다. 오한은 아주 좋아하며 즉시 漁陽에 보내는 光武의 가짜 서신을 만들어 이를 유생에게 주어 태수 팽총에게 전하고 자신이 들은 바를 이야기하라고 부탁하고서 자신도 그 뒤를 따라 다시 어양군으로 갔다. 팽총은 유생의 말을 믿었다. 그리고 오한에게 군사를 내주자 오한은 上谷의 여러 장수와 함께 남쪽으로 진격하면서 왕랑의 장수를 공격하여 죽였다. 그리고 (鉅鹿郡) 廣阿縣에서 光武를 만났는데 오한은 偏將軍이 되었다. 이어 邯鄲(한단)을 차지한 뒤에 오한은 建策侯(건책후)라는 칭호를 받았다.

原文

漢爲人質厚少文, 造次不能以辭自達. 鄧禹及諸將多知之. 數相薦擧, 及得召見, 遂見親信, 常居門下.

光武將發幽州兵, 夜召鄧禹, 問可使行者. 禹曰, "間數與吳漢言, 其人勇鷙有智謀, 諸將鮮能及者." 卽拜漢大將軍, 持節北發十郡突騎. 更始幽州牧苗曾聞之, 陰勒兵, 敕諸郡不肯應調. 漢乃將二十騎先馳至無終. 曾以漢無備, 出迎於路, 漢卽撝兵騎, 收曾斬之, 而奪其軍. 北州震駭, 城邑莫不望風弭從. 遂悉發其兵, 引而南, 與光武會淸陽. 諸將望見漢還, 士馬甚盛, 皆曰, "是寧肯分兵與人邪?" 及漢至莫府, 上兵簿, 諸將人人多請之. 光武曰, "屬者恐不與人, 今所請又何多也?" 諸將皆慚.

| 註釋 | ㅇ造次 – 급작스레, 별안간, 짧은 시간. ㅇ勇鷙 – 용감하고 사납다. 鷙는 맹금 지. 사나운 새의 총칭. 칠 지. 굳세다. ㅇ無終 – 右北平郡의 현명. 今 天津市 북부 薊州區(계주구, 薊縣) 부근. ㅇ撝兵騎 – 撝는 휘두를 휘. 麾(대장기 휘)와 同. 찢을 휘. 지휘하다. ㅇ望風弭從 – 弭從은 복종하다. 弭는 활 미, 좇을 미. 따르다. ㅇ淸陽 – 淸河郡의 治所, 縣名. 今 河北省 邢台市 관할 淸河縣(山東省 접경 지역). 후한에서는 폐현. ㅇ莫府 – 莫은 大也. 本府. ㅇ屬者 – 近者. 近來에.

[國譯]

吳漢(오한)은 사람이 질박 온후하지만 학식은 많지 않아서 잠깐이라도 말로는 자기 뜻을 다 표현하지 못했다. 鄧禹(등우) 및 여러 장수들도 이를 알고 여러 번 오한을 천거하자 광무가 만나본 이후로 오한을 신뢰하여 언제나 가까이 두었다.

광무가 幽州(유주) 일대의 군사를 동원하려고 밤에 등우를 불러 누구를 보낼만한가를 물었다. 이에 등우가 말했다. "그간 여러 번 吳漢과 이야기를 했는데, 그 사람은 용감하면서도 지모가 있어 다른 장수들 중에 그를 따라갈 자가 없습니다."

그러자 즉시 오한을 大將軍에 임명하고 부절을 주어 북쪽으로 올라가 10개 군의 돌격 기병을 모집하게 하였다. 更始의 幽州牧(유주목)인 苗曾(묘증)은 이를 알고서 비밀리에 군사를 풀어 각 군에서 응모하지 못하게 하라고 조치를 취했다. 오한은 바로 20여기 병을 거느리고 먼저 (右北平郡의) 無終縣으로 달려갔다. 묘증은 오한이 대비가 없는 틈을 노려 길에서 요격하였지만 오한은 즉시 군사를 지휘하여 묘증을 잡아 죽이고 그 군사를 빼앗았다.

그러자 北州 일대가 놀라며 여러 성읍에서 바람에 쓸리듯 복종하지 않는 곳이 없었다. 결국 오한은 각 군에서 군사를 동원하여 이끌고 남으로 내려와 광무를 淸陽縣에서 만났다. 여러 장수들은 돌아오는 오한의 군사와 마필이 아주 많은 것을 보고 모두가 "군사를 다른 장수에게 나누어 주려는가?" 라고 말했다.

오한이 본부에 도착하여 병적 명부를 올리자 장수들이 모두 나눠달라고 요청하였다. 이에 광무제가 말했다. "근자에 다른 이에게 나눠주기를 꺼리더니 지금은 달라는 사람이 왜 이리 많은가?"

여러 장수들은 모두 부끄러웠다.

原文

初, 更始遣尙書令謝躬率六將軍攻王郎, 不能下. 會光武至, 共定邯鄲, 而躬裨將虜掠不相承稟, 光武深忌之. 雖俱在邯鄲, 遂分城而處, 然每有以慰安之. 躬勤於職事, 光武常稱曰 "謝尙書眞吏也", 故不自疑. 躬旣而率其兵數萬, 還屯於鄴. 時光武南擊靑犢, 謂躬曰, "我追賊於射犬, 必破之.

尤來在山陽者, 勢必當驚走. 若以君威力, 擊此散虜, 必成禽也." 躬曰, "善."

及青犢破, 而尤來果北走隆慮山, 躬乃留大將軍劉慶,魏郡太守陳康守鄴, 自率諸將軍擊之. 窮寇死戰, 其鋒不可當, 躬遂大敗, 死者數千人. 光武因躬在外, 乃使漢與岑彭襲其城.

漢先令辯士說陳康曰, "蓋聞上智不處危以僥幸, 中智能因危以爲功, 下愚安於危以自亡. 危亡之至, 在人所由, 不可不察. 今京師敗亂, 四方雲擾, 公所聞也. 蕭王兵强士附, 河北歸命, 公所見也. 謝躬內背蕭王, 外失衆心, 公所知也. 公今據孤危之城, 待滅亡之禍, 義無所立, 節無所成. 不若開門內軍, 轉禍爲福, 免下愚之敗, 收中智之功, 此計之至者也."

康然之. 於是康收劉慶及躬妻子, 開門內漢等. 及躬從隆慮歸鄴, 不知康已反之, 乃與數百騎輕入城. 漢伏兵收之, 手擊殺躬, 其衆悉降.

躬字子張, 南陽人. 初, 其妻知光武不平之, 常戒躬曰, "君與劉公積不相能, 而信其虛談, 不爲人備, 終受制矣." 躬不納, 故及於難.

| **註釋** | ㅇ射犬(사견) – 河內郡 野王縣(今 河南省 焦作市 관할 沁陽市, 縣級)의 射犬聚. 마을 이름. ㅇ尤來在山陽者 – 농민 봉기군의 이름. 尤來(우래)의 거수는 樊崇(번숭)이었는데 뒷날 赤眉의 우두머리가 된다. 尤來는 尤來山에서 딴 이름. 尤來山은 今 山東省 중부 泰安市 동남부에 있는 산. 山陽은 郡名. 治所 昌邑縣, 今 山東省 서남부 菏澤市 관할의 巨野縣. ㅇ必

成禽也 - 禽은 擒也(사로잡힐 금). ㅇ隆慮山 - 今 河南省 북단 安陽市 관할 林州市의 산 이름. 山西省과의 접경. 隆慮縣은 河內郡의 현명. ㅇ僥幸(요행) - 分外로 얻은 행운.

[國譯]

당초에, 更始는 尙書令 謝躬(사궁)을 보내 6명의 장군을 거느리고 王郞(왕랑)을 공격케 하였지만 사궁은 왕랑을 정복하지 못했다. 그 무렵 光武가 와서 함께 邯鄲(한단)을 평정했는데, 사궁의 裨將(비장, 副將)들은 약탈을 하며 명령에 따르지도 않았기에 광무는 이를 크게 못마땅하게 여겼다. 사궁과 광무가 비록 한단에 같이 있다지만 각자의 성에 웅거하며 서로 안부를 전할 뿐이었다. 사궁은 직분에 성실하였는데 광무는 늘 "謝尙書가 진짜 관리이다."라고 칭송하였기에 사궁은 자신의 안위를 걱정하지도 않았다. 사궁은 그 군사 수만 명을 거느리고 (魏郡의) 鄴縣(업현)에 주둔하고 있었다. 그때 光武는 남쪽으로 나가 靑犢(청독)의 무리를 공격하며 사궁에게 말했다. "내가 틀림없이 적의 무리를 射犬(사견)에서 격파할 것입니다. 그러면 山陽郡에 있는 尤來(우래)의 무리들은 틀림없이 놀라 도주할 것입니다. 만약 당신의 무력으로 우래 무리를 공격한다면 모조리 잡을 수 있습니다." 그러자 사궁은 "좋다"고 말하였다.

광무가 청독의 무리를 격파하자 우래의 무리들은 예상대로 북쪽 隆慮山(융려산)으로 도주했고, 사궁은 대장군 劉慶(유경), 위군태수 陳康(진강)에게 鄴縣(업현)을 지키게 하고, 자신은 여러 장수를 거느리고 우래의 무리를 공격하였다. 그러나 궁지에 몰린 우래 무리가 죽기로 싸우자 그 예봉을 당할 수가 없어 사궁이 대패하면서 죽은 자가 수천 명이었다.

光武는 사궁이 밖에서 싸우고 있기에 오한과 岑彭(잠팽)을 시켜 사궁의 본거지 鄴城(업성)을 공격케 하였다. 이에 오한은 먼저 辯士(변사)를 보내 (鄴縣의) 陳康(진강)을 설득케 하였다.

"내가 알기로는, 上智者는 결코 위험에 처하지 않으며, 中智者는 위기를 기회로 생각하나 下愚(하우)는 위험을 안전이라 여겨 저절로 망하게 됩니다. 멸망의 위기는 사람이 초래하는 것이니 잘 살피지 않을 수 없습니다. 지금 장안은 패전으로 혼란하며 사방에서 소요가 일어났다는 것을 당신도 들어 알고 있습니다. 蕭王(소왕, 光武)께서는 강한 군사에 인재를 모았으며 하북 땅이 소왕에게 귀의하는 것을 당신도 보았습니다. 지금 사궁은 안으로 蕭王을 배신하였고 밖으로 민심도 잃은 것을 당신은 알고 있습니다. 당신은 지금 고립된 성에서 멸망의 재앙을 기다리고 있으며 내세울 대의나 지조도 없습니다. 그러니 성문을 열고 소왕의 군사를 받아들이면 곧 전화위복이 되어 下愚(하우)의 패망을 면하며 中智者의 공을 세울 것이니 이것이 최상의 방책일 것입니다."

진강도 같은 생각이었다. 이에 진강은 劉慶(유경)과 사궁의 처자를 모두 잡아놓고 성문을 열어 오한의 군사를 받아들였다. 사궁이 융려산에서 업현으로 돌아오면서 진강이 배반한 줄도 모르고 수백의 경무장 기병을 거느리고 입성하였다. 오한의 복병이 이들을 사로잡으며 사궁을 손으로 때려죽이자 그 무리는 모두 투항하였다.

본래 謝躬(사궁)의 字는 子張(자장)으로 南陽人이었다. 그전에 사궁의 처는 光武가 사궁에게 불만인 것을 알고 늘 사궁에게 조심하라며 말했다. "당신은 劉公(光武)와 오랫동안 사이가 안 좋은데 그 사람의 빈말을 그대로 믿거나 대비하지 않는다면 나중에 당할 것입니다."

그러나 사궁은 그 말을 따르지 않았기에 결국 당하고 말았다.

原文

光武北擊群賊, 漢常將突騎五千爲軍鋒, 數先登陷陳. 及河北平, 漢與諸將奉圖書, 上尊號. 光武卽位, 拜爲大司馬, 更封舞陽侯.

建武二年春, 漢率大司空王梁, 建義大將軍朱祐, 大將軍杜茂, 執金吾賈復, 揚化將軍堅鐔, 偏將軍王霸, 騎都尉劉隆,馬武,陰識, 共擊檀鄕賊於鄴東漳水上, 大破之. 降者十餘萬人.

帝使使者璽書定封漢爲廣平侯, 食廣平,斥漳,曲周,廣年, 凡四縣. 復率諸將擊鄴西山賊黎伯卿等, 及河內脩武, 悉破諸屯聚. 車駕親幸撫勞. 復遣漢進兵南陽, 擊宛,涅陽,酈,穰,新野諸城, 皆下之. 引兵南, 與秦豐戰黃郵水上, 破之. 又與偏將軍馮異擊昌城五樓賊張文等, 又攻銅馬,五幡於新安, 皆破之.

| 註釋 | ㅇ軍鋒 - 先鋒(선봉). ㅇ陷陳 - 陷陣. 陳은 陣. ㅇ舞陽侯 - 舞陽은 潁川郡(영천군) 縣(邑)名. 今 河南省 중부의 漯河市(탑하시) 舞陽縣. ㅇ漳水 - 漳河. 海河(해하) 유역 衛河(위하)의 支流. 山西省 동남 山地에 '淸

漳河' 와 '濁漳河' 가 발원하여 河北省 서남에서 합쳐지며 漳河(장하)라고 통칭한다. ㅇ廣平侯 – 본래는 廣平郡(國), 나중에 鉅鹿郡의 현명. 今 河北省 남부의 邢台市. ㅇ河內脩武 – 脩武(修武)는 현명. 今 河南省 북부 新鄉市 獲嘉縣. ㅇ涅陽(열양) – 현명. 今 河南省 서남부 省 직할 鄧州市. 南陽市 남부, 湖北省과 접경. ㅇ黃郵水 – 今 河南省 南陽市 관할 新野縣의 하천. ㅇ偏將軍 – 後漢의 武官은 將軍-中郎將-校尉의 三級이 있는데, 編將軍은 將軍 중 지위가 낮은 직명. 질록 二千石, 郡 太守에 상응.

[國譯]

光武는 북쪽으로 여러 도적 무리를 토벌하였는데 吳漢(오한)은 늘 突騎(돌기) 5천을 거느리고 선봉이 되었으며 여러 번 성을 선등하고 적진을 무너트렸다. 河北이 평정되자 오한과 여러 장수들은 圖書(도서, 예언서)를 받들어 광무를 제위에 옹립하였다. 광무제가 즉위하자 오한은 大司馬를 제수 받고 舞陽侯(무양후)에 봉해졌다.

建武 2년 봄, 오한은 大司空 王梁(왕량), 建義大將軍 朱祐(주우), 大將軍 杜茂(두무), 執金吾 賈復(가복), 揚化將軍 堅鐔(견심), 偏將軍 王霸(왕패), 騎都尉 劉隆(유릉), 馬武(마무), 陰識(음식) 등을 거느리고 檀鄉賊(단향적)을 鄴縣 동쪽 漳水(장수) 부근에서 대파하였다. 투항한 자가 10여만 명이었다.

광무제는 사자를 보내 璽書(새서, 國書)로 吳漢을 廣平侯로 확정 책봉하였고 식읍은 廣平, 斥漳(척장), 曲周(곡주), 廣年(광년) 등 모두 4개 현이었다. 오한은 다시 여러 장수를 거느리고 鄴縣의 西山賊인 黎伯卿(여백경)을 격파하였고, 河內郡 脩武縣에 이르기까지 여러 군데 모여 있는 무리들을 모두 격파하였다. 황제가 친히 행차하여 전공을 위로하였다.

다시 오한은 南陽郡에 진격하여 宛縣(완현), 涅陽(열양), 酈縣(역현), 穰縣(양현), 新野縣(신야현)의 여러 성을 공격하여 모두 점령하였다. 다시 군사를 이끌고 남하하여 秦豐(진풍)을 黃郵水(황우수)에서 싸워 격파하였다. 또 偏將軍인 馮異(풍이)와 함께 昌城의 五樓賊인 張文(장무) 등을 격파하였고, 또 銅馬(동마), 五幡(오번)을 新安에서 공격하여 모두 격파하였다.

原文

明年春, 率建威大將軍耿弇,虎牙大將軍蓋延, 擊青犢於軹西, 大破降之. 又率驃騎大將軍杜茂,强弩將軍陳俊等, 圍蘇茂於廣樂. 劉永將周建別招聚收集得十餘萬人, 救廣樂. 漢將輕騎迎與之戰, 不利, 墮馬傷膝, 還營, 建等遂連兵入城.

諸將謂漢曰, "大敵在前而公傷臥, 衆心懼矣." 漢乃勃然裹創而起, 椎牛饗士, 令軍中曰, "賊衆雖多, 皆劫掠群盜, '勝不相讓, 敗不相救', 非有仗節死義者也. 今日封侯之秋, 諸君勉之!" 於是軍士激怒, 人倍其氣. 旦日, 建,茂出兵圍漢. 漢選四部精兵黃頭吳河等, 及烏桓突騎三千餘人, 齊鼓而進. 建軍大潰, 反還奔城. 漢長驅追擊, 爭門並入, 大破之, 茂,建突走. 漢留杜茂,陳俊等守廣樂, 自將兵助蓋延圍劉永於睢陽. 永既死, 二城皆降.

| **註釋** | ㅇ軹 – 軹縣. 河內郡의 현명. 今 河南省 洛陽市의 북쪽에 있는 濟源市. ㅇ勃然裹創而起 – 勃然(발연)은 발끈 성내는 모양. 힘차게 일어나다. 裹는 쌀 과. 보자기로 싸다. 創은 創傷. 상처. ㅇ椎牛饗士 – 椎牛는 소를 때려잡다. 椎는 뭉치 추. 때리다. 饗은 잔치할 향. ㅇ'勝不相讓, 敗不相救' – 출처는《左傳》. ㅇ封侯之秋 – 제후에 봉해질 때. 공을 세울 기회. 秋는 때, 시기. ㅇ黃頭吳河等 – 黃頭는 누런 모자를 쓴 水軍. 土는 水를 이긴다 했고 黃은 土을 상징하는 색. 그래서 노 젓는 군사에게 황색 모자를 쓰게 했다. 吳河는 인명. ㅇ睢陽 – 睢陽은 梁郡의 縣名. 睢는 '우러러볼 휴', '눈 부릅뜰 휴'. '땅 이름 수' 에서 '睢陽' 은 地名. '수양' 으로 읽는다.

[國譯]

다음 해(建武 3년) 봄, 오한은 建威大將軍 耿弇(경엄), 虎牙大將軍 蓋延(개연)을 거느리고 軹縣(지현)의 서쪽에서 靑犢(청독)의 무리를 대파하여 항복케 하였다. 또 驃騎大將軍 杜茂(두무), 强弩將軍 陳俊(진준) 등을 거느리고 蘇茂(소무)를 廣樂(광락)이란 곳에서 포위하였다. 劉永(유영)의 부장인 周建(주건)은 별도로 모집한 군사 10여만 명을 거느리고 廣樂(광락)을 구원하였다. 오한은 경기병을 거느리고 이들을 맞이하여 싸웠으나 이기지도 못하고 또 말에서 떨어져 무릎을 다쳐 군영으로 돌아왔고 주건 등은 군사를 모아 자기 광락성으로 돌아갔다.

여러 장수들이 오한을 보고 말했다. "지금 강적을 눈앞에 두고 大司馬께서 부상을 입고 누워계시니 모두가 두려워하고 있습니다." 그러자 오한은 발끈하며 상처를 싸매고 일어나 소를 잡아 군사를 크게 먹인 뒤에 군중에 명령하였다.

"적의 무리가 많다지만 모두가 노략질이나 하는 도적떼이다. '승리에 서로 양보하지 않고, 패전에도 서로 구원하지 않으며.' 절의를 지켜 죽을 자들이 아니다. 지금이야말로 우리가 제후가 될 공을 세울 기회이니 여러분 모두 분발하라!"

이에 군사들은 분노하면서 병사마다 기운을 배가시켰다. 다음 날 주건과 소무 등이 군사를 내어 오한의 군사를 포위하였다. 오한은 四部의 精兵과 黃頭(水軍)인 吳河(오하) 등을 선발하고 또 烏桓(오환)의 돌격 기병 3천여 명과 함께 일제히 북을 치며 전진하였다. 주건의 군진이 완전히 궤멸되면서 되돌아 성 안으로 도주하였다. 오한은 군사를 몰아 추격하였고 다투어 성문으로 들어가 크게 격파하니 소무와 주건은 서둘러 도주하였다 오한은 杜茂(두무)와 陳俊(진준) 등을 남겨 廣樂城을 지키고 하고 오한은 군사를 거느리고 蓋延(개연)을 도와 劉永(유영)을 睢陽縣(수양현)에서 포위하였다. 그러나 유영은 이미 죽었기에 2개의 성은 모두 투항하였다.

原文

明年, 又率陳俊及前將軍王梁, 擊破五校賊於臨平, 追至東郡箕山, 大破之. 北擊淸河長直及平原五里賊, 皆平之.

時, 鬲縣五姓共逐守長, 據城而反. 諸將爭欲攻之, 漢不聽, 曰, "使鬲反者, 皆守長罪也. 敢輕冒進兵者斬." 乃移檄告郡, 使收守長, 而使人謝城中. 五姓大喜, 卽相率歸降. 諸將乃服, 曰, "不戰而下城, 非衆所及也."

| 註釋 | ㅇ五校賊於臨平 – 五校는 왕망 말기 농민봉기군의 이름. 五校의 賊帥는 高扈(고호). 臨平은 鉅鹿郡의 縣名. 今 河北省 남부 石家莊市 동쪽 晋州市. ㅇ東郡箕山 – 東郡 치소는 濮陽縣(복양현). 今 河南省 동북 濮陽市(복양시). 箕山은 지명. 今 山東省 菏澤市 鄄城縣 箕山鎭. ㅇ淸河長直 – 淸河는 군, 국명. 치소 甘陵縣, 今 山東省 직할 臨淸市(河北省과 접경). 長直은 도적 무리의 이름. ㅇ平原五里賊 – 平原은 군명. 治所 平原縣, 今 山東省 德州市 관할 平原縣. 五里賊은 도적 무리 이름. ㅇ鬲縣(역현) – 平原郡의 현명. 鬲은 솥 력(역). 3개의 굽은 발이 있는 솥. 손잡이 격.

[國譯]

다음 해(建武 4년), 오한은 또 陳俊(진준)과 前將軍 王梁(왕량)을 거느리고, 五校賊의 무리를 臨平縣에서 격파한 다음 東郡의 箕山(기산)까지 추격하여 대파하였다. 북으로는 淸河郡의 長直(장직) 무리와 平原郡의 五里(오리) 무리를 모두 평정하였다.

이때 (平原郡) 鬲縣(역현)의 5개 성씨들이 함께 현장을 축출하고 현에서 반기를 들었다. 여러 장수들은 다투어 공격하려 했으나 오한은 허락하지 않고 장수들에게 말했다.

"鬲縣(역현)에서 반기를 든 것은 그 현령의 잘못이다. 함부로 군사를 거느리고 들어가는 자는 참수하겠다."

그리고서는 군에 격문을 보내 현령을 잡아가두게 하고 사자를 성안에 보내 사례하였다. 5개 성씨들은 크게 기뻐하면서 함께 나와서 투항하였다. 이에 장수들이 심복하며 말했다.

"싸우지 않고 성을 항복케 하시니 우리가 생각하지 못했습니다."

原文

冬, 漢率建威大將軍耿弇,漢忠將軍王常等, 擊富平,獲索二賊於平原.

明年春, 賊率五萬餘人夜攻漢營, 軍中驚亂, 漢堅臥不動, 有頃乃定. 卽夜發精兵出營突擊, 大破其衆. 因追討餘黨, 遂至無鹽, 進擊勃海, 皆平之. 又從征董憲, 圍朐城.

明年春, 拔朐, 斬憲. 事已見〈劉永傳〉. 東方悉定, 振旅還京師.

| 註釋 | ㅇ富平,獲索 - 모두 봉기군의 이름. ㅇ無鹽 - 東平郡(國)의 治所, 今 山東省 泰安市 관할 東平縣. ㅇ勃海(발해) - (渤海), 郡名. 治所는 南皮縣, 今 河北省 남동부 滄州市 관할 南皮縣. ㅇ圍朐城 - 朐(멍에 구)는 東海郡의 현명. 今 江蘇省 북부 連雲港市 서남. ㅇ〈劉永傳〉 - 12권, 〈王劉張李彭盧列傳〉.

[國譯]

겨울, 오한은 建威大將軍 耿弇(경엄), 漢忠將軍 王常(왕상) 등을 거느리고서 富平(부평)과 獲索(획색)의 무리를 平原郡에서 격파하였다.

명년(建武 5년) 봄, 도적 무리 5만여 명이 밤에 오한의 군영을 공격하자 軍營이 놀라 소란하였으나 오한은 꼼짝 않고 누워 있었는데 곧 진정이 되었다. 바로 그 밤에 정병을 동원하여 적의 무리를 대파하였다. 이어 그 잔여 무리를 추격하여 (東平郡)의 無鹽縣(무염현)까지 이르렀고 더 나아가 勃海郡(발해군)까지 진격하여 모두 평정하였다. 또 董憲(동헌)의 무리를 정벌하며 朐城(구성)을 포위하였다.

그 明年(建武 6년) 봄, 朐城(구성)을 함락하고 동헌을 죽였다. 이는 〈劉永傳〉에 기록했다. 동방이 모두 평정되자 부대를 정돈하여 낙양으로 회군하였다.

原文

會隗囂畔, 夏, 復遣漢西屯長安.

八年, 從東駕上隴, 遂圍隗囂於西城. 帝敕漢曰, "諸郡甲卒但坐費糧食, 若有逃亡, 則沮敗衆心, 宜悉罷之." 漢等貪並力攻囂, 遂不能遣, 糧食日少, 吏士疲役, 逃亡者多, 及公孫述救至, 漢遂退敗.

十一年春, 率征南大將軍岑彭等伐公孫述. 及彭破荊門, 長驅入江關, 漢留夷陵, 裝露橈船, 將南陽兵及弛刑募士三萬人泝江而上. 會岑彭爲刺客所殺, 漢並將其軍.

十二年春, 與公孫述將魏黨,公孫永戰於魚涪津, 大破之, 遂圍武陽. 述遣子婿史興將五千人救之. 漢迎擊興, 盡殄其衆, 因入犍爲界. 諸縣皆城守. 漢乃進軍攻廣都, 拔之. 遣輕騎燒成都市橋, 武陽以東諸小城皆降.

| 註釋 | ㅇ會隗囂畔 – 建武 6년 정식으로 반기, 건무 8년 광무제 親征, 9년 隗孝(외효) 病死. 13권, 〈隗囂公孫述列傳〉 立傳. ㅇ西城 – 天水郡의 현명. 今 甘肅省 남부 天水市 남쪽. ㅇ諸郡甲卒 – 각 군에서 징발한 군사. ㅇ夷陵(이릉) – 南郡의 현명. 今 湖北省 서부 宜昌市 夷陵區. ㅇ裝露橈船

– 橈는 작은 노 요〔小欃(소즘)〕. ○弛刑募士 – 형 집행을 연기시켜 동원한 죄수. ○魚涪津(어부진) – 지명. ○武陽 – 犍爲郡의 치소, 縣名. 今 四川省 중부 眉山市 彭山區에 해당. 武陽의 북쪽이 (20km 정도) 廣都, 廣都 북쪽 20km 정도가 바로 蜀郡의 成都이다. ○廣都 – 蜀郡의 현명. 今 四川省 成都市 남쪽.

[國譯]

그때 隗囂(외효)가 반기를 들었는데, 여름에 (광무제는) 오한을 보내 서쪽으로 가 長安에 주둔케 하였다.

(建武) 8년, 오한은 어가를 수행하여 隴西에 들어가 외효를 西城(西縣)에서 포위하였다. 광무제가 오한에게 지시하였다. "각 군에서 동원한 甲卒은 군량만 축낼 뿐만 아니라 도망자가 속출하면 군사의 사기만 떨어트리니 모두 해산시키는 것이 좋을 것이다." 그러나 오한 등은 전력을 다해 외효를 공격하려 했기 때문에 끝내 돌려보내지 못했고 군량은 날마다 줄었고 사졸이 크게 지치면서 도망자가 많았는데 또 공손술의 구원병이 도착하자 오한은 결국 퇴각하였다.

(建武) 11년 봄, 征南大將軍 岑彭(잠팽) 등이 공손술을 정벌하였다. 잠팽이 蜀의 荊門(형문)을 격파하고 군사를 몰아 長江의 관문을 통과할 때 오한은 夷陵(이릉)에 주둔하고 있다가 작은 노가 있는 戰船에 南陽郡의 군사 및 형 집행을 연기하고 동원한 군사 3만여 명을 거느리고 長江을 거슬러 올라갔다. 그 무렵 잠팽이 蜀의 자객에게 피살되자 오한은 잠팽의 군사까지 지휘하였다.

(건무) 12년(서기 36) 봄, 오한은 公孫述의 부장인 魏黨(위당) 및 公孫永(공손영)과 魚涪津(어부진)에서 싸워 적을 대파하고 마침내 武

陽(무양)을 포위하였다. 공손술은 사위 史興(사홍)에게 5천 군사를 거느리고 가 구원케 하였다. 오한은 사홍을 맞아 격파하여 그 군사를 모두 다 죽인 다음에 犍爲郡(건위군)의 경계로 진입하였다. 蜀郡의 여러 현은 모두 성을 지켰다. 오한은 바로 廣都縣을 공격하여 점령하였다. 그리고 경기병을 보내 成都 성 안의 다리를 불태웠고, 武陽 동쪽의 여러 작은 성들은 모두 투항하였다.

原文

帝戒漢曰, "成都十餘萬衆, 不可輕也. 但堅據廣都, 待其來攻, 勿與爭鋒. 若不敢來, 公轉營迫之, 須其力廢, 乃可擊也." 漢乘利, 遂自將步騎二萬餘人進逼成都, 去城十餘里, 阻江北爲營, 作浮橋, 使副將武威將軍劉尙將萬餘人屯於江南, 相去二十餘里.

帝聞大驚, 讓漢曰, "比敕公千條萬端, 何意臨事勃亂! 旣輕敵深入, 又與尙別營, 事有緩急, 不復相及. 賊若出兵綴公, 以大衆攻尙, 尙破, 公卽敗矣. 幸無它者, 急引兵還廣都."

詔書未到, 述果使其將謝豐, 袁吉將衆十許萬, 分爲二十餘營, 並出攻漢. 使別將將萬餘人劫劉尙, 令不得相救. 漢與大戰一日, 兵敗, 走入壁, 豐因圍之.

漢乃召諸將厲之曰, "吾共諸君踰越險阻, 轉戰千里, 所在斬獲, 遂深入敵地, 至其城下. 而今與劉尙二處受圍, 勢旣不接, 其禍難量. 欲潛師就尙於江南, 並兵禦之. 若能同心一力, 人自爲戰, 大功可立, 如其不然, 敗必無餘. 成敗之機, 在此一擧."

諸將皆曰"諾."

| **註釋** | ○比敕公千條萬端 – 연속 여러 가지로 公에게 주의를 주었다. ○勃亂(발난) – 混亂. ○綴公 – 綴은 꿰맬 철. 계속하다. 여기서는 공격을 계속하다. ○逾越險阻 – 逾越(유월)은 뛰어넘다. 險阻(험조)는 험한 지형. 위험, 난관.

[國譯]

광무제는 吳漢(오한)에게 여러 번 당부하였다.

"成都의 10여만 무리를 경시해서는 안 된다. 일단 廣都(광도)를 굳게 지키면서 적의 공격을 기다리며 적과 승패를 다투지 말라. 만약 적이 공격하지 않는다면 公은 군영을 옮겨 다니며 적을 압박하여 적이 지치기를 기다렸다가 공격해야 한다."

그러나 오한은 승리에 들 떠 직접 2만여 군사를 거느리고 진격하여 (公孫述의 도성인) 成都를 압박하며 성에서 10여 리 떨어진 강북안에 진영을 설치하였고, 副將 武威將軍 劉尙(유상)은 1만여 명을 거느리고 강의 남쪽에 군영을 두고 부교를 만들어 연결하였는데 그 거리가 20여 리였다.

광무제는 이를 보고 받고 크게 놀라며 오한을 질책하였다.

"그간 천만 가지로 公에게 일렀지만 무슨 생각으로 이번 일을 이리 어렵게 만들었는가! 이미 적을 경시하고 너무 깊이 전진한데다가 또 유상의 군영과 떨어져 있으니 유사시에 일의 완급에 따라 서로 도울 수도 없게 되었다. 만약 적이 군사를 내어 연속으로 공격하면서 또 다른 대군으로 유상의 군영을 격파한다면 公도 역시 패망하나니 급히 군사를 데리고 廣都縣으로 철수하라."

그러나 조서가 도착하기 전에, 공손술은 예상대로 부장 謝豐(사풍)과 袁吉(원길)에게 10여만 대군을 주어 20여 군영을 설치하고 오한의 군영을 한꺼번에 공격하였다. 그러면서 별장에게 1만여 군사를 주어 劉尙(유상)의 군영을 공격하여 서로 구원하지 못하게 하였다. 오한은 공손술의 군사와 하루를 싸워 패전한 뒤 보루로 돌아왔고 사풍의 군사는 오한을 포위하였다.

이에 오한은 모든 장수를 불러 격려하며 말했다.

"나와 여러분은 그동안 온갖 어려움을 이겨내며 1천 리 길을 싸우며 달려오면서 적을 무찔러 마침내 적지에 깊숙이 들어와 그 도성 가까이 이르렀다. 그러나 우리는 유상과 함께 두 곳이 포위를 당하여 서로 돕지도 못하니 그 폐해가 어떨지 헤아릴 수도 없다. 그래서 지금 비밀리에 군사를 빼내 강남 유상의 군영으로 이동한 뒤에 함께 적을 방어하려고 한다. 만약 여러분이 한마음으로 힘을 모아 모두 자발적으로 싸워준다면 큰 공을 세울 수 있지만 그렇지 않다면 패전하여 살아남을 자가 없을 것이다. 우리의 성패는 이 한 번에 달렸다."

그러자 모든 장수는 "옳습니다."라고 말했다.

原文

於是饗士秣馬, 閉門三日不出, 乃多樹幡旗, 使煙火不絶, 夜銜枚引兵與劉尙合軍. 豐等不覺, 明日, 乃分兵拒江北, 自將攻江南. 漢悉兵迎戰, 自旦至晡, 遂大破之, 斬謝豐,袁吉, 獲甲首五千餘級. 於是引還廣都, 留劉尙拒述, 具以狀上, 而深自譴責. 帝報曰, "公還廣都, 甚得其宜, 述必不敢略尙而擊公也. 若先攻尙, 公從廣都五十里悉步騎赴之, 適當値其危困, 破之必矣."

自是漢與述戰於廣都,成都之間, 八戰八克, 遂軍於其郭中. 述自將數萬人出城大戰, 漢使護軍高午,唐邯將數萬銳卒擊之. 述兵敗走, 高午奔陳刺述, 殺之. 事已見〈述傳〉. 旦日城降, 斬述首傳送洛陽.

明年正月, 漢振旅浮江而下. 至宛, 詔令過家上冢, 賜穀二萬斛.

| 註釋 | ㅇ饗士秣馬 – 饗은 잔치할 향. 秣은 꼴 말. 말을 먹이다. ㅇ銜枚(함매) – 병사들이 야간 이동 중에 떠들지 못하게 입에 하무(枚, 나무 조각)을 물리다. 銜은 재갈 함. ㅇ自旦至晡 – 아침부터(自旦) 오후 해질 무렵까지(至晡, 晡는 申時 포, 오후 4시 전후). ㅇ甲首 – 甲卒의 首級. ㅇ不敢略~ – 略은 過也. ㅇ八克 – 克은 이길 극. ㅇ事已見〈述傳〉 – 13권, 〈隗囂公孫述列傳〉.

[國譯]

이에 병사를 배불리 먹이고 말도 먹이면서 3일간 군영 문을 닫고 출병하지 않았고, 깃발을 많이 꽂고 횃불을 밝힌 뒤에 밤에 군사에게 재갈을 물리고 군사를 인솔하여 劉尙(유상)의 군영과 합쳤다. 이를 謝豐(사풍) 등은 알지 못하고, 다음 날 군사를 나눠 강북을 방어하면서 사풍은 직접 강남의 진영을 공격해왔다. 오한의 모든 군사는 적을 맞아 아침부터 해질 무렵까지 싸워 마침내 적을 대파하고 사풍과 원길을 죽였으며 병졸 5천여 명의 수급을 노획하였다. 그리고서는 군사를 모아 이끌고 廣都縣으로 돌아온 뒤, 유상을 남겨 원술을 방어하게 하고 오한은 상황을 보고하면서 통절하게 자신을 견책하였다. 이에 광무제가 답신을 보냈다.

"公이 廣都(광도)로 회군했다니 아주 적절한 조치이며, 공손술은 틀림없이 유상의 군영을 지나지 못하고서 공을 공격할 것이요. 만약 공손술이 유상의 군영을 먼저 공격한다면 공은 모든 보병과 기병을 데리고 廣都로부터 약 50리 정도를 진격하면서 유상을 지원하다가 적의 상황에 따라 공격한다면 틀림없이 격파할 것이요."

이후로 오한과 공손술은 廣都와 成都(성도) 사이에서 8번을 싸웠는데 8번을 이겼고 마침내 오한의 군사는 成都 성문 안으로 진입하였다. 공손술은 직접 수만 병력을 거느리고 城(內城)을 나와 크게 싸웠고 吳漢은 護軍인 高午(고오), 唐邯(당한)을 시켜 수만 명의 정병을 거느리고 공격하였다. 공손술의 군사가 패주하자 고오는 적진을 헤치고 들어가 공손술을 찔러 (그날 밤에) 죽게 했다. 이는 〈公孫述傳〉에 있다. 다음 날 성을 함락한 뒤 공손술의 수급을 잘라 낙양으로 보냈다.

다음 해 정월, 오한은 군사를 정돈하여 長江을 따라 내려왔다. 宛縣에 이르자 황제의 명으로 오한에게 고향에 들려 성묘하라면서 곡식 2만 斛(곡)을 하사하였다.

原文

十五年, 復率揚武將軍馬成,捕虜將軍馬武北擊匈奴, 徙雁門,代郡,上谷吏人六萬餘口, 置居庸,常山關以東.

十八年, 蜀郡守將史歆反於成都, 自稱大司馬, 攻太守張穆, 穆逾城走廣都, 歆遂移檄郡縣, 而宕渠楊偉,朐忍徐容等, 起兵各數千人以應之. 帝以歆昔爲岑彭護軍, 曉習兵事, 故遣漢率劉尙及太中大夫臧宮將萬餘人討之. 漢入武都, 乃發廣漢,巴,蜀三郡兵圍成都, 百餘日城破, 誅歆等. 漢乃乘桴沿江下巴郡, 楊偉,徐容等惶恐解散, 漢誅其渠帥二百餘人, 徙其黨與數百家於南郡,長沙而還.

|**註釋**| ㅇ(建武) 十五年 – 서기 39년. ㅇ居庸,常山關 – 居庸關은 北京 서북부 60km 위치, 인근 八達嶺 長城과 함께 주요한 방어시설. 常山關은 일명 鴻上關, 今 河北省 중부 保定市 唐縣 서북. ㅇ宕渠(탕거) – 巴郡의 현명. ㅇ朐忍(구인) – 巴郡의 현명. 今 重慶市 북동부 雲陽縣 서남 長江 북안. ㅇ武都 – 郡名. 治所는 下辨縣, 今 甘肅省 남부 隴南市 成縣. ㅇ黨與 – 一黨. 같은 무리. ㅇ長沙 – 郡名. 치소는 臨湘縣. 今 湖南省 동북부 長沙市(湖南省 省會).

[國譯]

(建武) 15년, 오한은 다시 揚武將軍 馬成(마성), 捕虜將軍 馬武(마무) 등을 거느리고 북쪽으로 匈奴를 치고, 雁門(안문), 代郡, 上谷郡의 관리 및 백성 6만여 가구를 居庸關(거용관)과 常山關(상산관) 동쪽으로 이주시켰다.

(建武) 18년, 蜀郡의 守將인 史歆(사흠)이 成都에서 반기를 들고 大司馬라 자칭하면서 太守인 張穆(장목)을 공격하자 장목은 성을 넘어 廣都縣(광도현)으로 탈출했는데, 사흠이 각 군현에 격문을 보내자 宕渠(탕거)의 楊偉(양위), 朐忍(구인)의 徐容(서용) 등이 군사를 일으켜 수천 명을 거느리고 그에 호응하였다. 광무제는 사흠이 옛날 岑彭(잠팽)의 護軍(호군)을 지내 군사에 대하여 잘 안다고 생각하여 오한이 劉尙(유상)과 太中大夫 臧宮(장궁)과 함께 1만여 명을 거느려 토벌하게 하였다. 오한은 武都郡에 가서 廣漢郡, 巴郡, 蜀郡의 군사를 동원하여 成都를 포위했는데, 1백여 일 만에 성을 함락시키고 사흠 등을 주살하였다. 오한이 배를 타고 長江을 따라 巴郡에 도착하자, 양위와 서용 등은 두려워 해산하였고, 오한은 그 우두머리격인 2백여 명을 죽이고 그 무리 수백 가구를 南郡과 長沙郡에 이사시키고 귀환하였다.

原文

漢性强力, 每從征伐, 帝未安, 恒側足而言. 諸將見戰陳不利, 或多惶懼, 失其常度. 漢意氣自若, 方整厲器械, 激揚士吏. 帝時遣人觀大司馬何爲, 還言方修戰攻之具, 乃嘆曰,

"吳公差强人意, 隱若一敵國矣!" 每當出師, 朝受詔, 夕卽引道, 初無辦嚴之日. 故能常任職, 以功名終.

及在朝廷, 斤斤謹質, 形於體貌. 漢嘗出征, 妻子在後買田業. 漢還, 讓之曰, "軍師在外, 吏士不足, 何多買田宅乎!" 遂盡以分與昆弟外家.

| 註釋 | ㅇ恒側足而言 - 늘 걱정하며 말하다. ㅇ隱若一敵國矣 - 隱은 위엄 있는 모양. 은인자중. 一敵國은 나라를 상대할 인물. 국가의 棟梁(동량). ㅇ初無辦嚴之日 - 嚴은 裝, 장비를 챙기다. 명제의 이름 莊(裝과 同音)을 피해 嚴으로 기록. ㅇ斤斤謹質 - 斤斤은 상세히 살피는 모양. 謹質은 근신 질박하다.

[國譯]

吳漢(오한)은 끈기가 있고 늘 애를 많이 쓰기에 원정을 나갈 때마다 광무제는 미안하여 늘 (오한이) 쉬지 못할까 걱정하였다. 여러 장수들은 전황이 불리하면 두려워 떨면서 평상심을 잃는 경우가 많았다. 그러나 오한은 늘 태연자약하면서도 언제나 장비를 점검하며 장졸을 격려하였다. 광무제가 가끔 사람을 보내 大司馬가 무엇을 하는 지 보고 오라고 했는데, 돌아와서는 언제나 전투 장비를 보수하고 있다고 보고하면 광무제는 "吳公은 늘 굳은 의지라서 나라의 기둥과 같도다!"라고 말했다. 매번 군사를 데리고 나갈 때마다, 아침에 조서를 받고 저녁때면 군대를 인솔하고 길을 떠났기에 처음부터 준비 기간이 따로 없었다. 그래서 늘 자신의 임무를 잘 수행하였고 성공할 수 있었다.

오한이 조정에 있을 때면 늘 조심하며 삼가고 꾸밈이 없는 그 성격이 그대로 모습에 나타났다. 한번은 오한이 출정한 사이에 아내가 농토를 사들였다. 오한이 돌아와서는 아내를 나무라며 말했다. "군대가 밖에 나가 싸우면 늘 비용이 모자라거늘 여기서는 어떻게 전택을 사들였는가!" 그리고서는 늘어난 땅을 모두 형제나 외가에 나눠주었다.

原文

二十年, 漢病篤. 車駕親臨, 問所欲言. 對曰, "臣愚無所知識, 惟願陛下愼無赦而已." 及薨, 有詔悼愍, 賜諡曰忠侯. 發北軍五校,輕車,介士送葬, 如大將軍霍光故事. 子哀侯成嗣, 爲奴所殺.

二十八年, 分漢封爲三國, 成子旦爲灈陽侯, 以奉漢嗣, 旦弟盱爲築陽侯, 成弟國爲新蔡侯. 旦卒, 無子, 國除. 建初八年, 徙封盱爲平春侯, 以奉漢後. 盱卒, 子勝嗣. 初, 漢兄尉爲將軍, 從征戰死, 封尉子彤爲安陽侯. 帝以漢功大, 復封弟翕爲褒親侯. 吳氏侯者凡五國.

初, 漁陽都尉嚴宣與漢俱會光武於廣阿, 光武以爲偏將軍, 封建信侯.

| **註釋** | ㅇ(建武) 二十年 – 서기 45년. ㅇ北軍五校, ~ – 後漢의 중앙군은 北軍이고 북군은 5개 단위부대(五校)로 구성되었다. 輕車는 兵車. 介士

는 甲士.

[國譯]

(建武) 20년, 吳漢의 병이 위독했다. 광무제가 친히 위문하며 하고 싶은 말을 물었다. 오한이 대답하였다. "臣은 어리석고 아는 것이 없습니다만, 폐하께서 나라의 모든 죄수를 사면하지 마시길 바랄 뿐입니다."

오한이 죽자 조서를 내려 애도하게 하였고, 시호는 忠侯(충후)였다. 北軍의 五校와 輕車(兵車), 介士(甲士)를 동원하여 장례를 치렀는데 (前漢의) 大將軍 霍光(곽광)의 전례를 따랐다. 아들인 哀侯 吳成이 뒤를 이었으나 노비에게 살해당했다.

(建武) 28년, 吳漢의 봉국을 三國으로 나누었는데, 吳成(오성)의 아들 吳旦(오단)을 灈陽侯(구양후)로 봉해 오한의 제사를 지내게 하였고, 오단의 동생 吳盱(오우)를 築陽侯(축양후), 오성의 동생 吳國(오국)을 新蔡侯(신채후)로 봉했다. 오단이 죽어 아들이 없어 나라를 없앴다.

(章帝) 建初 8년(서기 83)에, 吳盱(오우)를 平春侯(평춘후)로 옮겨 봉하여 吳漢의 제사를 받들게 하였다. 오우가 죽어 아들 吳勝(오승)이 계승했다. 그전에 오한의 형인 吳尉(오위)는 장군이 되었는데 원정 중에 전사해서 吳尉(오위)의 아들 吳彤(오동)을 安陽侯에 봉했다. 광무제는 吳漢의 공적이 크기에 다시 오한의 동생 吳翕(오흡)을 褒親侯(포친후)에 봉했었다. 吳氏로 제후가 된 자는 모두 5명이었다.

당초에, 漁陽郡 都尉 嚴宣(엄선)은 오한과 함께 廣阿(광아)에서 光武를 만났었는데 광무는 엄선을 편장군으로 삼아 建信侯(건신후)에 봉했다.

原文

論曰, 吳漢自建武世, 常居上公之位, 終始倚愛之親, 諒由質簡而强力也. 子曰, '剛毅木訥近仁' 斯豈漢之方乎! 昔陳平智有餘以見疑, 周勃資樸忠而見信. 夫仁義不足以相懷, 則智者以有餘爲疑, 而樸者以不足取信矣.

| 註釋 | ㅇ上公 – 周의 上公은 太傅, 太師, 太保. 前漢에서는 때로 太傅, 太師, 太保를 두었지만 실권은 없었다. 後漢에서는 太傅만을 두었는데, 元老重臣으로 임명했지만 常職은 아니었다. ㅇ終始倚愛之親 – 시종일관 황제의 期待와 신임을 받았다. ㅇ剛毅木訥近仁 – 剛은 剛直, 毅는 결단성 있음. 木은 朴, 質朴, 訥(눌)은 말수가 적고 말에 무게가 있음. 이 정도가 되면 仁을 실천할 바탕이 갖추어졌다는 뜻. 仁은 바탕만으로 완성되는 것은 아니다. 《論語 子路》의 구절. ㅇ昔陳平~, 周勃~ – 고조의 임종을 앞두고 여후가 고조에게 물었다. "폐하께서 百歲가 되시면 蕭(소) 상국도 죽을 것인데 누가 대신하면 좋겠습니까?" "曹參(조참)이 좋을 것이다." 그 다음을 묻자 고조가 말하였다. "王陵(왕릉)이 좋을 것이니 조금 고집스럽지만 陳平(진평)이 왕릉을 도우면 된다. 진평은 지혜가 넘치지만 혼자 감당하기는 어려울 것이다. 周勃(주발)은 重厚하고 학식이 좀 적어도 劉氏를 안정시킬 자는 틀림없이 주발일 것이니 太尉로 삼을 수 있다." 여기서 '진평은 지혜가 넘치지만~' 은 의심을 받은 것이며, '周勃(주발)은 重厚하고 학식이 좀 적어도~' 는 믿음이 간다는 뜻이었다.

[國譯]

范曄(범엽)의 史論 : "吳漢(오한)은 광무제 中興(建武) 이후로 늘 上公의 지위를 누렸고 죽을 때까지 광무제가 의지했고 신임했는데 이는 진실로 바탕이 질박 진실하면서도 노력했기 때문일 것이다. 공자께서도 '강직 과감하며 질박하고 말수가 느리면 仁의 바탕이 갖추어진 것' 이라 하였는데, 이것이 어찌 吳漢에게만 해당하겠는가!

예전에 陳平(진평)은 지혜가 넘쳤지만 의심을 받았고, 周勃(주발)은 바탕이 충직하였기에 신임을 받았다. 대개 仁義란 지혜가 부족하더라도 그런 바탕은 품을 수 있기에 智者의 지혜가 넘친다 하여도 의심이 가고, 질박한 자는 지혜가 부족하나 그래도 신임을 받을 수 있는 것이다."

❷ 蓋延

原文

蓋延字巨卿, 漁陽要陽人也. 身長八尺, 彎弓三百斤. 邊俗尙勇力, 而延以氣聞, 歷郡列掾,州從事, 所在職辦. 彭寵爲太守, 召延署營尉, 行護軍.

及王郎起, 延與吳漢同謀歸光武. 延至廣阿, 拜偏將軍, 號建功侯, 從平河北. 光武卽位, 以延爲虎牙將軍.

| 註釋 | ㅇ蓋延(개연, ?-39년) - 蓋(덮을 개)가 성씨. 雲臺二十八將의 한 사람. ㅇ漁陽要陽 - 漁陽은 군명, 要陽은 현명. 今 河北省 북부 承德市 서북 豐寧滿族自治縣(北京市의 북쪽과 접경). 建武 연간에 폐현. ㅇ彎弓三百斤 - 활의 크기나 세기는 斤으로 표시되었다. 3백 근 무게를 들을 수 있어야 당길 수 있는 활이란 뜻. 彎 활 당길 만, 굽을 만. ㅇ歷郡列掾,州從事

－歷은 역임하다. 郡列掾은 郡 掾吏의 여러 직책. 연리는 하급 관리, 胥吏, 掾은 도울 연. 州從事는 13주 자사부의 속관. 漁陽郡은 幽州의 관할. 幽州 刺史의 從事. ㅇ署營尉 － 署는 부서에 속하다. 郡의 都尉. ㅇ護軍 － 또는 中護軍, 護軍將軍의 속관, 護軍都尉는 장군의 명을 받아 군사 지휘, 護軍司馬는 장군의 업무를 보좌하는 중급 武官. 무관 감찰.

[國譯]

蓋延(개연)의 字는 巨卿(거경)인데, 漁陽郡 要陽縣(요양현) 사람이다. 신장이 8척(약 185cm)으로 3백 근 활을 당길 수 있었다. 변방의 습속은 勇力을 숭상하기에 개연은 기운이 세다고 소문이 났고 郡의 여러 掾吏(연리)와 (幽州) 刺史의 從事(종사)를 지내며 사는 곳에서 직무를 수행했다. 彭寵(팽총)이 (漁陽郡) 太守가 되자 개연을 불러 郡의 都尉 겸 護軍(호군) 대행에 임명했다.

王郞(王昌)이 봉기하자, 개연과 吳漢(오한)은 함께 光武에 귀부하기로 했다. 개연은 廣阿(광아)에서 광무를 만나 偏將軍에 建功侯가 되어 광무를 따라 河北 일대를 평정하였다. 光武가 卽位하며 개연을 虎牙將軍에 임명하였다.

原文

建武二年, 更封安平侯. 遣南擊敖倉, 轉攻酸棗,封丘, 皆拔. 其夏, 督駙馬都尉馬武,騎都尉劉隆,護軍都尉馬成,偏將軍王霸等南伐劉永, 先攻拔襄邑, 進取麻鄕, 遂圍永於睢陽. 數月, 盡收野麥, 夜梯其城入. 永驚懼, 引兵走出東門, 延追擊, 大破之. 永棄軍走譙, 延進攻, 拔薛, 斬其魯郡太守, 而彭城,扶陽,杼秋,蕭皆降. 又破永沛郡太守, 斬之. 永將蘇茂,佼彊,周建等三萬餘人救永, 共攻延, 延與戰於沛西, 大破之. 永軍亂, 遁沒溺死者大半. 永棄城走湖陵, 蘇茂奔廣樂. 延遂定沛,楚,臨淮, 修高祖廟, 置嗇夫,祝宰,樂人.

三年, 睢陽復反城迎劉永, 延復率諸將圍之百日, 收其野穀. 永乏食, 突走, 延追擊, 盡得輜重. 永爲其所殺, 永弟防舉城降.

| 註釋 | ㅇ敖倉(오창) - 敖倉(오창)은 鴻溝(홍구)와 黃河의 합류지점인 滎陽城(형양성) 동북 敖山(오산)에 있는 군량 창고. 今 河南省 鄭州市 관할 滎陽市 동북. 楚漢戰 당시는 물론 後漢에서도 중요한 군량 창고였다. ㅇ酸棗(산조), 封丘 - 陳留郡(今 河南省 開封市 일대)의 현명. 今 河南省 북부 新鄉市 관할 延津縣. ㅇ駙馬都尉馬武 - 駙馬都尉는 武帝 때 처음 설치. 질록 比二千石. 皇帝 副車의 馬匹을 관리, 宗室이나 외척으로 充任. 魏晋 이래로 황제 사위에 대한 별칭으로 사용. ㅇ劉永 - (前漢) 梁 孝王(劉武)의 8世孫, 12권, 〈王劉張李彭盧列傳〉 立傳. ㅇ譙(초) - 沛郡(패군, 치소는 相縣)의 현명. 今 安徽省 북쪽의 亳州市(박주시). ㅇ彭城,扶陽,杼秋,蕭 - 모두 현명. 彭城(팽성)은 彭城國 치소 彭城縣(今 江蘇省 북부 徐州市). 扶陽은 魯郡, 杼秋(저추), 蕭縣(소현)은 沛國의 현명. ㅇ沛,楚,臨淮 - 楚는 彭城縣을 지칭. 臨淮는 下邳國(하비국), 治所 下邳縣, 今 江蘇省 徐州市 관할의 睢寧縣(수녕현). ㅇ嗇夫,祝宰,樂人 - 嗇夫(색부)는 본래 鄕職. 공평한 부역이 되도록 조정 역할 담당. 園陵의 색부는 제사 관련 업무 담당. 祝宰는 祠祀을 담당하는 小官.

[國譯]

建武 2년, 蓋延은 安平侯에 다시 봉해졌다. (개연은) 남쪽으로 내려가 敖倉(오창)을 공격하고 돌아오면서 酸棗(산조)와 封丘(봉구) 현을 모두 점령하였다. 그해 여름, 駙馬都尉 馬武(마무), 騎都尉 劉隆(유륭), 護軍都尉 馬成(마성), 偏將軍 王霸(왕패) 등을 감독하며 남쪽의 劉永(유영)을 정벌하였는데 먼저 襄邑(양읍)을 공격하여 차지하고 더 나아가 麻鄉(마향)을 차지하였으며 마침내 유영을 睢陽(수양)에서 포위하였다. 몇 달 대치하면서 들판의 보리를 모두 수확하였고, 밤에 사다리를 타고 성에 진입하였다. 유영이 놀라고 두려워 군사를 거느리고 東門으로 도주하자 개연이 추격하여 대파하였다. 유영이 군사를 버리고 譙縣(초현)으로 도주하자, 개연이 추격하여 薛縣(설현)을 공격했고 (유영이 임명한) 魯郡(노군) 태수를 죽이자, 彭城(팽성), 扶陽(부양), 杼秋(저추), 蕭縣(소현) 등이 모두 투항하였다. 또 개연은 유영의 沛郡太守를 격파하여 죽여버렸다. 유영의 장수인 蘇茂(소무), 佼彊(교강), 周建(주건) 등이 3만여 군사를 거느리고 유영을 구원하며 함께 개연을 공격하였는데 개연은 그들을 맞아 沛縣 서쪽에서 싸워 대파하였다. 유영의 군사가 혼란에 빠지면서 도망치거나 웅덩이에 떨어지고 물에 빠져 죽은 자가 태반이었다. 유영은 성을 버리고 湖陵(호릉)으로 도주하였고, 소무는 廣樂(광락)으로 달아났다. 개연은 마침내 沛郡, 楚(彭城), 臨淮(下邳) 郡을 평정한 뒤 高祖의 묘당을 수리하고 嗇夫(색부)와 祝宰(축재), 樂人(악인) 등을 임명하여 관리하게 하였다.

(건무) 3년, 睢陽縣(수양현)이 반기를 들어 유영을 城으로 맞아들였는데, 개연은 다시 여러 장수를 거느리고 성을 100여 일이나 포위

하고 그 들판의 곡식을 수확하였다. 유영은 군량이 없자 갑자기 도주하였는데 개연이 추격하여 군사 장비를 모두 노획하였다. 유영이 부하에게 피살되자 유영의 동생 劉防(유방)이 성을 들어 투항하였다.

原文

四年春, 延又擊蘇茂,周建於蘄, 進與董憲戰留下, 皆破之. 因率平狄將軍龐萌攻西防, 拔之. 復追敗周建,蘇茂於彭城, 茂,建亡奔董憲, 董憲將賁休擧蘭陵城降. 憲聞之, 自郯圍休. 時, 延及龐萌在楚, 請往救之. 帝敕曰, "可直往擣郯, 則蘭陵必自解."

延等以賁休城危, 遂先赴之. 憲逆戰而陽敗, 延等逐退, 因拔圍入城. 明日, 憲大出兵合圍, 延等懼, 遽出突走, 因往攻郯.

帝讓之曰, "間欲先赴郯者, 以其不意故耳. 今旣奔走, 賊計已立, 圍豈可解乎!" 延等至郯, 果不能克, 而董憲遂拔蘭陵, 殺賁休. 延等往來要擊憲別將於彭城,郯,邳之間, 戰或日數合, 頗有克獲. 帝以延輕敵深入, 數以書誡之. 及龐萌反, 攻殺楚郡太守, 引軍襲敗延, 延走, 北渡泗水, 破舟楫, 壞津梁, 僅而得免. 帝自將而東, 徵延與大司馬吳漢,漢忠將軍王常,前將軍王梁,捕虜將軍馬武,討虜將軍王霸等會任城, 討龐萌於桃鄉, 又並從征董憲於昌慮, 皆破平之.

六年春, 遣屯長安.

| 註釋 | ○蘄(기) – 沛郡(國)의 현명. 今 安徽省 북부 宿州市. ○進與董憲戰留下 – 留는 楚國(彭城國)의 현명. 今 江蘇省 徐州市 沛縣(江蘇省의 최북단). ○攻西防 – 西防은 현명. 今 山東省 서남부 菏澤市 관할 單縣, 후한에서는 폐현. ○擣郯 – 擣는 찧을 도. 치다. 郯은 東海郡 치소인 郯縣(담현), 今 山東省 남부 臨沂市 관할 郯城縣(담성현). ○蘭陵(난릉) – 東海郡의 縣名. 今 山東省 남부 臨沂市(임기시) 蘭陵縣. ○殺賁休 – 날랠 분, 성씨 분(賁休, 賁 音 奔). 꽤 이름 비, 성씨 비(賁赫 音 肥). ○北渡泗水 – 泗水는 山東省 중부와 江蘇省 북부를 지나는 淮水의 지류. 대운하의 일부. 前漢의 郡名. 치소는 相縣, 侯國名. 치소는 淩縣(능현), 今 江蘇省 宿遷市 관할 泗陽縣. 建武 13년 폐국, 廣陵郡에 흡수되었다. ○任城 – 현명. 뒷날 국명. 今 山東省 서남부 齊寧市 任城區에 해당.

[國譯]

(건무) 4년 봄, 개연은 또 蘇茂(소무)와 周建(주건)을 (沛郡의) 蘄縣(기현)에서 격파하고 더 나아가 董憲(동헌)과 (楚國) 留縣(유현) 근처에서 싸워 모두 격파하였다. 이어 平狄將軍 龐萌(방맹)을 거느리고 西防縣을 공격하여 점령하였다. 다시 주건과 소무를 彭城(팽성)에서 추격하자 소무와 주건은 董憲(동헌)에게로 달아났고, 董憲(동헌)의 부장인 賁休(분휴)는 蘭陵城(난릉성)을 들어 투항하였다. 동헌이 이를 알고서 (東海郡) 郯縣(담현)에서 달려와 분휴를 포위하였다. 그때 개연은 龐萌(방맹)과 함께 楚에 있으면서 같이 가서 분휴를 구원하자고 요청하였다.

광무제가 개연에게 명령하였다. "곧바로 가서 담현을 치면 난릉은 틀림없이 저절로 풀릴 것이다." 그러나 개연 등은 분휴의 성이 위급하다고 생각하여 먼저 도우러 갔다. 그러자 동헌은 개연을 맞아 싸우면서 거짓으로 패한 척하자 개연 등은 동헌을 추격하여 포위를 풀어버리고 난릉성에 들어갔다. 다음 날 동헌이 대군을 출동시켜 난릉을 에워싸자 개연 등은 두려워 갑자기 돌진해 성을 나와 담현을 공격하였다. 그러자 광무제가 개연을 책망하였다.

"앞서 먼저 담현을 공격하라 했던 것은 적이 예상치 못했기 때문이었다. 지금 패주하였고 적이 이미 대비하였을 터인데 난릉성의 포위를 해결할 수 있겠는가?"

개연 등이 담현에 도착 공격하였지만 이기질 못했으며 동헌은 마침내 난릉성을 차지하고 분휴를 죽였다. 개연 등이 오가며 동헌의 부장들과 彭城, 郯縣(담현), 邳縣(비현)에서 싸웠는데 전투가 어떤 때는 하루에도 몇 차례나 격돌하면서 여러 번 이겼다. 광무제는 개연이 적을 경시하여 너무 깊숙이 들어갔다 생각하여 조서로 여러 번 주의를 촉구하였다.

급기야 龐萌(방맹)이 반기를 들고서 楚郡太守를 공격 살해하였고 군사를 이끌고 개연을 기습하여 이기자 개연은 패주하며 북쪽으로 나아가 泗水를 건넌 다음에 배를 부수고 나루터 교량을 부순 다음에야 겨우 벗어날 수 있었다.

이에 광무제는 직접 군사를 거느리고 동쪽으로 와서 개연과 大司馬 吳漢(오한), 漢忠將軍 王常(왕상), 前將軍 王梁(왕량), 捕虜將軍 馬武(마무), 討虜將軍 王霸(왕패) 등을 任城(임성)으로 불러 모아 방맹을 桃鄉(도향)이란 곳에서 격파하고 이어 합세하여 동헌을 昌慮(창려)에서 격파하여 모두 평정하였다.

(建武) 6년 봄, 개연을 長安에 주둔케 하였다.

原文

九年, 隗囂死, 延西擊街泉,略陽,淸水諸屯聚, 皆定.

十一年, 與中郞將來歙攻河池, 未克, 以病引還, 拜爲左馮翊, 將軍如故.

十三年, 增封定食萬戶. 十五年, 薨於位. 子扶嗣. 扶卒, 子側嗣. 永平十三年, 坐與舅王平謀反, 伏誅, 國除. 永初七年, 鄧太后紹封延曾孫恢爲蘆亭侯. 恢卒, 子遂嗣.

| **註釋** | ㅇ(建武) 九年 – 서기 33년. 隗囂(외효)는 병들고 굶주리다가 성 밖에서 볶은 쌀로 식사를 하다가 성질이 나서 죽었다. ㅇ街泉,略陽,淸水 – 天水郡의 縣名. ㅇ河池 – 武都郡(治所는 下辨縣, 今 甘肅省 남부 隴南市 成縣)의 현명. ㅇ左馮翊 – 장안 부근의 행정구역이면서 지방관 직명. 治所는 高陵縣, 今 陝西省 西安市 高陵區. ㅇ永平十三年 – 明帝, 서기 70년. ㅇ坐與舅王平謀反 – 明帝 永平 13년 11월, 楚王 劉英(유영)이 모반하자 폐위하여 나라를 없애고 涇縣(경현)으로 옮겼다. 이와 연관하여 죽거나 이주한 자가 수천 명이었다. 王平은 劉英의 모반에 연관되어 죽었다. ㅇ永初七年 – 安帝 113년.

[國譯]

(建武) 9년, 隗囂(외효)가 죽자, 蓋延(개연)은 서쪽으로 街泉(가천), 略陽(약양), 淸水縣(청수현) 등에서 잔당을 모두 평정하였다.

11년, 中郎將 來歙(내흡)과 함께 (武都郡) 河池縣(하지현)을 공격하였으나 이기지 못했고 병이 나서 돌아와 左馮翊(좌풍익)을 제수 받았으며 장군직은 전과 같았다.

(건무) 13년, 봉읍을 확정하며 식읍 1만 호를 더 받았다.

(建武) 15년 관직에 있으면서 죽었다. 아들 蓋扶(개부)가 뒤를 이었다. 개부가 죽고 아들 蓋側(개측)이 뒤를 이었다. (明帝) 永平 13년 외숙 王平(왕평)의 모반에 연관되어 처형당했고 나라가 없어졌다. (安帝) 永初 7년, 鄧太后가 蓋延의 증손 蓋恢(개회)를 蘆亭侯(노정후)로 이어 봉했다. 개회가 죽고, 아들 蓋遂(개수)가 이었다.

❸ 陳俊

原文

陳俊字子昭, 南陽西鄂人也. 少爲郡吏, 更始立, 以宗室劉嘉爲太常將軍, 俊爲長史. 光武徇河北, 嘉遣書薦俊, 光武以爲安集掾.

從擊銅馬於淸陽, 進至蒲陽, 拜强弩將軍. 與五校戰於安次, 俊下馬, 手接短兵, 所向必破, 追奔二十餘里, 斬其渠帥而還. 光武望而嘆曰, "戰將盡如是, 豈有憂哉!" 五校引退入漁陽, 所過虜掠. 俊言於光武曰, "宜令輕騎出賊前, 使百姓各自堅壁, 以絶其食, 可不戰而殄也." 光武然之, 遣俊將輕騎馳出賊前. 視人保壁堅完者, 敕令固守, 放散在野者,因掠取之. 賊至無所得, 遂散敗. 及軍還, 光武謂俊曰, "困此虜者, 將軍策也." 及卽位, 封俊爲列侯.

| 註釋 | ㅇ陳俊(진준, ?-47) - 雲臺 28將의 한 사람. ㅇ南陽 西鄂(서악) - 현명. 今 河南省 南陽市 북쪽. ㅇ長史 - 丞相, 太尉, 公, 將軍, 太守의 속관, 태수의 속관은 군사에 관한 일 담당. 질록 6백석~1천석. ㅇ安集掾(안집연) - 安集掾은 軍의 직책 이름. 군사 모집책. ㅇ銅馬於淸陽 - 銅馬는 농민 봉기군의 이름. 淸陽은 淸河郡의 治所, 縣名. 今 河北省 邢台市 관할 淸河縣(山東省 접경 지역). 후한에서는 폐현. ㅇ戰於安次 - 安次는 廣陽郡의 현명. 今 河北省 중부 廊坊市 安次區. (北京市, 天津市와 접경). ㅇ不戰而殄 - 殄은 다할 진. 모조리 죽이다.

[國譯]

陳俊(진준)의 字는 子昭(자소)인데, 南陽郡 西鄂縣(서악현) 사람이다. 젊어 郡吏였는데, 更始가 즉위하며 宗室 劉嘉(유가)를 太常將軍에 임명하자, 진준은 그 長史가 되었다. 光武가 河北을 경략할 때, 유가는 서신을 보내 진준을 천거했고, 光武는 진준을 安集掾(안집연)으로 삼았다.

진준은 광무를 따라 銅馬賊을 淸陽(청양)에서 격파하고 蒲陽(포양)에 진격하여 彊弩將軍(강노장군)을 제수 받았다. 五校(오교) 무리와 (廣陽郡) 安次縣에서 싸울 때 진준은 말에서 내려 단병접전을 하면서 맞선 자를 모두 죽였고 달아나는 자를 20여 리 쫓아가서 그 우두머리 머리를 잘라서 돌아왔다. 光武가 바라보고 감탄하며 말했다. "장수라면 모두 이와 같아야 하나니, 이보다 나은 자가 어디 있겠는가!"

五校의 무리는 漁陽郡으로 물러나가면서 지나는 곳에서 노략질을 하였다. 진준이 光武에게 말했다. "경기병을 적진에 보내고 백성들은 보루 안에서 각자 굳게 지키게 하여 식량을 차단하면 싸우지 않고도 적을 다 무찌를 수 있습니다."

光武도 같은 생각으로 진준을 보내 경기병을 거느리고 출전케 하였다. 백성들에게 완전한 보루가 있으면 모여 굳게 지키게 하고 들에 흩어진 백성들은 강제로 잡아들였다. 적병이 들어왔어도 노략질할 것이 없자 결국 흩어졌다. 진준이 군사를 거느리고 돌아오자 광무가 말했다.

"이번에 적을 곤궁하게 만든 것은 장군의 방책이다."

광무제가 즉위하자 진준은 열후에 책봉되었다.

原文

建武二年春, 攻匡賊, 下四縣, 更封新處侯. 引擊頓丘, 降三城. 其秋, 大司馬吳漢承制拜俊爲彊弩大將軍, 別擊金門, 白馬賊於河內, 皆破之.

四年, 轉徇汝陽及項, 又拔南武陽. 是時, 太山豪傑多擁衆與張步連兵, 吳漢言於帝曰, "非陳俊莫能定此郡." 於是拜俊太山太守, 行大將軍事. 張步聞之, 遣其將擊俊, 戰於嬴下, 俊大破之, 追至濟南, 收得印綬九十餘, 稍攻下諸縣, 遂定太山.

五年, 與建威大將軍耿弇共破張步. 事在〈弇傳〉.

| 註釋 | ㅇ攻匡賊 – 匡(광)은 지명. 匡城縣, 今 河南省 북동쪽 省 직할 長垣縣(장원현). 그 북쪽으로 濮陽市와 접경, 황하 건너편은 山東省 菏澤市. ㅇ頓丘(돈구) – 東郡의 현명. ㅇ別擊金門,白馬賊 – 金門, 白馬는 모두 山名. ㅇ汝陽及項 – 汝陽과 項(항)은 汝南郡 현명. 汝陽은 今 河南省 동부 周口市 관할의 商水縣. 項(항)은 今 河南省 동부 周口市 관할 沈丘縣. ㅇ南武陽 – 太山郡의 현명. ㅇ嬴(영) – 太山郡의 현명. ㅇ濟南 – 군명. 治所는 東平陵縣. 今 山東省 濟南市 관할의 章丘市. ㅇ事在〈弇傳〉 – 19권, 〈耿弇列傳, 경엄〉.

[國譯]

建武 2년 봄, 陳俊(진준)은 匡(광, 匡城縣)의 도적 무리를 평정하고 4개 현을 평정하였으며 다시 新處侯(신처후)에 봉해졌다. 진준은 군사를 이끌고 (東郡) 頓丘縣(돈구현)을 공격하여 3개 성을 항복하게 했다. 그 가을에 大司馬 吳漢(오한)은 황제의 명을 받아 진준을 彊弩大將軍에 임명하였으며, 진준은 별도로 金門山, 白馬山의 도적을 河內郡에서 공격하여 모두 격파하였다.

4년, 방향을 돌려 (汝南郡) 汝陽縣 및 項縣을 경략했고 南武陽을 평정하였다. 이 무렵 太山郡의 호걸들은 많은 무리를 거느리고 張步(장보)와 군사적으로 연결되었는데 吳漢이 광무제에게 "陳俊이 아니라면 泰山郡을 평정할 사람이 없습니다."라고 말했다. 이에 진준은 太山太守를 제수 받고 大將軍 직무를 대행하였다. 장보가 이를 알고 그 부장을 보내 (泰山郡) 嬴縣(영현)에서 공격케 하였는데, 진준은 이를 격파하고 잔당을 濟南郡까지 추격하여 (장보가 제작한) 印綬 90여 개를 빼앗고 점차 여러 현을 함락시켜 마침내 太山郡을 평정하였다.

5년, 建威大將軍 耿弇(경엄)과 함께 張步(장보)를 격파하였는데, 이는 〈耿弇傳〉에 기록했다.

原文

時, 琅邪未平, 乃徙俊爲琅邪太守, 領將軍如故. 齊地素聞俊名, 入界, 盜賊皆解散. 俊將兵擊董憲於贛楡, 進破朐賊孫陽, 平之.

八年, 張步畔, 還琅邪, 俊追討, 斬之. 帝美其功, 詔俊得專征青,徐. 俊撫貧弱, 表有義, 檢制軍吏, 不得與郡縣相干, 百姓歌之. 數上書自請, 願奮擊隴,蜀. 詔報曰, "東州新平, 大將軍之功也. 負海猾夏, 盜賊之處, 國家以爲重憂, 且勉鎭撫之."

十三年, 增邑, 定封祝阿侯. 明年, 徵奉朝請.

二十三年卒. 子浮嗣, 徙封蘄春侯. 浮卒, 子專諸嗣. 專諸卒, 子篤嗣.

|**註釋**| ㅇ琅邪 – 琅邪郡(國), 徐州 관할 군명. 治所는 開陽縣, 今 山東省 남부의 臨沂市. ㅇ贛楡(공유) – 東海郡(國)의 縣名. 해안가. 동해군은 낭야군의 남쪽에 위치. ㅇ專征青,徐 – 청주자사부와 서주자사부의 관할 지역에 대한 평정을 전담하다. ㅇ負海猾夏 – 바다를 이용하여 華夏(中華)를 어지럽히다. 猾은 교활할 활. 어지럽히다. ㅇ祝阿侯 – 祝阿(축아)는 青州 관할 平原郡의 현명.

[國譯]

그때, 琅邪郡(낭야군)이 평정되지 않았기에 陳俊을 낭야태수로 전직시키고 장군의 직무는 그대로 겸직하였다. 齊(제) 지역에는 평소 진준의 명성이 알려졌기에 임지에 들어가자 도적 무리는 거의 해산하였다. 진준은 군사를 거느리고 (東海郡) 贛榆縣(공유현)에서 董憲(동헌)을 격파한 뒤에 더 나아가 朐賊(구적) 孫陽(손양)을 격파하여 평정하였다.

(建武) 8년, 張步(장보)가 반기를 들고 琅邪郡(낭야군)에 들어오자 진준은 이들을 추적 토벌하고 죽였다. 광무제는 진준의 공적을 칭찬하며 조서를 내려 진준이 靑州와 徐州 지역을 재량으로 평정하게 하였다. 진준은 약자를 돕고 절의를 지킨 자를 표창하며 군관을 통제하였지만 각 군현에 간섭하지 않아 백성들이 진준을 칭송하였다. 진준은 자주 표문을 올려 隴西(농서)나 蜀郡에 가서 (공손술과) 싸우겠다고 자청하였다. 그러자 광무제가 답신을 보냈다.

"東州 지역이 이제 다 평정된 것은 대장군의 공로이다. 바다를 등지고 華夏(中華)의 땅을 어지럽히는 도적의 땅이 되면 나라의 큰 걱정거리이니 힘써 동주 지역을 진무토록 하라."

(建武) 13년 식읍을 더 받고 祝阿侯(축아후)가 되었다. 다음 해, 부름을 받아 奉朝請이 되었다.

(建武) 23년(서기 47)에 죽었다. 아들 陳浮(진부)가 이었는데 蘄春侯(춘신후)로 옮겼다. 진부가 죽고, 아들 陳專諸(진전제)가 이었다. 진전제가 죽고, 아들 陳篤(진독)이 후사가 되었다.

❹ 臧宮

原文

臧宮字君翁, 潁川郟人也. 少爲縣亭長,遊徼, 後率賓客入下江兵中爲校尉, 因從光武征戰, 諸將多稱其勇. 光武察宮勤力少言, 甚親納之. 及至河北, 以爲偏將軍, 從破群賊, 數陷陳卻敵.

光武卽位, 以爲侍中,騎都尉. 建武二年, 封成安侯. 明年, 將突騎與征虜將軍祭遵擊更始將左防,韋顔於涅陽,酈, 悉降之. 五年, 將兵徇江夏, 擊代鄕,鐘武,竹里, 皆下之. 帝使太中大夫持節拜宮爲輔威將軍. 七年, 更封期思侯. 擊梁郡,濟陰, 皆平之.

| 註釋 | ㅇ臧宮(장궁) – 雲臺 28將의 한 사람. ㅇ潁川郟人 – 潁川(영천)은 군명, 郟(겹)은 현명. 今 河南省 중부 平頂山市 관할 郟縣. 郟은 땅이름 겹. ㅇ遊徼 – 鄕官. 鄕은 縣 아래 기본 행정 단위. 10里에 1亭, 10정을 1鄕이라 하고 鄕吏(향리)를 두었는데 鄕吏로는 교화를 담당하는 三老, 聽訟과 賦稅 징수를 돕는 嗇夫(색부), 순찰과 도적 체포를 담당하는 遊徼(유요)가 있었다. ㅇ涅陽,酈 – 涅陽(열양)과 酈(역, 지명 력)은 南陽郡의 현명. ㅇ江夏 – 군명. 治所 西陵縣, 今 湖北省 武漢市 新洲區. ㅇ代鄕(대향), 鐘武(종무), 竹里(죽리) – 江夏郡의 지명. ㅇ期思侯 – 期思는 汝南郡의 縣名. ㅇ梁郡, 濟陰 – 모두 군명. 濟陰郡 治所는 定陶縣, 今 山東省 서남 菏澤市 定陶區.

[國譯]

臧宮(장궁)의 字는 君翁(군옹)으로 潁川郡(영천군) 郟縣(겹현) 사람이다. 젊어서 縣의 亭長과 遊徼(유요)가 되었는데 뒤에 賓客(食客)을 거느리고 下江兵 무리에 들어가 校尉가 되었고 그러다가 光武를 따라 정벌에 나섰는데 많은 장수가 그 용기를 칭찬하였다. 광무도 장궁이 부지런히 힘쓰고 말수가 적은 것을 보고 매우 신임하였다. 河北에 이르러 장궁은 偏將軍이 되었는데 많은 적을 격파하거나 여러 번 적진을 무너트리고 적병을 물리쳤다.

光武帝가 즉위한 뒤 侍中과 騎都尉가 되었다. 建武 2년, 成安侯가 되었다. 그 다음 해, 돌격 기병을 거느리고 征虜將軍 祭遵(제준)과 함께 更始의 부장인 左防(좌방)과 韋顔(위안)을 (南陽郡)의 涅陽(열양)과 酈縣(역현)에서 공격하여 모두 항복케 하였다.

5년에 군사를 거느리고 江夏郡을 경략하면서 (강하군의) 代鄕(대향), 鐘武(종무), 竹里(죽리) 등을 모두 평정하였다. 광무제는 太中大夫에게 부절을 갖고 가서 장궁을 輔威將軍에 임명하게 하였다. 7년, 장궁을 期思侯에 봉했다. 장궁은 梁郡과 濟陰郡(제음군) 지역을 모두 평정하였다.

原文

十一年, 將兵至中盧, 屯駱越. 是時, 公孫述將田戎,任滿與征南大將軍岑彭相距於荊門, 彭等戰數不利, 越人謀畔從蜀. 官兵少, 力不能制. 會屬縣送委輸車數百乘至, 宮夜使鋸斷城門限, 令車聲回轉出入至旦. 越人候伺者聞車聲不絶, 而門限斷, 相告以漢兵大至. 其渠帥乃奉牛酒以勞軍營. 宮陳兵大會, 擊牛釃酒, 饗賜慰納之, 越人由是遂安.

| 註釋 | ㅇ(建武) 十一年 - 서기 35년. ㅇ將兵至中盧 - 南郡의 현명. 今 湖北省 襄陽市. 駱越(낙월)은 越人의 부족 이름. 지명. ㅇ越人謀畔從蜀 - 越人은 長江, 五嶺산맥 이남 지금 貴州省 廣東省 廣西省 일대의 원주민. ㅇ擊牛釃酒 - 擊牛는 소를 잡다. 釃酒(시주)는 술을 거르다(下酒).

[國譯]

(建武) 11년, 臧宮(장궁)은 군사를 거느리고 (南郡) 中盧縣(중로현)에 도착하여 駱越(낙월)이란 곳에 주둔하고 있었다. 이때, 公孫述(공손술)의 부장 田戎(전융)과 任滿(임만)은 征南大將軍인 岑彭(잠팽)과 荊門(형문)에서 대치하고 있었는데 잠팽의 군사가 여러 번 싸웠으나 이기지 못하자, 越人들은 반기를 들고 공손술을 따르려 하였다. 그러나 漢軍은 숫자가 적어 월인으로, 힘으로 제압할 수 없었다. 마침 부근 속현에서 보낸 수송 수레 수백 량이 도착하였는데, 장궁은 밤에 톱으로 성문 문턱을 자르고 출입하는 수레 소리가 새벽까지 울려 나가게 하였다. 월인의 염탐꾼은 밤새 수레 소리가 들렸고 또 성문 문턱도 잘려 나간 것을 보고 많은 漢軍이 도착하였다고 알렸다. 이에 그 우두머리는 소와 술을 가지고 와서 군사를 위로하였다. 장궁은 장졸을 모두 모아놓고 소를 잡고 술을 걸러 월인들을 대우하자 월인은 그런대로 안정되었다.

原文

宮與岑彭等破荊門, 別至垂鵲山, 通道出秭歸, 至江州. 岑彭下巴郡, 使宮將降卒五萬, 從涪水上平曲. 公孫述將延岑盛兵於沈水, 時宮衆多食少, 轉輸不至, 而降者皆欲散畔, 郡邑復更保聚, 觀望成敗. 宮欲引還, 恐爲所反, 會帝遣謁者將兵詣岑彭, 有馬七百匹, 宮矯製取以自益, 晨夜進兵, 多張旗幟, 登山鼓譟, 右步左騎, 挾船而引, 呼聲動山谷.

岑不意漢軍卒至, 登山望之, 大震恐. 宮因從擊, 大破之. 斬首溺死者萬餘人, 水爲之濁流. 延岑奔成都, 其衆悉降, 盡獲其兵馬珍寶. 自是乘勝追北, 降者以十萬數.

| 註釋 | ㅇ秭歸, 至江州 – 秭歸(자귀)는 南郡의 현명. 今 湖北省 서부 長江 북안 宜昌市 秭歸縣(자귀현). 江州는 巴郡의 治所, 縣名. 今 重慶市 도심인 渝中區(투중구, 渝 本音 유)에 해당. ㅇ從涪水上平曲 – 涪水(부수)를 따라 平曲까지 거슬러 올라오다. 平曲은 지명. 위치 미상. ㅇ恐爲所反 – 反은 뒤집힐 번. 뒤엎다. ㅇ乘勝追北 – 追北(추배)는 달아나는 자를 추격하다. 北은 달아날 배.

[國譯]

장궁과 岑彭(잠팽) 등은 荊門(형문)을 격파하고, 군사를 나눠 垂鵲山(수작산)을 거쳐 길을 내며 秭歸縣(자귀현)을 거쳐 江州(강주)에 도착하였다. 잠팽은 巴郡(파군)을 점령하고 장궁으로 하여금 5만 降卒(항졸)을 거느리고 涪水(부수)에서 平曲(평곡)까지 강을 거슬러 올라오게 하였다. 공손술의 장수인 延岑(연잠)의 대군은 沈水(심수)에 주둔하고 있었는데, 그때 장궁의 군사는 많지만 군량이 부족했고 수송도 되지 않아 투항한 무리들은 흩어 도망 치려했으며, 군내 여러 마을에서는 다시 군사를 모아 지키며 성패를 관망하고 있었다. 장궁은 군사를 퇴각시키려 해도 투항자의 역습이 걱정되었는데 마침 광무제가 謁者를 보내 잠팽에게 보내는 군사와 말 7백 마리가 도착했는데, 장궁은 制書를 변조하여 자신 부대로 보충한 뒤에 밤을 새워 진격하면서 깃발도 많이 세우고 산에 올라 북을 크게 치며, 우측에는 보병을, 좌측으로는 기병을 진격케 하고 배를 따라 상류로 올라가니 고함소리가 산 계곡에 진동하였다.

(공손술의) 연잠은 예상 못한 한군이 출현하자 산에 올라 확인한 뒤에 크게 놀라 두려워했다. 장궁은 군사를 풀어 공격하여 적을 대파하였다. 斬首(참수)한 자와 익사자가 1만여 명이나 되자 강물은 탁류가 되었다. 연잠은 成都(성도)로 도망쳤고, 무리는 모두 투항하였고, 장궁은 그들의 兵馬와 재물을 차지하였다. 이후 승세를 타고 달아나는 자를 추격하니 투항자가 10만이나 되었다.

原文

軍至平陽鄕, 蜀將王元擧衆降. 進拔緜竹, 破涪城, 斬公孫述弟恢, 復攻拔繁,郫. 前後收得節五, 印綬千八百. 是時, 大司馬吳漢亦乘勝進營逼成都. 宮連屠大城, 兵馬旌旗甚盛, 乃乘兵入小雒郭門, 歷成都城下, 至吳漢營, 飮酒高會. 漢見之甚歡, 謂宮曰, "將軍向者經虜城下, 震揚威靈, 風行電照. 然窮寇難量, 還營願從它道矣." 宮不從, 復路而歸, 賊亦不敢近之. 進軍咸門, 與吳漢並滅公孫述.

帝以蜀地新定, 拜宮爲廣漢太守. 十三年, 增邑, 更封酇侯.

十五年, 徵還京師, 以列侯奉朝請, 定封朗陵侯. 十八年, 拜太中大夫.

| **註釋** | ㅇ拔緜竹 – 緜竹(면죽, 綿竹), 廣漢郡의 현명. 今 四川省 德陽市 관할 綿竹市. 天下名酒 '劍南春'과 '綿竹大麯'의 産地. ㅇ繁(번),郫(비) – 모두 蜀郡의 현명. ㅇ小雒郭門 – 성도 외성의 성문 이름. ㅇ歷成都城下 – 歷은 지나가다. ㅇ進軍咸門 – 咸門은 成都 北面 동쪽의 城門. ㅇ廣漢太守 – 廣漢郡 治所는 雒縣(낙현). 今 四川省 成都市 북쪽의 廣漢市. 광한군은 蜀郡의 동쪽에 위치. 成都와 廣漢市는 가까움. ㅇ酇侯 – 前漢 蕭何의 작위. 酇은 南陽郡의 현명. 今 湖北省 서북부 襄陽市 관할 漢水 북안 老河口市. ㅇ朗陵侯 – 朗陵은 汝南郡의 현명.

[國譯]

臧宮(장궁)의 군사가 平陽鄕(평양향)에 이르자 蜀將 王元(왕원)은 군사를 거느리고 투항하였다. 부대는 진격하여 緜竹(면죽)을 빼앗고 涪城(부성)을 격파하면서 公孫述의 동생 公孫恢(공손회)를 죽였으며 더 나아가 繁縣(번현)과 郫縣(비현)도 점령했다. 장궁은 그동안 공손술의 부절 5개와 印綬 1,800개를 습득했다. 이때 大司馬 吳漢 역시 승세를 몰아 成都에 육박하였다. 장궁은 연이어 큰 성을 격파했기에 兵馬와 旌旗(정기)가 매우 많았는데 군사를 몰아 小雒郭門(소락성문)

을 지나 成都 內城 근처에 이르렀는데 장궁은 吳漢의 군영에 가서 술을 마시며 맘껏 즐겼다. 오한은 장궁을 만나 크게 즐거워하며 말했다.

"장군은 조금 전에 적의 성을 내리질러 오며 장군의 위엄을 크게 떨쳤으니 마치 바람과 번개와도 같았소. 그렇더라도 궁지에 몰린 적들이라 무엇을 할지 알 수 없으니 돌아갈 때는 다른 길로 가는 것이 좋을 것 같소."

그러나 장궁은 따라가지 않고 왔던 길을 그대로 돌아왔는데도 적은 감히 접근하지 못했다. 장궁은 咸門으로 진군하여 吳漢과 함께 公孫述을 멸망시켰다.

광무제는 蜀地가 평정되었기에 장궁을 廣漢太守에 임명하였다. (建武) 13年, (장궁의) 식읍을 늘려주었고 다시 酇侯(찬후)로 봉했다.

15년 황제의 부름으로 낙양에 돌아와 列侯로 奉朝請에 올랐으며 朗陵侯(낭릉후)로 확정되었다. 18년에 太中大夫가 되었다.

原文

十九年, 妖巫維汜弟子單臣,傅鎭等, 復妖言相聚, 入原武城, 劫吏人, 自稱將軍. 於是遣宮將北軍及黎陽營數千人圍之. 賊穀食多, 數攻不下, 士卒死傷. 帝召公卿諸侯王問方略, 皆曰, 宜重其購賞. 時, 顯宗爲東海王, 獨對曰,

"妖巫相劫, 勢無久立, 其中必有悔欲亡者. 但外圍急, 不得走耳. 宜小挺緩, 令得逃亡, 逃亡則一亭長足以禽矣."

帝然之, 卽敕宮徹圍緩賊, 賊衆分散, 遂斬臣,鎭等. 宮還, 遷城門校尉, 復轉左中郎將. 擊武谿賊, 至江陵, 降之.

| **註釋** | ㅇ(건무) 十九年 - 서기 43년. ㅇ妖巫維汜弟子單臣,傳鎭等 - 維汜(유사)는 인명. 單臣(선신)의 單은 姓씨. 넓고 클 선. 이름은 臣. ㅇ原武 - 河南尹의 현명. 今 河南省 북부 新鄕市 관할 原陽縣. ㅇ黎陽營 - 黎陽은 冀州 관할 魏郡의 縣名. 今 河南省 북부 옛 黃河 북안 鶴壁市 관할 濬縣. 뒷날 漢末 官渡之戰이 있었던 곳. ㅇ顯宗爲東海王 - 顯宗은 明帝의 묘호. ㅇ宜小挺緩 - 挺緩은 늦추다. ㅇ遷城門校尉 - 洛陽 12개 성문 장각. 질록 比二千石(前漢은 이천석이었음). 속관으로 司馬 1인과 城門候 12인을 두었다. 北軍(中央軍)에는 屯騎, 越騎, 步兵, 長水, 射聲校尉의 5校尉를 두었다. 後漢 말에는 여러 가지 교위 이름이 보이는데, 예를 들면 驍騎校尉(曹操), 折衝校尉(袁術, 孫策, 夏侯惇), 鷹揚校尉(曹洪) 등이 그 예이다. ㅇ武谿賊, 至江陵 - 武谿는 水名, 蠻夷 종족명. 今 重慶市 동남 酉陽土家族苗族自治縣에 해당. 江陵은 南郡의 治所 江陵縣, 今 湖北省 荊州市 江陵縣.

[國譯]

(建武) 19년, 妖巫(요무) 維汜(유사)의 제자인 單臣(선신)과 傅鎭(부진) 등은 요언을 퍼트리며 무리를 모아 (河南尹) 原武城(원무성)에 들어가 관리와 백성을 협박하며 장군을 자칭했다. 이에 조정에서는 臧宮(장궁)을 파견했는데 장궁은 北軍 및 黎陽(여양) 군영의 군사 수천 명을 거느리고 성을 포위하였다. 적은 군량이 많아 여러 번 공격에도 함락되지 않았고 사졸은 사상자가 났다. 광무제는 공경과 제후왕들을 불러 방략을 묻자 모두가 많은 상금을 내거는 것이 좋겠다고 하였다. 그때 顯宗(현종, 劉莊)은 東海王이었는데 광무제를 독대하며

말했다.

"요무들이 서로 겁박하기에 그 세력이 오래 버틸 수는 없으며 그 중에서도 후회하며 도망하려는 자가 있을 것입니다. 다만 외부가 단단히 봉쇄되었기에 도망칠 수도 없습니다. 포위를 조금만 풀어줘서 어느 정도 도망치게 해주면 나중에 亭長 한 사람만을 보내도 잡아낼 수 있습니다."

광무제도 그렇게 생각하고 즉시 장궁에게 적도의 포위를 늦추라고 하였고 적의 무리가 흩어지자 선신과 부진을 참수하였다. 장궁은 돌아와 城門校尉가 되었고 다시 左中郎將이 되었다. 武溪(무계)의 적을 격파하려고 江陵(강릉)에 도착하자 적은 투항하였다.

原文

宮以謹信質樸, 故常見任用. 後匈奴饑疫, 自相分爭, 帝以問宮, 宮曰, "願得五千騎以立功." 帝笑曰, "常勝之家, 難與慮敵, 吾方自思之."

二十七年, 宮乃與楊虛侯馬武上書曰, "匈奴貪利, 無有禮信, 窮則稽首, 安則侵盜, 緣邊被其毒痛, 中國憂其抵突. 虜今人畜疫死, 旱蝗赤地, 疫困之力, 不當中國一郡. 萬里死命, 縣在陛下. 福不再來, 時或易失, 豈宜固守文德而墮武事乎? 今命將臨塞, 厚懸購賞, 喩告高句驪,烏桓,鮮卑攻其左, 發河西四郡,天水,隴西羌胡擊其右. 如此, 北虜之滅, 不過數年. 臣恐陛下仁恩不忍, 謀臣狐疑, 令萬世刻石之功不立於聖世."

詔報曰, "〈黃石公記〉曰, '柔能制剛, 弱能制强.' 柔者德也, 剛者賊也, 弱者仁之助也, 强者怨之歸也. 故曰有德之君, 以所樂樂人, 無德之君, 以所樂樂身. 樂人者其樂長, 樂身者不久而亡. 舍近謀遠者, 勞而無功, 舍遠謀近者, 逸而有終. 逸政多忠臣, 勞政多亂人. 故曰務廣地者荒, 務廣德者强. 有其有者安, 貪人有者殘. 殘滅之政, 雖成必敗. 今國無善政, 災變不息, 百姓驚惶, 人不自保, 而復欲遠事邊外乎? 孔子曰, '吾恐季孫之憂, 不在顓臾.' 且北狄尙强, 而屯田警備傳聞之事, 恒多失實. 誠能擧天下之半以滅大寇, 豈非至願, 苟非其時, 不如息人."

自是諸將莫敢復言兵事者.

| 註釋 | ㅇ常勝之家, 難與慮敵 – 늘 이기는 사람과는 적에 대한 방략을 논의하기 어렵다. ㅇ吾方自思之 – 나도 생각하는 것이 있다. ㅇ抵突 – 저돌. 갑자기 쳐들어오다. 抵는 맞닥트릴 저. 觸也. ㅇ旱蝗赤地 – 가뭄(旱)과 황충의 폐해로 땅 위에 아무것도 없다. ㅇ縣在陛下 – 폐하에게 달렸다. 縣은 懸(매달 현). ㅇ時或易失 – 時란 얻기는 어렵고 잃기는 쉽다는 뜻. ㅇ河西四郡 – 張掖, 酒泉, 武威, 金城郡. ㅇ〈黃石公記〉 – 張良이 下邳(하비)에서 만난 老父에게서 받은 병법서. ㅇ國無善政, 災變不息 – 나라에 선정이 행해지지 않는다면 일월의 재해를 불러들여 재해가 끊이지 않는다. ㅇ孔子曰, '吾恐季孫之憂, 不在顓臾. – 「"~吾恐季孫之憂, 不在顓臾, 而在蕭牆之內也."」《論語 季氏》. 당시 공자의 제자 冉有(염유)는 魯의 실권자인 季孫氏의 가신이었다. 계손씨의 진짜 큰 걱정거리는 顓臾(전유)가 아니라 집안

에 있다고 공자가 말했다. 顓臾(전유)는 魯의 附庸國. ㅇ傳聞之事, 恒多失實 - 보는 사람이라도 그 전하는 내용이 다르고, 듣는 사람도 사람에 따라 들은 내용을 달리한다는 뜻.

[國譯]

臧宮(장궁)은 사람이 근신 성실하며 질박하기에 늘 중용되었다. 뒷날, 흉노족이 기아와 질병이 겹치고 내분에 휩싸이자 광무제는 장궁을 불러 물었다. 이에 장궁은 "5천 기병을 데리고 나가 공을 세우겠습니다."라고 말했다. 그러자 광무제가 웃으면서 말했다.

"늘 이기는 사람과는 방략을 논의하기 어렵다고 하는데 나도 생각한 바가 있다."

(建武) 27년(서기 51), 장궁은 마침내 楊虛侯 馬武(마무)와 함께 상서하였다.

"匈奴(흉노)는 이득을 탐하고 예의와 신의를 지키지 않으며, 곤궁하면 머리를 숙이나 살만하면 노략질을 하여 그 주변이 심한 고통을 당하고 우리 중국 또한 그들 급습을 걱정하고 있습니다. 흉노는 지금 백성과 가축이 질병으로 죽고 가뭄과 황충으로 황무지가 되어서 병들고 지친 국력은 우리 1개 郡에도 미치질 못하고 있습니다. 그들 땅 1만 리가 죽은 목숨으로 폐하에 달려 있습니다. 본래 福은 두 번 오지 않고 좋은 날은 쉽게 가버리니 어찌 文治만을 고수하시면서 武事를 폐지하시겠습니까? 지금 장수를 국경에 보내고 후한 상금을 내걸며, 또 高句驪(고구려), 烏桓(오환), 鮮卑(선비)족을 달래어 흉노의 좌측을 공격하게 하고, 河西 四郡과 天水郡, 隴西郡의 羌族으로 그 우측을 공격해야 합니다. 이렇게 되면 北虜(북로, 匈奴)의 멸망은 몇 년이 걸리지 않을 것입니다. 臣은 폐하께서야 인자하시어 차마 못하게 하시고, 謀臣(모신)은 의심하기에 만년을 두고 후세에 전할 대업을 聖世인 지금 이루지 못할까 걱정이 됩니다."

이에 조서를 내려 알렸다.

"〈黃石公記〉에 '柔順으로 능히 억센 것을 이기고, 弱이 强을 제압한다' 하였으니, 柔(유)란 德이고, 剛(강)은 도적과 같으니, 弱者는 仁愛의 도움을 받지만 强者는 원망만 남게 된다. 그래서 有德한 主君은 자신이 즐기는 방식으로 백성을 즐겁게 하지만 無德한 君主는 자신이 좋아하는 일로 자신만을 즐겁게 한다. 백성을 즐겁게 하면 그 즐거움이 오래 가지만 자기 몸만을 즐겁게 하는 자는 오래지 않아 망하게 된다. 가까운 백성을 버려두고 먼 곳을 정벌한다면 고생만 하고 공이 없으며, 먼 이민족을 버려두고 가까운 백성을 보살피면 편하고도 좋은 결과가 있을 것이다. 편안한 내정에는 忠臣이 많고 힘든 遠征(원정)에는 난잡한 사람이 많은 법이다. 그래서 땅을 넓히려는 자는 황폐해지지만 덕을 넓히려 힘쓰는 자는 강하게 된다. 가진 것만 가지려는 자는 편안하지만 남이 가진 것을 탐하는 자는 망하게 된다. 망해 없어지는 정치는 비록 한때 성공하더라도 그 끝은 필히 망하게 된다. 지금 나라 백성에게 선정을 베풀지 않으면 하늘이 내리는 재해와 이변이 그치지 않을 것이며 백성을 놀라게 한다면 백성이 제대로 살 수가 없는데, 지금 또 먼 변방에서 일을 다시 벌려야 하겠는가? 공자께서도 '季孫氏의 걱정거리는 아마도 顓臾(전유)에 있지 않다.' 라고 하였다. 거기다가 북쪽 흉노는 아직도 강하며, 屯田하고 경비하는 장수가 알려오는 일이라도 늘 사실이 아닌 것이 많았다. 정말로 온 나라의 국력 절반을 동원하여 강한 외적을 멸망시키는 일이 자장 큰 소원이 아닐진대 또 그럴 때가 아니라면 백성을 쉬게 하는 것과 어찌 같겠는가?"

이 이후로는 여러 장수 누구도 전쟁을 말하는 자가 없었다.

原文

宮永平元年卒, 謚曰愍侯. 子信嗣. 信卒, 子震嗣. 震卒, 子松嗣. 元初四年, 與母別居, 國除. 永寧元年, 鄧太后紹封松弟由爲郞陵侯.

| 註釋 | ㅇ永平元年－明帝 연호, 서기 58－75년. ㅇ謚曰愍侯－愍은 근심할 민. ㅇ元初四年－安帝, 서기 117년. ㅇ永寧元年－安帝 서기 120년.

[國譯]

臧宮(장궁)은 永平 원년에 죽었는데, 시호는 愍侯(민후)이다. 아들 臧信(장신)이 계승했다. 장신이 죽고, 아들 臧震(장진)이 계승했다. 장진이 죽자 아들 臧松(장송)이 계승했다. (安帝) 元初 4년, 母后와 별거한다 하여 나라가 없어졌다. (안제) 永寧 원년, 鄧太后가 臧松의 동생 臧由(장유)를 郞陵侯(낭릉후)에 이어 봉했다.

原文

論曰, 中興之業, 誠艱難也. 然敵無秦,項之强, 人資附漢之思, 雖懷璽紆紱, 跨陵州縣, 殊名詭號, 千隊爲群, 尙未足以爲比功上烈也. 至於山西旣定, 威臨天下, 戎羯喪其精膽, 群帥賈其餘壯, 斯誠雄心尙武之幾, 先志翫兵之日. 臧宮,馬武之徒, 撫鳴劍而抵掌, 志馳於伊吾之北矣. 光武審〈黃石〉, 存包桑, 閉玉門以謝西域之質, 卑詞幣以禮匈奴之使, 其意防蓋已弘深. 豈其顚沛平城之圍, 忍傷黥王之陳乎?

| 註釋 | ㅇ中興之業 – 後漢의 건국. ㅇ誠艱難也 – 艱難(간난)은 艱苦. ㅇ秦,項之强 – 秦의 행정체계와 군사력은 전성기 그대로 남았고, 項羽같은 강적이 있었다. ㅇ雖懷璽紆紱 – 紆紱(우불)은 관복. 紆는 굽을 우. 늘어지다. 紱은 인끈 불. ㅇ跨陵州縣 – 跨陵(과릉)은 걸터앉다. 타 넘다. ㅇ戎羯(융갈) – 羯族, 羯胡. 五胡族의 하나. 흉노의 별종. 上黨郡 일대에서 농업과 목축에 종사. ㅇ先志翫兵之日 – 翫은 익숙하다. 가지고 놀 완. ㅇ志馳於伊吾之北矣 – 伊吾는 伊吾廬城(이오려성)의 간칭. 故地는 今 新疆維吾爾自治區 동부 哈密市. 본래 흉노 呼衍王의 王庭(直轄地). 후한과 흉노의 격전지. ㅇ存包桑 – 굳게 하다. 包桑은 뽕나무 뿌리. 包는 本也. ㅇ閉玉門以謝西域之質 – 玉門은 玉門關. 중국에서 서역으로 나가는 관문. 옥문관 서쪽의 땅이 곧 西域. 陽關과 함께 絲綢之路(실크로드)의 출발점. 甘肅省 敦煌市 서북 쪽 90km 소재. 建武 21년에 서역 여러 나라가 아들을 인질로 보내려는 것을 모두 돌려보냈다. ㅇ卑詞幣以禮匈奴之使 – 建武 28년에 흉노의 화친 요구하며 보낸 공물에 크게 답례했다. ㅇ平城之圍 – 平城은 雁門郡(안문군)의 縣名.今 山西省 북부의 大同市. 고조 7년(前 200), 반역하여 흉노와 결탁한 韓王信을 토벌하던 중 고조와 군사가 흉노에 7일간이나 포위되는 최대의 위기를 겪었다. ㅇ忍傷黥王之陳乎 – 고조 12년(前 195) 고조는 淮南王 黥布(英布)의 반역을 정벌하러 나갔다가 流矢에 맞았고 결국 그 때문에 병사하였다.

[國譯]

范曄(범엽)의 史論 : "후한의 건국 과정은 참으로 어렵고 힘들었지만 秦과 項羽(항우)같은 강적이 없었으며, 백성들의 漢에 의지하려는 뜻이 있었고, (왕망이나 경시제의) 인수에 관복을 입고서 몇 개 주나 현을 차지하고 특별한 명칭이나 거짓 칭호를 사용하거나 무리 몇천 명을 거느리고 있었으니 그런 세력들은 秦이나 項羽의 세력과는 비교할 수도 없이 약한 것이었다. 山西 지역이 평정된 이후로는 (光武帝의) 위엄에 온 나라에 알려졌고, 羯族(갈족)은 이미 그들의 기백을 잃었기에 여러 장수들은 그들의 무력 이용할 수 있었는데, 이는 雄心이 크게 발동할 수 있는 尙武의 기회였으며 이전부터 군사를 동원하고 싶은 뜻을 실현할 수 있었다. 臧宮(장궁)과 馬武(마무) 같은 사람들은 손이 근질근질하여 칼을 잡고 싶었으며, 그들 마음은 벌써부터 伊吾廬城(이오려성)의 북쪽을 내달리고 있었으나 광무제는 〈黃石公 兵書〉의 뜻을 알아 국가의 근본을 확립하였으며, 玉門關을 닫고 西域에서 보내는 인질을 받지 않았으며, 겸손한 뜻으로 흉노 사신을 예우하였으니 전쟁을 피하려는 광무제의 뜻은 이처럼 원대하였다. 그러 하였으니 어찌 잠시라도 (高祖가 겪은) 平城의 곤경과 黥布(경포, 英布)의 반역을 토벌하면서 입은 부상을 생각하지 않을 수 있겠는가?

原文

贊曰, 吳公鷙强, 實爲龍驤. 電掃群孽, 風行巴,梁. 虎牙猛力, 功立睢陽. 宮,俊休休, 是亦鷹揚.

|註釋| ㅇ吳公鷙强 – 鷙는 맹금 지. 사나운 새의 총칭. 칠 지. 굳세다. 龍驤(용양)은 용처럼 치올라가다. 驤은 머리를 들다. 뛰어오르다. ㅇ電掃群孽 – 電掃는 번개처럼 쓸어버리다. 群孽은 도적 무리. 孽은 첩의 자식 얼. ㅇ虎牙猛力 – 虎牙장군 蓋延(개연). ㅇ宮,俊休休– 臧宮(장궁), 陳俊(진준), 休休는 아름다운 모양. 기백이 웅대함. '良士休休(훌륭한 선비는 바르게 즐기네)'《詩經 唐風 蟋蟀(실솔), 귀뚜라미》. ㅇ鷹揚(응양)– 매가 날아오르다. 명성을 크게 떨치다.

[國譯]

贊曰,

吳漢(오한)은 맹렬한 기세로 용처럼 치올라갔도다.

도적을 번개처럼 쓸어내 위엄이 巴郡과 梁에 알려졌다.

虎牙(蓋延)의 사나운 힘은 睢陽(수양)에서 공을 세웠다.

臧宮(장궁)과 陳俊의 큰 기백, 이들 역시 雄才였도다.

19 耿弇列傳
〔경엄열전〕

❶ 耿弇

原文

耿弇字伯昭, 扶風茂陵人也. 其先武帝時以吏二千石自鉅鹿徙焉. 父況, 字俠遊, 以明經爲郎, 與王莽從弟伋共學《老子》於安丘先生, 後爲朔調連率. 弇少好學, 習父業. 常見郡尉試騎士, 建旗鼓, 肄馳射, 由是好將帥之事.

及王莽敗, 更始立, 諸將略地者, 前後多擅威權, 輒改易守,令. 況自以莽之所置, 懷不自安. 時, 弇年二十一, 乃辭況奉奏詣更始, 因齎貢獻, 以求自固之宜. 及至宋子, 會王郎詐稱成帝子子輿, 起兵邯鄲, 弇從吏孫倉,衛包於道共謀曰, "劉子輿成帝正統, 舍此不歸, 遠行安之?" 弇按劍曰, "子輿弊賊, 卒爲降虜耳. 我至長安, 與國家陳漁陽,上谷兵馬之用, 還出太原,代郡, 反復數十日, 歸發突騎以轔烏合之衆, 如摧枯折腐耳. 觀公等不識去就, 族滅不久也!" 倉,包不從, 遂亡降王郞.

| **註釋** | ㅇ耿弇字伯昭 – 耿弇(경엄, 서기 3 – 58년), 耿은 빛날 경, 弇은 덮을 엄. 우리 玉篇에 '사람 이름 감' 이라는 음훈이 있지만 택하지 않고, '弇音 演' 의 주석에 의거 경엄으로 표기한다. 光武帝의 功臣, 雲臺二十八將 중 4위. ㅇ扶風茂陵 – 右扶風 茂陵縣(무릉현). 茂陵은 武帝의 능. 현명. 漢皇帝의 능 중에서 규모가 가장 크다. 漢 황제는 재위 중에 자신의 능묘를 축조하면서 능 주변에 지방의 富豪를 지주시켰다. 그런 현을 陵縣이라 하고, 행정은 太常의 업무 소관이었다. ㅇ安丘先生 – 前漢의 학자, 名은 望之, 字는 仲都, 京兆 長陵人. 成帝가 불렀으나 응하지 않았다. 별호 安丘丈人. 安丘는 青州 관할 北海國의 현명. 今 山東省 중부 濰坊市 관할, 安丘市. ㅇ朔調連率 – 朔調는 王莽이 바꾼 上谷郡의 이름. 連率(연솔)을 太守. 上谷郡 치소는 沮陽縣으로 今 河北省 북부 張家口市 관할 懷來縣. ㅇ宋子 – 현명. 今 河北省 남부 石家莊市 관할 趙縣 동북, 後漢에서는 폐현. ㅇ遠行安之 – 멀리 간다 하여 어디를 가겠는가? 安은 의문사로 쓰였음. 어디, 어찌. ㅇ轔烏合之衆 – 轔은 수레 소리 인. 수레에 치다. 갈아버리다. ㅇ如摧枯折腐耳 – 摧枯折腐는 말라죽거나 썩은 나뭇가지를 꺾어버리다.

[國譯]

耿弇(경엄)의 字는 伯昭(백소)이고 右扶風(우부풍)의 茂陵縣(무릉현) 사람이다. 그 선조는 武帝 때 2천석 관리로 鉅鹿郡(거록군)에서 이사하였다. 부친 耿況(경황)의 字는 俠遊(협유)인데 明經科로 낭관이 되었고, 왕망의 사촌동생인 王伋(왕급)과 함께 安丘先生에게서 《老子》를 배웠으며, 뒷날 朔調連率(上谷郡 太守)이 되었다. 경엄은 어려서부터 학문을 좋아하여 부친의 학업을 익혔다. 그리고 郡尉가 騎士를 시험하거나 깃발과 북을 세우고 말 타며 활쏘기를 늘 보았기에 武將 직무에 익숙하였다.

왕망이 망하고 更始가 즉위하자 각지를 경략하는 여러 장수들이 전부터 멋대로 권세를 부리며 태수나 현령을 툭하면 갈아치웠다. 耿況(경황)은 자신이 왕망의 임명을 받은 사람이라서 늘 불안하였다. 이때 경엄은 나이 21세였는데 경시제를 찾아가 재물을 바치고 관직을 얻어 자신의 지위를 확고히 할 계획으로 부친께 인사를 올리고 길을 떠났다. 경엄이 宋子縣(송자현)에 왔을 때 마침 王郎(왕랑)이 成帝의 아들 子輿(자여)를 사칭하며 邯鄲(한단)에서 거병하였는데, 경엄을 따라왔던 관리인 孫倉(손창)과 衛包(위포) 등은 도중에 같이 모의하고서 경엄에게 말했다.

"劉子輿(유자여)는 成帝의 正統이니 이 분에 귀부하지 않고서 멀리 간들 어디로 가겠는가?"

그러자 경엄은 칼을 뽑아들고 말했다.

"子輿(자여)는 잔악한 도적이니 결국 포로가 될 것이다. 나는 長安에 가서 皇帝(國家)에게 漁陽郡과 上谷郡의 군사 동원을 상주하고 太原郡과 代郡을 거쳐 돌아올 것이니 수십 일은 걸릴 것이지만 돌아온다면 突騎兵(돌기병)을 동원하여 오합지중을 깔아뭉개고 썩은 나뭇가지 꺾듯 하겠다. 내가 볼 때 당신들은 거취 선택을 잘못하였으니 멸족될 날이 멀지 않았다!"

손창과 위포는 경엄을 따라오지 않고 도망쳐서 왕랑에게 투항하였다.

原文

弇道聞光武在盧奴, 乃馳北上謁, 光武留署門下吏. 弇因說護軍朱祐, 求歸發兵, 以定邯鄲. 光武笑曰, "小兒曹乃有大意哉!" 因數召見加恩慰. 弇因從光武北至薊. 聞邯鄲兵方到, 光武將欲南歸, 召官屬計議. 弇曰, "今兵從南來, 不可南行. 漁陽太守彭寵, 公之邑人, 上谷太守, 卽弇父也. 發此兩郡, 控弦萬騎, 邯鄲不足慮也." 光武官屬腹心皆不肯, 曰, "死尙南首, 奈何北行入囊中?" 光武指弇曰, "是我北道主人也." 會薊中亂, 光武遂南馳, 官屬各分散. 弇走昌平就況, 因說況使寇恂東約彭寵, 各發突騎二千匹, 步兵千人. 弇與景丹,寇恂及漁陽兵合軍而南, 所過擊斬王郎大將,九卿,校尉以下四百餘級, 得印綬百二十五, 節二, 斬首三萬級, 定涿郡,中山,鉅鹿,淸河,河間凡二十二縣, 遂及光武於廣阿.

是時, 光武方攻王郎, 傳言二郡兵爲邯鄲來, 衆皆恐. 旣而悉詣營上謁. 光武見弇等, 說, 曰, "當與漁陽,上谷士大夫共此大功." 乃皆以爲偏將軍, 使還領其兵. 加況大將軍,興義侯, 得自置偏裨. 弇等遂從拔邯鄲.

| **註釋** | ㅇ盧奴(노노) – 中山郡(國)의 치소인 盧奴縣, 今 河北省 직할 縣級市인 定州市, 保定市와 石家莊市 중간. 縣에 黑水의 옛 池가 있다. 水黑

曰盧, 不流曰奴. ㅇ漁陽太守彭寵 – 彭寵(팽총, ? – 29년), 字는 伯通(백통)으로 南陽郡 宛縣(완현) 사람이다. 부친 彭宏(팽굉)은 哀帝 때 漁陽太守, 팽총은 경시제의 이름으로 임명되었다. 12권, 〈王劉張李彭盧列傳〉에 立傳. ㅇ奈何北行入囊中 – 왜 북쪽으로 올라가 주머니 속에 들어가야 합니까? 漁陽郡과 上谷郡의 북쪽에 長城이 있어 더 나아갈 곳이 없다는 뜻. ㅇ是我北道主人也 – 내가 갈 북쪽 지역의 주인이다. 터줏대감처럼 잘 안다는 뜻. ㅇ昌平 – 上谷郡의 현명. 後漢에서 昌平은 廣陽郡의 현명. 今 北京市 서북 昌平區, 明 13陵이 있는 곳. ㅇ使寇恂東約彭寵 – 寇恂(구순)은 16권, 〈鄧寇列傳〉에 立傳. 광무제에게 마치 蕭何(소하)와 같은 역할을 다 했다.

[國譯]

耿弇(경엄)은 길에서 光武가 (中山郡) 盧奴縣(노노현)에 있다는 말을 듣고 북으로 달려가 알현하자 광무는 경엄을 휘하의 관리로 배치하였다. 경엄은 護軍인 朱祐(주우)를 통해 (上谷郡에) 돌아가서 군사를 동원하여 邯鄲(한단)을 평정하겠다고 말했다. 그러자 光武가 웃으며 말했다. “어린 사람이 큰 뜻을 갖고 있구나!” 그러면서 여러 번 불러 물품을 하사하거나 격려하였다.

경엄은 光武을 따라 북으로 (廣陽郡) 薊縣(계현, 今 天津市)에 이르렀다. 거기서 (王郞의) 군사가 邯鄲(한단)에 도착하려 한다는 소식을 들었는데, 光武는 군사를 거느리고 남으로 내려갈 계획으로 속관을 모아 방책을 논의하였다. 그러자 경엄이 말했다.

“지금 군사가 남쪽에서 올라왔는데 다시 남으로 갈 수는 없습니다. 漁陽太守인 彭寵(팽총)은 公(光武)의 고향 사람이고, 上谷 太守는 바로 저의 부친입니다. 지금 이 두 군의 군사를 동원하여 1만 기병을 얻을 수 있으니 邯鄲(한단)을 걱정하지 않아도 됩니다.”

그러나 光武의 속관과 심복은 모두 동의하지 않으면서 말했다. "죽더라도 머리를 남쪽으로 해야 하거늘, 왜 북으로 올라가 주머니 속(막다른 길)에 들어가야 합니까?"

그러자 光武는 경엄을 가리키며 말했다. "이 사람은 내가 있을 북방 땅의 주인이로다."

마침 薊縣(계현)이 한때 소란하자 광무는 남으로 내려갔고 속관은 각 임지로 흩어졌다. 경엄은 (上谷郡) 昌平(창평)으로 부친(耿況)을 찾아갔고, 寇恂(구순)을 동쪽으로 보내 彭寵(팽총)을 설득하게 했으며 (경황과 팽총이) 각각 돌격 기병 2천 명과 보병 1천씩을 동원하였다. 경엄은 景丹(경단), 寇恂(구순) 및 漁陽郡의 군사를 모아 남으로 진격하면서, 가는 곳에서 王郎의 大將이나 九卿, 校尉 등 4백여 명을 죽였고 (왕랑이 제작한) 印綬(인수) 125개와 부절 2개를 노획했으며, 그 무리 3만 여명을 죽이고 涿郡(탁군), 中山(중산), 鉅鹿(거록), 淸河(청하), 河間郡(하간군)의 총 22개 현을 평정한 뒤에 마침내 光武(광무)를 廣阿(광아)에서 알현하였다.

그때, 光武는 王郎(왕랑)을 막 평정하였는데 2개 군의 병력이 한단으로 오고 있다는 말을 듣고 모두가 두려워했었다. 얼마 뒤, (경엄 등이) 모두 광무의 군영에 들어와 알현하였다 광무가 경엄을 만나 말했다.

"응당 漁陽과 上谷의 사대부들과 이런 공을 세웠어야 했다."

그리고서는 모두 偏將軍(편장군)에 임명하고 각 그 군사를 거느리게 하였다. 또 耿況(경황)을 大將軍으로 삼았고 興義侯(의홍후)라 부르게 하였고 각각의 부장을 거느리게 하였다. 경엄 등은 광무를 따라 한단을 점령하였다.

原文

時, 更始徵代郡太守趙永, 而況勸永不應召, 令詣於光武. 光武遣永復郡. 永北還, 而代令張曄據城反畔, 乃招迎匈奴, 烏桓以爲援助. 光武以弇弟舒爲復胡將軍, 使擊曄, 破之. 永乃得復郡. 時, 五校賊二十餘萬北寇上谷, 況與舒連擊破之, 賊皆退走.

| **註釋** | ㅇ代郡 – 치소는 高柳縣, 今 山西省 북쪽 끝 大同市 관할 陽高縣. 上谷郡의 서쪽이 代郡. ㅇ五校賊 – 왕망 말기, 농민 봉기군의 명칭. 중앙 禁軍인 五校尉의 명칭을 借用.

[國譯]

그 무렵에 更始는 代郡太守 趙永(조영)을 조정으로 소환하였는데 耿況(경황)은 조영에게 경시의 부름에 응하지 말라고 하면서 光武를 알현하게 하였다. 光武는 조영을 代郡으로 복귀하게 하였다. 조영이 북으로 돌아가자 현령인 張曄(장엽)이 현을 근거로 반기를 들면서 匈奴와 烏桓(오환)을 불러들여 원군으로 삼았다. 광무는 이에 경엄의 아우 耿舒(경서)를 復胡將軍으로 임명하여 장엽을 격파하게 하였다. 조영은 다시 代郡으로 돌아갔다. 그때 五校賊 20여만이 북으로 올라와 上谷郡을 노략질하자, 경황과 경서가 함께 무리를 격파하니, 무리는 모두 도주하였다.

原文

更始見光武威聲日盛, 君臣疑慮, 乃遣使立光武爲蕭王, 令罷兵與諸將有功者還長安, 遣苗曾爲幽州牧, 韋順爲上谷太守, 蔡充爲漁陽太守, 並北之部. 時, 光武居邯鄲宮, 晝臥溫明殿. 弇入造床下請間, 因說曰, "今更始失政, 君臣淫亂, 諸將擅命於畿內, 貴戚縱橫於都內. 天子之命, 不出城門, 所在牧守, 輒自遷易, 百姓不知所從, 士人莫敢自安. 虜掠財物, 劫掠婦女, 懷金玉者, 至不生歸. 元元叩心, 更思莽朝. 又銅馬,赤眉之屬數十輩, 輩數十百萬, 聖公不能辦也. 其敗不久, 公首事南陽, 破百萬之軍, 今定河北, 據天府之地. 以義征伐, 發號響應, 天下可傳檄而定. 天下至重, 不可令它姓得之. 聞使者從西方來, 欲罷兵, 不可從也. 今吏士死亡者多, 弇願歸幽州, 益發精兵, 以集大計."

| **註釋** | ㅇ蕭王(소왕) – 光武(劉秀)가 경시제로부터 받은 작위. ㅇ邯鄲宮 – 옛날 趙王 如意의 궁전. ㅇ聖公 – 更始帝 劉玄(유현, ? – 서기 25)의 字 聖公, 劉秀와 劉玄은 같은 항렬로 三從兄弟(삼종형제, 8촌)이다. 劉玄은 앞서 平林의 무리에 속해 있었다. 平林과 新市軍의 장수인 王常(왕상)과 朱鮪(주유) 등은 함께 劉玄을 황제로 옹립하였고, 유현은 연호를 更始(경시)라 했기에 보통 更始帝라 칭하며 서기 23 – 25년 재위했다. 이를 역사에서는 玄漢(현한)이라 통칭한다. 11권, 〈劉玄劉盆子列傳〉에 입전. ㅇ據天府之地 – 본래 關中을 金城天府之地라 하였다. 경엄은 河北도 그만한 풍요의 땅이라는 뜻으로 비유했다.

[國譯]

更始는 光武의 위엄과 명성이 날마다 융성함을 보고 君臣이 모두 광무를 의심하며 사자를 보내 光武를 蕭王(소왕)으로 봉하고서 군사를 해산하고 여러 有功 장수와 함께 장안으로 돌아오라 하였으며, 또 苗曾(묘증)을 幽州牧(유주목, 유주절도사)에, 韋順(위순)을 上谷太守에, 蔡充(채충)을 漁陽太守로 임명하여 함께 북쪽 임지로 부임하게 하였다. 이때 光武는 邯鄲宮에 거처하면서 낮에 溫明殿(온명전)에서 쉬고 있었다. 경엄이 침상에 다가와 문안을 올린 뒤에 말했다.

"지금 경시가 실정하자, 주군이나 신하 모두의 행동이 분수를 모르고 여러 장수는 장안 근교에서 제멋대로 명령하고, 貴戚(귀척)은 장안에서 縱橫(횡행)하고 있습니다. 천자의 명령은 성문 밖에서는 통하지 않고 지방관은 임지를 제멋대로 옮겨 다니니, 백성은 누구를 따라야 할지 알지 못하고 士人들은 편히 지낼 수도 없습니다. 재물을 빼앗기고 부녀자는 겁탈당하며 재산을 가진 자라도 자기 집에도 돌아갈 수 없습니다. 백성은 가슴을 치며 다시 옛 왕망을 그리워합니다. 또 銅馬(동마)나 赤眉(적미)의 10여 무리는 무리마다 수십에서 백만에 이르는데 聖公(劉玄, 경시제의 字)은 이를 어찌하지도 못하고 있습니다. 머지않아 패망할 것이오나, 공께서는 南陽에서 처음 봉기하시어 百萬 군사를 격파하시고 이제 河北을 평정하여 天府의 땅을 차지하셨습니다. 大義로 정벌하셨기에 호령에 바로 호응하니 온 나라에 격문을 보내 평정하실 수 있습니다. 천하는 지극히 중대하기에 다른 성씨가 차지하게 할 수는 없습니다. 西方에서 온 사자(경시제가 보낸 사람)의 군사를 해산하라는 말은 따를 수 없습니다. 지금 죽은 군관이 많으니 저는 명을 받아 幽州로 돌아가 그곳에서 정병을 모아 公의 큰 뜻을 성취시키고자 합니다."

原文

光武大說, 乃拜弇爲大將軍, 與吳漢北發幽州十郡兵. 弇到上谷, 收韋順,蔡充斬之, 漢亦誅苗曾. 於是悉發幽州兵, 引而南, 從光武擊破銅馬,高湖,赤眉,靑犢, 又追尤來,大槍,五幡於元氏, 弇常將精騎爲軍鋒, 輒破走之. 光武乘勝戰順水上, 虜危急, 殊死戰.

時, 軍士疲弊, 遂大敗奔還, 壁范陽, 數日乃振, 賊亦退去, 從追至容城,小廣陽,安次, 連戰破之.

光武還薊, 復遣弇與吳漢,景丹,蓋延,朱祐,邳彤,耿純,劉植,岑彭,祭遵,堅鐔,王霸,陳俊,馬武十三將軍, 追賊至潞東, 及平谷, 再戰, 斬首萬三千餘級, 遂窮追於右北平無終,土垠之間, 至俊靡而還. 賊散入遼西,遼東, 或爲烏桓,貊人所抄擊, 略盡.

| **註釋** | ㅇ幽州十郡 – 幽州刺史部 관할 涿郡(탁군), 廣陽郡, 代郡, 上谷郡, 漁陽郡, 右北平郡, 遼西郡, 遼東郡(遼東屬國은 나중에 설치), 玄菟郡, 樂浪郡의 10개 군. ㅇ元氏 – 元氏縣은 故 恒山國(항산국, 常山國)의 國都, 今 河北省 石家莊市 관할 元氏縣. ㅇ順水 – 今 河北省 保定市의 하천, 徐水의 별칭이라는 주석이 있다. ㅇ壁范陽 – 壁은 보루와 장벽(壘壁)을 쌓다. 范陽(범양)은 涿郡(탁군)의 縣名. 今 河北省 保定市 定興縣. 在 范水之陽. 今

河北省 保定市와 北京市 일원을 지칭하는 지역 명칭. ㅇ從追至容城,小廣陽,安次 – 모두 현명. ㅇ潞東, 及平谷 – 潞(강 이름 로)는 漁陽郡의 縣名. 今河北省 廊坊市 관할 三河市 서남.(北京市 天津市 중간). 平谷은 漁陽郡의 縣名, 今 北京市 동북쪽 平谷區. ㅇ右北平無終,土垠 – 右北平은 유주자사부 관할 군명. 治所는 土垠縣(토은현). 今 河北省 북동 唐山市 豊潤區. 無終은 右北平郡의 현명. 今 天津市 북부 薊州區(계주구, 薊縣) 부근. ㅇ俊靡(준마) – 右北平의 縣名. 靡는 쓰러질 미. 갈 마. 문지르다(摩와 同字). ㅇ貊人 – 穢貊國(예맥국) 사람. 穢는 더러울 예, 貊은 북방 종족 맥, 맹수 이름 맥.

[國譯]

光武는 크게 기뻐하며 바로 경엄에게 大將軍을 제수하고 吳漢(오한)과 함께 북으로 가서 幽州(유주) 10개 郡의 군사를 동원케 하였다. 경엄은 上谷郡에 이르러 韋順(위순)과 蔡充(채충)을 잡아 죽였고, 吳漢 역시 苗曾(묘증)을 죽여버렸다. 그리고는 幽州에서 동원한 군사를 이끌고 남으로 내려와 光武를 따라 銅馬(동마), 高湖(고호), 赤眉(적미), 青犢(청독)의 무리를 격파하였으며, 또 尤來(우래), 大槍(대창), 五幡(오번)의 무리를 (常山郡) 元氏縣(원씨현)에서 추격 격파하였는데, 경엄은 늘 정예 기병을 이끌고 선봉에 섰으며 매번 적을 격파하여 패주케 하였다. 光武는 승세를 타고 順水(순수) 부근에서 승전하였으나 궁지에 몰린 적들은 죽기로 싸웠다.

이 무렵 (광무의) 군사가 많이 지쳐서 대패하여 도망한 뒤 范陽(범양)에 옹벽을 구축하고 며칠이 지나 다시 전력이 회복되자 적은 퇴각하였고, 이를 추격하여 容城, 小廣陽, 安次縣에서 連戰하여 격파하였다.

光武는 薊縣(계현)으로 돌아와 다시 경엄과 吳漢(오한), 景丹(경단),

蓋延(개연), 朱祐(주우), 邳肜(비동), 耿純(경순), 劉植(유식), 岑彭(잠팽), 祭遵(제준), 堅鐔(견심), 王霸(왕패), 陳俊(진준), 馬武(마무) 등 13명의 장군을 보내 적을 (漁陽郡의) 潞縣(노현) 동쪽 및 平谷縣까지 추격, 다시 싸워 1만3천여 명을 죽였고, 마침내 右北平郡의 無終縣(무종현)과 土垠縣(토은현) 중간까지 추격하였으며 俊靡縣(준미현)에서 회군하였다. 도적 무리는 遼西(요서)와 遼東(요동군) 지역으로 흩어졌는데 烏桓(오환)과 貊人(맥인)에게 약탈당하면서 거의 다 없어졌다. (이상은 建武 원년 봄의 일이었다.)

原文

光武卽位, 拜弇爲建威大將軍. 與驃騎大將軍景丹,彊弩將軍陳俊攻厭新賊於敖倉, 皆破降之. 建武二年, 更封好畤侯, 食好畤,美陽二縣. 三年, 延岑自武關出攻南陽, 下數城. 穰人杜弘率其衆以從岑. 弇與岑等戰於穰, 大破之, 斬首三千餘級, 生獲其將士五千餘人, 得印綬三百. 杜弘降, 岑與數騎遁走東陽.

| **註釋** | ○光武卽位 – 建武 원년, 서기 25년. 6월 己未日에 常山郡의 鄗縣(호현, 高邑縣)에서 즉위하였다. ○景丹(경단) – 22권, 〈朱景王杜馬劉傅堅馬列傳〉 立傳. ○厭新賊於敖倉 – 厭新(엽신)은 왕망의 新을 제압한다는 뜻. 厭은 누를 엽. 싫을 염. 敖倉(오창)은 鴻溝(홍구)와 黃河의 합류 지점인 滎陽城(형양성) 동북 敖山(오산)에 있는 군량 창고. 今 河南省 鄭州市 관할 滎陽市 동북. 楚漢戰 당시는 물론 후한에서도 중요한 군량 창고였다.

○好時侯 – 好時(호치)는 현명. 후한 초 폐현, 今 陝西省 咸陽市 관할 乾縣. ○美陽 – 右扶風의 縣名. 今 陝西省 咸陽市 관할 武功縣. ○延岑(연잠) – 建武 2년 2월 漢中郡에서 武安王을 자칭했었다. ○穰人杜弘 – 穰(양)은 南陽郡의 縣名. 今 河南省 직할의 鄧州市. 河南省의 서남쪽 湖北省의 접경. ○東陽 – 마을 이름(聚名). 今 河南省 南陽市 부근 鄧州市(省 직할 縣級市) 남쪽.

[國譯]

光武帝는 즉위하고서 경엄을 建威大將軍에 임명하였다. 경엄은 驃騎大將軍 景丹(경단), 彊弩將軍 陳俊(진준)과 함께 厭新賊(엽신적)을 敖倉(오창)에서 공격하여 모두 격파 투항케 하였다. 建武 2년, 경엄은 다시 好畤侯(호치후)에 봉해졌고, 식읍은 好畤와 美陽 2개 현이었다. 3년, 延岑(연잠)은 武關을 지나 南陽郡을 공격하여 여러 성을 함락시켰다. 穰縣(양현) 사람 杜弘(두홍)은 그 무리를 거느리고 연잠을 추종하였다. 경엄은 연잠 등과 穰縣(양현)에서 싸워 대파하고 3천여 명을 참수하고 그 장수와 사졸 5천여 명을 생포하였고 인수 3백여 개를 노획하였다. 두홍이 투항하자 연잠은 기병 여러 명을 거느리고 東陽(동양)이란 곳으로 도주하였다.

原文

弇從幸舂陵, 因見自請北收上谷兵未發者, 定彭寵於漁陽, 取張豐於涿郡, 還收富平,獲索, 東攻張步, 以平齊地. 帝壯其意, 乃許之.

四年, 詔弇進攻漁陽. 弇以父據上谷, 本與彭寵同功, 又兄弟無在京師者, 自疑, 不敢獨進, 上書求詣洛陽. 詔報曰, 「將軍出身擧宗爲國, 所向陷敵, 功效尤著, 何嫌何疑, 而欲求徵? 且與王常共屯涿郡, 勉思方略.」

況聞弇求徵, 亦不自安, 遣舒弟國入侍. 帝善之, 進封況爲隃麋侯. 乃命弇與建義大將軍朱祐,漢忠將軍王常等擊望都,故安西山賊十餘營, 皆破之.

時, 征虜將軍祭遵屯良鄉, 驍騎將軍劉喜屯陽鄕, 以拒彭寵. 寵遣弟純將匈奴二千餘騎, 寵自引兵數萬, 分爲兩道以擊遵,喜. 胡騎經軍都, 舒襲破其衆, 斬匈奴兩王, 寵乃退走. 況復與舒攻寵, 取軍都.

五年, 寵死, 天子嘉況功, 使光祿大夫持節迎況, 賜甲第, 奉朝請. 封舒爲牟平侯. 遣弇與吳漢擊富平,獲索賊於平原, 大破之, 降者四萬餘人.

| 註釋 | ㅇ弇從幸舂陵 – 前漢 舂陵(용릉)은 縣名. 광무제 선조가 처음 자리 잡은 곳. 광무제는 舂陵縣을 章陵縣으로 개명. 今 湖北省 襄陽市(양양시) 관할 棗陽市(조양시). ㅇ涿郡(탁군) – 치소는 涿縣, 今 河北省 중부 保定市 관할 涿州市. ㅇ富平,獲索 – 富平, 獲索(획색)은 모두 봉기했던 무리의 이름. 富平의 賊首는 徐少(서소), 獲索(획색)의 賊首는 古師郞(고사랑)으로 알려졌다. ㅇ彭寵(팽총) – 吳漢과 같은 고향 사람, 처음에 광무의 인정을 받아 建忠侯에 大將軍이 되었지만 뒷날 반기를 들었다. 12권, 〈王劉張李彭盧列傳〉에 立傳. ㅇ耿國 – 耿況의 아들은 耿弇(경엄) – 耿舒(경서) – 耿

國(경국)이다. ○隃麋侯(유미후) – 隃麋는 右扶風의 縣名. ○望都 – 中山郡의 縣名. ○故安西山 – 涿郡(탁군)의 현명. ○良鄕 – 涿郡의 현명. ○陽鄕 – 涿郡의 현명. ○軍都 – 廣陽郡의 현명. 今 北京市 昌平區 부근.

【國譯】

耿弇(경엄)이 광무제를 따라 舂陵縣에 갔을 때, 경엄은 자신이 北으로 가서 上谷郡의 남은 군사를 동원하여 漁陽郡의 彭寵(팽총)을 토벌하고, 涿郡(탁군)의 張豐(장풍)을 잡으면서 富平과 獲索(획색) 무리, 그리고 동쪽의 張步(장보) 등을 공격하여 齊 지역을 평정하겠다고 주청하였다. 광무제는 그 뜻을 장하다 생각하며 바로 허락하였다.

建武 4년, 조서로 경엄에게 漁陽郡으로 진공을 명했다. 경엄은 부친이 上谷郡 태수이고 처음에 彭寵(팽총)과 함께 거병하여 공을 세웠으며 또 형제 중 아무도 낙양에 있지 않기에 (황제가 의심할지 모른다고) 스스로 걱정하며 혼자 진격하지 않고, 낙양에 돌아가겠다고 상서했다. 이에 광무제가 조서를 보냈다.

「장군이 관직에 있은 이후로 온 집안이 나라를 위하는데, 지금 적을 평정하러 나갔고 공적도 뚜렷하거늘 누가 꺼리며 무엇을 의심한다고 낙양에 불러달라고 하는가? 게다가 王常(왕상)과 함께 涿郡에 주둔하였으니 평정할 방략을 힘써 생각하라.」

耿況(경황, 경엄 父)은 경엄이 낙양에 돌아가려고 상서한 것을 알고 마찬가지로 불안하게 생각하여 耿舒(경서)의 아래인 耿國(경국)을 낙양에 보내 入侍케 하였다. 광무제는 이를 좋게 생각하며 경황을 隃麋侯(유미후)로 봉했다. 이에 경엄은 建義大將軍 朱祐(주우), 漢忠將軍 王常(왕상) 등과 함께 望都縣(망도현)과 故安縣 西山의 적병 10여

진영을 모두 격파하였다.

그때 征虜將軍 祭遵(제준)은 良鄕縣(양향현)에 주둔하였고, 驍騎將軍 劉喜(유희)는 陽鄕(양향)에서 彭寵(팽총)과 대결하였다. 팽총은 동생 彭純(팽순)을 시켜 흉노의 기병 2천을 거느렸고 팽총 자신은 수만 병력을 거느리고 두 길로 나누어 제준과 유희를 공격하였다. 흉노의 기병이 (廣陽郡의) 軍都縣(군도현)을 지나가 耿舒(경서)가 흉노를 급습하여 격파하면서 흉노왕 2명을 죽이자 팽총은 퇴각하였다. 耿況(경황)은 다시 아들 경서와 함께 팽총을 공격하여 軍都縣을 차지하였다.

(건무) 5년, 팽총이 죽자 광무제는 경황의 공을 가상히 여기며 부절을 가진 光祿大夫를 보내 경황을 영입하여 낙양에 큰 저택을 하사하였고 奉朝請을 제수하였다. (경엄의 동생) 경서는 牟平侯(모평후)가 되었다. (광무제는) 경엄과 吳漢을 보내 富平과 獲索(획색)의 적병을 平原軍에서 대파하였는데 4만여 명이 투항하였다.

原文

因詔弇進討張步. 弇悉收集降卒, 結部曲, 置將吏, 率騎都尉劉歆,太山太守陳俊引兵而東, 從朝陽橋濟河以度. 張步聞之, 乃使其大將軍費邑軍歷下, 又分兵屯祝阿, 別於太山鐘城列營數十以待弇. 弇度河先擊祝阿, 自旦攻城, 日未中而拔之, 故開圍一角, 令其衆得奔歸鐘城. 鐘城人聞祝阿已潰, 大恐懼, 遂空壁亡去. 費邑分遣弟敢守巨里. 弇進兵先脅巨里, 使多伐樹木, 揚言以塡塞坑塹. 數日, 有降者言邑聞弇欲攻巨里, 謀來救之. 弇乃嚴令軍中趣修攻具, 宣敕諸部, 後三日當悉力攻巨里城. 陰緩生口, 令得亡歸. 歸者以弇期告邑, 邑至日果自將精兵三萬餘人來救之.

弇喜, 謂諸將曰, "吾所以修攻具者, 欲誘致邑耳. 今來, 適其所求也." 卽分三千人守巨里, 自引精兵上岡阪, 乘高合戰, 大破之, 臨陳斬邑. 旣而收首級以示巨里城中, 城中兇懼, 費敢悉衆亡歸張步. 弇復收其積聚, 縱兵擊諸未下者, 平四十餘營, 遂定濟南.

| 註釋 | ㅇ張步(장보, ?-32) - 新朝에서 建武 8년 사이, 東部 연해의 軍閥(군벌). 劉永이 齊王에 봉했다. 12권, 〈王劉張李彭盧列傳〉 立傳. ㅇ太山太守陳俊 - 18권, 〈吳蓋陳臧列傳〉 立傳. ㅇ朝陽 - 濟南郡의 현명. 南陽郡에도 朝陽縣이 있어 東朝陽縣이라 했다. ㅇ濟河 - 四瀆(사독, 瀆은 도랑 독)은 淮水(회수)를 東瀆, 長江을 南瀆, 黃河를 西瀆, 濟水를 北瀆을 지칭하는데 황하의 물길이 여러 번 바뀌면서 濟水는 사라졌다. 지금의 黃河의 하류가 원래 濟水의 물길이라고 한다. ㅇ大將軍費邑 - 費邑(비읍)은 장보의 부하. ㅇ歷下 - 城邑 이름. 歷山 아래. 前漢 歷城縣. 今 山東省 중북부 濟南市 歷城區에 해당. ㅇ屯祝阿 - 祝阿(축아)는 青州 관할 平原郡의 현명. ㅇ太山鐘城 - 鐘城은 지명. 今 山東省 중부 濟南市 남쪽. ㅇ巨里 - 聚落(취락) 이름. ㅇ濟南 - 郡國名. 治所는 東平陵縣, 今 山東省 濟南市 관할의 章丘市.

[國譯]

이에 광무제는 耿弇(경엄)에게 張步(장보)를 토벌할 것을 명했다. 경엄은 그동안에 투항한 장졸을 모아 부대로 편성한 뒤, 騎都尉 劉歆(유흠)과 太山太守인 陳俊(진준)에게 통솔케 하여 동쪽으로 진격케 하였는데 朝陽(조양, 縣名)에서 다리를 놓아 濟河(濟水)를 건넜다. 장보가 이를 듣고서는 그의 大將軍 費邑(비읍)으로 하여금 歷下(역하)에 주둔하게 하고 또 군사를 나누어 祝阿(축아)에도 주둔하게 하였으며, 별도로 太山郡(泰山郡)의 鐘城(종성)이란 곳에도 10여 곳에 군영을 설치하고 경엄의 군사를 기다리게 하였다. 경엄은 濟水를 건너자 먼저 祝阿(축아)를 공격하였는데 아침부터 공격을 시작하여 한낮이 되기 전에 축아를 함락시켰는데 일부러 한 쪽을 터놓아 그 무리들이 鐘城(종성)으로 도망치게 하였다. 종성 사람들은 축아가 이미 함락되었다는 것을 알고 크게 두려워하다가 결국 보루를 비워놓고 도망쳤다. 費邑(비읍)은 그 동생 費敢(비감)을 보내 巨里(거리)란 곳을 지키게 하였다. 경엄은 군사를 보내 먼저 巨里城(거리성)을 협박하면서 많은 사람을 보내 벌목하며 이 나무로 구덩이나 참호를 메꾸고 진격하겠다는 소문을 내었다. 며칠이 지나자 투항했던 자들이 도망쳐 비읍에게 경엄이 거리성을 공격할 것이라 말하자 비읍은 구원할 계획을 세웠다. 이에 경엄은 군영에 엄명을 내려 攻城 기구를 보수하라 독촉하면서 단위 부대에는 3일 뒤에 전군을 동원하여 거리성을 공격하겠다고 말했다. 그러면서 은근히 포로를 느슨하게 풀어 도망치게 하였다. 도망간 자들이 경엄이 정한 날을 비읍에게 말하자 비읍은 그 당일에 자신이 3만의 정병을 거느리고 거리성을 구원하러 출병하였다.

그러자 경엄이 좋아하며 여러 장수에게 말했다. "내가 성을 공격할 장비 수리를 독려한 것은 비읍을 유인할 방책이었다. 지금 출병하였으니 내가 원하던 바이다."

경엄은 즉시 3천 병력을 나누어 거리성을 공격케 하면서 자신은 군사를 이끌고 산등성이에서 아래쪽으로 공격하여 적을 대파하면서 적진에 들어가 비읍의 목을 잘랐다. 얼마 후 비읍의 수급을 거리성에 보여주자 성안이 흉흉해지면서 費敢(비감)은 남은 무리를 데리고 張步(장보)에게로 도망쳤다. 경엄은 적의 비축물자를 차지하고 군사를 풀어 아직 투항하지 않은 자를 공격해서 40여 보루를 점령하였고 마침내 濟南郡 일대를 평정하였다.

原文

時, 張步都劇, 使其弟藍將精兵二萬守西安, 諸郡太守合萬餘人守臨淄, 相去四十里. 弇進軍畫中, 居二城之間. 弇視西安城小而堅, 且藍兵又精, 臨淄名雖大而實易攻, 乃敕諸校會, 後五日攻西安. 藍聞之, 晨夜儆守. 至期夜半, 弇敕諸將皆蓐食, 會明至臨淄城. 護軍荀梁等爭之, 以爲宜速攻西安.

弇曰, "不然. 西安聞吾欲攻之, 日夜爲備, 臨淄出不意而至, 必驚擾, 吾攻之一日必拔. 拔臨淄卽西安孤, 張藍與步隔絶, 必復亡去, 所謂擊一而得二者也. 若先攻西安, 不卒下, 頓兵堅城, 死傷必多. 縱能拔之, 藍引軍還奔臨淄, 並兵合勢, 觀人虛實, 吾深入敵地, 後無轉輸, 旬日之間, 不戰而困. 諸君之言, 未見其宜."

遂攻臨淄, 半日拔之, 入據其城. 張藍聞之大懼, 遂將其衆亡歸劇.

| 註釋 | ㅇ都劇 - 劇縣에 定都하다. 劇(극)은 北海郡의 縣名, 侯國名. 今 山東省 維坊市 관할 壽光市. ㅇ西安 - 齊郡의 현명. ㅇ臨淄 - 齊郡의 治所. 今 山東省 淄博市(치박시) 臨淄區. ㅇ晝中 - 齊郡의 읍명. ㅇ晨夜儆守 - 밤낮으로 지키다. 儆은 경계할 경. ㅇ蓐食 - 새벽밥을 먹다. 蓐은 잠자리 욕. 깔개, 이부자리.

[國譯]

그 무렵, 張步(장보)는 劇縣(극현)에 定都하면서 그 동생 張藍(장람)에게 정병 2만을 거느리고 (齊郡) 西安縣을 지키게 했고, 여러 군의 태수와 1만여 군사로 臨淄(임치)를 지키게 하였는데 그 거리는 40여 리였다. 경엄은 서안이 성은 작지만 견고하며 또 장람의 군사가 정병이나 임치는 잘 알려진 큰 성이지만 실제는 쉽게 공격할 수 있다고 생각하여 모든 장교를 모아 5일 뒤에 서안현을 공격한다고 공언하였다. 장람은 이를 알고 밤낮으로 경계하였다. 정한 날 한 밤이 되자 경엄은 여러 장수를 모아 군사들에게 새벽밥을 먹이고 날이 밝을 때까지 임치성에 모이게 했다. 護軍인 荀梁(순량) 등은 경엄에게 西安을 속공해야 한다고 말했다. 이에 경엄이 말했다.

"그렇지 않다. 서안은 내가 공격할 것을 알고 밤낮으로 군비하였지만 임치는 예상치 못하다가 우리를 보면 틀림없이 놀라 허둥댈 것이니 하루면 성을 점차지할 수 있다. 임치를 차지하면 서안은 고립되고 장람과 장보는 분리되어 틀림없이 망할 것이니, 이는 하나를 때려 두 개를 취하는 것이다. 만약 서안을 먼저 공격한다면 쉽게 함락시키기도 어려우며 저들이 성을 굳게 지키면 사상자가 많아진다. 설령 서안을 점령한다 하여도 장람은 군사를 데리고 임치로 도망할 것이며 두 곳의 군사를 모아 우리의 허와 실을 살필 것이니, 또 우리가 적지에 깊이 들어와 보급도 이뤄지지 않아 열흘이면 우리는 싸우지도 못하고 지칠 것이다. 여러분 말은 옳지 않다."

결국 임치를 공격하여 반 낮에 점령하고 임치성을 차지하였다. 장람은 이를 듣고 크게 놀라 그 무리를 거느리고 劇縣(극현)으로 도주하였다.

原文

弇乃令軍中無得妄掠劇下, 須張步至乃取之, 以激怒步. 步聞大笑曰, "以尤來,大彤十餘萬衆, 吾皆卽其營而破之. 今大耿兵少於彼, 又皆疲勞, 何足懼乎!"

乃與三弟藍,弘,壽及故大彤渠帥重異等兵號二十萬, 至臨淄大城東, 將攻弇. 弇先出兵淄水上, 與重異遇, 突騎欲縱, 弇恐挫其鋒, 令步不敢進, 故示弱以盛其氣, 乃引歸小城, 陳兵於內. 步氣盛, 直攻弇營, 與劉歆等合戰, 弇升王宮壞臺望之, 視歆等鋒交, 乃自引精兵以橫突步陳於東城下, 大破之.

飛矢中弇股, 以佩刀截之, 左右無知者. 至暮罷. 弇明旦復勒兵出. 是時, 帝在魯, 聞弇爲步所攻, 自往救之, 未至. 陳俊謂弇曰, "劇虜兵盛, 可且閉營休士, 以須上來." 弇曰, "乘輿且到, 臣子當擊牛釃酒以待百官, 反欲以賊虜遺君父邪?" 乃出兵大戰, 自旦及昏, 復大破之, 殺傷無數, 城中溝塹皆滿. 弇知步困將退, 豫置左右翼爲伏以待之.

人定時, 步果引去, 伏兵起縱擊, 追至鉅昧水上, 八九十里僵屍相屬, 收得輜重二千餘兩. 步還劇, 兄弟各分兵散去.

| 註釋 | ㅇ大耿兵少於彼 - 경씨 큰아들(경엄)의 군사는 그보다도 적었다. 경엄은 耿況(경황)의 장남이다. ㅇ與重異遇 - 重異와 조우하다. 重이 성씨. 이름은 異. ㅇ乃引歸小城 - 小城은 齊郡의 지명. ㅇ王宮壞臺望之 - 臨淄(임치)는 본래 齊國의 도읍이었다. ㅇ豫置左右翼爲伏以待之 - 양쪽에 미리 복병을 두고 적을 기다리다. ㅇ鉅昧水 - 일명 巨洋水, 今 山東省 維坊市 관할 壽光市의 하천.

[國譯]

경엄은 군중에 영을 내려 劇縣(극현) 공략을 못하게 하면서 장보가 나타나면 장보를 잡겠다 하여 장보를 화나게 하였다. 장보는 이를 듣고 크게 웃으며 말했다.

"나는 尤來(우래)와 大彤(대동)의 10여만 무리도 가자마자 격파했었다. 지금 경씨 큰아들의 군사는 그보다도 적고 또 지쳤는데 무엇이 두렵겠는가!"

그러면서 3명의 동생 藍(람), 弘(홍), 壽(수) 및 옛 大彤(대동)의 우두머리였던 重異(중이)의 군사를 합쳐 20만 대군이라면서 臨淄(임치)의 큰 성 동쪽에 와서 경엄을 공격하려고 하였다. 경엄은 병력을 淄水(치수) 근처에 출동시켰는데 중이의 군사와 조우하자 돌격시키려다가 장보의 예기를 꺾으면 군사를 출동시키지 않을 수 있다고 생각하여서 경엄은 일부러 약한 모습으로 장보의 기를 살려주려고 군사를 小城(소성)이란 곳에 데리고 들어가 성안에 진을 치게 했다. 장보는 기가 살아서 직접 경엄의 군영을 공격하여 劉歆(유흠) 등과 교전했는데 경엄은 옛 왕궁의 무너진 누대에 올라 바라보고 있다가 유흠이 싸움을 시작하자 경엄은 정병을 이끌고 성 동쪽 장보의 군영을 공격하여 대파하였다.

그러다가 경엄의 허벅지에 流矢(유시)를 맞았지만 경엄은 칼로 잘라내어 다른 사람은 이를 몰랐다. 저녁 무렵에 싸움이 끝났다. 경엄은 다음 날 아침 다시 부대를 정비하고 출동하였다. 이때 광무제는 魯郡(노군)에 있었는데 경엄이 장보에게 공격당하고 있다는 소식을 듣고 직접 구원하려 출동하였지만 아직 도착하지는 않았다. 이에 陳俊(진준)이 경엄에게 말했다. "劇縣(극현)의 적병 군세가 매우 강하니 일단 군영을 닫고 군사를 쉬게 하면서 폐하를 기다립시다."

이에 경엄이 말했다.

"어가가 일단 도착한다면 신하로서 당연히 소를 잡고 술을 걸러 백관도 대접해야 하며, 거기다가 황제에게 적의 상황을 보여야 하겠소?"

그리고서는 곧 출병하여 큰 싸움을 아침부터 저녁까지 계속하여 다시 적을 대파하니 죽거나 다친 적과 시신이 성안 도랑에 가득 찼다. 경엄은 장보가 지쳐 곧 퇴각할 것을 짐작하고 미리 군사를 길 양옆에 매복시켜 기다리게 하였다.

밤 깊어 잠자리에 들 무렵에, 예상대로 장보가 군사를 거느리고 퇴각하자 복병을 풀어 공격하면서 鉅昧水(거매수) 근처까지 추격하자 8, 90리에 걸쳐 시신이 널렸고 군수물자 수레 2천여 량을 차지하였다. 장보는 극현으로 돌아갔고 그 형제는 군사를 나눠 분산하였다.

原文

後數日, 車駕至臨淄自勞軍, 群臣大會. 帝謂弇曰, "昔韓信破歷下以開基, 今將軍攻祝阿以發跡, 此皆齊之西界, 功足相方. 而韓信襲擊已降, 將軍獨拔勁敵, 其功乃難於信也. 又田橫亨酈生, 及田橫降, 高帝詔衛尉不聽爲仇. 張步前亦殺伏隆, 若步來歸命, 吾當詔大司徒釋其怨, 又事尤相類也. 將軍前在南陽建此大策, 常以爲落落難合, 有志者事竟成也!"

弇因復追步, 步奔平壽, 乃肉袒負斧鑕於軍門. 弇傳步詣行在所, 而勒兵入據其城. 樹十二郡旗鼓, 令步兵各以郡人詣旗下, 衆尙十餘萬, 輜重七千餘兩, 皆罷遣歸鄕里. 弇復引兵至城陽, 降五校餘黨, 齊地悉平. 振旅還京師.

| 註釋 | ㅇ昔韓信破歷下以開基 – 漢王의 명에 의거 齊에 유세하러 간 酈食其(역이기)가 齊 田廣과 和約을 체결하자 齊에서는 歷下의 군비를 풀었다. 그러나 蒯通(괴통)의 유세를 받아들인 韓信은 이와 별도로 歷下에 주둔한 齊의 군사를 기습하여 격파했다. 화가 난 齊의 전광은 역이기를 팽살

했다. 海島에 들어간 齊의 재상 田橫을 고조가 불렀는데 전횡은 알현하기 전날 낙양 근처에서 자살하였다. 《漢書 魏豹田儋韓王信傳》의 〈田儋傳〉 참고. ○田橫亨酈生 – 亨(형통할 형)은 烹(삶을 팽). ○高帝詔衛尉不聽爲仇 – 고조의 衛尉는 酈商(역상), 酈食其의 친동생. ○張步前亦殺伏隆 – 건무 2년에 太中大夫인 伏隆(복륭)이 지절을 받고 青州와 徐州 지역을 진무하면서 張步(장보)를 초치하여 투항케 하였다(건무 2년). 건무 3년 2월에 劉永(유영)이 董憲(동헌)을 海西王에, 張步(장보)를 齊王에 책립하자 장보는 光祿大夫인 伏隆(복륭, 伏湛의 아들)을 죽이고 반역했다. 건무 3년 3월, 伏湛(복침)은 大司徒가 되었다. 26권, 〈伏侯宋蔡馮趙牟韋列傳〉에 입전. ○落落難合 – 落落은 뜻이 너무 커서 보통 사람의 생각과 맞지 않음. 難合은 이루어지기 어렵다. ○平壽 – 北海郡의 현명. ○肉袒負斧鑕 – 웃통을 벗고 도끼 받침을 짊어지고 오다. 鑕은 모루 질. 허리를 자르는 형구. 처형을 받겠다는 의미.

[國譯]

며칠 지나 광무제가 臨淄(임치)에 입성하여 직접 군사를 위로하고 群臣이 모여 잔치를 했다. 광무제가 경엄에게 말했다.

"옛날 韓信이 (齊의) 歷下(역하)를 격파하여 개국의 기초를 마련하였는데, 지금 장군은 祝阿(축아)를 공격하여 공을 세우고 이름을 날렸으니 모두가 齊의 서쪽이며 공적이 비슷하다. 다만 한신은 이미 투항이 결정 난 齊를 기습했지만 장군은 강력한 적을 격파했으니 그 공은 한신보다 훨씬 힘든 것이다. 또 田橫(전횡)이 酈生(역생, 역이기)를 팽살했지만 고조께서는 衛尉인 酈商(역상)에게 원수라 생각하지 말라고 분부하였다. 張步(장보)가 전에 伏隆(복륭)을 죽였지만 만약 장보가 투항해 온다면 나는 응당 大司徒〔伏湛(복침)〕에게 그 원한을 풀라고 할 것이니 그리되면 일은 더욱 비슷해질 것이다. 장군은 전에 짐을 따라와 南陽에서 이 계획을 상주했었는데 장군의 뜻은 늘 너무 원대하여 보통 사람이 이해하기 어려우나 뜻이 있는 자는 틀림없이 일을 이뤄내고야 만다!"

경엄은 다시 장보를 추격하였는데 장보는 (北海郡) 平壽(평수)로 도망갔다가 나중에 웃통을 벗고 도끼와 모루(鑕)를 짊어지고 군문에 와서 투항했다. 경엄은 장보를 傳車에 태워 행재소로 보냈고 군사를 정돈하여 입성하였다. 경엄은 12개 군의 표시 깃발을 세워놓고 장보의 군사를 출신 군의 깃발에 세우자 그 무리가 10여만 명에 군수물자 수레는 7천여 량이나 되었으며, 모두 각 고향마을로 돌아가게 하였다. 경엄은 다시 군사를 이끌고 城陽郡에 이르자 五校의 잔당들도 투항하여 齊는 완전 평정되었다. 경엄은 부대를 정돈하여 낙양으로 회군하였다.

原文

六年, 西拒隗囂, 屯兵於漆. 八年, 從上隴. 明年, 與中郎將來歙分部徇安定,北地諸營保, 皆下之. 弇凡所平郡四十六, 屠城三百, 未嘗挫折.

十二年, 況疾病, 乘輿數自臨幸. 復以國弟廣,擧並爲中郎將. 弇兄弟六人皆垂靑紫, 省侍醫藥, 當代以爲榮. 及況卒, 謚烈侯, 少子霸襲況爵.

十三年, 增弇戶邑, 上大將軍印綬, 罷, 以列侯奉朝請. 每有四方異議, 輒召入問籌策. 年五十六, 永平元年卒, 謚爲愍侯.

子忠嗣. 忠以騎都尉擊匈奴於天山, 有功. 忠卒, 子馮嗣. 馮卒, 子良嗣, 一名無禁. 延光中, 尙安帝妹濮陽長公主, 位至侍中. 良卒, 子協嗣.

隃麋侯霸卒, 子文金嗣. 文金卒, 子喜嗣. 喜卒, 子顯嗣, 爲羽林左監. 顯卒, 子援嗣. 尙桓帝妹長社公主, 爲河東太守. 後曹操誅耿氏, 唯援孫弘存焉.

牟平侯舒卒, 子襲嗣. 尙顯宗女隆慮公主. 襲卒, 子寶嗣.

| **註釋** | ㅇ(建武) 六年 – 서기 30년. ㅇ漆(칠) – 右扶風의 縣名. 今 陝西省 咸陽市 관할 彬縣(빈현). ㅇ來歙(내흡) – 15권, 〈李王鄧來列傳〉 立傳. ㅇ青紫 – 諸侯의 인수. ㅇ永平元年 – 明帝 서기 58년. ㅇ隃麋侯(유미후) – 경엄의 부친 耿況(경황)의 작위. ㅇ後曹操誅耿氏 – 경황의 玄孫인 耿紀(경기)는 조조가 漢을 찬탈할 것이라 생각하여 (獻帝) 建安 23년에 太醫令인 吉丕(길비, 吉平), 丞相司直인 韋晃(위황)과 함께 조조를 죽이려 기병을 모의하다가 실패하여 삼족이 몰살되었다. ㅇ牟平侯(모평후) 舒 – 경엄의 동생.

[國譯]

(建武) 6년, 서쪽으로 가서 隗囂(외효)를 토벌하며 漆縣(칠현)에 주둔하였다.

(建武) 8년, 광무제를 따라 隴西郡을 원정했다. 그 다음 해 中郎將 來歙(내흡)과 함께 부대를 나눠 安定郡과 北地郡을 경략하며 모든 군영이나 보루를 평정하였다. 경엄은 46개 군을 평정하였으며 3백

여 개의 성을 함락시키면서 패배한 적이 없었다.

(建武) 12년, (부친) 耿況(경황)이 병석에 눕자 황제가 여러 번 행차하여 위문하였다. 다시 (경엄의 동생) 耿國(경국)의 다른 동생 耿廣(경광)과 耿擧(경거)도 모두 中郎將이 되었다. 耿龠(경엄)의 형제 6인이 모두 靑綬나 紫綬(자수)를 매고, 부친의 의약을 시중들었는데 당대의 영광이었다. 耿況(경황)이 죽자 시호는 烈侯(열후)였고, 막내 아들 耿霸(경패)가 경황의 작위를 세습했다.

(建武) 13년, 耿弇(경엄)은 식읍을 더 받았는데 大將軍의 인수를 반환하고 퇴직하였는데 列侯의 奉朝請이 되었다. 특별히 논의할 일이 있을 때마다 부름을 받아 궁에 들어가 방책을 논의하였다. 56세인 (明帝) 永平 원년에 죽었는데, 시호는 愍侯(민후)였다.

아들 耿忠(경충)이 뒤를 이었다. 경충은 騎都尉로 흉노를 天山(천산)에서 격파하며 공을 세웠다. 경충이 죽자, 아들 耿馮(경풍)이 뒤를 이었다. 경풍이 죽고, 아들 耿良(경량)이 뒤를 이었는데 다른 이름은 無禁(무금)이었다. (安帝) 延光(연광) 연간에, 安帝의 여동생 濮陽(복양) 長公主와 결혼하였는데 관직은 侍中(시중)에 이르렀다. 경량이 죽고, 아들 耿協(경협)이 뒤를 이었다.

隃麋侯(유미후) 耿霸(경패)가 죽자, 아들 耿文金(경문금)이 뒤를 이었다. 경문금이 죽고, 아들 耿喜(경희)가 뒤를 이었다. 경희가 죽고, 아들 耿顯(경현)이 뒤를 이었는데 羽林左監이 되었다. 경현이 죽고, 아들 耿援(경원)이 뒤를 이었다. 경원은 桓帝(환제)의 여동생 長社公主와 결혼했고 河東太守가 되었다. 뒷날 曹操(조조)가 耿氏(경씨)를 주살하였지만, 오직 경원의 손자 耿弘(경홍)만 살려두었다.

牟平侯(모평후) 耿舒(경서)가 죽고, 아들 耿襲(경습)이 뒤를 이었다.

경습은 顯宗(명제)의 딸 隆慮公主(융려공주)와 결혼하였다. 경습이 죽고, 아들 耿寶(경보)가 뒤를 이었다.

原文

寶女弟爲清河孝王妃. 及安帝立, 尊孝王爲孝德皇, 以妃爲甘園大貴人. 帝以寶元舅之重, 使監羽林左騎, 位至大將軍. 而附事內寵, 與中常侍樊豐,帝乳母王聖等譖廢皇太子爲濟陰王, 及排陷太尉楊震, 議者怨之. 寶弟子承襲公主爵爲林慮侯, 位至侍中.

安帝崩, 閻太后以寶等阿附嬖倖, 共爲不道, 策免寶及承, 皆貶爵爲亭侯, 遣就國. 寶於道自殺, 國除.

大貴人數爲耿氏請, 陽嘉三年, 順帝遂紹封寶子箕牟平侯, 爲侍中. 以恒爲陽亭侯, 承爲羽林中郎將. 其後貴人薨, 大將軍梁冀從承求貴人珍玩, 不能得, 冀怒, 風有司奏奪其封. 承惶恐, 遂亡匿於穰. 數年, 冀推跡得之, 乃並族其家十餘人.

| 註釋 | ㅇ清河孝王妃 – 清河孝王은 劉慶(유경), 安帝(諱, 祜)의 생부. 왕비였지만 생모는 아니다. ㅇ帝以寶元舅之重 – 安帝는 耿寶를 外叔(舅)으로 존중하다. ㅇ中常侍樊豐 – 中常侍는 환관의 직명. 樊豐(번풍)은 환관, 安帝가 죽으면서(延光 3년, 124년) 大將軍 耿寶(경보), 中常侍인 樊豐(번풍), 侍中 謝惲(사운), 周廣(주광), 乳母 野王君 王聖(왕성)이 서로 阿黨(아

당)을 결성한 죄에 걸려 번풍, 사운, 주광은 하옥되었다가 죽었고, 耿寶(경보)는 자살하였으며 유모 왕성은 雁門郡(안문군)으로 강제 이주되었다. ○廢皇太子爲濟陰王 – 安帝의 황태자 劉保(유보)는 환관의 참소를 받아 폐위되었지만 나중에 順帝로 즉위. 濟陰(제음)은 兗州(연주) 관할, 濟陰郡, 治所는 定陶縣, 今 山東省 菏澤市 定陶區. ○陽嘉三年 – 順帝의 연호 서기 134년. ○大將軍梁冀 – 孝質皇帝(諱 纘, 138년생. 재위 145–146年, 16개월)를 독살했다. 順烈梁皇后의 친정 오빠. 順帝 永和 6년(141)에 대장군이 되었다. 沖帝, 質帝, 桓帝를 옹립했고 그 가문에 侯 7명, 皇后 3명, 貴人 6명, 대장군 2명, 그 외 卿, 將, 尹, 校尉가 57명이었다고 하니 그 세력과 횡포를 짐작할 수 있다. 34권, 〈梁統列傳〉에 입전. ○風有司~ – 담당 관리에게 ~하라고 은근히 말하다. 사주하다. 風은 넌지시 말하다. 암시하다.

【國譯】

耿寶(경보)의 여동생이 淸河孝王의 왕비가 되었다. (淸河孝王의 아들이) 安帝로 즉위하자 孝王을 孝德皇으로 존칭하며 王妃(耿氏)는 甘園大貴人(감원대귀인)이라 존칭하였다. 安帝는 耿寶(경보)를 큰 외삼촌으로 존중하며 羽林左騎를 감독하게 하였고 (耿寶는) 대장군으로 승진하였는데, 황제의 총애를 받는 사람과 친교하면서 中常侍인 樊豐(번풍)과 安帝의 乳母인 王聖(왕성) 등과 함께 참소하여 皇太子(保)를 폐위하여 濟陰王(제음왕)으로 강등케 하였으며 太尉 楊震(양진)을 배척하고 모함하자 많은 사람들이 (경보 등을) 원망하였다. 耿寶(경보)의 동생 아들 耿承(경승)은 공주의 작위를 계승하여 林慮侯(임려후)가 되어 侍中에 올랐다.

安帝가 붕어하자, 閻太后(염태후, 안제의 황후 安思閻皇后, 諱 姬)는 경보 등이 황제의 嬖倖(폐행, 총애를 받는 천한 여인)에 아첨하며 不道한 죄를 지었다 하여 책서로 경보 및 경승을 면직시키고 작위도 亭侯(정후)로 강등시켜 봉지로 떠나게 하였다. 경보는 가는 도중에 자살하여 나라가 없어졌다. 甘園大貴人(耿寶의 여동생)이 여러 번 (친정) 耿氏(경씨)를 위해 청원하자 (順帝) 陽嘉 3년에 順帝는 결국 耿寶의 아들 耿箕(경기)를 牟平侯(모평후)로 이어 봉했는데(紹封), 경기는 侍中이 되었다. 또 耿恒(경항)은 陽亭侯(양정후)가 되었고 耿承(경승)은 羽林中郎將이 되었다.

그 뒤에 甘園大貴人이 죽자, 大將軍 梁冀(양기)는 경승에게 감원대귀인의 보물을 요구하였지만 얻지 못하자 梁冀(양기)는 대노하면서 담당 관리에게 그의 작위를 박탈하도록 넌지시 말했다. 이에 耿承(경승)은 크게 두려워 떨며 穰縣(양현)에 도망쳐 숨어버렸다. 몇 년 뒤에 양기는 추적하여 찾아낸 뒤에 그 일족 10여 명을 모두 죽여버렸다.

原文

論曰, 淮陰廷論項王, 審料成勢, 則知高祖之廟勝矣. 耿弇決策河北, 定計南陽, 亦見光武之業成矣. 然弇自克拔全齊, 而無復尺寸功. 夫豈不懷? 將時之度數, 不足以相容乎? 三世爲將, 道家所忌, 而耿氏累葉以功名自終. 將其用兵欲以殺止殺乎? 何其獨能隆也!

| **註釋** | ㅇ淮陰廷論項王 – 淮陰侯 韓信이 漢王과 項羽를 평하다. 漢王(劉邦)이 한신에게 대장군을 제수하고 항우에 대한 인물평과 천하대세를

논했는데, 한신은 '항우가 匹夫之勇과 婦人之仁을 가졌으나 천하의 인심을 잃었고, 漢王은 關中의 민심을 얻었기에 이를 바탕으로 동진하면 천하를 차지할 수 있다.' 고 말하였다. ㅇ夫豈不懷 – 어찌 大功을 세울 생각을 안 했겠는가? 큰 공을 세우고 싶었지만 그렇지 못했다. ㅇ三世爲將, 道家所忌 – 삼대에 걸쳐 장군직은 상서롭지 못한 일(殺生)을 많이 했기에 三代에 가서는 必敗한다는 뜻. ㅇ累葉(누엽) – 累代, 葉은 세대.

[國譯]

范曄(범엽)의 史論 : "淮陰侯 韓信이 조정에서 漢王과 함께 項羽를 논하면서 성패를 분석할 때 高祖의 승리를 알 수 있었다. 耿弇(경엄)이 河北 평정 대책을 南陽(남양)에서 건의했는데 이로써 光武帝 大業의 성공을 예견할 수 있었다. 그러나 경엄이 齊(제) 전역을 평정하였지만 그 이후로 다시는 공을 세우지 못했다. 이는 어찌 공을 세우려는 생각이 없었기 때문이겠는가? 아니면 장수로서의 천운을 다했기 때문인가? 三代에 장수가 되는 것을 道家에서 꺼린다 하였는데, 耿氏(경씨)의 누대에 걸친 성공은 저절로 끝이 났다. 아니면, 경씨 일가의 用兵을 통한 살생을 끝으로 살생을 끝내려는 것인가? 어찌 경씨 일가만이 (武將으로) 그리 융성할 수 있겠는가?"

❷ 耿國

原文

國字叔慮, 建武四年初入侍, 光武拜爲黃門侍郎, 應對左右, 帝以爲能, 遷射聲校尉.

七年, 射聲官罷, 拜駙馬都尉. 父況卒, 國於次當嗣, 上疏以先侯愛少子霸, 固自陳讓, 有詔許焉. 後歷頓丘,陽翟,上蔡令, 所在吏人稱之. 徵爲五官中郎將.

| **註釋** | ㅇ耿國 – 耿況의 아들, 耿弇(경엄)의 아우. ㅇ黃門侍郎 – 질록 六百石. 無 定員. 황제 시종 담당. ㅇ射聲校尉 – 後漢에서는 五校尉(前漢 8교위)를 두어 중앙 禁軍을 지휘케 하였는데 질록은 比2천석으로 고위 무관이다. 屯騎校尉(驍騎校尉로 개명했다가 다시 복원). 越騎校尉(青巾左校尉로 개명했다가 다시 복원), 步兵校尉, 長水校尉, 射聲校尉를 지칭. 장수교위의 군사는 3천여 명. 나머지 교위 병력은 7백 명. ㅇ駙馬都尉 – 光祿勳의 속관, 比二千石. 無 定員. 掌駙馬. ㅇ頓丘,陽翟,上蔡令 – 頓丘는 東郡의 현명. 陽翟(양책)은 潁川郡(영천군)의 치소, 今 河南省 許昌市 관할 禹州市. 上蔡(상채)는 秦 李斯(이사)의 고향. 汝南郡(여남군)의 치소, 今 河南省 駐馬店市 관할의 上蔡縣. ㅇ五官中郎將 – 光祿勳(中二千石, 皇帝 宿衛와 宮殿門戶 경비의 총책)의 속관으로 질록 比二千石의 五官中郎將, 左,右中郎將, 虎賁中郎將, 羽林中郎將 등을 두었다. 五官中郎將의 속관으로는 五官中郎(比六百石). 五官侍郎(比四百石), 五官郎中(比三百石) 등이 있었는데, 정원은 없고 황제 호위와 궁궐 경비를 담당하였다.

[國譯]

耿國(경국)의 字는 叔慮(숙려)인데, 建武 4년 초에 入侍하자, 광무제는 黃門侍郎을 제수했고 측근에서 應待케 하였는데 유능하다고 생각하여 射聲校尉로 승진시켰다.

7년, 사성교위의 관제가 폐지되어 駙馬都尉가 되었다. 부친 耿況

이 죽자 경국은 순차에 의거 부친의 작위를 세습해야 하나 상서하여 先侯(父親 耿況)가 막내아들 耿霸(경패)를 귀여워했기에 꼭 경패에게 양보하겠다는 뜻을 말하여 조서로 허락을 받았다. 경국은 이후에 頓丘(돈구), 陽翟(양책), 上蔡(상채)의 현령을 역임하였는데 임지에서 관리와 백성의 칭송을 들었다. 경국은 황제의 명에 의거 五官中郎將이 되었다.

原文

是時, 烏桓,鮮卑屢寇外境, 國素有籌策, 數言邊事, 帝器之. 及匈奴薁鞬日逐王比自立爲呼韓邪單于, 款塞稱藩, 願扞禦北虜. 事下公卿. 議者皆以爲天下初定, 中國空虛, 夷狄情僞難知, 不可許. 國獨曰, "臣以爲宜如孝宣故事受之, 令東扞鮮卑, 北拒匈奴, 率厲四夷, 完復邊郡, 使塞下無晏開之警, 萬世安寧之策也."

帝從其議, 遂立比爲南單于. 由是烏桓,鮮卑保塞自守, 北虜遠遁, 中國少事.

二十七年, 代馮勤爲大司農. 又上言宜置度遼將軍,左右校尉, 屯五原以防逃亡. 永平元年卒官. 顯宗追思國言, 後遂置度遼將軍,左右校尉, 如其議焉.

國二子, 秉,夔.

| **註釋** | ㅇ屢寇外境 – 외부 국경을 자주 침략하다. ㅇ帝器之 – 器는 재

능, 그릇으로 여기다. 중히 여기다. ㅇ匈奴薁鞬日逐王比自立爲呼韓邪單于 – 薁鞬日逐王(욱건일축왕)은 흉노의 관직명. 일정 지역을 다스리는 王이란 뜻이 아니다. 薁은 까마귀머루 욱. 比는 人名. ㅇ款塞稱藩 – 변새에서 강화를 요구하며 번신을 자칭하다. 款은 정성 관. 두드리다. ㅇ孝宣故事 – 宣帝는 흉노에 대한 적극적 외교로 흉노를 번신으로 완전히 격하시켰다. 흉노 呼韓邪單于(호한야선우, 재위 前 58–31, 虛閭權渠單于의 아들. 이때 흉노는 선우가 남북으로 갈라진다)는 前 51년에 장안에 와서 선우로서는 최초로 중원의 황제(宣帝)를 알현한다. 선제도 장안 교외까지 나가 영접했고 그가 돌아갈 때는 기병 1만6천으로 고비 사막 남쪽까지 호송하였다. 元帝 마지막 해인 竟寧(前 33년)에 또 한 번 장안에 와서 和親하고 유명한 王昭君(왕소군)을 데리고 돌아간다. ㅇ晏開之警 – 변방의 소란행위. 변방에 위급한 일이 있으면 관문을 폐쇄하거나 늦게 개문한다. 晏은 늦을 안. ㅇ(建武)二十七年 – 서기 51년. ㅇ代馮勤爲大司農 – 국가의 穀物과 재화, 재정 담당. 九卿의 하나. 질록 中二千石. 屬官으로 丞 1인 질록 比 千石, 部丞 1人, 6百石 外에 太倉令, 平準令, 導官令(각 질록 6백석)과 그 아래 丞을 두었다. 馮勤(풍근)은 26권, 〈伏侯宋蔡馮趙牟韋列傳〉에 입전. ㅇ度遼將軍 – 전한의 度遼將軍으로 昭帝 때 范明友(범명우, ? – 前 66. 霍光의 사위)가 유명했다. 요동 북방의 외적을 방어할 목적으로 後漢 明帝 永平 8년에 설치하였다. 征伐의 필요성에 따라 임명하는 장군은 정원이 없었다. 부대 편제에 따라 司馬나 軍候 등을 두었다. 度遼將軍은 후한 동북방이 늘 불안하여 상설 직화하였다. ㅇ五原 – 幷州의 군명. 治所는 九原縣, 今 內蒙古 包頭市(黃河 북안). ㅇ(明帝)永平元年卒官 – 서기 58년. 이 해에 耿弇(경엄)도 죽었다.

[國譯]

이 무렵, 烏桓(오환)과 鮮卑(선비)족이 자주 변경을 침략하였는데

耿國(경국)은 평소에 이에 대한 대책을 가지고 자주 국방에 관한 건의를 했고 광무제는 경국의 능력을 인정하였다. 마침 흉노의 薁鞬日逐王(욱건일축왕) 比(비)가 呼韓邪單于(호한야선우)로 자립하고 변경에 와서 藩臣(번신)을 자칭하며 북 흉노를 막겠다고 청원하였다. 이를 공경의 의논에 부쳤다. 참석자 모두가 지금 천하가 겨우 안정되었지만 나라가 텅 비었으며 夷狄의 속뜻을 알 수 없기에 허용해서는 안 된다고 하였다. 그러나 경국은 홀로 말했다.

"臣은 응당 孝宣帝의 전례에 따라 이를 받아들여야 한다고 생각하며 그들로 하여금 東으로 鮮卑를, 北으로 다른 흉노족을 막게 하면서 우리가 四夷를 통제하고 변방의 군현을 복원하여 위급한 사태가 발생하지 않도록 대비하는 것이 나라를 오래도록 안정시킬 방책입니다."

광무제는 경국의 주장에 따라 比(비)를 南單于(남선우)로 책봉하였다. 이로써 오환과 선비는 자신의 국경을 지켰고 북 흉노는 멀리 이동해서 中國이 평안하였다.

(建武) 27년에 馮勤(풍근)의 후임으로 大司農이 되었다. 경국은 또 度遼將軍(도료장군) 직책과 그 左, 右校尉를 설치하고 五原郡에서 둔전케 하면서 도망자를 막아야 한다고 주장하였다. 경국은 永平 元年에 관직을 갖고 죽었다. 顯宗(명제)는 경국의 건의를 생각하여 나중에 度遼將軍과 그 좌, 우교위를 설치하였다.

경국의 두 아들이 耿秉(경병)과 耿夔(경기)이다.

❸ 耿秉

原文

秉字伯初, 有偉體, 腰帶八圍. 博通書記, 能說《司馬兵法》, 尤好將帥之略. 以父任爲郞, 數上言兵事. 常以中國虛費, 邊陲不寧, 其患專在匈奴. 以戰去戰, 盛王之道. 顯宗旣有志北伐, 陰然其言. 永平中, 召詣省闥, 問前後所上便宜方略, 拜謁者僕射, 遂見親幸. 每公卿會議, 常引秉上殿, 訪以邊事, 多簡帝心.

十五年, 拜駙馬都尉. 十六年, 以騎都尉秦彭爲副, 與奉車都尉竇固等俱伐北匈奴. 虜皆奔走, 不戰而還.

| **註釋** | ㅇ秉字伯初 – 耿秉(경병), 耿況의 손자, 耿國의 아들. ㅇ腰帶八圍 – 허리띠가 8圍나 되었다. 엄지와 집게 손가락을 벌릴 길이를 1圍라고 한다. 8圍면 약 120cm 정도. 圍를 '아름'으로 풀이할 수 없다. ㅇ《司馬兵法》– 또는 《司馬穰苴兵法(사마양저병법)》. 《史記 司馬穰苴列傳》에 의하면, 戰國 초기에 齊에서 그간의 병법서를 모아 편찬한 것이라 추정할 수 있다. 《漢書 藝文志》에 《軍禮司馬法》 등 155편이 있다고 하였으나 漢代에 많은 부분이 散失된 것으로 알려졌다. ㅇ以父任 – 任은 保任. 二千石 이상 관리의 자제는 부친의 관직을 보증으로 郎官에 임용될 수 있었다. 이를 任子라 하였다. 일종의 蔭敍(음서) 제도이다. ㅇ邊陲不寧 – 邊陲는 변방. 陲는 위태할 수. 근처, 부근. ㅇ謁者僕射 – 謁者僕射(알자복야), 僕射는 주 담당자, 곧 우두머리란 뜻으로 각 분야별로 복야가 있었다. 侍中僕射, 尙書僕射, 謁者僕射 등이 그 예이다. 射 벼슬 이름 야. ㅇ多簡帝心 – 황제의 생각

과 잘 맞았다. ㅇ明帝(永平) 十五年 – 서기 72년. ㅇ竇固(두고, ?-88년) – 蠻夷 정벌에 공이 많았다. 永平 17년에 奉車都尉인 竇固(두고)와 駙馬都尉인 耿秉(경병), 騎都尉인 劉張(유장)을 파견하여 敦煌郡 崑崙(곤륜) 요새에서 출동케 했는데, 이들은 白山의 흉노족을 蒲類海 부근에서 격파하고 車師國(거사국)에 입성했다. 竇 구멍 두. 성씨. 23권, 〈竇融列傳〉에 입전.

[國譯]

耿秉(경병)의 字는 伯初(백초)인데, 큰 체구에 허리 둘레가 8圍(위)나 되었다. 여러 책을 많이 읽었고 《司馬兵法》을 설명할 수 있었으며 특히 장수의 용병과 방략을 좋아하였다. 부친의 관직으로 낭관이 되어 자주 군사에 관한 건의를 하였다. 경병은 나라가 빈곤한 것은 변경이 불안하기 때문이며 그 걱정거리는 흉노에 있다고 하였다. 또 전쟁으로 전쟁을 막는 것이 盛德을 가진 군주의 治道라고 하였다. 顯宗(明帝) 역시 北伐(북벌)에 뜻이 있어 속으로 그 말에 동의하였다. 경병이 永平 연간에 궁궐에 불려 들어가면 명제는 과거나 앞으로 취할 방략에 대하여 물었으며, 경병은 謁者僕射(알자복야)가 되었고 황제의 신임을 받았다. 매번 공경들의 회의에 황제는 늘 경병을 데리고 전각에 나아갔으며 변방 군사적 업무에 대하여는 황제의 생각과 잘 맞았다.

(明帝 永平) 15년(서기 72), 駙馬都尉(부마도위)가 되었다. 16년에, 騎都尉인 秦彭(진팽)의 副將으로 奉車都尉 竇固(두고) 등과 함께 흉노를 북벌하였다. 그러나 흉노가 멀리 도망했기에 싸우지 못하고 돌아왔다.

原文

十七年夏, 詔秉與固合兵萬四千騎, 復出白山擊車師. 車師有後王,前王, 前王卽後王之子, 其廷相去五百餘里. 固以後王道遠, 山谷深, 士卒寒苦, 欲攻前王. 秉議先赴後王, 以爲並力根本, 則前王自服. 固計未決. 秉奮身而起曰, "請行前." 乃上馬, 引兵北入, 衆軍不得已, 遂進. 並縱兵抄掠, 斬首數千級, 收馬,牛十餘萬頭.

後王安得震怖, 從數百騎出迎秉. 而固司馬蘇安欲全功歸固, 卽馳謂安得曰, "漢貴將獨有奉車都尉, 天子姊婿, 爵爲通侯, 當先降之." 安得乃還, 更令其諸將迎秉. 秉大怒, 被甲上馬, 麾其精騎徑造固壁. 言曰, "車師王降, 訖今不至, 請往梟其首." 固大驚曰, "且止, 將敗事!" 秉厲聲曰, "受降如受敵." 遂馳赴之. 安得惶恐, 走出門, 脫帽抱馬足降. 秉將以詣固. 其前王亦歸命, 遂定車師而還.

|**註釋**| ㅇ(永平) 十七年 – 서기 74년. ㅇ白山 – 산 이름. 흉노의 天山. 今 新疆維吾爾自治區 동쪽 끝 哈密市 서북. ㅇ車師 – 西域의 성곽 국가 이름. 姑師(고사)로도 표기. 지금 新疆省의 奇臺, 哈密, 吐魯番, 烏魯木齊 일대. 국도는 交河城(今 新疆省 투루판 서북 雅爾湖 서쪽). ㅇ請往梟其首 – 梟는 목 베어 매달 효, 올빼미 효.

[國譯]

(永平) 17년 여름, 조서를 내려 耿秉(경병)과 竇固(두고)가 1만4천

여 기병을 거느리고 다시 白山(백산)에서 출동하여 車師國(거사국)을 공격케 하였다. 거사국에는 後王과 前王이 있는데, 前王은 곧 後王의 아들로 그 王廷은 5백여 리 떨어졌다. 두고는 後王國까지는 길도 멀고 골짜기도 험하기에 사졸이 춥고 고생한다 하여 前王을 공격하려고 하였다. 그러나 경병은 먼저 근본인 후왕을 힘써 공격한다면 前王은 저절로 복종할 것이라고 주장하였다. 그러나 두고는 결정하지 못했다. 경병은 분연히 일어나며 말했다. "먼저 출발하겠습니다." 그리고서는 말에 올라 군사를 거느리고 북으로 가자 나머지 군사도 할 수 없이 따라왔다. 그리고 함께 군사를 풀어 노략질을 하면서 수천 명을 죽이고 말과 소 10여만 마리를 차지하였다.

후왕 安得(안득)은 두려워 떨며 수백 기병을 거느리고 나와 경병을 영접하였다. 그런데 두고의 司馬인 蘇安(소안)은 모든 공적을 두고에게 돌리려고 말을 달려 안득에게 가서 말했다.

"漢의 貴將은 오직 奉車都尉 뿐이며 天子 누나의 남편으로 작위도 通侯이니 응당 그분에게 투항해야 합니다." 그러자 안득은 돌아가면서 그 부장을 시켜 경병을 영접하게 시켰다. 이에 경병은 대노하면서 갑옷을 입고 말에 올라 정예 기병을 거느리고 두고의 보루로 달려갔다. 그리고 "거사왕이 투항한다 하였으나 아직 오지 않으니 가서 그 목을 매달겠습니다."라고 말했다. 두고는 놀라며 "일단 멈추시오, 일을 망칠 것이요!" 그러자 경병이 화가 나서 말했다. "투항을 받는 것이나 적의 공격을 받으나 마찬가지입니다." 그리고는 달려 나갔다. 안득은 두려워 달려 나와서 모자도 벗고 말 다리를 붙잡으며 항복하였다. 그러자 경병은 안득을 데리고 두고에게 갔다. 거사 前王 역시 항복하여 마침내 車師國을 평정하고 귀환하였다.

原文

明年秋, 肅宗卽位, 拜秉征西將軍, 遣案行涼州邊境, 勞賜保塞羌胡, 進屯酒泉, 救戊己校尉.

建初元年, 拜度遼將軍. 視事七年, 匈奴懷其恩信. 徵爲執金吾, 甚見親重. 帝每巡郡國及幸宮觀, 秉常領禁兵宿衛左右. 除三子爲郞. 章和二年, 復拜征西將軍, 副車騎將軍竇憲擊北匈奴, 大破之. 事並見〈憲傳〉. 封秉美陽侯, 食邑三千戶.

| **註釋** | ㅇ肅宗卽位 – 肅宗은 章帝(재위 75–88년). (永平) 18년 8월 壬子日, 황제로 즉위했는데 나이는 19세였다. 年號는 建初(76–84년) – 元和(84–87年) – 章和(87–88년). ㅇ案行涼州邊境 – 涼州 邊境을 순시하다. 涼州는 隴西郡, 漢陽郡, 武都郡, 安定郡, 北地郡, 武威郡, 張掖郡, 酒泉郡, 敦煌郡, 張掖屬國, 張掖居延屬國을 관장했다. ㅇ勞賜保塞羌胡 – 보루나 성채의 羌族을 위로하고 물품을 하사하다. ㅇ酒泉 – 군명. 지금 甘肅省 서쪽 酒泉市. ㅇ戊己校尉 – 戊己(무기)는 十干의 중앙. 중앙은 土, 곧 황색. 이는 漢을 상징하고 흉노(北)를 제압한다는 뜻으로 택한 이름. 무기교위는 屯田校尉의 개칭. 서역도호의 속관으로 둔전을 관장했다. ㅇ建初元年 – 서기 76년. ㅇ章和二年 – 서기 88년, 章帝의 마지막 해. ㅇ車騎將軍竇憲 – 竇憲(두헌)은 竇融(두융)의 증손, 두헌의 여동생이 章帝의 竇황후. 흉노 원정에 공을 세웠으나 반역을 모의하여 賜死했다. 23권, 〈竇融列傳〉에 입전.

[國譯]

다음 해 가을 肅宗(章帝)가 즉위하고, 耿秉(경병)은 征西將軍장군이 되어 涼州의 변경을 순시하였고 성채나 보루의 강족을 위로하였으며 더 나아가 酒泉(주천)에 주둔하면서 戊己校尉(무기교위)를 구원하였다.

建初 원년에, 度遼將軍이 되었다. 7년 동안 재직하였는데, 흉노족도 그 은택과 신의에 감사하였다. 중앙에 들어가 執金吾가 되었는데 황제의 큰 신임을 받았다. 황제가 매번 군국을 순수하거나 별궁에 행차할 때면 경병은 늘 禁兵을 지휘하여 좌우에서 宿衛하였다. 경병의 아들 셋도 낭관이 되었다. 章和 2년, 다시 征西將軍이 되어 車騎將軍 竇憲(두헌)의 부사령관으로 북 흉노를 공격하여 대파하였다. 이는 〈竇憲傳〉에 기록했다. 경병은 美陽侯가 되었고, 식읍은 3천 호였다.

原文

秉性勇壯而簡易於事, 軍行常自被甲在前, 休止不結營部, 然遠斥候, 明要誓, 有警, 軍陳立成, 士卒皆樂爲死. 永元二年, 代桓虞爲光祿勳. 明年夏卒, 時年五十餘. 賜以朱棺,玉衣, 將作大匠穿冢, 假鼓吹, 五營騎士三百餘人送葬. 謚曰桓侯. 匈奴聞秉卒, 擧國號哭, 或至梨面流血.

長子沖嗣. 及竇憲敗, 以秉竇氏黨, 國除. 沖官至漢陽太守.

曾孫紀, 少有美名, 辟公府, 曹操甚敬異之, 稍遷少府. 紀以操將簒漢, 建安二十三年, 與太醫令吉丕(吉平),丞相司直韋晃謀起兵誅操, 不克, 夷三族. 於時衣冠盛門坐紀罹禍滅者衆矣.

| **註釋** | ㅇ簡易於事 – 업무에 까다롭지 않다. ㅇ休止不結營部 – 休止는 휴식, 야영. 不結營部는 줄을 짓거나 부대별로 편성하지 않다. ㅇ軍陳立成 – 軍陳은 軍陣. 立은 즉시. ㅇ永元二年 – 和帝의 연호. 서기 90년. ㅇ或至剺面流血 – 剺는 剺(벗길 이)와 通. ㅇ辟公府 – 辟은 부를 벽. 초빙받다. 辟聘(벽빙), 辟召. ㅇ建安二十三年 – 獻帝의 연호, 서기 218년. ㅇ太醫令 吉丕 – 吉丕(길비), 丕는 不 아래 十, 클 비. 平字와 비슷, 보통 吉平(길평)이라고 알려졌다. ㅇ衣冠盛門 – 名家大族. 衣冠은 의관을 차려 입은 사람. 벼슬아치.

[國譯]

耿秉(경병)은 천성이 용감하면서도 일 처리가 간결하였으며 행군 시에는 늘 자신의 갑옷이나 장구를 준비했고, 병사를 자유롭게 쉬게 했지만 척후병은 멀리까지 내보냈으며 서약을 분명히 하였고 긴급 상황에 금방 군진을 갖출 수 있었는데, 士卒이 모두 기꺼이 싸우다 죽으려 하였다. (和帝) 永元 2년에, 桓虞(환우)의 후임으로 光祿勳이 되었다. 그 다음 해 여름에 죽었는데, 나이는 50여 세였다. 나라에서 朱棺과 玉 수의를 하사하였고 將作大匠이 무덤을 파고 만들었으며, 軍樂을 연주하였고 五營의 기병 3백여 명이 장례를 호위하였다. 시호는 桓侯(환후)였다. 흉노족도 경병의 죽음을 알고 온 나라 사람이

통곡하였고 어떤 자는 얼굴을 벗겨 피를 흘리기도 했다.

長子 耿沖(경충)이 뒤를 이었다. 竇憲(두헌)이 賜死되면서 경병도 두씨의 당인이라 하여 나라가 없어졌다. 경충은 漢陽太守를 역임했다.

曾孫 耿紀(경기)는 젊어서도 명성이 높아 나라의 초빙을 받았고, 曹操도 특별히 존경하였으며 점차 승진하여 少府가 되었다. 경기는 조조가 漢을 찬탈할 것이라 생각하여 (獻帝) 建安 23년에 太醫令인 吉丕(길비, 吉平), 丞相司直인 韋晃(위황)과 함께 조조를 죽이려고 기병을 모의하다가 실패하여 삼족이 몰살되었다. 이와 관련하여 화를 입어 죽은 명문대가가 많았다.

❹ 耿夔

原文

夔字定公. 少有氣決. 永元初, 爲車騎將軍竇憲假司馬, 北擊匈奴, 轉騎都尉. 三年, 憲復出河西, 以夔爲大將軍左校尉. 將精騎八百, 出居延塞, 直奔北單于廷, 於金微山斬閼氏,名王以下五千餘級, 單于與數騎脫亡, 盡獲其匈奴珍寶財畜, 去塞五千餘里而還, 自漢出師所未嘗至也. 乃封夔粟邑侯. 會北單于弟左鹿蠡王於除鞬自立爲單于, 衆八部二萬餘人, 來居蒲類海上, 遣使款塞. 以夔爲中郎將, 持節衛護之. 及竇憲敗, 夔亦免官奪爵士.

| 註釋 | ㅇ夔字定公 – 耿夔(경기), 耿況의 손자, 耿國의 아들. 夔는 조심할 기. ㅇ憲復出河西 – 황하의 서쪽. 今 山西省 서쪽 황하가 ∩자 형태로 흐르는 지역을 지칭, 또는 甘肅省과 青海省을 흐르는 황하의 서쪽, 보통 河西走廊(하서주랑)이라 호칭. ㅇ居延塞 – 居延(거연)의 요새. 內蒙古自治區 阿拉善盟額濟納旗의 북부 지역. 漢代에는 '居延澤', 漢代 이후 西海로 통칭, 唐代 이후 居延海. 後漢에서는 張掖居延屬國(張掖郡을 분할. 관할 縣 없음), 治所 居延縣. 내몽고의 서쪽 끝 지역에 해당. ㅇ單于廷 – 선우의 직할지. 흉노는 유목민족이라 수도(王城)가 없고 선우의 직할지가 있다. ㅇ金微山斬閼氏,名王~ – 金微山은 金山. 곧 알타이(阿爾泰) 산맥, 중국 新疆省 서북, 몽고, 러시아 접경 지대. 閼氏(烟支, 연지, yānzhī)는 흉노 통치자인 單于의 正妻에 대한 칭호. 선우의 생모는 母閼氏(모연지)라고 한다. 閼 흉노 왕비 연. 가로막을 알. 氏는 支. 燕支, 燕脂로도 표기. 燕脂는 본래 여인의 화장품, 아내라는 뜻으로 사용. 名王은 名王은 흉노의 족장급 관직. ㅇ蒲類海 – 蒲類海는 今 巴里坤湖, 新疆省 동북단의 巴里坤縣 서북에 위치. 동서 약 9km, 남북 약 13km.

[國譯]

耿夔(경기)의 자는 定公(정공)이다. 젊어서도 기개가 있었다. (和帝) 永元 초년에, 車騎將軍 竇憲(두헌)의 임시 司馬가 되어 북으로 흉노를 정벌했고 騎都尉로 전직했다. (永元) 3년, 두헌이 다시 河西에 출정할 때, 경기는 대장군 左校尉가 되었다. 정예 기병 8백을 거느리고 (서역) 居延塞(거연새)에 출정하여 곧장 北單于廷을 공격했고, 金微山(금미산, 금산)에서 閼氏(연지)와 名王 이하 5천여 명을 죽이자, 선우는 겨우 몇몇 기병과 함께 탈출했고, 흉노의 보물과 재물을 모두 차지하고서 요새 밖 5천여 리를 더 추격하고 돌아왔는데 漢에서 흉노 원정 이후 이르지 못한 곳이었다. 이에 경기는 栗邑侯(율읍후)가 되었다. 그때 北單于의 동생인 左鹿蠡王(좌녹려왕)인 於除鞬(어제건)이 자립하여 선우가 되어 그 무리 8부 2만여 명을 거느리고 蒲類海(포류해) 부근에서 거처하며 사자를 보내 통교를 요청하였다. 조정에서는 경기를 中郎將으로 삼아 부절을 갖고 가서 그들을 지켜주었다. 나중에 두헌이 죽게 되면서 경기 역시 면관되고 작위도 빼앗겼다.

原文

後復爲長水校尉, 拜五原太守, 遷遼東太守. 元興元年, 貊人寇郡界, 夔追擊, 斬其渠帥. 永初三年, 南單于檀反畔, 使夔率鮮卑及諸郡兵屯雁門, 與車騎將軍何熙共擊之. 熙推夔爲先鋒, 而遣其司馬耿溥,劉祉將二千人與夔俱進. 到屬國故城, 單于遣薁鞬日逐王三千餘人遮漢兵. 夔自擊其左, 令鮮卑攻其右, 虜遂敗走, 追斬千餘級, 殺其名王六人, 獲穹廬車重千餘兩, 馬畜生口甚衆. 鮮卑馬多羸病, 遂畔出塞. 夔不能獨進, 以不窮追, 左轉雲中太守, 後遷行度遼將軍事.

夔勇而有氣, 數侵陵使匈奴中郎將鄭戩. 元初元年, 坐徵下獄, 以減死論, 笞二百. 建光中, 復拜度遼將軍. 時, 鮮卑攻殺雲中太守成嚴, 圍烏桓校尉徐常於馬城. 夔與幽州刺史龐參救之, 追虜出塞而還. 後坐法免, 卒於家.

| **註釋** | ㅇ長水校尉 – 중앙 禁軍인 5교위의 하나. 흉노족 출신 기병 3

천 명을 통솔. 질록 比二千石. 장수교위의 속관인 長水司馬는 질록 1천석. ㅇ元興元年 – 和帝의 마지막 연호, 서기 105년. ㅇ永初三年 – 안제의 연호, 서기 109년. ㅇ羸病 – 羸는 여윌 리(이). ㅇ使匈奴中郞將鄭戩 – 흉노에 사신을 보낼 때는 中郞將을 보냈다. 중랑장은 장군보다 낮은 지휘관. 질록 比二千石. 烏桓校尉와 동급. ㅇ元初元年 – 安帝, 서기 114년. ㅇ以減死論 – 사형에서 1등을 감하는 판결. ㅇ建光 – 安帝의 마지막 연호, 서기 122–124년. ㅇ馬城 – 代郡의 縣名. 今 山西省 북부 朔州市.

[國譯]

(耿夔는) 뒤에 다시 長水校尉가 되었다가 五原郡 太守를 제수 받았고 遼東太守로 옮겼다. (和帝) 元興 원년에, 貊人(맥인)이 요동군에 침입하자 경기는 적을 추격하여 그 우두머리를 죽였다. (安帝) 永初 3년, 南單于 檀(단)이 반기를 들자 경기를 보내 선비족 및 각 군의 군사를 모아 雁門郡(안문군)에 주둔했다가 車騎將軍 何熙(하희)와 함께 공격케 하였다. 하희가 경기를 선봉으로 천거하면서 司馬인 耿溥(경부)와 劉祉(유지)에게 군사 2천 명을 통솔하여 경기와 함께 진격하게 하였다. 屬國의 故城에 도착하자, 單于(선우)는 薁鞬日逐王(욱건일축왕)을 보내 3천여 명을 거느리고 漢의 군사를 막게 하였다. 경기는 흉노의 좌측을 공격하고 선비족은 그 우측을 공격하자 흉노는 패주하였는데 적을 추격하며 1천여 명과 족장급 6명을 죽였으며 그들의 穹廬(궁려, 천막)와 수레 1천여 량과 많은 가축을 빼앗았다. 鮮卑族의 많은 말이 여위는 병에 걸리자 선비는 약속을 어기고 돌아갔다. 경기는 홀로 계속 전진하여 끝까지 추격할 수도 없었는데 이 때문에 雲中太守로 좌천되었다가 뒤에 다시 度遼將軍의 직무대행으로 전출되었다.

경기는 용감하며 기개가 있어 여러 번 사신으로 흉노에 가는 中郎將 鄭戩(정전)을 무시했었다. (安帝) 元初 원년(서기 114), 죄를 짓고 소환당해 하옥되었다가 사형에서 감형되어 2백대 태형을 받았다. (安帝) 建光 연간(서기 121)에 다시 度遼將軍이 되었다. 그 무렵 鮮卑가 雲中太守 成嚴(성엄)을 공격 살해하고 烏桓校尉 徐常(서상)을 馬城縣에서 포위하였다. 경기와 幽州刺史 龐參(방참)이 함께 마성을 구원하고 적을 국경 밖까지 추격하고 돌아왔다. 뒤에 죄를 지어 면직되었다가 집에서 죽었다.

❺ 耿恭

原文

恭字伯宗, 國弟廣之子也. 少孤. 慷慨多大略, 有將帥才.

永平十七年冬, 騎都尉劉張出擊車師, 請恭爲司馬, 與奉車都尉竇固及從弟駙馬都尉秉破降之. 始置西域都護,戊己校尉, 乃以恭爲戊己校尉, 屯後王部金蒲城, 謁者關寵爲戊己校尉, 屯前王柳中城, 屯各置數百人. 恭至部, 移檄烏孫, 示漢威德, 大昆彌以下皆歡喜, 遣使獻名馬, 及奉宣帝時所賜公主博具, 願遣子入侍. 恭乃發使賫金帛, 迎其侍子.

| 註釋 | ㅇ恭字伯宗 – 耿恭, 耿況의 손자, 耿廣의 아들. 耿弇과 耿國의 조카. 耿秉과 耿夔(경기)의 사촌형제. ㅇ西域都護,戊己校尉 – 西域都護는

西域의 36國을 감독하며 남북의 교통로를 보호하는 직책. 都는 總의 의미. 宣帝 神爵 2년(前 60) 처음 설치. 前漢의 西域都護府의 소재지는 烏壘城(오루성, 今 新彊維吾爾自治區 중앙부의 巴音郭楞蒙古自治州 관할 庫爾勒市의 서쪽 輪台). 속관으로 副校尉, 丞, 司馬, 候, 千人 등이 있고 屯田 담당 校尉인 戊己校尉(무기교위)를 지휘. 흉노는 고정된 거점(都城)이 없이 이동하는 유목국가로, 이를 行國이라 하였다. 이와 달리 오아시스를 중심으로 정주하며 성곽에서 외적을 방어하는 나라를 성곽국가라고 하였다. 漢은 서역의 성곽국가와 관계를 강화하며 흉노에 대항하는 체제를 구축했다. 이들 성곽국가 관리는 西域都護(서역도호)가 담당했다. 後漢에서는 班超의 서역 경영 이후(서기 91년) 龜玆國 영내의 它乾城(今 新彊省 庫車 부근, 輪台의 서쪽, 정확한 위치 미상)에 서역도호부를 두었다. ㅇ柳中城(유중성) - 성읍 이름. 一作 柳陳. 今 新疆省 중동부 吐魯番市 관할 鄯善縣 魯克沁. ㅇ大昆彌 - 烏孫(오손)의 왕 칭호. 烏孫은 西域의 투르크 계열 부족 이름. 新疆維吾爾自治區의 烏魯木齊市 서쪽에서 중앙아시아의 키르키즈스탄(吉爾吉斯斯坦)에 걸쳐 발전했던 나라. 국도는 赤谷城(今 新疆省 阿克蘇市 부근.) 국왕의 칭호는 昆莫(곤막), 또는 昆彌(곤미). ㅇ及奉宣帝時所賜公主博具 - 烏孫公主(오손공주) - 烏孫國王 昆莫(오손왕의 칭호)에게는 처음에 江都王 劉建의 딸 細君을 武帝 元封 연간에 보내 주었다(烏孫公主). 왕이 죽자 그들 습속대로 아들 獵驕靡(엽교미)가 차지했는데 오손공주가 죽자 두 번째로 宣帝 때 楚王 劉戊의 孫女인 解憂公主(해우공주)를 오손에 시집보냈다. 博具(박구)는 놀이기구, 賭博(도박) 用具. 《漢書》 96권 〈西域傳〉(下) 참고.

[國譯]

耿恭(경공)의 字는 伯宗(백종)으로 耿國(경국)의 동생인 耿廣(경광)의 아들이다. 젊어 부친을 잃었다. 경공은 성격이 강개하면서도 지략이 많아 장수의 재능이 있었다.

(明帝) 永平 17년(서기 74) 겨울, 騎都尉 劉張(유장)이 車師國(거사국)을 원정할 때, 경공을 불러 司馬로 임명하여 奉車都尉 竇固(두고) 및 從弟인 駙馬都尉 耿秉(경병)과 함께 거사국을 격파하였다. (후한에서는) 처음으로 西域都護와 戊己校尉를 신설하였는데 경공은 戊己校尉(무기교위)가 되어 車師後王部의 金蒲城(금포성)에 주둔하였고, 謁者인 關寵(관총)도 무기교위로 前王部의 柳中城(유중성)에 둔병하며 각 수백 명 군사를 거느렸다. 耿恭은 부대에 도착해서 烏孫國에 격문을 보내 漢의 위세와 은덕을 보이자 (오손의 국왕인) 大昆彌(대곤미) 이하 모두가 기뻐하며 사신을 통해 명마를 헌상하였고 아울러 宣帝 때 하사한 (解憂) 公主의 오락도구를 보내면서 아들을 보내 입시하기를 원했다. 이에 경공은 사자에게 금전과 비단을 보내 오손왕의 아들을 맞이하였다.

原文

明年三月, 北單于遣左鹿蠡王二萬騎擊車師. 恭遣司馬將兵三百人救之, 道逢匈奴騎多, 皆爲所歿. 匈奴遂破殺後王安得, 而攻金蒲城. 恭乘城搏戰, 以毒藥傅矢. 傳語匈奴曰, "漢家箭神, 其中瘡者必有異." 因發强弩射之. 虜中矢者, 視創皆沸, 遂大驚. 會天暴風雨, 隨雨擊之, 殺傷甚衆. 匈奴震怖, 相謂曰, "漢兵神, 眞可畏也!" 遂解去.

恭以疏勒城傍有澗水可固, 五月, 乃引兵據之. 七月, 匈奴復來攻恭, 恭募先登數千人直馳之, 胡騎散走, 匈奴遂於城下擁絶澗水. 恭於城中穿井十五丈不得水, 吏士渴乏, 笮馬糞汁而飮之. 恭仰嘆曰, "聞昔貳師將軍拔佩刀刺山, 飛泉湧出, 今漢德神明, 豈有窮哉." 乃整衣服向井再拜, 爲吏士禱. 有頃, 水泉奔出, 衆皆稱萬歲. 乃令吏士揚水以示虜. 虜出不意, 以爲神明, 遂引去.

| **註釋** | ○明年三月 – 明帝 永平 18년, 명제가 붕어한 해. ○乘城搏戰 – 성벽에 올라 육박전으로 싸우다. 搏은 잡을 박. 치다. 때리다. ○其中瘡者必有異 – 中은 화살에. 瘡은 상처 창. 부스럼. ○天暴風雨 – 갑자기 비바람이 세차다. 暴은 비나 바람이 세차다. 갑자기. ○疏勒 – 서역의 왕국, 국도는 疏勒城(소륵성), 今 新疆省 서쪽 끝의 喀什市(객십시). ○笮馬糞汁 – 笮는 좁을 착. 압착하다. 짤 자, 눌러 짜다. ○貳師將軍拔佩刀刺山 – 貳師將軍은 무제 때 장군 李廣利(이광리, ? – 前 88). 貳師(이사)는 서역 大宛國(대원국)의 성 이름. 이를 정벌한 임무를 받았기에 이사장군이라 호칭. 武帝의 寵姬 李夫人은 음률에 정통했다. 그 형제가 李廣利와 李延年이다. 李廣利는 武帝 太初 원년(前 104), 貳師장군이 되어 大宛國(대원국) 원정에 실패, 太初 3년에 다시 원정하여 겨우 성공. 海西侯에 피봉. 후에 흉노에 투항했지만 거기서 살해당했다. 《漢書》 61권, 〈張騫李廣利傳〉 입전. ○有頃 – 잠시 후.

[國譯]

다음 해(永平 18년) 3월, 北單于(북선우)는 左鹿蠡王(좌녹려왕)을 보내 2만 기병으로 車師國(거사국)을 공격했다. 耿恭(경공)은 司馬에게 군사 3백 명을 거느리고 가서 구원케 하였으나 도중에 다수의 흉노 기병을 만나 모두 전사했다. 흉노는 거사 후국을 격파하고 왕 安

得(안득)을 살해한 뒤에 金蒲城(금포성)을 공격했다. 경공은 성에서 육박전을 했고 화살에 독약을 발랐다. 그리고 흉노에 "漢나라 神箭(신전)에 맞은 상처를 틀림없이 이상한 일이 있을 것이다." 라고 알려 주었다. 그러면서 큰 활을 쏘았다. 화살에 맞은 흉노인은 상처에 모두 거품이 나자 크게 놀랐다. 마침 비바람이 세차게 불어 빗속에서 활을 쏘자 살상자가 매우 많았다. 흉노가 두려워하며 서로 "漢의 군사는 神兵이니 정말 무섭다!" 라며 포위를 풀고 돌아갔다.

경공은 疏勒城(소륵성) 주변에 하천이 있고 방어하기 좋은 곳을 골라 5월에 군사를 이끌고 주둔하였다. 7월에 匈奴가 다시 와서 경공을 공격하자, 경공은 先登할 군사(선봉대) 수천 명을 모집하여 흉노를 바로 공격하자 흉노 기병은 도주했다가 나중에 성 아래 냇물을 막아버렸다.

경공은 성안에 우물을 열다섯 길이나 깊이 팠지만 물이 나오지 않아 장졸이 모두 갈증에 시달리며 말 오줌을 걸러 마셨다. 경공이 하늘을 우러러 탄식하였다.

"옛날 貳師將軍(李廣利)은 차고 있던 칼로 산을 찌르자 샘물이 솟아났다는데 지금 漢德이 神明하거늘 어찌 이리 막막해야 합니까!" 그리고 의관을 갖추고 우물에 두 번 절하고 군리들에게 기도하게 하였다. 잠시 후 샘에서 물이 솟아오르자 모든 병사가 만세를 불렀다. 그리고 군리를 시켜 물을 흉노에게 보여주었다. 흉노는 예상 밖이라서 신비한 일이라 생각하며 퇴각하였다.

原文

時, 焉耆,龜茲攻歿都護陳睦, 北虜亦圍關寵於柳中. 會顯宗崩, 救兵不至, 車師復畔, 與匈奴共攻恭. 恭與士衆擊走之. 後王夫人先世漢人, 常私以虜情告恭, 又給以糧餉. 數月, 食盡窮困, 乃煮鎧弩, 食其筋革. 恭與士推誠同死生, 故皆無二心, 而稍稍死亡, 餘數十人. 單于知恭已困, 欲必降之. 復遣使招恭曰, "若降者, 當封爲白屋王, 妻以女子." 恭乃誘其使上城, 手擊殺之, 炙諸城上. 虜官屬望見, 號哭而去. 單于大怒, 更益兵圍恭, 不能下.

| **註釋** | ㅇ焉耆(언기) – 서역의 국가 이름. 國都는 員渠城(今 新疆省 중앙 庫爾勒市 동북 焉耆回族自治縣). 4,000호에 인구는 32,100명이고 군사는 6천 명이다. ㅇ龜茲(구자국, Qiūcí) – 前 3세기에서 14세기까지 존속한 서역의 綠洲(녹주, Oasis) 국가. 丘慈, 邱慈, 歸茲로도 표기. 今 新疆省 阿克蘇市와 巴音郭楞蒙古自治州 일대에 해당. 왕도는 延城(연성)으로 장안에서 7,480리에 있다. 6,970호에 인구는 8,1317명이고, 군사는 21,076명이다. 뒷날 唐의 安西都護府가 있던 곳.《漢書 西域傳, 上,下》참고. ㅇ都護陳睦 – 陳睦(진목)이 전사하며 서역도호부는 폐지된다. 이후 서기 91년, 班超가 서역을 평정하자 반초를 서역도호로 임명하였고, 반초는 龜茲國 영역 내 它乾城(타건성, 今 新疆 庫車 부근)에 서역도호부를 설립, 주둔하였다. ㅇ會顯宗崩 – 서기 75년 8월. ㅇ當封爲白屋王 – 白屋王은 흉노의 관직명으로 추정. ㅇ炙諸城上 – 성 위에서 시신을 굽다.

【國譯】

그때, 焉耆(언기)와 龜茲國(구자국)의 공격으로 서역도호인 陳睦(진목)이 죽었고, 북흉노 또한 (前王國의) 柳中城에 있는 關寵(관총)을 포위하였다. 마침 顯宗(明帝)가 붕어했기에 구원병도 올 수 없는데 車師國이 다시 반기를 들고 匈奴와 함께 耿恭(경공)을 공격해왔다. 경공은 군사와 함께 싸워 적을 물리쳤다. (車師) 後王의 夫人은 그 선조가 漢人이었기에 늘 비밀리에 흉노의 사정을 경공에게 알려주었고 또 군량도 보내 주었다. 포위된 채 여러 달이 지나자 식량과 물자가 다하여 갑옷(鎧)과 쇠뇌를 삶아 그 가죽을 먹기도 하였다. 경공과 군사들은 진심으로 생사를 함께 하기로 다짐하였기에 두 마음을 품는 군사도 없었지만 점점 죽어나갔고 겨우 수십 명이 남았다. 흉노 선우는 경공이 이미 곤경에 처한 것을 알고 기어이 항복시키려 했다. 선우는 다시 사자를 보내 경공을 불러 말했다. "만약 투항하는 자는 당연히 白屋王(백옥왕)으로 삼고 딸을 아내로 주겠다."고 말하였다. 그러자 경공은 사자를 꼬여 성에 올라오게 한 뒤에, 주먹으로 때려 죽이고 성 위에서 그 시신을 태웠다. 흉노 관속이 멀리서 보고 통곡하며 돌아갔다. 선우는 대노하며 군사를 더 늘려 경공을 포위했지만 함락시키지 못했다.

原文

初, 關寵上書求救, 時肅宗新卽位, 乃詔公卿會議. 司空第五倫以爲不宜救. 司徒鮑昱議曰, "今使人於危難之地, 急而棄之, 外則縱蠻夷之暴, 內則傷死難之臣. 誠令權時後無邊事可也, 匈奴如復犯塞爲寇, 陛下將何以使將? 又二部兵人裁各數十, 匈奴圍之, 歷旬不下, 是其寡弱盡力之效也. 可令敦煌,酒泉太守各將精騎二千, 多其幡幟, 倍道兼行, 以赴其急. 匈奴疲極之兵, 必不敢當, 四十日間, 足還入塞." 帝然之.

乃遣征西將軍耿秉屯酒泉, 行太守事, 遣秦彭與謁者王蒙, 皇甫援發張掖,酒泉,敦煌三郡及鄯善兵, 合七千餘人, 建初元年正月, 會柳中擊車師, 攻交河城, 斬首三千八百級, 獲生口三千餘人, 駝驢馬牛羊三萬七千頭, 北虜驚走, 車師復降.

| **註釋** | ○肅宗新卽位 - 章帝는 (永平) 18년 8월 壬子日, 19세에 황제로 즉위. ○司空第五倫 - 蜀君태수였다가 司空으로 발탁. 第五가 성씨. 41권, 〈第五鍾離宋寒列傳〉에 입전. ○司徒 鮑昱(포욱) - 明帝 永平 17년(서기 74)에 汝南太守였다가 司徒로 발탁되었다. 29권, 〈申屠剛鮑永郅惲列傳〉 立傳. ○內則傷死難之臣 - 死難之臣은 殉國한 신하. ○陛下將何以使將 - 陛下 다음의 將은 앞으로, 장차. 使將의 將은 將帥. ○又二部兵人裁各數十 - 二部는 關寵(관총)과 耿恭(경공)의 부대. 裁는 才(겨우 재)와 通. ○倍道兼行 - 속도를 두 배로 밤낮으로 행군하다. ○鄯善兵 - 鄯善(선선)은 서역의 국명, 원래 국명 樓蘭(누란). 국도는 扜泥城(우니성), 今 新疆省 동남부의 若羌縣(약강현). 지도에는 新疆省 동부 吐魯番市 동쪽에 鄯善市가 따로 있다.《漢書 西域傳》에 입전.

[國譯]

그전에, 關寵(관총)이 상서하여 구원을 요청했을 때, 肅宗(章帝)가 새로 즉위하였는데 조서로 공경에게 지원 여부를 논의하게 하였다. 司空인 第五倫(제오륜)은 구원이 어렵다고 하였다. 司徒인 鮑昱(포욱)은 "지금 사람을 위험한 곳에 보내 놓고서 위급 시에 구원하지 않고 버린다면 밖으로는 蠻夷의 폭력의 방임하는 것이고 안으로는 국난에 죽음을 바칠 신하를 다치게 하는 것입니다. 가령 이번 임시 조치 이후에 변방에 전쟁이 없다면 그렇다 치더라도, 흉노가 만약 다시 국경을 침범하여 노략질을 한다면 폐하께서는 장차 어떻게 장수를 부릴 수 있겠습니까? 또 2개 둔전 부대의 군사는 각각 수십 명뿐인데 흉노에 포위되어 열흘이 넘도록 함락되지 않았다면, 이는 아주 약한 병력이지만 온 힘을 다한 결과입니다. 敦煌(돈황)과 酒泉(주천) 태수가 각각 2천 정예기병을 거느리고 많은 깃발과 함께 속도를 두 배로 늘려 밤낮으로 위급을 구원토록 명령하셔야 합니다. 흉노 역시 지친 군사이기에 틀림없이 우리를 이기지 못할 것이며 40일이면 충분히 진지에 도착할 것입니다." 황제도 이에 동의하였다.

이에 바로 征西將軍 耿秉(경병)을 보내 酒泉郡에 주둔하여 임시 태수직을 수행케 하고, 秦彭(진팽)과 謁者인 王蒙(왕몽)과 皇甫援(황보원)을 보내 張掖(장액), 酒泉(주천), 敦煌(돈황) 3개 군 및 (서역) 鄯善國(선선국)의 군사까지 총 7천여 명이 (章帝) 建初 원년 정월, 柳中城에서 車師國를 정벌하고 (都城인) 交河城(교하성)을 공격하여 3,800여 명을 죽이고 노비 3천여 명을 생포하였으며, 낙타, 나귀, 말과 소, 양 3만 7천여 마리를 노획하자, 북흉노는 놀라 도주하였으며 거사국은 다시 투항하였다.

原文

會關寵已歿, 蒙等聞之, 便欲引兵還. 先是, 恭遣軍吏範羌至敦煌迎兵士寒服, 羌因隨王蒙軍俱出塞. 羌固請迎恭, 諸將不敢前, 乃分兵二千人與羌, 從山北迎恭, 遇大雪丈餘, 軍僅能至. 城中夜聞兵馬聲, 以爲虜來, 大驚. 羌乃遙呼曰, "我範羌也. 漢遣軍迎校尉耳." 城中皆稱萬歲. 開門, 共相持涕泣. 明日, 遂相隨俱歸. 虜兵追之, 且戰且行. 吏士素饑困, 發疏勒時尙有二十六人, 隨路死沒, 三月至玉門, 唯餘十三人. 衣屨穿決, 形容枯槁. 中郎將鄭衆爲恭已下洗沐易衣冠.

上疏曰,「耿恭以單兵固守孤城, 當匈奴之衝, 對數萬之衆, 連月逾年, 心力困盡. 鑿山爲井, 煮弩爲糧, 出於萬死無一生之望. 前後殺傷醜虜數千百計, 卒全忠勇, 不爲大漢恥. 恭之節義, 古今未有. 宜蒙顯爵, 以厲將帥.」

及恭至洛陽, 鮑昱奏恭節過蘇武, 宜蒙爵賞. 於是拜爲騎都尉, 以恭司馬石修爲洛陽市丞, 張封爲雍營司馬, 軍吏範羌爲共丞, 餘九人皆補羽林. 恭母先卒, 及還, 追行喪制, 有詔使五官中郎將齎牛酒釋服.

| 註釋 | ㅇ兵士寒服 – 병사용 겨울 군복. ㅇ玉門 – 敦煌郡 玉門關. ㅇ衣屨穿決 – 衣服, 屨는 신발 구. 穿決은 뚫어지고 찢어지다. ㅇ蘇武(소무, ?-前 60) – 무제 때 中郞將으로 흉노에 사신으로 갔다가 억류되었다(前 100년). 온갖 회유와 협박에도 굴하지 않고 버티다가 昭帝 始元 6년(前 81) 봄에야 長安에 돌아왔다. 宣帝 麒麟閣(기린각) 11功臣 중 한 사람. 《漢書》 54

권, 〈李廣蘇建傳〉에 입전. ㅇ洛陽市丞 – 낙양의 상거래를 감독하는 市長(질록 4백석)의 속관. 시승의 질록은 二百石. 각 郡縣 市場 관리하는 嗇夫(색부), 市掾(시연, 시장의 질서 유지, 물가 단속)을 市吏라 총칭. 市場은 市井, 市朝, 市集이라고 불렀다. 市中의 점포는 市肆(시사). ㅇ雍營司馬 – 前漢의 三輔(삼보)에는 각각 都尉를 두었다. 後漢에서는 이들 삼보 지역에 도위를 두지 않았었다. 그러다가 이때 삼보가 涼州의 강족과 가깝기 때문에 前代 황릉을 수비할 목적으로 京兆虎牙都尉와 右扶風都尉를 설치했다. 경조호아도위는 흔히 장안도위라 불렀고, 右扶風都尉는 雍縣(옹현, 今 陝西省 寶雞市 鳳翔縣)에 있었기에 雍營(옹영)이라 불렀다. ㅇ軍吏範羌爲共丞 – 河內郡 共縣의 縣丞(현승), 현령의 副職. ㅇ釋服 – 상복을 벗다. 奪情. 부모 상중에 근무를 명함.

[國譯]

그때 關寵(관총)은 이미 전사하였는데 王蒙(왕몽) 등은 이를 알고서 군사를 되돌려 돌아가려고 하였다. 이보다 앞서 경공은 軍吏인 範羌(범강)을 敦煌(돈황)에 보내 겨울 군복을 수령하게 했었는데, 범강은 왕몽의 군사와 함께 변경을 출발했었다. 범강은 강력하게 경공을 구원해야 한다고 간청하였지만 여러 장수는 전진하지 못하고 2천 명 군사를 나눠 범강에게 주었는데 범강은 山의 북쪽을 넘어 구원하려 출발하였으나 한 길이 넘는 큰 눈을 만나 겨우 도착할 수 있었다. 城 안에서는 한밤에 兵馬 소리를 듣고 흉노의 공격인 줄 알고 크게 놀랐다. 범강은 소리를 질렀다 "나는 범강입니다. 漢의 군사가 校尉(戊己校尉, 耿恭)을 구원하러 왔습니다."

성 안에서는 모두가 만세를 불렀다. 성문을 열고 함께 껴안고 눈물을 흘렸다.

다음 날, 드디어 모두 함께 출발하였다. 흉노가 추격하자 한편으로 싸우면서 전진하였다. 군리나 병사가 모두 굶주리고 지쳤는데 疏勒城(소륵성)을 떠날 때 26명이었으나 오는 도중에도 죽어서, 3월에 玉門關(옥문관)에 도착할 때는 13명만 남았다. 옷과 신발 찢어지고 뚫어졌으며 삐쩍 마른 형상이었다. 中郎將 鄭衆(정중)은 경공과 모두에게 목욕하고 옷을 갈아입게 하였다. 그리고 상서하였다.

「耿恭(경공)은 소수의 병력으로 외딴 성에서 흉노 수만 군사를 공격을 일 년이 넘게 막아내며 몸과 마음이 극도로 지쳤습니다. 산을 뚫어 우물을 팠으며 활을 삶아 가죽을 뜯어먹으면서도 수많은 죽음에 단 한 번 살아날 수도 없는 절망을 견디어냈습니다. 그동안 살상한 흉노는 수 천, 수 명이며 끝까지 충성과 용기를 다 바쳐 大漢에 치욕을 남기지 않았습니다. 경공 같은 충절과 대의는 고금에 없었습니다. 경공에게 높은 지위와 작위를 내려 다른 장수를 격려해야 합니다.」

경공이 낙양에 도착하자 鮑昱(포욱)은 耿恭(경공)의 절개는 蘇武(소무)보다 뛰어나니 작위와 상을 내려야 한다고 상주하였다. 이에 경공은 騎都尉가 되었고, 경공의 司馬인 石修(석수)는 洛陽 市丞(시승)이 되었고, 張封(장봉)은 雍營(옹영, 右扶風 都尉의 軍營)의 司馬가 되었으며, 軍吏인 範羌(범강)은 河內郡 共縣의 현승이 되었으며 나머지 9명은 모두 羽林의 군사에 임용되었다.

경공의 모친은 이미 죽었는데 경공은 돌아와 상복을 입었으나 조서로 五官中郎將을 시켜 소와 술을 갖고 가서 위로하게 하였으며 탈상하고 근무하게 하였다.

原文

明年, 遷長水校尉. 其秋, 金城,隴西羌反. 恭上疏言方略, 詔召入問狀. 乃遣恭將五校士三千人, 副車騎將軍馬防討西羌. 恭屯枹罕, 數與羌接戰.

明年秋, 燒當羌降, 防還京師, 恭留擊諸未服者, 首虜千餘人, 獲牛羊四萬餘頭, 勒姐,燒何羌等十三種數萬人, 皆詣恭降.

初, 恭出隴西, 上言, 「故安豐侯竇融昔在西州, 甚得羌胡腹心. 今大鴻臚固, 卽其子孫. 前擊白山, 功冠三軍. 宜奉大使, 鎭撫涼部. 令車騎將軍防屯軍漢陽, 以爲威重.」

由是大忤於防. 及防還, 監營謁者李譚承旨奏恭不憂軍事, 被詔怨望. 坐徵下獄, 免官歸本郡, 卒於家.

| 註釋 | ○明年 – 章帝 建初 2년, 서기 77년. ○恭屯枹罕 – 隴西郡 枹罕縣(포한현). ○燒當羌 – 羌族의 부족 이름. 소당은 전한 원제 때 족장의 이름이었는데 그 후손들이 부족명으로 사용. 원 근거지는 今 青海省 동부 黃河 양안, 海南藏族自治州 동북부 貴德縣, 同仁縣 일대. 다른 강족에 비해 부유하고 인구도 많아 西部 일대에 널리 분포. 後漢에 자주 반기를 들었다. ○勒姐,燒何羌 – 勒姐(늑저), 燒何(소하) 모두 강족의 종족 이름. ○大鴻臚(대홍려) – 9卿의 하나. 질록 中二千石. 諸王의 入朝 時 접대와 諸侯 봉작에 대한 업무, 歸義하는 蠻夷(만이, 소수민족)와 관련한 업무도 담당. ○白山 – 산 이름. 흉노의 天山. 今 新彊維吾爾自治區 동쪽 끝 哈密市 서북. ○鎭撫涼部 – 涼州刺史部 지역을 진무하다. ○大忤於防 – 忤는 거스를 오. 防은 馬防. 인명.

[國譯]

그 다음 해, 長水校尉가 되었다. 그 가을에 金城郡과 隴西郡의 羌族(강족)이 반기를 들었다. 경공은 상소하여 이에 대한 方略을 건의하였는데 명을 받아 궁에 들어가 상황을 설명하였다. 이에 경공에게 五校의 군사 3천 명을 거느리고서 車騎將軍 馬防(마방)의 副職으로 서쪽 강족을 토벌케 하였다. 경공은 (隴西郡) 枹罕縣(포한현)에 주둔하고서 여러 번 강족과 싸웠다.

그 다음 해 가을, 燒當(소당)의 강족이 투항하자, 마방은 낙양으로 돌아가면서 경공을 남겨 아직 투항하지 않은 강족을 토벌케 하였는데, 경공은 강족 1천여 명을 생포하였고 소와 양 등 가축 4만여 마리를 노획하였으며, 勒姐(늑저), 燒何(소하) 강족 등 13개 부족 수만 명이 모두 경공에게 투항하였다.

처음에 경공이 隴西郡에 출정하면서 상서하였다.

「작고한 安豐侯 竇融(두융)은 예전에 西州 지역에서 강족의 민심을 크게 얻었습니다. 지금 大鴻臚(대홍려)인 竇固(두고)가 바로 그 자손입니다. 또 전에 白山(백산)에서 (흉노를) 공격할 때 그 공적은 삼군의 으뜸이었습니다. 꼭 그에게 사명을 부여하여 涼州刺史部 지역을 순무케 해야 합니다. 그러면서 車騎將軍 馬防은 漢陽郡에 주둔하면서 위엄을 보여야 합니다.」

이 때문에 마방의 심기를 크게 건드렸다. 마방이 낙양으로 돌아오자, 거기장군의 謁者인 李譚(이담)은 마방의 뜻에 따라 경공이 군사 업무에 조심하지 않으면서 조서를 받고서는 불평하였다고 상주하였다. 경공은 소환되어 하옥되었다가 면직되어 본군으로 귀향하여 집에서 죽었다.

原文

子溥, 爲京兆虎牙都尉. 元初二年, 擊畔羌於丁奚城, 軍敗, 遂歿. 詔拜溥子宏,曄並爲郎.

曄字季遇. 順帝初, 爲烏桓校尉. 時, 鮮卑寇緣邊, 殺代郡太守. 曄率烏桓及諸郡卒出塞討擊, 大破之. 鮮卑震怖, 數萬人詣遼東降. 自後頻出輒克獲, 威振北方. 遷度遼將軍.

耿氏自中興已後迄建安之末, 大將軍二人, 將軍九人, 卿十三人, 尙公主三人, 列侯十九人, 中郞將,護羌校尉及刺史, 二千石數十百人, 遂與漢興衰云.

| 註釋 | ㅇ溥 - 인명. 넓을 보. 펼 부. ㅇ京兆虎牙都尉 - 위 雍營 註 참고. 질록은 比이천석. ㅇ元初二年 - 安帝, 서기 115년. ㅇ丁奚城 - 丁奚(정해, 一作 丁溪)는 北地郡의 현명. 今 寧夏回族自治區 중부, 黃河 동쪽 銀川市 관할 靈武市. 奚는 어찌 해. ㅇ建安之末 - 建安은 후한 최후의 황제인 獻帝의 연호(서기 196-219년).

[國譯]

아들 耿溥(경보)는 京兆 虎牙都尉가 되었다. (安帝) 元初 2년, 반기를 든 강족을 丁奚城(정해성)에서 공격하였으나 전투에 패배하고 전사하였다. 조서로 경보의 아들 耿宏(경굉)과 耿曄(경엽)을 모두 낭관에 임용하였다.

耿曄(경엽)의 字는 季遇(계우)이다. 順帝 初에 烏桓校尉(오환도위)가 되었다. 그 무렵 鮮卑(선비)족이 변경을 침략하며 代郡太守를 살해하였다. 경엽은 오환족 및 여러 군에서 차출한 군사를 데리고 국경을 넘어 선비족을 대파하였다. 선비족은 두려워 떨며 수만 명에 요동군에 와서 투항하였다. 이후로 자주 출전하였고 그때마다 전투에 이겨 북방에 위명을 떨쳤다. 이어 度遼將軍(도료장군)이 되었다.

耿氏(경씨)는 후한 건국 이래로 (獻帝) 建安 말까지 대장군이 2명, 장군 9인, 卿 13인에, 공주와 결혼한 사람이 3인, 열후가 19명이었고 中郎將이나 護羌校尉 및 刺史, 二千石 고관이 수십에서 백 명에 가까웠으니 漢과 성쇠와 같이 하였다고 말할 수 있다.

原文

論曰, 余初讀〈蘇武傳〉, 感其茹毛窮海, 不爲大漢羞. 後覽耿恭疏勒之事, 喟然不覺涕之無從. 嗟哉, 義重於生, 以至是乎! 昔曹子抗質於柯盟, 相如申威於河表, 蓋以決一旦之負, 異乎百死之地也. 以爲二漢當疏高爵, 宥十世. 而蘇君恩不及嗣, 恭亦終塡牢戶. 追誦龍蛇之章, 以爲嘆息.

| **註釋** | ㅇ茹毛窮海 – 茹는 먹을 여. 窮海는 바이칼 호. 흉노에 억류된 蘇武는 구덩이에 갇혀 있으면서 눈(雪)과 氈毛(전모)를 같이 씹어 먹으며 버텼고, 흉노는 소무를 北海(바이칼 호)에서 숫양을 방목하게 하면서 숫양이 새끼를 낳으면 귀국시켜 주겠다고 하였다. 소무가 북해 근처에 머무는 동안 흉노는 음식을 주지 않아 소무는 들쥐의 구멍을 파서 풀씨를 꺼내먹었다. ㅇ義重於生 –「生亦我所欲也, 義亦我所欲也, 二者, 不可得兼, 舍生而取義者也.」《孟子 告子章句 上》. ㅇ曹子抗質於柯盟 – 曹子〔魯 曹沫(조말)〕은 齊 桓公과 魯 莊公이 柯(가)에서 맹약할 때 齊 桓公을 위협하여 齊가

魯에서 빼앗은 땅을 반환케 하였다. ○相如申威於河表 – 趙의 藺相如(인상여)는 文臣이었는데 澠池(민지)에서 趙王과 秦王이 회담할 때 진왕을 두려워하지 않고 왕의 체면을 지켰다. 河表는 황하 근처. ○百死之地也 – 아주 위험한 곳. ○二漢當疏高爵 – 二漢은 前漢과 後漢. ○蘇君恩不及嗣 – 소무에 대한 은전은 그 후손에게 내려지지 않았다. ○恭亦終塡牢戶 – 塡牢戶는 감옥에 갇히다. ○追誦龍蛇之章 – 晋 文公의 신하인 介之推(개지추)의 시. 一龍이 승천하려면 五蛇의 도움을 받아야 하는데 龍이 승천한 다음에 신하의 공적을 몰라준다는 뜻.

[國譯]

范曄(범엽)의 史論 : "내가 처음에 (《漢書》) 〈蘇武傳〉을 읽으며 그가 氈毛(전모)를 씹어 먹고 西海에서 버티며 漢의 사신으로 부끄럽지 않은 행동에 감탄하였었다. 뒤에 耿恭(경공)의 疏勒(소륵)에서 사적을 읽고서는 한숨을 쉬며 나도 모르게 눈물을 흘렸다. 아! 의리는 생명보다 중하다 하였으니 그 정도가 이처럼 중했다. 옛날 曹子(曹沫)는 柯(가)에서 맹약할 때 齊를 위협하였고, 藺相如(인상여)는 황하 근처에서 위엄을 지켰으나 이는 일시적 승부를 결정지은 것으로 (소무나 경공처럼) 죽을 수 밖에 없는 처지와는 달랐다. 전한과 후한에서는 당연히 높은 작위를 내려야 했고 후손 십대에 이르도록 특사를 내렸어야만 했다. 그러나 소무에 내린 은택은 그 후손에 미치지 못했고 경공은 끝내 감옥에 갇혀야만 했다. 介之推(개지추)의 龍蛇(용사) 詩句를 읽으며 그들을 위해 탄식하였다."

原文

贊曰, 好時經武, 能畫能兵. 往收燕卒, 來集漢營. 請間趙殿, 釃酒齊城. 況,舒率從, 亦既有成. 國圖久策, 分此兇狄. 秉洽胡情, 夔單虜跡. 慊慊伯宗, 枯泉飛液

| 註釋 | ㅇ好時 - 好時侯(호치후) 耿弇(경엄). ㅇ能畫能兵 - 畫는 劃策, 籌策. ㅇ請間趙殿 - 趙殿은 邯鄲(한단)의 궁궐. ㅇ釃酒齊城 - 齊의 城에서 술을 걸러 잔치하다. ㅇ慊慊伯宗 - 慊慊은 불만스런 모양. 慊은 흐뭇하지 않을 겸. 伯宗은 耿恭(경공)의 字.

[國譯]

贊曰,

好時侯(호치후)는 무예에 經略과 용병에도 능했다.

고향에서 燕의 군사를 모아 漢의 군영에 합세했다.

邯鄲(한단)에서 문안하였고 齊城에서 잔치를 하였다.

耿況(경황)과 耿舒(경서), 그들 역시 공을 세웠다.

耿國(경국) 항구적 대책을 시도하여 흉노를 분열시켰다.

耿秉(경병)을 흉노도 존경했고 耿夔(경기)는 孤軍으로 승리했다.

걱정 많은 耿恭(경공)은 마른 우물에 물이 솟게 하였다.

20 銚期王霸祭遵列傳
〔요기,왕패,제준열전〕

❶ 銚期

原文

銚期字次況, 潁川郟人也. 長八尺二寸, 容貌絶異, 矜嚴有威. 父猛, 爲桂陽太守, 卒, 期服喪三年, 鄕里稱之. 光武略地潁川, 聞期志義, 召署賊曹掾, 從徇薊. 時, 王郎檄書到薊, 薊中起兵應郎. 光武趨駕出, 百姓聚觀, 喧呼滿道, 遮路不得行, 期騎馬奮戟, 瞋目大呼左右曰"蹕", 衆皆披靡. 及至城門, 門已閉, 攻之得出. 行至信都, 以期爲裨將, 與傅寬, 呂晏俱屬鄧禹. 徇傍縣, 又發房子兵. 禹以期爲能, 獨拜偏將軍, 授兵二千人, 寬,晏各數百人. 還言其狀, 光武甚善之. 使期別徇眞定宋子, 攻拔樂陽,槀,肥累.

| 註釋 | ㅇ銚期字次況 – 銚는 냄비 요, 성씨. 창 조. ㅇ郟 – 潁川郡의 현명. 今 河南省 중부 平頂山市 관할 郟縣. 郟縣. 郟은 고을 이름 겹. ㅇ賊曹掾 – 賊曹는 盜賊 관련 담당 부서. 掾은 도울 연. 掾吏. 東, 西曹掾의 질록은 比四百石, 다른 掾은 比三百石. ㅇ蹕 – 길 치울 필. 통행을 금지시킴. ㅇ鄧禹 – 16권, 〈鄧寇列傳〉 立傳. ㅇ房子 – 常山國의 房子縣. ㅇ眞定宋子 – 眞定은 常山郡의 縣名. 今 河北省 서남부 石家莊市 관할 正定縣. 宋子는 鉅鹿郡의 현명. 今 河北省 石家莊市 관할 趙縣. 후한에서는 폐현. ㅇ樂陽,槁,肥累 – 樂陽은 常山郡의 현명. 稾는 현명. 마를 고. 今 石家莊市 관할 藁城市(고성시). 肥纍(비루)는 前漢의 현명. 後漢에서는 폐현.

[國譯]

銚期(요기)의 字(자)는 次況(차형)으로 潁川郡(영천군) 薊縣(겹현) 사람이다. 신장이 8尺2寸이며 특이한 용모가 엄숙 단정하고 위풍당당하였다. 부친 桂陽太守 銚猛(요맹)이 죽자, 요기는 3년상을 치렀는데 향리에서 칭송하였다. 光武가 潁川 지역을 경략할 때 요기의 의기를 전해 듣고 불러 賊曹掾(적조연)에 임명했고, 요기는 광무를 따라 薊縣(계현) 일대를 공격했다.

그 무렵 王郞(王昌)의 檄書(격서)가 계현에 도착하여 계현에서도 기병하며 왕랑에 호응하였다. 光武가 급히 수레를 몰아 성을 나가려 하였지만 백성이 모여 구경하느라 길을 메우고 시끄러워 수레가 다닐 수가 없었는데 요기가 말을 타고 창을 휘두르며 눈을 부릅뜨고 좌우에 큰 소리로 "길을 치워라"고 외치자 구경꾼들이 모두 길을 터주었다. 성문에 도착했으나 성문은 이미 닫혀 성문을 부수고 탈출하였다. 광무는 信都縣에서 요기를 裨將에 임용하여 傅寬(부관), 呂晏(여안)과 함께 모두 鄧禹(등우)에 소속시켰다. (등우는) 여러 현을 경략하였고 또 (常山郡) 房子縣의 군사를 동원하였다. 등우는 요기가 유능하다고 생각하여 偏將軍에 등용하고 2천 군사를 내주었는데 부관과 여안에게는 각각 수백 명을 소속시켰다. 등우가 돌아와 그런 상황을 광무에게 보고하자 광무는 아주 잘한 일이라 생각하였다. 광무는 요기를 보내 (常山郡) 眞定縣과 (鉅鹿郡) 宋子縣을 공격 점령하였고 樂陽(악양), 槁縣(고현), 肥纍(비루) 등을 공략하였다.

原文

從擊王郎將兒宏,劉奉於鉅鹿下, 期先登陷陳, 手殺五十餘人, 被創中額, 攝幘復戰, 遂大破之. 王郎滅, 拜期虎牙大將軍. 乃因閒說光武曰, "河北之地, 界接邊塞, 人習兵戰, 號爲精勇. 今更始失政, 大統危殆, 海內無所歸往. 明公據河山之固, 擁精銳之衆, 以順萬人思漢之心, 則天下誰敢不從?"

光武笑曰, "卿欲遂前蹕邪?" 時銅馬數十萬衆入淸陽,博平, 期與諸將迎擊之, 連戰不利, 期乃更背水而戰, 所殺傷甚多. 會光武救至, 遂大破之, 追至館陶, 皆降之. 從擊靑犢,赤眉於射犬, 賊襲期輜重, 期還擊之, 手殺傷數十人, 身被三創, 而戰方力, 遂破走之.

| 註釋 | ㅇ兒宏 – 兒는 성씨 예. 아이 아. ㅇ攝幘復戰 – 攝은 正也. 攝은 당길 섭. 幘 건 책. 머리 띠. 頭巾. ㅇ擁精銳之衆 – 擁은 안을 옹. 보유하다. ㅇ淸陽,博平 – 淸陽은 淸河郡의 縣名. 今 河北省 남부 邢台市 관할

清河縣(山東省 접경 지역). 後漢에서는 폐현. 博平은 東郡의 현명. 今 山東省 북서부 聊城市 茌平縣(치평현). ㅇ追至館陶 – 館陶는 魏郡〔치소는 鄴縣(업현)〕의 현명. 今 河北省 동남부 邯鄲市 관할 館陶縣. ㅇ射犬 – 河內郡 野王縣(今 河南省 북부 焦作市 관할 沁陽市)의 射犬聚, 마을 이름. ㅇ而戰方力 – 力은 苦戰하다.

[國譯]

(銚期는) 광무를 따라 王郎(왕랑)의 장수 兒宏(예굉), 劉奉(유봉)을 鉅鹿(거록) 부근에서 공격할 때 銚期(요기)는 앞장서 공격하여 적진을 깨트리고 50여 명을 죽였는데 이마에 상처를 입었지만 두건을 바로 쓰고 계속 싸워 마침내 적을 대파하였다. 왕랑이 멸망한 뒤 요기는 虎牙大將軍이 되었다. 요기는 틈을 보아 광무에게 말했다.

"河北은 국경과 접한 곳으로 사람들은 전투에 익숙하여 정예 용맹하다는 말을 듣습니다. 지금 更始가 失政하여 皇統이 위태로우며 海內는 의지할 곳이 없습니다. 明公께서는 황하의 험고한 지형에 精銳의 군사를 거느리고 백성은 漢을 따르는 마음이니 천하의 누가 복종치 않겠습니까?"

그러자 光武가 웃으며 말했다. "그대가 앞에서 길을 치워주겠소?"

그때 銅馬(동마)의 수십 만 무리가 淸陽와 博平(박평)에 들어오자 요기는 다른 장수와 함께 동마 무리를 맞아 싸웠으나 계속되는 싸움에 불리하였고 요기가 배수진을 치며 싸웠어도 사상자가 아주 많았다. 마침 광무의 구원병이 도착하자 적을 대파하고 館陶(관도)까지 추격하자 적은 모두 항복하였다. 요기는 광무를 따라 青犢(청독)과

赤眉의 무리를 射犬(사견)에서 공격했는데 적이 요기의 군수물자를 습격하자 요기는 되돌아 싸워 직접 수십 명을 살상하였지만 3군데나 상처를 입으면서 苦戰하여 마침내 적을 패주케 하였다.

原文

光武卽位, 封安成侯, 食邑五千戶. 時檀鄕,五樓賊入繁陽,內黃, 又魏郡大姓數反覆, 而更始將卓京謀欲相率反鄴城. 帝以期爲魏郡太守, 行大將軍事. 期發郡兵擊卓京, 破之, 斬首六百餘級. 京亡入山, 追斬其將校數十人, 獲京妻子. 進擊繁陽,內黃, 復斬數百級, 郡界淸平.

督盜賊李熊, 鄴中之豪, 而熊弟陸謀欲反城迎檀鄕. 或以告期, 期不應, 告者三四, 期乃召問熊. 熊叩頭首服, 願與老母俱就死. 期曰, "爲吏儻不若爲賊樂者, 可歸與老母往就陸也." 使吏送出城. 熊行求得陸, 將詣鄴城西門. 陸不勝愧感, 自殺以謝期. 期嗟歎, 以禮葬之, 而還熊故職. 於是郡中服其威信.

| 註釋 | ㅇ安成侯 – 安成은 汝南郡의 현명. ㅇ繁陽,內黃 – 繁陽(번양)은 현명. 河南省 북부 安陽市 관할 內黃縣. ㅇ鄴城 – 鄴은 魏郡의 치소. 今 河北省 邯鄲市 관할 臨漳縣. ㅇ督盜賊李熊 – 賊曹掾인 李熊(이웅). ㅇ儻不若爲賊樂者 – 만약 城中의 관리가 도적만큼 즐겁지 않다면. 儻은 만일, 혹시.

【國譯】

光武帝가 즉위하자 요기는 安成侯(안성후)가 되었는데 식읍은 5천호였다. 그때 檀鄕(단향)과 五樓(오루)의 도적 무리가 繁陽(번양), 內黃(내황) 등지에 들어왔으며, 魏郡(위군)의 호족도 여러 차례 반기를 들었으며, 更始의 장군인 卓京(탁경)은 (魏郡) 鄴城(업성)에서 무리들과 반란을 도모하고 있었다. 이에 광무제는 요기를 魏郡 태수에 임명하면서 大將軍 직무를 겸행케 하였다. 요기는 위군의 군사를 동원하여 탁경을 공격 격파하고 6백여 명을 죽였다. 탁경이 산으로 도주하자 추격하여 장교 수십 명을 죽이고 탁경의 처자를 생포하였다. 요기가 번양과 내황을 공격하여 다시 수백 명을 죽이자 군내가 평정되었다.

도적 체포를 담당하는 관리인 李熊(이웅)은 鄴縣(업현)의 强豪였는데 이웅의 동생 李陸(이륙)은 성에서 반기를 들고 檀鄕(단향)의 무리를 영입할 계획을 갖고 있었다. 어떤 사람이 이를 요기에게 말했으나 요기는 믿지 않았는데, 서너 번 알려오자 요기가 이웅을 불러 물었다. 이웅은 고개를 숙이고 자백하면서 노모와 함께 죽겠다고 말했다. 이에 요기가 말했다.

"만약 城 안의 관리 생활이 도적만큼 즐겁지 않다면 노모와 함께 동생 이륙을 찾아가도 좋다."

그리고는 사자를 시켜 성 밖까지 보내주게 하였다. 이웅은 성을 나가 이륙을 찾았고, 동생을 데리고 업현 서문에 도착하였다. 이륙은 부끄러움을 견딜 수 없어 자살로 요기에 사죄하였다. 요기는 탄식을 하면서 예를 갖춰 장례를 치르게 하였다. 그리고 이웅을 이전 직책에 다시 임용하였다. 이에 군내 사람들은 요기의 위엄과 신의에 감복하였다.

原文

建武五年, 行幸魏郡, 以期爲太中大夫. 從還洛陽, 又拜衛尉.

期重於信義, 自爲將, 有所降下, 未嘗虜掠. 及在朝廷, 憂國愛主, 其有不得於心, 必犯顔諫諍. 帝嘗輕與期門近出, 期頓首車前曰, "臣聞古今之戒, 變生不意, 誠不願陛下微行數出." 帝爲之回輿而還.

十年卒, 帝親臨襚斂, 贈以衛尉,安成侯印綬, 諡曰忠侯.

子丹嗣. 復封丹弟統爲建平侯. 後徙封丹葛陵侯. 丹卒, 子舒嗣. 舒卒, 子羽嗣. 羽卒, 子蔡嗣.

| 註釋 | ○建武五年 – 서기 29년. ○期門近出 – 期門은 광록훈의 속관인 期門郞, 武帝 건원 3년(前 138) 처음 설치. 후한에서도 동일. ○十年卒 – 요기가 병석에 들자 황제가 의약을 자주 하사하였다. ○建平侯 – 建平은 沛郡의 縣名. ○葛陵侯 – 葛陵은 汝南郡 縣名.

[國譯]

建武 5년, 광무제가 魏郡에 행차하였는데 요기는 太中大夫가 되었다. 요기는 광무제를 수종하여 洛陽에 돌아왔고 衛尉(위위)에 임명되었다.

요기는 신의를 중히 여겼으며 장수가 된 이후로 평정한 지역에서도 약탈하지 않았다. 요기는 조정에 근무하면서 나라를 걱정하고 주군을 극진히 모셨지만 마음에 들지 않는 것이 있으면 얼굴을 붉히면서 諫諍(간쟁)하였다. 그전에 광무제가 경무장한 期門郞(기문랑)과 가까운 곳에 외출하려 하자 요기가 수레 앞에서 머리를 조아리며 말했다.

"제가 아는 고금 훈계에도 변란은 갑자기 일어난다 하였으니 폐하께서는 미복으로 자주 출궁하지 마십시오."

이에 광무제는 수레를 돌려 돌아왔다. 요기는 建武 10년에 죽었는데 수의로 염할 때 광무제가 친림하였고 衛尉와 安成侯의 인수를 하사하였으며, 시호는 忠侯라 하였다.

아들 銚丹(요단)이 뒤를 이었다. 또 요단의 동생 銚統(요통)도 建平侯가 되었다. 나중에 요단은 葛陵侯(갈릉후)로 옮겼다. 요단이 죽고 아들 銚舒(요서)가 이었다. 요서가 죽고, 아들 銚羽(요우)가 이었다. 요우가 죽자 아들 銚蔡(요채)가 작위를 계승했다.

❷ 王霸

原文

王霸字符伯, 潁川潁陽人也. 世好文法, 父爲郡決曹掾, 霸亦少爲獄吏. 常慷慨不樂吏職. 其父奇之, 遣西學長安. 漢兵起, 光武過潁陽, 霸率賓客上謁, 曰, "將軍興義兵, 竊不自知量, 貪慕威德, 願充行伍." 光武曰, "夢想賢士, 共成功業, 豈有二哉!" 遂從擊破王尋,王邑於昆陽, 還休鄕里.

及光武爲司隸校尉, 道過潁陽, 霸請其父, 願從. 父曰, "吾老矣, 不任軍旅, 汝往, 勉之!" 霸從至洛陽. 及光武爲大司馬, 以霸爲功曹令史, 從度河北.

賓客從霸者數十人, 稍稍引去. 光武謂霸曰, "潁川從我者皆逝, 而子獨留. 努力! 疾風知勁草."

| 註釋 | ○王霸(왕패) - 83권, 〈逸民列傳〉에 입전한 사람과는 동명이인. ○潁川潁陽人 - 潁川은 군명. 豫州刺史部 관할, 治所는 陽翟縣(양책현). 今 河南省 許昌市 관할의 禹州市. 潁陽(영양)은 영천군의 현명. 今 河南省 許昌市 襄城縣 潁陽鎭. ○世好文法 - 王霸의 祖父도 詔獄丞을 역임했다. 文法은 법률. 법조문. ○郡決曹掾 - 郡의 죄수 판결 담당 관리. ○王尋,王邑於昆陽 - 王尋(왕심) 王邑(왕읍, 王商의 아들, 王莽의 從父兄弟)은 모두 왕망의 신하. 昆陽(곤양)은 潁川郡의 현명. 今 河南省 중앙에 위치한 漯河市(탑하시)의 부근. ○疾風知勁草 - 勁은 굳셀 경. 세찬 바람이 불어봐야 강한 풀을 알 수 있다. 역경에 처해봐야 그 사람의 진가를 알 수 있다. '烈火見眞金.'

[國譯]

王霸(왕패)의 字는 符伯(부백)으로 潁川郡(영천군) 潁陽縣(영양현) 사람이다. 대대로 법률 분야에 일했는데 부친은 郡의 決曹掾(결조연)이었고, 왕패 역시 젊어 獄吏(옥리)가 되었다. 왕패는 늘 慷慨(강개)한 기질이 있어 하급관리 노릇을 좋아하지 않았다. 부친은 기특하게 생각하며 왕패를 서쪽 장안으로 가서 배우게 하였다. 漢兵이 흥기하고 光武가 영양현에 들렀는데, 왕패는 빈객을 데리고 광무를 찾아와 말했다.

"장군께서 의병을 일으키셨는데 저 자신의 역량을 잘 모르지만 장군의 위엄과 신의를 흠모하오니 장군의 병졸이 되고자 합니다."

이에 광무가 말했다. "꿈에서도 賢士와 함께 대업을 이루고 싶거늘 어찌 두 마음을 갖겠는가!"

왕패는 광무를 따라 王尋(왕심)과 王邑(왕읍)을 昆陽(곤양)에서 격파한 뒤에 향리에 돌아와 쉬었다. 光武가 (경시제의) 司隸校尉가 되어 潁陽(영양)을 지나갈 때, 왕패는 부친에게 光武를 따라가겠다고 말했다. 부친이 말했다.

"나는 늙었기에 軍務를 감당할 수 없지만 너는 가서 열심히 해라!"

왕패는 광무를 따라 낙양에 들어왔다. 光武가 (경시제의) 大司馬가 되자 왕패는 功曹令史가 되었고 광무를 수행하여 황하를 건너 북으로 진격했다.

왕패를 따랐던 빈객 수십 명은 하나 둘 모두 떠나갔다. 광무가 왕패에게 말했다.

"潁川(영천)에서 나를 따랐던 자들이 모두 떠났고 자네만 홀로 남았다. 열심히 하라! 강풍을 견뎌봐야 강한 풀을 알 수 있다."

原文

及王郎起, 光武在薊, 郎移檄購光武. 光武令霸至市中募人, 將以擊郎. 市人皆大笑, 擧手邪揄之, 霸慚懅而還. 光武卽南馳至下曲陽. 傳聞王郎兵在後, 從者皆恐. 及至虖沱河,候吏還白河水流澌, 無船, 不可濟. 官屬大懼. 光武令霸往視之. 霸恐驚衆, 欲且前, 阻水, 還卽詭曰, "冰堅可度."

官屬皆喜. 光武笑曰, "候吏果妄語也." 遂前. 比至河, 河冰亦合, 乃令霸護度, 未畢數騎而冰解. 光武謂霸曰, "安吾衆得濟免者, 卿之力也." 霸謝曰, "此明公至德, 神靈之佑, 雖武王白魚之應, 無以加此." 武光謂官屬曰, "王霸權以濟事, 殆天瑞也." 以爲軍正, 爵關內侯. 旣至信都, 發兵攻拔邯鄲. 霸追斬王郞, 得其璽綬. 封王鄕侯.

| 註釋 | ㅇ移檄購光武 – 격문을 보내 光武에 현상금을 걸다. ㅇ擧手邪揄之 – 손으로(擧手) 왕패에게(之) 빈정거리다. 手相笑也. 邪揄(야유)는 揶揄(야유). 邪는 揶(놀릴 야), 揶(희롱할 야)와 同. 揄는 조롱할 유, 끌 유. ㅇ慚懅 – 부끄러워하다. 慚는 부끄러울 참. 懅는 부끄러울 거. ㅇ下曲陽 – 鉅鹿郡의 縣名. 常山郡에 上曲陽縣이 있어 여기서는 下曲陽縣. 今 河北省 중부 保定市 관할 曲陽縣. ㅇ及至虖沱河 – 虖沱河(호타하, 虖沱河)는 今 山西省에서 河北省으로 흘러 子牙河와 함께 海河가 된다. 海河는 天津市에서 入海. ㅇ河水流澌 – 냇물 얼음이 풀렸다. 澌는 다할 시. 없어지다. ㅇ冰堅可度 – 度는 渡. ㅇ乃令霸護度 – 왕패에게 강을 건너는 것을 감독하게 하다. ㅇ武王白魚之應 – 武王이 殷 紂王(주왕)을 정벌하러 8백 제후와 함께 孟津에 모였을 때 작은 물고기(白魚)가 뱃전에 뛰어 올랐다. 이를 하늘의 계시로 받아들였다. ㅇ殆天瑞也 – 殆는 거의, ~에 가깝다. 가까이 하다. 위태할 태. ㅇ軍正 – 郡 法務官(執法 官吏). ㅇ信都 – 현명. 信都郡(信都國, 廣川國)의 治所. 今 河北省 衡水市 관할 冀州市(기주시).

[國譯]

王郞(왕랑, 王昌)이 기병할 때, 光武는 薊縣(계현)에 있었는데 왕랑은 격문을 보내 光武 체포 현상금을 내걸었다. 광무는 王霸(왕패)를 시켜 시장에서 군사를 모아 왕랑을 공격할 준비를 하게 시켰다. 시장 사람들이 모두 손으로 왕패를 야유하자 왕패는 부끄러워 그냥 돌아왔다. 광무는 곧 남으로 下曲陽(하곡양)까지 왔다. 그런데 왕랑의 군사가 뒤에 있다는 사실을 알자 군사는 모두 불평을 하였다.

광무가 虖沱河(호타하) 가까이 왔을 때, 척후병이 돌아와 호타하의 얼음이 풀렸고 배가 없어 건널 수 없다고 말하였다. 모든 관속이 크게 걱정을 하였다. 광무가 왕패를 시켜 가보라 하였다. 왕패는 군사를 크게 걱정하는 것을 보고 일단 머물다가 물을 걱정하며 돌아와 저도 모르게 거짓말을 하였다. "얼음이 두꺼워 건널 만합니다."

모든 관원이 기뻐하였다. 光武도 웃으면서 "척후가 쓸데없는 말을 했다." 그리고 전진하였다. 모두가 강가에 왔을 때 강은 다시 얼었기에 왕패에게 渡河를 감독하게 하였다. 거의 다 건너고 기병 몇 만 남았을 때 얼음이 깨졌다. 광무가 왕패에게 말했다.

"우리 군사를 안심시키고 무사히 건넌 것이 모두 그대의 힘이로다."

그러자 왕패가 사양하며 말했다.

"이는 장군의 크신 공덕에 신령이 도우신 것이니 비록 (周) 武王의 白魚 계시도 이보다는 못할 것입니다."

그러자 광무가 여러 관속에게 말했다.

"왕패의 임시변통으로 일을 잘 끝냈는데 이는 아마 하늘의 도움일 것이다."

그리고는 왕패를 軍正으로 임명하고 關內侯 작위를 하사하였다. 信都郡에 들어와 군사를 동원하여 邯鄲(한단, 王郎의 근거지)을 공격 점령했다. 왕패는 왕랑을 추격하여 죽이고 국새와 인수를 노획했다. 왕패는 王鄉侯(왕향후)가 되었다.

原文

從平河北, 常與臧宮,傅俊共營, 霸獨善撫士卒, 死者脫衣以斂之, 傷者躬親以養之.

光武卽位, 以霸曉兵愛士, 可獨任, 拜爲偏將軍, 並將臧宮,傅俊兵, 而以宮,俊爲騎都尉. 建武二年, 更封富波侯.

四年秋, 帝幸譙, 使霸與捕虜將軍馬武東討周建於垂惠. 蘇茂將五校兵四千餘人救建, 而先遣精騎遮擊馬武軍糧, 武往救之. 建從城中出兵夾擊武, 武恃霸之援, 戰不甚力, 爲茂,建所敗. 武軍奔過霸營, 大呼求救. 霸曰, "賊兵盛, 出必兩敗, 努力而已." 乃閉營堅壁. 軍吏皆爭之.

霸曰, "茂兵精銳, 其衆又多, 吾吏士心恐, 而捕虜與吾相恃, 兩軍不一, 此敗道也. 今閉營固守, 示不相援, 賊必乘勝輕進, 捕虜無救, 其戰自倍. 如此, 茂衆疲勞, 吾承其弊, 乃可克也."

茂,建果悉出攻武. 合戰良久, 霸軍中壯士路潤等數十人斷髮請戰. 霸知士心銳, 乃開營後, 出精騎襲其背. 茂,建前後受敵, 驚亂敗走, 霸,武各歸營. 賊復聚衆挑戰, 霸堅臥不出, 方饗士作倡樂. 茂雨射營中, 中霸前酒樽, 霸安坐不動. 軍吏皆曰, "茂前日已破, 今易擊也." 霸曰, "不然. 蘇茂客兵遠來, 糧食不足, 故數挑戰, 以僥一切之勝. 今閉營休士, 所謂不戰而屈人之兵, 善之善者也." 茂,建旣不得戰, 乃引還營. 其夜, 建兄子誦反, 閉城拒之, 茂,建遁去, 誦以城降.

| 註釋 | ㅇ臧宮(장궁) – 雲臺 28將의 한 사람. 8권, 〈吳蓋陳臧列傳〉에 입전. ㅇ富波侯 – 富波는 汝南郡의 현명. 후국명. 今 安徽省 서북부 阜陽市 관할 阜南縣(부남현). ㅇ譙 – 沛國 譙縣(초현), 今 安徽省 북부의 亳州市(박주시). ㅇ蘇茂(소무, ? – 29년) – 更始帝의 무장 출신으로 한때 光武帝에 속했다. 나중에 劉永(유영)에 의탁했던 장수. 反漢세력인 劉永의 大司馬이며 淮陽王이었다.

[國譯]

(王霸는) 光武의 河北 평정에 수행했는데 늘 臧宮(장궁), 傅俊(부준)과 같은 군영이었지만 왕패는 사졸을 잘 대우하였으니 죽은 자에게는 자신의 옷을 입혀서라도 염을 해주고 다친 병사를 친히 養護하였다.

光武帝가 즉위한 뒤 왕패는 군사에 밝고 사졸을 애호하여 홀로 중임을 맡을 수 있다 하여 偏將軍이 되었고 장궁과 부준의 군사까지 지휘했고 장궁과 부준은 騎都尉가 되었다. 建武 2년에 왕패는 富波侯(부파후)에 봉해졌다.

(建武) 4년 가을, 광무제는 (沛國) 譙縣(초현)에 행차하였는데 왕

패를 시켜 捕虜將軍 馬武(마무)와 함께 동으로 진격해 周建(주건)을 垂惠(수혜)란 곳에서 토벌케 하였다. (劉永의 大司馬인) 蘇茂(소무)는 五校(오교) 무리 군사 4천여 명을 거느리고 주건을 도왔는데 먼저 정예기병을 보내 馬武의 군량을 차단하고 공격하자 마무가 구원하였다. 주건도 성안의 군사를 출동시켜 마무를 협공하였는데 마무는 왕패의 군사가 도울 것이라고 힘써 싸우지 않아 주건과 소무에게 패배하였다. 마무의 군사가 왕패의 군영에 와서 큰 소리로 구원을 요청했다. 왕패는 "적군의 세력이 강하니 우리가 간다면 둘 다 패할 것이니 힘써 싸우시오."

그리고는 군영이 닫고 굳게 지켰다. 그러자 여러 군관들이 이를 따졌다. 이에 왕패가 말했다.

"소무의 군사는 정예병이며 우리보다 많아 우리 군사가 겁을 내고 있다. 포로장군(馬武)과 우리는 대등하지만 한마음은 아니니 이는 패망하는 길이다. 지금 굳게 지키며 돕지 않는다면 적군은 승세를 타고 우리를 경시할 것이고 포로장군은 더욱 힘내 싸울 것이다. 그러면 소무의 군사는 지칠 것이니 우리가 지친 적을 공격하면 이길 수 있다."

소무와 주건의 군사는 예상대로 모두 마무를 공격하였고 두 진영이 한참 싸우는 동안 왕패 군영의 장수인 路潤(노윤) 등 수십 명은 斷髮하며 출전을 요청하였다. 왕패는 군사의 사기가 오른 것을 알고 군문을 열어 정예기병을 보내 적의 배후를 급습하였다. 소무와 주건은 앞뒤로 공격을 받자 놀라 패주했고 왕패와 마무의 군사도 각자 군영으로 돌아갔다. 반적들이 다시 군사를 모아 도전해왔지만 왕패는 굳게 지킬 뿐 출전하지 않았다. 그리고 군사에게 잔치하며 술 마시고 즐기게 하였다. 소무의 군사가 왕패의 군영으로 화살을 비 오듯 퍼붓자 왕패 앞 술동이에 화살이 떨어지기도 하였지만 왕패는 꿈적도 하지 않았다. 군관들이 모두 말했다. "소무의 군사가 어제 패배하였으니 오늘 우리가 쉽게 칠 수 있습니다." 그러자 왕패가 말했다.

"그렇지 않다. 소무의 군사는 먼데서 구원 나왔기에 군량이 부족하여 자주 공격하면서 요행으로 승리를 노리는 것이다. 지금 營門을 닫고 군사를 쉬게 하면 싸우지 않으면서 적의 군사를 굴복시키려는 뜻이니 가장 좋은 방법이 될 것이다."

소무와 주건은 싸울 수가 없자 군영으로 돌아갔다. 그날 밤 주건의 조카가 周誦(주송)이 반기를 들어 성문을 닫고 받아들이지 않자 소무와 주건은 멀리 도주하였고 주송은 성을 들어 투항하였다.

原文

五年春, 帝使太中大夫持節拜霸爲討虜將軍.

六年, 屯田新安. 八年, 屯函谷關. 擊滎陽,中牟盜賊, 皆平之.

九年, 霸與吳漢及橫野大將軍王常,建義大將軍朱佑,破姦將軍侯進等五萬餘人, 擊盧芳將賈覽,閔堪於高柳. 匈奴遣騎助芳, 漢軍遇雨, 戰不利. 吳漢還洛陽, 令朱佑屯常山, 王常屯涿郡, 侯進屯漁陽. 璽書拜霸上谷太守, 領屯兵如故, 捕擊胡虜, 無拘郡界.

明年, 霸復與吳漢等四將軍六萬人出高柳擊賈覽, 詔霸與漁陽太守陳欣將兵爲諸軍鋒. 匈奴左南將軍將數千騎救覽, 霸等連戰於平城下, 破之, 追出塞, 斬首數百級. 霸及諸將還入鴈門, 與驃騎大將軍杜茂會攻盧芳將尹由於崞,繁時, 不克.

| **註釋** | ㅇ(建武) 五年 – 서기 29년. ㅇ新安 – 弘農郡의 현명. 今 河南省 서북부, 黃河 남안, 洛陽市 관할 新安縣. ㅇ滎陽,中牟 – 滎陽과 中牟(중모) 모두 河南尹의 현명. 滎陽은 옛 漢 고조와 항우의 격전지. 교통과 군사의 요지. 今 河南省 鄭州市 관할 滎陽市. 中牟는 今 河南省 동북부 開封市 관할 中牟縣. ㅇ高柳 – 縣名. 代郡의 治所, 今 山西省 大同市 관할 陽高縣 서북. ㅇ上谷 – 幽周의 郡名. 治所 沮陽縣, 今 河北省 북부 張家口市 관할 懷來縣. ㅇ無拘郡界 – 拘는 제한하다. ㅇ平城 – 鴈門郡(안문군, 鴈은 雁. 治所 善無縣)의 현명. 今 山西省 북부의 大同市. ㅇ崞,繁時 – 崞門郡의 縣名. 崞은 산 이름 곽. 繁時(번치)는 今 山西省 북단 大同市 관할 渾源縣.

[國譯]

(建武) 5년 봄, 광무제는 太中大夫에게 부절을 보내 왕패를 討虜將軍에 임명하였다.

6년, (弘農郡) 新安縣에서 屯田하였다. 8년, 函谷關(함곡관)에 주둔하였다. 滎陽(형양)과 中牟(중모)의 도적을 공격하여 모두 평정하였다.

9년, 왕패와 吳漢(오한) 및 橫野大將軍 王常(왕상), 建義大將軍 朱佑(주우), 破姦將軍 侯進(후진) 등은 5만 군사를 거느리고 盧芳(노방)의 부장인 賈覽(가람)과 閔堪(민감)을 (代郡의) 高柳(고류)에서 격파하였다. 匈奴가 기병을 보내 노방을 구원하였고 漢軍은 큰 비를 만나 전투에 이기지 못했다. 오한은 洛陽으로 돌아가며 朱佑(주우)을 常山(상산)에, 王常(왕상)을 涿郡(탁군)에, 侯進(후진)을 漁陽郡(어양군)에 주둔케 하였다. 璽書(새서)로 왕패에게 上谷太守를 제수하면서 전과 같이 屯兵을 운영하고 흉노 포로로 잡는데 군의 경계에 제한받지 않게 하였다.

그 다음 해, 왕패는 다시 吳漢 등 4장군과 함께 6만을 거느리고 高柳에서 출발하여 賈覽(가람)을 공격하였는데, 조서로 왕패와 漁陽太守 陳欣(진흠)은 군사를 거느리고 선봉을 담당케 하였다. 흉노의 左南將軍은 수천 기병을 거느리고 가람을 구원하였고 왕패 등은 平城부근에서 계속 싸워 적을 격파하고 국경을 넘어 적 수백 명을 죽였다. 왕패와 다른 장수는 모두 鴈門郡(안문군)으로 회군하여 驃騎大將軍 杜茂(두무)와 만나 盧芳(노방)의 부장 尹由(윤유)를 (안문군의) 崞(곽)과 繁畤(번치)에서 공격하였으나 이기지 못했다.

原文

十三年, 增邑戶, 更封向侯. 是時, 盧芳與匈奴,烏桓連兵, 寇盜尤數, 緣邊愁苦. 詔霸將弛刑徒六千餘人, 與杜茂治飛狐道, 堆石布土, 築起亭障, 自代至平城三百餘里. 凡與匈奴,烏桓大小數十百戰, 頗識邊事, 數上書言宜與匈奴結和親, 又陳委輸可從溫水漕, 以省陸轉輸之勞, 事皆施行.

後南單于,烏桓降服, 北邊無事. 霸在上谷二十餘歲. 三十年, 定封淮陵侯. 永平二年, 以病免, 後數月卒.

子符嗣, 徙封軑侯. 符卒, 子度嗣. 度尙顯宗女浚儀長公主, 爲黃門郞. 度卒, 子歆嗣.

| 註釋 | ㅇ(建武) 十三年 - 서기 37년. ㅇ更封向侯 - 向은 沛郡의 縣名. 今 安徽省 중부 蚌埠市(방부시) 관할 懷遠縣. ㅇ飛狐道 - 신설 도로 이름. ㅇ溫水漕 - 溫水는 漯餘水(탑여수). 北京市 昌平區 서북 居庸關(거용관, 당시 上谷郡)에서 발원하는 白河에 합류하는 하천. ㅇ淮陵侯 - 전한 臨淮郡의 현명. 후한에서는 下邳國의 현명. 今 安徽省 중동부 滁州市(저주시) 관할 明光市. ㅇ(顯宗, 明帝) 永平二年 - 서기 59년. ㅇ軑侯 - 軑(바퀴통 끝 휘갑쇠 대)는 江夏郡 縣名.

[國譯]

(건무) 13년 봄, 식읍을 늘려 받고 向侯(향후)가 되었다. 이때, 盧芳(노방)과 匈奴(흉노), 烏桓族(오환족)이 연합하여 노략질이 더욱 잦아 변방의 고통이 심했다. 조서로 왕패에게 형 집행을 늦춘 죄수 6천여 명을 통솔하여 杜茂(두무)와 함께 飛狐道(비호도)를 만들게 하였는데 흙 위에 돌을 깔았고 곳곳에 亭과 방어물을 설치하였으며, 代郡에서 平城에 이르는 3백여 리 길이었다. 왕패는 匈奴나 오환족과 크고 작은 전투 수십에서 1백 차례 전투를 겪었기에 변방의 사정에 밝아 여러 차례 흉노와 우호화친을 상서하였으며, 또 溫水(온수)를 통한 조운으로 육로 수송의 비용을 줄여야 한다고 건의하여 모두가 시행되었다.

그 후로 南單于와 烏桓이 투항해 오자 북쪽 국경이 무사하였다.

왕패는 20여 년간 上谷郡에 있었다. 건무 30년(서기 54)에 淮陵侯(회릉후)로 확정되었다. (明帝) 永平 2년에 병으로 사직하였고 몇 달 뒤에 죽었다.

아들 王符(왕부)가 이었는데 軑侯(대후)로 옮겼다. 왕부가 죽어 아들 王度(왕도)가 후사가 되었다. 왕도는 顯宗의 딸 浚儀長公主와 결혼했고 黃門郎이 되었다. 왕도가 죽고, 아들 王歆(왕흠)이 뒤를 이었다.

❸ 祭遵

原文

祭遵字弟孫, 潁川潁陽人也. 少好經書. 家富給, 而遵恭儉, 惡衣服. 喪母, 負土起墳. 嘗爲部吏所侵, 結客殺之. 初, 縣中以其柔也, 旣而皆憚焉.

及光武破王尋等, 還過潁陽, 遵以縣吏數進見, 光武愛其容儀, 署爲門下史. 從征河北, 爲軍市令. 舍兒犯法, 遵格殺之. 光武怒, 命收遵. 時主簿陳副諫曰, "明公常欲衆軍整齊, 今遵奉法不避, 是敎令所行也." 光武乃貰之, 以爲刺姦將軍. 謂諸將曰, "當備祭遵! 吾舍中兒犯法尙殺之, 必不私諸卿也."

尋拜爲偏將軍, 從平河北, 以功封列侯.

| 註釋 | ㅇ祭遵(제준, ?-33년) - 雲臺二十八將의 한 사람. ㅇ門下史 -

門下는 측근이라는 뜻. 史는 屬吏. ㅇ軍市令 – 광무제가 처음 설치. 軍民간에 物資 交易이나 구매를 담당. ㅇ舍中兒 – 家僮. ㅇ貰之 – 貰는 용서하다. 赦也. ㅇ尙 – 아직, 또한, 더욱이. ~조차. 뿐만 아니라.

[國譯]

祭遵(제준)의 字는 弟孫(제손)으로 潁川郡(영천군) 潁陽縣 사람이다. 젊어서도 경서를 좋아하였다. 집안은 부유했으나 제준은 공손겸양하였고 좋은 옷을 입지 않았다. 모친상을 당하여 흙을 날라 봉분을 만들었다. 일찍이 관원에게 무시를 당하자 빈객을 모아 살해하였다. 그전에 현에서는 유약한 사람인 줄 알았으나 나중에는 사람들이 두려워하였다.

光武가 (왕망의 신하) 王尋(왕심) 등을 격파하고 潁陽(영양)에 들렀는데 제준은 縣吏로서 여러 번 알현하였고, 광무는 제준의 훌륭한 儀表(의표)를 좋아하여 측근 관리에 임명하였다. 제준은 광무를 따라 河北을 평정하였고 軍市令이 되었다.

光武의 家僮(가동)이 법을 어기자 제준은 바로 죽여버렸다. 이에 光武가 화를 내며 제준을 잡아가두라고 명했다. 그때 主簿(주부)인 陳副(진부)가 말했다. "明公께서는 늘 모든 부대에 질서를 바로잡으려 하시는데 이번에 제준은 법대로 집행하였으니 앞으로 명령을 꼭 시행토록 시키면 됩니다." 그러자 광무는 제준을 사면하여 刺姦將軍(척간장군)에 임명하였다. 그리고 여러 장수에 말했다.

"여러분은 祭遵(제준)을 조심하라! 내 측근 가동도 법을 어기자 바로 죽여버렸으니 私事로이 여러분을 봐주지 않을 것이다."

얼마 뒤에 偏將軍이 되어 광무를 따라 河北을 평정하였고 공을 세워 열후가 되었다.

原文

建武二年春, 拜征虜將軍, 定封潁陽侯. 與驃騎大將軍景丹,建義大將軍朱佑,漢忠將軍王常,騎都尉王梁,臧宮等入箕關, 南擊弘農,厭新,柏華蠻中賊. 弩中遵口, 洞出流血, 衆見遵傷, 稍引退, 遵呼叱止之, 士卒戰皆自倍, 遂大破之. 時新城蠻中山賊張滿, 屯結險隘爲人害, 詔遵攻之. 遵絶其糧道, 滿數挑戰, 遵堅壁不出. 而厭新,柏華餘賊復與滿合, 遂攻得霍陽聚, 遵乃分兵擊破降之.

明年春, 張滿饑困, 城拔, 生獲之. 初, 滿祭祀天地, 自云當王, 旣執, 歎曰, "讖文誤我!" 乃斬之, 夷其妻子. 遵引兵南擊鄧奉弟終於杜衍, 破之.

| 註釋 | ㅇ箕關(기관) – 관문 이름. 今 河南省 서북부 黃河 북안, 山西省 접경 濟源市 서북에 위치. ㅇ厭新 – 厭新(엽신)은 왕망의 新을 제압한다는 뜻. 厭은 누를 엽. 싫을 염. 敖倉(오창)을 차지하고 있었다. ㅇ新城蠻中 – 新城은 河南尹의 縣名. ㅇ杜衍(두연) – 南陽郡의 현명.

[國譯]

建武 2년 봄, 제준은 征虜將軍(정로장군)이 되었고, 潁陽侯(영양후)로 확정되었다. 驃騎大將軍 景丹(경단), 建義大將軍 朱佑(주우), 漢忠

將軍 王常(왕상), 騎都尉 王梁(왕량)과 臧宮(장궁) 등과 함께 箕關(기관)의 남쪽으로 내려가 弘農郡, 厭新(엽신), 柏華蠻中(백화만중)의 도적 무리를 공격하였다. 그때 쇠뇌의 화살이 제준의 입에 맞아 피가 철철 흘렀는데 모두가 제준이 부상을 당한 것을 알고 조금씩 후퇴하자, 제준이 소리를 질러 멈추게 하자, 士卒은 모두가 두 배로 힘내어 싸워 결국은 적을 대파하였다. 당시 (河南尹의) 新城縣 蠻中(만중)의 산적인 張滿(장만)은 험한 지형을 바탕으로 백성을 해치고 있었는데 조서로 제준에게 장만을 공격하라 하였다. 제준이 그 糧道(양도)를 끊자 장만은 여러 번 도전하였지만 제준은 굳게 지키며 출전하지 않았다. 그러자 厭新(엽신)과 柏華(백화)의 잔당이 다시 장만과 결합하여 霍陽(곽양) 마을을 빼앗았지만 제준은 군사를 나눠 적을 격파하였다.

다음 해 봄, 장만이 굶주리고 지치자 성을 점령하고 산채로 포획하였다. 그전에 장만은 천지신명께 제사하면서 왕이 된다고 큰 소리 쳤지만 생포 당하자 탄식하며 "讖書(참서)가 나를 망쳤도다!" 라고 탄식하였다. 장만은 참수되었고 그 처자도 모두 죽였다. 제준은 군사를 이끌고 남으로 내려가 鄧奉(등봉)의 아우 鄧終(등종)을 杜衍縣(두연현)에서 격파하였다.

原文

時涿郡太守張豐執使者擧兵反, 自稱無上大將軍, 與彭寵連兵. 四年, 遵與朱佑及建威大將軍耿弇, 驍騎將軍劉喜俱擊之. 遵兵先至, 急攻豐, 豐功曹孟厷執豐降.

初, 豐好方術, 有道士言豐當爲天子, 以五彩囊裹石繫豐肘, 云石中有玉璽. 豐信之, 遂反. 既執當斬, 猶曰, "肘石有玉璽." 遵爲椎破之, 豐乃知被詐, 仰天歎曰, "當死無所恨!"

諸將皆引還, 遵受詔留屯良鄉拒彭寵. 因遣護軍傅玄襲擊寵將李豪於潞, 大破之, 斬首千餘級. 相拒歲餘, 數挫其鋒, 黨與多降者. 及寵死, 遵進定其地.

| 註釋 | ○與彭寵連兵 – 彭寵(팽총, ? – 29년)은 新朝에서 후한 초기 武將, 지방 할거세력의 하나. 12권, 〈王劉張李彭盧列傳〉에 입전. ○孟厷(맹굉) – 인명. 厷은 팔뚝 굉. ○五彩囊裹石繫豐肘 – 오색 주머니에 돌멩이를 싸서 張豐(장풍)의 팔에 매달아 주다. 囊은 주머니 낭. 裹는 쌀 과. 肘는 팔꿈치 주. ○潞 – 縣名. 今 河北省 廊坊市 관할 三河市 서남. (北京市 天津市 중간). ○及寵死 – 彭寵은 건무 5년에 부하들에게 잡혀 죽었다.

[國譯]

그 무렵 涿郡(탁군) 태수인 張豐(장풍)이 조정의 사자를 억류하고 거병하여 반기를 들고 '無上大將軍' 이라 자칭하면서 彭寵(팽총)과 연합하였다.

(建武) 4년, 祭遵(제준)과 朱佑(주우) 및 建威大將軍 耿弇(경엄), 驍騎將軍 劉喜(유희)가 함께 공격하였다. 제준의 군사가 먼저 도착하여 장풍을 맹렬히 공격하자 장풍의 功曹(공조)인 孟厷(맹굉)이 장풍을 사로잡아 투항하였다.

그전에 장풍은 方術(방술)을 좋아하였는데 어떤 도사가 장풍에게 천자가 될 것이라며 오색 주머니에 돌을 싸서 장풍의 팔뚝에 매어주면서 '이 안에 玉璽(옥새)가 들어있다.' 고 말했다. 장풍은 그 말을 믿었고 결국 반역했다. 잡혀서 처형되기 전에 그래도 "팔뚝에 매단 돌이 옥새이다."라고 말했다. 제준이 방망이로 깨쳐 보이자 장풍은 사기 당한 것을 알고 하늘을 보고 탄식하며 "마땅히 죽어야 하니 한은 없습니다."라고 말했다.

여러 장수는 군사를 거느려 돌아갔고, 제준은 조서를 받아 良鄕(양향)이란 곳에 둔전하며 팽총을 막았다. 그러면서 護軍인 傅玄(부현)을 시켜 팽총의 장수인 李豪(이호)를 潞縣(노현)에서 대파하고 1천여 명을 죽였다. 서로 1년 남짓 버티면서 그 예봉을 여러 번 꺾자 그 무리 중 투항자가 많았다. 그러다가 팽총이 죽자 제준은 그 땅을 평정하였다.

原文

六年春, 詔遵與建威大將軍耿弇,虎牙大將軍蓋延,漢忠將軍王常,捕虜將軍馬武,驍騎將軍劉歆,武威將軍劉尙等從天水伐公孫述. 師次長安, 時車駕亦至, 而隗囂不欲漢兵上隴, 辭說解故. 帝召諸將議. 皆曰, "可且延囂日月之期, 益封其將帥, 以消散之." 遵曰, "囂挾姦久矣. 今若按甲引時, 則使其詐謀益深, 而蜀警增備, 固不如遂進."

帝從之, 乃遣遵爲前行. 隗囂使其將王元拒隴坻, 遵進擊, 破之, 追至新關. 及諸將到, 與囂戰, 並敗, 引退下隴. 乃詔遵軍汧, 耿弇軍漆, 征西大將軍馮異軍栒邑, 大司馬吳漢等還屯長安. 自是後遵數挫隗囂. 事已見〈馮異傳〉.

| **註釋** | ㅇ天水伐公孫述 – 天水郡(後漢에서는 漢陽郡)의 치소는 冀縣. 今 甘肅省 天水市 관할 甘谷縣. ㅇ隗囂(외효, ? - 33년) – 隗 험할 외, 나라 이름 외. 囂는 시끄러울 효. ㅇ辭說解故 –반역하게 된 사유를 변명하다. 사정을 말하다. 解故는 解脫事故. 변명 내용은 13권, 〈隗囂公孫述列傳〉 참고. ㅇ隴坻 –隴山을 지칭. 坻는 비탈 지, 모래섬 지. 隴山은 산맥 이름. 동서가 1,800里라는 隴山은 六盤山임. 六盤山脈의 제2봉, 寧夏省 固原市 소재 해발 2,928m. ㅇ汧 – 右扶風의 汧縣(견현). 후한에서는 汧千縣, 今 陝西省 서쪽 끝 隴縣 남쪽. 寶鷄市 서북. ㅇ耿弇軍漆 – 漆(칠)은 右扶風의 縣名. 今 陝西省 咸陽市 관할 彬縣(빈현). ㅇ栒邑(순읍) – 右扶風의 읍명. 今 陝西省 咸陽市 관할 旬邑縣. 甘肅省 동부와 접경. ㅇ〈馮異傳〉 – 17권, 〈馮岑賈列傳〉.

[國譯]

(建武) 6년 봄, 조서로 祭遵(제준)은 建威大將軍 耿弇(경엄), 虎牙大將軍 蓋延(개연), 漢忠將軍 王常(왕상), 捕虜將軍 馬武(마무), 驍騎將軍 劉歆(유흠), 武威將軍 劉尙(유상) 등과 함께 天水郡에서 출발하여 公孫述(공손술)을 토벌하였다. 군사가 長安에 모였는데 그때 황제 역시 현지에 행차하였다. 隗囂(외효)는 漢兵이 隴西(농서)에 오는 것이 싫어서 그간 자신의 반역을 변명하였다. 광무제가 여러 장수를 불러 이를 의논케 하였다.

모두가 "일단 외효에게 시간적 여유를 더 주고 그 부장들을 추가로 봉하면서 그 감정을 풀어주어야 한다."고 말했다. 그러나 제준은 "외효가 거짓말은 한 지는 오래 되었습니다. 지금 만약 우리가 진격하지 않고 시간을 끌어주면 그의 거짓 흉계만 더 늘어나고 蜀郡(公孫述)의 군비만 증강될 것이니 기어이 진격해야만 합니다."

광무제도 같은 뜻이라서 제준을 선발대로 출발케 하였다. 외효는 그의 부장 王元(왕원)을 시켜 隴山 아래에서 막게 하였으나 제준은 격파하고 추격하여 新關(신관)이란 곳까지 이르렀다. 뒤에 여러 장수들이 도착하여 외효와 싸웠으나 모두 패배하면서 군사를 후퇴시켰다.

그러자 조서로 제준의 군사는 汧縣(견현)에, 경엄의 군사는 漆縣(칠현)에, 征西大將軍 馮異(풍이)의 군사는 栒邑(순읍)에 주둔케 하였고, 大司馬 吳漢(오한) 등은 장안으로 돌아가 주둔하였다. 이후로 제준은 여러 번 외효 군사와 싸워 이겼다. 이는 〈馮異傳〉에 기록했다.

原文

八年秋, 復從車駕上隴. 及囂破, 帝東歸過汧, 幸遵營, 勞饗士卒, 作黃門武樂, 良夜乃罷. 時遵有疾, 詔賜重茵, 覆以御蓋. 復令進屯隴下. 及公孫述遣兵救囂, 吳漢,耿弇等悉奔還, 遵獨留不卻.

九年春, 卒於軍. 遵爲人廉約小心, 克己奉公, 賞賜輒盡與士卒, 家無私財, 身衣韋絝, 布被, 夫人裳不加緣, 帝以是重焉. 及卒, 愍悼之尤甚.

遵喪至河南縣, 詔遣百官先會喪所, 車駕素服臨之, 望哭哀慟. 還幸城門, 過其車騎, 涕泣不能已. 喪禮成, 復親祠以太牢, 如宣帝臨霍光故事. 詔大長秋,謁者,河南尹護喪事, 大司農給費.

| 註釋 | ○作黃門武樂 – 黃門은 음악을 담당하는 부서. 名倡을 黃門에 모아 근무케 하였다. 武樂은 창과 방패를 들고 추는 춤. ○良夜乃罷 – 良夜는 深夜. 良은 久也. ○重茵 – 茵은 자리 인. 수레 깔 자리. ○(建武) 九年春 – 서기 33년. ○夫人裳不加緣 – 緣은 옷의 가장자리 연. ○愍悼之尤甚 – 愍悼(민도)는 슬피 애도하다. 愍은 불쌍히 여길 민. 悼는 슬퍼할 도. ○如宣帝臨霍光故事 – 霍光(곽광, ? – 前 68)은 宣帝 麒麟閣(기린각) 11功臣 중 첫째. 명장 霍去病의 異母弟. 昭帝 上官皇后의 外祖父. 宣帝 霍皇后의 親父. 大司馬, 大將軍 역임. 武帝, 昭帝, 宣帝를 섬김. 사후에 아들(霍禹)의 모반에 의해 멸족. 霍 빠를 곽. ○大長秋 – 長秋는 皇后宮. 大長秋는 태후나 황후를 시중드는 환관. 질록 이천석. 종친이 태후나 황후를 알현할 때 대장추를 경유. 종친에게 賞賜하는 일도 담당.

[國譯]

(建武) 8년 가을, 다시 황제를 수행하여 농서군에 진격하였다. 외효의 격파를 기다리다가 황제는 낙양으로 돌아가면서 汧縣(견현)에 들려 제준의 군영에 행차하여 사졸을 위로하였는데 黃門의 武樂을 즐기면서 한밤에야 끝냈다. 그때 제준은 병이 들었는데 조서로 황제의 수레 겹방석과 황제 수레 덮개를 하사하였다. 다시 명을 받아 隴縣 주변에 주둔하였다. 공손술이 군사를 보내 외효를 구원하자 吳漢, 耿弇(경엄) 등은 후퇴하였지만 제준은 홀로 물러나지 않았다.

(建武) 9년 봄, 제준은 군영에서 죽었다. 제준은 사람이 청렴 검소하고 조심성이 많았으며 극기로 나라에 헌신하였으니 하사받은 상은 그때마다 사졸에게 전부 나눠주었기에 집안에 비축한 재산이 없었으며, 자신은 가죽 바지를 입었고 무명 이불을 덮었으며 부인도 치마 단을 꾸미지 못했으니, 황제는 이 때문에 제준을 더 중시하였

다. 제준이 죽자 광무제는 크게 슬퍼하였다. 제준의 운구가 河南縣에 도착하자 조서로 모든 관원을 빈소에 조문케 하였으며, 광무제는 흰 수레에 소복으로 문상하였는데 심히 애통해 하였다.

운구가 돌아와 낙양 성문을 지나 장례 행렬을 지나갈 때도 눈물이 그치지 않았다. 조문을 마친 뒤에 또 친히 太牢(태뢰)로 제사하였는데, 모두 宣帝가 霍光(곽광)을 조문한 예와 같았다. 조서로 大長秋와 謁者, 河南尹이 喪事를 주관케 하였으며 大司農이 모든 비용을 부담케 하였다.

原文

博士范升上疏, 追稱遵曰,

「臣聞先王崇政, 尊美屛惡. 昔高祖大聖, 深見遠慮, 班爵割地, 與下分功, 著錄勳臣, 頌其德美. 生則寵以殊禮, 奏事不名, 入門不趨. 死則疇其爵邑, 世無絶嗣, 丹書鐵劵, 傳於無窮. 斯誠大漢厚下安人長久之德, 所以累世十餘, 歷載數百, 廢而復興, 絶而復續者也. 陛下以至德受命, 先明漢道, 褒序輔佐, 封賞功臣, 同符祖宗. 征虜將軍潁陽侯遵, 不幸早薨. 陛下仁恩, 爲之感傷, 遠迎河南, 惻怛之慟, 形於聖躬, 喪事用度, 仰給縣官, 重賜妻子, 不可勝數. 送死有以加生, 厚亡有以過存, 矯俗厲化, 卓如日月.

古者臣疾君視, 臣卒君吊, 德之厚者也. 陵遲已來久矣. 及至陛下, 復興斯禮, 群下感動, 莫不自勵. 臣竊見遵修行積善, 竭忠於國, 北平漁陽, 西拒隴,蜀, 先登坻上, 深取略陽. 衆兵旣退, 獨守磨難. 制御士心, 不越法度. 所在吏人, 不知有軍. 淸名聞於海內, 廉白著於當世. 所得賞賜, 輒盡與吏士, 身無奇衣, 家無私財. 同産兄午以遵無子, 娶妾送之, 遵乃使人逆而不受, 自以身任於國, 不敢圖生慮繼嗣之計. 臨死遺誡牛車載喪, 薄葬洛陽. 問以家事, 終無所言. 任重道遠, 死而後已. 遵爲將軍, 取士皆用儒術, 對酒設樂, 必雅歌投壺. 又建爲孔子立後, 奏置五經大夫. 雖在軍旅, 不忘俎豆, 可謂好禮悅樂, 守死善道者也. 禮, 生有爵, 死有謚, 爵以殊尊卑, 謚以明善惡. 臣愚以爲宜因遵薨, 論敍衆功, 詳案謚法, 以禮成之. 顯章國家篤古之制, 爲後嗣法.」

| **註釋** | ㅇ博士范升 – 36권, 〈鄭范陳賈張列傳〉 立傳. ㅇ尊美屛惡 – 「孔子曰, "尊五美, 屛四惡, 斯可以從政矣."」《論語 堯曰》. ㅇ奏事不名, 入門不趨 – 高祖는 蕭何에게 奏事에 이름을 쓰지 않아도 되며 궁문에 들어와서 종종걸음으로 걷지 않아도 된다는 특권을 부여했다. ㅇ死則疇其爵邑 – 疇는 等也. ㅇ丹書鐵券, 傳於無窮 – 高祖는 공신과 함께 剖符作誓하고 그 맹세를 丹書로 鐵契에 기록하여 종묘에 보관케 하였다. ㅇ歷載數百 – 전한은 2백 년이 넘게 존속했다. 數百은 백 단위로 세어야 한다는 뜻. ㅇ惻怛之慟 – 惻怛(측달)은 불쌍히 여겨 슬퍼하다. 慟은 서럽게 울 통. ㅇ矯俗厲化 – 세속을 교화하다. ㅇ卓如日月 – 卓은 높다(高也). ㅇ臣疾君視, 臣卒君吊 – 주군은 신하에게 작록을 하사할 뿐만 아니라 아프면 위문하고, 죽으면 조문을 하는 것이 신하에 대한 예이다. ㅇ先登坻上 – 隴縣(隴坻)을 공격할 때 先登했다는 뜻. ㅇ深取略陽 – 略陽道. 天水郡(漢陽郡)의

현명. 今 甘肅省 동부 平涼市 관할 莊浪縣 서남. ㅇ獨守磨難 – 군사적으로 어려운 곳을 혼자 방어했다는 뜻. 磨는 兵磨也. ㅇ任重道遠, 死而後已 –「曾子曰, "~, 任重而道遠, 仁以爲己任, 不亦重乎. 死而後已, 不亦遠乎."」《論語 泰伯》. ㅇ必雅歌投壺 – 雅歌는 雅詩. 投壺(투호)는 투호놀이. ㅇ不忘俎豆 – 俎豆(조두)는 祭器, 제사를 지내다.

[國譯]

博士인 范升(범승)이 상소하여 祭遵(제준)을 칭송하였다.

「臣이 알기로는, 예전의 君王은 정사를 돌보면서 미덕을 높이고 악습을 막았습니다. 예전 高祖께서는 大聖人이셨으니 深謀遠慮로 신하에게 작위와 땅을 나눠주고 이룩한 공적을 함께 나눴으니 공신의 업적을 기록하여 미덕을 칭송하셨습니다. 그리하여 살아서는 총애로 특별히 대우하였으니 上奏文에 이름을 쓰지 않아도 되었고 조정에서 종종걸음을 치지 않아도 좋다고 하였습니다. 죽은 뒤에는 작위와 식읍을 후손이 똑같게 누리게 하였고 대를 잇게 하였으며 丹書鐵券(단서철권)으로 후손에게 전하게 해주었습니다. 이는 진실로 大漢의 신하와 백성을 오래도록 편안케 하는 은덕이었기에 (漢은) 10여 대를 지나 건국한 지 수백 년이 지나 쇠퇴했다가 다시 중흥을 이룩했고 단절되었다가 다시 이어질 수 있었습니다. 폐하께서는 至德으로 천명을 받으시고 먼저 漢室의 正道를 밝히셨으며, 대신의 업적을 높이 평가하시어 功臣을 제후에 봉하였으니, 이는 祖宗의 뜻에 부합하는 일입니다.

征虜將軍 潁陽侯(영양후)인 祭遵(제준)은 불행히 일찍 죽었습니다. 폐하께서는 인자한 은혜를 베풀어 그 죽음을 슬퍼하시며, 멀리 河南

까지 나가 운구를 맞이하시고 크게 슬퍼하셨으며, 친히 빈소에 조문하시고 喪事 비용을 나라에서 부담케 하셨으며, 그 처자에게 셀 수 없을 만큼 많이 하사하셨습니다. 죽은 이를 보내고 산 자를 돌봐주셨으며 고인과 자손에 후하게 베푸시면서 세속을 교화하신 공덕은 日月처럼 높이 빛날 것입니다.

예부터 신하가 아프면 주군이 문병하고, 신하가 죽으면 군왕이 조문하였으니, 이는 군왕의 덕행이었습니다. 그러나 이런 예법이 지켜지지 않은 지 오래되었습니다. 지금 폐하께서는 이런 예를 다시 살려 많은 신하에 감동을 주셨기에 누구나 분발할 것입니다. 제가 알기로, 제준은 修行積善하며 나라에 충성을 다했으니 북으로는 漁陽郡을 평정하였으며, 서쪽으로는 隴西郡과 蜀郡에서 싸우면서 隴坻(농지, 隴山)에 선등하였고 略陽縣(약양현)을 점령하였습니다. 다른 군사가 후퇴하였어도 제준은 홀로 험지를 방어했습니다. 사졸의 마음을 통제하였지만 법도에 어긋나지 않았습니다. 그가 주둔한 곳의 관리나 백성은 군이 주둔한 것도 모를 정도였습니다. 그의 清名은 온 나라에 널리 알려졌으며 청렴은 지금 사람들이 칭송하고 있습니다. 그간 받은 하사나 상품은 늘 아랫사람에게 모두 주었기에 여분의 옷도 집안에 남은 재산도 없었습니다. 同腹의 兄인 祭午(제오)는 제준에게 아들이 없다 하여 여인을 골라 보내 주었으나 제준은 사람을 보내 맞이하였지만 아내로 삼지는 않았으며, 자신은 나라에 몸을 바쳤기에 살려고 애를 쓰거나 후사를 얻으려 애쓸 겨를이 없다고 하였습니다. 죽음을 앞두고 유언으로 자신의 시신을 소가 끄는 수레에 실어 낙양에 薄葬(박장)하라고 하였습니다. (가족이) 집안일을 물었지만 끝내 말이 없었습니다. 그야말로 책임은 중하고 갈 길은 멀다

하였으니 죽어야 끝나는 길이었습니다. 제준은 장군이었지만 유학으로 인재를 뽑았고 술잔치를 벌리더라도 필히 雅樂과 投壺(투호)를 즐겼습니다. 또 孔子의 후손을 봉할 것을 건의하였고 五經大夫 관직을 마련할 것을 상주하였습니다. 그가 비록 軍門에 있었지만 제사 같은 예법을 잊지 않았으니 가히 예악을 즐겨 행했으며 죽을 때까지 善道를 지킨 사람이라고 말할 수 있습니다.

禮法에 산 자에게는 작위가 있고, 죽은 자에 시호를 내려 작위로 尊卑(존비)를 구분하고 시호로 그 선악을 분명히 한다고 하였습니다. 臣이 어리석지만 제준의 죽음을 계기로 여러 사람의 공적을 평정하는 (《禮記》) 謚法(시법)을 시행해야 한다고 생각합니다. 나라에서는 옛 법도를 돈독히 실천하여 후세에도 이어질 법도를 마련해야 할 것입니다.」

原文

帝乃下升章以示公卿. 至葬, 車駕復臨, 贈以將軍,侯印綬, 朱輪容車, 介士軍陳送葬, 謚曰成侯. 旣葬, 車駕復臨其墳, 存見夫人室家. 其後會朝, 帝每歎曰, "安得憂國奉公之臣如祭征虜者乎!" 遵之見思若此.

無子, 國除. 兄午, 官至酒泉太守. 從弟肜.

| 註釋 | ㅇ朱輪容車 – 朱輪은 붉은 칠을 한 수레바퀴. 容車는 生時처럼 장식한 수레. 容은 容飾(용식). ㅇ介士軍陳送葬 – 介士는 甲士. 무장을 한 군사 400명이 軍陣을 갖춰 운구하다.

[國譯]

광무제는 范升(범승)이 상주한 글을 대신에게 내려주었다. 장례에 황제가 친림하여 將軍과 제후의 印綬, 朱輪과 容車를 하사하고, 甲士가 군진을 갖춰 운구하게 하였으며, 시호는 成侯(성후)라 하였다. 장례를 다 마친 뒤에도 황제는 다시 그 무덤에 친림하였으며 부인과 가족을 위로하였다. 그 이후로 조회할 때, 광무제는 탄식하며 말했다.

"征虜將軍 제준처럼 나라를 걱정하며 충성하는 신하를 어디서 볼 수 있겠는가!"

祭遵(제준)에 대한 추모의 정이 이와 같았다. 아들이 없어 나라를 없앴다. 제준의 형 祭午(제오)는 酒泉太守를 역임하였다. 제준의 사촌동생이 祭肜(제융)이다.

❹ 祭肜

原文

肜字次孫, 早孤, 以至孝見稱. 遇天下亂, 野無煙火, 而獨在冢側. 每賊過, 見其尙幼而有志節, 皆奇而哀之.

光武初以遵故, 拜肜爲黃門侍郎, 常在左右. 及遵卒無子, 帝追傷之, 以肜爲偃師長, 令近遵墳墓, 四時奉祠之. 肜有權略, 視事五歲, 縣無盜賊, 課爲首, 遷襄賁令. 時天下郡國尙未悉平, 襄賁盜賊白日公行. 肜至, 誅破姦猾, 殄其支黨, 數年, 襄賁政淸. 璽書勉勵, 增秩一等, 賜縑百匹.

| 註釋 | ㅇ肜字次孫 – 肜은 융제사 융. 제사 다음날 또 지내는 제사. ㅇ獨在冢側 – 冢은 무덤 총. ㅇ偃師長 – 河南尹 偃師縣(언사현)의 縣長(1만 호 미만의 현), 今 河南省 직할 偃師市(언사시, 洛陽市 동쪽). ㅇ襄賁令(양분령) – 襄賁(양분)은 東海郡의 현명. 今 山東省 남부 臨沂市 관할 蘭陵縣(옛 蒼山縣).

[國譯]

祭肜(제융)의 字는 次孫(차손)으로 어려 부친을 잃었으나 효도로 칭송을 들었다. 천하가 혼란하던 시절, 들에 밥 짓는 연기도 없는데 홀로 무덤 곁에서 살았다. 지나가는 도적떼마다 아직 어린아이가 바른 행실을 하는 것을 보고 기특해하면서도 불쌍히 여겼다.

광무 초기에 祭遵(제준)의 동생이라고 제융을 黃門侍郎에 임명하였는데 늘 측근에서 시중을 들었다. 제준이 끝내 아들이 없자 광무제는 이를 애석히 여겨 제융을 (낙양에서 가까운) 偃師(언사) 縣長으로 삼아 제준의 무덤 근처에서 사계절에 맞춰 제사를 받들게 하였다.

제웅은 권모와 책략도 있어 현장 재직 5년간에 현에는 도적이 없어 고과에서 1등이었기에 襄賁(양분) 縣令이 되었다. 그때 천하 군국이 아직 평정되지 않았기에 양분에서는 대낮에도 도적이 마음대로 다닐 정도였다. 제융이 부임하여 간악 교활한 자나 그런 잔당을 모조리 잡아 죽이자 몇 년 안에 치안이 깨끗해졌다. 황제는 璽書(새서)를 내려 장려하면서 질록을 1등급 올려주고 비단 1백 필을 하사하였다.

原文

當是時, 匈奴,鮮卑及赤山烏桓連和彊盛, 數入塞殺略吏人. 朝廷以爲憂, 益增緣邊兵, 郡有數千人, 又遣諸將分屯障塞.

帝以彤爲能, 建武十七年, 拜遼東太守. 至則勵兵馬, 廣斥候. 彤有勇力, 能貫三百斤弓. 虜每犯塞, 常爲士卒前鋒, 數破走之.

二十一年秋, 鮮卑萬餘騎寇遼東, 彤率數千人迎擊之, 自被甲陷陳, 虜大奔, 投水死者過半, 遂窮追出塞, 虜急, 皆棄兵裸身散走, 斬首三千餘級, 獲馬數千匹. 自是後鮮卑震怖, 畏彤不敢復窺塞. 彤以三虜連和, 卒爲邊害, 二十五年, 乃使招呼鮮卑, 示以財利. 其大都護偏何遣使奉獻, 願得歸化, 彤慰納賞賜, 稍復親附.

其異種滿離,高句驪之屬, 遂駱驛款塞, 上貂裘好馬, 帝輒倍其賞賜. 其後偏何邑落諸豪並歸義, 願自效. 彤曰, "審欲立功, 當歸擊匈奴, 斬送頭首乃信耳." 偏何等皆仰天指心曰, "必自效!" 卽擊匈奴左伊秩訾部, 斬首二千餘級, 持頭詣郡. 其後歲歲相攻, 輒送首級受賞賜. 自是匈奴衰弱, 邊無寇警, 鮮卑,烏桓並入朝貢.

| **註釋** | ㅇ赤山烏桓 – 烏桓(오환, 烏丸)의 부족 이름. 북방 유목민족인 東胡族이 鮮卑와 烏桓(오환)으로 분리되었다. 烏桓山의 산 이름이 부족 명칭.

漢代에는 지금의 內蒙古, 遼寧省 북부에서 주로 활약하였다. 西晋 멸망 후 匈奴, 鮮卑, 氐(저), 羯(갈), 羌(강)의 5胡16國時代(304－439)가 이어진다. 90권, 〈烏桓鮮卑列傳〉 있음. ○建武十七年－서기 41년. ○遼東太守－治所는 襄平縣, 今 遼寧省 중부 遼陽市. 요동군의 동남쪽이 낙랑군, 동북은 고구려였다. ○三虜連和－三虜는 匈奴, 鮮卑 및 赤山烏桓. ○卒爲邊害－卒은 終也. 끝내는, 결국은. ○大都護偏何－偏何는 선비족 인명. ○駱驛款塞－駱驛(낙역)은 왕래가 빈번하여 끊이지 않음. 駱은 이어질 락. 낙타. 驛은 역참(驛站) 역, 款塞(관새)는 변경의 관문을 찾아오다. 款은 두드릴 관. ○貂裘－담비 갖옷. 貂는 담비 초. 裘는 갖옷 구. 털가죽 옷. ○審欲立功－審은 참으로, 정말. 살필 심.

[國譯]

이 무렵에 匈奴와 鮮卑 및 赤山烏桓(적산오환) 등이 하나로 연합하여 매우 강성하였는데 자주 변경을 침입하여 관리와 백성을 죽였기에 조정에서는 이를 걱정하여 점차로 변경의 군사를 군마다 수천 명을 늘렸으며 또 여러 장수를 보내 보루나 성에 주둔시켰다.

광무제는 祭肜(제융)이 유능하다 하여 建武 17년에 遼東太守로 임명하였다. 제융은 요동군에 부임하여 군사를 훈련하고 척후병을 멀리까지 보냈다. 제융도 힘이 좋아 3백 근 활을 당길 수 있었다. 이민족이 국경을 침범할 때 마다 늘 사졸의 선봉이 되어 여러 번 격파하여 패주케 하였다.

건무 21년 가을 선비족 1만여 기가 요동군에 침입하자 제융은 수천 군사를 이끌고 맞아 싸웠는데 직접 갑옷을 입고 적진을 격파하자 적은 모두 도주하다가 물에 빠져 죽는 자가 절반이 넘었고 그래도 끝까지 추격하자 적은 다급하여 무기를 버리거나 알몸으로 도주하였으며 수천 필의 말을 노획하였다. 이후로 선비족은 두려워 떨었고 제융이 무서워 감히 국경을 넘보지 못했다. 제융은 흉노, 선비, 오환족이 서로 친하게 되면 언젠가는 변경의 우환거리가 된다고 생각하여 건무 25년에 사자를 보내 선비족을 초빙해 재물을 보여주며 설득하였다. 선비족의 大都護인 偏何(편하)는 사자를 보내 토산물을 바치며 歸化를 바라자 제융은 받아들이며 많은 물건을 상으로 주자 선비족은 점차 친하게 되었다.

선비족의 별종인 滿離(만리)와 高句驪(고구려) 사람도 계속 국경을 찾아와 貂裘(초구)와 좋은 말을 바쳤는데 황제는 그때마다 그 몇 배나 되는 하사품을 내렸다. 그 뒤로 偏何(편하) 마을의 여러 세력자들이 모두 歸義하며 나라에 도움이 되겠다고 하였다. 이에 제융은 "정말 공을 세우고 싶다면 돌아가 흉노족을 공격하여 그 머리를 잘라 보낸다면 신뢰하겠다."고 말했다. 그러자 편하 등은 모두 하늘을 향해 가슴으로 "틀림없이 실천하겠습니다!"라고 다짐하였다. 편하 등은 곧 匈奴의 左伊秩訾部(좌이질자부)를 공격하고 2천여 명을 죽여 그 머리를 요동군에 보내왔다. 그 후로도 해마다 서로 공격하여 그때마다 흉노의 수급을 바치고 상을 받아갔다. 이후로 흉노는 쇠약해져서 변방에 적의 침입이 없어졌으며 선비와 오환족 모두 조공을 바쳤다.

原文

彤爲人質厚重毅, 體貌絶衆. 撫夷狄以恩信, 皆畏而愛之, 故得其死力. 初, 赤山烏桓數犯上谷, 爲邊害, 詔書設購賞, 切責州郡, 不能禁. 彤乃率勵偏何, 遣往討之. 永平元年, 偏何擊破赤山, 斬其魁帥, 持首詣肜, 塞外震讋. 肜之威聲, 暢於北方, 西自武威, 東盡玄菟及樂浪, 胡夷皆來內附, 野無風塵. 乃悉罷緣邊屯兵.

十二年, 徵爲太僕. 肜在遼東幾三十年, 衣無兼副. 顯宗旣嘉其功, 又美肜清約, 拜日, 賜錢百萬, 馬三匹, 衣被刀劍下至居室什物, 大小無不悉備. 帝每見肜, 常歎息以爲可屬以重任. 後從東巡狩, 過魯, 坐孔子講堂, 顧指子路室謂左右曰, "此太僕之室. 太僕, 吾之禦侮也."

| 註釋 | ㅇ體貌絶衆 - 체구가 다른 사람보다 뛰어나다. ㅇ購賞 - 현상금을 내걸다. ㅇ塞外震讋 - 국경 밖 이민족이 두려워떨다. 震은 무서워하다. 벼락 진. 讋은 두려워할 섭. ㅇ武威 - 군명. 治所는 姑臧縣, 今 甘肅省 중부 武威市. ㅇ玄菟及樂浪 - 玄菟(현도)는 군명. 治所는 高句麗縣. 今 遼寧省 중북부의 審陽市 동쪽. 최초 설치한 곳에서 여러 번 이동하여 요동성 북쪽에 위치, 영역은 크게 축소되었다. 菟는 호랑이 도. 새삼 토. 樂浪郡 治所는 朝鮮縣, 今 北韓 平壤市 大同江 남안. 후한 멸망한 뒤에도 존속. ㅇ(明帝 永平) 十二年 - 서기 69년. ㅇ太僕 - 太僕(태복)은 황제의 御駕와 나라의 馬政을 관할, 9卿의 하나. 질록 中二千石. 屬官으로 大廐令, 未央令, 家馬令을 두었고 그 아래 각각 5丞과 1尉를 두었다. 龍馬監 등 5監 이외에 다수의 속관을 거느림. 中太僕은 皇太后의 수레와 거마를 관장하나 상설직은 아니었다. ㅇ子路 - 공자의 제자. 仲由(중유, 字 子路). 孔門十哲의 한 사람(政事 冉有, 季路). 공자보다 9세 적음. ㅇ吾之禦侮也 - 禦侮(어모)는 외부로부터의 모욕을 막다. 武臣을 지칭. 공자는 '내가 仲由(子路)을 얻은 뒤로 惡言이 門에 들어오지 않았다(自吾得由也, 惡言不至門, 是非禦侮邪?)' 고 하였다.

[國譯]

祭肜(제융)은 사람됨이 質朴하면서도 후덕하고 莊重하며 강의하였고 체구도 다른 사람보다 특별하였다. 夷狄(이적)을 恩信으로 무마하였기에 모두가 두려워하고 경애하며 사력을 다해 (제융을) 섬겼다. 그전에 赤山 오환족이 여러 번 上谷郡을 침범하여 폐해가 커서 조서로 현상금을 걸고 각 州나 郡을 엄히 문책하였지만 막을 수가 없었다. 이에 제융은 (선비족) 偏何(편하)를 격려하여 오환족을 토벌케 하였다. 永平 원년(서기 58년)에 편하는 赤山 부족을 격파하고 그 우두머리의 수급을 잘라 가지고 제융에게 바치자 북방 이민족이 두려워 떨었다. 제융의 위엄과 명성은 북방에 널리 알려졌는데 서쪽 武威郡에서부터 동쪽으로 玄菟郡(현도군)과 樂浪郡(낙랑군)까지 이민족이 모두 찾아와 內附하였고 전쟁이 없었다. 이에 국경 주변 둔병을 모두 해산시켰다.

(永初) 12년, 황제의 부름을 받아 太僕(태복)이 되었다. 제융은 요동에 거의 30년을 근무하였는데 제대로 갖춘 옷 2벌이 없었다. 顯宗(明帝)이 그의 공적과 청빈 검약을 높이 평가하고 칭송하여 임명하는 날, 금전 1백만과 말 3필, 의복과 刀劍, 그리고 생활용품에 이르기까지 크고 작은 물건을 모두 다 갖춰 하사하였다. 명제는 제융을 볼 때마다 보다 더 중임을 맡기지 못함을 탄식하였다. 나중에 명제의 동방 순수를 수행하였는데 魯國에 가서 孔子의 講堂에 들려 子路의 방을 둘러보며 측근에게 말했다.

"여기가 태복의 방이다. 태복은 나를 지켜주는 사람이다."

原文

十六年, 使彤以太僕將萬餘騎與南單于左賢王信伐北匈奴, 期至涿邪山. 信初有嫌於彤, 行出高闕塞九百餘里, 得小山, 乃妄言以爲涿邪山. 彤到不見虜而還, 坐逗留畏懦下獄免. 彤性沉毅內重, 自恨見詐無功, 出獄數日, 歐血死.

臨終謂其子曰, "吾蒙國厚恩, 奉使不稱, 微績不立, 身死誠慚恨. 義不可以無功受賞, 死後, 若悉簿上所得賜物, 身自詣兵屯, 效死前行, 以副吾心."

旣卒, 其子逢上疏具陳遺言. 帝雅重彤, 方更任用, 聞之大驚, 召問逢疾狀, 嗟歎者良久焉. 烏桓,鮮卑追思彤無已, 每朝賀京師, 常過冢拜謁, 仰天號泣乃去. 遼東吏人爲立祠, 四時奉祭焉.

彤旣葬, 子參遂詣奉車都尉竇固, 從軍擊車師有功, 稍遷遼東太守. 永元中, 鮮卑入郡界, 參坐沮敗, 下獄死. 彤子孫多爲邊吏者, 皆有名稱.

| 註釋 | ㅇ(永初) 十六年 - 서기 73년. ㅇ涿邪山(탁야산) - 今 몽고국 고비 사막의 산 이름. 高闕塞(고궐새)에서 1천여 리 북쪽이라는 주석이 있다. ㅇ坐逗留畏懦 - 坐는 죄에 걸리다. 죄를 짓다. 逗留(두류)는 머물다. 멈칫거리다. 逗는 머무를 두. 畏懦(외나)는 두려워하고 겁을 먹다. 懦는 懦弱(나약)할 나. ㅇ若悉簿上所得賜物 - 若은 너(汝也). 하사받은 물건을 모두 문서에 기록하여 바치다. ㅇ永元 - 永元은 화제의 첫 번째 연호. 서기 89년~104년.

[國譯]

(永初) 16년, (명제)는 祭肜(제융)을 시켜 太僕으로 1만여 기병을 거느리고 南單于 左賢王인 信(신)과 함께 北匈奴 원정에 나서 涿邪山(탁야산)까지 가기로 약정하였다. 그러나 信(신)은 제융과 함께 원정하기가 싫어 高闕塞(고궐새)를 출발 9백여 리를 가서 작은 산을 보고 탁야산이라고 거짓말을 하였다. 제융은 북흉노를 볼 수가 없어 귀환하였으나 진군하지 않고 겁을 먹었다 하여 하옥, 면직되었다. 제융은 침착하고 강직한 성격이라서 속임수에 걸려 공을 세우지 못한 것을 스스로 탓하면서 출옥 며칠 만에 피를 토하고 죽었다. 제융은 임종 전에 아들에게 말했다.

"내가 나라의 두터운 은혜를 입고서도 할 일을 제대로 해내지 못하고 작은 공도 세운 것이 없으니 죽더라도 참으로 부끄럽고 한이 맺힌다. 大義로 아무런 공도 없이 상을 받을 수 없나니 내가 죽은 뒤, 너는 그간 하사받은 물건을 모두 문서로 만들어 나라에 바치고, 네가 직접 군에 입대하여 죽음을 각오하고 선봉에 나서 내 뜻에 따라주기 바란다."

죽은 뒤에 그의 아들 祭逢(제봉)은 부친의 유언을 모두 상서하였다. 명제는 평소에 제융을 중시하였기에 막 다시 임용하려 했는데 죽었다는 소식을 듣고 크게 놀라 제봉을 불러 제융의 병을 묻고 한참 동안 탄식하였다. 오환과 선비족은 제융을 오래도록 추모하여 매년 정초에 낙양에 입조하면 제융의 묘소를 참배하고 하늘을 보며 통곡하고서 돌아갔다. 요동군 관리와 백성은 제융의 사당을 짓고 사계절에 따라 제사를 올렸다.

제융을 장례한 뒤에 아들 祭參(제참)은 奉車都尉 竇固(두고)의 진영에 가서 두고를 따라 車師國(거사국) 정벌에 공을 세웠고 점차 승진하여 遼東(요동) 太守가 되었다. (和帝) 永元 연간에 선비족이 요동군에 침입했는데 제참은 패전의 책임을 지고 하옥되었다가 죽었다. 제융의 자손으로 변방 군현의 관리가 된 자가 많았고 모두 이름이 났었다.

原文

論曰, 祭肜武節剛方, 動用安重, 雖條侯,穰苴之倫, 不能過也. 且臨守偏海, 政移獷俗, 徼人請符以立信, 胡貊數級於郊下, 至乃臥鼓邊亭, 滅烽幽障者將三十年. 古所謂 '必世而後仁', 豈不然哉! 而一眚之故, 以致感憤, 惜哉, 畏法之敝也!

| 註釋 | ㅇ動用安重 - 動用은 행동, 행위. 安重은 安穩(안온)하고 持重(지중)하다. ㅇ條侯,穰苴之倫 - 條侯는 周亞夫(주아부 ?-前 143)는 周勃(주발)의 아들. 細柳營에서 엄한 군율로 文帝의 인정을 받았다. 吳楚七國之亂에 漢軍을 지휘하여 3개월 만에 진압. 景帝의 미움을 받아 옥에서 굶어 죽었다.《漢書 張陳王周傳》에 입전. 穰苴는 司馬穰苴(사마양저), 齊의 田穰苴. 齊 景公의 장군으로 약속을 엄히 지켰다. ㅇ且臨守偏海 - 遼東태수로 봉직한 것을 지칭. ㅇ政移獷俗 - 獷俗은 거친 풍속. 이적의 생활 습관. ㅇ徼人請符以立信 - 徼人은 徼外(순찰 지역 밖, 이민족 거주지)의 백성. 祭肜이 이용한 偏何(편하) 같은 사람. 符는 징표. ㅇ胡貊數級於郊下 - 胡貊은 흉노 등 이민족에 대한 범칭. ㅇ臥鼓邊亭 - 臥鼓는 食鼓, 경보의 북소리가 없

다. 전쟁이 그치다. ㅇ'必世而後仁' - 30년을 1世라 함. 子曰, "如有王者, 必世而後仁."《論語 子路》. 教化는 오랜 세월이 지나야 그 효과가 나타난다는 뜻. ㅇ而一眚之故 - 眚은 과오, 실수. 눈에 백태가 낄 생. 단 한 번의 실수로 평생의 공업을 날려버렸다. ㅇ畏法之敝也 - 畏法은 嚴法. 漢代에는 秦의 嚴法(嚴刑)의 통치 전통이 그대로 유지되었다.

[國譯]

范曄(범엽)의 史論 : "祭肜(제융)의 武德은 굳세고 올곧았으며 그 행실은 안온 장중하였으니 비록 條侯(조후, 周亞夫)나 齊의 田穰苴(전양저) 같은 사람일지라도 제융보다 더하지 않을 것이다. 제융이 외진 바닷가(遼東)를 지키면서 바른 정사로 사나운 풍속을 바꾸었고 長城 밖의 사람도 공을 세우도록 신용을 얻었기에 이민족이 여러 번 국경에 와서 적의 首級을 갖다 바쳤으며, 변방에 북소리가 들리지 않고 성벽과 보루의 봉화도 꺼지기 30년에 가까웠다. 그러기에 예로부터 '한 세대가 지나야만 仁道가 실현된다.' 고 하지 않았겠는가! 그러나 단 한 번의 실수 때문에 결국 격한 울분에 죽으니 애석하도다. 엄법의 과도한 적용에 따를 폐단이로다!"

原文

贊曰, 期啓燕門, 霸冰虖河. 祭遵好禮, 臨戎雅歌. 肜抗遼左, 邊廷懷和.

| 註釋 | ㅇ期啓燕門 - 期는 銚期(요기). 燕은 전국시대 연나라 땅. 곧 北

京市에서 遼寧省 일대. ㅇ霸冰虖河 – 王霸(왕패)는 虖沱河(호타하)를 얼게 하다. ㅇ肜抗遼左 – 遼左는 遼河 동쪽. 遼東郡.

[國譯]

贊曰,

銚期(요기)는 燕을 평정했고, 王霸(왕패)는 강물을 얼게 했다.

祭遵(제준)은 禮樂을 지켜 軍陣에서도 詩를 노래했다.

祭肜(제융)이 요동을 지키자 변방도 화목하였다.

21 任李萬邳劉耿列傳
〔임,이,만,비,유,경열전〕

❶ 任光

原文

任光字伯卿, 南陽宛人也. 少忠厚, 爲鄕里所愛. 初爲鄕嗇夫,郡縣吏. 漢兵至宛, 軍人見光冠服鮮明, 令解衣, 將殺而奪之. 會光祿勳劉賜適至, 視光容貌長者, 乃救全之. 光因率黨與從賜, 爲安集掾, 拜偏將軍, 與世祖破王尋,王邑.

| **註釋** | ○任光(임광, ?-29년). ○初爲鄕嗇夫 - 鄕에는 三老와 游徼(유요)의 鄕職이 있는데, 이들은 郡에서 임명하였다. 작은 향에는 嗇夫(색부)를 임명했는데 향인의 善惡과 傜役(요역)의 순서, 빈부에 따를 부세의 다소 등을 조절하였다. ○光祿勳劉賜 - 更始의 광록훈. 나중에 更始의 大司馬와 宛王이 되었다. ○王尋,王邑 - 王莽(왕망)의 신하.

[國譯]

任光(임광)의 字는 伯卿(백경)으로 南陽郡 宛縣(완현) 사람이다. 젊어서부터 성실하고 후덕하여 향리에서 인정을 받았다. 처음에는 鄕의 嗇夫(색부)와 郡의 縣吏가 되었다. 漢의 군사들이 宛縣에 들어왔을 때 임광의 옷이 새것인 것을 보고 옷을 벗겨 빼앗고 죽이려 했었다. 마침 光祿勳인 劉賜(유사)가 거기에 있었는데 임광의 용모가 의젓한 것을 보고 도와서 살려주었다. 그래서 임광은 무리와 함께 유사를 따랐고 安集掾(안집연)이 되었다가 偏將軍이 되었고 光武와 함께 王尋(왕심)과 王邑(왕읍)을 격파하였다.

原文

更始至洛陽, 以光爲信都太守. 及王郎起, 郡國皆降之, 光獨不肯, 遂與都尉李忠,令萬脩,功曹阮況,五官掾郭唐等同心固守. 廷掾持王郎檄詣府白光, 光斬之於市, 以徇百姓, 發精兵四千人城守.

更始二年春, 世祖自薊還, 狼狽不知所向, 傳聞信都獨爲漢拒邯鄲, 卽馳赴之. 光等孤城獨守, 恐不能全, 聞世祖至, 大喜, 吏民皆稱萬歲, 卽時開門, 與李忠,萬脩率官屬迎謁. 世祖入傳舍, 謂光曰, "伯卿, 今勢力虛弱, 欲俱入城頭子路, 力子都兵中, 何如邪?" 光曰, "不可." 世祖曰, "卿兵少, 如何?" 光曰, "可募發奔命, 出攻傍縣, 若不降者, 恣聽掠之. 人貪財物, 則兵可招而致也." 世祖從之. 拜光爲左大將軍,封武成侯, 留南陽宗廣領信都太守事, 使光將兵從.

光乃多作檄文曰, 「大司馬劉公將城頭子路, 力子都兵百萬衆從東方來, 擊諸反虜.」 遣騎馳至鉅鹿界中. 吏民得檄, 傳相告語. 世祖遂與光等投暮入堂陽界, 使騎各持炬火, 彌滿澤中, 光炎燭天地, 擧城莫不震驚惶怖, 其夜卽降. 旬日之間, 兵衆大盛, 因攻城邑, 遂屠邯鄲, 乃遣光歸郡.

| **註釋** | ○信都太守 – 郡國名, 현명. 군국의 치소가 있는 縣名을 군국명으로 통용했다. 후한에서는 安平國의 治所 信都縣. 今 河北省 남부 衡水市 관할 冀州市. 前漢 信都郡(國) – 信都郡(후한 23–72年) – 樂成國(72–122年) – 安平國(122–)으로 명칭이 바뀌었다. ○功曹阮況,五官掾郭唐 – 功曹, 五官掾, 다음의 廷掾(정연)은 모두 현내 관리의 직명. 掾은 도울 연. 功曹가 현 관리 중 수석, 五官掾은 지방 태수의 屬吏. 춘추 제사 주관, 功曹 결원 시 공조직을 수행. 서무 담당. ○薊縣(계현) – 廣陽郡의 치소, 幽州刺史部의 치소. 今 天津市 북부 薊州區(계주구, 薊縣). ○狼狽(낭패) – 일이 뜻대로 되지 않아 매우 딱한 형편에 처함. 狼(이리 랑)은 앞다리가 길고 뒷다리가 짧으며, 狽(이리 패)는 그 반대라서 서로 도와야만 하는 상황. ○城頭子路,力子都 – 모두 인명. ○奔命 – 본래 郡國에 材官(정예 보병), 騎士(騎兵)이 있으나 위급할 경우 동원 명령을 받고 즉시 소집에 응하는 용감한 병졸을 奔命兵(분명병)이라 하였다. ○堂陽 – 전한에서는 鉅鹿郡, 後漢에서는 安平國의 현명. 今 河北省 남부 邢台市 관할 新河縣.

[國譯]

更始는 洛陽에 와서 任光을 信都太守에 임명하였다. 王郎(왕랑)이 기병하자 여러 군국이 모두 투항하였는데 임광만은 항복하지 않으면서 (郡) 都尉인 李忠(이충), 信都縣令인 萬脩(만수), 功曹인 阮況(완황), 五官掾인 郭唐(곽당) 등과 한마음으로 굳게 지켰다. (이웃 현의) 廷掾(정연)이 王郎의 격문의 가지고 신도군에 와서 임광을 설득하자 임광은 그를 거리에서 참수하여 백성에게 보이고 군사 4천 명을 동원하여 성을 지켰다.

更始 2년(서기 24) 봄, 世祖(光武)는 薊縣(계현)에서 돌아와 어디로 갈지 모르는 딱한 처지였는데, 信都縣만이 漢을 위해 邯鄲(王郎)의 세력에 항거하고 있다는 말을 전해 듣고 즉시 신도현으로 달려갔다. 임광 등은 홀로 성을 지키면서 혹 못 지킬까 걱정했는데, 광무가 도착했다는 말을 듣고 크게 좋아하면서 관리와 백성 모두가 만세를 부르고 즉시 성문을 열어 李忠, 萬脩(만수) 등 관속을 거느리고 光武를 맞이하였다. 光武가 傳舍에서 임광에게 물었다.

"伯卿(任光의 字)! 지금 나의 軍勢가 허약하니 함께 城頭子路(성두자로)나 力子都(역자도)의 군사와 합치는 것이 어떻겠는가?"

그러자 임광은 불가하다고 했다. 光武가 "卿의 군사도 적은데 어찌 하려는가?" 이에 임광이 말했다.

"奔命兵(분명병)을 모집하여 다른 현을 공격하여 투항하지 않는다면 잠깐 노략질을 허용할 것입니다. 병졸은 재물 욕심이 있으니 모을 수 있습니다."

光武도 동의하였다. 光武는 임광을 左大將軍에 임명하고 武成侯에 봉한 뒤 南陽사람 宗廣(종광)을 남겨 信都太守 직무를 대행케 하고 임광에게 군사를 거느리고 수행케 하였다.

임광은 檄文(격문)을 여러 장 만들어 「大司馬 劉公이 동쪽에서 城頭子路와 力子都의 군사 1백 만을 거느리고 들어와 반적들을 모두 격파할 것이다.」라고 말하였다. 임광은 격문을 가진 기병을 鉅鹿郡(거록군)에 보냈다. 거록 군민이 격문을 보고 서로 알렸다. 광무는 임광 등과 함께 해질 무렵에 堂陽縣에 들어가 기병이 각자 횃불을 들고 벌판을 돌아다니게 했는데 횃불이 온 천지에 가득하자 성안에서 모두가 두려워 떨다가 바로 그날 투항하였다. 한 열흘 사이에 크게 군사를 모아 인근 성읍을 공격하였고, 마침내 邯鄲(한단)을 점령하고 임광은 신도군으로 돌려보냈다.

原文

城頭子路者, 東平人, 姓爰, 名曾, 字子路, 與肥城劉詡起兵盧城頭, 故號其兵爲 '城頭子路'. 曾自稱 '都從事' 詡稱 '校三老', 寇掠河,濟間, 衆至二十餘萬. 更始立, 曾遣使降, 拜曾東萊郡太守, 詡濟南太守, 皆行大將軍事. 是歲, 曾爲其將所殺, 衆推詡爲主, 更始封詡助國侯, 令罷兵歸本郡.

| 註釋 | ㅇ東平 – 군국명. 治所는 無鹽縣, 今 山東省 중부 泰安市 관할 東平縣. ㅇ肥城劉詡起兵盧城頭 – 肥城은 泰山郡의 현명. 後漢에서 盧縣에 편입. 今 山東省 중서부, 泰山 서쪽 泰安市 관할 肥城市. 詡는 자랑할 후. 人名. 盧는 泰山郡의 현명. ㅇ都從事 – 종사는 실무 담당자, 司隸校尉의 속관으로 都官從事가 있어 百官의 범법자를 규찰한 자. 여기서는 '관리의 우두머리' 로 해석할 수 있음. ㅇ河,濟 – 황하와 濟水의 물길은 수없이 많이 바뀌었다. 지금 황하의 물길은 옛 濟水의 물길이라고 한다. 濟水는 사라진 江. ㅇ東萊郡 – 治所 黃縣, 今 山東省 烟臺市 관할 龍口市. 山東半

島 북쪽 해안. ㅇ濟南 – 治所 東平陵縣, 今 山東省 濟南市 관할의 章丘市.

[國譯]

城頭子路(성두자로)란 사람은 東平郡 사람으로, 姓은 爰(원)이고, 이름은 曾(증)이며, 字는 子路(자로)인데, (泰山郡) 肥城(비성) 사람 劉詡(유후)와 함께 (泰山郡) 盧縣(노현)에서 기병하였기에 '城頭子路'라고 하였다. 爰曾(원증)은 자칭 '都從事(도종사)'라 하였고, 劉詡(유후)는 '校三老'라 하면서 黃河와 濟水 일대에서 노략질을 했고 그 무리가 20여만 명이나 되었다. 更始가 자립하자 원증이 사자를 보내 투항하니 (경시는) 원증을 東萊郡 태수로, 유후를 濟南郡 태수로 임명하며 둘 다 大將軍 직무를 겸행토록 하였다. 그 해에 원증이 그 부장에게 살해되자 무리는 유후를 우두머리로 세웠고, 경시는 유후를 助國侯에 봉하고 군사를 해체하고서 본 군으로 돌아가라고 하였다.

原文

力子都者, 東海人也. 起兵鄉里, 抄擊徐,兗界, 衆有六七萬. 更始立, 遣使降, 拜子都徐州牧. 爲其部曲所殺, 餘黨復相聚, 與諸賊會於檀鄉, 因號爲檀鄉. 檀鄉渠帥董次仲始起茌平, 遂渡河入魏郡清河, 與五校合, 衆十餘萬. 建武元年, 世祖入洛陽, 遣大司馬吳漢等擊檀鄉, 明年春, 大破降之.

是歲, 更封光阿陵侯, 食邑萬戶. 五年, 徵詣京師, 奉朝請. 其冬卒. 子隗嗣.

後阮況爲南陽太守, 郭唐至河南尹, 皆有能名.

| 註釋 | ㅇ徐,兗界 - 徐州와 兗州(연주) 일대. 둘 다 자사부 명칭. 徐州는 今 山東省 동남부와 江蘇省 북부 지역을 관할. 兗州는 今 山東省 서부 일대의 군을 관할하였다. ㅇ部曲 - 部隊, 부대의 편제. ㅇ茌平 - 濟北郡의 현명. ㅇ魏郡清河 - 清河는 군국명. 治所 甘陵縣. 今 山東省 직할 臨清市(河北省과 접경) 동북. ㅇ五校 - 新 말기 봉기한 무리 이름. ㅇ河南尹 - 사예교위부 관할, 치소 洛陽縣. 今 河南省 洛陽市 동부. 수도와 수도 주변 縣을 관할.

[國譯]

力子都(역자도)란 사람은 東海郡 사람이다. 향리에서 起兵한 뒤 徐州와 兗州 일대를 노략질했는데 무리가 6, 7만 정도였다. 경시가 자립하자 역자도는 사자를 보내 투항했고, 경시는 역자도를 徐州牧(徐州刺史)에 임명했다. 그가 부하에게 피살되자 그 잔당이 檀鄉(단향)이란 곳에 모였기에 그 무리를 檀鄉(단향)이라고 불렀다. 단향의 우두머리 董次仲(동차중)은 본래 茌平縣(사평현)에서 봉기하였는데 나중에 황하를 건너 魏郡 清河縣에 들어가 五校(오교)의 무리와 합쳐 10여만 명이나 되었다. 建武 원년에, 世祖(光武帝)가 洛陽에 들어가면서 大司馬 吳漢(오한) 등을 보내 단향 무리를 격파하였고 그 다음 해 봄 완전 대파하였다.

이 해(건무 2년), 任光(임광)을 阿陵侯(아릉후)에 고쳐 봉했는데 식읍은 1만 호이었다. 건무 5년, 낙양에 가서 奉朝請(봉조청)이 되었다. 그 해 겨울에 죽었다. 아들 任隗(임외)가 계승했다.

뒤에 阮況(완황)은 南陽태수가, 郭唐(곽당)은 河南尹이 되었는데 모두 유능하여 이름이 났었다.

❷ 任隗

原文

隗字仲和, 少好黃,老, 淸靜寡慾, 所得奉秩, 常以賑恤宗族, 收養孤寡. 顯宗聞之, 擢奉朝請, 遷羽林左監,虎賁中郎將, 又遷長水校尉. 肅宗卽位, 雅相敬愛, 數稱其行, 以爲將作大匠. 將作大匠自建武以來常謁者兼之, 至隗乃置眞焉. 建初五年, 遷太僕, 八年, 代竇固爲光祿勳, 所歷皆有稱. 章和元年, 拜司空.

隗義行內修, 不求名譽, 而以沈正見重於世. 和帝卽位, 大將軍竇憲秉權, 專作威福, 內外朝臣莫不震慴. 時, 憲擊匈奴, 國用勞費, 隗奏議徵憲還, 前後十上. 獨與司徒袁安同心畢力, 持重處正, 鯁言直議, 無所回隱, 語在〈袁安傳〉. 永元四年薨, 子屯嗣. 帝追思隗忠, 擢屯爲步兵校尉, 徙封西陽侯. 屯卒, 子勝嗣. 勝卒, 子世嗣, 徙封北鄕侯.

| 註釋 | ㅇ少好黃,老 – 黃帝와 老子의 사상, 無爲와 養性을 중시하는 사상. ㅇ將作大匠 – 將作大匠은 궁궐과 능묘 건축을 책임지는 질록 2천석의 고급 관리. ㅇ章和元年 – 肅宗(章帝)의 마지막 연호. 서기 87년. ㅇ司徒

袁安－45권, 〈袁張韓周列傳傳〉에 입전. 司徒(사도)는 백성 교화와 통치의 최고 책임자. 국가의 제도를 마련하고 운영. 지방관의 치적 평가. 국가의 주요 제사를 총괄, 국상에서 梓宮 奉安, 광무제 때 大司徒라 칭했으나 건무 27년부터 大를 없애고 司徒라 호칭. ㅇ永元四年－和帝의 첫 연호. 서기 92년.

[國譯]

任隗(임외)의 字는 仲和(중화)인데 젊어 黃老 사상과 淸靜無慾의 생활을 좋아하여 받는 녹봉으로 늘 문중을 구휼하고 고아나 과부를 거둬주었다. 顯宗(明帝)가 이를 전해 듣고 불러 奉朝請으로 발탁하였고 羽林左監과 虎賁中郞將으로, 또 長水校尉로 승진하였다. 肅宗(章帝)는 즉위 후 평소 임외를 경애하여 그 행실을 자주 칭찬하였고 將作大匠(장작대장)에 임명하였다. 장작대장은 建武 이래로 늘 謁者(알자)가 겸임하였는데 임외에 이르러 정식 임명되었다. (章帝) 建初 5년에 太僕(태복)으로 승진하였고, 8년에 竇固(두고)의 후임으로 光祿勳(광록훈)이 되었는데 거치는 직책마다 칭송을 들었다. (章帝) 章和 원년에 司空이 되었다.

임외는 대의를 지키고 수양에 힘쓰되 명예를 구하지 않았으며 점잖고 정도를 지켜 세인의 존경을 받았다. 和帝가 즉위하고 대장군 竇憲(두헌)이 정권을 쥐고 위세를 부리자 조정 내외의 신하들이 모두 두려워 떨었다. 그 무렵 두헌은 흉노를 원정하였는데 국가 재원을 너무 소비하자 임외는 두헌을 소환해야 한다고 전후 10여 차례나 상주하였다. 임외와 司徒 袁安(원안)이 한마음으로 힘썼고 정도를 지키고 공정하며 바른 말로 논의하면서 거리낌이 없었는데, 이는

〈袁安傳〉에 기록했다.

(和帝) 永元 4년에 죽자, 아들 任屯(임둔)이 계승했다. 和帝는 임외의 충성심을 추모하여 임둔을 步兵校尉로 발탁하였고 西陽侯로 옮겨 봉했다. 임둔이 죽자, 아들 任勝(임승)이 계승하였다. 임승이 죽고 아들 任世가 계승했는데 北鄕侯(북향후)로 옮겨 봉했다.

❸ 李忠

原文

李忠字仲都, 東萊黃人也. 父爲高密都尉. 忠元始中以父任爲郎, 署中數十人, 而忠獨以好禮修整稱. 王莽時爲新博屬長, 郡中咸敬信之.

更始立, 使使者行郡國, 卽拜忠都尉官. 忠遂與任光同奉世祖, 以爲右大將軍, 封武固侯. 時, 世祖自解所佩綬以帶忠, 因從攻下屬縣. 至苦陘, 世祖會諸將, 問所得財物, 唯忠獨無所掠. 世祖曰, "我欲特賜李忠, 諸卿得無望乎?" 卽以所乘大驪馬及繡被衣物賜之.

| **註釋** | ㅇ東萊黃人 – 東萊는 군명. 지금 山東반도 동쪽 끝 부분에 해당. 黃은 현명. 동래군의 치소, 今 山東省 烟臺市 관할 龍口市. ㅇ高密都尉 – 高密은 前漢 高密國(치소 高密縣), 今 山東省 濰坊市(유방시) 관할 高密市. 靑島市 서북. 後漢 高密은 北海郡 侯國名. 都尉는 郡 군사 담당. 高密

은 都尉가 아니라 中尉이어야 한다는 주석에 따름. ㅇ元始 – 前漢 平帝 연호. 서기 1–5년. ㅇ新博屬長 – 왕망은 信都國을 新博(신박)이라 개명, 都尉를 屬長이라 개칭. ㅇ苦陘(고형) – 中山國의 현명. 章帝 때 漢昌縣으로 개명. ㅇ大驪馬 – 驪 가라말 여(려). 검은 갈기의 말.

[國譯]

李忠(이충)의 字는 仲都(중도)로 東萊郡(동래군) 黃縣(황현) 사람이다. 父親은 高密國 中尉였다. 이충은 (前漢 平帝) 元始 연간에 부친의 보증으로 郞官이 되었는데 부서 수십 명 낭관 중 이충만 혼자 예법을 따르고 지켜 칭송을 들었다. 王莽 시절에 新博屬長(新都郡 都尉)였는데 군민들 모두가 이충을 경애하고 신임하였다.

更始가 자립하고 사자를 보내 각 군국을 순행케 하였는데 이충은 현지 도위에 임용되었다. 이충은 任光(임광)과 함께 世祖(光武)를 수종하여 右大將軍이 되었고 武固侯(무고후)에 봉해졌다. 그때, 광무는 자신이 차고 있던 인수를 풀어 이충에게 매어주었고 이충은 광무를 따라 관할 현을 경략하였다. (中山郡) 苦陘縣(고형현)에서 光武가 여러 장수를 모아놓고 각자 차지한 재물이 얼마나 되는가를 물었는데 오직 이충만은 약탈한 것이 없었다. 이에 광무가 말했다.

"내가 특별히 이충에게 상을 주려는데 다른 분들은 바라지 않겠지?"

그리고는 즉석에서 타고 다니던 검고 큰 말과 비단 옷가지 등을 이충에게 하사하였다.

原文

進圍鉅鹿, 未下, 王郞遣將攻信都, 信都大姓馬寵等開城內之, 收太守宗廣及忠母,妻, 而令親屬招呼忠. 時, 寵弟從忠爲校尉, 忠卽時召見, 責數以背恩反城, 因格殺之. 諸將皆驚曰, "家屬在人手中, 殺其弟, 何猛也!" 忠曰, "若縱賊不誅, 則二心也." 世祖聞而美之, 謂忠曰, "今吾兵已成矣, 將軍可歸救老母妻子, 宜自募吏民能得家屬者, 賜錢千萬, 來從我取." 忠曰, "蒙明公大恩, 思得效命, 誠不敢內顧宗親." 世祖乃使任光將兵救信都, 光兵於道散降王郞, 無功而還. 會更始遣將攻破信都, 忠家屬得全. 世祖因使忠還, 行太守事, 收郡中大姓附邯鄲者, 誅殺數百人. 及任光歸郡, 忠乃還復爲都尉. 建武二年, 更封中水侯, 食邑三千戶. 其年, 徵拜五官中郞將, 從平寵萌,董憲等.

| 註釋 | ○何猛也 – 너무 성급하지 않은가! ○中水侯 – 中水는 涿郡(탁군)의 현명. 후한에서는 河間國에 소속. 今 河北省 동남 滄州市 관할 獻縣. ○五官中郞將 – 五官中郞은 궁궐과 관아의 문호를 수위하고 출입자를 단속하는 질록 6백석의 무관. 이들 오관중랑을 지휘하는 직책이 五官中郞將(질록 比二千石)이다.

[國譯]

(光武가) 鉅鹿(거록)을 포위했지만 함락시키지 못했을 때 王郞(王昌)이 보낸 장수가 信都郡을 공격하자, 信都의 大姓인 馬寵(마총) 등

이 성문을 열어 받아들였고, 왕랑의 장수는 太守 宗廣(광종)과 이충의 모친과 아내를 잡아놓고 친척을 시켜 이충을 오라고 하였다.

그때 마총의 동생은 이충의 校尉였는데 이충은 즉시 교위를 불러서 은혜를 저버린 반역을 하나하나 질책한 뒤에 그대로 죽여버렸다. 여러 장수들이 모두 놀라 말했다.

"家屬이 남의 손 안에 있는데 그 동생을 죽이면 너무 성급하지 않습니까!"

그러자 이충이 말했다. "만약 적을 죽이지 않고 놓아준다면 이는 두 마음을 품은 것이다."

광무가 듣고서는 이충을 칭찬하고 이충을 불러 말했다.

"지금 군사가 어느 정도 갖추어졌으니 장군은 돌아가 노모와 처자를 구하되 군사를 모집하고, 백성들 중에서 처자를 구출하는 자에게는 천만 전을 하사할 것이니 나에게 와서 받아가게 하라."

이에 이충이 말했다.

"이미 明公의 大恩을 입어서 목숨을 바쳐야 하기에 내 가족을 감히 돌볼 수가 없습니다."

광무는 곧 任光에게 군사를 거느리고 가서 信都縣을 구원케 하였는데 임광의 군사들은 가는 동중에 모두 달아나 왕랑에게 투항하여서 임광은 아무 성과도 없이 돌아왔다. 그때 마침 경시제가 보낸 장수가 信都縣을 공격 점령하여 이충의 가족은 무사했다. 이에 광무는 이충을 돌려보내 (信都의) 太守 직무를 수행케 하고 郡內 大姓 중에서 邯鄲(한단, 王郎)에 붙은 자들을 잡아내게 하여 수백 명을 죽였다. 또 任光은 자기 郡에 돌아가게 하였고 이충은 돌아와 다시 都尉가 되었다. 建武 2년, 이충을 中水侯(중수후)에 바꿔 봉했는데 식읍은 3

천 호였다. 그해에 이충을 불러 五官中郞將에 임명하였고, 이충은 광무제를 따라 寵萌(총맹)과 董憲(동헌) 등을 평정하였다.

原文

六年, 遷丹陽太守. 是時, 海內新定, 南方海濱江淮, 多擁兵據土. 忠到郡, 招懷降附, 其不服者悉誅之, 旬月皆平. 忠以丹陽越俗不好學, 嫁娶禮儀, 衰於中國, 乃爲起學校, 習禮容, 春秋鄕飮, 選用明經, 郡中嚮慕之. 墾田增多, 三歲間流民占著者五萬餘口.

十四年, 三公奏課爲天下第一, 遷豫章太守. 病去官, 徵詣京師. 十九年, 卒.

子威嗣. 威卒, 子純嗣, 永平九年, 坐母殺純叔父. 國除. 永初七年, 鄧太后復封純琴亭侯, 純卒, 子廣嗣.

| 註釋 | ㅇ丹陽太守 – 丹陽郡은 揚州刺史部 관할 군명. 治所는 宛陵縣, 今 安徽省 동남부 宣城市. ㅇ(建武) 十四年 – 서기 38년. ㅇ豫章太守 – 豫章은 揚州刺史部 군명. 治所는 南昌縣, 今 江西省 북부 南昌市. 江西省의 省會(省都). ㅇ永初七年 – 安帝의 연호 서기 113년.

[國譯]

(建武) 6년, (李忠은) 丹陽太守가 되었다. 이 무렵 천하는 겨우 평정이 되었지만 南쪽 바닷가나 長江과 淮水 하류지역에는 군사를 거

느리고 일정 지역을 점거한 자들이 많았다. 이충은 단양군에 부임하면서 세력자들을 회유하고 굴복시켰지만 그중에서 불복하는 자는 모조리 주살하여 한 달 남짓에 모두 평정하였다.

이충은 丹陽郡 越人의 습속이 학문이나 결혼의 예의 등을 좋아하지 않아 中原에 비해 차이가 많다고 생각하여 바로 학교를 세우고 예의를 익히게 하였으며, 봄가을로 향음례를 행하고, 경학에 밝은 자를 임용하자 郡民이 크게 흠모하였다. 또 토지 개간이 크게 늘어 3년 동안에 정착한 자가 5만여 명이나 되었다.

(建武) 14년, 三公이 李忠의 考課가 천하제일이라고 상주하였고, 豫章(예장) 태수로 승진하였으나 병으로 사직하자 낙양으로 돌아왔다. (建武) 19년에 죽었다.

아들 李威(이위)가 계승했다. 이위가 죽고, 아들 李純(이순)이 계승했는데, (明帝) 永平 9년에 (이순의) 모친이 이순의 숙부를 죽인 사건에 연루되어 나라가 없어졌다. (安帝) 永初 7년, 鄧(등)태후는 이순을 琴亭侯(금정후)에 다시 봉했다. 이순이 죽고, 아들 李廣(이광)이 계승했다.

❹ 萬脩

原文

萬脩字君游, 扶風茂陵人也. 更始時, 爲信都令, 與太守任光,都尉李忠共城守, 迎世祖, 拜爲偏將軍, 封造義侯. 及破邯鄲, 拜右將軍, 從平河北. 建武二年, 更封槐里侯. 與揚化將軍堅鐔俱擊南陽, 未克而病, 卒於軍.

子普嗣, 徙封泫氏侯. 普卒, 子親嗣, 徙封扶柳侯. 親卒, 無子, 國除. 永初七年, 鄧太后紹封脩曾孫豐爲曲平亭侯. 豐卒, 子熾嗣. 永建元年, 熾卒, 無子, 國除. 延熹二年, 桓帝紹封脩玄孫恭爲門德亭侯.

| 註釋 | ㅇ扶風茂陵 – 右扶風 茂陵縣. 京兆尹(長安과 藍田縣 등 今 西安市 동남 지역), 右扶風(우부풍, 長安의 서쪽), 左馮翊(좌풍익, 장안의 북쪽지역)을 三輔라 통칭, 이는 前漢 長安과 그 주변의 행정관명이며 그 관할 지역. 후한에서도 그대로 통용되었다. 후한의 수도 낙양 지역의 행정책임자는 河南尹이었다. 三輔와 三河(河東郡, 河內郡, 河南尹), 그리고 弘農郡은 司隸校尉部 관할이었다. 茂陵은 武帝의 능, 현명. 今 陝西省 咸陽市 관할 興平市 소재. ㅇ槐里侯 – 槐里는 右扶風의 치소 槐里縣, 今 陝西省 咸陽市 관할 興平市. ㅇ堅鐔(견심) – 인명, 22권, 〈朱景王杜馬劉傅堅馬列傳〉에 입전. ㅇ泫氏侯 – 泫은 빛날 현. ㅇ永建元年 – 順帝 첫 연호, 서기 126년. ㅇ延熹二年 – 桓帝 연호, 서기 158년.

[國譯]

萬脩(만수)의 字는 君游(군유)로 右扶風 茂陵縣(무릉현) 사람이다. 更始 재위 중 信都 현령으로 信都太守 任光(임광), 都尉 李忠(이충)과 함께 성을 지켰고 世祖(光武)를 영입하여 偏將軍이 되었고 造義侯에 봉해졌다. 邯鄲(한단)을 격파하여 右將軍이 되었다. 建武 2년, 槐里侯(괴리후)에 다시 봉해졌다. 揚化將軍인 堅鐔(견심)과 함께 南陽郡을 공격했는데 점령하지 못한 채 병으로 軍中에서 죽었다.

아들 萬普(만보)가 계승하였는데 泫氏侯(현씨후)로 옮겨 봉해졌다. 만보가 죽고 아들 萬親(만친)이 뒤를 이었는데, 扶柳侯(부류후)에 옮겨 봉해졌다. 만친이 죽고 無子하여 나라가 없어졌다.

(安帝) 永初 7년, 鄧太后가 萬脩의 曾孫 萬豐(만풍)을 曲平亭侯에 이어 봉했다(紹封). 만풍이 죽고, 아들 萬熾(만치)가 이었다. (順帝) 永建 원년, 만치가 죽고 無子하여 나라를 없앴다. (桓帝) 延熹(연희) 2년, 환제는 만수의 玄孫인 萬恭(만공)을 門德亭侯에 紹封했다.

❺ 邳彤

原文

邳彤字偉君, 信都人也. 父吉, 爲遼西太守. 彤初爲王莽和成卒正. 世祖徇河北, 至下曲陽, 彤擧城降, 復以爲太守, 留止數日. 世祖北至薊, 會王郞兵起, 使其將徇地, 所到縣莫不奉迎, 唯和成,信都堅守不下. 彤聞世祖從薊還, 失軍, 欲至信都, 乃先使五官掾張萬,督郵尹綏, 選精騎二千餘匹, 緣路迎世祖軍. 彤與世祖會信都. 世祖雖得二郡之助, 而兵衆未合, 議者多言可因信都兵自送, 西還長安.

彤廷對曰, "議者之言皆非也. 吏民歌吟思漢久矣, 故更始擧尊號而天下響應, 三輔淸宮除道以迎之. 一夫荷戟大呼, 則千里之將無不捐城遁逃, 虜伏請降. 自上古以來, 亦未有感物動民其如此者也. 又卜者王郞, 假名因勢, 驅集烏合之衆, 遂震燕,趙之地, 況明公奮二郡之兵, 揚響應之威, 以攻則何城不克, 以戰則何軍不服! 今釋此而歸, 豈徒空失河北, 必要驚動三輔, 墮損威重, 非計之得者也. 若明公無復征伐之意, 則雖信都之兵猶難會也. 何者? 明公旣西, 則邯鄲城民不肯捐父母,背城主, 而千里送公, 其離散亡逃可必也."

世祖善其言而止. 卽日拜彤爲後大將軍, 和成太守如故, 使將兵居前. 比至堂陽, 堂陽已反屬王郞, 彤使張萬,尹綏先曉譬吏民, 世祖夜至, 卽開門出迎. 引兵擊破白奢賊於中山. 自此常從戰攻.

| 註釋 | ㅇ邳彤 – 邳 클 비. 성씨. 彤은 붉을 동. ㅇ和成卒正 – 和成은 왕망이 鉅鹿郡을 나눈 새로운 군명. 卒正은 왕망이 바꾼 太守의 개칭. ㅇ下曲陽 – 鉅鹿郡의 縣名. 常山郡에 上曲陽縣이 있어 여기서는 下曲陽縣. 今河北省 保定市 관할 曲陽縣. ㅇ五官掾(오관연) – 지방 태수의 屬吏. 춘추 제사 주관, 功曹 결원 시 공조직을 수행. 서무 담당. ㅇ督郵(독우) – 郡 太守의 속관, 관할 현의 업무를 감찰, 조세 납부 실적, 군사동원 관련 직무도 감사, 太守의 耳目 역할. ㅇ堂陽 – 전한에서는 鉅鹿郡, 후한에서는 安平國의 현명. 今 河北省 남부 邢台市 관할 新河縣.

[國譯]

邳彤(비동)의 字는 偉君(위군)으로 信都郡(신도군) 사람이다. 부친 邳吉(비길)은 遼西(요서) 태수였다. 비동은 처음에 王莽(왕망) 정권의 和成郡(화성군) 卒正(太守)이었다. 世祖(光武)가 下曲陽縣에 왔을 때 비동이 성을 들어 투항하자 비동을 다시 太守로 임명하였고 여러 날 머물렀다. 世祖(광무)가 북쪽 薊縣(계현)에 갔을 때, 王郞(王昌)이 거병하였고 그 부장을 시켜 각지를 경략케하자 가는 현마다 왕랑의 군사를 받들어 영입하지 않는 곳이 없었는데 다만 和成과 信都郡만은 굳게 지키며 투항하지 않았다. 비동은 世祖가 薊縣(계현)에서 돌아왔으나 군사를 잃고 信都郡에 들어오려 한다는 소식을 듣고 우선 五官掾인 張萬(장만)과 督郵(독우)인 尹綏(윤수)를 보내 정예기병 2천 명을 거느리고 길을 따라가서 世祖의 군사를 맞이하게 하였다. 비동은 곧 世祖와 信都에서 만났다. 世祖가 비록 2郡의 병력을 얻었지만 아직 군사가 충분치 않아 여러 사람은 信都 병력을 그대로 두고 서쪽 長安으로 돌아가야 한다는 말을 하였다.

이에 비동이 현장에서 말했다.

"여러분들의 말은 모두 틀렸습니다. 백성이 漢을 그리워한 지 오래라서 更始를 황제로 받들자 천하가 메아리처럼 호응하였고 三輔(삼보) 지역에서는 길을 치우고 경시를 맞이하였습니다. 한 사람이 창을 들고 큰 소리로 외치자 천리 떨어진 곳이라도 장수가 성을 버리고 도주하거나 엎드려 투항하지 않은 자가 없었습니다. 예로부터 만물이나 백성이 이처럼 감동한 적이 없었습니다. 그런데 점쟁이인 王郞(왕랑)은 (成帝의 아들이라고) 거짓 이름으로 세력을 얻어 오합지졸을 모아 거느리고 마침내 燕(연)과 趙(조) 일대를 뒤흔들고 있습니다만, 지금 明公께서는 2개 군의 군사를 거느리시고 위엄을 크게 떨치시니 명공께서 공격한다면 어느 성을 점령하지 못하고 싸운다면 어느 군사인들 이기지 못하겠습니까! 지금 이를 버려두고 장안으로 돌아가신다면 河北 일대를 그냥 잃어버리는 것이며 기필코 三輔 일대를 놀래게 해야 하나 위엄을 꺾어버리는 것이니 올바른 계책이라 할 수 없습니다. 만약 明公께서 꼭 정벌하실 의향이 없다 하더라도 信都郡의 군사를 다시 얻기 어려울 것입니다. 왜 그렇겠습니까? 明公께서 서쪽으로 돌아간다면 邯鄲의 백성들은 부모를 버리거나 성주를 배신할 수 없기에 公을 전송하려 천리를 따라간 다음에 틀림없이 그대로 흩어져 도망갈 것입니다."

世祖는 비동의 말이 옳다면서 중지시켰다. 그리고 그 날로 비동을 後大將軍에 임명하고 전과 같이 和成 태수로서 군사를 거느리고 선봉에 서게 하였다. 비동이 군사를 거느리고 堂陽縣에 이르렀지만 堂陽은 이미 반기를 들어 王郎에 속했기에 비동은 張萬(장만)과 尹綏(윤수)를 보내 먼저 관리와 백성을 설득시키게 하였고 世祖가 밤에 도착하자 즉시 성문을 열고 맞이하게 하였다. 비동은 군사를 이끌고 白奢賊(백사적)을 中山國에서 격파하였다. 이후로 비동은 늘 광무를 따라 적과 싸웠다.

原文

信都復反爲王郎, 郎所置信都王捕繫彤父弟及妻子, 使爲手書呼彤曰, "降者封爵, 不降族滅." 彤涕泣報曰, "事君者不得顧家. 彤親屬所以至今得安於信都者, 劉公之恩也. 公方爭國事, 彤不得復念私也." 會更始所遣將攻拔信都, 郎兵敗走, 彤家屬得免.

及拔邯鄲, 封武義侯. 建武元年, 更封靈壽侯, 行大司空事. 帝入洛陽, 拜彤太常, 月餘日轉少府, 是年免. 復爲左曹侍中, 常從征伐. 六年, 就國.

彤卒, 子湯嗣, 九年, 徙封樂陵侯. 十九年, 湯卒, 子某嗣, 無子, 國除. 元初元年, 鄧太后紹封彤孫音爲平亭侯. 音卒, 子柴嗣.

初, 張萬, 尹綏與彤俱迎世祖, 皆拜偏將軍, 亦從征伐. 萬封重平侯, 綏封平臺侯.

| 註釋 | ㅇ靈壽侯 – 靈壽는 常山國(郡)의 현명. ㅇ少府 – 九卿의 하나. 少府는 山海池澤의 조세를 징수하여 황실 비용과 공급을 담당, 질록 中二千石. 屬官으로 尙書, 符節, 太醫, 太官, 湯官, 導官, 樂府, 若盧, 考工室, 左弋(좌익), 居室, 甘泉居室, 左右司空, 東織, 西織, 東園匠(능묘 내 기물이나 葬具를 만드는 부서) 등 16부서의 令과 丞을 두었다. 또 胞人, 都水, 均官의 長과 丞이 있었고, 또 上林苑 10池에 監을 두었다. 그리고 中書謁者, 黃門, 鉤盾, 尙方, 御府, 永巷, 內者, 宦者의 8개 관서에 令과 丞이 있었다. 여러 僕射(복야)와 署長, 中黃門도 少府 소속이었다. ㅇ左曹侍中 – 侍中은 황제의 近侍官, 전한에서는 정식 관직이 아니고 加官의 직명. 시중은 궁중에 출입할 수 있고 황제의 측근으로 정사에 관여할 수 있었다. 後漢에서는 지위가 크게 상승하여 질록 比二千石의 實職으로 황제의 심복이었다. 加官이란 本職 외에 다시 더 받은 관직의 직함이다. 열후, 장군, 경대부나 낭관 이상의 관직에서 가관을 받을 수 있었다. 가관의 칭호로 자주 보이는 것은 侍中, 左,右曹, 諸吏, 常侍, 散騎, 給事中 등이 있다. 가관을 받은 신하는 황제의 신임을 받고 있다는 뜻이며 권한이 강대한 內朝의 要職을 차지하였다.

[國譯]

信都郡은 다시 배반하여 王郎 세력에 들어갔고 왕랑이 봉한 信都

王은 邳彤(비동)의 부친과 동생, 처자를 잡아놓고 인편에 비동에게 서신을 보내 "투항하면 작위를 수여하겠지만 투항하지 않으면 멸족시킬 것이다." 라고 했다. 이에 비동은 눈물을 흘리며 사자에게 말했다.

"事君하는 자는 가족을 돌볼 수 없습니다. 나의 가족이 지금껏 信都에서 편할 수 있었던 것은 모두 劉公의 은덕입니다. 지금 유공께서는 국사에 바쁘신데, 나는 가족을 걱정할 수 없습니다."

마침 更始가 보낸 장수가 신도 성을 공격하여 차지하자 왕랑의 군사는 패주하였고 비동의 가족은 무사하였다.

光武는 邯鄲(한단)을 평정하자 비동을 武義侯에 봉했다. 建武 원년, 다시 비동을 靈壽侯(영수후)에 봉하고 大司空 직무를 대행케 하였다. 광무제가 낙양에 定都하고서는 비동을 太常에 임명하였다가 한 달 남짓에 少府로 임명하였는데, 이 해에 면직되었다. 다시 左曹侍中이 되어 늘 광무제를 따라 정벌에 나섰다. 건무 6년에 봉국에 부임하였다.

비동이 죽어 아들 邳湯(비탕)이 계승했다. 건무 9년에 樂陵侯에 옮겨 봉해졌다. 건무 19년, 비탕이 죽고 아들이 계승했으나 無子하여 나라가 없어졌다. (安帝) 元初 원년(서기 114), 鄧(등)태후는 비동의 손자인 邳音(비음)을 平亭侯에 봉했다. 비음이 죽고, 아들 邳柴(비시)가 계승하였다.

그전에 張萬(장만)과 尹綏(윤수)는 비동과 함께 世祖를 영입하였는데 둘 다 偏將軍이 되었고 정벌에 참여했다. 장만은 重平侯(중평후), 윤수는 平臺侯(평대후)에 봉해졌다.

原文

論曰, 凡言成事者, 以功著易顯, 謀幾初者, 以理隱難昭. 斯固原情比跡, 所宜推察者也. 若乃議者欲因二郡之衆, 建入關之策, 委成業, 臨不測, 而世主未悟, 謀夫景同, 邳彤之廷對, 其爲幾乎! 語曰 '一言可以興邦', 斯近之矣.

| **註釋** | ㅇ凡言成事者 – 이루어진 일을 말한다면. ㅇ謀幾初者 – 처음으로 일을 시도할 경우에는. ㅇ委成業 – 이제까지 이룩한 업적을 버리다. 委는 버리다. ㅇ臨不測 – 위험에 처하다. ㅇ謀夫景同 – 謀事하는 자의 의견에 따르게 된다. ㅇ '一言可以興邦' – 「定公問, "一言而可以興邦, 有諸?" 孔子對曰, "~不幾乎一言而興邦乎?"」《論語 子路》.

[國譯]

范曄(범엽)의 史論 : 대개 성공한 일을 말하자면 공적이 뚜렷하여 쉽게 드러나지만, 일을 처음 시도할 경우에는 事理가 드러나지 않아 다른 사람에게 뚜렷하게 보여줄 수가 없다. 이에 근본 이치를 찾아내어 보여주어야 한다. 만약 2郡의 군사로는 부족하니 關中으로 가자고 건의했던 방책이라면 이미 이룬 치적을 버리고 위험에 빠지게 되지만 제왕도 모르는 사이에 주창하는 대로 따랐을 것이나, 토론 현장에서 邳彤(비동)의 대답은 보이지 않는 것을 모두에게 보여준 것이라고 말할 수 있다. '말 한마디로 나라를 일으킬 수 있다.' 는 말이 아마 이와 같을 것이다.

❻ 劉植

原文

劉植字伯先, 鉅鹿昌城人也. 王郎起, 植與弟喜,從兄歆率宗族賓客, 聚兵數千人據昌城. 聞世祖從薊還, 乃開門迎世祖, 以植爲驍騎將軍, 喜,歆偏將軍, 皆爲列侯. 時眞定王劉揚起兵以附王郎, 衆十餘萬, 世祖遣植說揚, 揚乃降.

世祖因留眞定, 納郭后, 后卽揚之甥也, 故以此結之. 乃與揚及諸將置酒郭氏漆里舍, 揚擊筑爲歡, 因得進兵拔邯鄲, 從平河北.

建武二年, 更封植爲昌城侯. 討密縣賊, 戰歿. 子向嗣. 帝使喜代將植營, 復爲驍騎將軍, 封觀津侯. 喜卒, 復以歆爲驍騎將軍, 封浮陽侯. 喜,歆從征伐, 皆傳國於後. 向徙封東武陽侯, 卒, 子述嗣, 永平十五年, 坐與楚王英謀反, 國除.

| 註釋 | ○鉅鹿昌城 – 昌城은 前漢 信都國의 縣名. 뒤에 鉅鹿郡 소속, 今 河北省 衡水市 관할 冀州市 서북. ○眞定王劉揚 – 眞定은 國名, 縣名. 今 河北省 石家莊市 관할 正定縣. 劉揚은 劉楊 또는 劉陽으로도 표기. 전한 景帝의 七世孫. 왕망 시절 폐위되었다가 경시 2년에 기병하여 王郎 편이 되었다가 光武에 귀부, 건무 2년에 기병 모반하여 피살. ○郭后 – 光武郭皇后. 郭聖通(? – 52년, 재위 26 – 41년), 光武帝 劉秀의 2번째 아내이자 첫 번째 황후. 更始(경시) 2년 봄, 光武가 王郎(왕랑)을 공격하면서 眞定에 와서는 아내로 맞이했고 총애하였다. 광무제가 즉위하며 貴人이 되었다. 이어 황후로 황태자 彊(강) 등 여러 아들을 낳았다. ○揚擊筑爲歡 – 筑(축)

은 琴과 비슷한 13絃의 악기. ○密縣賊 – 密은 河南郡의 縣名. 今 河南省 鄭州市 관할 新密市. ○戰歿 – 戰死. ○觀津侯 – 觀津은 安平國의 현명(前漢의 信都郡). 今 河北省 남부 衡水市 관할 武邑縣.

[國譯]

劉植(유식)의 字는 伯先(백선)으로 鉅鹿 昌城 사람이다. 王郞이 起兵하자 劉植과 동생 劉喜(유희), 從兄인 劉歆(유흠)은 일족과 식객 등 무리 수천 명을 모아 창성현을 점거하였다. 유식은 世祖(光武)가 薊縣(계현)에서 돌아왔다는 소식을 듣고 성문을 열어 광무를 영입하였고, 광무는 유식을 驍騎將軍(효기장군)에, 유희와 유흠은 편장군에 임명하였고 모두 列侯가 되었다. 이때 眞定王인 劉揚(유양, 劉楊)은 起兵하여 王郞에 귀부하였는데 그 무리가 10여 만이나 되었는데 광무는 유식을 보내 유양을 설득케 했고, 유양은 광무에게 투항하였다. 광무는 이에 眞定縣에 머물면서 郭后(곽황후, 郭聖通)을 결혼하였는데 곽후는 유양의 생질녀였기에 결혼이 이루어졌다. 그리고 유양과 여러 장수는 郭氏의 漆里(칠리) 본가에서 술잔치를 벌렸고, 유양은 筑(축)을 연주하며 즐겼으며 이어 군사를 진격시켜 邯鄲(한단)을 차지했고, 유식은 광무를 따라 河北을 평정하였다.

建武 2년(서기 26), 유식을 昌城侯로 옮겨 봉했다. 유식은 (河南郡) 密縣(밀현)의 반적을 토벌하다가 전사했다. 아들 劉向(유향)이 승계했다. 광무제는 劉喜(유희)를 유식 군영을 거느리게 했고 驍騎將軍에 임명하고 觀津侯에 봉했다. 유희가 죽어 다시 劉歆(유흠)을 효기장군에 임명하고 浮陽侯(부양후)에 봉했다. 유희와 유흠은 모두 정벌에 참여했고 나라는 후손에게 전해졌다. 유향은 東武陽侯에 옮겨 봉해졌는데 죽은 뒤에 아들 劉述(유술)이 계승했는데 (明帝) 永平 15년, 楚王 劉英(유영)의 모반에 연루되어 나라가 없어졌다.

❼ 耿純

原文

耿純字伯山, 鉅鹿宋子人也. 父艾, 爲王莽濟平尹. 純學於長安, 因除爲納言士.

王莽敗, 更始立, 使舞陰王李軼降諸郡國, 純父艾降, 還爲濟南太守. 時李軼兄弟用事, 專制方面, 賓客遊說者甚衆. 純連求謁不得通, 久之乃得見, 因說軼曰, "大王以龍虎之姿, 遭風雲之時, 奮迅拔起, 期月之間兄弟稱王, 而德信不聞於士民, 功勞未施於百姓. 寵祿暴興, 此智者之所忌也. 兢兢自危, 猶懼不終, 而況沛然自足, 可以成功者乎?"

軼奇之, 且以其鉅鹿大姓, 乃承制拜爲騎都尉, 授以節, 令安集趙,魏.

| 註釋 | ㅇ宋子 – 鉅鹿郡의 현명. 今 河北省 남부石家莊市 관할 趙縣. ㅇ艾 – 쑥 애. 인명. ㅇ濟平尹 – 왕망은 定陶國을 濟平으로 이름을 바꾸었다. ㅇ納言士 – 왕망은 尙書를 納言이라 개칭했다. ㅇ舞陰王李軼 – 경시제가 봉한 舞陰王 李軼(이일, ?–25). 李通의 從弟. 軼은 앞지를 일. 갈마들 질. 光武, 李通과 함께 거병했다. 李軼은 경시제의 五威中郎將으로 戰功을

세워 舞陰王이 되었다. 이일은 전부터 광무의 長兄 劉縯(伯升)과 私感이 있었는데 更始帝에게 劉縯의 처단을 적극 권했다. 뒷날 광무제는 朱鮪(주유)를 이용하여 이일을 죽였다. 17권, 〈馮岑賈列傳〉 중 〈馮異傳〉 참고. ○寵祿暴興 – 갑작스런 출세. ○兢兢 – 삼가고 두려워하는 모양. 兢은 삼갈 긍. ○沛然 – 沛然은 성대한 모양. 심히 자족한 모양. ○大姓 – 大族, 豪族. 또는 强宗, 右姓.

[國譯]

耿純(경순)의 字는 伯山(백산)으로 鉅鹿郡(거록군) 宋子縣(송자현) 사람이다. 부친 耿艾(경애)는 王莽의 濟平尹(제평윤)이었다. 경순은 장안에 유학한 뒤 納言士(尙書)가 되었다.

왕망이 패망하고 경시제가 자립하고서 舞陰王 李軼(이일)을 시켜 각 군국의 투항을 받게 했는데 경순의 부친 耿艾(경애)도 투항하여 濟南 태수가 되었다. 그때 李軼(이일)의 형제가 정치를 전횡하면서 지방관을 마음대로 임용하자 이일을 찾아오는 빈객이나 유세자가 매우 많았다. 경순도 계속 만나려 했으나 만나지 못하다가 얼마 뒤에 알현하면서 이일에게 말했다.

"大王(李軼)께서는 龍虎처럼 당당한 위세로 풍운의 시기를 맞아 아주 갑자기 출세하여 한 달도 안 되어 형제가 모두 왕이 되었지만 덕행이나 신의가 백성에게 알려지지도 않았고 공덕을 베푼 것도 없습니다. 본래 이런 갑작스런 출세는 지혜로운 사람이 꺼리는 바입니다. 삼가고 조심하며 끝이 안 좋을까 걱정해야 하는데도 오히려 득의만만하니 이래서야 큰일을 해낼 수 있겠습니까?"

이일은 경순을 기특하다 생각했고 또 거록군의 大姓이기에 황제의 뜻을 받아 경순을 騎都尉에 임용하고 부절을 주어 趙와 魏(위) 지역을 평정케 하였다.

原文

會世祖度河至邯鄲, 純卽謁見, 世祖深接之. 純退, 見官屬將兵法度不與它將同, 遂求自結納, 獻馬及縑帛數百匹. 世祖北至中山, 留純邯鄲. 會王郎反, 世祖自薊東南馳, 純與從昆弟訢,宿,植共率宗族賓客二千餘人, 老病者皆載木自隨, 奉迎於育. 拜純爲前將軍, 封耿鄕侯, 訢,宿,植皆偏將軍, 使與純居前, 降宋子, 從攻下曲陽及中山.

| **註釋** | ㅇ深接之 - 深은 深誠. 진심으로. ㅇ載木自隨 - 木은 木棺, 언제 죽을지 모르기에 관을 갖고 왔다는 주석이 있다. ㅇ奉迎於育 - 育은 前漢의 현명. 今 河北省 冀州市 부근, 후한에서는 폐현. ㅇ下曲陽及中山 - 鉅鹿郡의 下曲陽縣. 今 河北省 保定市 관할 曲陽縣. 常山郡에 上曲陽縣이 있다.

[國譯]

그 무렵 世祖(光武)는 황하를 건너 邯鄲(한단)에 도착했는데 耿純(경순)은 곧 광무를 알현했고 광무는 진심으로 대했다. 경순은 나오면서 광무의 관리와 장병 또 법도가 다른 장수와 같지 않음을 보고 스스로 섬기기로 마음먹고 말과 비단 수백 필을 광무에게 헌상하였다. 世祖는 북으로 中山縣을 평정하면서 경순을 한단에 머물게 했다. 그때 王郎이 반기를 들어 광무는 薊縣(계현)에서 동남쪽으로 급히 남하하였고, 경순은 사촌형제인 耿訢(경흔), 耿宿(경숙), 耿植(경식)과 함께 一族 및 빈객 2천여 명을 거느렸는데 老病者는 목관을 가지고 따라와 광무를 育縣(육현)에서 영접하였다. 광무는 경순을 前將軍에 임명하고 耿鄕侯(경향후)에 봉했으며, 경흔, 경숙, 경식을 모두 偏將軍에 임명하여 경순과 함께 선봉으로 삼아 宋子縣(송자현)을 차지하고 下曲陽縣 및 중산현도 점거하였다.

原文

是時, 郡國多降邯鄲者, 純恐宗家懷異心, 乃使訢,宿歸燒其廬舍. 世祖問純故, 對曰, "竊見明公單車臨河北, 非有府臧之蓄, 重賞甘餌, 可以聚人者也, 徒以恩德懷之, 是故士衆樂附. 今邯鄲自立, 北州疑惑, 純雖擧族歸命, 老弱在行, 猶恐宗人賓客半有不同心者, 故燔燒屋室, 絶其反顧之望."

世祖歎息. 及至鄗, 世祖止傳舍, 鄗大姓蘇公反城開門內王郎將李惲. 純先覺知, 將兵逆與惲戰, 大破斬之. 從平邯鄲, 又破銅馬.

| 註釋 | ㅇ郡國多降邯鄲者 – 邯鄲은 趙의 도성이나 여기서는 한단에 근거를 둔 王郎을 지칭. ㅇ重賞甘餌 – 甘餌는 맛있는 먹이. 餌 먹이 이. 낚싯밥. 유인책. ㅇ北州疑惑 – 北州는 幽州刺史部와 幷州刺史部의 관할 지역. ㅇ鄗(호) – 常山郡의 縣名. 光武帝가 즉위한 곳. 즉위 후에 高邑縣으로 개명. 今 河北省 石家莊市 관할 高邑縣. ㅇ銅馬 – 망 말기 농민 봉기군의 이름. 銅馬의 賊帥(적수)는 東山荒禿(동산황독)과 上淮況(상회황) 등이었다.

[國譯]

이때 왕랑에 투항하는 郡國이 많았는데 경순을 일족 중에도 딴 마음을 가진 자가 있을까 걱정하여 耿訢(경흔)과 耿宿(경숙)을 시켜 본 고향의 가옥을 모두 불태웠다. 광무가 경순에게 까닭을 묻자, 경순이 말했다.

"제가 볼 때 明公께서는 河北에 홀로 오셔서 창고에 비축한 물자가 없지만 큰 상을 베풀고 다만 덕행으로 사람은 끌어 모으시기에 많은 사람이 따르고 기꺼이 귀부하고 있습니다. 지금 왕랑이 자립하였지만 北州 일대에서는 여전히 의혹을 갖고 있으며, 제가 거느리고 歸命한 일족 중에는 노약자가 있고 또 빈객 중 일부는 다른 마음을 가진 자도 있기에 가옥을 불태워 뒤돌아 가려는 마음을 아예 잘라버렸습니다."

이에 광무는 크게 감탄하였다. 鄗縣(호현)에 와서 世祖는 傳舍에 머물고 있었는데 호현의 大姓인 蘇公(소공)이 성문을 열고 왕랑의 장수 李惲(이운)을 불러들였다. 경순이 먼저 알고서 군사를 거느리고 이운을 맞아 싸워 대파하고 이운을 죽였다. 경순은 광무를 따라 한단을 차지하였고 또 銅馬賊을 격파하였다.

原文

時, 赤眉, 青犢, 上江, 大彤, 鐵脛, 五幡十餘萬衆並在射犬, 世祖引兵將擊之. 純軍在前, 去衆營數里, 賊忽夜攻純, 雨射營中, 士多死傷. 純勒部曲, 堅守不動. 選敢死二千人, 俱持强弩, 各傅三矢, 使銜枚間行, 繞出賊後, 齊聲呼噪, 强弩並發, 賊衆驚走, 追擊, 遂破之. 馳騎白世祖. 世祖明旦與諸將俱至營, 勞純曰, "昨夜困乎?" 純曰, "賴明公威德, 幸而獲全." 世祖曰, "大兵不可夜動, 故不相救耳. 軍營進退無常, 卿宗族不可悉居軍中." 乃以純族人耿伋爲蒲吾長, 悉令將親屬居焉.

| 註釋 | ㅇ赤眉,靑犢,上江,大彤,鐵脛,五幡 – 모두 농민 봉기군의 이름. 실제로는 노략질을 일삼았다. 眉는 눈썹 미. 犢은 송아지 독. 彤은 붉을 동. 脛은 정강이 경. 幡은 깃발 번. ㅇ射犬 – 河內郡 野王縣(今 河南省 焦作市 관할 沁陽市, 縣級)의 射犬聚, 마을 이름. ㅇ雨射營中 – 군영으로 화살을 비 오듯 쏘았다. ㅇ各傅三矢 – 傅는 敷. 부착하다. ㅇ蒲吾長 – 蒲吾는 常山國의 현명. 今 河北省 石家莊市 관할 靈壽縣.

[國譯]

그 무렵, 赤眉(적미), 靑犢(청독), 上江, 大彤(대동), 鐵脛(철경), 五幡(오번)의 무리 등 10여만 명은 모두 射犬(사견)이란 곳에 모여 있었다. 耿純(경순)의 군사는 다른 군영보다 몇 리 전방에 주둔했는데, 적이 야간에 급작스레 경순의 군영에 비 오듯 화살을 쏘며 공격하여 많은 군사가 죽거나 다쳤다. 경순은 부대를 통제하며 굳게 지키고 출동하지 않았다. 경순은 결사대 2천 명을 선발하여 강한 활과 화살 3묶음씩을 가지고 떠들지 못하게 하무를 물리고 샛길로 적의 후방에 가서 일제히 소리를 지르며 강한 활을 쏘아대자 적의 무리는 놀라 달아났고, 경순은 적을 추격 격파한 뒤에 기병을 보내 光武에게 보고하였다. 다음 날 아침, 광무는 다른 장수와 함께 경순의 군영에 와서 위로하며 말했다. "엊저녁에 힘들지 않았는가?" 이에 경순은 "明公의 威德에 힘입어 다행히 무사하였습니다."라고 말했다.

그러자 광무가 말했다.

"밤에 대군을 움직일 수 없어 구원하지 못했다. 군영은 늘 공격하거나 후퇴해야 하니 경의 문중 사람이 모두 머물기 어려울 것이다."

그리고서는 경순의 일가인 耿伋(경급)을 (常山郡) 蒲吾(포오) 縣長으로 삼아 친족을 거느리고 거주케 하였다.

原文

世祖卽位, 封純高陽侯. 擊劉永於濟陰, 下定陶. 初, 純從攻王郎, 墮馬折肩, 時疾發, 乃還詣懷宮. 帝問, "卿兄弟誰可使者?" 純擧從弟植, 於是使植將純營, 純猶以前將軍從.

時眞定王劉揚復造作讖記云, '赤九之後, 瘦揚爲主.' 揚病瘦, 欲以惑衆, 與綿曼賊交通. 建武二年春, 遣騎都尉陳副,遊擊將軍鄧隆徵揚, 揚閉城門, 不內副等. 乃復遣純持節, 行赦令於幽,冀, 所過並使勞慰王侯. 密敕純曰, "劉揚若見, 因而收之." 純從吏士百餘騎與副,隆會元氏, 俱至眞定, 止傳舍. 揚稱病不謁, 以純眞定宗室之出, 遣使與純書, 欲相見. 純報曰, "奉使見王侯牧守, 不得先詣, 如欲面會, 宜出傳舍." 時, 揚弟臨邑侯讓及從兄細各擁兵萬餘人, 揚自恃衆强而純意安靜, 卽從官屬詣之, 兄弟並將輕兵在門外. 揚入見純, 純接以禮敬, 因延請其兄弟, 皆入, 乃閉閤悉誅之,因勒兵而出. 眞定震怖, 無敢動者. 帝憐揚,讓謀未發, 並封其子, 復故國.

| 註釋 | ㅇ劉永於濟陰 – 劉永(? – 27년)은 後漢 성립 시기의 割據者. 文帝의 아들이며 景帝의 同母弟인 梁孝王 劉武(前 184 – 144년)의 후손. ㅇ定陶 – 濟陰郡의 치소 定陶縣, 今 山東省 菏澤市 定陶區. ㅇ懷宮 – 河內郡 懷縣의 離宮. ㅇ赤九之後 – 漢은 火德을 숭상하였다. 劉揚과 劉秀(光武帝)는 모두 赤帝(高祖)의 9세손이다. ㅇ癭揚爲主 – 癭은 혹 영. 나무의 옹이. 劉揚(유양)이 혹이 있었던 모양이다. ㅇ綿曼賊交通 – 綿曼(면만)은 전한의 현명. 후한에서는 폐현. 今 河北省 石家莊市 관할 鹿泉市에 해당. ㅇ純眞定宗室之出 – 耿純은 眞定縣의 宗室에서 출가한 여인의 후손이다. 眞定은 常山郡의 縣名. 今 河北省 石家莊市 관할 正定縣.

[國譯]

世祖(光武帝)가 즉위하고, 耿純(경순)을 高陽侯(고양후)에 봉했다. 경순은 劉永(유영)을 濟陰郡에서 격파하고 치소인 定陶縣을 점령하였다. 그전에 경순은 광무제를 따라 王郎을 공격하다가 말에서 떨어져 어깨가 부러졌는데 이때 병이 재발하여 (河內郡) 懷縣의 별궁에서 머물고 있었다. 광무제가 "卿의 형제 중 누가 맡을 수 있겠는가?" 라고 물었다. 경순은 사촌 아우 耿植(경식)을 천거했고, 이에 경식이 경순의 군영을 지휘했는데 경순은 前將軍으로 같이 있었다.

이때, 眞定王 劉揚(유양)은 다시 讖記(참기)를 조작하여 '赤帝의 9세손으로 혹 달린 劉揚이 주군이 된다.' 라고 말하여 민중을 현혹시키면서 綿曼(면만)의 賊徒와도 결탁하였다.

建武 2년 봄, 광무제는 騎都尉 陳副(진부)와 遊擊將軍(유격장군) 鄧隆(등융)을 보내 유양을 불렀지만 유양은 성문을 닫고 진부 등을 들어오지 못하게 했다. 광무제는 다시 경순에게 부절을 주어 幽州와 冀州(기주) 일원을 돌며 사면을 시행하면서 지나는 곳의 왕이나 제후를 위로케 하였다. 광무가 경순에게 은밀히 당부하였다. "만약 유양을 만날 수 있으면 기회를 보아 처리하라."

경순은 수행하는 관리와 기병을 거느리고 진부와 등융을 元氏縣(원씨현)에서 만나 함께 眞定縣으로 가서 傳舍(전사)에 머물고 있었다. 유양은 병을 핑계로 만나주지 않다가 경순이 眞定의 劉氏 종실에서 출가한 딸의 소생이라 하여 경순에게 서신을 보내 만나자고 하였다. 이에 경순이 대답하였다.

"왕후나 지방관을 만나야 하는 임무가 있어 먼저 찾아가지 못하오니 만나고 싶다면 전사로 나오시는 것이 좋겠습니다."

그때 劉揚(유양)의 동생인 臨邑侯 劉讓(유양) 및 사촌형인 劉細(유세)도 1만여 명의 군사를 거느리고 있었는데 劉揚(유양)은 자기 군사가 막강하며, 또 경순의 뜻이 온순하다 생각하여 관속을 거느리고 전사에 도착하였고 형제들은 경무장한 군사를 거느리고 전사 밖에 있었다. 劉揚(유양)이 들어와 경순을 만나자 경순은 예를 다하여 응접하고 이어 형제들도 모두 안으로 들어오게 청했는데 형제가 다 들어오자 문을 닫고 모두 죽인 다음 군사를 거느리고 탈출하였다. 그러자 眞定縣이 두려워 떨며 감히 움직이는 자가 없었다. 광무제는 劉揚(유양)과 劉讓(유양)의 뜻이 이루지 못한 것을 불쌍히 여겨 그 자식을 모두 제후에 봉하며 옛 제후국을 회복시켰다.

原文

純還京師, 因自請曰, "臣本吏家子孫, 幸遭大漢復興, 聖帝受命, 備位列將, 爵爲通侯. 天下略定, 臣無所用志, 願試治一郡, 盡力自效." 帝笑曰, "卿旣治武, 復欲修文邪?" 乃拜純爲東郡太守. 時, 東郡未平, 純視事數月, 盜賊淸寧.

四年, 詔純將兵擊更始東平太守範荊, 荊降. 進擊太山濟南及平原賊, 皆平之. 居東郡四歲, 時發干長有罪, 純案奏, 圍守之, 奏未下, 長自殺. 純坐免, 以列侯奉朝請. 從擊董憲, 道過東郡, 百姓老小數千隨東駕涕泣, 云 '願復得耿君.' 帝謂公卿曰, "純年少被甲冑爲軍吏耳, 治郡乃能見思若是乎?

| **註釋** | ㅇ東郡 – 治所 濮陽縣, 今 河南省 동북 濮陽市(복양시). ㅇ東平 – 군명. 治所 無鹽縣, 今 山東省 泰安市 관할 東平縣. ㅇ太山濟南及 – 太山은 泰山郡, 治所 奉高縣. 今 山東省 중부 泰安市 岱嶽區(대악구). 濟南郡(國)의 治所 東平陵縣, 今 山東省 濟南市 관할의 章丘市. ㅇ平原賊 – 平原은 군명. 治所 平原縣, 今 山東省 북부 德州市 관할의 平原縣. ㅇ發干長 – 發干은 東郡의 縣名. 今 山東省 서북부 聊城市(요성시) 관할 冠縣. 冀(河北省), 魯(山東省), 豫(河南省)의 접경. 長은 縣長(1만 호 미만의 현). ㅇ奉朝請 – 제후가 봄에 입조하여 황제를 알현하는 것을 朝, 가을에는 請이라 한다. 三公이나 外戚, 皇室(劉氏)이나 제후로 朝나 請에 참여할 수 있는 사람을 奉朝請이라 한다. 그 서열은 三公의 다음이고 特進과 제후의 윗자리이다. 官職이 아니라서 정원도 없다. ㅇ董憲 – 후한 초 봉기세력의 하나. 東海郡 사람 董憲(동헌)은 東郡에서 기병하였고 劉永(유영)이 동헌을 海西王에 봉했다.

[國譯]

耿純(경순)은 京師로 돌아와 광무제에게 자청하였다.

"臣은 본래 관리의 자손으로 다행히 大漢의 중흥기에 聖帝의 명을 받아 장수의 반열에 올랐고 通侯(列侯)가 되었습니다. 지금 천하가 대략 평정되어 제 뜻을 펼 데가 없으니 郡 하나에 온 힘을 다 바쳐 다스리고 싶습니다."

그러자 광무가 웃으며 말했다.

"卿은 이미 武將으로 성취하였으니 이제 文治로도 성공하고 싶은가?"

그러면서 경순을 東郡 태수에 임명하였다. 그때 동군은 아직 평정되지 않았는데 경순이 태수가 되고 몇 달 만에 도적이 없어지고 평안하였다.

(建武) 4년, 경순에게 조서로 군사를 거느리고 更始의 東平太守인 範荊(범형)을 치게 하였고 범형은 투항하였다. 경순은 太山郡과 濟南郡 및 平原郡의 적도를 모두 평정하였다. 東郡을 다스리기 4년에 發干(발간) 縣長이 죄를 지었는데 경순은 이를 조사하여 사안을 상주하려고 발간의 현장을 포위하였는데 사안이 보고되기도 전에 현장은 자살하였다. 경순은 이에 연루하여 면직되었고 열후로 奉朝請이 되었다. 경순이 황제를 따라 董憲(동헌)을 정벌하러 東郡을 지나가자 수천 명 백성 노소가 동쪽으로 가는 어가를 따라가면서 "경 태수를 다시 보내 주십시오."라고 울며 말했다.

이에 광무제가 여러 공경에게 말했다.

"경순은 젊어 갑옷을 입고 장군이 되었는데, 郡을 다스리는 능력도 이와 같단 말인가?"

原文

六年, 定封爲東光侯. 純辭就國, 帝曰, "文帝謂周勃 '丞相吾所重, 君爲我率諸侯就國', 今亦然也." 純受詔而去. 至鄴, 賜穀萬斛. 到國, 弔死問病, 民愛敬之.

八年, 東郡,濟陰盜賊群起, 遣大司空李通,橫野大將軍王常擊之. 帝以純威信著於衛地, 遣使拜太中大夫, 使與大兵會東郡. 東郡聞純入界, 盜賊九千餘人皆詣純降, 大兵不戰而還. 璽書復以爲東郡太守, 吏民悅服. 十三年, 卒官, 諡曰成侯. 子阜嗣.

植後爲輔威將軍, 封威邑侯. 宿至代郡太守, 封遂鄉侯. 訢爲赤眉將軍, 封著武侯, 從鄧禹西征, 戰死雲陽. 凡宗族封列侯者四人, 關內侯者三人, 爲二千石者九人.

阜徙封莒鄉侯, 永平十四年, 坐同族耿歙與楚人顏忠辭語相連, 國除. 建初二年, 肅宗追思純功, 紹封阜子盱爲高亭侯. 盱卒, 無嗣, 帝復封盱弟騰. 卒, 子忠嗣. 忠卒, 孫緖嗣.

| 註釋 | ㅇ(建武) 六年 – 서기 30년. ㅇ文帝謂周勃 – 당시 文帝는 개국공신 武將을 봉국으로 내보내려고 원로이며 큰 공을 세운 周勃(주발, 周亞夫 장군의 부친)에게 시범적으로 봉국에 나가달라고 부탁했었다. ㅇ大司空李通 – 15권, 〈李王鄧來列傳〉 立傳. ㅇ橫野大將軍王常 – 15권, 〈李王鄧來列傳〉 立傳. ㅇ衛地(위지) – 동군은 전국시대 衛(위)의 영역이었다. ㅇ雲陽 – 左馮翊의 현명. 今 陝西省 咸陽市 관할 淳化縣. ㅇ耿歙與楚人顏忠辭語相連 – 耿歙(경흡)과 顏忠(안충)은 명제 말년, 楚王 劉永의 모반 사건에 연루

되었다.

[國譯]

(建武) 6년, 耿純(경순)은 東光侯(동광후)로 확정되었다. 경순이 봉국에 취임하러 인사를 할 때 광무제가 말했다.

"文帝께서 周勃(주발)에게 '丞相은 내게도 소중하지만 승상께서 나를 위해 다른 제후에 솔선하여 후국에 부임해주시오.' 라고 말했는데 지금도 그와 같소."

경순은 조서를 받고 출발하였다. (魏郡 治所인) 鄴縣(업현)에 도착하자 광무제는 곡식 1만 斛(곡)을 하사하였다. 봉국에 도착하여 죽은 자를 조문하고 병자를 위문하자 백성이 존경하였다.

8년, 東郡과 濟陰郡에서 떼도적이 봉기하자 大司空 李通(이통), 橫野大將軍 王常(왕상)을 보내 토벌케 하였다. 광무제는 경순의 위엄이 옛 衛地(東郡)에 남아있다며 사자를 보내 경순에게 太中大夫를 제수하고 이통의 군사와 東郡에서 회동케 하였다. 東郡에 경순이 도착하자 도적 무리 9천여 명이 모두 경순을 찾아와 투항하였고, 이통의 대군은 싸우지 않고 그대로 돌아갔다. 광무제는 국서를 내려 경순을 다시 東郡太守에 임명했는데 관리와 백성이 기꺼이 복속하였다.

(건무) 13년, 관직을 갖고 죽었고, 시호는 成侯(성후)이며 아들 耿阜(경부)가 계승했다.

耿植(경식)은 뒷날 輔威將軍이 되었고, 작위는 威邑侯(위읍후)였다. 耿宿(경숙)은 代郡 태수가 되었고, 遂鄕侯(수향후)에 봉해졌다. 耿訢(경흔)은 赤眉(적미)將軍이 되었고, 著武侯(저무후)에 봉해졌는데 鄧禹(등우)를 따라 西征(隗囂와 公孫述 정벌)하다가 雲陽縣(운양현)에서 전사하였다.

경순의 종족으로 列侯에 봉해진 자가 4명이었고 關內侯는 3인, 二千石 고관은 모두 9명이었다.

耿阜(경부)는 莒鄕侯(거향후)에 옮겨 봉해졌는데 (明帝) 永平 14년, 同族인 耿歙(경흡)과 楚人 顔忠(안충)과 서로 연락이 있었다 하여 나라가 없어졌다. 建初 2년에, 肅宗(章帝)는 경순의 공적을 생각하여 耿阜(경부)의 아들 耿盱(경우)를 高亭侯에 봉했다. 경우가 죽자 후사가 없어 장제는 다시 耿盱(경우)의 아우 耿騰(경등)을 이어 봉했다. 경등이 죽고, 아들 耿忠(경충)이 이었다. 경충이 죽자, 손자 耿緖(경서)가 계승하였다.

原文

贊曰, 任,邳識幾, 嚴城解扉. 委佗還旅, 二守焉依. 純,植義發, 奉兵佐威.

| 註釋 | ㅇ嚴城解扉 – 解는 열다(開也). 扉는 문짝 비. 사립문. ㅇ委佗還旅 – 委佗(위이)는 구불구불 가는 모양. 여기 委는 굽을 위. 佗(다를 타)는 蛇(뱀 사)와 뜻이 통하고 蛇는 구불구불 갈 이. 委佗는 委蛇(위의)와 同. 佗(다를 타)는 '音 移' 라는 주석이 있지만 우리나라 옥편에는 '이' 音이 없다. 旅는 大衆, 곧 光武의 군사. ㅇ二守焉依 – 二守는 信都太守 任光, 和成太守 邳肜(비동). 焉依(언의)는 이에(두 사람) 의지하다. 焉은 어찌 언, 이(是) 언. 指定의 뜻을 나타내는 어조사.

[國譯]

贊曰,

任光과 邳彤(비동)은 기미를 알고 대비하며 성문을 열었다.

구불구불 되돌아 온 光武 군사는 두 태수에게 의지했었다.

耿純(경순)과 劉植(유식)의 義兵은 光武의 위엄을 높였다.

22 朱景王杜馬劉傅堅馬列傳
〔주,경,왕,두,마,유,부,견,마열전〕

❶ 朱祐

原文

朱祐字仲先, 南陽宛人也. 少孤, 歸外家復陽劉氏, 往來舂陵, 世祖與伯升皆親愛之. 伯升拜大司徒, 以祐爲護軍. 及世祖爲大司馬, 討河北, 復以祐爲護軍, 常見親幸, 舍止於中. 祐侍宴, 從容曰, "長安政亂, 公有日角之相, 此天命也." 世祖曰, "召刺姦收護軍!" 祐乃不敢復言. 從征河北, 常力戰陷陣, 以爲偏將軍, 封安陽侯. 世祖卽位, 拜爲建義大將軍. 建武二年, 更封堵陽侯. 冬, 與諸將擊鄧奉於淯陽, 祐軍敗, 爲奉所獲. 明年, 奉破, 乃肉袒因祐降. 帝復祐位而厚加慰賜. 遣擊新野,隨, 皆平之.

| 註釋 | ㅇ朱祜字仲先 – 朱祜(주우), 《東觀記》에는 安帝를 피휘하여 朱福으로 기록. ㅇ復陽劉氏 – 復陽은 南陽郡의 현명. ㅇ舂陵(용릉) – 南陽郡의 縣名. 元帝 初元 4년(前 45년)에 설치. 今 湖北省 북부 襄陽市(양양시) 관할 棗陽市(조양시)에 남쪽에 해당. 광무제의 본 고향. ㅇ護軍 – 中護軍, 護軍將軍의 속관, 護軍都尉는 장군의 명을 받아 군사 지휘, 護軍司馬는 장군의 업무를 보좌하는 중급 무관. 무관 감찰. ㅇ從容 – 자연스럽고 태연한 모양. 떠들지 않고 유유한 모양. 부드럽게 말하는 모양. 침착하고 서두르지 않음. 우리말 '조용하다'의 어원. ㅇ日角之相 – 日角은 이마의 뼈 가운데가 둥글게 뛰어나온 모양. 귀인의 상. ㅇ召刺姦收護軍 – 刺姦(척간)은 王莽 시대의 관직. 관리 부정을 감찰. ㅇ堵陽侯 – 堵陽(도양)은 南陽郡의 현명. 今 河南省 南陽市 관할 方城縣. ㅇ淯陽 – 育陽(육양)과 同. 南陽郡의 읍명. 漢江의 지류인 淯水(육수, 唐白河)의 북쪽. 今 河南省 南陽市 관할 新野縣. ㅇ新野,隨 – 新野는 南陽郡의 縣名. 今 河南省 南陽市 관할 新野縣. 隨(수)는 남양군의 현명. 今 湖北省 북부의 隨州市. 隋(수) 文帝 楊堅(양견)은 20세 이전에 이곳 隨州刺史를 역임했었다. 서기 581년, 건국하고 국명을 隋로 정했는데 隨의 '辶'이 물을 따라 흘러 가버린다는 뜻이 있다 하여 隨를 隋로 바꿔 불렀다.

[國譯]

朱祜(주우)의 字는 仲先(중선)으로 南陽郡 宛縣(완현) 사람이다. 어려서 부친을 잃고 외가인 復陽 劉氏 집에 지내며 舂陵(용릉)을 왕래하였는데 世祖(光武, 劉秀)와 伯升(劉縯, 光武의 長兄)이 모두 주우를 친애하였다. 伯升이 (경시제의) 大司徒가 되자, 주우를 護軍에 임명하였다. 또 世祖가 (경시제의) 大司馬가 되어 河北을 평정할 때도 주우를 다시 護軍으로 임명하고 늘 가까이서 총애하였고 군중에 머물렀다. 주우는 유수가 식사할 때 조용히 말했다.

"長安(更始)의 정사는 문란하고 公의 이마가 日角의 相이니, 이는 天命일 것입니다."

이에 世祖가 "刺姦(척간)을 불러 너를 잡아넣겠다!"라고 말했다. 주우는 감히 다시는 말하지 못했다. 주우는 세조를 따라 하북을 원정하며 늘 힘써 싸워 적진을 깨트렸기에 편장군이 되었고 安陽侯에 봉해졌다. 世祖가 즉위한 뒤에 建義大將軍이 되었다. 建武 2년에는 다시 堵陽侯(도양후)가 되었다. 겨울에 여러 장수와 함께 淯陽(육양)에서 鄧奉(등봉)을 공격했는데 주우의 군사가 패배하면서 등봉에게 생포되었다. 다음 해 등봉이 격파되자 등봉은 웃통을 벗고 주우를 통해 투항하였다. 광무제는 주우의 지위를 회복시켜주고 여러 하사품으로 주우를 위로하였다. 주우는 新野와 隨縣(수현)을 공격하여 평정하였다.

原文

延岑自敗於穰, 遂與秦豐將張成合, 祐率征虜將軍祭遵與戰於東陽, 大破之, 臨陣斬成, 延岑敗走歸豐. 祐收得印綬九十七. 進擊黃郵, 降之, 賜祐黃金三十斤.

四年, 率破姦將軍侯進,輔威將軍耿植代征南大將軍岑彭圍秦豐於黎丘, 破其將張康於蔡陽, 斬之. 帝自至黎丘, 使御史中丞李由持璽書招豐, 豐出惡言, 不肯降. 車駕引還, 敕祐方略, 祐盡力攻之. 明年夏, 城中窮困, 豐乃將其母,妻,子九人肉袒降. 祐監車傳豐送洛陽, 斬之. 大司馬吳漢劾奏祐廢詔受降, 違將帥之任, 帝不加罪. 祐還, 與騎都尉臧宮會擊延岑餘黨陰,酇,筑陽三縣賊, 悉平之.

| **註釋** | ㅇ延岑(연잠, ?-36) - 南陽人, 경시 2년에 漢中郡에서 거병, 건무 2년에 武安王을 자칭. 赤眉郡을 대파하였지만 곧 公孫述에 투항, 공손술의 大司馬 역임. 建武 12년 공손술 패망 시 漢將 吳漢에 피살. ㅇ自敗於穰 - 건무 3년. 穰(양)은 南陽郡의 縣名. 今 河南省 직할의 鄧州市. 河南省의 서남쪽 湖北省의 접경. ㅇ祭遵與戰於東陽 - 祭遵(제준, ?-33)은 人名. 광무제를 따라 공을 세움. 20권, 〈銚期王霸祭遵列傳〉에 입전. 東陽은 南陽郡의 마을 이름. ㅇ岑彭(잠팽) - 征南大將軍 잠팽이 장군 3명을 거느리고 秦豐(진풍, 楚 黎王을 자칭)을 토벌했는데 黎丘(여구)에서 싸워 적을 대파하고 그 장수 蔡宏(채굉)을 생포하였다. 잠팽은 17권, 〈馮岑賈列傳〉 立傳. 黎丘는 秦豐의 고향, 縣名. 今 湖北省 襄陽市 所轄 宜城市. ㅇ陰,酇,筑陽 - 陰縣은 南陽郡, 酇(찬)은 南陽郡 酇縣, 今 湖北省 서북부 襄陽市 관할 老河口市 漢水 中流 北岸, 河南省과 접경. 筑陽(축양)은 南陽郡의 현명.

[國譯]

延岑(연잠)이 (南陽郡) 穰縣(양현)에서 패전한 뒤에 秦豐(진풍)의 장수 張成(장성)과 군사를 합쳤는데, 朱祐(주우)는 征虜將軍 祭遵(제준)과 함께 東陽(동양)이란 곳에서 싸워 적을 대파하고 장성을 참수하자 연잠은 패주하여 진풍에게 돌아갔다. 주우는 적이 만든 각종 인수 97개를 노획하였다. 주우가 적장 黃郵(황우)를 공격하자 황우는 투항하였고, 광무제는 주우에게 황금 30근을 하사하였다.

(건무) 4년, 破姦將軍 侯進(후진), 輔威將軍 耿植(경식)을 거느리고

征南大將軍 岑彭(잠팽)을 대신하여 진풍을 黎丘(여구)에서 포위하였으며 그 장수 張康(장강)을 蔡陽(채양)에서 격파하고 참수하였다. 광무제는 직접 黎丘(여구)까지 와서 御史中丞인 李由(이유)를 시켜 국서로 진풍을 회유하였으나 진풍은 악언을 하며 투항하지 않았다. 광무제는 낙양으로 돌아가면서 주우에게 방책을 지시하였고, 주우는 온 힘을 다해 진풍을 공격하였다.

다음 해 여름, 진풍은 성 안에 군량이 떨어지고 지쳐서 그 모친과 처자 9명을 거느리고 웃통을 벗고 투항해 왔다. 주우는 진풍을 죄수 수레에 태워 낙양으로 이송케 했고, 진풍은 낙양에서 참수되었다. 大司馬인 吳漢(오한)은 주우가 조서를 따르지 않고 진풍의 투항을 받아들인 것은 장수의 직무를 어긴 것이라며 주우를 탄핵하였지만 광무제는 주우를 문책하지 않았다. 주우는 돌아와 騎都尉 臧宮(장궁)과 함께 延岑(연잠)의 잔당을 (南陽郡의) 陰縣, 酇縣(찬현), 築陽縣(축양현)에서 격파하여 모두 평정하였다.

原文

祐爲人質直, 尙儒學. 將兵率衆, 多受降, 以克定城邑爲本, 不存首級之功. 又禁制士卒不得虜掠百姓, 軍人樂放縱, 多以此怨之. 九年, 屯南行唐拒匈奴.

十三年, 增邑, 定封鬲侯, 食邑七千三百戶. 十五年, 朝京師, 上大將軍印綬, 因留奉朝請. 祐奏古者人臣受封, 不加王爵, 可改諸王爲公. 帝卽施行. 又奏宜令三公並去'大' 名,以法經典. 後遂從其議.

祐初學長安, 帝往候之, 祐不時相勞苦, 而先升講舍. 後車駕幸其第, 帝因笑曰, "主人得無捨我講乎?" 以有舊恩, 數蒙賞賚.

二十四年, 卒. 子商嗣. 商卒, 子演嗣, 永元十四年, 坐以兄伯爲外孫陰皇后巫蠱事, 免爲庶人. 永初七年, 鄧太后紹封演子沖爲鬲侯.

| 註釋 | ㅇ質直 - 質朴하고 正直하다. ㅇ南行唐 - 南行唐은 常山郡의 현명. 行唐으로 간칭, 今 河北省 서남부 石家莊市 관할 行唐縣. ㅇ定封鬲侯 - 鬲(鬲 音 gé 격, 막을 격. 솥 력)은 平原郡의 현명. 今 山東省 북부 德州市 동남. ㅇ三公並去 '大' 名 - 三公의 직명에 '大'를 없애다. 大司徒는 司徒, 大司空은 司空으로 호칭했다. ㅇ以法經典 - 경전을 따르다. 法은 준수하다. ㅇ數蒙賞賚 - 蒙은 입을 몽. 은택을 받다. 賞은 賞賜. 賚은 줄 뢰. 하사품. ㅇ陰皇后巫蠱事 - 和帝의 陰皇后는 永元 14년(서기 102) 무고로 폐위되었다. 巫蠱(무고)의 蠱는 독 고, 벌레 고. 惡氣. 巫蠱(무고)는 邪術로 남에게 위해를 가하는 행위. 그런 행위가 효과가 있다고 믿었다. 전한 武帝 말기, 巫蠱의 禍(무고의 화)는 武帝의 衛太子(위태자)가 무고행위를 했다고 태자를 誣告(무고)한 江充(강충, ? - 前 91)을 제거하려고 했지만, 사건은 衛태자가 군사를 일으켜 승상의 군사와 싸운 것이 되었고 그 때문에 衛태자는 반역자로 쫓기고 결국 자살했다.

[國譯]

朱祐(주우)는 사람됨이 質朴 正直하며 유학을 존숭하였다. 군사와 백성을 거느리며 투항을 받았지만 성읍 평정을 목표로 삼았지 적을 죽인 숫자를 생각하지 않았다. 또 사졸이 백성의 재물을 노략질을 하지 못하도록 단속하였는데, 군졸은 본래 방종을 좋아하였기에 사졸의 원망이 많았다. (建武) 9년에, 南行唐(남행당)에 주둔하며 흉노를 방어했다.

(建武) 13년(서기 37), 식읍을 늘려 받고 鬲侯(격후)로 정식 책봉되었는데 식읍은 7,300호였다.

15년, 낙양에 입조하여 大將軍의 인수를 반환하고 낙양에 머물러 奉朝請이 되었다. 주우는 옛날 신하가 封을 받으면 王爵을 더 추가하지 않았다면서 모든 王을 公으로 바꿔야 한다고 건의하였다. 이에 광무제는 즉시 시행하였다. 또 三公의 직명에 '大'를 모두 삭제하여 경전의 뜻에 따라야 한다고 주청하였다. 뒤에 이 건의대로 시행되었다.

주우는 그전에 長安에서 학문할 때, 광무제가 사람을 보내 살펴보게 하였는데 주우는 아무 때나 언제든 힘써 면학했고 학당에 제일 먼저 나가곤 했다. 뒷날 황제가 그의 집에 들려 웃으면서 "主人은 나에게 강론하지 않을 것인가?" 라고 말했고, 또 옛 은정이 있다 하여 자주 재물을 하사받았다.

주우는 건무 24년(서기 48)에 죽었다. 아들 朱商(주상)이 계승하였다. 주상이 죽고 아들 朱演(주연)이 계승하였는데, (和帝) 永元 14년(서기 102)에 사촌형의 외손녀인 (和帝) 陰皇后의 巫蠱(무고) 사건의 연루되어 서인으로 강등되었다. (安帝) 永初 7년(서기 113)에 鄧太后가 주연의 아들 朱沖(주충)을 鬲侯(격후)로 紹封(소봉)하였다.

❷ 景丹

原文

景丹字孫卿, 馮翊櫟陽人也. 少學長安. 王莽時擧四科, 丹以言語爲固德侯相, 有幹事稱, 遷朔調連率副貳.

更始立, 遣使者徇上谷, 丹與連率耿況降, 復爲上谷長史. 王郎起, 丹與況共謀拒之. 況使丹與子弇及寇恂等將兵南歸世祖, 世祖引見丹等, 笑曰, "邯鄲將帥數言我發漁陽,上谷兵, 吾聊應言然, 何意二郡良爲吾來! 方與士大夫共此功名耳."

拜丹爲偏將軍, 號奉義侯. 從擊王郎將宏等於南䜌, 郎兵迎戰, 漢軍退卻, 丹等縱突騎擊, 大破之, 追奔十餘里, 死傷者從橫.

丹還, 世祖謂曰, "吾聞突騎天下精兵, 今乃見其戰, 樂可言邪?" 遂從征河北.

| **註釋** | ㅇ馮翊櫟陽 – 左馮翊 櫟陽縣(역양현)은 今 陝西省 중부 渭南市 관할의 富平縣. ㅇ王莽時擧四科 – 왕망은 인재를 有德行, 能言語, 通政事, 明文學의 4영역으로 나누어 천거하게 하였다. 이는 孔門四科를 그대로 적용한 것이다. ㅇ連率耿況 – 連率은 왕망이 太守를 개칭한 칭호. 耿況(경황)은 耿弇(경엄)의 부친. 19권, 〈耿弇列傳〉 참고. ㅇ聊應言然 – 聊는 애오라지 요(료). 건성으로. 일단. ㅇ南䜌(남련) – 鉅鹿郡의 縣名. 柏人縣 東北이라는 주석 有. 今 河北省 남부 邢台市 鉅鹿縣.

[國譯]

景丹(경단)의 字는 孫卿(손경)으로 左馮翊(좌풍익) 櫟陽縣(역양현) 사람이다. 젊어 장안에 유학하였다. 王莽 때 四科로 인재를 천거했는데 경단은 言語에 능하다 하여 固德侯의 相이 되었고, 유능하다는 명성이 있어 朔調(上谷郡) 連率(太守)의 副官이 되었다.

경시가 자립한 뒤 사자를 보내 上谷郡을 경략했는데 경단과 連率(太守)인 耿況(경황)은 일단 투항하였고 경단은 다시 上谷郡 長史가 되었다. 王郞이 봉기하자, 景丹과 耿況(경황)은 함께 왕랑에 저항키로 합의했다. 경황이 경단을 시켜 아들 耿弇(경엄) 및 寇恂(구순) 등과 함께 군사를 거느리고 남쪽으로 가서 世祖에 귀의하였는데, 세조가 경단 등을 만나 웃으면서 "邯鄲(한단)의 장수들이 나에게 漁陽과 上谷의 군사를 동원하라고 할 때 나는 건성으로 그런다고 하였는데, 정말로 2개 군의 군사가 나에게 왔도다! 이제 여러 士大夫와 함께 功名을 함께 할 것이다."라고 말했다.

그리고서는 경단을 偏將軍에 임명하고 奉義侯(봉의후)라 불렀다. 경단은 세조를 따라 王郞의 장수 兒宏(예굉) 등을 (거록군) 南䜌(남련)에서 공격하자 왕랑의 군사가 맞서 싸웠는데 漢軍은 퇴각하였으나 경단 등은 돌격 기병으로 공격하여 적을 대파하고서도 10여 리를 더 추격하니 적의 사상자가 많았다. 경단이 돌아오자 세조가 말했다.

"내가 알기로는, (上谷郡의) 突騎가 천하의 精兵이라 하더니 이번에 그 전투를 보니 기꺼이 그리 말할 수 있겠노라!"

경단은 세조를 따라 河北을 평정하였다.

原文

世祖卽位, 以讖文用平狄將軍孫咸行大司馬, 衆咸不悅. 詔擧可爲大司馬者, 群臣所推惟吳漢及丹. 帝曰, "景將軍北州大將, 是其人也. 然吳將軍有建大策之勳, 又誅苗幽州, 謝尙書, 其功大. 舊制驃騎將軍官與大司馬相兼也."

乃以吳漢爲大司馬, 而拜丹爲驃騎大將軍.

| **註釋** | ㅇ以讖文用平狄將軍孫咸～ - 당시 전하는 讖書(참서)에 '孫咸征狄～' 하는 내용이 있었다고 한다. ㅇ是其人也 - 적임자이다. ㅇ苗幽州,謝尙書 - 苗曾(묘증)과 謝躬(사궁).

[國譯]

世祖가 즉위하고서 讖書(참서)에 의거 平狄將軍인 孫咸(손함)을 大司馬 직무대리로 등용하였는데 여러 사람이 모두 좋아하지 않았다. 조서로 大司馬가 될 자를 추천케 하였더니 많은 신하들이 오직 吳漢(오한)과 景丹(경단)만을 천거하였다. 이에 광무제가 말했다.

"景將軍은 北州 일대의 대장으로 적임자이다. 그러나 吳將軍 역시 큰 방책을 확립한 공훈이 있고 또 苗曾(묘증)과 謝躬(사궁)을 주살한 공적도 크다. 옛 제도에 驃騎將軍의 직책과 大司馬는 서로 같다고 하였다."

그리고는 吳漢을 大司馬에, 경단을 驃騎大將軍에 임명하였다.

原文

建武二年, 定封丹櫟陽侯. 帝謂丹曰, "今關東故王國, 雖數縣, 不過櫟陽萬戶邑. 夫'富貴不歸故鄉, 如衣繡夜行', 故以封卿耳." 丹頓首謝. 秋, 與吳漢,建威大將軍耿弇,建義大將軍朱祐,執金吾賈復,偏將軍馮異,强弩將軍陳俊,左曹王常,騎都尉臧宮等從擊破五校於羛陽, 降其衆五萬人. 會陝賊蘇況攻破弘農, 生獲郡守. 丹時病, 帝以其舊將, 欲令强起領郡事, 乃夜召入, 謂曰, "賊迫近京師, 但得將軍威重, 臥以鎭之足矣."

丹不敢辭, 乃力疾拜命, 將營到郡, 十餘日薨.

子尙嗣, 徙封余吾侯. 尙卒, 子苞嗣. 苞卒, 子臨嗣, 無子, 國絕. 永初七年, 鄧太后紹封苞弟遽爲監亭侯.

| 註釋 | ㅇ櫟陽侯 – 櫟陽(역양)은 경단의 출신 현이다. ㅇ'富貴不歸故鄉, 如衣繡夜行' – 錦衣夜行. 당시에 널리 통용되던 속언. 項羽도 이런 말을 했고, 武帝도 朱買臣(주매신)에게 이 말을 했다. ㅇ五校於羛陽(의양) – 五校는 농민 봉기군의 이름. 황제 宿衛軍의 부대 五校가 아님. 羛陽(의양)은 魏郡 內黃縣의 마을 이름. 羛는 땅 이름 의. 今 河南省 安陽市 관할 內黃縣. ㅇ陝賊蘇況 – 陝縣(섬현)의 도적. 陝縣은 今 河南省 서쪽 끝 三門峽市. ㅇ弘農 – 사예교위부의 군명. 치소는 弘農縣, 今 河南省 서쪽 三門峽市 관할 靈寶市. ㅇ余吾侯 – 余吾(여오)는 上黨郡의 현명.

[國譯]

建武 2년, 景丹(경단)은 櫟陽侯(역양후)로 확정되었다. 광무제가 경단에게 말했다.

"지금 關東의 옛 봉국은 비록 몇 개 현이지만 櫟陽縣의 1만 호만 못하다. 富貴하여 고향에 돌아가지 않는다면 비단 옷을 입고 밤길을 가는 것과 같다는 말도 있어 경을 거기에 봉했도다."

경단은 머리를 숙여 사례하였다.

가을에 경단은 (大司馬) 吳漢, 建威大將軍 耿弇(경엄), 建義大將軍 朱祐(주우), 執金吾인 賈復(가복), 偏將軍 馮異(풍이), 强弩將軍 陳俊(진준), 左曹인 王常(왕상), 騎都尉인 臧宮(장궁) 등과 함께 羛陽(의양)에서 五校의 무리를 격파하자 그 무리 5만여 명이 투항하였다. 그 무렵에 陜縣(섬현)의 도적 무리 蘇況(소황)이 弘農郡을 공격하고 郡守(태수)를 생포하였다. 경단은 그때 병을 앓고 있었는데 광무제는 경단이 옛 장군으로 억지로라도 태수 직무를 수행하는 것이 좋겠다고 생각하여 밤에 궁궐로 불러 말했다.

"적도가 洛陽에 가까우니, 일단 장군의 위엄으로 누워서라도 적도를 진압한다면 족할 것이요."

경단은 사양할 수가 없어 병중에 명을 받고 홍농군 군영에 도착한 지 10여 일에 병사하였다.

아들 景尙(경상)이 뒤를 이었는데 余吾侯(여오후)에 옮겨 봉해졌다. 경상이 죽고, 아들 景苞(경포)가 뒤를 이었다. 경포가 죽자 아들 景臨(경림)이 뒤를 이었으나 無子하여 나라가 단절되었다. (安帝) 永初 7년에, 鄧(등) 太后는 景苞의 동생 景遽(경거)를 監亭侯(감정후)에 紹封(소봉)했다.

❸ 王梁

原文

王梁字君嚴, 漁陽要陽人也. 爲郡吏, 太守彭寵以梁守狐奴令. 與蓋延,吳漢俱將兵南及世祖於廣阿, 拜偏將軍. 既拔邯鄲, 賜爵關內侯. 從平河北, 拜野王令, 與河內太守寇恂南拒洛陽, 北守天井關, 朱鮪等不敢出兵, 世祖以爲梁功. 及卽位, 議選大司空, 而〈赤伏符〉曰 '王梁主衛作玄武.' 帝以野王衛之所徙, 玄武水神之名, 司空水土之官也, 於是擢拜梁爲大司空, 封武强侯.

| 註釋 | ㅇ漁陽要陽 – 漁陽은 군명. 治所 漁陽縣, 今 北京市 동북부 密雲區. 要陽은 전한의 현명, 광무제 때 폐현. ㅇ守狐奴令 – 임시 狐奴(호노)縣令, 狐奴(호노)는 漁陽郡의 현명. 今 北京市 順義區 동북. ㅇ廣阿 – 前漢의 현명. 後漢에서는 폐현. 今 河北省 남부의 邢台市 관할 隆堯縣에 해당. ㅇ關內侯 – 漢 20작위 중 19등급 작위, 20등급은 列侯. 관내후는 공적에 따라 食邑 戶數가 달라진다. 통치 기능은 없음. 列侯는 본래 徹侯(철후, 武帝 諱하여 列侯로 개칭), 金印紫綬, 大功은 현을 식읍으로 小者는 鄕이나 亭을 식읍으로 받았다. ㅇ野王令 – 河內郡 野王 縣令, 今 河南省 焦作市 관할 沁陽市. ㅇ天井關 – 雄定關. 太行山의 最南部, 山西省 동남부 晋城市 澤州縣에 위치, 河南省 焦作市로 통할 수 있는 險要地. 관문 앞에 깊이를 알 수 없는 3개의 우물이 있다. ㅇ〈赤伏符〉 – 《河圖》의 편명. 광무가 칭제하기 직전 鄗縣(호현)에 도착했을 때, 옛날 장안에서 유수와 함께 공부했던 彊華(강화)란 사람이 關中에서 〈赤伏符〉를 가지고 왔는데 거기에는 '劉秀가 發兵하여 不道한 자를 없애니 사방 종족이 모여 용과 같이 原野에서 싸우나

四七(228년)만에 火德의 운수가 되리라.' 라고 하였다. 이는 광무가 천명을 받은 근거로 활용되었다. ㅇ玄武水神之名 – 玄武는 龜蛇 합체로 북방의 神, 水神之名. ㅇ司空水土之官也 – 司空은 본래 나라의 산천 관리와 토목 공사를 주관하는 관직, 뒤에 감찰 기능이 보태어져 御史大夫라 호칭. 後漢의 大司空.

[國譯]

王梁(왕량)의 字는 君嚴(군엄)으로 漁陽郡 要陽縣 사람이다. 郡吏로 일했는데, 태수인 彭寵(팽총)이 왕량을 임시 狐奴(호노) 현령에 임명하였다. 왕량은 蓋延(개연), 吳漢(오한)과 함께 군사를 거느리고 남으로 가서 世祖를 廣阿縣(광아현)에서 알현하고 偏將軍이 되었다. 邯鄲(한단)을 점거한 다음에 關內侯의 작위를 받았고 世祖를 따라 河北을 평정한 뒤에 野王(야왕) 현령이 되어 河內太守 寇恂(구순)과 함께 남으로는 洛陽, 북으로는 天井關(천정관)을 방어하여 朱鮪(주유) 등이 감히 군사를 움직이지 못했는데 世祖는 이를 왕량의 공적이라 생각하였다.

광무제가 즉위하고서(서기 25년) 大司空(대사공, 前 御史大夫) 선임을 협의하였는데, 〈赤伏符(적복부)〉에 있는 '王梁이 衛(위)의 주체로 玄武를 만든다.' 는 내용을 광무제는 野王縣은 衛國이 옮겨간 곳이고 玄武(현무)는 水神의 이름이며 司空은 본래 토목공사를 담당하는 관리(水土之官)라고 생각하여 왕량을 大司空으로 발탁하고 武强侯(무강후)에 봉했다.

原文

建武二年, 與大司馬吳漢等俱擊檀鄕, 有詔軍事一屬大司馬, 而梁輒發野王兵, 帝以其不奉詔敕, 令止在所縣, 而梁復以便宜進軍. 帝以梁前後違命, 大怒, 遣尙書宗廣持節軍中斬梁. 廣不忍, 乃檻車送京師. 旣至, 赦之. 月餘, 以爲中郞將, 行執金吾事. 北守箕關, 擊赤眉別校, 降之.

三年春, 轉擊五校, 追至信都,趙國, 破之, 悉平諸屯聚. 冬, 遣使者持節拜梁前將軍.

四年春, 擊肥城,文陽, 拔之. 進與驃騎大將軍杜茂擊佼彊,蘇茂於楚,沛間, 拔大梁,齧桑, 而捕虜將軍馬武,偏將軍王霸亦分道並進, 歲餘悉平之.

五年, 從救桃城, 破龐萌等, 梁戰尤力, 拜山陽太守, 鎭撫新附, 將兵如故.

| **註釋** | ㅇ檀鄕 – 봉기한 농민 집단의 명칭. 단향의 우두머리 董次仲(동차중)은 본래 茌平縣(사평현)에서 봉기하였는데 나중에 황하를 건너 魏郡 淸河縣에 들어가 五校(오교)의 무리와 합쳐 10여만 명이나 되었다. ㅇ箕關(기관) – 관문 이름. 今 河南省 서북부 黃河 북안, 山西省 접경 濟源市 서북에 위치. ㅇ肥城,文陽 – 肥城은 泰山郡의 현명. 後漢에서 盧縣에 편입. 今 山東省 중서부, 泰山 서쪽 泰安市 관할 肥城市. 文陽도 태산군의 지명. ㅇ佼彊,蘇茂 – 佼彊(교강)은 山陽郡 출신 경시제의 橫行將軍. 蘇茂(소무, ? – 29년)는 更始帝의 무장 출신으로 한때 光武帝에 속했다. 나중에 劉永(유영)에 의탁했던 장수. 反漢세력인 劉永의 大司馬이며 淮陽王이었다. ㅇ大梁,齧桑 – 大梁은 大梁城, 戰國시대 魏의 도읍. 今 河南省 開封市에 해당. 齧桑(설

상)은 현명이라 하지만 위치 미상. 齧 깨물을 설. ㅇ桃城(도성) – 東平郡 任城縣(今 山東省 齊寧市 任城區에 해당)의 마을 이름. ㅇ龐萌(방맹) – 방맹은 平狄將軍(평적장군)으로 蓋延(개연)과 함께 董憲(동헌) 토벌에도 참여했지만 光武帝에게 반역, 배반하였다가 부하에게 피살되었다. 12권, 〈王劉張李彭盧列傳〉에 입전. 龐은 클 방. 성씨. 萌은 싹 맹. ㅇ山陽太守 – 山陽郡의 치소는 昌邑縣. 今 山東省 菏澤市 관할 巨野縣.(山東省의 서남부).

[國譯]

建武 2년, 王梁(왕량)은 大司馬 吳漢(오한) 등과 함께 檀鄕(단향)의 적도를 공격하였는데, 조서에 의해 군사는 모두 대사마의 소속이었지만 왕량은 제 마음대로 野王縣(야왕현)의 군사를 징발하였고, 광무제는 이를 조칙을 어긴 것이라 생각하여 현재 있는 곳에서 그대로 주둔하라고 명령하였으나, 왕량은 마음대로 진격하였다. 광무제는 왕량이 전후로 2번이나 명을 어겼기에 대노하면서 尙書 宗廣(종광)을 보내 부절을 갖고가서 軍에서 왕량을 참수하게 하였다.

그러나 종강은 차마 죽일 수 없어 檻車(함거)에 실어 낙양으로 보냈다. 낙양에 도착하자 왕량은 사면되었다. 한 달 뒤에 中郎將으로 執金吾 직무를 대행하였다. 왕량은 북으로 箕關(기관)을 지키며 赤眉 무리의 部將을 공격하여 투항케 하였다.

3년 봄, 五校 무리를 공격하여 信都郡과 趙國까지 추격 격파하였으며 다른 무리들도 모두 평정하였다. 겨울에 광무제는 부절을 가진 사자를 보내 왕량을 前將軍에 임명하였다.

4년 봄, 왕량은 (泰山郡의) 肥城(비성)과 文陽(문양)을 점령하였다. 더 나아가 驃騎大將軍 杜茂(두무)와 함께 佼彊(교강)과 蘇茂(수무)의 무리를 楚와 沛郡(패군) 일대에서 격파하고, 大梁城(대량성, 開封)과

韜桑(설상)을 평정하였으며 捕虜將軍 馬武(마무), 偏將軍 王霸(왕패)와 함께 다른 길로 진격하여 일 년 남짓에 모두 평정하였다.

5년, 광무제를 따라 桃城(도성)을 구원하고, 龐萌(방맹) 등을 공격할 때 왕량은 특히 잘 싸웠기에 山陽 태수에 임명되어 새로 투항하는 무리들은 진무하며 예전처럼 군사도 거느렸다.

原文

數月徵入, 代歐陽歙爲河南尹. 梁穿渠引穀水注洛陽城下, 東寫鞏川, 及渠成而水不流.

七年, 有司劾奏之, 梁慚懼, 上書乞骸骨. 乃下詔曰, 「梁前將兵征伐, 衆人稱賢, 故擢典京師. 建議開渠, 爲人興利, 旅力既愆, 迄無成功, 百姓怨讟, 談者讙譁. 雖蒙寬宥, 猶執謙退, '君子成人之美', 其以梁爲濟南太守.」

十三年, 增邑, 定封阜成侯. 十四年, 卒官. 子禹嗣. 禹卒, 子堅石嗣. 堅石追坐父禹及弟平與楚王英謀反, 棄市, 國除.

|**註釋**| ㅇ穿渠－운하를 파다. 穿은 뚫을 천. 渠는 도랑 거. 인공 운하. ㅇ東寫鞏川－寫는 베낄 사. 흘려보내다. 쏟다. 붓다. 瀉(쏟을 사)와 通. ㅇ乞骸骨－퇴직을 애걸하다. 乞身. 乞은 빌 걸. 骸骨(해골)은 죽어 살이 썩고 남은 뼈. ㅇ擢典京師－擢은 뽑을 탁. 河南尹은 낙양과 주변 현을 통솔하는 자리라서 典京師라 하였다. ㅇ旅力既愆－旅는 衆. 愆은 허물 건. 잘못되다. ㅇ迄無成功－迄은 이를 흘. 마침내, 결국. ㅇ百姓怨讟－讟은 원망할 독. 謗(헐뜯을 방)과 같음. ㅇ談者讙譁－讙譁는 크게 비난하다. 讙은 시끄

러울 환. 嘩 시끄러울 화. ㅇ君子成人之美 - 군자는 남의 장점을 살려준다.「子曰, "君子成人之美, 不成人之惡. 小人反是."」《論語 顏淵》. ㅇ阜成侯 - 阜成(부성)은 渤海郡의 현명.

[國譯]

몇 달 뒤 중앙으로 발탁되어 歐陽歙(구양흡)의 후임으로 河南尹이 되었다. 왕량은 穀水(곡수)를 낙양성까지 끌어와 동쪽 鞏川(공천)으로 보내는 수로를 뚫었으나 물이 흐르질 않았다. (建武) 7년, 有司가 왕량 탄핵을 상주하자 왕량은 부끄럽고 두려워 퇴직을 상서하였다. 이에 조서를 내렸다.

「王梁은 전부터 군사를 거느리고 정벌하여 衆人의 칭송을 들었기에 발탁하여 京師 행정을 맡겼다. 운하 공사를 건의한 것은 백성을 이롭게 하려는 뜻이지만 많은 노동력을 동원하고도 성공하지 못하여 백성이 원망하고 비난 여론이 매우 많다. 비록 사면을 받았지만 겸양으로 물러나려 하나 '남의 장점을 살려주는 사람이 바로 君子'라 하였으니, 왕량을 濟南太守에 임명토록 하라.」

13년 식읍을 늘려 받고 阜成侯(부성후)로 확정되었다. 14년에 관직을 갖고 죽었다. 아들 王禹(왕우)가 계승했다. 왕우가 죽고, 아들 王堅石(왕견석)이 계승하였다. 왕견석은 부친 왕우 및 동생 王平(왕평)과 함께 楚王 英의 모반에 관련되었다 하여 棄市(기시)되었고 나라는 없어졌다.

❹ 杜茂

原文

杜茂字諸公, 南陽冠軍人也. 初歸光武於河北, 爲中堅將軍, 常從征伐. 世祖卽位, 拜大將軍, 封樂鄕侯. 北擊五校於眞定, 進降廣平.

建武二年, 更封苦陘侯. 與中郎將王梁擊五校賊於魏郡, 淸河,東郡, 悉平諸營保, 降其持節大將三十餘人, 三郡淸靜, 道路流通. 明年, 遣使持節拜茂爲驃騎大將軍, 擊沛郡, 拔芒. 時, 西防復反, 迎佼彊.

五年春, 茂率捕虜將軍馬武進攻西防, 數月拔之, 彊奔董憲.

| **註釋** | ㅇ南陽冠軍 - 南陽郡 冠軍邑(縣), 今 河南省 南陽市 서남 鄧州市의 서북 張村鎭, 冠軍村 일대. 漢 武帝 때 霍去病(곽거병)이 흉노 원정에서 그의 戰果가 '功冠諸軍' 이라는 뜻으로, 이곳을 봉읍으로 받아서 생긴 지명. ㅇ廣平 - 鉅鹿郡의 현명. 今 河北省 남부의 邢台市. ㅇ沛郡, 拔芒 - 沛郡(패군) 治所는 相縣, 今 安徽省 북부 淮北市 濉溪縣(수계현). 芒은 패군의 현명. 今 河南省 永城縣 북쪽, 후한에서는 臨睢縣으로 개칭. ㅇ西防復反 - 西防은 전한의 현명. 후한에서는 폐현, 今 山東省 서남부 菏澤市 관할 單縣.

[國譯]

杜茂(두무)의 字는 諸公(제공)으로 南陽郡 冠軍縣 사람이다. 처음에 하북에서 光武에 귀의하여 中堅將軍이 되었고 늘 광무를 따라 정벌에 나섰다. 世祖는 즉위하고 두무를 大將軍에 임명하고 樂鄕侯(낙향후)로 봉했다. 두무는 북으로 眞定에서 五校를 격파하였고 이어 廣平을 점거하였다.

建武 2년에, 다시 苦陘侯(고형후)에 봉해졌다. 두무는 中郞將 王梁(왕량)과 함께 五校賊을 魏郡, 淸河郡, 東郡 등지에서 격파하고 적이 모여 있던 보루를 모두 격파하였으며 부절을 가진 大將 등 30여 명을 투항해오자 3군이 모두 평온하였고 길이 통했다.

다음 해, 광무제는 부절을 가진 사자를 보내 두무를 驃騎大將軍에 봉했고, 두무는 沛郡(패군)과 芒縣(망현)들을 평정하였다. 그 무렵 西防縣에서 다시 반기를 들고 佼彊(교강)을 불러들였다.

(建武) 5년 봄, 두무는 捕虜將軍 馬武를 거느리고 西防을 공격하여 몇 달 만에 점령하자 교강은 董憲(동헌)에게로 도주하였다.

原文

東方既平, 七年, 詔茂引兵北屯田晉陽,廣武, 以備胡寇.

九年, 與雁門太守郭涼擊盧芳將尹由於繁時, 芳將賈覽率胡騎萬餘救之, 茂戰, 軍敗, 引入樓煩城. 時, 盧芳據高柳, 與匈奴連兵, 數寇邊民, 帝患之.

十二年, 遣謁者段忠將衆郡弛刑配茂, 鎭守北邊, 因發邊卒築亭候, 修烽火, 又發委輸金帛繒絮供給軍士, 並賜邊民, 冠蓋相望. 茂亦建屯田, 驢東轉運. 先是, 雁門人賈丹,霍匡, 解勝等爲尹由所略, 由以爲將帥, 與共守平城. 丹等聞芳敗,遂共殺由詣郭涼, 涼上狀, 皆封爲列侯, 詔送委輸金帛賜茂, 涼軍吏及平城降民. 自是盧芳城邑稍稍來降, 涼誅其豪右郇氏之屬, 鎭撫羸弱, 旬月間雁門且平, 芳遂亡入匈奴. 帝擢涼子爲中郎, 宿衛左右.

| 註釋 | ○晉陽,廣武 – 晉陽縣은 太原郡의 治所, 今 山西省 太原市 서남. 廣武는 雁門郡의 현명. 今 山西省 북부 忻州市(흔주시) 관할 代縣. ○雁門 – 雁門(안문, 鴈門)은 郡名. 治所 善無縣, 今 山西省 북부의 朔州市 右玉縣 남쪽. ○盧芳(노방) – 安定郡 三水縣 사람. 왕망 말기에 바로 三水屬國의 羌族(강족)과 함께 거병하였다. 更始帝는 장안에서 노방을 불렀고, 노방은 騎都尉가 되어 安定군 서쪽 지역을 鎭撫(진무)하였다. 건무 13년 五原郡에서 흉노 땅으로 도주하였다가 다시 돌아오는 등 반복이 무상했다. 建武 17년(41)에 다시 흉노 땅으로 도주하여 그곳에서 병사했다. 12권, 〈王劉張李彭盧列傳〉에 입전. ○繁畤(번치) – 雁門郡의 현명. 今 山西省 북단 大同市 관할 渾源縣. ○高柳 – 현명. 代郡의 치소, 今 山西省 북쪽 끝 大同市 관할 陽高縣. ○平城 – 鴈門郡의 현명. 今 山西省 大同市 동북. 서기 前 200년, 高祖가 흉노에게 포위되어 고생했던 곳.

[國譯]

東方이 모두 평정되자, (建武) 7년, 조서에 의거 杜茂(두무)는 군사를 이끌고 북으로 가서 晉陽縣과 廣武縣에서 屯田하며 흉노의 침입에 대비하였다.

9년, 雁門(안문) 태수 郭涼(곽량)이 盧芳(노방)의 부장인 尹由(윤유)를 繁畤縣(번치현)에서 공격하자, 노방의 장수인 賈覽(가람)이 흉노 기병을 1만여 기를 거느리고 윤유를 구원하였는데 두무의 군사는 패전하고 (안문군의) 樓煩縣(누번현) 성 안으로 들어갔다. 이때, 盧芳은 (代郡) 高柳縣에 웅거하면서 흉노 군사와 연합하여 변경 백성을 자주 노략질하였고 광무제는 이를 걱정하고 있었다.

(建武) 12년, 광무제는 謁者 段忠(단충)을 보내 여러 군에서 형 집행을 연기한 죄수를 모두 두무에게 소속시켜 북방을 수비케 하고, 변방의 군졸을 동원하여 亭과 감시 초소를 신축하고 烽燧(봉수) 시설을 수리할 것이며, 또 중앙에서 보내주는 금전이나 비단, 솜 등을 군사와 변방 백성에게 지급하라고 지시하자 출장을 오가는 관리들이 길에 이어졌다. 두무도 屯田과 동방에서 나귀를 이용한 군수물자 운반을 건의했었다. 이보다 앞서 雁門郡 사람인 賈丹(가단), 霍匡(곽광), 解勝(해승) 등은 (노방의 부장) 尹由(윤유)에게 잡혀갔고, 윤유는 이들을 부장으로 삼아 함께 平城(평성)을 지키고 있었다. 가단 등은 노방이 패전했다는 소식을 듣고 마침내 함께 윤유를 죽이고 (안문 태수) 郭涼(곽량)에게 투항하였다. 곽량은 이를 보고했고 이들을 모두 列侯에 봉했으며 조서로 운반해온 비단 등을 두무와 곽량, 그리고 평성에서 투항한 백성에 지급케 하였다. 이때부터 노방이 점거했던 城邑이 점차 투항하기 시작했으며 곽량이 지역의 세력자인 郇氏(순씨) 무리를 주살하고 노약자를 보호 위문하자 한 달 사이에 雁門郡은 일단 평정되었으며 노방은 흉노 땅으로 도망갔다. 광무제는 곽량의 아들을 中郎官으로 발탁하여 측근에서 시중들게 하였다.

原文

涼字公文, 右北平人也. 身長八尺, 氣力壯猛, 雖武將, 然通經書, 多智略, 尤曉邊事, 有名北方. 初, 幽州牧朱浮辟爲兵曹掾, 擊彭寵有功, 封廣武侯.

十三年, 增茂邑, 更封脩侯. 十五年, 坐斷兵馬稟縑, 使軍吏殺人, 免官, 削戶邑, 定封參蘧鄕侯. 十九年, 卒. 子元嗣, 永平十四年, 坐與東平王等謀反, 減死一等, 國除. 永初七年, 鄧太后紹封茂孫奉爲安樂亭侯.

| 註釋 | ㅇ右北平 - 군명. 治所는 土垠縣(토은현), 今 河北省 중동부 唐山市 豊潤區. ㅇ朱浮(주부) - 33권, 〈朱馮虞鄭周列傳〉에 입전. ㅇ彭寵(팽총, ? - 29년) - 新朝에서 후한 초기 武將, 광무제에 협조하다가 나중에 지방할거. 12권, 〈王劉張李彭盧列傳〉 입전. ㅇ東平王等謀反 - 東平國은 兗州刺史部 관할. 治所는 無鹽縣, 今 山東省 泰安市 관할 東平縣.

[國譯]

郭涼(곽량)의 字는 公文(공문)으로 右北平郡 사람이다. 身長이 8척에 힘이 좋았는데 비록 무장이지만 경서에 능통하고 지략이 많았으며 특히 변방의 군사에 밝아 북방에서 유명했다. 그전에 幽州牧인 朱浮(주부)가 초빙하여 兵曹掾(병조연)에 임명했고 彭寵(팽총) 토벌에 공을 세워 廣武侯(광무후)가 되었다.

(建武) 13년, 杜茂(두무)의 식읍을 늘려주고 다시 脩侯(수후)에 봉했다. 15년 군사용으로 지급하는 군량이나 비단을 무단 사용하고 軍吏를 시켜 살인한 죄가 있어 면직되고 식읍이 깎였으며 參蘧鄕侯(참거향후)로 강등되었다. 건무 19년에 죽었다.

아들 杜元(두원)이 계승하였는데, (明帝) 永平 14년, 東平王 등의 모반에 연루되었다 하여 사형에서 1등을 감형하고 나라를 없앴다. (安帝) 永初 7년, 鄧(등) 태후는 杜茂의 손자 杜奉(두봉)을 安樂亭侯(안락정후)에 紹封(소봉)했다.

❺ 馬成

原文

馬成字君遷, 南陽棘陽人也. 少爲縣吏. 世祖徇潁川, 以成爲安集掾, 調守郟令. 及世祖討河北, 成卽棄官步負, 追及於蒲陽, 以成爲期門, 從征伐. 世祖卽位, 再遷護軍都尉.

建武四年, 拜揚武將軍, 督誅虜將軍劉隆,振威將軍宋登, 射聲校尉王賞, 發會稽,丹陽,九江,六安四郡兵擊李憲, 時帝幸壽春, 設壇場, 祖禮遣之. 進圍憲於舒, 令諸軍各深溝高壘. 憲數挑戰, 成堅壁不出, 守之歲餘. 至六年春, 城中食盡, 乃攻之, 遂屠舒, 斬李憲, 追及其黨與, 盡平江淮地.

七年夏, 封平舒侯. 八年, 從征破隗囂, 以成爲天水太守, 將軍如故. 冬, 徵還京師. 九年, 代來歙守中郎將, 率武威將軍劉尙等破河池, 遂平武都. 明年, 大司空李通罷, 以成行大司空事, 居府如眞, 數月復拜揚武將軍.

| **註釋** | ㅇ南陽棘陽 – 棘陽(극양)은 南陽郡의 현명. 今 河南省 南陽市 관할 新野縣에 해당. 河南省 서남부, 湖北省 경계. ㅇ安集掾 – 군중의 安

集을 담당하는 관리. 군사 모집관. ㅇ郟令 - 郟(겹)은 현명. 今 河南省 중부 平頂山市 관할 郟縣. 郟은 땅이름 겹. ㅇ以成爲期門 - 期門은 광록훈의 속관으로 천자의 호위를 담당하는 期門郞. 武帝 건원 3년(前 138) 처음 설치. 후한에서도 동일. ㅇ李憲(이헌, ?-30년) - 왕망 몰락 후 廬江郡에서 태수를 죽이고 봉기. 건무 6년에 부하에게 피살. ㅇ壽春 - 九江郡의 縣名, 今 安徽省 六安市 관할 壽縣. ㅇ祖禮遣之 - 祖祭(조제)를 지낸 뒤에 전송하다. 祖祭는 먼 길 떠나는 사람의 一路平安을 기원하는 일종의 路祭. 共公氏의 아들 修는 먼 곳 여행을 즐겨 배나 수레, 사람의 발길이 닿는 모든 곳을 가보았다. 때문에 祖神으로 모셔진다. 祖는 徂(갈 조), 길 제사 지낼 조, 行路神 조, 조상 조. 송별연. ㅇ河池 - 武都郡의 현명. 今 甘肅省 남부 隴南市 관할 徽縣(휘현). ㅇ遂平武都 - 武都郡 치소는 下辨縣, 今 甘肅省 남부 隴南市 成縣.

[國譯]

馬成(마성)의 字는 君遷(군천)으로 南陽郡 棘陽縣(극양현) 사람이다. 젊어서는 縣吏였다. 世祖가 潁川(영천) 지역을 경략할 때, 마성을 安集掾(안집연)에 임명하고, 郟縣(겹현) 현령을 겸임케 하였다. 世祖가 河北 지역을 토벌하자, 마성은 바로 관직을 버리고서 행장을 챙겨 걸어서 蒲陽(포양)까지 가 (世祖의) 期門郞이 되었고 정벌을 수행하였다. 世祖가 즉위하자 바로 護軍都尉가 되었다.

建武 4년, 마성은 揚武將軍이 되어 誅虜將軍 劉隆(유륭), 振威將軍 宋登(송등), 射聲校尉 王賞(왕상) 등을 감독하며 會稽(회계), 丹陽(단양), 九江(구강), 六安(육안) 등 4郡의 병력을 징발하여 李憲(이헌)을 공격하였는데, 그때 광무제는 壽春(수춘)까지 행차하여 제단을 마련하고 祖祭를 지내 마성 등을 전송하였다. 마성은 舒縣(서현)에서 이헌을 포위했는데 여러 장군에게 城池를 깊게, 보루를 높이게 하였다. 이헌이 자주 도전하였지만 마성은 굳게 지키며 출전하지 않고 일 년 가까이 지켰다. 건무 6년 봄에, 성안에 식량이 다하자 그때 공격하여 서현을 도륙하고 이헌을 죽였으며 그 잔당을 추격하여 마침내 長江과 淮水 일대를 평정하였다.

(건무) 7년 여름, 마성은 平舒侯가 되었다. 8년, 광무제를 따라 隗囂(외효)를 원정하였는데 광무제는 마성을 天水 태수에 임명하였고 군사 지휘는 전과 같았다. 겨울에, 京師로 전출되었다.

9年에, 來歙(내흡)의 후임으로 임시 中郎將이 되었는데 武威將軍 劉尙(유상) 등을 통솔하여 (武都郡의) 河池縣(하지현)을 격파하고 武都郡을 평정하였다. 다음 해, 大司空 李通이 파직되자 마성은 大司空 직무를 대행하였는데 관부에서 정식 대사공처럼 업무를 처리했고 몇 달 뒤에 다시 揚武將軍이 되었다.

原文

十四年, 屯常山,中山以備北邊, 並領建義大將軍朱祐營. 又代驃騎大將軍杜茂繕治障塞, 自西河至渭橋, 河上至安邑, 太原至井陘, 中山至鄴, 皆築保壁, 起烽燧, 十里一候. 在事五六年, 帝以成勤勞, 征還京師. 邊人多上書求請者, 復遣成還屯. 及南單于保塞, 北方無事, 拜爲中山太守, 上將軍印綬, 領屯兵如故.

二十四年, 南擊武谿蠻賊, 無功, 上太守印綬. 二十七年,定封全椒侯. 就國. 三十二年卒.

子衛嗣. 衛卒, 子香嗣, 徙封棘陵侯. 香卒, 子豐嗣. 豐卒, 子玄嗣. 玄卒, 子邑嗣. 邑卒, 子醜嗣, 桓帝時以罪失國. 延熹二年, 帝復封成玄孫昌爲益陽亭侯.

| **註釋** | ㅇ繕治障塞 – 방어 성벽을 수리하다. 繕은 수리하다. 기울 선. 깁다. ㅇ西河至渭橋 – 西河郡 治所는 平定縣, 今 內蒙古 鄂爾多斯市 동쪽의 准格爾旗 서남. 後漢 중엽 이후는 幷州刺史部 소속에 治所는 離石縣, 今 山西省 중서부 呂梁市 離石區. 渭橋는 長安 부근 渭水의 교량. ㅇ河上至安邑 – 河上은 前漢의 河上郡, 武帝 때 左馮翊의 일부, 安邑은 河東郡의 현명. 今 山西省 運城市 관할 夏縣. ㅇ井陘(정형) – 常山國의 현명, 今 河北省 石家莊市 井陘縣. ㅇ武谿蠻賊 – 武谿는 水名, 蠻夷는 종족명. 今 重慶市 동남 酉陽土家族苗族自治縣에 해당. ㅇ全椒侯 – 全椒는 九江郡의 현명. 今 安徽省 중동부 滁州市(저주시) 관할 全椒縣(전초현). ㅇ延熹二年 – 延熹는 桓帝의 연호, 서기 158 – 166년.

[國譯]

14년, 馬成(마성)은 常山郡, 中山郡에 주둔하며 북쪽을 방어하면서 建義大將軍 朱祐(구우)의 군영도 통솔하였다. 또 驃騎大將軍 杜茂(두무)의 후임으로 방어 성벽(障塞)을 수리하였는데 西河郡에서 長安의 渭橋(위교)까지, 그리고 河上에서 (河東郡) 安邑까지, 太原에서 (常山國) 井陘縣(정형현)과 中山郡 鄴縣(업현)까지 장벽을 신축하거나 烽燧臺(봉수대)를 만들고 10리마다 초소를 두었다. 그 일을 5, 6년 계속하자 광무제는 마성이 수고했다 하여 중앙으로 불렀다. 변방의 많은 백성들이 상서하여 마성을 보내달라고 하자 다시 마성을 보내 주둔케 하였다. 그 뒤로 南單于(남선우)가 막아주어 북방이 무사하자 마성은 中山 태수에 임명되어 將軍의 印綬를 반환하였으나 군사는 전과 같이 지휘하였다.

(建武) 24년, 남으로 武谿(무계)의 蠻夷(만이)를 토벌하였으나 戰功이 없어 태수의 인수를 반환하였다. 27년에 全椒侯(전초후)로 확정되었다. 봉국에 취임하였다. (建武) 32년에 죽었다.

아들 馬衛(마위)가 이었다. 마위가 죽고, 아들 馬香(마향)이 계승했는데, 棘陵侯(극릉후)에 옮겨 봉해졌다. 마향이 죽고, 아들 馬豐(마풍)이 계승했다. 마풍이 죽고, 아들 馬玄(마현)이 이었다. 마현이 죽고, 아들 馬邑(마읍)이 이었다. 마읍이 죽고, 아들 馬醜(마추)가 이었으나 桓帝 때 죄를 지어 나라를 잃었다. (桓帝) 延熹(연희) 2년, 환제는 다시 馬成(마성)의 玄孫인 馬昌(마창)을 益陽亭侯에 봉했다.

❻ 劉隆

原文

劉隆字元伯, 南陽安衆侯宗室也. 王莽居攝中, 隆父禮與安衆侯崇起兵誅莽, 事泄, 隆以年未七歲, 故得免. 及壯, 學於長安, 更始拜爲騎都尉. 謁歸, 迎妻,子置洛陽. 聞世祖在河內, 卽追及於射犬, 以爲騎都尉, 與馮異共拒朱鮪,李軼等, 軼遂殺隆妻,子.

建武二年, 封亢父侯. 四年, 拜誅虜將軍, 討李憲. 憲平,遣隆屯田武當.

| 註釋 | ㅇ南陽安衆侯宗室 - 安衆侯는 劉崇(유숭, ? - 서기 6년). ㅇ王莽居攝中 - 왕망은 孺子 嬰을 황제로 앉혀 놓고 자신이 섭정하면서 연호를 居攝(거섭)이라 하였다.(서기 6 - 8년). ㅇ謁歸 - 귀향 휴가를 청하다. 謁은 請也. ㅇ封亢父侯 - 亢父(항보)는 兗州刺史部 관할 任城國의 현명. 今 山東省 서남부 濟寧市 서남. ㅇ武當 - 南陽郡 縣名. 今 湖北省 서북쪽 十堰市(십언시) 관할 丹江口市에 해당. 그 서남쪽에 道敎의 성지로 유명한 武當山이 있다.

[國譯]

劉隆(유륭)의 字는 元伯(원백)으로, 南陽 安衆侯(안중후, 劉崇)의 宗室이다. 王莽의 居攝(거섭) 연간에, 유륭의 부친 劉禮(유례)는 安衆侯인 劉崇과 함께 기병하여 왕망을 주살하기로 하였으나 누설되었는데 유륭은 나이가 7살이 안 되어 사면되었다. 유륭이 성장하여 장안에 유학하였고 경시는 유륭을 騎都尉에 임명하였다. 유륭은 휴가를 받아 아내와 자식을 洛陽에 데려다 놓았다. 유륭은 世祖가 河內郡에 있다는 말을 듣고 바로 찾아가 (野王縣) 射犬(사견)에서 만나 騎都尉가 되어 馮異(풍이)와 함께 朱鮪(주유)와 李軼(이일) 등과 싸웠으며 이 일은 유륭의 처자를 죽여버렸다.

建武 2년, 유륭은 亢父侯(항보후)에 봉해졌다. 4년, 誅虜將軍에 임명되어 李憲(이헌)을 토벌하였다. 이헌이 평정되자 유륭은 (南陽郡) 武當縣에서 둔전하였다.

原文

十一年, 守南郡太守, 歲餘, 上將軍印綬. 十三年, 增邑, 更封竟陵侯.

是時, 天下墾田多不以實, 又戶口年紀互有增減. 十五年, 詔下州郡檢核其事, 而刺史,太守多不平均, 或優饒豪右, 侵刻羸弱, 百姓嗟怨, 遮道號呼. 時, 諸郡各遣使奏事, 帝見陳留吏牘上有書, 視之, 云, '潁川,弘農可問, 河南,南陽不可問.' 帝詰吏由趣, 吏不肯服, 抵言於長壽街上得之. 帝怒. 時, 顯宗爲東海公, 年十二, 在幄後言曰, "吏受郡敕, 當欲以墾田相方耳." 帝曰, "卽如此, 何故言河南,南陽不可問?" 對曰, "河南帝城, 多近臣, 南陽帝鄕, 多近親, 田宅逾制, 不可爲準." 帝令虎賁將詰問吏, 吏乃實首服, 如顯宗對. 於是遣謁者考實, 具知姦狀.

明年, 隆坐徵下獄, 其疇輩十餘人皆死. 帝以隆功臣, 特免爲庶人.

|註釋| ○南郡 – 荊州刺史部 관할 南郡. 치소는 江陵縣, 今 湖北省 荊州市 江陵縣. ○侵刻羸弱 – 侵刻(침각)은 심하게 침탈하다. 羸弱(이약)은 가난하고 힘없는 백성. ○百姓嗟怨 – 嗟怨은 탄식하며 원망하다. 嗟는 탄식할 차. ○遮道號呼 – (관리가 가는) 길을 막고 울부짖다. 억울함을 과격하게 호소하다. ○陳留 – 兗州刺史部 관할 郡名. 治所는 陳留縣, 今 河南省 동부의 開封市. ○抵言於~ – 抵言은 거짓을 말하다. 抵는 막을 저. ○顯宗爲東海公 – 顯宗 孝明皇帝의 諱(휘)는 莊(장), 光武帝의 四子. 東海

公은 太子가 되기 전의 작위. 建武 19년에 태자가 되었다.

[國譯]

(建武) 11년, 南郡太守 대행으로 일 년 남짓 근무하면서 장군의 인수를 반환하였다. (建武) 13년, 식읍을 늘려 받고 竟陵侯(경릉후)가 되었다.

이 무렵, 나라의 개간 실적이 사실과 많이 달랐고 또 호구 수는 해마다 증가 또는 감소하였다. (建武) 15년, 조서로 각 州와 郡에서 사실을 조사하게 하였는데 (州의) 자사와 (郡) 태수의 보고가 서로 다른 곳이 많았으며, 어떤 곳은 豪門이나 大族이 지나치게 많은 땅을 갖고서 힘없는 백성을 심하게 침탈하여 백성이 탄식과 원한으로 관리가 가는 길을 막고 울부짖기도 하였다. 그 무렵 각 군에서는 사자를 보내 업무실적을 보고하였는데 광무제가 陳留郡(진류군)의 문서를 넘겨보다가 '潁川(영천)과 弘農(홍농)은 물어볼 만하지만 河南과 南陽은 물어볼 필요가 없다.' 는 木簡(목간)을 보고서는 광무제가 관리에게 무슨 연유인가를 따져 물었으나 관리는 사실을 말하지 않고 長壽街(장수가)에서 주었다고 거짓말을 하였다. 이에 광무제가 화를 내었다. 그때 顯宗(明帝)은 東海公으로 나이가 12살이었는데 휘장 뒤에서 말했다.

"관리는 군의 지시를 받은 것인데 개간한 농지 면적을 서로 비교하려는 것입니다."

그러자 광무제는 "만약 그렇다면 왜 河南과 南陽은 물어서는 안 되는가?" 그러자 현종은 "河南은 황제의 도성이라서 근신들이 많고 南陽은 帝鄉이라서 황제 근친이 많기에 토지와 저택이 법제를 초과

한 것이 많아 표준이 될 수 없습니다.”

이에 광무제는 虎賁將을 시켜 진류 군리를 조사케 하였더니 관리는 사실을 자복했는데 현종의 대답과 같았다. 이에 광무제는 알자를 보내 사실을 조사케 하였고 불법의 실상을 파악하였다.

다음 해, 劉隆(유륭)은 죄를 지어 하옥되었고 그 무리 10여 명은 모두 처형되었다. 광무제는 유륭이 공신이라서 특별히 사면하여 서인이 되었다.

原文

明年, 復封爲扶樂鄕侯, 以中郎將副伏波將軍馬援擊交阯蠻夷徵側等, 隆別於禁谿口破之, 獲其帥徵貳, 斬首千餘級, 降者二萬餘人. 還, 更封大國, 爲長平侯. 及大司馬吳漢薨, 隆爲驃騎將軍, 行大司馬事.

隆奉法自守, 視事八歲, 上將軍印綬, 罷, 賜養牛, 上樽酒十斛, 以列侯奉朝請. 三十年, 定封愼侯. 中元二年, 卒, 謚曰靖侯. 子安嗣.

| **註釋** | ㅇ伏波將軍馬援 – 24권, 〈馬援列傳〉 立傳. ㅇ交阯蠻夷徵側 – 交阯(교지, 交趾)는 前漢의 郡名〔치소는 龍編縣, 今 越南國 하노이(河內)시 동쪽〕. 交趾(交州)刺史部는 漢朝 13州刺史部의 하나. 後漢에서는 南海郡, 蒼梧郡, 合浦郡, 鬱林郡, 交趾郡, 九眞郡, 日南郡 등 7개 郡을 관할. 徵側(징측)은 인명. 徵氏 자매(徵側 Trúng Trac과 徵貳Trúng Nhi). 당시 교지태수 蘇定(소정)의 가혹한 수탈에 항거, 기병하여 交趾, 九眞, 日南, 合浦郡 일대를 공

략하여 65개 성을 점거했었다. 建武 18년(서기 42)에 伏波將軍 馬援(마원) 등이 원정하여 서기 43년에 평정했다. ㅇ賜養牛, 上樽酒十斛 – 담당 부서에서 사육한 소와 담당 부서에서 담근 고급술을 하사했다는 뜻. 稻米 1두를 술을 담가 술 1두를 얻으면 上樽酒(상준주)라 하였다. ㅇ中元二年 – 서기 57년. 광무제가 붕어하고 明帝가 즉위했다.

[國譯]

다음 해, 劉隆(유륭)은 다시 扶樂鄕侯에 봉해졌다. 유륭은 中郞將이 되어 伏波將軍 馬援(마원)의 副職으로 交阯(교지)의 蠻夷(만이)인 徵側(징측) 자매의 반란을 토벌하였는데, 별도의 부대로 禁谿口(금계구)란 곳을 격파하고 그 우두머리인 徵貳(징이, 징측의 女弟)를 생포하고 1천여 명을 참수하였으며 투항자는 2만여 명이었다. 유륭은 돌아와 큰 제후국에 봉해져 長平侯가 되었다. 이어 大司馬 吳漢이 죽자, 유륭은 驃騎將軍으로 大司馬 직무를 대행하였다.

유륭은 법도를 잘 준수하며 8년간 재직하였고 將軍의 印綬를 반환하고 퇴직하였는데, 담당 관서에서 사육한 소 1마리와 최고급 술 10斛을 하사받았으며 列侯로 奉朝請이 되었다. 건무 30년, 愼侯(신후)로 확정되었다. (光武帝) 中元 2년에 죽었는데, 시호는 靖侯(정후)이다. 아들 劉安이 계승하였다.

❼ 傅俊

原文

傅俊字子衛, 潁川襄城人也. 世祖徇襄城, 俊以縣亭長迎軍, 拜爲校尉, 襄城收其母弟宗族, 皆滅之. 從破王尋等, 以爲偏將軍. 別擊京,密, 破之, 遣歸潁川, 收葬家屬.

及世祖討河北, 俊與賓客十餘人北追, 及於邯鄲, 上謁, 世祖使將潁川兵, 常從征伐. 世祖卽位, 以俊爲侍中. 建武二年, 封昆陽侯. 三年, 拜俊積弩將軍, 與征南大將軍岑彭擊破秦豐, 因將兵徇江東, 揚州悉定. 七年, 卒, 謚曰威侯.

子昌嗣, 徙封蕪湖侯. 建初中, 遭母憂, 因上書, 以國貧不願之封, 乞錢五十萬, 爲關內侯. 肅宗怒, 貶爲關內侯, 竟不賜錢. 永初七年, 鄧太后復封昌子鐵爲高置亭侯.

| **註釋** | ㅇ潁川襄城 – 襄城은 현명. 今 河南省 許昌市 襄城縣. ㅇ別擊京,密 – 河南郡의 京縣은 今 河南省 鄭州市 관할 滎陽市(형양시). 河南郡의 密縣, 今 河南省 鄭州市 관할 新密市. ㅇ蕪湖侯 – 蕪湖(무호)는 丹陽郡의 현명. 今 安徽省 동남부, 長江 남안의 蕪湖市. ㅇ遭母憂 – 모친상을 당하다.

[國譯]

傅俊(부준)의 字는 子衛(자위)로 潁川郡 襄城縣(양성현) 사람이다. 世祖(光武帝)가 양성현을 경략할 때, 부준은 현의 亭長으로 세조의 군사를 영입하여 校尉과 되었는데 양성현에서는 부준의 모친과 동생, 그리고 일족을 모두 처형하였다. 부준은 세조를 따라 王尋(왕심)

등을 격파하여 偏將軍이 되었다. 부준이 별도로 (河南郡의) 京縣과 密縣(밀현)을 격파하자, 세조는 부준에게 영천군에 돌아가 가족 장례를 마치게 하였다.

世祖가 河北을 경략할 때 부준은 그의 賓客(식객) 10여 명과 함께 북으로 따라가 邯鄲(한단)에서 세조를 알현하였는데 세조는 부준에게 영천 출신 군사를 지휘하게 하였고, 부준은 늘 세조의 정벌을 수행하였다. 세조가 즉위하자, 부준은 侍中이 되었다.

建武 2년, 昆陽侯(곤양후)에 봉해졌다. 3년, 부준은 積弩將軍(적노장군)이 되어 征南大將軍 岑彭(잠팽)과 함께 秦豐(진풍)을 격파하였고 이어 군사를 거느리고 江東과 揚州(양주) 관내를 모두 평정하였다. 7년에 죽었는데, 시호는 威侯(위후)였다.

아들 傅昌(부창)이 계승하였는데 蕪湖侯(무호후)로 옮겨 봉했다. (章帝) 建初 연간에, 부창은 모친상을 당했는데 封國이 빈곤하니 열후를 원치 않고 50만 전을 받고 관내후가 되겠다고 상서하였다. 肅宗(章帝)는 노하여 부창을 관내후로 폄하하였지만 끝내 금전을 하사하지는 않았다. (安帝) 永初 7년에, 鄧太后는 부창의 아들 傅鐵(부철)을 高置亭侯에 봉했다.

❽ 堅鐔

原文

堅鐔字子伋, 潁川襄城人也. 爲郡縣吏. 世祖討河北, 或薦鐔者, 因得召見. 以其吏能, 署主簿. 又拜偏將軍, 從平河北,別擊破大槍於盧奴. 世祖卽位, 拜鐔揚化將軍, 封濦强侯.

與諸將攻洛陽, 而朱鮪別將守東城者爲反間, 私約鐔晨開上東門. 鐔與建義大將軍朱祐乘朝而入, 與鮪大戰武庫下, 殺傷甚衆, 至旦食乃罷, 朱鮪由是遂降. 又別擊內黃, 平之.

建武二年, 與右將軍萬脩徇南陽諸縣, 而堵鄕人董訢反宛城, 獲南陽太守劉驎. 鐔乃引軍赴宛, 選敢死士夜自登城, 斬關而入, 訢遂棄城走還堵鄕. 鄧奉復反新野, 攻破吳漢. 時, 萬脩病卒, 鐔獨孤絶, 南拒鄧奉, 北當董訢, 一年間道路隔塞, 糧饋不至, 鐔食蔬菜, 與士卒共勞苦. 每急, 輒先當矢石, 身被三創, 以此能全其衆. 及帝征南陽, 擊破訢,奉, 以鐔爲左曹, 常從征伐.

六年, 定封合肥侯. 二十六年, 卒. 子鴻嗣. 鴻卒, 子浮嗣. 浮卒, 子雅嗣.

| 註釋 | ㅇ堅鐔字子伋 – 堅은 굳을 견. 성씨. 鐔은 칼 심(劍也). ㅇ大槍於盧奴 – 大槍은 봉기한 도적떼 이름. 盧奴(노노)는 中山郡(國)의 치소인 盧奴縣, 今 河北省 직할 縣級市인 定州市. 保定市와 石家莊市 중간. 縣에 黑水의 옛 池가 있다. 水黑曰盧, 不流曰奴라 하였다. ㅇ內黃 – 魏郡의 현명. 今 河南省 북부 安陽市 관할 內黃縣. ㅇ新野 – 南陽郡의 縣名. 今 河南省 南陽市 관할 新野縣. ㅇ隔塞(격색) – 막히다. 끊김. 불통하다. ㅇ定封合肥候 – 合肥는 縣名, 侯國名. 今 安徽省 省會(省都)인 合肥市.

[國譯]

堅鐔(견심)의 字는 子伋(자급)으로 潁川郡 襄城縣 사람이다. 군현의 관리가 되었다. 世祖가 河北을 토벌할 때 어떤 사람이 견심을 추천하자 불러 만났다. 세조는 견심의 능력을 인정하여 主簿(주부)에 임용했다. 나중에 편장군이 되어 세조를 따라 河北을 평정하였는데 별도로 大槍(대창)의 무리를 (中山國) 盧奴縣(노노현)에서 격파하였다. 世祖가 즉위하자, 견심은 揚化將軍으로 濦强侯(은강후)가 되었다.

다른 장수와 함께 洛陽을 공격할 때, 朱鮪(주유)의 別將으로 성의 동쪽을 지키는 자를 反間(반간)으로 만들었는데 새벽에 上東門을 열기로 견심과 비밀리에 약속을 하였다. 견심은 建義大將軍 朱祐(주우)와 함께 새벽에 낙양성에 잠입하여 주유와 武庫 근처에서 크게 싸워 살상한 적이 매우 많았고, 아침 식사 때 끝났는데 주유는 여기서 투항하였다. 견심은 또 별도로 內黃을 공격하여 평정하였다.

建武 2년, 右將軍 萬脩(만수)와 함께 南陽郡의 여러 현을 경략하였는데 堵鄕(도향) 사람 董訢(동흔)이 宛城(완성)에서 반기를 들고 南陽태수 劉驎(유린)을 생포하였다. 견심은 이에 군사를 이끌고 완현에 가서 결사대를 편성하여 밤에 직접 성벽을 넘어 관문을 부수고 들어가자 동흔은 성을 버리고 堵鄕(도향)으로 도주하였다. 또 鄧奉(등봉)이 新野縣에서 다시 반기를 들고 吳漢(오한)의 군사를 격파하였다. 이때 萬脩(만수)는 병사하였기에 견심만 홀로 남아서 남쪽으로는 등봉과 싸우고 북쪽으로는 동흔을 상대하면서 일 년간 도로가 불통하였고 군량도 보급받지 못했으나 견심은 채소만을 먹으면서 사졸과 함께 고생하였다. 위기에 처할 때마다 앞장서서 싸웠기에 몸에 3군데나 상처를 입으면서 그 군사를 온전히 지켜내었다. 광무제가 南陽

郡을 친정하면서 동흔과 등봉을 격파하였고, 견심은 左曹(좌조)가 되어 정벌에 나서는 광무제를 늘 수행하였다.

(建武) 6년에, 合肥候로 확정되었다. 26년에 죽었다. 아들 堅鴻(견홍)이 계승하였다. 견홍이 죽고, 아들 堅浮(견부)가 계승했다. 견부가 죽고, 아들 堅雅(견아)가 계승하였다.

❾ 馬武

原文

馬武字子張, 南陽湖陽人也. 少時避仇, 客居江夏. 王莽末, 竟陵,西陽三老起兵於郡界, 武往從之, 後入綠林中, 遂與漢軍合. 更始立, 以武爲侍郎, 與世祖破王尋等. 拜爲振威將軍, 與尙書令謝躬共攻王郎.

及世祖拔邯鄲, 請躬及武等置酒高會, 因欲以圖躬, 不克. 旣罷, 獨與武登叢臺, 從容謂武曰, "吾得漁陽,上谷突騎, 欲令將軍將之, 何如?" 武曰, "駑怯無方略." 世祖曰, "將軍久將, 習兵, 豈與我掾史同哉!" 武由是歸心.

| 註釋 | ㅇ南陽湖陽 – 湖陽은 현명. 今 河南省 南陽市 관할 唐河縣. ㅇ江夏 – 군명. 治所 西陵縣. 今 湖北省 동부 武漢市 新洲區. ㅇ竟陵,西陽 – 竟陵은 江夏郡의 현명. 今 湖北省 직할 潛江市(잠강시). 西陽도 강하군의 현명. ㅇ後入綠林中 – 綠林은 山賊. ㅇ謝躬(사궁) – 南陽人인 謝躬의 字는

子張(자장)으로 광무와 잘 알고 지냈다. 경시제의 부하로 광무와 함께 靑犢(청독), 尤來(우래)의 무리를 격파하였으나 광무를 배신하였기에 吳漢에게 패망하였다. ㅇ駑怯無方略 - 駑는 둔할 노. 怯은 겁낼 겁.

[國譯]

馬武(마무)의 字는 子張(자장)으로 南陽郡 湖陽縣 사람이다. 젊어 원수를 피해 江夏郡에 가서 살았다. 왕망 말년에 (江夏郡의) 竟陵縣, 西陽縣의 三老들이 郡에서 기병하였는데 마무도 거기에 따라다니다가 나중에 산적이 되었고, 이어 漢軍에 합세하였다. 更始가 자립한 뒤에 마무는 侍郎이 되어 世祖와 함께 王尋(왕심) 등을 격파하였다. 마무는 (更始의) 振威將軍이 되어 尙書令인 謝躬(사궁)과 함께 王郎(왕랑)을 공격하였다.

世祖는 邯鄲(한단)을 점령한 뒤에, 사궁과 마무를 초청하여 술자리를 즐기면서 사궁을 회유하려 하였는데 뜻대로 되지 않았다. 술자리를 파한 뒤에 세조는 마무와 함께 (옛 趙王의) 叢臺(총대)에 올라가서 마무에게 조용히 말했다.

"내가 漁陽과 上谷郡의 정예기병을 차지했는데 장군에게 통솔을 맡기려 하는데 어떠한가?"

이에 마무는 "저는 둔하고 겁도 많으며 전략도 없습니다."라고 말했다.

세조는 "將軍은 군사를 오래 거느렸기에 잘 알 것인데, 어찌 나의 掾吏(연리)와 같겠는가!"라고 말했다. 마무는 이에 세조에게 마음속으로 기울었다.

原文

及謝躬誅死, 武馳至射犬降, 世祖見之甚悅, 引置左右, 每勞饗諸將, 武輒起斟酌於前, 世祖以爲歡. 復使將其部曲至鄴, 武叩頭辭以不願, 世祖愈美其意, 因從擊群賊. 世祖擊尤來,五幡等, 敗於愼水, 武獨殿, 還陷陣, 故賊不得迫及. 進至安次,小廣陽, 武常爲軍鋒, 力戰無前, 諸將皆引而隨之, 故遂破賊, 窮追至平谷,浚靡而還.

| 註釋 | ㅇ武輒起斟酌於前 – 斟酌(짐작)은 술을 따르다. 헤아리다. 斟은 술 따를 짐. ㅇ武獨殿 – 殿은 후퇴할 때 후미에서 방어한다(兵敗而 鎭其後也). ㅇ進至安次,小廣陽 – 廣陽國(治所 薊縣. 今 天津市 북부)의 지명. ㅇ窮追至平谷,浚靡而還 – 平谷은 漁陽郡의 현명. 浚靡(준미)는 右北平의 현명.

[國譯]

謝躬(사궁)이 죽자, 馬武(마무)는 곧장 射犬(사견)에 와서 세조에게 투항하였다. 世祖는 마무를 만나 매우 기뻐하면서 측근에 두었는데 세조가 장수를 위로하는 술자리를 마련할 때마다 馬武는 앞에 나와 술을 따라 세조를 즐겁게 하였다. 마무를 그 부대를 이끌고 (魏郡) 鄴縣에 가게 하였지만 마무는 고개를 숙여 사양하며 (世祖 곁을) 떠나려 하지 않았고, 세조는 그 뜻을 가상히 여겼고 마무는 세조를 수행하며 여러 도적을 격파하였다. 世祖가 尤來(우래)와 五幡(오번) 등의 무리를 공격하다가 愼水(신수)에서 패전하였는데, 마무는 홀로 후방을 방어하다가 되돌아 적진을 격파하였기에 적은 아군을 추격할 수 없었다. 세조가 安次(안차)나 小廣陽(소광양)에 왔을 때 마무는 늘 선봉에서 힘써 싸워 적을 없애면 다른 장수들도 따라 진격하였는데, 결국 적진을 격파하고 平谷(평곡)과 浚靡(준미)까지 바짝 추격한 다음에 돌아왔다.

原文

世祖卽位, 以武爲侍中,騎都尉, 封山都侯. 建武四年, 與虎牙將軍蓋延等討劉永, 武別擊濟陰, 下成武,楚丘, 拜捕虜將軍. 明年, 龐萌反, 攻桃城, 武先與戰, 破之, 會車駕至, 萌遂敗走.

六年夏, 與建威大將軍耿弇西擊隗囂, 漢軍不利, 引下隴, 囂追急, 武選精騎還爲後拒, 身披甲持戟奔擊, 殺數千人, 囂兵乃退, 諸軍得還長安.

十三年, 增邑, 更封鄃侯. 將兵北屯下曲陽, 備匈奴. 坐殺軍吏, 受詔將妻子就國. 武徑詣洛陽, 上將軍印綬, 削戶五百, 定封爲楊虛侯, 因留奉朝請.

| 註釋 | ○劉永(유영, ?-27년) -(前漢) 梁 孝王(劉武)의 8世孫. 梁國은 부친 劉立(유립)까지 전승되었다. 更始帝가 즉위하자, 유영은 洛陽에 가서 제후로 봉을 받아 梁王이 되어 睢陽(수양)에 도읍하였다. 유영은 更始帝의 정치가 문란한 것을 알고 梁國을 근거로 기병하여 나중에는 천자를 자칭하였다. ○武別擊濟陰 - 濟陰은 군명. 治所 定陶縣, 今 山東省 서남부 菏

澤市 定陶區. ㅇ耿弇(경엄, 서기 3－58년)－光武帝의 功臣, 雲臺二十八將 중 4위. 19권, 〈耿弇列傳〉 立傳.

[國譯]

世祖가 즉위하자, 馬武(마무)는 侍中에 騎都尉로, 山都侯가 되었다.

建武 4년, 虎牙將軍 蓋延(개연) 등과 함께 劉永(유영)을 토벌했으며, 마무는 별도로 濟陰郡(제음군)을 공략하여 成武(성무), 楚丘(초구) 등을 함락시켰고 捕虜將軍(포로장군)으로 승진되었다. 그 다음 해, 龐萌(방맹)이 반기를 들고 桃城(도성)을 공격하자 마무는 선발대로 방맹과 싸워 격파하였는데 마침 광무제가 도착하자 방맹은 그냥 패주하였다.

6년 여름, 建威大將軍 耿弇(경엄)과 함께 서쪽으로 隗囂(외효)를 정벌하였지만 漢軍이 불리하여 隴縣(농현)으로 철수하는데, 외효가 바짝 추격해오자 마무는 정예기병으로 후미에서 방어하였는데 마무가 직접 갑옷에 창을 들고 맹렬히 반격하여 수천 명을 죽이자 외효는 그때서야 퇴각했고, 모든 군사는 長安에 돌아올 수 있었다.

(建武) 13년, 식읍을 늘려 받고 鄃侯(유후, 鄃는 平原郡의 縣名)가 되었다. 마무는 군사를 거느리고 북쪽으로 가서 下曲陽(하곡양)에 둔전하면서 흉노에 대비하였다. 마무는 軍吏를 죽인 죄로 조서에 의거 처자를 거느리고 봉국으로 돌아갔다. 마무는 지름길로 낙양에 와서 장군 인수를 반환하였고 식읍 5백 호를 삭감한 뒤 楊虛侯(양허후)로 확정되었고 제후로 奉朝請이 되었다.

原文

帝後與功臣諸侯讌語, 從容言曰, "諸卿不遭際會, 自度爵祿何所至乎?" 高密侯鄧禹先對曰, "臣少嘗學問, 可郡文學博士." 帝曰, "何言之謙乎? 卿鄧氏子, 志行修整, 何爲不掾功曹?" 餘各以次對, 至武, 曰, "臣以武勇, 可守尉督盜賊." 帝笑曰, "且勿爲盜賊, 自致亭長, 斯可矣."

武爲人嗜酒, 闊達敢言, 時醉在御前面折同列, 言其短長, 無所避忌, 帝故縱之, 以爲笑樂.

帝雖制御功臣, 而每能回容, 宥其小失. 遠方貢珍甘, 必先遍賜列侯, 而太官無餘. 有功, 輒增邑賞, 不任以吏職, 故皆保其福祿, 終無誅譴者.

| **註釋** | ㅇ讌語 – 터놓고 이야기하다. 讌은 잔치 연. ㅇ高密侯 鄧禹(등우) – 24세에 光武의 大司徒를 역임하였다. 16권, 〈鄧寇列傳〉 立傳. ㅇ郡文學博士 – 郡에 교육을 담당하는 문학박사가 있었다. ㅇ闊達敢言 – 생각나는 대로 하고 싶은 말을 다하다. ㅇ每能回容 – 回容은 예외적으로 용납하다. 回는 曲也. 曲法以容也. ㅇ太官無餘 – 太官은 少府의 속관 황제의 식사 담당, 太官令. 소부 속관으로 導官은 음식 재료 공급 담당관. 尙方(상방)은 궁중에 필요한 각종 생활용구 공급 담당관. 內署(내서)는 궁내부의 침구, 휘장(커튼) 담당관 등이 있었다. 모두 질록 6백석. ㅇ終無誅譴者 – 誅는 誅殺(주살). 譴은 譴責(견책).

[國譯]

光武帝가 뒷날 功臣 諸侯와 한가한 이야기를 나누면서 조용히 물었다.

"여러분이 이런 시대를 아니 만났다면 자신의 작록이 무엇이라고 생각하는가?"

이에 高密侯 鄧禹(등우)가 먼저 대답하였다. "臣은 젊어 학문을 하였기에 郡의 文學博士가 되었을 것입니다." 그러자 광무제가 말했다.

"무슨 겸손의 말인가? 경은 명문 鄧氏 집안에 의지와 행실이 바르니 어찌 功曹掾(공조연)이 되지 않았겠는가?" 나머지 다른 사람들도 차례로 대답하였는데 마무의 차례가 되자 마무가 말했다.

"臣은 武勇으로 아마 군의 都尉가 되어 도적을 단속했을 것입니다." 그러자 광무제가 웃으며 말했다. "도적 이야기는 하지 말고, 아마 亭長은 할 수 있었을 것이다."

마무는 사람이 술을 좋아하고 속이 트였으며 할 말은 하는 사람이라서 술에 취하면 어전에서도 같은 반열 관원의 장단점을 꺼리지도 않고 말했는데 황제는 일부러 그냥 두고 보면서 웃음거리로 즐겼다.

광무제가 비록 공신을 제어했지만 늘 예외적으로 용납하면서 작은 실수에 관용을 베풀었다. 먼 지방에서 진미를 보내오면 늘 열후에게 먼저 두루 나눠주었기에 太官에게는 남은 것이 없었다. 공을 세우면 바로 식읍을 늘려 상을 주었고 관리의 직책만 수행케 하지 않았기에 (功臣) 모두가 작위의 복록을 받았으며, 끝내 공신을 죽이거나 견책하지는 않았다.

原文

二十五年, 武以中郎將將兵擊武陵蠻夷, 還, 上印綬.

顯宗初, 西羌寇隴右, 覆軍殺將, 朝廷患之, 復拜武捕虜將軍, 以中郞將王豐副, 與監軍使者竇固,右輔都尉陳訢, 將烏桓,黎陽營,三輔募士,涼州諸郡羌胡兵及弛刑, 合四萬人擊之. 到金城浩亹, 與羌戰, 斬首六百級. 又戰於洛都谷, 爲羌所敗, 死者千餘人. 羌乃率衆引出塞, 武復追擊到東,西邯, 大破之, 斬首四千六百級, 獲生口千六百人, 餘皆降散. 武振旅還京師, 增邑七百戶, 並前千八百戶. 永平四年, 卒.

子檀嗣, 坐兄伯濟與楚王英黨顏忠謀反, 國除. 永初七年, 鄧太后紹封武孫震爲濮亭侯. 震卒, 子側嗣.

| 註釋 | ㅇ(建武) 二十五年 - 서기 49년. ㅇ武陵蠻夷 - 武陵은 군명. 治所 臨沅縣, 今 湖南省 북부 常德市 서쪽. ㅇ金城浩亹 - 金城은 군명. 治所 允吾縣, 今 甘肅省 臨夏回族自治州 永靖縣.(省都인 蘭州市 서쪽). 浩亹(호문)은 현명. 亹는 힘쓸 미. 물문(수문) 문. ㅇ洛都谷 - 洛都水(일명 湟水)의 계곡. ㅇ東,西邯 - 東西의 邯水(한수), 황하의 지류. ㅇ(明帝) 永平四年 - 서기 61년.

[國譯]

(建武) 25년, 馬武(마무)는 中郞將으로 군사를 거느리고 武陵郡의 蠻夷(만이)를 평정하고 돌아와 인수를 반환하였다.

顯宗(明帝) 초기에, 西羌(서강)족이 隴右郡(농우군)을 침략하여 군진을 파괴하고 장수를 살해하자 조정에서는 이를 걱정하여 다시 마무를 捕虜將軍으로 임명하여 中郞將 王豐(왕풍)을 副職으로, 監軍使者인 竇固(두고), 右輔都尉인 陳訢(진흔) 등과 함께 烏桓(오환)과 黎陽

(여양)의 군영, 三輔 지역에서 모집한 군사, 涼州(양주, 자사부) 관내 여러 군의 흉노병과 형 집행 연기자 등 모두 4만여 명을 거느려 공격케 하였다.

마무는 金城郡 浩亹縣(호문현)에서 강족과 싸워 적 6백여 명을 참수하였다. 다시 洛都谷(낙도곡)에서 싸웠으나 강족에게 패하여 1천여 명이 전사하였다. 강족은 그 무리를 전부 거느리고 국경을 넘어 들어왔는데 마무는 다시 적을 東, 西, 邯水(한수)까지 추격하여 대파하였는데 4,600여 명을 참수하고 1,600여 명을 포로로 잡고 나머지는 모두 풀어주었다. 마무는 군사를 정돈하여 낙양으로 귀환하였고 식읍 7백 호를 더 받아 이전과 합하여 1,800호가 되었다. (明帝) 永平 4년에, 죽었다.

아들 馬檀(마단)이 계승했으나, 兄인 馬伯濟(마백제)가 楚王 劉英(유영)의 일당인 顏忠(안충)의 모반에 연관되어 나라가 없어졌다. 永初 7년, 鄧太后는 마무의 손자 馬震(마진)을 滲亭侯(요정후)에 이어 봉했다(紹封). 마진이 죽자, 아들 馬側(마측)이 계승하였다.

原文

論曰, 中興二十八將, 前世以爲上應二十八宿, 未之詳也. 然咸能感會風雲, 奮其智勇, 稱爲佐命, 亦各志能之士也. 議者多非光武不以功臣任職, 至使英姿茂績, 委而勿用. 然原夫深圖遠筭, 固將有以焉爾.

若乃王道既衰, 降及霸德, 猶能授受惟庸, 勳賢皆序, 如管,隰之迭升桓世, 先,趙之同列文朝, 可謂兼通矣. 降自秦, 漢, 世資戰力, 至於翼扶王運, 皆武人屈起. 亦有鬻繒屠狗輕猾之徒, 或崇以連城之賞, 或任以阿衡之地, 故勢疑則隙生, 力侔則亂起. 蕭,樊且猶縲紲, 信,越終見葅戮, 不其然乎!

自茲以降, 迄於孝武, 宰輔五世, 莫非公侯. 遂使縉紳道塞, 賢能蔽壅, 朝有世及之私, 下多抱關之怨. 其懷道無聞, 委身草莽者, 亦何可勝言.

故光武鑒前事之違, 存矯枉之志, 雖寇,鄧之高勳, 耿,賈之鴻烈, 分土不過大縣數四, 所加特進,朝請而已. 觀其治平臨政, 課職責咎, 將所謂 '導之以政, 齊之以刑' 者乎! 若格之功臣, 其傷已甚. 何者? 直繩則虧喪恩舊, 橈情則違廢禁典, 選德則功不必厚, 擧勞則人或未賢, 參任則群心難塞, 並列則其斂未遠. 不得不校其勝否, 卽以事相權. 故高秩厚禮, 允答元功, 峻文深憲, 責成吏職.

建武之世, 侯者百餘, 若夫數公者, 則與參國議, 分均休咎, 其餘並優以寬科, 完其封祿, 莫不終以功名延慶于後. 昔留侯以爲高祖悉用蕭,曹故人, 而郭伋亦譏南陽多顯, 鄭興又戒功臣專任. 夫崇恩偏授, 易啓私溺之失, 至公均被, 必廣招賢之路, 意者不其然乎!

| 註釋 | ○稱爲佐命 – 佐命은 천명을 받은 사람을 돕다. 佐는 도울 좌. ○降及霸德 – 霸德은 覇道(패도). ○如管,隰之迭升桓世 – 管은 管仲, 隰

(습)은 隰朋(습붕). 管仲이 병들자 齊 桓公이 문병했는데, 관중은 습붕이 유능하다며 천거하였다. ㅇ先,趙之同列文朝 - 先은 晋의 先軫(선진). 趙는 趙衰(조쇠). 文朝는 霸者인 晋 文公의 조정. 조쇠는 선진이 자신보다 유능하다며 적극 천거하였다. ㅇ皆武人屈起 - 屈起(崛起, 굴기)는 勃起(발기). 우뚝 서다. ㅇ鬻繒屠狗輕猾之徒 - 鬻繒(죽증)은 비단을 팔다. 高祖의 功臣 중 灌嬰(관영)은 비단 장수였다. 屠狗(도구)는 개를 도살하다. 樊噲(번쾌)는 개백정으로 고조를 따라 공을 세웠다. 輕猾(경활)은 경박하고 교활하다. 여기서는 학문적 바탕이 없다는 뜻으로 쓰였다. ㅇ或任以阿衡之地 - 阿衡(아형)은 본래 伊尹(이윤)의 직함. 재상의 지위로 통용. 阿는 의지하다. 衡은 평안하다. 번쾌, 관영 모두 대 제후였고 관영은 승상이 되었다. 漢 초기 국정은 이들에 의해 운영되고 천하는 안정되었다. ㅇ力侔則亂起 - 侔는 가지런할 모. 대등하다. ㅇ蕭,樊且猶縲紲 - 縲紲(누설)은 죄수로 묶여 갇히다. 蕭何(소하)가 上林苑 空地를 백성에게 주자고 말하자 고조는 화를 내며 잡아 가두었고, 번쾌도 모반 혐의로 압송되었다. ㅇ信,越終見葅戮 - 信은 韓信. 越은 彭越(팽월). 葅戮(저륙)은 죽여 살점으로 젓을 담그다. 葅는 채소절일 저. 젓을 담그다. 戮은 죽일 륙. 戮屍(육시). ㅇ宰輔五世 - 宰輔는 재상. 고조부터 武帝까지가 5世였다. ㅇ遂使縉紳道塞 - 縉紳은 관복의 허리를 매는 널따란 천. 縉은 꽂을 진(搢也). 笏(홀)을 꽂다. 紳은 큰 띠 신. 道塞은 길이 막히다. ㅇ賢能蔽壅 - 蔽壅(폐옹)을 덮이다. 묻히다. 壅은 막을 옹. ㅇ朝有世及之私 - 漢代에 천거에 의한 인재 등용이 널리 행해졌지만 二千石 고관 자제의 特任이나 금전에 의한 관리 임용이 일반화되었다. ㅇ下多抱關之怨 - 抱關之怨은 하찮은 직무를 담당해야 하는 서러움. 關은 빗장 관. 포관은 문지기. 蕭望之(소망지) 같은 인재도 처음에 궁궐의 작은 문을 열고 닫는 문지기였다. ㅇ雖寇,鄧之高勳 - 寇는 寇恂(구순), 鄧은 鄧禹(등우). 高勳은 최고의 공훈. ㅇ耿,賈之鴻烈 - 耿은 耿弇(경엄). 賈는 賈復(가복). 鴻烈은 偉業. ㅇ '導之以政, 齊之以刑' 者乎 - 「子曰, "道之以政,

齊之以刑, 民免而無恥, 道之以德, 齊之以禮, 有恥且格.”」《論語 爲政》. 道는 導. 功臣에 대해서는 그러했다는 뜻. ㅇ直繩則虧喪恩舊 – 直繩은 먹줄로 긋듯 바르다. 원칙대로 처리하다. 繩(승)은 목수가 사용하는 먹줄. 虧喪(휴상)은 다치게 하다. 虧는 이지러질 휴. ㅇ橈情則違廢禁典 – 橈情(요정)은 인정에 끌려 원칙을 굽히다. ㅇ分均休咎 – 나라의 길흉을 균분하다. 국사를 분담하다. 休咎(휴구)는 吉凶, 禍福. ㅇ昔留侯以爲高祖悉用蕭,曹故人 – 留侯는 張良, 蕭,曹는 蕭何와 曹參(조참). ㅇ郭伋亦譏南陽多顯 – 郭伋(곽급)은 왕망에서 광무제에 걸쳐 여러 관직 역임. 31권, 〈郭杜孔張廉王蘇羊賈陸列傳〉에 立傳. 多顯은 顯職(현직, 높은 지위)에 오른 사람이 많다. ㅇ鄭興又戒功臣專任 – 鄭興(정흥)은 36권, 〈鄭范陳賈張列傳〉에 立傳.

[國譯]

范曄(범엽)의 史論 : 光武 中興을 이룩한 28명의 장수를 예전에는 하늘의 28宿(수)에 맞추었다고 하였지만 확실하지는 않다. 그러나 28將 모두가 풍운의 기회를 만나 자신의 지혜와 용기를 발휘하였기에 佐命功臣(좌명공신)이며, 또 자신의 뜻과 능력을 실현한 사람이라고 일컬어진다. 많은 사람들이 光武帝가 공신들에게는 관직을 맡기지 않아 공신들의 영명한 자질과 큰 업적을 버려두고 활용하지 않은 것은 잘못이라는 말하였다. 그러나 (光武帝의) 심원한 의도와 계산이 있어 그럴 수밖에 없었다고 보아야 한다.

만약 王道가 이미 쇠락해서 패도정치가 이루어진 시절이었다면, 공신이나 공훈을 세운 사람들만이 순차적으로 임용되고, (齊의) 管仲(관중)이나 隰朋(습붕) 같은 인재가 齊 桓公 시절에 등용이 되거나 先軫(선진)이나 趙衰(조쇠)같은 사람이 晋 文公의 조정에 등용될 수도 없었을 것이다. 秦과 漢 이후에 천하는 전쟁 능력에 왕조의 운명이 달렸기에 무인들이 잇달아 勃起(발기)하였다. 또 그러했기에 비단 장수나 개백정 같은 미천한 사람이 등용되어 여러 성을 보상받거나 또는 재상의 지위에 오를 수 있었지만, 세력이 커지면 (君臣간) 틈이 벌어지고 세력이 대등하면 반란이 일어났다. 蕭何(소하)와 樊噲(번쾌) 같은 사람도 죄수가 되어 갇혀야만 했고, 韓信과 彭越(팽월)은 끝내 죽어서 젓갈을 담갔으니 그렇지 아니한가!

고조의 건국 이후로 孝武帝까지 5세에 걸쳐 재상은 公侯가 아닌 사람이 없었다. 이 때문에 벼슬길에 오르는 길이 막혔으며 현명한 능력자도 묻히게 되었으며 조정은 세습에 의해 관직이 그들에게 偏重(편중)되었고, 하층에서는 미천한 일을 담당하는 자의 원망이 있었다. 이처럼 가슴에 大道를 품고도 알려질 길이 없어 초야에 몸을 맡긴 사람들을 어찌 다 말할 수 있겠는가?

그러하였기에 光武帝는 前代의 잘못을 알고 이를 바로 잡으려는 뜻이 있었기에, 비록 寇恂(구순)이나 鄧禹(등우) 같은 최고의 공신이나 耿弇(경엄)이나 賈復(가복) 같이 큰 공적을 남긴 자라도 그 封地는 큰 縣 4개에 불과하였으며 거기에 特進이나 奉朝請(봉조청)같은 명예뿐이었다. 그러면서 그들의 치적이나 정사를 관찰하여 직무를 평가하고 잘못을 문책하였기에 이는 이른바 '정사로 백성을 이끌고 형벌로 제도하였다' 고 말할 수 있다. (광무제의) 공신에 대한 이러한 방침은 공신에 주는 상처가 매우 심했을 것이다. 광무제는 왜 그러했겠는가? (공신에게) 원칙을 적용한다면 옛 恩義(은의)를 훼손하게 되고, 인정에 끌리면 法禁을 무너트리게 되며, (광무제가) 유덕자만을 뽑아 쓴다면 그 공로가 꼭 많은 것은 아닐 것이고, 유공자만을 등용한다면 현명하지 않을 수도 있기에, 유공자나 유능력자만 임용하다면 백성의 요구를 충족시킬 수 없고, 공신만을 등용한다면 그 병폐가 바로 나타날 것이기에, 부득불 그 장단점을 헤아려서 사안에 따라 적정한 방책을 택한 것이었다. 그래서 공신에게는 높은 지위와 후한 예로 그들의 큰 공적을 대우해주면서 엄격한 법 적용으로 관직의 책임을 묻고 독려하였다.

建武 연간에 제후가 1백여 명이었는데, 그들 중 일부만 公卿으로 국정에 참여하고 길흉을 균분하였으며 나머지는 모두 관대한 규정에 의거 봉록을 완전히 보존하여 공적에 따른 혜택을 그 후손에게 이어 계승시키지 않은 자가 없었다.

예전에, 留侯(張良)는 고조에게 蕭何와 曹參(조참) 같은 지인만을 등용한 것을 지적하였으며, 郭伋(곽급)은 광무제에게 顯職(현직)에 오른 南陽 사람이 많은 것을, 또 鄭興은 功臣의 관직을 독점을 비판하였다. 옛 인연이나 은택에 의거 관직을 내린다면 쉽게 편애하는 폐단에 빠지기에 일률적으로 공평하려면 현재를 초빙하는 길을 넓혀야 하나니 뜻있는 자라면 그러해야 할 것이다.

原文

永平中, 顯宗追感前世功臣, 乃圖畫二十八將於南宮雲臺, 其外又有王常,李通,竇融,卓茂, 合三十二人. 故依其本弟係之篇末, 以誌功臣之次云爾.

太傅高密侯鄧禹, 大司馬廣平侯吳漢,

左將軍膠東侯賈復, 建威大將軍好時侯耿弇,

執金吾雍奴侯寇恂, 　　征南大將軍舞陽侯岑彭,
征西大將軍陽夏侯馮異, 　建義大將軍鬲侯朱祐,
征虜將軍潁陽侯祭遵, 　　驃騎大將軍櫟陽侯景丹,
虎牙大將軍安平侯蓋延, 　衛尉安成侯銚期,
東郡太守東光侯耿純, 　　城門校尉朗陵侯臧宮,
捕虜將軍楊虛侯馬武, 　　驃騎將軍慎侯劉隆,
中山太守全椒侯馬成, 　　河南尹阜成侯王梁,
驃騎大將軍參蘧侯杜茂, 　琅邪太守祝阿侯陳俊,
積弩將軍昆陽侯傅俊, 　　左曹合肥侯堅鐔,
上谷太守淮陵侯王霸, 　　信都太守阿陵侯任光,
豫章太守中水侯李忠, 　　右將軍槐里侯萬脩,
太常靈壽侯邳肜, 　　　　驍騎將軍昌成侯劉植,
橫野大將軍山桑侯王常, 　大司空固始侯李通,
大司空安豐侯竇融, 　　　太傅宣德侯卓茂.

| **註釋** | ㅇ南宮雲臺 – 후한의 北宮은 낙양 궁성의 북부에, 南宮은 낙양 궁성의 남부에 자리했다. 南 北宮 사이에 백성들 마을이 있었다. 남궁의 주요 건물은 前殿(일명 千秋萬歲殿), 太極殿, 宣室殿, 承福殿, 崇德殿, 雲臺殿, 長秋宮 등이다. 북궁은 明帝 때 확장 되었는데 주요 건물은 德養殿, 宣明殿, 永樂宮, 白虎觀, 長樂宮 등이다. 남궁과 북궁은 복도로 연결되었는데 복도의 중앙은 천자가, 左 右道는 관리가 통행하였다. 매 궁문에는 司馬 1인이 경비를 책임졌다. 후한 말 建安 연간에 董卓(동탁)의 방화로 남, 북궁은 소실되었다. 남북 궁지는 지금 河南省 洛陽市 白馬寺 근처이다. ㅇ本

弟 – 본래의 次第. 본래의 순서.

[國譯]

永平 연간에, 顯宗(明帝)은 前代 功臣을 추념하여 28명 장수의 초상화를 南宮의 雲臺(운대)에 그렸는데, 28將 외에 王常, 李通, 竇融(두융), 卓茂(탁무) 등 총 32인이었다. 그 본래 순서에 따라 본편 말미에 공신의 순차를 기록하였다.

太傅 高密侯 鄧禹(등우),	大司馬 廣平侯 吳漢,
左將軍 膠東侯 賈復,	建威大將軍 好畤侯(호치후) 耿弇(경엄),
執金吾 雍奴侯 寇恂(구순),	征南大將軍 舞陽侯 岑彭(잠팽),
征西大將軍 陽夏侯 馮異,	建義大將軍 鬲侯(격후) 朱祐(주우),
征虜將軍 潁陽侯 祭遵(제준),	驃騎大將軍 櫟陽侯(역양후) 景丹,
虎牙大將軍 安平侯 蓋延(개연),	衛尉 安成侯 銚期(요기),
東郡太守 東光侯 耿純(경순),	城門校尉 朗陵侯 臧宮(장궁),
捕虜將軍 楊虛侯 馬武,	驃騎將軍 愼侯(신후) 劉隆,
中山太守 全椒侯(전추후)	馬成, 河南尹 阜成侯(부성후) 王梁,
驃騎大將軍 參蘧侯 杜茂,	琅邪(낭야)太守 祝阿侯 陳俊,
積弩將軍 昆陽侯(곤양후)	傅俊,左曹 合肥侯 堅鐔(견심),
上谷太守 淮陵侯(회릉후) 王霸,	信都太守 阿陵侯 任光,
豫章太守 中水侯 李忠,	右將軍 槐里侯(괴리후) 萬脩(만수),
太常 靈壽侯 邳彤(비동),	驍騎將軍 昌成侯 劉植,
橫野大將軍 山桑侯 王常,	大司空 固始侯 李通,
大司空 安豐侯 竇融(두융),	太傅 宣德侯 卓茂(탁무).

原文

贊曰, 帝績思乂, 庸功是存. 有來群后, 捷我戎軒. 婉孌龍姿, 儷景同飜.

| **註釋** | ㅇ帝績思乂 – 帝績은 帝業. 思乂(사예)는 治安을 생각하다. 乂는 다스릴 예. ㅇ庸功是存 – 庸功은 功勳. ㅇ捷我戎軒 – 捷은 이길 첩. 戎軒(융헌)은 戰車. ㅇ婉孌龍姿 – 婉孌(완연)은 친애하다. 미모. 龍姿는 光武帝. ㅇ儷景同飜 – 儷는 같다(齊也). 짝(偶也). 景은 그림자 영(影 同). 초상화. 飜는 날 번. 나부끼다. 옮기다.

[國譯]

贊曰,

황제는 치국을 생각하여 功臣 초상을 그림으로 남겼다.

다음의 제왕은 선대의 승리를 기릴 것이로다.

친근한 光武의 모습에 초상 인물의 공훈이 빛난다.

23 竇融列傳
〔두융열전〕

❶ 竇融

原文

竇融字周公, 扶風平陵人也. 七世祖廣國, 孝文皇后之弟, 封章武侯. 融高祖父, 宣帝時以吏二千石自常山徙焉. 融早孤. 王莽居攝中, 爲强弩將軍司馬, 東擊翟義, 還攻槐里, 以軍功封建武男. 女弟爲大司空王邑小妻. 家長安中, 出入貴戚, 連結閭里豪傑, 以任俠爲名, 然事母兄, 養弱弟, 內修行義. 王莽末, 靑,徐賊起, 太師王匡請融爲助軍, 與共東征.

及漢兵起, 融復從王邑敗於昆陽下, 歸長安. 漢兵長驅入關, 王邑薦融, 拜爲波水將軍, 賜黃金千斤, 引兵至新豐. 莽敗, 融以軍降更始大司馬趙萌, 萌以爲校尉, 甚重之, 薦融爲鉅鹿太守.

| 註釋 | ㅇ竇融字周公 – 竇融(前 16 – 서기 62), 章帝 竇皇后의 증조부, 竇 구멍 두. 성씨. ㅇ扶風平陵 – 平陵은 현명. 昭帝의 陵. 능 주변에 民戶를 이주시키고 현(陵縣)을 설치. 종묘 제사와 황릉을 관리하는 직책인 太常이 능현을 감독 통솔했다. ㅇ孝文皇后之弟 – 孝文皇后는 景帝의 생모, 竇(두)황후의 큰 동생 長君과 작은 동생은 廣國으로 4~5세에 집이 가난하여 다른 사람에게 잡혀가 팔렸으나 황후 즉위 후에 남매가 상봉하였다. 두 사람은 부귀를 누렸지만 남에게 교만하지 않은 겸양을 아는 군자였다.《漢書 外戚傳 (上)》 참고. ㅇ王莽居攝 – 居攝(거섭)은 왕망이 섭정하는 孺子嬰(영)의 연호.(서기 6 – 8년). ㅇ東擊翟義 – 翟義(적의)는 승상 翟方進(적방진)의 아들. 東郡태수로 거섭 2년(서기 7년)에 왕망 타도를 내세우며 봉기하였다.《漢書 翟方進傳》에 附傳. ㅇ還攻槐里 – 槐里縣에서는 趙明(조명), 霍鴻(곽홍) 등이 봉기하여 翟義(적의)에 호응하였다. 槐里는 司隷校尉部 관할 右扶風의 치소인 槐里縣, 今 陝西省 咸陽市 관할 興平市. ㅇ建武男 – 寧武男. 南은 男爵. 왕망이 시행한 五爵(오작, 公, 侯, 伯, 子, 男)의 하나. ㅇ王邑小妻 – 王邑은 인명. 王莽의 堂弟, 成都侯 王商의 아들, 王莽의 심복. ㅇ昆陽 – 潁川郡(영천군)의 縣名. 今 河南省 중부 漯河市(탑하시)의 부근. ㅇ波水將軍 – 波水(파수)는 長安 서남의 지명.

[國譯]

竇融(두융)의 字는 周公(주공)으로 右扶風 平陵縣 사람이다. 七世祖인 竇廣國(두광국)은 孝文皇后의 동생으로 章武侯였다. 두융의 고조부는 宣帝 때 二千石 관리로 常山郡에서 장안으로 이사하였다. 두융이 어려서 부친이 죽었다. 왕망 居攝 연간에, 强弩將軍(王俊)의 司

馬로 東郡의 翟義(적의)를 격파하고 돌아오면서 槐里縣(괴리현)을 공격했는데 두융은 軍功으로 建武男의 작위를 받았다. 여동생은 大司空인 王邑(왕읍)의 小妻였다. 두융은 장안에 살면서 貴戚(귀척)과 교제하며 향리의 호걸과 연결되어 任俠(임협)으로 명성이 있었는데, 모친과 형을 모시고 어린 동생을 보살피며 행실을 바로 하고 의리를 지켰다. 왕망 말기에, 青州와 徐州 일대에 적도가 봉기하자 太師 王匡(왕광)은 두융에게 군사 일을 도와달라고 요청하여 같이 동쪽을 원정하였다.

漢兵이 봉기하자, 두융은 다시 王邑을 수행하였으나 왕읍이 (潁川郡) 昆陽縣 부근에서 패배하자 장안으로 돌아왔다. 漢兵이 군사를 몰아 關中에 들어오자 王邑의 천거로 두융은 波水將軍(파수장군)이 되어 黃金 1천 근을 하사받았으며 군사를 이끌고 新豐縣에 주둔했다. 왕망이 패망하자 두융은 군사를 이끌고 更始의 大司馬인 趙萌(조맹)에게 투항하였는데, 조맹은 두융을 校尉로 삼아 무척 신임하면서 두융을 鉅鹿太守(거록태수)에 천거하였다.

原文

融見更始新立, 東方尙擾, 不欲出關. 而高祖父嘗爲張掖太守, 從祖父爲護羌校尉, 從弟亦爲武威太守, 累世在河西, 知其土俗, 獨謂兄弟曰, "天下安危未可知, 河西殷富, 帶河爲固, 張掖屬國精兵萬騎, 一旦緩急, 杜絶河津, 足以自守, 此遺種處也." 兄弟皆然之.

融於是日往守萌, 辭讓鉅鹿, 圖出河西. 萌爲言更始, 乃得爲張掖屬國都尉. 融大喜, 卽將家屬而西. 旣到, 撫結雄傑, 懷輯羌虜, 甚得其歡心, 河西翕然歸之.

| 註釋 | ㅇ張掖太守 – 張掖郡(장액군)은 涼州 소속, 治所는 觻得縣(역득현), 今 甘肅省 중부 張掖市. ㅇ武威太守 – 武威郡(무위군)은 涼州 소속, 치소 姑臧縣(고장현), 今 甘肅省 중부 武威市. ㅇ張掖屬國 – 張掖郡(장액군)의 治所는 觻得縣(역득현, 今 甘肅省 중부 張掖市). 甘肅省 河西走廊(하서주랑)의 중부에 위치. 변방 군에 살고 있는 소수민족을 중앙의 典屬國에서 관리했는데 무제 때 屬國都尉(질록 比二千石)를 설치하여 투항한 이민족에 대한 행정을 맡겼다. 속국도위는 일부 현을 직접 통치했는데 권한은 군의 태수와 같았다. 장액군의 屬國都尉가 관할하는 북부지역을 나누어 張掖屬國(장액속국)으로 분리했다. 장액속국에는 五官(侯官, 左騎, 千人, 司馬官, 千人官)을 설치하고 각각 지역을 분할 통치, 구체적 治所 미상. 후한 安帝 때, 張掖都尉의 관할지 중 居延縣을 중심으로 다시 張掖居延屬國을 설치하였다. ㅇ此遺種處也 – 가히 멸망하지 않고 일족을 보존할만한 땅이다. ㅇ日往守萌 – 日은 날마다. 守는 요구하다. 요청하다. ㅇ圖出河西 – 하서지역으로 나가려 하다. 圖는 謀也. ㅇ懷輯羌虜 – 懷輯(회집)은 화해하여 잘 지내다. 羌虜(강로)는 羌族.

[國譯]

竇融(두융)은 更始가 겨우 자립했지만, 東方은 여전히 소란하였기에 함곡관 동쪽으로 나가려 하지 않았다. 또 高祖父가 일찍이 張掖太守였으며 從祖父도 護羌校尉를 지냈고 사촌동생 역시 武威太守로 여러 대에 걸쳐 河西에 살면서 그곳 습속을 잘 알고 있어 형제들에게 말했다.

"천하의 安危를 알 수 없지만, 河西는 부유한 지역으로 황하에 둘러싸인 험고한 지형이며 張掖屬國에 1만여 정예 기병이 있으니 언젠가는 형세를 보아 황하 나루를 봉쇄하고 자체 방어한다면 우리 일족을 보존할 수 있는 땅이 될 것이다."

형제들도 모두 그렇게 생각하였다.

두융은 날마다 趙萌(조맹)을 찾아가 鉅鹿 태수를 사양하고, 河西 지역 관직을 요청하였다. 이에 조맹은 更始에게 말해 두융을 張掖屬國都尉에 임명하였다. 두융은 크게 좋아하며 가속을 거느리고 서쪽으로 이주하였다. 장액속국에 가서는 지역 유지와 친교를 맺고 강족을 회유하여 크게 환심을 얻으니 河西 일대가 기꺼이 두융에게 귀부하였다.

原文

是時, 酒泉太守梁統,金城太守厙鈞,張掖都尉史苞,酒泉都尉竺曾,敦煌都尉辛肜, 並州郡英俊, 融皆與爲厚善. 及更始敗, 融與梁統等計議曰, "今天下擾亂, 未知所歸. 河西斗絕在羌胡中, 不同心勠力則不能自守, 權鈞力齊, 復無以相率. 當推一人爲大將軍, 共全五郡, 觀時變動."

議旣定, 而各謙讓, 咸以融世任河西爲吏, 人所敬向, 乃推融行河西五郡大將軍事. 是時, 武威太守馬期,張掖太守任仲並孤立無黨, 乃共移書告示之, 二人卽解印綬去. 於是以梁統爲武威太守, 史苞爲張掖太守, 竺曾爲酒泉太守, 辛肜爲敦煌太守, 厙鈞爲金城太守. 融居屬國, 領都尉職如故, 置從事監察五郡. 河西民俗質樸, 而融等政亦寬和, 上下相親, 晏然富殖. 修兵馬, 習戰射, 明烽燧之警, 羌胡犯塞, 融輒自將與諸郡相救, 皆如符要, 每輒破之. 其後匈奴懲乂, 稀復侵寇, 而保塞羌胡皆震服親附, 安定,北地,上郡流人避兇饑者, 歸之不絕.

| 註釋 | ㅇ梁統 – 34권, 〈梁統列傳〉 立傳. ㅇ厙鈞 – 厙는 성씨 사. 鈞은 서른(30) 근 균. 고르다. ㅇ竺曾 – 竺은 나라 이름 축. 성씨. ㅇ辛肜 – 인명. 肜은 융제사 융. 제사 지낸 다음 날 또 지내는 제사. ㅇ斗絕 – 절벽처럼 험준하게 솟다. 斗는 툭 튀어나오다. 깎아지른 듯이 섰다. ㅇ同心戮力 – 한마음으로 힘을 합하다. ㅇ權鈞力齊 – 권력(힘)이 서로 비슷하다. ㅇ皆如符要 – 부절에 명시한 것처럼 액속을 지키다. ㅇ其後匈奴懲乂 – 懲乂(징예)는 혼나다, 혼내주다. 懲治. 懲은 創也. 乂는 다스릴 예.

[國譯]

이때에, 酒泉太守 梁統(양통), 金城太守 厙鈞(사균), 張掖郡 都尉인 史苞(사포), 酒泉郡 都尉인 竺曾(축증), 敦煌郡 都尉인 辛肜(신융) 등 여러 州郡의 英俊(영준)과 두융은 아주 친하게 지내고 있었다. 경시제가 패망하자 두융과 양통 등이 함께 논의하였다.

"지금 천하 정세가 혼란하여 어떻게 귀결될지 모릅니다. 河西지역은 흉노나 강족 사이에 깊이 끼여 있어 만약 동심협력하지 않는다면 우리를 지킬 수 없으며, 권한이나 실력이 비슷하여 누가 누구를 통솔할 수 없는 상황입니다. 응당 한 사람을 대장군으로 추대하여 5개 군 모두를 보존하면서 시국 변화를 두고 보아야 할 것입니다."

서로 협의가 이루어지자 각자 겸양하면서 모두가 두융이 대대로 河西에서 중임을 맡아왔다며 두융을 河西五郡大將軍 직무 대행으로 추대하였다. 이때, 武威 태수 馬期(마기)와 張掖(장액) 太守 任仲(임중)은 고립되어 협력하지 못했는데 여러 사람이 문서를 보내 상황을 알리자 두 사람은 즉시 인수를 풀어놓고 떠나갔다. 이에 양통은 무위태수, 史苞(사포)는 장액태수, 竺曾(축증)은 주천태수, 辛肜(신융)은 돈황태수, 厙鈞(사균)은 금성태수가 되었다. 두융은 장액속국에서 전처럼 도위 직책을 수행하며 從事를 두어 5군을 돌며 감찰하였다.

河西 지역은 민속이 질박하였고 두융 등의 정치 역시 관용 온화하였기에 상하가 서로 친화하며 평온 속에 부유하였다. 兵馬를 정비하고 활쏘기를 연습하며 烽燧(봉수)의 경비체계를 잘 갖춰 강족이나 흉노가 침범하면 두융은 언제나 즉시 다른 군을 도왔는데 마치 맹약에 따르듯 적을 격파하였다. 그 뒤로 흉노는 두융이 두려워 침입이 점점 뜸해졌고 영역 내의 강족도 두려워 복속하였으며 安定郡, 北地郡, 上郡 등에서 유민들이 전쟁과 기아를 피해 끊임없이 5군 지역으로 이주하였다.

原文

融等遙聞光武卽位, 而心欲東向, 以河西隔遠, 未能自通. 時, 隗囂先稱建武年號, 融等從受正朔, 囂皆假其將軍印綬. 囂外順人望, 內懷異心, 使辯士張玄遊說河西曰, "更始事業已成, 尋復亡滅, 此一姓不再興之效. 今卽有所主, 便相係屬, 一旦拘制, 自令失柄, 後有危殆, 雖悔無及. 今豪傑競逐, 雌雄未決, 當各據其土宇, 與隴,蜀合從, 高可爲六國, 下不失尉佗."

融等於是召豪傑及諸太守計議, 其中智者皆曰, "漢承堯運, 歷數延長. 今皇帝姓號見於圖書, 自前世博物道術之士谷子雲,夏賀良等, 建明漢有再受命之符, 言之久矣, 故劉子駿改易名字, 冀應其占. 及莽末, 道士西門君惠言劉秀當爲天子, 遂謀立子駿. 事覺被殺, 出謂百姓觀者曰, '劉秀眞汝主也.' 皆近事暴著, 智者所共見也. 除言天命, 且以人事論之, 今稱帝者數人, 而洛陽土地最廣, 甲兵最强, 號令最明. 觀符命而察人事, 它姓殆未能當也."

諸郡太守各有賓客, 或同或異. 融小心精詳, 遂決策東向. 五年夏, 遣長史劉鈞奉書獻馬.

| **註釋** | ㅇ隗囂(외효) – 13권, 〈隗囂公孫述列傳〉 立傳. ㅇ假其將軍印綬 – 假은 이르다. 여기서는 보내오다. 音 格(격). ㅇ雌雄未決 – 雌雄(자웅)은 勝敗. ㅇ當各據其土宇 – 土宇는 토지, 영역. ㅇ下不失尉佗 – 최소한 尉佗(위타)처럼 일정 지역을 차지할 수 있다. 위타는 趙氏로 名 佗(타), 秦末 南海 都尉가 되었다가 陳勝이 봉기한 이후 지금의 廣東省 廣西省 일대를 점거하고 南越王이 되었는데 고조도 위타의 지위를 인정하였다. ㅇ谷子雲, 夏賀良 – 谷子雲은 谷永, 子雲은 字. 《京氏易》을 전공. 成帝 때 北地太守, 大司農을 역임. 夏賀良(하하량)은 人名. 方士, 齊人. 哀帝는 하하량의 건의

를 받아 建平 2年을 太初元將 元年으로, 황제 칭호를 '陳聖劉太平皇帝' 로 바꾸었다. 하하량은 邪道를 고집하며 조정의 정치를 혼란하여 국가를 기울게 하였고, 주군을 속인 대역무도로 주살되었다. 《漢書 哀帝紀》 참고. ○劉子駿 – 哀帝 때 劉歆(유흠)은 자신의 이름을 劉秀(유수)로 바꾸며 참서의 내용대로 부응하기를 희망했었다. ○道士西門君惠~ – 道士는 學道之人의 범칭. 道人, 方士와 혼용. 도교의 성직자. 승려. 西門은 복성. ○皆近事暴著 – 暴著(폭저)는 드러나다. 暴은 露也.

[國譯]

竇融(두융) 등은 光武帝가 즉위했다는 먼 곳의 소식을 전해 듣고 마음속으로 동쪽 광무제에 귀의할 생각을 했지만 河西와는 너무 멀리 떨어져 있어 관계를 맺을 수가 없었다. 그때 隗囂(외효)가 먼저 建武(건무) 연호를 사용했는데 두융 등은 그 正朔(정삭)을 받아들였고, 외효는 모두에게 장군의 인수를 보내주었다. 외효는 겉으로는 人望에 순응하는 척 하면서도 안으로 딴마음을 품고서 辯士인 張玄(장현)을 보내 河西 지역에 유세를 하였다.

"更始의 등극이 일단 성공하였으나 오래잖아 다시 망하였는데, 이는 한 성씨가 다시 흥기하지 못한다는 증거입니다. 지금 만약 누구를 섬기면 서로 관계가 맺어지며 일단 얽매이면 이후로는 자신의 힘을 잃게 되고 이어 위기에 처하게 되는데 그때는 후회하여도 어쩔 수 없습니다. 지금 천하의 호걸이 서로 각축하며 자웅이 결판나지 않았으니 응당 일정 지역을 차지하고 있다가 隴右(농우)나 蜀(촉)과 연합하게 되면 크게는 6國처럼 될 수 있고 작게는 尉佗(위타)와 같게 될 것입니다."

이에 두융 등은 여러 호걸과 태수를 모아서 이를 논의하였는데 그중 지혜로운 자들이 말했다.

"漢은 堯帝의 大運을 이어 歷數를 오래 이어왔습니다. 지금 황제의 성명은 圖書에도 기록되었으니 前世에도 博物道術之士인 谷永(곡영, 谷子雲)이나 夏賀良(하하량) 등도 漢이 다시 천명을 받는 것이 확실하며, 이는 오래 전부터 전해왔기에 劉子駿(劉歆)은 자신의 이름을 (劉秀로) 바꿔가며 부명에 일치하기를 기대하였습니다. 왕망 말기에 道士인 西門君惠(서문군혜)는 劉秀(유수)가 응당 천자가 되어야 한다며 劉子駿을 옹립하려다가 발각되어 처형되었지만 구경하는 백성들에게 '劉秀가 정말 여러분의 주군입니다.' 라고 말했습니다. 최근에 있었던 이런 일들은 알 만한 사람 모두가 직접 보았습니다. 天命을 논하지 않고 일단 人事만 논한다면 지금 稱帝하는 자가 여럿이지만 그래도 洛陽의 세력의 영역이 가장 광대하며 병력도 가장 강하며 政令도 가장 분명합니다. 참서의 기록이나 목전의 형세를 종합한다면 (劉氏 아닌) 다른 성씨는 이미 합당하지 않습니다."

각 군의 태수는 각자 나름대로 추종자가 있어 같이 동조하거나 또는 의견을 달리하였다. 두융은 조심하면서도 치밀하게 생각하여 마침내 동방 세력을 따르기로 결정하였다.

(建武) 5년(서기 29년) 여름, 두융은 長史 劉鈞(유균)을 보내 서신과 軍馬를 (光武帝에게) 헌상하였다.

原文

先是, 帝聞河西完富, 地接隴,蜀, 常欲招之以逼囂,述, 亦

發使遺融書, 遇鈞於道, 卽與俱還. 帝見鈞歡甚, 禮饗畢, 乃遣令還, 賜融璽書曰,

「制詔行河西五郡大將軍事,屬國都尉, 勞鎭守邊五郡, 兵馬精强, 倉庫有蓄, 民庶殷富, 外則折挫羌胡, 內則百姓蒙福. 威德流聞, 虛心相望, 道路隔塞, 邑邑何已! 長史所奉書獻馬悉至, 深知厚意. 今益州有公孫子陽,天水有隗將軍, 方蜀,漢相攻, 權在將軍, 擧足左右, 便有輕重. 以此言之, 欲相厚豈有量哉! 諸事具長史所見, 將軍所知. 王者迭興, 千載一會. 欲遂立桓,文, 輔微國, 當勉卒功業, 欲三分鼎足, 連衡合從, 亦宜以時定. 天下未竝, 吾與爾絶域, 非相呑之國. 今之議者, 必有任囂效尉佗制七郡之計. 王者有分土, 無分民, 自適己事而已. 今以黃金二百斤賜將軍, 便宜輒言.」

因授融爲涼州牧.

| **註釋** | ㅇ邑邑何已 - 邑邑은 마음이 울적한 모양. 邑은 근심할 읍(悒과 同). ㅇ今益州有公孫子陽 - 益州는 益州刺史部. 公孫子陽은 公孫述. ㅇ便有輕重 - 경중이 달라진다. 蒯通(괴통)도 韓信에게 유세하면서 楚를 편들어주면 초가 이기고 漢과 함께하면 漢이 이긴다고 말했다. ㅇ王者迭興, 千載一會 - 迭은 교체. 興은 홍기. 千載一會는 얻기는 어렵고 잃기는 쉽다는 뜻. ㅇ三分鼎足 - 괴통이 말한 '三分天下 鼎足而立.' ㅇ尉佗制七郡之計 - 南海郡都尉인 任囂(임효)는 병석에서 죽기 전에 縣尉인 趙佗를 불러 交趾刺史部의 7郡(南海郡, 蒼梧, 鬱林, 合浦, 交趾, 九眞, 日南郡)을 제압하라는 계책을 말해주었다.

[國譯]

이에 앞서 광무제는 河西지역이 견고, 부유하며 隴右와 蜀郡에 연접하였기에 河西 세력을 회유하여 외효나 공손술을 압박하고자 두융에게 주는 서신을 갖고 사자를 파견하였는데, 도중에 劉鈞(유균)을 만나 곧바로 함께 돌아왔다. 광무제는 유균을 알현을 받고 매우 기뻐하며 의례와 잔치를 마치고 유균을 보내면서 두융에게 보내는 국새를 찍은 조서로 말했다.

「河西五郡大將軍事 대행 겸 屬國都尉에게 내리나니, 변방의 5군을 鎭守하는 노고를 위로하며, (변방 5군은) 精强한 兵馬에 倉庫에 비축도 있고 부유한 많은 백성에 밖으로는 강족이나 흉노를 막으면서 안으로는 백성에게 복을 베풀고 있도다. 장군의 威德은 널리 알려졌기에 (짐은) 담백한 마음으로 만나기를 바랐지만 길이 멀고도 막혔으니 걱정이 끝이 없었다. 長史(劉鈞)가 올린 서신과 보내온 말이 모두 도착하였으니 장군의 후의를 잘 알겠노라. 지금 益州에 公孫子陽(公孫述)이 있고, 天水郡에는 장군 隗囂(외효)가 버티며 蜀이 漢이 맞서려는 상황에서 권한은 장군에 있으니 장군이 좌우 어느 편이냐에 따라 승패가 달라질 것이다. 이렇게 말한다면 서로를 후하게 생각하는 것이 어찌 계산이 아니겠는가! 모든 일은 長史가 다 보았으니 將軍도 알 것이로다. 王者의 교체나 흥기는 정말 어려운 일이다. 장군이 齊 桓公이나 晋 文公처럼 미약한 周王室을 보필하려 한다면 응당 힘써 공훈을 이룰 것이며, 장군이 三分天下여 鼎足(정족)의 형세를 이루거나 또는 連衡(연형)이나 合從策도 時宜에 따라 장군이 결정할 수 있을 것이다. 천하가 아직 통일을 이루지 못한 채 짐과 장군은 서로 멀리 있기에 병탄할 상대가 아닐 것이다. 지금 형세를 논하는 자 중에는 틀림없이 任囂(임효, 南海郡都尉)가 尉佗(위타, 趙佗)에게 七郡 제압책을 일러준 것과 같은 말을 할 자도 있을 것이다. 王者는 땅이야 나눠가질 수 있지만 백성을 가를 수는 없나니 백성은 스스로 찾아가 섬길 뿐이다. 오늘 黃金 2백 근을 장군에 하사하며 나라의 이득을 말하였노라.」

그러면서 두융을 涼州牧(涼州刺史)로 임명하였다.

原文

璽書既至, 河西咸驚, 以爲天子明見萬里之外, 網羅張玄之情. 融卽復遣鈞上書曰,

「臣融竊伏自惟, 幸得托先后末屬, 蒙恩爲外戚, 累世二千石. 至臣之身, 復備列位, 假歷將帥, 守持一隅. 以委質則易爲辭, 以納忠則易爲力. 書不足以深達至誠, 故遣劉鈞口陳肝膽. 自以底裏上露, 長無纖介. 而璽書盛稱蜀,漢二主, 三分鼎足之權, 任囂,尉佗之謀, 竊自痛傷. 臣融雖無識, 猶知利害之際, 順逆之分. 豈可背眞舊之主, 事姦僞之人, 廢忠貞之節, 爲傾覆之事, 棄已成之基, 求無冀之利. 此三者雖問狂夫, 猶知去就, 而臣獨何以用心! 謹遣同產弟友詣闕, 口陳區區.」

友至高平, 會囂反叛, 道絶, 馳還, 遣司馬席封間行通書. 帝復遣席封賜融,友書, 所以慰藉之甚備.

| 註釋 | ㅇ網羅張玄之情 – 張玄은 외효가 河西지역에 보낸 說客. (앞서 나왔음). ㅇ假歷將帥 – 假는 임시로. ㅇ以委質則易爲辭 – 委質은 헌신하다. ㅇ底裏上露, 長無纖介 – 조그만 것도 감춘 것이 없다. 纖介는 조금. 아주 작은 것. 纖芥(섬개)와 通. 纖은 가늘 섬. ㅇ高平 – 安定郡의 治所, 縣名. 今 寧夏回族自治區 남부 固原市의 原州區. 현명. ㅇ所以慰藉之甚備 – 위로와 접대가 아주 융숭하였다.

[國譯]

(광무제의) 璽書(새서)가 도착하자 河西에서는 모두 놀라면서 天子가 萬里 밖을 환히 보고 있으며 앞서 세객 張玄(장현)이 유세한 뜻도 알고 있다고 생각하였다. 두융은 즉시 다시 劉鈞(유균)을 보내 上書하였다.

「臣 두융이 엎드려 생각하니, 선대 황후의 후손 외척으로 은택을 입어 여러 대에 걸쳐 이천석 관리를 역임하였습니다. 저 자신은 列卿에 올라 잠시나마 장수로 나라 한구석을 지키고 있습니다. 臣이 헌신해야한다면 제대로 해야 하고, 충성을 바쳐야 한다면 진력해야 합니다. 글로는 제 진심을 말씀드릴 수 없기에 劉鈞(유균)을 보내 제 진심을 말씀드리게 하였습니다. 臣의 속마음에서 겉까지 조금도 감춘 것이 없습니다. 璽書에서 蜀과 漢의 두 주군을 언급하신 것이나, 천하를 三分하여 鼎足(정족) 형세를 취할 수 있는 권한, 任囂(임효)나 尉佗(위타) 같은 책모는 참으로 가슴이 아프기만 합니다. 臣 融(융)이 비록 무식하다지만 그래도 이해를 따져야 하는 이런 상황에서 順理와 逆理는 알고 있습니다. 어찌 참된 옛 주군을 배신하고서 간사하고 거짓된 사람을 섬기며, 어찌 忠貞의 절개를 버리고 엎어져 멸망할 짓을 하겠으며, 어찌 이미 다져진 바탕을 포기하고 기대할 수도 없는 이익을 추구하겠습니까? 이런 세 가지는 미친 사람에게 물어 보아도 할 바를 알 것이니, 臣이 홀로 다른 일에 어찌 마음을 쓰겠습니까! 삼가 제 친동생 友(우)를 폐하께 보내 저의 모든 것을 말씀드리겠습니다.」

竇友(두우)가 (安定郡) 高平縣에 왔을 때 마침 외효가 반역하여 길이 막히자 두우는 급히 돌아왔고, 두융은 다시 司馬인 席封(석봉)을 샛길로 보내 글을 올렸다. 광무제는 다시 석봉을 통해 두융과 두우에게 서신을 보냈는데 위로의 언사와 접대가 매우 융숭하였다.

原文

融旣深知帝意, 乃與隗囂書責讓之曰,

「伏惟將軍國富政修, 士兵懷附. 親遇厄會之際, 國家不利之時, 守節不回, 承事本朝, 後遣伯春委身於國, 無疑之誠, 於斯有效. 融等所以欣服高義, 願從役於將軍者, 良爲此也. 而忿悁之閒, 改節易圖, 君臣分爭, 上下接兵. 委成功, 造難就, 去從義, 爲橫謀, 百年累之, 一朝毁之, 豈不惜乎! 殆執事者貪功建謀, 以至於此, 融竊痛之! 當今西州地勢局迫, 人兵離散, 易以輔人, 難以自建. 計若失路不反, 聞道猶迷, 不南合子陽, 則北入文伯耳. 夫負虛交而易强禦, 恃遠救而輕近敵, 未見其利也. 融聞智者不危衆以擧事, 仁者不違義以要功. 今以小敵大, 於衆何如? 弃子僥功, 於義何如? 且初事本朝, 稽首北面, 忠臣節也. 及遣伯春, 垂涕相送, 慈父恩也. 俄而背之, 謂吏士何? 忍而棄之, 謂留子何? 自兵起以來, 轉相攻擊, 城郭皆爲丘墟, 生人轉於溝壑. 今其存者, 非鋒刃之餘, 則流亡之孤. 迄今傷痍之體未愈, 哭泣之聲尙聞. 幸賴天運少還, 而將軍復重於難, 是使積痾不得遂瘳, 幼孤將復流離, 其爲悲痛, 尤足愍傷, 言之可爲酸鼻! 庸人且猶不忍, 況仁者乎? 融聞爲忠甚易, 得宜實難. 憂人大過, 以德取怨, 知且以言獲罪也. 區區所獻, 惟將軍省焉.」

囂不納. 融乃與五郡太守共砥厲兵馬, 上疏請師期.

| **註釋** | ㅇ責讓 – 책망하다. 꾸짖다. ㅇ國家不利之時 – 왕망이 漢을 찬탈할 때. ㅇ守節不回 – 不回의 回는 邪. 邪惡. ㅇ後遣伯春~ – 伯春은 외효의 아들 隗恂(외순)의 字. 외효는 아들을 漢에 入侍케 하였다. 13권, 〈隗囂公孫述列傳〉의 〈隗囂傳〉 내용 참고. ㅇ而忿悁之閒 – 忿은 성낼 분. 悁은 성낼 연. 恚(성날 에)와 同. ㅇ君臣分爭 – 광무제에 등을 돌림. ㅇ委成功 – 委는 버리다(棄也). ㅇ去從義, 爲橫謀 – 從義는 山東의 光武帝를 따르다. 橫謀는 蜀의 公孫述과 연합하다. ㅇ以至於此 – 외효가 역모를 저지른 것을 지적한 말. ㅇ聞道猶迷 – 道를 모르는 자는 道를 들어도 여전히 미혹에 빠진다는 뜻. ㅇ則北入文伯耳 – 文伯은 盧芳(노방). 盧芳은 자신이 武帝의 曾孫 劉文伯이라고 사칭했다. ㅇ夫負虛交而易强禦 – 負는 恃也. 易는 경시하다. ㅇ於衆何如 – 대중을 위험에 빠트리다. ㅇ弃子僥功 – 弃는 棄(버릴 기)의 古字. 僥는 바랄 요. 요행 수. ㅇ於義何如 – 義를 버리는 것이다. ㅇ稽首北面 – 稽首는 天子에 대한 예의. 北面은 主君에 답한다는 뜻. ㅇ是使積痾不得遂瘳 – 積痾는 오래된 병. 痾는 숙병 아. 瘳는 병 나을

추. ㅇ可爲酸鼻 – 酸鼻(산비)는 코끝이 시리다. 몹시 슬프고 애통하다. ㅇ得宜實難 – 사리를 제대로 파악하는 것이 어렵다. ㅇ以德取怨 – 덕을 베풀어도 원한을 산다. ㅇ砥厲(지려) – 숫돌에 갈다. 전쟁 준비를 하다. 砥는 숫돌 지. 厲는 갈 려. 연마하다.

[國譯]

竇融(두융)은 광무제의 뜻을 알고 곧 隗囂(외효)에게 서신을 보내 책망하였다.

「생각해보니, 장군은 부유한 侯國에 정치도 잘하고 군사도 잘 따르고 있습니다. 장군도 좋지 않은 시대를 만났고 나라가 불리한 시절(왕망의 찬탈)을 겪으면서 지조를 지켜 사악을 따르지 않고 本朝(漢)을 계속 섬겨왔으며, 근래에는 당신 아들을(伯春, 隗恂) 漢에 입조시켜 충성을 증명했습니다. 나 두융 등은 장군의 높은 의기에 기꺼이 감복하면서 장군을 따르려 했던 것도 바로 이 때문이었습니다. 그러나 장군은 분노하며 지조를 바꿔 君臣의 분쟁을 일으켜 漢과 무력 충돌하였습니다. 이는 그간에 이룬 공적을 내버리고 스스로 택한 고난이며, 合從의 大義를 버리고(광무제를 배신) 연형을 시도한 것은(公孫述과 연합) 백 년을 쌓아온 공적을 하루아침에 허문 것이니 어찌 애석하지 않겠습니까! 이는 아마도 하급자들이 공명을 얻으려 한 건의가 이 지경까지(외효의 역모) 온 것 같기에 나 두융은 마음이 매우 아프기만 합니다! 지금 西州(河西)의 형세가 움츠려 들었으며 백성과 군사가 이산되었기에 남을 섬기기는 쉬우나 스스로 자립은 어려운 형상입니다. 장군은 正道를 잃고도 되돌아오지 않고 남이 정도를 말해 주어도 계속 미혹에 빠져서 남쪽의 公孫子陽(公孫述)과 합하지 않으면 북쪽으로 가 文伯(盧芳)과 협조하고 있습니다. 대체로 허세(公孫述)의 교제를 믿고서 강자를(光武帝) 무시하며, 먼 곳의 구원을 예상하고 가까운 적을 경시하니 어떤 이로움도 보이지 않습니다. 내가 알기로, 智者는 백성을 위기로 내몰지 않으며, 仁者는 의리를 저버리면서 공을 세우려 하지 않습니다. 지금 작은 나라가(隗囂) 큰 나라에(漢) 맞서고 있으니 백성을 어찌 하렵니까? (漢에 입시한) 아들을 버리면서 큰일을 바라는데 의리상 어떻게 되겠습니까? 머리를 숙이고 北面하여 천자를 모시는 것은 충신의 지조입니다. 당신은 눈물을 흘리며 아들을 보냈으니 그것은 아버지의 은정입니다. 그러고서는 곧 漢을 배신하니 관리나 백성은 무어라 하겠습니까? 어쩔 수 없이 아들을 버린다면 아들에게는 무어라 하겠습니까? 장군이 반기를 든 이래로 서로 공격하면서 성곽은 모두 폐허가 되었고 산 사람은 구덩이로 굴러 떨어졌습니다. 지금 살아있는 백성이란 전쟁에서 살아남은 자가 아니고 떠돌아 들어온 고아들입니다. 지금도 부상당한 육신이 낫지도 않았으며 통곡소리가 아직도 들리고 있습니다. 혹시나 조그만 천운이라도 있어 장군이 난관을 극복하더라도 이는 오랜 병이 낫지 않고 계속 앓는 것이고, 어린 고아는 다시 떠돌며 그 비통은 더욱 심해질 것이니 말만 들어도 코끝이 시려옵니다! 보통 사람도 차마 그러하거늘 어진 사람이야 더 어떻겠습니까? 내가 알기로, 충성을 바치기는 쉬우나 사리를 제대로 알기는 어렵다고 하였습니다. 남의 일을 걱정하는 은덕이 오히려 원한이 될 수도 있으니 나의 이런 말이 장군에게 죄가 될 수도 있다는 것도 알고 있습니다. 이런저런 말을 올렸습니다만 장군께서 살펴주십시오.」

그러나 외효는 받아들이지 않았다. 두융과 5개 군의 태수는 모두 군사를 조련하며 출병할 시기를 알려달라고 (광무제에게) 상주하였다.

原文

帝深嘉美之, 乃賜融以外屬圖及太史公〈五宗〉,〈外戚世家〉,〈魏其侯列傳〉.

詔報曰,「每追念外屬, 孝景皇帝出自竇氏, 定王, 景帝之子, 朕之所祖. 昔魏其一言, 繼統以正, 長君,少君尊奉師傅, 修成淑德, 施及子孫, 此皇太后神靈, 上天祐漢也. 從天水來者寫將軍所讓隗囂書, 痛入骨髓. 畔臣見之, 當股慄慚愧, 忠臣則酸鼻流涕, 義士則曠若發矇, 非忠孝慤誠, 孰能如此? 豈其德薄者所能克堪! 囂自知失河西之助, 族禍將及, 欲設間離之說, 亂惑眞心, 轉相解搆, 以成其姦. 又京師百僚, 不曉國家及將軍本意, 多能採取虛僞, 誇誕妄談, 令忠孝失望, 傳言乖實. 毀譽之來, 皆不徒然, 不可不思. 今關東盜賊已定, 大兵今當悉西, 將軍其抗厲威武, 以應期會.」

融被詔, 卽與諸郡守將兵入金城.

| **註釋** | ㅇ太史公 - 太史公書, 곧《史記》. ㅇ〈五宗〉,〈外戚世家〉,〈魏其侯列傳〉 - 모두《史記》의 편명. 〈五宗〉은 〈五宗世家〉, 景帝의 아들 13명 왕에 관한 기록. 같은 모친의 소생을 宗이라 한다. 13王의 모친이 5명이라서 〈五宗〉이라 통칭했다.《漢書》에서는 〈景十三王傳〉이다. 〈外戚世家〉

에 文帝의 竇皇后와 竇長君 竇少君에 관한 기록이 있다. ㅇ定王 – 長沙定王 劉發. ㅇ昔魏其一言, 繼統以正 – 〈魏其侯列傳〉의 魏其侯는 竇嬰(두영)인데 두황후의 사촌동생이다. 魏其는 琅邪郡의 현명. 景帝의 태자가 정해지지 않았을 때 梁 孝王(武, 竇태후 소생)이 입조하여 음주하다가 경제가 자신의 후사로 梁王을 생각하고 있다는 뜻을 비쳤는데, 이때 두영은 '한고조께서 세운 나라는 父子가 相傳해야 한다.' 는 원칙을 깨우쳐 주었다. 이는 〈魏其武安列傳〉에 수록되었다. ㅇ畔臣見之 – 畔臣(반신)은 叛臣. 隗囂. ㅇ曠若發朦 – 曠은 밝을 광(明也). 朦은 눈뜬 소경 몽. ㅇ非忠孝慤誠 – 慤은 성실할 각(謹也). ㅇ轉相解搆 – 搆는 이해 못할 구. ㅇ傳言乖實 – 전해지는 말이 사실과 다르다. 乖는 일그러질 괴.

[國譯]

광무제는 두융을 크게 칭송하면서 바로 외척도표와 太史公의 〈五宗世家〉, 〈外戚世家〉, 그리고 〈魏其侯列傳〉을 하사하였다.

조서로 보낸 답신에서 말했다.

「늘 外家 친척을 생각해보면, 孝景皇帝는 竇氏(두씨)의 외손이며, 長沙定王(장사정왕, 劉發)은 景帝의 아들로 짐의 조상이다. 예전에 魏其侯(竇嬰)의 한 마디로 황제의 승통이 바로잡혔으며 竇長君(두장군)과 竇少君(두소군)은 사부의 가르침을 받들어 훌륭한 덕행을 쌓았으며 그 혜택이 자손에게 이어졌으니, 이는 皇太后(文帝의 竇皇后)의 신령이 上天에서 漢을 도운 것이다. 天水郡에서 온 사람이 외효를 질책하는 장군의 서신을 베껴왔는데 골수에 사무치는 글이었다. 叛臣(隗囂)이 읽고서는 다리가 후들거리고 심히 부끄러웠을 것이며, 忠臣이라면 코끝이 시리고 눈물을 흘렸을 것이며, 義士라면 소경이 눈을 뜬 듯 환해졌을 것이니 忠孝와 정성이 없다면 누가 그런 말을 할 수 있겠는가? 덕이 없는 자라도 어찌 이런 지적을 감당할 수 있겠는가! 외효도 자신이 河西의 도움을 받지 못할 것이며, 멸족의 화가 곧 닥칠 것을 알았을 것이니, 이간시키려고 말을 들어 진심을 현혹시키고 이를 퍼트려 간악한 모의였다는 사실도 알았을 것이다. 또 京師의 많은 신하도 조정과 장군의 본심을 모르고 외효의 거짓말을 사실인냥 믿고서 황당한 말을 하였지만 충성과 효심이 있는 자들은 외효에 실망하며 외효가 사실과 다른 거짓말을 퍼트린 것을 알았을 것이다. 비방과 칭송이란 본래 공연히 그런 것이 아니니 깊이 생각하지 않을 수 없는 것이다. 지금 관동의 도적 무리가 이미 다 평정되었기에 대군을 모두 거느리고 서쪽으로 향할 것이니 장군은 군세를 더욱 증강시켜 함께 만날 기일에 響應(향응)하기 바라노라.」

두융은 조서를 받고 다른 태수와 함께 군사를 거느리고 金城郡으로 집결하였다.

原文

初, 更始時, 先零羌封何諸種殺金城太守, 居其郡, 隗囂使使賂遺封何, 與共結盟, 欲發其衆. 融等因軍出, 進擊封何, 大破之, 斬首千餘級, 得牛,馬,羊萬頭, 穀數萬斛, 因並河揚威武, 伺候車駕. 時, 大兵未進, 融乃引還.

帝以融信效著明, 益嘉之. 詔右扶風修理融父墳塋, 祠以太牢. 數馳輕使, 致遺四方珍羞, 梁統乃使人刺殺張玄, 絶與囂絶, 皆解所假將軍印綬.

七年夏, 酒泉太守竺曾以弟報怨殺人而去郡, 融承制拜曾爲武鋒將軍, 更以辛肜代之.

| 註釋 | ㅇ先零(선련) – 羌族(강족)의 한 갈래. 零 조용히 내리는 비 령. 부족 이름 련. 羌族(강족)은 羊을 토템으로 숭배하는 '西戎牧羊人.' 본래 지금의 陜西, 甘肅, 青海省 일대에 거주하던 유목민. 西南夷, 西羌으로 지칭. 그들은 爾瑪(ěrmǎ)라 자칭. 羌(강, qiāng)은 他稱. 藏族, 彝族(이족), 土家族, 白族 등은 모두 羌族의 갈래이다. ㅇ金城 – 凉州刺史部의 郡名. 今 甘肅省 蘭州市, 青海省 西寧市 일대가 관할 구역. 치소는 允吾縣, 今 甘肅省 臨夏市 관할 永靖縣 서북.

[國譯]

그전, 更始帝(劉玄) 시절에, 先零(선련) 羌族의 封何(봉하) 등 각 부족은 金城 태수를 죽이고 군내에 거처하였는데 외효는 사자를 보내 봉하에게 뇌물을 주어 동맹을 맺고 그 부족을 동원하려 했다. 두융 등은 군사를 동원하여 봉하 부족을 공격 대파하고 1천여 명을 죽였으며, 牛馬와 양 1만여 마리와 곡식 수만 斛(곡)을 노획하였고 黃河 일대에 군세를 떨치며 漢 대군을 기다렸으나 그때까지 출발하지 않아 두융은 되돌아갔다.

광무제는 두융의 충성심이 확실히 증명되었기에 더욱 그를 칭송하였다. 右扶風에 조서를 내려 두융 선친 묘소를 수리하고 大牢(대뢰)로 제사하게 하였다. 또 사자를 여러 번 보내 지방에서 보내온 맛있는 음식을 보내주었다. 梁統(양통)은 사람을 보내 (외효의 세객) 張玄(장현)을 죽여 외효와 관계를 끊게 했고 외효로부터 받은 장군의 인수를 모두 반납하였다.

(建武) 7년(서기 31) 여름, 酒泉태수 竺曾(축증)은 동생이 원한으로 살인을 하자 태수직을 사임했는데 두융은 황제의 뜻을 받아 축증을 武鋒將軍에 임명했고, 辛肜(신융)은 酒泉태수가 되었다.

原文

秋, 隗囂發兵寇安定, 帝將自西征之, 先戒融期. 會遇雨, 道斷, 且囂兵已退, 乃止. 融至姑臧, 被詔罷歸. 融恐大兵遂久不出, 乃上書曰,

「隗囂聞車駕當西, 臣融東下, 士衆騷動, 計且不戰. 囂將高峻之屬皆欲逢迎大軍, 後聞兵罷, 峻等復疑. 囂揚言東方有變, 西州豪傑遂復附從. 囂又引公孫述將, 令守突門. 臣融孤弱, 介在其間, 雖承威靈, 宜速救助. 國家當其前, 臣融促其後, 緩急疊用, 首尾相資, 囂勢排迮, 不得進退, 此必破也. 若兵不早進, 久生持疑, 則外長寇讎, 內示困弱, 復令讒邪得有因緣, 臣竊憂之. 惟陛下哀憐!」

帝深美之.

| 註釋 | ㅇ發兵寇安定 - 安定은 군명. 治所는 臨涇縣, 今 甘肅省 동부 慶陽市 관할 鎭原縣. ㅇ融至姑臧 - 姑臧(고장)은 武威郡(무위군의 치소), 今 甘肅省 중부 武威市. ㅇ令守突門 - 突門(돌문)을 守成하는 출입문. ㅇ介在其間 - 그 중간에 끼다. 介는 끼일 개. ㅇ國家當其前 - 國家는 漢의 朝

廷. 漢軍. ○囂勢排迮 - 排迮(배책)은 쪼그라들다. 迮은 닥칠 책. ○復令讒邪得有因緣 - 참소하는 사악한 자들은 이를 기회로 삼을 것이다.

[國譯]

가을에, 외효는 군사를 동원하여 安定郡을 노략질했고 광무제는 직접 서쪽 원정에 나서면서 두융과 기일을 사전에 약정했다. 그러나 장마에 길이 끊겼고 또 외효의 군사가 안정군에서 철수하였기에 원정은 중지되었다. 두융은 武威郡(무위군) 姑臧(고장)에서 조서를 받고 회군하였다. 두융은 漢 대군의 출병이 늦어질까 걱정하여 다시 상서하였다.

「외효는 폐하께서 서쪽 원정에 나섰고 臣 融(융) 등이 동쪽으로 남하한다는 소식에 무리가 크게 동요하자 교전을 피하려 했습니다. 외효의 부장인 高峻(고준) 등은 폐하의 대군에 맞춰 투항하려다가 원정이 중지되었다는 소식을 듣고 다시 회의에 빠졌습니다. 외효가 동방에 변고가 났다는 소문을 퍼트리자 西州 일대의 호걸은 다시 외효를 추종하였습니다. 그리고 외효는 公孫述 부장을 또 데려다가 성하의 작은 출입문 등을 수비케 하였습니다. 臣 融(융)은 고단한 상태로 중간에 끼어 대군을 기다리니 빠른 구원을 바랍니다. 그리하여 朝廷의 대군이 전면을, 臣은 후방에서 완급에 따라 전후로 호응한다면 외효의 군사는 위축되어 진퇴도 불가하여 틀림없이 격파될 것입니다. 만약 폐하의 대군이 빨리 출동하지 않으면 의구심만 늘어 밖으로는 적의 기세를 올려주고 내부로는 피곤하고 지쳐서 참소하는 소인들에게는 이것이 기회가 될 것을 臣은 걱정하고 있습니다. 폐하께서 깊이 살펴주시기 바랄 뿐입니다.」

폐하는 두융을 진심으로 칭찬하였다.

原文

八年夏, 車駕西征隗囂, 融率五郡太守及羌虜小月氏等步騎數萬, 輜重五千餘兩, 與大軍會高平第一. 融先遣從事問會見儀適. 是時, 軍旅代興, 諸將與三公交錯道中, 或背使者交私語.

帝聞融先問禮儀, 甚善之, 以宣告百僚. 乃置酒高會, 引見融等, 待以殊禮. 拜弟友爲奉車都尉, 從弟士太中大夫. 遂共進軍, 囂衆大潰, 城邑皆降.

帝高融功, 下詔以安豐,陽泉,蓼,安風四縣封融爲安豐侯, 弟友爲顯親侯. 遂以次封諸將帥, 武鋒將軍竺曾爲助義侯, 武威太守梁統爲成義侯, 張掖太守史苞爲褒義侯, 金城太守厙鈞爲輔義侯, 酒泉太守辛肜爲扶義侯. 封爵旣畢, 乘輿東歸, 悉遣融等西還所鎭.

| 註釋 | ㅇ(建武) 八年 – 서기 32년. ㅇ車駕 – 황제를 지칭. ㅇ高平第一 – 高平은 安定郡의 치소, 현명. 今 寧夏回族自治區 남부 固原市. 第一은 城의 이름. ㅇ會見儀適 – 회견할 때의 군례. 儀適은 儀典. ㅇ安豐,陽泉,蓼,安風四縣 – 모두 廬江郡(治所 舒縣. 今 安徽省 六安市 舒城縣)의 현명. 蓼는 여뀌 료(요). 풀 이름. 安豐은 今 河南省 남동 끝 省 직할 固始縣. 安徽省과 접경. 2013년 호적 인구가 170여 만으로 河南省의 縣 중에서 가장

많다고 한다.

[國譯]

(建武) 8년 여름, 황제의 거가가 서쪽의 원효를 원정하자, 두융은 5개 군 태수와 강족과 小月氏(소월지) 등 보병과 기병 수만 명, 輜重(치중) 5천여 량을 거느리고 황제의 대군과 (安定郡) 高平縣 第一城에서 회동하였다. 이때 두융은 먼저 從事를 보내 황제와 회동할 軍禮에 대하여 물었다. 이때 군사가 계속 동원되면서 여러 장수와 三公이 길에서 서로 교차하면서 어떤 장수들은 사자의 뒤에서 사적인 이야기를 나누기도 하였다.

광무제는 두융이 먼저 軍禮를 물어온 것을 크게 칭찬하면서 여러 신하에게 이를 알렸다. 이어 술자리를 마련하여 즐기면서 두융 등을 인견할 때 특별한 예를 갖춰 대우하였다. 두융의 동생 竇友(두우)를 奉車都尉에, 從弟인 竇士(두사)를 太中大夫에 임명하였다. 마침내 공동 작전으로 외효의 군사는 완전히 궤멸하였고 모든 성읍도 다 투항하였다.

광무제는 두융의 공적을 높이 평가하여 조서로 (廬江郡의) 安豐(안풍), 陽泉(양천), 蓼(료), 安風(안풍)의 4개 현으로 安豐侯에 봉했고, 동생 두우는 顯親侯(현친후)에 봉했다. 그리고 순차에 의거 여러 장수를 봉하였는데 武鋒將軍 竺曾(축증)은 助義侯, 武威太守 梁統(양통)은 成義侯, 張掖太守 史苞(사포)는 褒義侯(포의후), 金城太守 厙鈞(사균)은 輔義侯, 酒泉太守 辛肜(신융)은 扶義侯(부의후)에 봉했다. 봉작을 모두 마치자 광무제는 낙양으로 돌아갔고 두융 등 모두가 서쪽 임지로 돌아갔다.

原文

融以兄弟並受爵位, 久專方面, 懼不自安, 數上書求代. 詔報曰,「吾與將軍如左右手耳, 數執謙退, 何不曉人意? 勉循士民, 無擅離部曲.」

及隴,蜀平, 詔融與五郡太守奏事京師, 官屬賓客相隨, 駕乘千餘兩, 馬,牛,羊被野. 融到, 詣洛陽城門, 上涼州牧,張掖屬國都尉,安豐侯印綬, 詔遣使者還侯印綬. 引見, 就諸侯位, 賞賜恩寵, 傾動京師. 數月, 拜爲冀州牧, 十餘日, 又遷大司空. 融自以非舊臣, 一旦入朝, 在功臣之右, 每召會進見, 容貌辭氣卑恭已甚, 帝以此愈親厚之. 融小心, 久不自安, 數辭讓爵位, 因侍中金遷口達至誠.

又上疏曰,「臣融年五十三. 有子年十五, 質性頑鈍. 臣融朝夕敎導以經藝, 不得令觀天文, 見讖記. 誠欲令恭肅畏事, 恂恂循道, 不願其有才能, 何況乃當傳以連城廣土, 享故諸侯王國哉?」

因復請間求見, 帝不許. 後朝罷, 逡巡席後, 帝知欲有讓, 遂使左右傳出. 它日會見, 迎詔融曰, "日者知公欲讓職還土, 故命公暑熱且自便. 今相見, 宜論它事, 勿得復言."

融不敢重陳請.

| **註釋** | ㅇ久專方面 – 오랫동안 지방을 통치하다. ㅇ冀州牧 – 冀州刺史. 後漢에서는 魏郡, 鉅鹿郡, 常山國, 中山國, 安平國, 河間國, 淸河國, 趙

國, 渤海郡을 관할. ㅇ侍中金遷 – 金遷(김천)은 宣帝 때 金日磾(김일제)의 후손. ㅇ恂恂循道 – 恂恂(순순)은 신실한 모양, 두려워하는 모양. ㅇ逡巡(준순) – 꾸물대다. 무엇인가 말을 하려고 일부러 늦게 남으려는 뜻. ㅇ日者 – 지난번에. 往日也.

[國譯]

두융은 형제가 나란히 작위를 받았으며 한 곳을 오랫동안 통치하였기에 두려워하며 마음이 편하지 않아 교체해 달라고 자주 상서하였다. 이에 조서를 내려 답했다.

「나와 장군은 좌우의 수족과 같거늘, 겸양으로 퇴임코자 자주 말하는데 짐의 마음을 어찌 이리 모른단 말인가? 힘써 士民을 다스리며 함부로 부대를 떠나지 말라.」

隴西와 蜀郡 지역이 평정되자 조서로 두융과 五郡의 太守가 京師에 올라와 업무를 보고하라 하였는데 관속과 빈객이 모두 동행하니 수레가 1천여 량에 말과 소, 양떼가 들을 덮었다.

두융은 낙양 성문에 이르러 涼州牧과 張掖屬國 都尉와 安豐侯(안풍후)의 인수를 반환하자 조서로 사자를 보내 안풍후의 인수는 되돌려 주었다. 황제를 알현하면서 두융은 제후의 자리에서 하사품과 여러 은총을 받았는데 하사품이 너무 많아 경사가 놀랄 정도였다.

몇 달 뒤에 두융은 冀州牧(冀州刺史)에 임용되었다가 10일 만에 다시 大司空으로 승진하였다. 두융은 자신이 老臣은 아니지만 일단 입조해서는 功臣보다 상위에 섰으며, 매번 황제의 부름을 받아 알현할 때는 용모와 말씨가 아주 겸양 공손하였기에 황제는 이 때문에도 두융을 더욱 친근하게 후대하였다. 두융은 세심하여 오랫동안 마음이 편하지 않아 작위를 자주 사양하였는데 侍中인 金遷(김천)을 통해 진심을 상주케 하였다. 그러고서도 또 상서하였다.

「臣 融(융)은 나이가 53세입니다. 나이 15살인 아들이 있지만 바탕이 우둔합니다. 臣 融(융)이 조석으로 경전을 교습시키지만 천문이나 참서에 관한 책은 못 읽게 합니다. 진심으로 제 자식이 남을 공경하며 사리를 두려워하고, 신실하게 도리를 따르며 살아가되 다른 재능을 바라지도 않습니다. 더군다나 여러 현에 걸친 광대한 땅을 가진 옛 제후나 왕과 같은 제후국 계승을 원하겠습니까?」

그러면서 거듭 황제 알현을 원했지만 광무제는 허락하지 않았다. 그 뒤 어느 날, 조회가 끝난 뒤 두융이 일부러 꾸물대자 광무제는 두융의 사임하려는 뜻을 알고 측근을 시켜 데리고 나가게 하였다. 다른 날 두융을 보자 광무제는 두융을 가까이 오게 하여 말했다.

「지난번에 公이 직무를 사임하고 봉지를 반환하려는 뜻을 알았기에 더운 날에 편하게 쉬라고 내보냈소. 오늘 이렇게 보았으니 다른 일이 있으면 말하되 다시는 사직을 말하지 마시오.」

두융은 감히 사직을 거듭 요청할 수 없었다.

原文

二十年, 大司徒戴涉坐所擧人盜金下獄, 帝以三公參職, 不得已乃策免融. 明年, 加位特進. 二十三年, 代陰興行衛尉事, 特進如故, 又兼領將作大匠. 弟友爲城門校尉, 兄弟並典禁兵. 融復乞骸骨, 輒賜錢帛, 太官致珍奇. 及友卒, 帝愍融年衰, 遣中常侍,中謁者卽其臥內强進酒食.

| 註釋 | ㅇ(建武) 二十年 - 서기 44년. ㅇ戴涉 - 인명. 建武 15년에 대사도가 되었다. ㅇ以三公參職 - 參職은 관리 비행에 따라 관직에서 내쫓다. 參革. 參은 탄핵하다. ㅇ策免 - 책서로 면직되다. 策書는 관리를 임명, 면직하거나 작위를 수여하는 공문. ㅇ臥內~ - 臥內는 침실 안. 방안.

[國譯]

(建武) 20년, 大司徒 戴涉(대섭)이 천거한 자가 금을 훔쳐 하옥된 사건에 연루되자 광무제는 이에 삼공을 탄핵하면서 부득이 책서를 내려 두융을 면직시켰다.

다음 해에 두융은 特進이 되었다.

(建武) 23년, 陰興(음행)의 후임으로 衛尉(위위)의 직무 대행이 되었는데 특진은 전과 같았으며, 거기에 將作大匠을 겸임하였다. 동생인 竇友(두우)는 城門校尉가 되었는데, 형제가 나란히 禁軍(금군)을 지휘했다. 두융이 또 은퇴를 청원할 때마다 광무제는 금전이나 비단을 하사하였고 아니면 太官을 보내 특별한 음식을 하사하였다. 두우가 죽자 광무제는 늙고 쇠약한 두융을 안타깝게 여겨 中常侍나 中謁者를 집에 보내 술이나 식사를 강권하다시피 했다.

原文

融長子穆, 尙內黃公主, 代友爲城門校尉. 穆子勳, 尙東海恭王彊女沘陽公主, 友子固, 亦尙光武女涅陽公主. 顯宗卽位, 以融從兄子林爲護羌校尉, 竇氏一公,兩侯,三公主,四二千石, 相與並時. 自祖及孫, 官府邸第相望京邑, 奴婢以千數, 於親戚,功臣中莫與爲此.

|**註釋**| ○尙內黃公主 - 尙은 높일 상. 공주에 장가들 상. '帝王之女 尊而尙之 不敢言娶.' 신랑의 입장에서는 尙, 公主 입장에서는 適(갈 적). 皇后 소생 공주에 대해서는 10권, 〈皇后紀〉(上, 下) 말미에 간략히 附記하였다. 이는 다른 正史書에 없는 특이한 기록이다. ○東海恭王彊 - 광무제의 태자였다가 모후 郭皇后가 폐위되면서 東海恭王이 되었다. 明帝 永平 원년 병사. 沘陽公主는 광무제의 손녀. ○友子固 - 竇融의 조카. ○光武女涅陽公主 - 광무제의 차녀, 涅陽(열양)은 南陽郡의 현명. 肅宗(章帝)는 長公主로 높여주었다.

[國譯]

두융의 장자 竇穆(두목)은 內黃(내황)공주와 결혼하였는데, 竇友(두우)의 후임으로 城門校尉가 되었다. 두목의 아들 竇勳(두훈)은 東海恭王 劉彊(유강)의 딸 沘陽(비양)공주와 결혼했으며, 두우의 아들 竇固(두고) 또한 光武帝의 딸 涅陽(열양)공주와 결혼하였다. 顯宗(明帝) 즉위 후, 두융 사촌 형의 아들 竇林(두림)은 護羌校尉가 되었으니, 두씨 집안에서 一公과 2명의 列侯, 3명의 公主와 4명의 2천석 고관이 모두 같은 때에 나왔다. 할아버지(竇融)에서 손자까지 官府와 저택이 낙양에 서로 이어졌으며 노비는 수천 명이었는데 황제의 친척이나 공신 중에 이에 견줄만한 사람이 없었다.

原文

永平二年, 林以罪誅, 事在〈西羌傳〉. 帝由是數下詔切責融, 戒以竇嬰,田蚡禍敗之事. 融惶恐乞骸骨, 詔令歸第養病. 歲餘, 聽上衛尉印綬, 賜養牛,上樽酒. 融在宿衛十餘年, 年老, 子孫縱誕, 多不法. 穆等遂交通輕薄, 屬托郡縣, 幹亂政事. 以封在安豐, 欲令姻戚悉據故六安國, 遂矯稱陰太后詔, 令六安侯劉盱去婦, 因以女妻之. 五年, 盱婦家上書言狀, 帝大怒, 乃盡免穆等官, 諸竇爲郎吏者皆將家屬歸故郡, 獨留融京師. 穆等西至函谷關, 有詔悉復追還. 會融卒, 時年七十八, 謚曰戴侯, 賻送甚厚.

| 註釋 | ○永平二年 – 명제의 연호, 서기 59년. ○〈西羌傳〉 – 본서 87권. ○竇嬰,田蚡禍敗之事 – 田蚡(전분)은 무제 때 무제 王皇后의 異父弟, 승상 역임. 竇嬰은 文帝 竇 황후의 堂姪(당질), 두 사람의 알력으로 전분이 두영을 죽음으로 몰았다.《漢書 竇田灌韓傳》 참고. ○六安國 – 전한의 郡國名. 후한에서는 廬江郡(治所 舒縣, 今 安徽省 六安市)에 해당. ○矯稱陰太后詔 – 矯는 속일 교, 바로잡은 교, 矯稱(교칭)은 矯命(교명). 陰太后는 광무제 두 번째 황후, 명제의 모친. ○劉盱去婦 – 劉盱(유우)는 隴西(농서) 太守 역임. 去婦는 아내를 친가로 쫓아버리다.

[國譯]

(明帝) 永平 2년, (두융의 사촌 형 아들) 竇林(두림)은 죄를 짓고 처형되었는데, 이는 〈西羌傳〉에 기록했다. 명제는 이 때문에 여러 번 조서를 내려 두융을 엄히 질책하면서 (무제 때) 竇嬰(두영)과 田蚡(전

분)의 滅門(멸문) 당한 사례로 훈계하였다. 두융이 황공하여 퇴임을 주청하자 저택에서 휴양하라고 명령하였다. 일 년이 지나서 두융이 사퇴하는 衛尉(위위)의 인수 반환을 수락하면서 소 한 마리와 최고급 술을 하사하였다. 두융이 황제 호위를 책임지기 10여 년에 이제는 연로했고 그 자손은 방종하여 불법행위가 많았다. (두융의 長子) 竇穆(두목) 등은 결국 경박한 무리와 교제하면서 군현에 무리한 부탁을 하여 정사를 어지럽혔다. 封地인 安豐縣에서 자신의 인척이 옛 六安國을 차지하려고 陰太后의 조서를 사칭하며 六安侯 劉盱(유우)로 하여금 아내를 친정으로 돌려보내게 하고 이어 자신의 딸을 妻로 삼게 하였다. (永平) 5년, 유우의 처가에서 실상을 상서하자 명제는 대노하면서 두목 등을 모두 파면하고 두씨 일족으로 郞吏가 된 자들은 가솔을 데리고 본 고향 郡으로 돌아가게 하였고 두융만 낙양에 남게 하였다. 두목 등이 서쪽 고향으로 가면서 함곡관에 이르렀을 때 조서를 내려 모두 낙양으로 돌아오게 하였다. 마침 두융이 죽었는데 그때 78세였고, 시호는 戴侯(대후)였는데 장례비용이나 용품의 하사가 매우 많았다.

原文

帝以穆不能修尙, 而擁富資, 居大第, 常令謁者一人監護其家. 居數年, 謁者奏穆父子自失勢, 數出怨望語, 帝令將家屬歸本郡, 唯勳以沘陽主婿留京師. 穆坐賂遺小吏, 郡捕繫, 與子宣俱死平陵獄, 勳亦死洛陽獄. 久之, 詔還融夫人與小孫一人居洛陽家舍.

十四年, 封勳弟嘉爲安豐侯, 食邑二千戶, 奉融後. 和帝初, 爲少府. 及勳子大將軍憲被誅, 免就國. 嘉卒, 子萬全嗣. 萬全卒, 子會宗嗣. 萬全弟子武, 別有傳.

| **註釋** | ㅇ不能修尙 – 바른 행실로 품위를 지키다. ㅇ以沘陽主婿~ – 婿는 사위 서. 남편, 同壻, 壻와 同. ㅇ大將軍憲被誅 – 竇憲은 모반죄로 和帝 때 처형되었다. ㅇ別有傳 – 竇武는 69권, 〈竇何列傳〉에 立傳. 竇武의 딸이 桓帝의 3번째 皇后가 되었다. 桓帝가 붕어하며 아들이 없자 皇太后(竇氏)와 (태후의) 부친 城門校尉 竇武(두무)는 궁중에서 방책을 결정한 뒤, 光祿大夫 대행인 劉儵(유숙)에게 부절을 주어 좌우 羽林을 거느리고 河間國에 가서 靈帝(재위 168 – 189)를 맞이하게 하였다.

[國譯]

明帝는 竇穆(두목)이 바른 행실을 지키지 못하면서 많은 재산과 큰 저택에 사는 것을 걱정하여 謁者(알자) 1명을 보내 집안을 늘 감시하게 하였다. 몇 년이 지나 알자가 두목 부자가 실세한 뒤로 자주 나라를 원망한다고 상주하자 명제는 두목에게 가솔을 거느리고 본 고향에 가서 살게 하였는데, 다만 竇勳(두훈, 竇穆의 아들)은 沘陽(비양) 공주의 남편이기에 낙양에 머물게 하였다. 두목이 小吏에게 뇌물을 준 죄로 郡에 갇혔다가 아들 竇宣(두선)과 함께 平陵縣에서 옥사하였고, 두훈 역시 洛陽에서 옥사하였다. 얼마 뒤 조서를 내려 두융의 부인과 어린 손자 하나만 낙양의 집에서 살게 하였다.

(永平) 14년, 두훈의 동생인 竇嘉(두가)를 安豐侯에 食邑 2천 호로 봉하여 두융의 제사를 지내게 하였다. 두가는 和帝 초년에 少府가

되었다. 그러나 두훈의 아들 大將軍 竇憲(두헌)이 주살되면서 면직되어 봉국으로 돌아갔다. 두가가 죽고, 아들 竇萬全(두만전)이 계승했다. 두만전이 죽고, 아들 竇會宗(두회종)이 계승하였다. 두만전 동생이 아들 竇武(두무)는 별도로 立傳하였다.

原文

論曰, 竇融始以豪俠爲名, 拔起風塵之中, 以投天隙. 遂蟬蛻王侯之尊, 終膺卿相之位, 此則徼功趣勢之士也. 及其爵位崇滿, 至乃放遠權寵, 恂恂似若不能已者, 又何智也! 嘗獨詳味此子之風度, 雖經國之術無足多談, 而進退之禮良可言矣.

| **註釋** | ○拔起風塵之中 – 拔은 갑자기. 卒과 通. 風塵(풍진)은 戰亂. ○以投天隙 – 하늘이 내린 기회를 잡다. ○蟬蛻(선세) – 매미가 껍질을 벗다. 蟬은 매미 선. 蛻는 허물 태(세). ○徼功趣勢之士 – 공훈을 세우려고 애를 쓰고 세상 추이를 잘 따르는 사람. ○恂恂似若不能已者 – 恂恂(순순)은 신실한 모양, 두려워하는 모양. 자신은 그 일을 감당하지 못하는 양 겸손한 태도를 취하다.

[國譯]

范曄(범엽)의 史論 : 竇融(두융)은 처음에 豪俠(호협)으로 명성을 얻었고 혼란한 시절을 만나 갑자기 하늘이 내린 기회를 잡았다. 그리하여 매미가 껍질을 벗듯 존귀한 王侯가 되어 끝내 卿相의 지위를 가슴에 품었으니, 이는 공을 세워 권세를 잡은 사람이었다. 그 작위가 오를 데까지 올랐어도 조심하고 두려워하며 감당하지 못할 듯 겸양하였으니 이런 지혜를 어떻게 보아야 하는가? 이런 사람들의 風度(풍도)를 살펴보면 經國의 방책에 대해서는 언급할만한 것이 없지만 기회를 보아 進退를 禮를 행하는 것은 정말 칭찬할 만하다.

❷ 竇固

原文

固字孟孫, 少以尙公主爲黃門侍郎. 好覽書傳, 喜兵法, 貴顯用事. 中元元年, 襲父友封顯親侯. 顯宗卽位, 遷中郎將, 監羽林士. 後坐從兄穆有罪, 廢于家十餘年.

時天下乂安, 帝欲遵武帝故事, 擊匈奴, 通西域. 以固明習邊事, 十五年冬, 拜爲奉車都尉, 以騎都尉耿忠爲副, 謁者僕射耿秉爲駙馬都尉, 秦彭爲副, 皆置從事,司馬, 並出屯涼州. 明年, 固與忠率酒泉,敦煌,張掖甲卒及盧水羌胡萬二千騎出酒泉塞. 耿秉,秦彭率武威,隴西,天水募士及羌胡萬騎出居延塞, 又太僕祭肜,度遼將軍吳棠將河東,北地,西河羌胡及南單于兵萬一千騎出高闕塞. 騎都尉來苗,護烏桓校尉文穆將太原,雁門,代郡,上谷,漁陽,右北平,定襄郡兵及烏桓,鮮卑萬一千騎出平城塞. 固,忠至天山, 擊呼衍王, 斬首千餘級. 呼衍王走, 追至蒲類海. 留吏士屯伊吾盧城. 耿秉,秦彭絶漠六百餘里, 至三木樓山, 來苗,文穆至匈奴河水上, 虜皆奔走, 無所獲. 祭肜,吳棠坐不至涿邪山, 免爲庶人.

時, 諸將唯固有功, 加位特進. 明年, 復出玉門擊西域, 詔耿秉及騎都尉劉張皆去符傳以屬固. 固遂破白山, 降車師, 事已具〈耿秉傳〉. 固在邊數年, 羌胡服其恩信.

| **註釋** | ㅇ固字孟孫 – 竇固(두고, ? – 88년). 竇融의 동생인 竇友의 아들. 光武帝의 涅陽(열양)公主와 결혼. 蠻夷 정벌에 공이 많았다. ㅇ黃門侍郞 – 少府의 속관. 給事黃門侍郞, 황제 좌우에서 시종, 無 定員, 질록 6백석. ㅇ中元元年 – 광무제의 2번째, 마지막 연호. 서기 56년, 광무제가 붕어하기 1년 전. ㅇ遷中郞將 – 中郞將은 光祿勳(궁궐 수비 및 황제 호위)의 속관. 秩 比二千石(前漢에서는 二千石)의 武官. 五官中郞將, 左, 右中郞將, 虎賁中郞將, 羽林中郞將이 있고 使匈奴中郞將도 있었다. ㅇ天下乂安 – 乂安(예안)은 잘 다스려지다. 艾安과 同. ㅇ以固明習邊事 – 竇固는 큰아버지인 두융을 따라 河西에서 생활하였다. ㅇ(永初) 十五年 – 서기 72년. ㅇ奉車都尉 – 武帝 때 처음 설치. 無 定員. 황제의 거마를 관리. 光祿勳 소속. 질록은 比二千石. ㅇ騎都尉 – 比二千石. 無 定員. 羽林 騎兵을 관리. ㅇ耿忠 – 耿弇(경엄)의 아들. ㅇ駙馬都尉 – 比二千石. 無 定員. 황제의 駙馬를 관리. ㅇ盧水羌胡 – 盧水는 지명, 羌胡는 강족에 대한 일반적 호칭. 今 甘肅省 중남부 일대에 거주. ㅇ酒泉塞 – 酒泉은 涼州刺史部의 郡名. 治所는 祿福縣, 今 甘肅省 酒泉市. 塞는 막을 색. 성채. 변방 새. 塞翁之馬(새옹지마)의 塞는 변방. 변방의 城砦(성채), 보루 등 시설을 의미할 때는 막을 색. ㅇ居延塞 – 居延은 張掖郡(장액군)의 현명. 장액속국. 今 內蒙古自治區 阿拉善盟 額濟納旗 북부. 前漢의 居延城은 張掖都尉의 治所. ㅇ太僕祭肜 – 祭肜(제융)은 祭遵(제준)의 사촌동생. 요동지역 경략과 안정을 이룩

했다. 20권, 〈銚期王霸祭遵列傳〉에 입전. ○高闕塞 - 高闕은 요새 이름. 高闕은 今 內蒙古 巴彦淖爾市 관할 杭錦後旗 북쪽(黃河 북쪽). 前漢 衛青 장군이 흉노를 대파했던 곳. ○騎都尉來苗 - 來苗(내묘)는 인명. 장군으로 공적이 없었다. ○平城塞 - 平城은 鴈門郡의 현명. 今 山西省 大同市 동북. 서기 前 200년, 高祖가 흉노에게 포위되어 고생했던 곳. ○擊呼衍王 - 呼衍王(호연왕)은 북흉노의 首長. 이는 직명이지 시호나 이름이 아니다. ○追至蒲類海 - 蒲類海는 今 巴里坤湖, 新疆省 동북단의 巴里坤縣 서북에 위치. 동서 약 9km, 남북 약 13km. ○伊吾盧城 - 伊吾盧城은 伊吾로 간칭. 故地 今 新疆維吾爾自治區 동부 哈密市. 본래 흉노 呼衍王의 王庭(直轄地). 후한과 흉노의 격전지. ○三木樓山 - 흉노 지역의 산 이름. ○涿邪山(탁야산) - 今 몽고국 고비 사막의 산 이름. 高闕塞(고궐새)에서 1천여 리 북쪽이라는 주석이 있다. ○皆去符傳以屬固 - 야전 지휘관은 지휘관의 병부를 가지고 군사를 지휘하였는데 그 병부를 모두 두고에 반환하고 두고의 지휘를 받게 하였다는 뜻. ○破白山 - 白山은 天山, 天山은 今 新疆省 烏魯木齊와 哈密市 중간의 산. 雪山으로 통칭. ○降車師 - 車師(거사)는 西域의 성곽 국가 이름. 姑師(고사)로도 표기. 지금 新疆省의 奇臺, 哈密, 吐魯番, 烏魯木齊 일대. 국도는 交河城(今 新疆省 투루판 서북 雅爾湖 서쪽). ○〈耿秉傳〉 - 耿秉은 19권, 〈耿弇列傳〉에 附傳.

[國譯]

竇固(두고)의 字는 孟孫(맹손)으로 젊어 (광무제의) 公主와 결혼하여 黃門侍郎이 되었다. 경서를 즐겨 읽었고 兵法도 좋아하였는데 벼슬을 하면서 요직에 올랐다. (光武帝) 中元 원년에, 부친 竇友(두우)의 작위를 세습하여 顯親侯(현친후)가 되었다. 顯宗(明帝)이 즉위하자 中郎將으로 승진하였고 羽林兵을 감독하였다. 뒷날 從兄인 竇穆

(두목)의 지은 죄에 연루되어 10여 년간 관직을 떠나 지냈다.

그 무렵 나라가 태평 무사하자, 明帝는 武帝의 치적을 본떠 흉노를 치고 서역과 통교하려 했다. 명제는 두고가 변방 업무에 밝다 하여 (永初) 15년 겨울에 두고를 奉車都尉에 임명하였고, 騎都尉인 耿忠(경충)을 副職에 임명했고, 謁者僕射(알자복야)인 耿秉(경병)을 駙馬都尉로 삼았으며 秦彭(진팽)을 副職에 임명하였는데 각각 從事와 司馬를 두고, 모두 涼州 지역에 주둔하였다.

다음 해(永初 16년), 두고와 경충은 酒泉, 敦煌, 張掖郡의 甲卒과 盧水(노수)의 강족 등 1만 2천 기병을 거느리고 酒泉郡 요새를 출발하였다. 경병과 진팽도 武威, 隴西, 天水郡에서 모집한 군사와 강족 등 1만 기병을 거느리고 居延塞(거연새)에서 출동하였다. 또 太僕인 祭肜(제융), 度遼將軍인 吳棠(오당)은 河東, 北地, 西河郡의 강족과 南單于의 흉노 군사 1만 1천 기병을 거느리고 高闕塞(고궐새)에서 출정하였다. 騎都尉인 來苗(내묘), 護烏桓校尉인 文穆(문목)은 太原, 雁門(안문), 代郡, 上谷, 漁陽, 右北平, 定襄郡(정양군)의 군사 및 烏桓(오환)과 鮮卑(선비)의 군사 총 1만 1천 기병을 거느리고 (代郡의) 平城(평성) 요새에서 출병하였다.

두고와 경충은 (흉노 땅) 天山(천산)에 이르러 (흉노) 呼衍王(호연왕)을 공격하여 1천여 명을 죽였다. 호연왕이 도주하자 蒲類海(포류해)까지 추적하였다. 두고는 군관을 남겨 伊吾盧城(이오려성)에서 둔전하게 시켰다. 경병과 진팽은 사막을 건너 6백여 리를 진격하여 三木樓山(삼목루산)까지 갔고, 내묘와 文穆은 흉노 땅 河水까지 갔으나 흉노가 모두 도주하여 아무것도 노획하지 못했다. 제융과 오당은 涿邪山(탁야산)까지도 진격하지 못한 죄로 면직당해 서인이 되었다.

이때 여러 장수 중 오직 두고만 공을 세웠기에 特進에 승진하였다. 그 다음 해 다시 玉門關(옥문관)에서 출발하여 西域(서역)을 공격했는데 조서로 耿秉(경병)과 騎都尉 劉張(유장)은 장군의 병부를 두고에게 반환하고 두고의 지휘를 받게 하였다. 두고는 마침내 白山까지 가서 흉노를 격파하였고 (서역) 車師國의 투항을 받았는데, 이 사실은 〈耿秉傳〉에 수록했다. 두고는 변방에 몇 년간 주둔하였는데 강족이나 흉노들은 두고의 은덕과 신의에 복속하였다.

原文

肅宗卽位, 以公主修敕慈愛, 累世崇重, 加號長公主, 增邑三千戶, 徵固代魏應爲大鴻臚. 帝以其曉習邊事, 每被訪及. 建初三年, 追錄前功, 增邑一千三百戶. 七年, 代馬防爲光祿勳. 明年, 復代馬防爲衛尉.

固久歷大位, 甚見尊貴, 賞賜租祿, 貲累巨億, 而性謙儉, 愛人好施, 士以此稱之. 章和二年卒. 諡曰文侯. 子彪, 至射聲校尉, 先固卒, 無子, 國除.

| 註釋 | ㅇ肅宗卽位 – 肅宗(章帝) 재위, 서기 76–88년. ㅇ魏應 – 魏應은 79권, 〈儒林列傳 上〉에 立傳. ㅇ建初三年 – 建初는 章帝의 연호, 서기 76–83년. ㅇ貲累巨億 – 貲는 資, 자산. 累는 累積(누적). ㅇ章和二年 – 章帝, 서기 88년.

[國譯]

肅宗(章帝)이 즉위하였고, 涅陽(열양)公主는 수신하고 慈愛하여 오랫동안 많은 백성의 존중을 받았다 하여 長公主의 칭호를 더하고 식읍을 3천 호 늘려 주었으며 竇固(두고)를 (서역에서) 불러들여 魏應(위응)의 후임으로 大鴻臚(대홍려)에 임명하였다. 장제는 두고가 변방 업무에 밝다 하여 매번 불러 자문을 구했다. (章帝) 建初 3년에 예전 공적을 追錄하며 식읍을 1,300호를 늘려주었다. 7년에는 馬防(마방)의 후임으로 光祿勳이 되었다. 그 다음 해에는 다시 馬防의 후임으로 衛尉(위위)가 되었다.

두고는 오랫동안 고위직을 역임하였고 매우 존귀하였기에 하사품이나 식읍의 田租(전조)나 녹봉 등 자산이 수 억이나 되었지만 천성이 겸양 검소하여 남에게 베풀기를 좋아하였기에 士人의 칭송을 들었다. (章帝) 章和 2년에 죽었다. 諡號는 文侯이다. 아들 竇彪(두표)는 관직이 射聲校尉에 이르렀으나 두고 보다 먼저 죽었고, 다른 아들이 없어 나라가 없어졌다.

❸ 竇憲

原文

憲字伯度. 父勳被誅, 憲少孤. 建初二年, 女弟立爲皇后, 拜憲爲郞, 稍遷侍中,虎賁中郎將, 弟篤, 爲黃門侍郞. 兄弟親幸, 並侍宮省, 賞賜累積, 寵貴日盛, 自王,主及陰,馬諸家,莫不畏憚. 憲恃宮掖聲勢, 遂以賤直請奪沁水公主園田, 主逼畏, 不敢計. 後肅宗駕出過園, 指以向憲, 憲陰喝不得對. 後發覺, 帝大怒, 召憲切責曰, "深思前過, 奪主田園過, 何用愈趙高指鹿爲馬? 久念使人驚怖. 昔永平中, 常令陰黨, 陰博,鄧疊三人更相糾察, 故諸豪戚莫敢犯法者, 而詔書切切, 猶以舅氏田宅爲言. 今貴主尙見枉奪, 何況小人哉! 國家棄憲如孤雛腐鼠耳."

憲大震懼, 皇后爲毁服深謝, 良久乃得解, 使以田還主. 雖不繩其罪, 然亦不授以重任.

| **註釋** | ㅇ憲字伯度 – 竇憲(두헌, ?–92). 司空을 역임한 竇融(두융)의 증손. 和帝 永元 4년, 모반을 시도. 賜死. 이 사건에《한서》를 편찬한 班固(반고)도 연좌되어 獄死했다. ㅇ父勳被誅 – 부친 竇勳(두훈)은 竇穆(두목)의 아들, 沘陽(비양)공주의 남편. 나중에 洛陽에서 옥사. 竇融(曾祖)–竇穆(祖)–竇勳(父)–竇憲(子). ㅇ(章帝) 建初二年 – 서기 77년 입궁하여 貴人이 되었다가 다음 해에 황후가 되었다. ㅇ女弟立爲皇后 – 章德竇皇后(?–97년, 황후 재위 78–88년) – 章帝의 皇后, 大司空 竇融의 증손녀. 章帝 다음 和帝가 즉위하며 皇太后로서 臨朝 聽政하였다. ㅇ陰,馬諸家 – 光武帝의 光烈陰皇后의 친정과 明帝의 明德馬皇后의 친정. 10권 〈皇后紀 上〉 참고. ㅇ宮掖聲勢 – 宮掖은 황후나 황태후의 궁궐. 궁중. 聲勢는 權勢. ㅇ以賤直請奪沁水公主園田 – 賤直(천치)는 아주 싼값. 直(音 치)는 値. 沁水(심수)공주는 明帝의 딸. 이름은 致(치). 高密侯 鄧乾(등건)과 결혼. ㅇ憲陰喝不得對 – 陰喝(음알)은 말문이 막히다. ㅇ何用愈趙高指鹿爲馬 – 趙高가 指鹿爲馬라 한 것과 무엇이 더 낫겠느냐? 환관 趙高나 너 竇憲이나 나라를 망

하게 하는 짓이 똑같다는 강한 질책. 《史記 秦本紀》에 趙高가 2세를 속이며 사슴을 말이라고 했다. ㅇ今貴主尙見枉奪 - 지체가 높은 공주도 이처럼 억울하게 강탈당하다. ㅇ孤雛腐鼠 - 고단한 새 새끼(雛 병아리 추)와 지저분한 쥐새끼(腐鼠). ㅇ爲毁服深謝 - 황후 복장의 등급을 낮춰 입다. 잘못을 자인하는 모습. ㅇ不繩其罪 - 지은 죄로 잡혀 묶이지는 않다. 죄수가 되지는 않았다.

[國譯]

竇憲(두헌)의 字는 伯度(백도)이다. 부친 竇勳(두훈)이 옥사하여 두헌은 어려서 고아가 되었다. (章帝) 建初 2년, 여동생이 황후에 책립되자 두헌은 낭관이 되었고 점차 승진하여 侍中과 虎賁中郎將이 되었으며, 동생 竇篤(두독)은 黃門侍郎이 되었다. 형제가 황제의 신임과 총애를 받으면서 나란히 궁중과 조정에서 모시니 하사품이 쌓이고 총애는 나날이 융성하여 제후 왕이나 공주 또는 (光武帝) 陰皇后나 (明帝) 馬皇后의 본가 사람이라도 두려워하지 않는 사람이 없었다. 두헌은 황후의 권세를 빌어 뽐내었는데 나중에는 아주 싼값으로 (明帝) 沁水公主이 전원을 사려 하였는데 공주는 핍박이 두려워 제대로 값을 받지도 못했다.

뒷날 肅宗(章帝)가 출행 중에 그 전원을 지나가며 두헌에게 물어보자 두헌은 말문이 막혀 제대로 대답하지 못하였다. 뒤에 전말이 밝혀지자 장제는 대노하며 두헌을 불러 심하게 꾸짖었다.

"옛날의 과오를 생각해보면 공주의 전원을 빼앗은 것이 (秦) 趙高(조고)가 指鹿爲馬(지록위마)라고 한 것보다 무엇이 더 나은가? 얼마나 오랫동안 사람들이 두려워 떨었겠는가? 옛날 永平(영평) 연간에 明帝께서는 陰黨(음당), 陰博(음박), 鄧疊(등첩)의 3인을 시켜 (자기 친족을) 감시하게 하였기에 감히 법을 어기는 사람이 없었는데도 수시로 절절한 조서를 내려 외척의 전택을 지적하기도 했었다. 지금 지체가 고귀한 공주도 이처럼 억울하게 빼앗기는데 하물며 힘없는 백성은 말해 무엇하겠는가? 나라에서는 두헌 너를 새 새끼나 지저분한 쥐새끼처럼 버리겠노라."

두헌은 두려워 떨었고 황후는 옷을 낮춰 입고서 간절하게 사죄하자 얼마 뒤에 (章帝의) 화가 풀렸으며 심수공주의 전원을 되돌려 주게 하였다. 두헌은 비록 죄수가 되지는 않았지만 중책에 임명되지 못했다.

原文

和帝卽位, 太后臨朝, 憲以侍中, 內幹機密, 出宣誥命. 肅宗遺詔以篤爲虎賁中郎將, 篤弟景,瓌並中常侍, 於是兄弟皆在親要之地. 憲以前太尉鄧彪有義讓, 先帝所敬, 而仁厚委隨, 故尊崇之, 以爲太傅, 令百官總己以聽. 其所施爲, 輒外令彪奏, 內白太后, 事無不從. 又屯騎校尉桓郁, 累世帝師, 而性和退自守, 故上書薦之, 令授經禁中. 所以內外協附, 莫生疑異.

| **註釋** | ㅇ和帝卽位 – 서기 89년. 和帝는 10세에 즉위하였다. ㅇ太后臨朝 – 태후가 국정을 代理(攝行)하다. 臨은 '높은 곳에서 내려다본다' 는 뜻이 있다. 어린 황제가 즉위했을 경우 皇太后나 太皇太后가 황제를 대신하여 정사를 행하는 것을 臨朝稱制라 한다. 稱制는 천자의 직권을 행사한

다는 뜻이다. 前漢 呂太后의 정치는 가장 전형적인 臨朝稱制였다. 後漢에서는 竇太后를 비롯한 6번의 臨朝稱制가 있었다. 臨朝는 '臨前殿하여 朝君臣'의 뜻, 황후는 東向으로, 어린 주군은 西向으로 앉으며 신하가 올리는 문서는 2부를 작성하여 양쪽에 올린다. 황제가 태자에게 정사를 대리케 하는 것은 監國이라 하고, 다른 남성 高官이 정사를 맡아 대리하는 것은 攝政(섭정)이라 한다. ㅇ憲以侍中 – 侍中(시중)은 황제의 近侍官, 前漢에서 侍中은 정식 관직이 아니고 加官의 직명이었다. 시중은 궁중에 출입할 수 있고 황제의 측근으로 정사에 관여할 수 있었다. 後漢에서는 지위가 크게 상승하여 질록 比二千石의 實職으로 황제의 심복이었다. ㅇ內幹機密 – 기밀 업무를 담당하다. 幹은 主管하다(主也). ㅇ出宣誥命 – 宣은 公布하다. 誥命(고명)은 조정의 명령. 위에서 아래에 알리는 것이 誥이다(上告下稱曰 誥). ㅇ瓌 – 구슬 이름 괴. ㅇ委隨(위수) – 順從하다. ㅇ禁中 – 황제가 거처하는 궁중. 省中도 같은 뜻.

[國譯]

和帝가 즉위하자, (竇) 태후가 臨朝 聽政하였는데, 竇憲(두헌)은 侍中으로 군국기무를 주관하고 誥命(고명) 출납을 담당하였다. 肅宗(章帝)이 遺詔(유조)로 竇篤(두독)을 虎賁中郎將, 두독의 동생 竇景(두경)과 竇瓌(두괴)를 中常侍로 임명하였기에 두헌 형제 모두가 황제 측근으로 요직을 담당하였다. 두헌은 전에 太尉였던 鄧彪(등표)가 節義와 禮讓의 덕이 있어 先帝(章帝)께서 높이며 인자 후덕한 인품을 따르고 존중하였다 하여 등표를 (和帝의) 太傅(태부)에 임명케 하였으며, 모든 관원이 그 직무를 (등표에게) 보고하게 조치하였다. 그리하여 백관의 주요 정사를 조정에서는 등표가 보고하고 태후에게는 두헌이 보고하니 백관이 모두 두헌의 지시를 따르지 않을 수 없었다. 또 屯騎校尉인 桓郁(환욱)은 오랫동안 황제의 사부였으며 성격이 온화 겸손하며 분수를 지킨다 하여 환욱이 화제에게 경전을 교수하도록 천거하였다. 때문에 궁 안팎에서 모두가 협조하며 두헌에 대한 의심이나 異論이 있을 수 없었다.

原文

憲性果急, 睚眥之怨莫不報復. 初, 永平時, 謁者韓紆嘗考劾父勳獄, 憲遂令客斬紆子, 以首祭勳冢. 齊殤王子都鄉侯暢來吊國憂, 暢素行邪僻, 與步兵校尉鄧疊親屬數往來京師, 因疊母元自通長樂宮, 得幸太后, 被詔召詣上東門. 憲懼見幸, 分宮省之權, 遣客刺殺暢於屯衛之中, 而歸罪於暢弟利侯剛, 乃使侍御史與青州刺史雜考剛等. 後事發覺, 太后怒, 閉憲於內宮.

| **註釋** | ㅇ睚眥之怨 – 사소한 원한. 睚眥(애자)는 눈을 흘기다. 睚는 눈초리 애. 흘겨보다. 眥는 눈 흘길 자. ㅇ來吊國憂 – 國憂는 국상. 여기서는 章帝의 붕어. ㅇ長樂宮 – 황제 모친(太后)의 거처. 皇帝 祖母의 궁궐은 보통 長信宮이라 불렀다. 長樂少府 등 태후궁의 속관은 직함 앞에 長樂을 붙여 구분했다. 長樂少府, 長樂太僕, 長樂衛尉를 태후의 三卿이라 했다. 황태후가 없거나 죽으면 이런 관직은 폐지되었다. ㅇ侍御史 – 侍御史는 御史大夫의 속관이었으나 어사대부를 司空이라 칭하면서 少府 御使中丞의 속관으로 남았다. 정원 15인, 질록 6백석. 非法행위 감찰, 公卿과 관리의 상주 내용을 살펴 잘못이 있으면 탄핵, 郊祠나 조정의 각종 행사, 의례 중

실수한 자를 지적, 적발하여 탄핵하는 일도 담당. ㅇ雜考 – 합동으로 조사(심문)하다.

[國譯]

두헌의 성격은 과감하고 조급하였으며 사소한 원한도 꼭 보복하였다. 그전에 (明帝) 永平 연간에, 謁者인 韓紆(한우)가 부친 竇勳(두훈)의 옥안을 심문했다 하여 두헌은 자객을 시켜 한우의 아들을 죽여 그 수급으로 두훈의 무덤에 제사를 지냈다. 齊國 殤王(상왕)의 아들 都鄕侯인 劉暢(유창)이 (章帝의) 국상에 조문을 하였는데 유창은 평소에 성격이 괴팍하였으며, 步兵校尉인 鄧疊(등첩)의 친척이라서 자주 낙양에 왕래하였는데 그러면서 등첩의 모친 元(원)도 長樂宮에 출입하여 두태후의 신임을 얻고 있어 유창이 上東門에 와서 태후의 명을 받게 되었다. 두헌은 유창이 태후의 총애를 받게 되면 자신의 궁궐과 조정에 대한 권한이 분할될 수도 있다 하여 자객을 시켜 유창을 궁궐의 순찰 초소 안에서 살해하였고 그 죄를 유창의 동생인 利侯(이후) 劉剛(유강)에게 덮어씌워 곧 侍御史와 青州刺史가 합동으로 유강을 심문케 하였다. 뒤에 사안이 발각되자 두태후는 화를 내며 두헌을 內宮에 가두어 버렸다.

原文

憲懼誅, 自求擊匈奴以贖死. 會南單于請兵北伐, 乃拜憲車騎將軍, 金印紫綬, 官屬依司空, 以執金吾耿秉爲副, 發北軍五校,黎陽,雍營,緣邊十二郡騎士, 及羌胡兵出塞.

明年, 憲與秉各將四千騎及南匈奴左谷蠡王師子萬騎出朔方雞鹿塞, 南單于屯屠河, 將萬餘騎出滿夷谷, 度遼將軍鄧鴻及緣邊義從羌胡八千騎, 與左賢王安國萬騎出稒陽塞, 皆會涿邪山. 憲分遣副校尉閻盤,司馬耿夔,耿譚將左谷蠡王師子,右呼衍王須訾等, 精騎萬餘, 與北單于戰於稽落山, 大破之, 虜衆崩潰, 單于遁走, 追擊諸部, 遂臨私渠比鞮海. 斬名王以下萬三千級, 獲生口馬牛羊橐駝百餘萬頭. 於是溫犢須,日逐,溫吾,夫渠王柳鞮等八十一部率衆降者, 前後二十餘萬人. 憲,秉遂登燕然山, 去塞三千餘里, 刻石勒功, 紀漢威德, 令班固作銘曰,

| **註釋** | ㅇ會南單于請兵北伐 – 남북 흉노로 분할되었고 남흉노는 漢에 우호적이었다. ㅇ車騎將軍 – 무관직으로는 大將軍 다음이 驃騎將軍(표기장군)이고, 그 다음이 車騎將軍, 거기장군 다음 지위가 衛將軍이며 그 다음에 일반 장군이다. 거기장군은 정치 상황에 따라 三公보다 높거나 낮았다. ㅇ官屬依司空 – 司空과 같은 규모의 관속을 배치하다. 長史 1인, 千石 外 각 掾吏 등. 依는 準也. ㅇ黎陽,雍營 – 黎陽(여양)은 幽州, 冀州, 幷州 일대 상비군의 군영. 謁者 1인이 관리. 黎陽은 冀州 관할 魏郡의 縣名. 今 河南省 북부 옛 黃河 북안 鶴壁市 관할 濬縣. 三國 시기 官渡之戰이 있었던 곳. 前漢의 三輔(삼보)에는 각각 都尉를 두었지만 후한에서는 이들 삼보에 도위를 두지 않았었다. 그러다가 이때 삼보가 涼州의 강족과 가깝기 때문에 前代 황릉을 수비할 목적으로 京兆虎牙都尉와 右扶風都尉를 설치했다. 경조호아도위는 흔히 장안도위라 불렀고, 右扶風都尉는 雍縣(옹현, 今 陝西省 寶雞市 鳳翔縣)에 있었기에 雍營(옹영)이라 불렀다. ㅇ羌胡 – 강족에 대한

卑稱. ㅇ左谷蠡王師子 – 左谷蠡王(좌녹리왕)은 흉노의 관직명. 師子(사자)는 인명. ㅇ朔方雞鹿塞 – 朔方은 군명. 治所 臨戎縣(임융현), 今 內蒙古自治區 黃河 북안 巴彦淖爾市 서남부의 磴口縣(등구현). 雞鹿塞(계록새)는 지명. 塞는 변방 새. 변방의 요새(寨 울짱 채와 通). ㅇ南單于屯屠河 – 屯屠河(둔도하)는 인명. ㅇ稒陽塞(고양새) – 稒는 고을 이름 고. ㅇ稽落山(계락산) – 산 이름. 今 몽고국 수도 烏蘭巴托(울란바토르) 서남부 소재. ㅇ私渠比鞮海(사거비제해) – 간칭 私渠海, 흉노 땅의 지명. 今 蒙古國 서부 杭愛山脈의 동남쪽 고비알타이(戈壁阿爾泰) 산맥의 접경지역에 해당. 海는 내륙의 큰 호수. 예 北京의 十刹海, 中南海, 裏海(카스피 해)나 鹹海(함해, Aral 해). 그러나 여기서 海는 사막을 의미. ㅇ橐駝(탁타) – 駱駝(낙타). ㅇ燕然山(연연산) – 今 몽고 중서부의 杭愛山(항애산). ㅇ班固(32–92년, 字 孟堅) – 반고는 이때 中護軍겸 行中郎將事를 담당했다. 반고는 아래의 燕然山 銘文 외에 〈竇將軍北征頌〉을 지어 두헌의 공로를 칭송하였다. 반고는 두헌이 失勢하고 자살한 뒤에 두헌에 연좌되어 체포된 뒤 洛陽令 種競(종경)의 태형과 모욕을 견디지 못하고 옥사하였다. 이때 반고는 61세였고 그가 저술중인 《漢書》는 八表와 〈天文志〉가 未完이었다.

[國譯]

竇憲은 처형당할까 두려워 스스로 흉노 정벌로 속죄하려 했다. 마침 南單于가 북벌할 군사를 요청하자 바로 두헌에게 車騎將軍에 金印紫綬를 제수하였고, 관속은 司空에 준하여 배정하였고, 執金吾인 耿秉(경병)을 副職으로 삼고 北軍 五校의 군사와 黎陽(여양)과 雍營(옹영)의 군사, 그리고 국경 부근 12개 군에서 동원한 기병과 강족의 군사를 거느리고 국경으로 이동했다.

다음 해, 두헌과 경병은 각 4천여 기병을, 남흉노의 左谷蠡王(좌녹리왕) 師子(사자)는 1만여 기병을 거느리고 朔方郡 雞鹿塞(계록새)에서 출발하였고, 南單于인 屯屠河(둔도하)는 1만여 기병을 거느리고 滿夷谷(만이곡)에서, 度遼將軍 鄧鴻(등홍)과 국경 지역에서 자원한 강족의 8천여 기병과 (남흉노) 左賢王인 安國(안국)의 1만여 기병은 稒陽塞(고양새)에서 출정하여 모두 涿邪山(탁야산)에서 회합하였다. 두헌은 副校尉 閻盤(염반)과 司馬인 耿夔(경기)와 耿譚(경담)을 따로 파견하여 左谷蠡王(좌녹리왕) 師子(사자)와 右 呼衍王(호연왕) 須訾(수자) 등의 정예 기병 1만여 명이 北單于(북선우)와 稽落山(계락산)에서 싸워 적을 대파하였는데 적군이 붕괴되고 북선우가 도주하자 적의 여러 부대를 추격하여 마침내 私渠比鞮海(사거비제해, 사막의 지명)까지 추격하였다. 이 전투에서 북흉노의 名王(부족장급) 이하 1만 3천여 명을 죽였고 生口(포로)와 말과 소, 양과 낙타 등 1백여만 마리를 노획하였다. 이에 (북흉노의) 溫犢須(온독수), 日逐(일축), 溫吾(온오), 夫渠王(부거왕) 柳鞮(유제) 등 81부족의 투항자가 전후에 20여만 명에 이르렀다. 두헌과 경병은 드디어 변새에서 3천여 리 떨어진 燕然山(연연산)에 올라 돌에 공적을 새겨 漢의 威德을 기록하였는데 班固(반고)가 銘文(명문)을 지었다.

原文

班固, 〈燕然山北征銘〉*

「惟永元元年秋七月, 有漢元舅曰車騎將軍竇憲, 寅亮聖明, 登翼王室, 納於大麓, 惟淸緝熙. 乃與執金吾耿秉, 述職巡御, 理兵於朔方. 鷹揚之校, 螭虎之士, 爰該六師, 旣南單于,東烏桓,西戎氐羌侯王君長之群, 驍騎三萬. 元戎輕武, 長轂四分, 雲輜蔽路, 萬有三千餘乘. 勒以八陣, 莅以威神, 玄甲耀日, 朱旗絳天. 遂陵高闕, 下雞鹿, 經磧鹵, 絶大漠, 斬溫禺以釁鼓, 血尸逐以染鍔. 然後四校橫徂, 星流彗埽, 蕭條萬里, 野無遺寇. 於是域滅區單, 反旆而旋, 考傳驗圖, 窮覽其山川. 遂逾涿邪, 跨安侯, 乘燕然, 躡冒頓之區落, 焚老上之龍庭. 上以攄高,文之宿憤, 光祖宗之玄靈, 下以安固後嗣, 恢拓境宇, 振大漢之天聲. 茲所謂一勞而久逸, 暫費而永寧者也. 乃遂封山刊石, 昭銘上德. 其辭曰,

鑠王師兮征荒裔, 勦兇虐兮截海外, 敻其邈兮亘地界, 封神丘兮建隆嵑, 熙帝載兮振萬世.」

| **註釋** | ○班固, 〈燕然山北征銘〉 - 〈燕然山北征銘〉은 구분을 위해 필자가 붙인 제목이다. 명문에 제목이 있으면 그대로 준용하였다. 본서에는 유명 인사의 명문이 많이 수록되었다. 이를 다시 쉽게 찾아볼 수 있도록 최종 권말에 명문 목록을 수록하였다. ○惟永元元年 - 惟는 發語辭. 永元은 和帝의 연호, 서기 89년. ○寅亮聖明 - 寅은 敬也. 亮은 信也. ○納於大麓 - 麓(산기슭 록)은 綠. 주요 국정. ○惟淸緝熙 - 緝熙(즙희)는 인격이 오래도록 빛이 나다. ○述職巡御 - 述職은 제후가 천자에게 직무를 보고하다. ○鷹揚之校 - 鷹揚(응양)은 武威를 드높이다. ○螭虎之士 - 螭는 짐승 형상을 가진 山神. ○爰該六師 - 該는 갖추다. ○元戎輕武 - 元戎은 戰車, 輕武는 몹시 빠르다. ○長轂四分 - 長轂(장곡)은 兵車, 轂은 바퀴 곡. ○雲輜蔽路 - 雲은 많은 모양. 輜는 輜重, 군수 물자를 나르는 많은 수레.

○莅以威神 – 莅는 다다를 리. ○玄甲耀日 – 玄甲은 鐵甲. ○經磧鹵 – 磧은 서덜 적. 자갈밭, 돌멩이만 있는 지역. 鹵는 소금밭 노. 소금기가 많아 풀과 나무가 없는 지역. ○絶大漠 – 絶은 가로지르다. 大漠은 큰 사막. ○斬溫禺以釁鼓 – 溫禺(온우)는 흉노의 직명, 王號. 釁은 피 바를 흔. ○血尸逐以染鍔 – 尸逐(시축)도 흉노의 직명, 王號. 染은 물들일 염. 鍔은 칼날 악. ○然後四校橫徂 – 橫徂(횡조)는 횡행하다. 빨리 공격하다. ○星流彗埽 – 彗는 빗자루 혜, 埽는 쓸 소. ○蕭條萬里 – 蕭條는 쓸쓸한 모양. ○反旆而旋 – 旆는 기 패. 旋은 돌 선. 돌아오다. ○跨安侯 – 跨는 건너다. 安侯(안후)는 흉노 땅의 水名. ○躡冒頓之區落 – 躡은 밟을 섭. 冒頓(묵독, 묵돌. 묵특, ?–前 174)은 흉노 최고 통치자인 單于(선우)의 이름. 冒頓은 '墨毒'(mò dú)이라는 音讀에 의거 우리말은 '묵독'으로 표기한다. 자신의 아버지(頭曼)를 쏴 죽이고 선우의 자리에 올랐다. 漢 고조를 白登山에서 포위하여 곤경에 빠트렸던 인물. 區落은 흉노 선우 묵독이 점령했던 지역. ○焚老上之龍庭 – 焚 老上은 묵독의 아들 이름. 龍庭(용정)은 흉노의 祭天 장소. 그들의 성지. ○上以攄高, 文之宿憤 – 攄는 펼칠 터. 고조는 冒頓(묵독)에서 평성에서 7일간이나 포위되는 치욕을 겪었다. 文帝는 흉노의 침입에 백성들이 고통이 심했었다. 宿憤(숙분)은 오래된 울분, 감정. ○恢拓境宇 – 恢拓은 넓게 개척하다. 境宇는 영역. ○振大漢之天聲 – 天聲은 천둥소리. ○昭銘上德 – 上德은 至德. ○鑠王師兮征荒裔 – 鑠은 아름다울 삭, 녹일 삭. 鑠鑠(삭삭)은 빛나는 모양. ○勦凶虐兮截海外 – 勦는 끊을 초, 絶滅시키다. 노곤할 초. ○敻其邈兮亘地界 – 敻은 아득할 현. 邈은 멀 막. 亘은 걸칠 긍. ○封神丘兮建隆嵑 – 嵑은 비석 갈. ○熙帝載兮振萬世 – 熙는 넓다. 廣也. 載는 일 재, 실을 재.

[國譯]

「惟 永元 원년 가을인 7월, 漢의 元舅(원구)인 車騎將軍 竇憲(두헌)

은 聖明하신 황제의 명을 받아 황실을 보좌하며 주요 국사에 참여하였으니 그 인품은 高潔(고결) 光明하였다. 이에 執金吾인 耿秉(경병)과 함께 천자에 직무를 보고하고 나라를 순찰하면서 朔方郡에서 군사를 점검하였다. 武威를 떨치는 校尉와 용맹한 군사들이 六軍에 가득하였고, 南單于(남선우)와 동방의 烏桓(오환), 西戎(서융)의 氐族(저족)과 羌族(강족)의 侯王과 君長의 무리와 3만의 용감한 기병을 거느렸다. 戰車가 재빨리 공격하고 兵車가 사방으로 치달렸으며, 길에 가득한 군수물자 수레는 1만 3천여 량이나 되었다. 八陣을 통솔하여 가는 곳마다 신령한 무위를 떨치니 鐵甲에 햇살이 빛나고 붉은 깃발은 하늘을 물들였다. 高闕塞(고궐새)를 넘어 雞鹿塞(계록새)을 지나갔고, 자갈밭과 소금밭 황무지를 지났으며, 큰 사막을 가로질러서 溫禺(온우, 흉노 왕호)를 죽여 그 피를 북에 바르고 尸逐(시축, 흉노 왕호)의 피가 칼날을 적시었다. 그리고도 사방의 교위가 재빨리 공격하니 유성이 쓸고 간 자리 萬里 넓은 땅은 적막하고 황야에 흉노는 흔적도 없어졌다. 이에 흉노의 모든 땅을 하나로 합치고서 깃발을 높이 들고 돌아오면서 문서와 지도로 확인하고 흉노 산천을 끝까지 둘러보았다. 드디어 涿邪山(탁야산)을 넘어서고, 安侯(안후)의 강을 건너 燕然山(연연산)에 올라 흉노 선우 冒頓(묵돌)이 점령지를 짓밟았고 老上單于의 龍庭(제사터)도 불태웠다. 위로는 高祖와 문제의 숙원을 풀고 祖宗의 신령을 한껏 빛내었으며, 아래로는 후손이 편히 지낼 수 있게 하려고 넓은 영역을 개척하고 위대한 漢의 이름을 천둥처럼 울리게 하였도다. 이는 단 한 번의 노고로 오래 평안케 하는 것이며 잠시 수고로 영구히 안녕을 누리는 것이다. 이에 산정에 단을 쌓고 돌에 새기어 훌륭한 덕을 기록으로 남기노라.」

그 문사에 이르기를,

"당당한 제왕의 군사가 먼 荒地(황지)를 정벌하니

흉악한 자를 무찔러 천하를 하나로 만들었다.

아득히 멀고 먼, 땅 끝이 닿는 곳에

단을 쌓아 제사하고 큰 비석을 세웠노라.

帝業을 크게 넓혀 萬世에 이름을 떨치노라."

原文

憲乃班師而還. 遣軍司馬吳氾,梁諷, 奉金帛遺北單于, 宣明國威, 而兵隨其後. 時虜中乖亂, 氾,諷所到, 輒招降之, 前後萬餘人. 遂及單于於西海上, 宣國威信, 致以詔賜, 單于稽首拜受. 諷因說宜修呼韓邪故事, 保國安人之福. 單于喜悅, 卽將其衆與諷俱還, 到私渠海, 聞漢軍已入塞, 乃遣弟右溫禺鞮王奉貢入侍, 隨諷詣闕. 憲以單于不自身到, 奏還其侍弟. 南單于於漠北遺憲古鼎, 容五斗, 其傍銘曰 '仲山甫鼎, 其萬年子子孫孫永保用', 憲乃上之. 詔使中郎將持節卽五原拜憲大將軍, 封武陽侯, 食邑二萬戶. 憲固辭封, 賜策許焉.

| 註釋 | ㅇ虜中乖亂 – 적이 自中之亂에 빠지다. 虜는 북흉노. 乖亂(괴란)은 이치에 어긋나 혼란해지다. 自中之亂. ㅇ西海 – 一名 靑湖, 鮮水, 鮮海, 靑海湖, 靑海省 내 靑藏高原의 동북부, 중국 최대의 호수(鹹水湖, 짠물

호수). 호수 둘레 360km. 중국인들은 이 청해호가 황하의 발원이라고 생각하였다. 때로는 일반적으로 막연한 서역을 지칭하는 뜻으로도 쓰인다. 본문에서는 서해를 청해호로 비정하면 지리적으로 맞지 않는다. 왜냐면 두헌은 몽고국의 서북쪽으로 북흉노를 추격하였고, 북선우는 몽고국의 서북 방향으로 도주하였다. ㅇ呼韓邪故事 – 宣帝 때 呼韓邪單于는 漢에 입조하여 자신과 무리를 보존하며 번영할 수 있었다. ㅇ私渠海 – 지명. 私渠比鞮海(사거비제해), 여기 海는 사막을 의미. 今 몽고국 서부. ㅇ仲山甫鼎 – 仲山甫는 西周 卿士. ㅇ五原 – 군명. 治所는 九原縣, 今 內蒙古 包頭市(黃河 북안).

[國譯]

竇憲(두헌)은 곧 회군하였다. 두헌은 軍 司馬인 吳氾(오사)와 梁諷(양풍)을 北單于(북선우)에게 보내 황금과 비단을 주며 국위를 선양하였는데 군사는 뒤쪽에 따라갔다. 그때 북흉노는 내분이 일어나 오사와 양풍이 가는 곳에서 계속 투항하니 전후로 1만여 명이나 되었다. 마침내 선우를 西海(서해, 서역의 어떤 호수로 추정) 근처에서 만나 漢의 국가 위신을 선양하고 불러서 조서를 내리자 북선우는 고개를 숙이고 받았다. 양풍은 이어 呼韓邪單于(호한야선우)가 保國하고 安民한 결과를 설명해 주었다. 선우는 좋아하면서 그 무리를 거느리고 양풍을 따라와 私渠比鞮海(사거비제해)에 이르렀는데 漢의 군사가 벌써 국경을 넘어 간 것을 알고 동생인 右溫禺鞮王(우온우제왕 : 직명)을 보내 공물을 바치고 入侍하도록 양풍을 따라 입궐시켰다. 두헌은 선우가 자신을 따라오지 않았기에 入侍하려는 그 동생을 돌려보내야 한다고 주청하였다. 남선우는 사막 북쪽에서 옛 솥(古鼎)을 보냈는데 용량은 5斗이고, 솥의 표면에는 '仲山甫(중산보)의 鼎(정), 子子

孫孫 만년에 이르도록 영원히 보관하라.' 는 글이 새겨져 있다. 두헌은 이를 황제에게 바쳤다. 황제는 中郎將에게 부절을 갖고 가 五原郡에 도착한 두헌을 大將軍에 임명하고 식읍 2만 호의 武陽侯에 봉했다. 두헌이 굳이 제후를 사양하자 책서를 내려 허용하였다.

原文

舊大將軍位在三公下, 置官屬依太尉. 憲威權震朝廷, 公卿希旨, 奏憲位次太傅下, 三公上, 長史,司馬秩中二千石, 從事中郎二人六百石, 自下各有增. 振旅還京師. 於是大開倉府, 勞賜士吏, 其所將諸郡二千石子弟從征者, 悉除太子舍人.

| 註釋 | ㅇ置官屬依太尉 – 太尉의 長史는 질록 1천석이었다. 태위 소속 掾吏는 24명이었다. ㅇ長史,司馬秩中二千石 – 中二千石은 9경의 질록이다. ㅇ悉除太子舍人 – 悉은 모두. 다. 除는 除授하다. 太子舍人은 질록 二百石.

[國譯]

그전에 대장군의 서열은 三公의 아래였고 속관은 태위에 준했었다. 두헌의 권위가 조정에 진동하자 公卿들은 두헌의 뜻대로 두헌의 位次를 太傅의 아래 三公의 위로 하고, 대장군의 長史와 司馬의 질록을 中二千石으로, 從事와 中郎 2인은 6백석으로 그 아래도 모두 늘려야 한다고 상주하였다. 승리한 군사는 낙양으로 개선하였다.

이에 나라 창고를 크게 열어 병사와 군관에게 상을 내리고 원정에 참여한 두헌의 부장이나 각 郡 2천석 자제 모두에게 太子舍人을 제수하였다.

原文

是時, 篤爲衛尉, 景,瓌皆侍中,奉車,駙馬都尉, 四家競修第宅, 窮極工匠. 明年, 詔曰,

「大將軍憲, 前歲出征, 克滅北狄, 朝加封賞, 固讓不受. 舅氏舊典, 並蒙爵土. 其封憲冠軍侯. 邑二萬戶, 篤郾侯, 景汝陽侯, 瓌夏陽侯, 各六千戶.」

憲獨不受封, 遂將兵出鎭涼州, 以侍中鄧疊行征西將軍事爲副.

| 註釋 | ㅇ篤爲衛尉 – 竇篤(두독)은 두헌의 동생. 衛尉는 九卿의 하나. 九卿은 太常, 光祿勳, 衛尉, 太僕, 廷尉, 大鴻臚, 宗正, 大司農, 少府를 지칭한다. ㅇ舅氏 – 황제의 외숙. 舊典은 舊 法制. ㅇ其封憲冠軍侯 – 황제에 올리는 상주문이나 황제의 조서에는 신하의 姓을 기록치 않고 이름만 쓰지만, 여기 번역에서는 성을 표기하였다. 冠軍은 南陽郡 冠軍邑(縣), 今 河南省 南陽市 서남 鄧州市의 서북 張村鎭, 冠軍村 일대. 漢 武帝 때 霍去病(곽거병)이 흉노 원정에서 그의 전과가 '功冠諸軍'이라는 뜻으로, 이곳을 봉읍으로 받아서 생긴 이름. ㅇ涼州 – 刺史部의 치소는 漢陽 隴縣, 今 甘肅省 天水市 관할의 張家川回族自治縣. 隴西郡과 漢陽郡 등 11개 군을 관할하였다.

[國譯]

이때에 竇篤(두독)은 衛尉, 竇景과 竇瓌(두괴)는 모두 侍中(加官)이며 奉車都尉와 駙馬都尉로, 4형제가 경쟁하듯 저택을 수리하여 工匠을 모두 동원하였다. 다음 해에 조서를 내렸다.

「대장군 두헌은 앞서 출정하여 흉노에 대승을 거뒀기에 조정에서 封賞을 내렸지만 굳이 사양하며 받지 않았다. 옛 법제에 황제 외숙은 모두 작위와 식읍을 받았다. 두헌을 冠軍侯에 봉한다. 식읍은 2만 호이고, 두독은 郾侯(언후), 두경은 汝陽侯, 두괴는 夏陽侯에 봉하고 식읍은 각 6천 호이다.」

그러나 두헌은 홀로 작위를 받지 않고 군사를 거느리고 涼州에 주둔하면서 侍中인 鄧疊(등첩)을 征西將軍事를 대행하는 副職에 임명하였다.

原文

北單于以漢還侍弟, 復遣車諧儲王等款居延塞, 欲入朝見, 願請大使. 憲上遣大將軍中護軍班固行中郎將, 與司馬梁諷迎之. 會北單于爲南匈奴所破, 被創遁走, 固至私渠海而還. 憲以北虜微弱, 遂欲滅之. 明年, 復遣右校尉耿夔,司馬任尙,趙博等將兵擊北虜於金微山, 大破之, 克獲甚衆. 北單于逃走, 不知所在.

| **註釋** | ㅇ款居延塞 – 款은 두드릴 관, 관문에 찾아오다. 居延塞는 居延(거연)의 요새. 內蒙古自治區 阿拉善盟額濟納旗의 북부 지역. 後漢 張掖居

延屬國(張掖郡을 분할)의 治所인 居延縣. 내몽고의 서쪽 끝 지역에 해당. ㅇ金微山 – 金山. 곧 알타이(阿爾泰) 산맥의 중국 新疆省 서북, 몽고, 러시아 접경지대. ㅇ北單于逃走, 不知所在 – 흉노는 서쪽으로 이동하며 인구를 늘려 4세기에 Huns(훈족)로 동유럽을 침공한다. 훈족의 침입에 따라 黑海 북안의 동 고트, 서 고트족이 로마제국 영내로 이동하면서 Germans(게르만족)의 대 이동이 시작된다.

[國譯]

北單于는 漢에 보내 入侍하게 한 동생을 돌려보내자, 다시 車諧儲王 등을 居延塞에 보내 入朝하겠다면서 사자 파견을 청원하였다. 두헌은 조정에 보고하고 大將軍 中護軍인 班固(반고)를 中郎將 대행으로 임명하여 司馬 梁諷(양풍)을 보내 답례케 하였다. 그러나 마침 北單于는 南匈奴에게 격파 당했고, 북선우는 상처를 입은 채 도주하였는데, 반고는 私渠比鞮海(사거비제해)까지 갔다가 돌아왔다. 두헌은 북흉노가 미약해졌다기에 아예 멸족시키려 생각하였다. 다음 해 다시 右校尉 耿夔(경기), 司馬 任尙(임상), 趙博(조박) 등을 보내 군사를 거느리고 북흉노를 金微山(금미산)에서 공격하여 대파하였고 많은 포로를 노획하였다. 북선우는 도주하여 어디에 있는지 알 수 없었다.

原文

憲旣平匈奴, 威名大盛, 以耿夔,任尙等爲爪牙, 鄧疊,郭璜爲心腹. 班固,傅毅之徒, 皆置幕府, 以典文章. 刺史,守令多出其門. 尙書僕射郅壽,樂恢並以忤意, 相繼自殺. 由是朝臣震懾, 望風承旨. 而篤進位特進, 得擧吏, 見禮依三公. 景爲執金吾, 瓌光祿勳, 權貴顯赫, 傾動京都.

雖俱驕縱, 而景爲尤甚, 奴客緹騎依倚形勢, 侵陵小人, 强奪財貨, 篡取罪人, 妻略婦女. 商賈閉塞, 如避寇讎. 有司畏懦, 莫敢擧奏. 太后聞之, 使謁者策免景官, 以特進就朝位. 瓌少好經書, 節約自修, 出爲魏郡, 遷潁川太守. 竇氏父子兄弟並居列位, 充滿朝廷. 叔父霸爲城門校尉, 霸弟褒將作大匠, 褒弟嘉少府, 其爲侍中,將,大夫,郎吏十餘人.

| 註釋 | ㅇ爪牙 – 나쁜 의미의 앞잡이, 좋은 의미로는 나라를 지키는 무장. 爪는 손톱 조. 牙는 어금니 아. ㅇ班固 – 40권 上, 〈班彪列傳〉에 立傳. ㅇ郅壽(질수) – 29권, 〈申屠剛鮑永郅惲列傳〉에 立傳. ㅇ忤意(오의) – 뜻을 거스르다. ㅇ震懾(진섭) – 놀라 두려워하다. ㅇ望風承旨 – 표정만 보고도 그 뜻을 받들다. ㅇ奴客緹騎依倚形勢 – 奴客은 노비와 門客. 緹騎(제기)는 집금오의 호위 병졸. 집금오는 2백 명의 緹騎를 거느렸다. 緹는 붉은 비단 기. ㅇ畏懦 – 두려워하고 겁에 질리다. 懦는 나약할 나.

[國譯]

두헌의 흉노 정벌 이후 위세가 크게 떨쳤으니 耿夔(경기)와 任尙(임상)은 그 앞잡이였고, 鄧疊(등첩)과 郭璜(곽황)은 심복이었다. 班固(반고)와 傅毅(부의) 등을 대장군 막부에 두고 文章을 담당케 했다. 자사와 태수와 현령이 그 문하에서 나왔다. 尙書僕射(상서복야)인 郅壽(질수)와 樂恢(악회)는 두헌의 뜻을 거슬렀기에 모두 자살하였다. 이로부터 조신들은 두려워 떨며 표정만 보고도 뜻을 받들었다. 竇篤

(두독)은 승진하여 特進에 올라 관리를 천거하였고 황제 알현도 三公의 예에 따랐다. 竇景(두경)은 執金吾였고, 竇瓌(두괴)는 光祿勳이 되어 그 권세와 벼슬이 막강하여 京都에 진동했다.

형제 모두가 교만 방종하였지만 특히 두경이 심했는데 노비와 문객, 집금오의 병졸도 주인의 권세를 따라 백성을 멸시하고 재물을 강탈하였으며 죄인을 빼내고 부녀자를 노략질하였다. 상인은 점포를 닫고 마치 원수를 피하 듯했다. 관리는 두렵고 겁먹어 그 행패를 알리지도 못했다. 두태후가 나중에 알고서는 謁者를 보내 책명으로 두경을 면직시키고 다만 특진으로 조정에 나오게 하였다. 두괴만 젊어서부터 경서를 즐겨 읽고 절약하며 행실을 바로 하면서 魏郡(위군) 태수가 되었다가 潁川(영천) 태수가 되었다. 두씨 부자 형제가 모두 요직을 자리하고 조정에 넘쳐났다. 두헌의 숙부인 竇霸(두패)는 城門校尉, 두패의 동생인 竇褒(두포)는 將作大匠, 두포의 동생 竇嘉(두가)는 少府였으며 그 문중에 시중, 장군, 大夫, 郎吏가 십여 명이었다.

原文

憲既負重勞, 陵肆滋甚. 四年, 封鄧疊爲穰侯. 疊與其弟步兵校尉磊及母元, 又憲女婿射聲校尉郭擧, 擧父長樂少府璜, 皆相交結. 元,擧並出入禁中, 擧得幸太后, 遂共圖爲殺害. 帝陰知其謀, 乃與近幸中常侍鄭衆定議誅之. 以憲在外, 慮其懼禍爲亂, 忍而未發. 會憲及鄧疊班師還京師, 詔使大鴻臚持節郊迎, 賜軍吏各有差. 憲等既至, 帝乃幸北宮, 詔執金吾, 五校尉勒兵屯衛南,北宮,閉城門, 收捕疊,磊,璜,擧, 皆下獄誅, 家屬自徙合浦. 遣謁者僕射收憲大將軍印綬, 更封爲冠軍侯. 憲及篤,景,瓌皆遣就國.

帝以太后故, 不欲名誅憲, 爲選嚴能相督察之. 憲,篤,景到國, 皆迫令自殺, 宗族,賓客以憲爲官者皆免歸本郡. 瓌以素自修, 不被逼迫, 明年坐稟假貧人, 徙封羅侯, 不得臣吏人.

初, 竇后之譖梁氏, 憲等豫有謀焉, 永元十年, 梁棠兄弟徙九眞還, 路由長沙, 逼瓌令自殺. 後和熹鄧后臨朝, 永初三年, 詔諸竇前歸本郡者與安豐侯萬全俱還京師. 萬全少子章.

| **註釋** | ㅇ旣負重勞 – 큰일을 해내다. ㅇ陵肆滋甚 – 남을 업신여기고 방자한 행동이 아주 심했다. ㅇ長樂少府 – 장락궁의 태후의 거저. 長樂少府 秩 二千石. ㅇ合浦 – 交州(交趾)刺史部의 군명. 대표적인 유배지. 合浦郡 治所는 合浦縣, 今 廣西壯族自治區 동남부 北海市 관할 合浦縣. ㅇ稟假貧人 – 稟은 줄 품. ㅇ徙封羅侯 – 長沙郡 羅縣. 今 湖南省 동북부 岳陽市 관할 汨羅市(멱라시). 楚 屈原이 투신한 곳. ㅇ竇后之譖梁氏 – 梁貴人(양귀인)은 褒親愍侯(포친민후) 梁竦(양송)의 딸로 建初 4년에 和帝를 출산했다. 竇황후는 和帝를 양육하며 자신의 아들로 만들었다. 두황후는 외가의 지위를 독점하려고 梁귀인을 미워하였다. (건초) 8년에 투서하여 梁竦(양송)을 모함하였고 양송이 주살되자 양귀인 자매는 걱정 끝에 죽었다. 〈皇后紀 上〉 참고. ㅇ永元十年 – 서기 98년. ㅇ九眞 – 九眞郡, 治所는 胥浦縣, 今 越南國 중부 淸化省 서북 東山縣. ㅇ和熹鄧后臨朝 – 和帝의 2번째 황후 鄧綏(등수), 황후로 재위 102–106년, 121년 붕어. 漢光武帝 太傅인

鄧禹(등우)의 孫女, 등우는 南陽郡의 豪族으로 광무제를 따라 거병하였으며 後漢 초의 大功臣이었다. 父 鄧訓(등훈)은 護羌校尉(호강교위) 역임. 서기 92년에 관직에 있으면서 죽었다. ○(安帝) 永初三年 – 서기 109년. ○安豐侯萬全 – (永平) 14년, 竇勳(두훈, 竇憲의 父)의 동생인 竇嘉(두가)를 安豐侯에 食邑 2천 호로 봉하여 (祖父) 竇融(두융)의 제사를 지내게 하였다. 두가의 아들이 竇萬全(두만전)이다.

[國譯]

竇憲(두헌)이 큰일을 해낸 뒤, 남을 능멸하거나 방자한 짓이 아주 심했다. (永元) 4년, 鄧疊(등첩)은 穰侯(양후)가 되었다. 등첩과 그 동생인 步兵校尉 鄧磊(등뢰) 및 모친 元(원), 그리고 두헌의 사위인 射聲校尉 郭擧(곽거), 곽거의 부친 長樂少府 郭璜(곽황)은 모두 깊이 연결되었다. 등첩의 모친과 곽거는 궁중에 함께 출입하면서 두태후의 신임을 얻었는데 함께 황제를 살해하려는 음모를 꾸미고 있었다. 화제는 은밀히 그 음모를 파악한 뒤 가까운 中常侍 鄭衆(정중)과 일당을 제거하기로 하였다. 다만, 두헌이 변방 군사를 동원하는 禍亂(화란)를 일으킬까 걱정하여 참고 움직이지 못했다. 마침 두헌과 등첩이 군사를 돌려 낙양으로 돌아오자 조서로 부절을 가진 大鴻臚를 보내 교외에서 영입하고서 軍吏에게 차등을 두어 상을 내렸다. 두헌이 낙양에 도착하자 和帝는 北宮에 행차하고 執金吾와 五校尉를 불러 군사를 남, 북궁을 엄히 지키게 하면서 성문을 닫고 등첩과 등뢰, 곽거 등을 체포, 하옥했다가 죽여버렸고 그 일족은 남쪽 合浦로 이사시켰다. 그리고 謁者僕射(알자복야)를 보내 두헌의 대장군 인수를 회수하고 다시 冠軍侯에 봉했다. 두헌과 두독, 두경, 두괴를 모두 봉국으로 보냈다.

화제는 두태후를 생각하여 두헌을 죽였다는 말을 듣지 않으려고 엄격하면서도 유능한 관원을 골라 두헌 일족을 감독케 하였다. 두헌 등이 각자 자기 봉국에 도착하자 압박을 가해 자살하게 하였고, 그 종족과 빈객으로 두헌 덕분에 관리가 된 자를 모두 파면하여 출신 고향으로 돌려보냈다. 다만 두괴는 평소 행실이 좋았기에 핍박하지 않았으나 다음 해 빈민에게 금전을 임차한 죄로 (長沙郡) 羅侯(나후)로 옮겨 봉하고 관리를 두지 못하게 하였다.

그전에 (章帝) 두황후가 (和帝의 생모인) 梁貴人(양귀인)을 참소할 때 두헌 등과 미리 모의를 한 일이 있었는데 (화제) 永元 10년, (梁貴人의 형제인) 梁棠(양당) 형제가 九眞郡에서 돌아오는 길에 長沙郡에 들려 두괴에 압박을 가해 자살케 하였다. 뒷날 和熹鄧太后가 臨朝하면서 (安帝) 永初 3년에, 조서를 내려 본 군으로 이주한 두씨들과 安豐侯 竇萬全(두만전)을 낙양으로 돌아오게 하였다. 두만전의 막내아들이 竇章(두장)이다.

原文

論曰, 衛靑,霍去病資强漢之衆, 連年以事匈奴, 國秏太半矣, 而猾虜未之勝, 所世猶傳其良將, 豈非以身名自終邪! 竇憲率羌胡邊雜之師, 一擧而空朔庭, 至乃追奔稽落之表, 飮馬比鞮之曲, 銘石負鼎, 薦告淸廟. 列其功庸, 兼茂於前多矣, 而後世莫稱者, 章末釁以降其實也. 是以下流, 君子所甚惡焉. 夫二三子是之不過房幄之間, 非復搜揚仄陋, 選擧而登也. 當靑病奴僕之時, 竇將軍念咎之日, 乃庸力之不暇, 思鳴之無晨, 何意裂膏腴, 享崇號乎? 東方朔稱 '用之則爲虎, 不用則爲鼠', 信矣. 以此言之, 士有懷琬琰以就煨塵者, 亦何可支哉!

| **註釋** | ㅇ衛靑(위청, ? - 前 106) - 武帝 皇后 衛子夫의 異父弟, 大司馬 大將軍역임, 匈奴 정벌의 명장. ㅇ霍去病(곽거병, 前 140 - 117) - 衛子夫와 衛靑의 생질. 흉노 정벌의 명장. ㅇ章末釁以降其實也 - 章末은 공적 기록의 끝. 釁은 틈 흔. 결점. 降은 損也. 감소시키다. ㅇ所甚惡焉 - 심히 싫어하다. 惡는 미워할 오. ㅇ夫二三子是之不過房幄之間 - 二三子는 두세 명, 군주나 스승이 신하나 제자를 지칭하는 말. 여기서는 위청, 곽거병, 두헌 등. 房幄之間은 椒房(초방, 황후의 거처)과 帷幄(유악, 휘장, 휘장을 두른 거실) 곧 황후나 황태후와의 인연. ㅇ非復搜揚仄陋 - 搜揚는 찾아서 등용하다. 仄陋는 미천한 사람. ㅇ當靑病奴僕之時 - 위청이 어느 날 다른 사람을 따라 甘泉宮 죄수의 거처를 지나는데 칼을 찬 어떤 죄수가 위청의 관상을 보고 말했다. "貴人이니 관작이 封侯에 이를 것이로다." 이에 위청이 웃으며 말했다. "남의 노비로 살면서 얻어맞지 않고 욕만 안 먹으면 좋거늘 어찌 봉후를 바라겠습니까!" ㅇ竇將軍念咎之日 - 두헌이 두태후에 의해 궁 안에 갇혔을 때. ㅇ思鳴之無晨 - (새벽에) 울 때를 놓친 닭은 울 때가 다시없는 것처럼. ㅇ何意裂膏腴 - 膏腴는 기름진 땅. 제후의 봉지나 식읍. ㅇ東方朔(동방삭, 前 154 - 93) - 東方은 복성. 武帝 때 고위 관리, 辭賦 作家. 《史記》는 〈滑稽列傳〉에 수록, 《漢書》는 〈東方朔傳〉 단독 입전. ㅇ '用之則爲虎, 不用則爲鼠' - 이 구절은 동방삭의 명문 〈答客難〉에 나온다. 《漢書 東方朔傳》 참고. ㅇ士有懷琬琰以就煨塵者 - 琬琰(완염)은 美玉也. 煨塵(외진)은 불탄 재나 흙먼지. ㅇ亦何可支哉 - 支는 계산하다. 세다.

[國譯]

范曄(범엽)의 史論 : 衛靑(위청)과 霍去病(곽거병)은 강대한 漢의 군사를 바탕으로 해마다 흉노를 공격하였는데 국가 재정의 태반을 소모하면서도 흉노에 완벽한 승리를 거두지 못했으나 세상에서는 名將이라고 전해오는데, 이는 그들이 지위와 명성을 끝까지 지켰기 때문이 아니겠는가! 竇憲(두헌)은 강족과 변방의 군사를 동원하여 一擧에 북쪽 흉노 땅을 텅 비게 만들면서 달아나는 북흉노를 (蒙古國) 稽落山(계락산) 끝까지 추격하였고, 比鞮海(비제해) 골짜기 물을 말에게 먹였으며, 큰 돌에 기록을 새기고 옛 鼎(정)을 얻어다 淸廟(宗廟)에 바치면서 공적을 아뢰었다. 두헌의 공적을 다른 사람과 비교해본다면 전대의 누구보다도 훌륭하지만 후세에 그를 명장이라 일컫지 않는 것은 공을 세운 이후의 행적이 그 공적을 전부 삭감하기 때문이다. 이는 강물의 下流와 같아 君子가 그런 곳에 처하기를 싫어하는 것과 같다. 위에 장군 두세 명의 득세는 모두 황후나 태후의 은택에 힘입은 것이지, 미천한 사람 속에서 골라 등용되었거나 천거를 받은 뒤에 높이 올라간 사람이 아니었다. 위청이 노비와 같던 시절이나 두헌이 태후 궁 안에 갇혀 두려움에 떨 때는 아무 힘을 쓸 겨를도 없었으니 그때는 비옥한 땅을 식읍으로 받고 고귀한 칭호를 누릴 것이라 어찌 생각이나 했겠는가?

東方朔이 말한 '등용이 되었다면 호랑이지만 등용되지 못하면 쥐새끼가 된다.' 는 말은 사실이다. 이를 두고 말한다면 士人이 아름다운 옥을 품고 있다면 비록 재나 먼지가 많은 곳에 간다 하여도 어찌 그런 흙먼지를 셀 수 있겠는가?(아무리 많아도 자신의 美玉은 변함이 없다.)

❹ 竇章

原文

章字伯向. 少好學, 有文章, 與馬融,崔瑗同好, 更相推薦.

永初中, 三輔遭羌寇, 章避難東國, 家於外黃. 居貧, 蓬戶蔬食, 躬勒孝養, 然講然不輟. 太僕鄧康聞其名, 請欲與交, 章不肯往, 康以此益重焉. 是時學者稱東觀爲老氏臧室, 道家蓬萊山, 康遂薦章入東觀爲校書郎.

順帝初, 章女年十二, 能屬文, 以才貌選入掖庭, 有寵, 與梁皇后並爲貴人. 擢章爲羽林郎將, 遷屯騎校尉. 章謙虛下士. 收進時輩, 甚得名譽. 是時, 梁,竇並貴, 各有賓客, 多交搆其間, 章推心待之, 故得免於患.

貴人早卒, 帝追思之無已, 詔史官樹碑頌德, 章自爲之辭. 貴人歿後, 帝禮待之無衰. 永和五年, 遷少府. 漢安二年, 轉大鴻臚. 建康元年, 梁后稱制, 章自免, 卒於家. 中子唐, 有俊才, 官至虎賁中郎將.

| 註釋 | ㅇ章字伯向 – 竇章(두장), 후한 말기 인물. ㅇ馬融,崔瑗同好 – 馬融(마융, 79–166), 字 季長, 右扶風 茂陵人, 伏波將軍 馬援의 侄孫. 經學者. 《周易》,《尙書》,《毛詩》,《論語》,《老子》,《淮南子》,《離騷》,《列女傳》 등을 주석. 鄭玄, 盧植(노식) 등이 그의 문생. 馬融은 미색과 풍악도 상당히 즐겼다고 한다. 崔瑗(최원, 77–142), 字 子玉, 후한의 명필, 書法家. ㅇ永初 – 安帝의 연호, 서기 107–113년. ㅇ家於外黃 – 外黃은 陳留郡의 현명.

今 河南省 開封市 蘭考縣 동남. ㅇ東觀 – 東觀은 洛陽 南宮의 장서각, 觀은 누각 관. 道教의 사원. 동관에서 대를 이어 편찬한 後漢代 역사를《東觀記》로도 불렀는데, 모두 143권이다. 기전체로 후한 光武帝에서 靈帝까지 역사를 서술한 官撰(관찬)의 當代史이다. 이는 후한 明帝 때 처음 편찬된 이후 章帝, 安帝, 桓帝, 靈帝, 獻帝 때까지 계속되었는데 本紀, 列傳, 表, 載記 등으로 구분 편찬하였고 각각의 기전에 서문이 있다. 이는 각 황제대의 起居注(황제의 언행에 관한 기록), 국가 문서나 檔案(당안, 이민족과 왕래한 문서), 공신의 업적, 前人의 舊聞舊事, 私人의 저작물 등을 망라한 후한 사료의 총집이라 할 수 있다. 이는 劉珍(유진) 등이 東觀에 설치한 修史館에서 편찬했다. ㅇ老氏臧室 – 老氏는 老子. ㅇ順帝 – 재위 126–144년. ㅇ梁皇后 – 順烈梁皇后(106–150년). ㅇ永和五年 – 順帝, 서기 140년. ㅇ漢安二年 – 순제, 서기 143년. ㅇ建康元年 – 順帝 마지막 해 서기 144년.

[國譯]

竇章(두장)의 字는 伯向(백향)이다. 젊어 好學했고 글을 잘 지었는데, 馬融(마융), 崔瑗(최원)과 친하면서 서로 천거하고 끌어주었다.

(安帝) 永初 연간에, 三輔 지역에 강족이 침입하자 두장은 동쪽으로 피난하여 (陳留郡의) 外黃縣에서 살았다. 집이 가난하여 쑥대를 엮어 창문을 만들고 나물을 먹으며 살았지만, 열심히 일하며 부모를 잘 봉양하였고 공부를 쉬지 않았다. 太僕인 鄧康(등강)이 두장의 명성을 듣고 교제하려 하였으나 두장이 사귀려 하지 않자 등강은 더욱 두장을 존중하였다. 이때 학자들은 (낙양 남궁의) 東觀을 老氏臧室(老子의 장서실)이니 道家의 蓬萊山(봉래산)이라고 불렀는데 등강이 두장을 천거하여 두장은 東觀에 들어가 校書郎이 되었다.

順帝 초에, 두장의 딸은 12살이었는데 글을 지을 줄 알아 재능과

미모로 궁중에 뽑혀 들어갔는데 총애를 받아 뒷날 (順帝의) 梁皇后와 함께 貴人이 되었다. 두장은 발탁되어 羽林郎將이 되었다가 屯騎校尉로 승진하였다. 두장은 겸손하게 자신을 낮춰 賢士를 대했다. 두장은 당시 유명 인재를 천거하여 명성이 매우 높았다. 이때 梁氏와 竇氏의 명성이 있어 각각 빈객이 모여들었고 이런저런 틈이 났지만 두장은 성심으로 모두를 대했기 때문에 재난을 면할 수 있었다.

竇貴人이 일찍 죽자, 順帝의 추모는 끝이 없었는데 史官에게 명하여 비석을 세워 송덕하라고 하자 두장 자신이 글을 지었다. 竇貴人이 죽은 뒤에도 두장에 대한 순제의 예우는 줄지 않았다. (順帝) 永和 5년, 少府로 승진하였다. 漢安 2년, 大鴻臚(대홍려)로 전직했다. (順帝) 建康 원년에, 梁太后가 稱制하자 두장은 사임하였고 집에서 죽었다. 작은 아들 竇唐(두당)은 재주가 뛰어났는데 그 관직은 虎賁中郎將에 이르렀다.

原文

贊曰, 悃悃安豐, 亦稱才雄. 提挈河右, 奉圖歸忠. 孟孫明邊, 伐北開西. 憲實空漢, 遠兵金山. 聽笳龍庭, 鏤石燕然. 雖則折鼎, 王靈以宣.

| **註釋** | ○悃悃安豐 – 悃(곤곤)은 성실한 모양. 뜻이 純一한 모양. 安豐은 安豐侯 竇融. ○提挈河右 – 提挈(제설)은 손을 잡아끌다. 挈은 손에 들 설. 河右는 河西, 河西 四郡 등 涼州 관내. ○奉圖歸忠 – 지도를 그려들고 漢室에 귀부하다. ○孟孫明邊 – 孟孫은 竇固(두고)의 字. ○憲實空漢 – 憲

은 竇憲. 空漠은 사막의 흉노를 내쫓다. ㅇ遠兵金山 - 金山은 天山. ㅇ聽笳- 笳는 갈잎피리 가. 龍庭은 흉노의 祭天 터. ㅇ鏤石燕然 - 鏤石은 돌에 새기다. 鏤는 새길 루. 燕然은 山名. ㅇ雖則折鼎 - 鼎의 三足은 三公을 의미. 折鼎은 삼공의 직무를 감당하지 못하다.

[國譯]

贊曰,

성실한 安豐侯(竇融)은 역시 雄才라 일컬을만했다.

河西를 통솔하다가 지도를 받들고 漢에 충성했다.

竇固는 변방에 밝아 흉노 치고 서역 길을 열었다.

竇憲도 흉노를 정벌하여 멀리 金山에서 싸워 이겼다.

龍庭서 피리 소리를 들었고 燕然山에 공적을 새겼다.

자신이 三公도 감당 못했지만 漢의 위명을 떨쳤다.

저자 약력

陶硯 진기환陳起煥

서울 대동세무고등학교 교장을 역임하였고 개인 문집으로《陶硯集》출간.

주요 저서로는 중국 고전소설《儒林外史》국내 최초 번역,《史記講讀》,《史記 人物評》,《中國의 土俗神과 그 神話》,《中國의 신선이야기》,《上洞八仙傳》,《三國志 故事成語 辭典》,《三國志 故事名言 三百選》,《三國志의 지혜》,《三國志 人物評論》,《精選 三國演義 原文 註解》,《中國人의 俗談》,《水滸傳 評說》,《金甁梅 評說》,《논술로 읽는 論語》,《十八史略 中(下)·下(上)·下(下)》,《唐詩三百首 上·中·下》共譯,《唐詩逸話》,《唐詩絶句》,《王維》,《漢書》全 10권,《後漢書 (一)·(二)권》외

E-mail : jin47dd@hanmail.net

原文 譯註

後漢書(三)
후 한 서

초판 인쇄 2018년 5월 16일
초판 발행 2018년 5월 30일

역　주 | 진기환
발행자 | 김동구
디자인 | 이명숙 · 양철민
발행처 | 명문당(1923. 10. 1 창립)
주　소 | 서울시 종로구 윤보선길 61(안국동)
우체국 010579-01-000682
전　화 | 02)733-3039, 734-4798(영), 733-4748(편)
팩　스 | 02)734-9209
Homepage | www.myungmundang.net
E-mail | mmdbook1@hanmail.net
등　록 | 1977. 11. 19. 제1~148호

ISBN 979-11-88020-55-3 (04910)
ISBN 979-11-88020-43-0 (세트)
30,000원